OEUVRES
COMPLÈTES
DE REGNARD

TOME II

SAINT-DENIS. — TYPOGRAPHIE DE PREVOT ET DROUARD.

OEUVRES
COMPLÈTES
DE REGNARD

AVEC UNE NOTICE
ET DE
NOMBREUSES NOTES CRITIQUES, HISTORIQUES ET LITTÉRAIRES
DE FEU M. BEUCHOT,

DES RECHERCHES SUR LES ÉPOQUES DE LA NAISSANCE ET DE LA MORT DE REGNARD,
PAR BEFFARA;

Précédées d'un Essai sur le talent de Regnard et sur le talent comique en général,

Avec un Tableau des formes comiques et dramatiques, et une Bibliographie complète des ouvrages concernant le rire et le comique,
PAR M. ALFRED MICHIELS.

Nouvelle Édition

ORNÉE DE 13 GRAVURES D'APRÈS LES DESSINS DE DESENNE.

TOME DEUXIÈME

PARIS
ADOLPHE DELAHAYS, LIBRAIRE-ÉDITEUR
4 ET 6, RUE VOLTAIRE

1854

AVERTISSEMENT

SUR

LES MÉNECHMES.

Cette comédie a été représentée, pour la première fois, le vendredi 4 décembre 1705, et a eu seize représentations de suite. Ce succès ne s'est point démenti; la pièce a été reprise très-souvent, et tout le monde s'accorde à la regarder comme une des meilleures de notre poète.

Les comédiens ont cependant eu de la peine à recevoir cette pièce : l'auteur la leur avait présentée deux fois, sans pouvoir la faire admettre. Enfin, le samedi 19 septembre 1705, il en fit la lecture, pour la troisième fois, à l'assemblée des comédiens, qui se déterminèrent à la représenter.

Nous ignorons si ces différents refus ont été l'effet du caprice des comédiens, et si l'auteur a retouché sa pièce dans les intervalles qui se sont écoulés entre ces lectures : cependant nous avons de la peine à croire qu'un poète tel que Regnard, parfaitement au fait des convenances théâtrales, et dont toutes les pièces avaient été couronnées d'un plein succès, ait hasardé dans celle-ci des choses qui n'eussent pas permis aux comédiens d'en tenter la représentation.

Quoi qu'il en soit, cette comédie passe avec raison pour une des plus régulières et des mieux travaillées de toutes celles de Regnard.

Le sujet est du nombre de ceux qui produisent un effet sûr au théâtre. Deux frères jumeaux, dont la ressemblance est parfaite, doivent occasionner des méprises qui fournissent une matière ample et variée à des incidents comiques. Aussi est-il peu de sujets qui aient été traités d'autant de manières, et par un aussi grand nombre d'auteurs.

Nous ne parlons pas de Plaute, que Regnard n'a imité que faiblement. Les incidents de sa pièce sont tout à fait différents ; et on ne peut que lui savoir gré d'avoir supprimé ceux du poète latin, pour nous en présenter d'autres plus convenables à nos mœurs, et plus vraisemblables.

Dans Plaute, l'un des Ménechmes est marié, et néanmoins il est amoureux d'une courtisane qu'il enrichit des dépouilles de sa femme, au point de dérober les robes et les bijoux de celle-ci, pour en faire des cadeaux à sa maîtresse.

Ménechme Sosiclès arrive à Épidamne, lieu de la résidence de son frère, sans savoir qu'il y est établi. Sa surprise est grande de s'y voir nommé, connu, et abordé familièrement par tout le monde ; il est surtout étrangement émerveillé de la manière dont il est accueilli par la femme et par la maîtresse de son frère, des reproches de l'une et des caresses de l'autre.

On sent combien un personnage tel que le Ménechme d'Épidamne aurait été peu intéressant dans nos mœurs, et que l'on n'aurait nullement pris plaisir au tableau de ses débauches avec la courtisane Érotie.

Rotrou a cru cependant pouvoir suivre l'exemple du poète latin. Sa comédie des MÉNECHMES est plutôt une traduction qu'une imitation de Plaute : il a conservé tous les personnages, jusqu'au parasite ; il s'est contenté d'adoucir un peu celui d'Érotie. Il suppose que celle-ci est une jeune veuve, qui permet, à la vérité, que Ménechme lui fasse la cour, et fait cas de son amitié, pourvu, dit-elle,

> Qu'elle demeure aux termes de l'honneur,
> Que mon honnêteté ne soit point offensée,
> Et qu'un but vertueux borne votre pensée.

Elle n'ignore pas néanmoins que Ménechme est marié, et qu'il a une femme jalouse. Autant valait-il conserver à ce personnage le caractère de courtisane que lui donnait le poète latin ; Rotrou aurait au moins gardé la vraisemblance.

Regnard a pris une autre marche : ses Ménechmes ne sont point mariés ; l'un est un provincial grossier et brutal, qui vient à Paris recueillir la succession d'un oncle ; il a été institué légataire universel, parce que le défunt ignorait la destinée du second de ses neveux, qui avait quitté, dans son enfance, la maison paternelle.

Cependant le chevalier Ménechme était à Paris depuis quelque temps, et y vivait en vrai chevalier déshérité par la fortune. Une vieille Araminte, amoureuse de ce jeune homme, paraissait disposée à réparer, en l'épousant, les torts de la fortune. Le chevalier était près de terminer, lorsque son amour pour Isabelle, fille de Démophon, rompt ses projets. C'est cette même Isabelle que son frère doit épouser, et que Démophon a promise à Ménechme, sur la nouvelle qu'il a apprise de la succession qu'il vient recueillir.

Telle est la fable que Regnard a imaginée, et qu'il a substituée à celle de Plaute.

Quant aux incidents, nous ne voyons pas qu'il ait tiré parti d'aucun, si ce n'est du repas préparé par Érotie, qui a quelque ressemblance avec le dîner où Araminte attend le chevalier Ménechme. Regnard emploie avec beaucoup d'avantage plusieurs des plaisanteries du poète latin.

Cependant le Ménechme français s'exprime avec plus de dureté que l'autre; il traite Araminte et sa suivante avec le dernier mépris; tandis que le Ménechme de Plaute, après avoir témoigné sa surprise de l'accueil qu'il reçoit d'Érotie, finit par profiter de la bonne fortune qui se présente ; il feint d'entrer dans les idées de la courtisane, et se dispose à partager le repas qui était préparé pour un autre.

Rotrou, comme nous l'avons observé, a servilement imité Plaute, ou plutôt son ouvrage n'est qu'une pure traduction; il a conservé l'intrigue, les incidents, la marche des scènes, jusqu'aux noms des personnages.

Un troisième imitateur de Plaute est Le Noble, dans sa comédie des *deux Arlequins*, représentée par les anciens comédiens italiens, le 26 septembre 1691.

Arlequin l'aîné est au service de Géronte, vieux financier, amoureux d'Isabelle. Arlequin le cadet, trompé par une fausse nouvelle de la mort de son frère, vient à Paris recueillir sa succession. La parfaite ressemblance des deux frères occasionne des méprises et des quiproquo qui font tout l'agrément de la pièce.

Les incidents sont imités, pour la plupart, de Plaute. Le Noble a tiré le plus grand parti de la pièce latine, mais ce n'est point une imitation servile comme l'ouvrage de Rotrou.

Arlequin l'aîné est l'amant aimé de Colombine, suivante d'Isabelle; il a quitté pour elle Marinette; et celle-ci, qui aime Arlequin, est furieuse de son changement.

On retrouve dans ces personnages l'Érotie de Plaute et la femme de Ménechme : de même qu'Érotie fait préparer un repas pour son amant, Colombine, dans la pièce de Le Noble, veut régaler son cher Arlequin.

Le cuisinier, trompé par la ressemblance, s'adresse à Arlequin cadet, croyant parler à son frère, et lui remet les plats de la collation. Colombine, qui survient, en est assez durement traitée : cependant, comme Arlequin la trouve à son gré, il s'adoucit; et Colombine lui remet de la part de Géronte un coffret de bijoux pour sa maîtresse Isabelle.

Ces bijoux produisent des incidents assez semblables à ceux de la robe que Ménechme, dans Plaute, dérobe à sa femme pour en faire un présent à sa maîtresse.

Arlequin le cadet reçoit les bijoux avec une nouvelle surprise; il ne connaît ni Géronte, ni Isabelle : cependant il dissimule, et il se résout à profiter de cette aventure.

On voit paraître peu après Arlequin l'aîné. L'étonnement de celui-ci n'est pas moins grand, lorsqu'on lui demande compte des bijoux; sa surprise est interprétée comme mauvaise foi, et on le traite de voleur. Quelques scènes après survient Marinette, dont la jalousie et les emportements donnent à Arlequin de nouveaux chagrins.

Arlequin le cadet revient sur la scène, fortement occupé des bijoux qu'il a reçus; il cherche les moyens de les convertir en espèces. Géronte le surprend dans ses réflexions; la vue des bijoux ne lui permet plus de douter qu'il a affaire à un domestique infidèle, et il le saisit au collet.

On reconnaît dans cette scène celle où la femme de Ménechme d'Épidamne, voyant sa robe entre les mains de Ménechme Sosiclès, qu'elle prend pour son mari, s'abandonne aux transports de jalousie les plus violents, et lui fait les reproches les plus vifs.

Cependant Géronte est fort mal reçu; Arlequin, qui ne le connaît pas, le prend pour un escroc qui veut lui escamoter ses bijoux : il se débarrasse facilement des mains du vieillard, le bat, et le contraint de prendre la fuite.

Géronte, furieux, va chercher main-forte; pendant ce temps, Arlequin le cadet sort, et son frère revient sur la scène, déplorant son sort, et soupçonnant Colombine elle-même d'avoir voulu s'approprier les bijoux qu'elle l'accuse d'avoir volés.

Il est désagréablement interrompu par Géronte, qui arrive suivi d'un commissaire et de plusieurs archers. On arrête Arlequin, on le fouille; mais on ne lui trouve pas les bijoux. Pendant qu'on se dispose à le conduire en prison, Pierrot, gros paysan de Bourg-la-Reine, qui a fait la connaissance d'Arlequin le cadet, l'a pris en amitié, et l'a suivi à Paris. Croyant voir son ami dans l'embarras, il se jette sur les archers, et à grands coups de bâton il les force à lâcher leur prise.

C'est encore ici la scène de Messénion, valet de Sosiclès, qui, voyant emmener Ménechme d'Épidamne, croit secourir son maître en le débarrassant des mains de ceux qui le tiennent.

Le dénoûment de toutes ces pièces est à peu près le même : les deux frères se reconnaissent, et expliquent, en présence de tous les personnages, les différentes méprises auxquelles leur ressemblance a donné lieu.

On s'est étendu un peu sur cette comédie peu connue aujourd'hui, depuis la suppression de l'ancien théâtre italien, mais qui a eu dans sa nouveauté un très-grand succès.

On a donné à la comédie italienne *les deux Jumeaux de Bergame*, comédie qui a quelque ressemblance avec *les deux Arlequins* de l'ancien théâtre; mais cette ressemblance n'est que pour le fond de l'intrigue; les incidents y sont moins multipliés et tout différents.

Revenons à Regnard : la place de sa comédie des Ménechmes est marquée; c'est une de celles qui servent de fondement à la réputation de ce poète; et, sans contredit, cette pièce est la meilleure de toutes celles dont le nœud est fondé sur la ressemblance de deux ou de plusieurs personnages. On lit, dans le nouveau Mercure imprimé à Trévoux en 1708, une lettre critique sur cette comédie; l'auteur en est anonyme; et si sa critique est quelquefois injuste et trop sévère, on y trouve aussi des observations judicieuses.

Nous passons sur la critique que fait l'anonyme du prologue qui précède les Ménechmes. Ce prologue n'est qu'un hommage que Regnard fait à Plaute de sa comédie, quoiqu'il n'ait imité que de très-loin le poète latin.

« J'ai peu de regret, dit l'anonyme, aux incidents qu'il (Re-
» gnard) a été obligé de supprimer de son original pour s'assu-
» jettir à notre théâtre; ceux qu'il a substitués à leur place sont
» dans l'esprit du sujet, et ils viennent si naturellement, que
» Plaute lui-même, s'il avait travaillé pour notre scène, n'aurait

» pu en imaginer de plus convenables... Tout ce que j'aurais
» désiré dans notre auteur, c'est que ses incidents eussent été au-
» dessus du trivial, autant qu'ils sont dans le vraisemblable. Mais
» c'est l'écueil ordinaire des poètes qui s'attachent au comique ;
» il faudrait qu'ils élevassent la matière, et c'est la matière qui
» les gagne et qui les abaisse.

» La difficulté que notre auteur avait à surmonter consistait à
» inventer des incidents qui fussent aussi naturels que ceux qu'il
» a jugé à propos de retrancher, et qui ne pussent affaiblir le
» comique attaché naturellement au sujet : il n'en a point inventé
» qui ne l'aient soutenu, et en qui l'on ne trouve ce *vis comica*
» que César loue dans Ménandre et dans Plaute, et dont il dit à
» Térence qu'il n'a pu approcher. Il y avait encore une difficulté
» à surmonter, qui m'avait paru plus embarrassante que tout le
» reste. Le jeu de la pièce ne roule que sur la méprise où jette la
» ressemblance des Jumeaux ; on n'a que cette méprise pour in-
» téresser et pour attacher les spectateurs ; et il était à craindre
» de tomber dans la répétition et dans la fadeur, en exposant tou-
» jours le même objet sur la scène. Pour éviter la difficulté, il
» fallait que cette méprise surprît et intéressât de plus en plus
» par des incidents toujours nouveaux et toujours inattendus ; il
» fallait varier ce jeu, qui, pour être toujours le même dans le
» fond, serait devenu ennuyeux, si on ne lui avait donné des
» formes nouvelles et des tours différents. Notre auteur s'est tiré
» d'affaire en cela comme en tout le reste ; toutes les surprises
» où conduit la ressemblance des deux frères sont amenées avec
» tout l'art que l'on peut souhaiter, et font différemment leur
» effet jusqu'à la fin de la pièce.

» Du reste, j'ai cherché inutilement des caractères dans cette
» comédie ; il ne paraît pas que l'auteur se soit attaché à nous
» en donner. C'est pourtant la fin principale que doivent se pro-
» poser ceux qui font des poèmes dramatiques, il faut qu'ils nous
» peignent les hommes dans leurs bonnes qualités et dans leurs
» défauts ; qu'ils nous expriment leurs sentiments et leurs mœurs ;
» qu'ils nous en forment des caractères, dont les uns nous en
» donnent de l'horreur, et dont les autres nous excitent à la
» vertu.. »

En souscrivant aux éloges que donne l'anonyme à la comédie
de Regnard, nous n'adoptons point ses critiques. Il reproche à
Regnard de n'avoir pas fait une pièce de caractère d'un sujet qui
n'en était pas susceptible. Il ne s'agissait point de peindre des

vertus ni des vices, mais de produire des incidents multipliés et variés, occasionnés par la parfaite ressemblance des deux frères. Le nœud de cette intrigue devait seul attacher les spectateurs, et les conduire de surprise en surprise au dénoûment.

Il accuse aussi à tort notre poète d'être trivial et bas; son comique est monté sur le ton qu'il devait avoir, il est au niveau de son sujet; et nous croyons qu'il n'aurait pas gagné s'il eût voulu s'élever, comme le dit l'anonyme, au-dessus de sa matière; il serait devenu froid, et il aurait cessé d'être plaisant.

On sait que Regnard était brouillé depuis longtemps avec Despréaux. Quelques-uns disent qu'il avait écrit contre la satire X de ce poète [1]. Quoi qu'il en soit, Boileau lui rendit la pareille dans son épître X, vers 36 :

A Sanlecque, à Regnard, à Bellocq comparé.

Mais il changea depuis ce vers, et il se lit ainsi dans les dernières éditions de ses œuvres :

A Pinchêne, à Linière, à Perrin comparé.

Despréaux ne voulut pas faire imprimer les noms des trois premiers poètes qui s'étaient réconciliés avec lui, et il leur substitua les noms des trois autres poètes qui n'étaient plus vivants lorsqu'il fit imprimer son épître [2].

Ce fut pour cimenter cette réconciliation que Regnard adressa à Despréaux sa comédie des Ménechmes [3]. Il y a cependant lieu de croire que cette réconciliation n'était pas sincère de la part de Regnard, et qu'elle n'était due qu'à la crainte de joûter contre un ad-

---

[1] Oui; il avait fait la *Satire des maris*, en 1694.

[2] Regnard composa le *Tombeau de Despréaux* en 1695. La réconciliation doit être de 1698; car ce fut cette année que Boileau fit disparaître le nom de Regnard dans son épître X.

[3] Ce fut moi, dit M. de Losme de Montchesnay*, qui raccommodai Regnard avec Despréaux. Ils étaient près d'écrire l'un contre l'autre; et Regnard était l'agresseur. Je lui fis entendre qu'il ne convenait pas de se jouer à son maître; et depuis sa réconciliation, il lui dédia ses Ménechmes.   (*Anecdotes dramatiques.*)

* De Losme de Montchesnay, fils d'un procureur au parlement de Paris, a composé plusieurs pièces pour l'ancien théâtre italien, telles que *la Cause des femmes*, avec sa critique; *Mezzetin, sophi de Perse*; *les Souhaits*, etc.

versaire aussi redoutable. Le Tombeau de Despréaux, satire de Regnard [1], est une preuve du peu de sincérité de cette réconciliation.

On avait souvent engagé Préville à jouer les deux rôles des Ménechmes, mais il eût fallu changer le dénoûment. Les spectateurs, ne voyant qu'un acteur, auraient cru souvent ne voir qu'un personnage. Ils auraient été, mais diversement, tout aussi bien privés d'illusion qu'ils le sont par le peu de ressemblance qui existe entre les acteurs qui font les deux rôles.

[1] Regnard est mort en septembre 1709; Boileau le 3 mars 1711.

ÉPITRE

A M. DESPRÉAUX.

Favori des neuf Sœurs [1], qui, sur le mont Parnasse,
De l'aveu d'Apollon, marches si près d'Horace,
O toi, qui, comme lui, maître en l'art des bons vers,
As joui de ton nom, et mis l'Envie aux fers ;
Et qui, par un destin aussi noble que juste,
Trouves pour bienfaiteur un prince tel qu'Auguste :
Ouvre une main facile, accepte avec plaisir
Un poëme imparfait, enfant de mon loisir.
De tes traits éclatants admirateur fidèle,
Ton style, de tout temps, me servit de modèle ;
Et si quelque bon vers par ma veine est produit,
De tes doctes leçons ce n'est que l'heureux fruit.
Toi-même as bien voulu, sensible à mes prières,
Sur cet ouvrage offert me prêter tes lumières.
Ton applaudissement, que rien n'a suspendu,
De celui du public m'a toujours répondu.
Qui peut mieux, en effet, dans le siècle où nous sommes,
Aux règles du bon goût assujettir les hommes ?
Qui connaît mieux que toi le cœur et ses travers ?
Le bon sens est toujours à son aise en tes vers ;
Et, sous un art heureux découvrant la nature,
La vérité partout y brille toute pure.
Mais qui peut, comme toi, prendre un si noble essor,
Et de tous les métaux tirer des veines d'or ?

[1] Il avait donné le même titre à Quinault. (*Voy.* tome IV, p. 381.)

Que d'auteurs, en suivant Despréaux et Pindare,
Se sont fait un destin commun avec Icare!
De tous ces beaux lauriers qu'ils ont cherchés en vain,
Je ne veux qu'une feuille offerte de ta main :
Si je l'ai méritée, et que tu me la donnes,
Ce présent sur mon front vaudra mille couronnes ;
Et pour disciple enfin si tu veux m'avouer,
C'est par cet endroit seul qu'on pourra me louer [1].

REGNARD.

[1] Ces deux derniers vers font partie de l'épître à Quinault. (*Voy.* tome IV, p. 381.)

LES MÉNECHMES

ou

LES JUMEAUX

COMÉDIE EN CINQ ACTES, ET EN VERS,

Précédée d'un Prologue en vers libres,

Représentée, pour la première fois, le vendredi 4 décembre 1705.

PROLOGUE.

ACTEURS :

APOLLON.
MERCURE.
PLAUTE.

La scène est sur le Parnasse.

SCÈNE I.

APOLLON, MERCURE.

MERCURE.
Honneur au seigneur Apollon.
APOLLON.
Ah! dieu vous gard', seigneur Mercure.
Par quelle agréable aventure
Vous voit-on au sacré vallon?
MERCURE.
Vous savez, grand dieu du Parnasse,
Que je ne me tiens guère en place.
J'ai tant de différents emplois,
Du couchant jusqu'aux lieux où l'aurore étincelle,
Que ce n'est pas chose nouvelle
De me rencontrer quelquefois.

APOLLON.

Vous êtes le bras droit du grand dieu du tonnerre ;
Votre peine est utile aux hommes comme aux dieux ;
  Et c'est par vos soins que la terre
Entretient quelquefois commerce avec les cieux.

MERCURE.

  Ce travail me lasse et m'ennuie,
  Lorsque je vois tant de dieux fainéants
Qui ne songent là-haut qu'à respirer l'encens,
  Et qu'à se gonfler d'ambrosie.

APOLLON.

Vous vous plaignez à tort d'un trop pénible emploi.
  S'il vous fallait donc, comme moi,
  Éclairer la machine ronde,
  Rendre la nature féconde,
  Mener quatre chevaux quinteux,
  Risquer de tomber avec eux
  Et de faire un bûcher du monde ;
  Dans ce métier pénible et dangereux,
  Vous auriez sujet de vous plaindre.
Depuis que l'univers est sorti du chaos,
Ai-je encor trouvé, moi, quelque jour de repos ?
  Quoi qu'il en soit, parlons sans feindre ;
  A vous servir je serai diligent.
Le seigneur Jupiter, dont vous êtes l'agent,
Honnête ou non, c'est dont fort peu je m'embarrasse,
  Pour goûter des plaisirs nouveaux,
  A quelque nymphe du Parnasse
  Voudrait-il en dire deux mots ?

MERCURE.

  Vos Muses, ailleurs destinées,
  Sont pour lui par trop surannées :
  Depuis trois ou quatre mille ans,
Tous vos faiseurs de vers, mal avec la fortune,
  En ont tous épousé quelqu'une.
Il faut à Jupiter des morceaux plus friands :
La qualité n'est pas ce qui plus l'inquiète ;
  Une bergère, une grisette,
  Lui fait souvent courir les champs.

APOLLON.

Que dit à cela son épouse ?

SCÈNE I.

MERCURE.

Elle suit les transports de son humeur jalouse;
Mais le bon Jupiter ne s'en étonne pas :
    Et là-haut, c'est comme ici-bas;
Quand un époux a fait quelque intrigue nouvelle,
La femme a beau crier, le mari va son train.
Quand la dame, en revanche, a formé le dessein
De se dédommager d'un époux infidèle,
    Et qu'un galant se rend patron
    De la femme et de la maison,
L'époux a beau gronder, faire le ridicule,
    Il faut qu'il en passe par là,
    Et qu'il avale la pilule,
    Ainsi que Vulcain l'avala.

APOLLON.

    Quelle est donc la raison nouvelle
    Qui près d'Apollon vous appelle?

MERCURE.

Je vais vous le dire; écoutez :
    Vous savez qu'au ciel et sur terre
    On me donne cent qualités.
Je suis l'agent du dieu qui lance le tonnerre;
    Je conduis les morts aux enfers.
    Mon pouvoir s'étend sur les mers.
    Je suis le dieu de l'éloquence.
    Ma planète préside aux fous,
    Aux marchands ainsi qu'aux filous;
    Fort petite est la différence.
    Je donne aux chimistes la loi.
Des pâles médecins la cohorte assassine
    M'appelle, suivant mon emploi,
    Le furet de la médecine;
    Heureux qui se passe de moi!

APOLLON.

Entre tant de métiers mis dans votre apanage,
Qui pourraient fatiguer quatre dieux comme vous,
C'est celui de porter, je crois, les billets doux
    Qui vous occupe davantage.

MERCURE.

Mon crédit est tombé, je suis de bonne foi.
Chacun, depuis un temps, de ce métier se pique;

Et tant d'honnêtes gens exercent mon emploi,
 Que je leur laisse ma pratique ;
Ils y sont presque tous aussi savants que moi.

APOLLON.

Vous avez trop de modestie.
Mais venons donc au fait dont il est question.

MERCURE.

Les spectacles, la comédie,
Me donnent, à Paris, quelque occupation ;
 Je les ai pris sous ma protection
 Pour célébrer une fête publique,
  J'aurais aujourd'hui grand besoin
  D'avoir quelque pièce comique
  Qui fût marquée à votre coin.

APOLLON.

 Hé quoi ! sans vous donner la peine
  De venir ici de si loin,
N'est-il point là d'auteurs amoureux de la scène,
Qui du théâtre encor puissent prendre le soin ?

MERCURE.

Depuis qu'un peu trop tôt la parque meurtrière
  Enleva le fameux Molière,
Le censeur de son temps, l'amour des beaux esprits,
La comédie en pleurs, et la scène déserte,
  Ont perdu presque tout leur prix :
  Depuis cette cruelle perte,
  Les plaisirs, les jeux et les ris,
Avec ce rare auteur sont presque ensevelis.

APOLLON.

 Il faut réparer le dommage
Que le destin a fait au théâtre français,
Et tirer du tombeau quelque grand personnage,
  Pour paraître encore une fois.
Plaute fut, en son temps, les délices de Rome,
Tel que Molière fut le charme de Paris ;
Il tient ici son rang parmi les beaux esprits :
  Il faut consulter ce grand homme.
Qu'on le fasse venir.

MERCURE.

  Certes, je suis confus
Des bontés que pour moi...

SCÈNE II.

APOLLON.
Finissons là-dessus.
Entre des dieux tels que nous sommes,
Il ne faut pas de longs discours.
Laissons les compliments aux hommes ;
Ils en sont les dupes toujours.

SCÈNE II.

PLAUTE, APOLLON, MERCURE.

APOLLON, à Plaute.
Pendant que tu vivais, je t'ai comblé de gloire,
Autant que de son temps auteur le fut jamais ;
J'ai fait graver ton nom au temple de Mémoire,
Et t'ai prodigué mes bienfaits.

PLAUTE.
Il est vrai. Mais enfin quelque amour qui vous guide,
Les dons qu'aux beaux esprits prodigue votre main,
N'ont rien de réel, de solide,
Et n'ôtent pas toujours les soins du lendemain.
Qui ne mâche chez vous qu'un laurier insipide,
Court risque de mâcher à vide,
Et souvent de mourir de faim ;
Et si j'avais à reprendre naissance,
J'aimerais mieux être portier
D'un traitant ou d'un sous-fermier,
Que mignon de votre excellence.

MERCURE.
C'est faire peu de cas, et mettre à trop bas prix
Les faveurs qu'Apollon dispense aux beaux esprits ;
Et mon avis n'est pas le vôtre.

PLAUTE.
J'en pourrais mieux parler qu'un autre.
Croiriez-vous que, sur mon déclin,
Laissant le dieu des vers, que j'étais las de suivre,
Ne pouvant me donner de pain,
Je me suis vu réduit, pour vivre,
A tourner la meule au moulin ?

MERCURE.
Vous !

PLAUTE.

Moi.

MERCURE.

Cet illustre poète
Finir ses jours au moulin !

PLAUTE.

Oui.

MERCURE.

Si Plaute a fait en ce lieu sa retraite,
Où donc renverrons-nous nos rimeurs d'aujourd'hui ?

APOLLON.

Un poète aisément s'endort dans la mollesse.
L'abondance souvent, unie à la paresse,
Sèche sa veine et la tarit ;
Mais la nécessité réveille son esprit.

MERCURE.

Enfin, quel qu'ait été votre sort domestique,
Je viens, charmé de vos talents,
Vous demander une pièce comique,
De celles que dans Rome on vit de votre temps,
Pour savoir si le goût antique
Trouverait à Paris encor ses partisans.

PLAUTE.

J'en doute fort. Les caractères,
Les esprits, les mœurs, les manières,
En près de deux mille ans ont bien changé, je croi.
Et, par exemple, dites-moi,
A Paris aujourd'hui de quel goût sont les dames?

MERCURE.

Mais... elles sont du goût des femmes.

PLAUTE.

A Rome, de mon temps, libres dans leurs soupirs,
Elles ne trouvaient point l'hymen un esclavage ;
Et, faisant du divorce un légitime usage,
Elles changeaient d'époux au gré de leurs désirs.

MERCURE.

Oh ! ce n'est plus le temps. Une loi plus austère
Fixe une femme au premier choix :
Elle ne peut avoir qu'un époux à la fois ;
Mais un usage moins sévère
Aux coquettes du temps permet encor parfois
D'avoir autant d'amants qu'elles en peuvent faire

SCÈNE II.

APOLLON.
C'est un tempérament; et, comme je le vois,
L'usage adoucit bien la rigueur de la loi.
PLAUTE.
Mais voit-on encor, par la ville,
Une troupe lâche et stérile
De fades et mauvais plaisants
Qui chez les grands de Rome allaient chercher à vivre,
Et qui ne cessaient de les suivre,
Soit à la ville, soit aux champs?
De ces lâches flatteurs [1], des complaisants serviles,
Que dans mes vers j'ai souvent exprimés?
Des parasites affamés,
De ces importants inutiles,
Qui tous les jours dans les maisons,
A l'heure du dîner, font de sûres visites?
MERCURE.
Non; mais l'on y voit des Gascons
Qui valent bien des parasites.
PLAUTE.
Le goût étant changé, comme enfin je le vois,
Une pièce de moi, je crois, ne plairait guère;
A moins qu'Apollon ne fît choix
D'un auteur comique et français,
Qui pût accommoder le tout à sa manière,
Porter la scène ailleurs, changer, faire et défaire.
S'il pouvait réussir dans ce noble dessein,
Moitié français, moitié romain,
Je pourrais peut-être encor plaire.
APOLLON.
Je me souviens qu'un de ces jours,
Un auteur, qui parfois erre dans ces détours,
Me fit voir un sujet qu'on nomme
Les MÉNECHMES, qu'il dit avoir tiré de vous,
Et qui fut applaudi dans Rome.
PLAUTE.
Tout auteur que je sois [2], je ne suis point jaloux

---

[1] Cette leçon est conforme à l'édition originale, à celle de 1728, et à celle de 1729. Dans les autres éditions, on lit : *De lâches délateurs*.

[2] Dans les éditions modernes, on lit : *Tout auteur que je* SUIS; ce qui est plus conforme à la grammaire : mais l'auteur a écrit : *Tout auteur que je* SOIS.

T. II.

Que mon travail lui soit utile.
Le sujet qu'il a pris
Divertit autrefois un peuple difficile ;
Et peut-être aura-t-il même sort à Paris.

MERCURE.

Sur cet augure heureux, de ce pas je vais faire
Tout ce qui sera nécessaire
Pour mettre la pièce en état.

APOLLON.

Et moi, je vais commencer ma carrière,
Et rendre au monde son éclat.

SCÈNE III.

MERCURE, seul.

Messieurs, ne soyez point en peine
Comment je puis si promptement
Ajuster cette pièce, et faire en un moment
Qu'elle paraisse sur la scène.
Nous autres dieux, d'un coup de main
Nous passons tout effort humain.
Agréez donc mes soins, et, pour reconnaissance
D'avoir voulu vous divertir,
Ayez pour mon travail quelque peu d'indulgence ;
Et vous n'aurez pas lieu de vous en repentir.
J'écarterai de vous tout ce qui peut vous nuire,
Coupeurs de bourse adroits, médecins, usuriers,
Avocats babillards, insolents créanciers ;
Tous ces gens sont sous mon empire.
Et s'il est parmi vous quelqu'un
Possédant femme ou maîtresse fidèle,
(C'est un cas qui n'est pas commun)
Je n'emploierai jamais près d'elle,
Pour corrompre son cœur et sa fidélité,
Ni mon art, ni mon éloquence :
C'est payer trop, en vérité,
Quelques moments de complaisance ;
Mais un dieu doit user de générosité.

FIN DU PROLOGUE.

LES MÉNECHMES

ou

LES JUMEAUX.

COMÉDIE.

ACTEURS :

MÉNECHME } frères
Le chevalier MÉNECHME } jumeaux
DÉMOPHON, père d'Isabelle.
ISABELLE, amante du chevalier.
ARAMINTE, vieille tante d'Isabelle, amoureuse du chevalier.

FINETTE, suivante d'Araminte.
VALENTIN, valet du chevalier.
ROBERTIN, notaire.
UN MARQUIS gascon.
M. COQUELET, marchand.

La scène est à Paris, dans une place publique.

ACTE PREMIER.

SCÈNE I.

LE CHEVALIER, seul.

Je suis tout hors de moi. Maudit soit le valet!
Pour me faire enrager il semble qu'il soit fait :
Je ne puis plus longtemps souffrir sa négligence;
Tous les jours le coquin lasse ma patience;
Il sait que je l'attends.

SCÈNE II.

VALENTIN, LE CHEVALIER.

LE CHEVALIER.
Mais enfin je le voi.

D'où viens-tu donc, maraud? Dis, parle, réponds-moi.
Valentin *met à terre une valise qu'il portait, et s'assied dessus.*
Quant à présent, monsieur, je ne vous puis rien dire;
Un moment, s'il vous plaît, souffrez que je respire :
Je suis tout essoufflé.
LE CHEVALIER.
Veux-tu donc tous les jours
Me mettre au désespoir et me jouer ces tours?
Je ne sais qui me tient, que de vingt coups de canne...
Quoi! maraud! pour aller jusques à la douane
Retirer ma valise, il te faut tant de temps?
VALENTIN.
Ah! monsieur, ces commis sont de terribles gens [1]!
Les Juifs, tout Juifs qu'ils sont, sont moins durs, moins arabes:
Ils ne répondent point que par monosyllabes.
Oui. Non. Paix. Quoi? Monsieur... Je n'ai pas le loisir.
Mais, monsieur... Revenez. Faites-moi le plaisir...
Vous me rompez la tête; allez. Enfin, les traîtres,
Quand on a besoin d'eux, sont plus fiers que leurs maîtres.
LE CHEVALIER.
Quoi! tu serais resté jusqu'à l'heure qu'il est
Toujours à la douane?
VALENTIN.
Oh! non pas, s'il vous plaît.
Voyant que le commis qui gardait ma valise
Usait depuis une heure avec moi de remise,
Las d'avoir pour objet un visage ennuyeux,
J'ai cru qu'au cabaret j'attendrais beaucoup mieux.
LE CHEVALIER.
Faudra-t-il que le vin te commande sans cesse?
VALENTIN.
Vous savez que chacun, monsieur, a sa faiblesse;
Mais le mauvais exemple, encor plus que le vin,
Me retient, malgré moi, dans le mauvais chemin.
Je me sens de bien vivre une assez bonne envie.
LE CHEVALIER.
Mais pourquoi hantes-tu mauvaise compagnie?
VALENTIN.
Je fais de vains efforts, monsieur, pour l'éviter;

---

[1] Dans *les Fâcheux*, acte III, scène II :
Ah! monsieur, les huissiers sont de terribles gens.

Mais je vous aime trop, je ne puis vous quitter.
LE CHEVALIER.
Que dis-tu donc, maraud?
VALENTIN.
Monsieur, un long usage
De parler librement me donne l'avantage.
En pareil cas que moi vous vous êtes trouvé;
Assez souvent, d'un vin bien pris et mal cuvé,
Je vous ai vu le chef plus lourd qu'à l'ordinaire;
J'ai même quelquefois prêté mon ministère
Pour vous donner la main et vous conduire au lit :
De ces petits excès je ne vous ai rien dit :
Nous devons nous prêter aux faiblesses des autres,
Leur passer leurs défauts, comme ils passent les nôtres.
LE CHEVALIER.
Je te pardonnerais d'aimer un peu le vin,
Si je te connaissais à ce seul vice enclin :
Mais ton maudit penchant à mille autres te porte;
Tu ressens pour le jeu la pente la plus forte...
VALENTIN.
Ah! si je joue un peu, c'est pour passer le temps.
Quand vous percez [1] les nuits dans certains noirs brelans,
Je vous entends jurer au travers de la porte :
Je jure, comme vous, quand le jeu me transporte;
Et, ce qui peut tous deux nous différencier,
Vous jurez dans la chambre et moi sur l'escalier.
Je vous imite en tout. Vous, d'une ardeur extrême,
Buvez, jouez, aimez; je bois, je joue et j'aime :
Et si je suis coquet, c'est vous qui le premier,
Consommé dans cet art, m'apprîtes le métier.
Vous allez chaque jour d'une ardeur vagabonde,
Faisant rafle, partout, de la brune à la blonde.
Isabelle à présent vous retient sous sa loi;
Vous l'aimez, dites-vous : je ne sais pas pourquoi...
LE CHEVALIER.
Tu ne sais pas pourquoi! Se peut-il qu'à ses charmes,

---

[1] Cette leçon est conforme à l'édition originale. Dans la plupart des autres éditions, on lit *passez* au lieu de *percez*. J'ai déjà fait remarquer le même changement de la part des éditeurs, tome II, page 300, acte Ier, scène VI du *Distrait*.

A ses yeux tout divins on ne rende les armes?
Je la vis chez sa tante, où j'en fus enchanté ;
Le trait qui me perça, mon cœur l'a rapporté.
VALENTIN.
Autrefois cependant pour sa tante Araminte,
Toute folle qu'elle est, vous aviez l'âme atteinte.
J'approuvais fort ce choix : outre que ses ducats
Nous ont plus d'une fois tirés de mauvais pas,
J'y trouvais mon profit; vous cajoliez la tante,
Et moi je pourchassais Finette la suivante.
Ainsi vous voyez bien.
LE CHEVALIER.
Oui ; je vois, en un mot,
Que tu fais le docteur et que tu n'es qu'un sot.
Pour t'empêcher de dire encor quelque sottise,
Finissons, et chez moi va porter ma valise.

VALENTIN, redressant la valise pour la mettre sur son épaule.

J'obéis : cependant, si je voulais parler,
Sur un si beau sujet je pourrais m'étaler.
LE CHEVALIER.
Eh ! tais-toi.
VALENTIN.
Quand je veux, je parle mieux qu'un autre.
LE CHEVALIER.
Quelle est cette valise?
VALENTIN.
Eh ! parbleu, c'est la vôtre.
LE CHEVALIER.
De la mienne elle n'a ni l'air ni la façon.
VALENTIN.
J'ai longtemps, comme vous, été dans le soupçon ;
Mais de votre cachet la figure et l'empreinte,
Et l'adresse bien mise, ont dissipé ma crainte.
Lisez plutôt ces mots distinctement écrits :
C'est « A monsieur Ménechme, à présent à Paris. »
LE CHEVALIER.
Il est vrai; mais enfin, quoi que tu puisses dire,
Je ne reconnais point cette façon d'écrire ;
Enfin, ce n'est point là ma valise.
VALENTIN.
D'accord

Cependant à la vôtre elle ressemble fort.
LE CHEVALIER.
Tu m'auras fait ici quelque coup de ta tête.
VALENTIN.
Mais vous me prenez donc, monsieur, pour une bête.
En revenant de Flandre, où par trop brusquement
Vous avez pris congé de votre régiment ;
Et passant à Péronne, où fut le dernier gîte,
Nous y prîmes la poste ; et, pour aller plus vite,
Vous me fîtes porter au coche, qui partait,
Votre malle assez lourde, et qui nous arrêtait :
J'obéis à votre ordre avec zèle et vitesse ;
Je fis, par le commis, mettre dessus l'adresse :
Ainsi je n'ai rien fait que bien dans tout ceci.
LE CHEVALIER.
C'est de quoi, dans l'instant, je veux être éclairci.
Ouvre vite, et voyons quel est tout ce mystère.
VALENTIN, tirant un paquet de clefs.
Dans un moment, monsieur, je vais vous satisfaire.
Ouais ! la clef n'entre point.
LE CHEVALIER.
Romps chaîne et cadenas.
VALENTIN.
Puisque vous le voulez, je n'y résiste pas.
Or sus, instrumentons.
LE CHEVALIER.
Qu'as-tu ? Tu me regardes !
VALENTIN.
Je ne vois là-dedans pas une de vos hardes.
LE CHEVALIER.
Comment donc, malheureux ?
VALENTIN.
Monsieur, point de courroux.
Au troc que nous faisons, peut-être gagnons-nous ;
Et je ne crois pas, moi, que dans votre valise
Nous eussions pour vingt francs de bonne marchandise.
LE CHEVALIER.
Et ces lettres, maraud, qui faisaient mon bonheur,
Où l'aimable Isabelle exprimait son ardeur,
Qui me les rendra ? dis.
VALENTIN, tirant un paquet de lettres de la valise.
Tenez, en voilà d'autres

Qui vous consoleront d'avoir perdu les vôtres.
LE CHEVALIER, prenant les lettres.
Sais-tu que les railleurs et les mauvais plaisants
D'ordinaire avec moi passent fort mal leur temps?
(Le chevalier lit les lettres.)
VALENTIN.
Mon dessein n'était pas de vous mettre en colère.
Mais sans perdre de temps faisons notre inventaire.
(Il examine les hardes de la valise, et tire un sac de procès.)
Ce meuble de chicane appartient sûrement
A quelque homme du Maine, ou quelque bas-Normand.
(Il tire un habit de campagne.)
L'habit est vraiment leste et des plus à la mode.
Pour un surtout de chasse il me sera commode.
LE CHEVALIER.
Oh ciel !
VALENTIN.
Quel est l'excès de cet étonnement?
LE CHEVALIER.
L'aventure ne peut se comprendre aisément.
VALENTIN.
Qu'avez-vous donc, monsieur? Est-ce quelque vertige
Qui vous monte à la tête?
LE CHEVALIER.
Elle tient du prodige ;
Tu ne la croiras pas quand je te la dirai.
VALENTIN.
Si vous ne mentez pas, monsieur, je vous croirai.
LE CHEVALIER.
Je suis né, tu le sais, assez après de Péronne,
D'un sang dont la valeur ne le cède à personne.
Tu sais qu'ayant perdu père, mère, et parents,
Et demeurant sans bien dès mes plus tendres ans,
Las de passer mes jours dans le fond d'une terre,
Je suivis à quinze ans le métier de la guerre.
Un frère seul resta de toute la maison,
Avec un oncle avare, et riche, disait-on.
En différents pays j'ai brusqué la fortune,
Sans que l'on ait de moi reçu nouvelle aucune ;
Et je sais, par des gens qui m'en ont fait rapport,
Que depuis très-longtemps mon frère me croit mort.

ACTE I, SCÈNE II.

VALENTIN.

Je le sais; et de plus, je sais que votre mère
Mourut en accouchant de vous et de ce frère;
Que vous êtes jumeaux, et que votre portrait
En toute sa personne est rendu trait pour trait;
Que vos airs dans les siens sont si reconnaissables,
Que deux gouttes de lait ne sont pas plus semblables.

LE CHEVALIER.

Nous nous ressemblions, mais si parfaitement,
Que les yeux les plus fins s'y trompaient aisément;
Et notre père même, en commençant à croître,
Nous attachait un signe afin de nous connaître.

VALENTIN.

Vous m'avez dit cela déjà plus d'une fois;
Mais que fait cette histoire au trouble où je vous vois?

LE CHEVALIER.

Ce n'est pas sans raison que j'ai l'âme surprise,
Valentin. A ce frère appartient la valise;
Et j'apprends, en lisant la lettre que je tiens,
Que notre oncle est défunt, et qu'il laisse ses biens
A ce frère jumeau, qui doit ici se rendre.

VALENTIN.

La nouvelle en effet a de quoi vous surprendre.

LE CHEVALIER.

Écoute, je te prie, avec attention.
Ceci mérite bien quelque réflexion.

Il lit.

« Je vous attends, monsieur, pour vous remettre comp-
» tant les soixante mille écus que votre oncle vous a laissés
» par testament, et pour épouser mademoiselle Isabelle,
» dont je vous ai plusieurs fois parlé dans mes lettres : le
» parti vous convient fort, et son père Démophon souhaite
» cette affaire avec passion. Ne manquez donc point de
» vous rendre au plus tôt à Paris, et faites-moi la grâce de
» me croire votre très-humble et très-obéissant serviteur,

» ROBERTIN. »

Robertin, c'est le nom d'un honnête notaire
Qui travaillait pour nous du vivant de mon père.
La date, le dessus, et le nom bien écrit,
Dans mes préventions confirment mon esprit.

Mon frère, pour venir au gré de cette lettre,
Comme moi, sa valise au coche aura fait mettre ;
Et dans le même temps, ce rapport de grandeur,
De cachet et de nom a causé ton erreur :
Et je conclus enfin, sans être fort habile,
Que mon frère est déjà peut-être en cette ville.
VALENTIN.
Cela pourrait bien être ; et je suis stupéfait
Des effets surprenants que le hasard a fait.
Il faut que justement je fasse une méprise,
Et que notre bonheur vienne de ma sottise.
Nous trouvons en un jour un vieil oncle enterré,
Qui laisse de grands biens dont il vous a frustré :
Un frère qui reçoit tous ces biens qu'on lui laisse,
Et qui vient enlever encor votre maîtresse.
Voilà tout à la fois cinq ou six incidents
Capables d'étourdir les plus habiles gens.
LE CHEVALIER.
Nous ferons tête à tout ; et de cette aventure
Je conçois dans mon cœur un favorable augure.
VALENTIN.
Soixante mille écus nous feraient grand besoin.
LE CHEVALIER.
Il faut, pour les avoir, employer notre soin.
Ils sont à moi, du moins, tout autant qu'à mon frère ;
Mais il faut déterrer le frère et le notaire.
Va, cours, informe-toi, ne perds pas un moment.
VALENTIN.
Vous connaissez mon zèle et mon empressement ;
Et s'il est à Paris, j'ai des amis fidèles,
Qui, dans une heure au plus, m'en diront des nouvelles.
LE CHEVALIER.
Je vais chez Araminte, elle sait mon retour ;
Il faudra feindre encor que je brûle d'amour.
Elle n'a nul soupçon de ma nouvelle flamme.
Tu sais le caractère et l'esprit de la dame :
Elle est vieille, et jalouse à désoler les gens ;
Ses airs et ses discours sont tous impertinents ;
Enfin, c'est une folle, et qui veut qu'on la flatte :
Quoiqu'un rayon d'espoir pour mon amour éclate,
Incertain du succès, je la veux ménager.

Retourne à la douane, au coche, au messager.
Mais Araminte sort. Va vite où je t'envoie.
(Valentin emporte la malle et sort.)

SCÈNE III.

ARAMINTE, FINETTE; LE CHEVALIER, à part.

ARAMINTE.
Nous reverrons Ménechme aujourd'hui : quelle joie !
Je ne puis demeurer en place, ni chez moi.
Pareil empressement doit l'agiter, je crois.
Comment me trouves-tu? dis, Finette.

FINETTE.
Charmante.
Votre beauté surprend, ravit, enlève, enchante.
Il semble que l'amour, dans ce jour si charmant,
Ait pris soin par mes mains de votre ajustement.

ARAMINTE.
Cette fille toujours eut le goût admirable.
(Apercevant le chevalier qui s'approche.)
Ah ! monsieur, vous voilà ! Quel destin favorable,
Plus que je n'espérais, presse votre retour ?
Et quel dieu près de moi vous ramène ?

LE CHEVALIER.
L'Amour.

ARAMINTE.
L'Amour ! Le pauvre enfant !

LE CHEVALIER.
Votre aimable présence
Me dédommage bien des chagrins de l'absence.
Non, je ne vois que vous qui, sans art, sans secours,
Puissiez paraître ainsi plus jeune tous les jours.

ARAMINTE.
Fi donc, badin ! L'amour quelquefois, quoique absente,
A votre souvenir me rendait-il présente ?
Votre portrait charmant, et qui fait tout mon bien,
Que je reçus de vous, quand vous prîtes le mien,
Me consolait un peu d'une absence effroyable :
Le mien a-t-il sur vous fait un effet semblable ?

LE CHEVALIER.
Votre image m'occupe et me suit en tous lieux ;

La nuit même ne peut vous cacher à mes yeux,
Et cette nuit encor, je rappelle mon songe,
(O douce illusion d'un aimable mensonge!)
Je me suis figuré, dans mon premier sommeil,
Être dans un jardin, au lever du soleil,
Que l'aurore vermeille, avec ses doigts de roses,
Avait semé de fleurs nouvellement écloses :
Là, sur les bords charmants d'un superbe canal,
Qui reçoit dans son sein un torrent de cristal,
Où cent flots écumants, et tombant en cascades,
Semblent être poussés par autant de naïades ;
Là, dis-je, reposant sur un lit de roseaux,
Je vous vois sur un char sortir du fond des eaux :
Vous aviez de Vénus et l'habit et la mine :
Cent mille amours poussaient une conque marine,
Et les zéphyrs badins, volant de toutes parts,
Faisaient au gré des airs flotter des étendards.

FINETTE.

Ah ! ciel ! le joli rêve !

ARAMINTE.

Achevez, je vous prie.

LE CHEVALIER.

Mon âme, à cet aspect, d'étonnement saisie...

ARAMINTE.

Et j'étais la Vénus flottant sur ce canal?

LE CHEVALIER.

Oui, madame, vous-même, en propre original.
L'esprit donc enchanté d'un si noble spectacle,
Je me suis avancé près de vous sans obstacle.

ARAMINTE.

De grâce, dites-moi, parlant sincèrement,
Sous l'habit de Vénus, avais-je l'air charmant,
Le port noble et divin?

LE CHEVALIER.

Le plus divin du monde :
Vous sentiez la déesse une lieue à la ronde.
M'étant donc avancé pour vous donner la main,
Le jardin à mes yeux a disparu soudain ;
Et je me suis trouvé dans une grotte obscure,
Que l'art embellissait ainsi que la nature.
Là, dans un plein repos, et couronné de fleurs,

ACTE I, SCÈNE III.

Je vous persuadais de mes vives douleurs.
Vous vous laissiez toucher d'une bonté nouvelle,
Et preniez de Vénus la douceur naturelle,
Lorsque, par un malheur qui n'a point de pareil,
Mon valet, en entrant, a causé mon réveil.

ARAMINTE.

Je suis au désespoir de cette circonstance :
Et voilà des valets l'ordinaire imprudence !
Toujours mal à propos ils viennent nous trouver.

LE CHEVALIER.

Mon songe n'est pas fait, et je veux l'achever.

ARAMINTE.

D'accord. Mais je voudrais que, pour vous satisfaire,
Votre bonheur toujours ne fût pas en chimère,
Et qu'un heureux hymen, entre nous concerté,
Pût donner à vos feux plus de réalité.
Mais j'en crains le retour : dans le siècle où nous sommes,
Le dégoût dans l'hymen est naturel aux hommes ;
Et la possession souvent du premier jour
Leur ôte tout le sel et le goût de l'amour.

LE CHEVALIER.

Ah ! madame, pour vous mon amour est extrême :
Je sens qu'il doit aller par delà la mort même :
Et si, par un malheur que je n'ose prévoir,
Votre mort... Ah ! grands dieux ! quel affreux désespoir !
Mon âme, en y pensant, de douleur possédée...

ARAMINTE.

Rejetons loin de nous cette funeste idée ;
Et pour mieux célébrer le plaisir du retour,
Je veux que nous dînions ensemble dans ce jour.
J'ai fait, dès ce matin, inviter une amie,
Et vous augmenterez la bonne compagnie.

LE CHEVALIER.

Madame, cet honneur m'est bien avantageux.
Une affaire à présent m'arrache de ces lieux :
Pour revenir plus tôt, je pars en diligence.

ARAMINTE.

Allez. Je vous attends avec impatience.

LE CHEVALIER.

Ici, dans un moment, je reviens sur mes pas.

SCÈNE IV.

ARAMINTE, FINETTE.

ARAMINTE.

L'amour qu'il a pour moi ne s'imagine pas :
Mais, en revanche aussi, je l'aime à la folie.
Comment le trouves-tu?

FINETTE.

Sa figure est jolie.
Son valet Valentin n'est pas mal fait aussi :
Nous nous aimons un peu.

SCÈNE V.

DÉMOPHON, ARAMINTE, FINETTE.

FINETTE.

Mais quelqu'un vient ici.

C'est Démophon.

DÉMOPHON.

Bonjour, ma sœur.

ARAMINTE.

Bonjour, mon frère.

DÉMOPHON.

Bonjour. J'allais chez vous pour vous parler d'affaire.

ARAMINTE.

Ici, comme chez moi, vous pouvez m'ennuyer.

DÉMOPHON.

Votre nièce Isabelle est d'âge à marier;
Et monsieur Robertin, dont je connais le zèle,
A su me ménager un bon parti pour elle ;
Un jeune homme doué d'esprit et de vertus,
Possédant, qui plus est, soixante mille écus
D'un oncle qui l'a fait unique légataire,
Dont ledit Robertin est le dépositaire :
Et j'apprends, par les mots du billet que voici,
Que cet homme en ce jour doit arriver ici.

ARAMINTE.

J'en suis vraiment fort aise.

DÉMOPHON.

Or donc, ce mariage
Étant pour la famille un fort grand avantage,
Et vous voyant déjà, ma sœur, sur le retour,
N'ayant, comme je crois, nul penchant pour l'amour,
Je me suis bien promis qu'en faveur de l'affaire
Vous feriez de vos biens donation entière,
Vous gardant l'usufruit jusques à votre mort.

ARAMINTE.

Jusqu'à ma mort! Vraiment, ce projet me plaît fort!
Vous vous êtes promis, il faut vous dépromettre.
L'âge, comme je crois, peut encor me permettre
D'aspirer à l'hymen, et d'avoir des enfants.

DÉMOPHON.

Vous moquez-vous, ma sœur? Vous avez cinquante ans.

ARAMINTE.

Moi, j'ai cinquante ans! moi! Finette?

FINETTE.

Quels reproches!
Hélas! on n'est jamais trahi que par ses proches.
A cause que madame a vécu quelque temps,
On ne la croit plus jeune! Il est de sottes gens!

DÉMOPHON.

Ma sœur, dans mon calcul je crois vous faire grâce;
Et je raisonne ainsi : J'en ai cinquante, et passe;
Vous êtes mon aînée; ergo, dans un seul mot,
Vous voyez si j'ai tort.

ARAMINTE.

Votre ergo n'est qu'un sot;
Et je sais fort bien, moi, que cela ne peut être.
Ma jeunesse à mon teint se fait assez connaître.
Ce que je puis vous dire en termes clairs et nets,
C'est qu'il faut de mon bien vous passer pour jamais;
Que je me porte mieux que tous tant que vous êtes;
Que, malgré les complots qu'en votre âme vous faites,
Je prétends enterrer, avec l'aide de Dieu,
Les enfants que j'aurai, vous et ma nièce. Adieu.
C'est moi qui vous le dis; m'entendez-vous, mon frère?
Allons, Finette, allons.

(Elle sort.)

SCÈNE VI.

FINETTE, DÉMOPHON.

DÉMOPHON.
Le joli caractère!

FINETTE.
Monsieur, une autre fois, ou bien ne parlez pas,
Ou prenez, s'il vous plaît, de meilleurs almanachs.
Ma maîtresse est encor, malgré vous, jeune et belle;
Et tous les connaisseurs vous la soutiendront telle.

SCÈNE VII.

DÉMOPHON, seul.

Je jugeais à peu près quels seraient ses discours;
Et j'ai fort prudemment cherché d'autres secours.
Allons voir le notaire, et prenons des mesures
Pour rendre, s'il se peut, les affaires bien sûres.
Si l'homme en question est tel qu'on me l'a dit,
Terminons au plus tôt l'hymen dont il s'agit.

FIN DU PREMIER ACTE.

ACTE SECOND.

SCÈNE I.

LE CHEVALIER, VALENTIN.

VALENTIN.
Votre frère est trouvé, mais ce n'est pas sans peine;
Vous m'en voyez, monsieur, encor tout hors d'haleine.
J'avais couru Paris de l'un à l'autre bout,
Au coche, au messager, à la poste, et partout;
Et je vous avertis que je n'ai passé rue,

Où quelque créancier ne m'ait choqué la vue :
J'ai même rencontré ce Gascon, ce marquis,
A qui, depuis un an, nous devons cent louis...
LE CHEVALIER.
J'ai honte de devoir si longtemps cette somme ;
Il me l'a, tu le sais, prêtée en galant homme ;
Et du premier argent que je pourrai toucher,
De m'acquitter vers lui rien ne peut m'empêcher.
VALENTIN.
Tant mieux. Ne sachant plus enfin quel parti prendre,
A la douane encor j'ai bien voulu me rendre ;
Là, j'ai vu votre frère au milieu des commis,
Qui s'emportait contre eux du quiproquo commis,
Je l'ai connu de loin ; et cette ressemblance,
Dont vous m'avez parlé, passe toute croyance :
Le visage et les traits, l'air et le ton de voix,
Ce n'est qu'un ; je m'y suis trompé plus d'une fois.
Son esprit, il est vrai, n'est pas semblable au vôtre.
Il est brusque, impoli ; son humeur est tout autre :
On voit bien qu'il n'a pas goûté l'air de Paris ;
Et c'est un franc Picard qui tient de son pays.
LE CHEVALIER.
On doit peu s'étonner de cet air de rudesse
Dans un provincial nourri sans politesse :
Et ce n'est qu'à Paris que l'on perd aujourd'hui
Cet air sauvage et dur qui règne encore en lui.
VALENTIN.
De loin, comme j'ai dit, j'observais sa querelle ;
Et quand il est sorti, j'ai fait briller mon zèle ;
J'ai flatté son esprit ; enfin, j'ai si bien fait,
Qu'il veut, comme je crois, me prendre pour valet.
Il s'est même informé pour une hôtellerie.
Moi, dans les hauts projets dont mon âme est remplie,
J'ai d'abord enseigné l'auberge que voici.
Il doit dans un moment me venir joindre ici.
LE CHEVALIER.
Quels sont ces hauts projets dont ton âme est charmée ?
VALENTIN.
La Fortune aujourd'hui me paraît désarmée.
Tantôt, chemin faisant, j'ai cru, sans me flatter,
Que de la ressemblance on pourrait profiter,

Pour obtenir plus tôt Isabelle du père,
Et tirer, qui plus est, cet argent du notaire :
Ce serait deux beaux coups à la fois !
LE CHEVALIER.
Oui, vraiment.
VALENTIN.
Cela pourrait peut-être arriver aisément.
A notre campagnard nous donnerions la tante ;
Pour vous serait la nièce, et pour moi la suivante.
LE CHEVALIER.
Mais comment ferions-nous, dans ce hardi dessein,
Pour mettre promptement cette affaire en bon train ?
VALENTIN.
Il faut premièrement quitter cette parure,
Prendre d'un héritier l'habit et la figure,
L'air entre triste et gai. Le deuil vous sied-il bien ?
LE CHEVALIER.
Si c'est comme héritier, ma foi, je n'en sais rien :
Jamais succession ne m'est encor venue.
VALENTIN.
Faites bien le dolent à la première vue.
Imposez au notaire, et soyez diligent,
Autant que vous pourrez, à toucher cet argent.
LE CHEVALIER.
J'ai de tromper mon frère, au fond, quelque scrupule.
VALENTIN.
Quelle délicatesse et vaine et ridicule !
Nantissez-vous de tout sans rien mettre au hasard ;
Après, à votre gré vous lui ferez sa part.
S'il tenait cet argent, il se pourrait bien faire
Qu'il n'aurait pas pour vous un si bon caractère.
LE CHEVALIER.
Si pour ce bien offert tu me vois quelque ardeur,
C'est pour mieux mériter Isabelle et son cœur.
Je l'adore ; et je puis te dire, en confidence,
Qu'elle ne me voit pas avec indifférence ;
Son père n'en sait rien, et ne me connaît pas ;
Pour l'obtenir de lui je n'ai fait aucun pas ;
Et n'ayant pour tout bien que la cape et l'épée,
Toute mon espérance aurait été trompée.
Quelque raison encor m'arrête en ce moment.

Quelle est-elle?
VALENTIN.
LE CHEVALIER.
J'ai pris certain engagement;
Et promis, par écrit, d'épouser Araminte.
VALENTIN.
Sur cet engagement bannissez votre crainte.
Bon! si l'on épousait autant qu'on le promet,
On se marierait plus que la loi ne permet.
Allons au fait. Pour mettre en état notre affaire,
Il faut être vêtu comme l'est votre frère.
Il porte le grand deuil; son linge est effilé;
Un baudrier noué d'un crêpe tortillé;
Sa perruque de peu diffère de la vôtre.
Ainsi vous n'aurez pas besoin d'en prendre une autre.
Allez vous encrêper sans perdre un seul instant.
LE CHEVALIER.
Pour dîner avec elle Araminte m'attend.
VALENTIN.
Vous avez maintenant bien autre chose à faire;
Vous dînerez demain. Je crois voir votre frère :
Il vient de ce côté, je ne me trompe pas;
Vous, de cet autre-ci marchez, doublez le pas.
LE CHEVALIER.
Mais, dis-moi cependant...
VALENTIN.
Je n'ai rien à vous dire;
De tout, dans un moment, je saurai vous instruire.

SCÈNE II.

MÉNECHME, en deuil; VALENTIN.

VALENTIN.
A la fin vous voilà, monsieur. Depuis longtemps,
Pour tenir ma parole, ici je vous attends.
MÉNECHME.
Oui, vraiment, me voilà; mais j'ai cru, de ma vie,
Ne pouvoir arriver à votre hôtellerie.
Quel pays! quel enfer! J'ai fait cent mille tours;
Je n'ai jamais couru tant de risque en mes jours.
On ne peut faire un pas que l'on ne trouve un piége :

Partout quelque filou m'investit et m'assiége.
Là, l'épée à la main, des archers malfaisants,
Conduisant leur capture, insultent les passants.
Un fiacre, me couvrant d'un déluge de boue,
Contre le mur voisin m'écrase de sa roue,
Et, voulant me sauver, des porteurs inhumains
De leur maudit bâton me donnent dans les reins.
Quel bruit confus! quels cris! Je crois qu'en cette ville
Le diable a pour jamais élu son domicile.

VALENTIN.

Oh! Paris est un lieu de tumulte et d'éclat.

MÉNECHME.

Comment! j'aimerais mieux cent fois être au sabbat.
Un bois plein de voleurs est plus sûr. Ma valise,
Contre la foi publique, en arrivant, m'est prise;
On la change en une autre, où ce qui fut dedans,
A le bien estimer, ne vaut pas quinze francs [1] :
Des billets doux de femme y sont pour toutes hardes.

VALENTIN.

Il faut en ce pays être un peu sur ses gardes.

MÉNECHME.

Je ne le vois que trop. Suffit, ce coup de main
Me rendra désormais plus alerte et plus fin.
Heureusement encor, laissant ma malle au coche,
J'ai mis fort prudemment mon argent dans ma poche.

VALENTIN.

En toute occasion on voit les gens d'esprit.
Je vous ai, dans ce lieu, fait préparer un lit,
Dans un appartement fort propre et fort tranquille.
Comptez-vous de rester longtemps en cette ville?

MÉNECHME.

Le moins que je pourrai; je n'ai pas trop sujet
De me louer fort d'elle et d'être satisfait.
Je viens m'y marier.

VALENTIN.

C'est pourtant une affaire
Que l'on ne conclut pas en un jour, d'ordinaire.

MÉNECHME.

J'y viens pour prendre aussi soixante mille écus

---

[1] Dans la scène II de l'acte 1ᵉʳ, Valentin croit que la valise du chevalier n'avait pas pour vingt francs de bonne marchandise.

Qu'un oncle que j'avais, et qu'enfin je n'ai plus,
Attendu qu'il est mort, par grâce singulière,
M'a laissés depuis peu, comme à son légataire.
VALENTIN.
Tout est-il pour vous seul, monsieur?
MÉNECHME.
Assurément.
La guerre m'a défait d'un frère heureusement.
Depuis près de vingt ans, à la fleur de son âge,
Il a de l'autre monde entrepris le voyage,
Et n'est point revenu.
VALENTIN.
Le ciel lui fasse paix,
Et dans tous vos desseins vous donne un plein succès!
Si vous avez besoin de mon petit service,
Vous pouvez m'employer, monsieur, à tout office :
Je connais tout Paris, et je suis toujours prêt
A servir mes amis sans aucun intérêt.
MÉNECHME.
Ne sauriez-vous me dire où loge un certain homme,
Un honnête bourgeois, que Démophon l'on nomme?
VALENTIN.
Démophon?
MÉNECHME.
Justement, c'est ainsi qu'il a nom.
VALENTIN.
Qui peut vous enseigner mieux que moi sa maison?
Nous irons. Avez-vous avec lui quelque affaire?
MÉNECHME.
Oui. Sauriez-vous encore où demeure un notaire
Qu'on nomme Robertin?
VALENTIN.
Ah! vraiment, je le croi;
Vous ne pouvez pas mieux vous adresser qu'à moi :
Il est de mes amis, et nous irons ensemble.

SCÈNE III.

FINETTE, MÉNECHME, VALENTIN.

VALENTIN, à part.
Mais j'aperçois Finette. Ah! juste ciel! je tremble

Qu'elle ne vienne ici gâter ce que j'ai fait.

FINETTE, à Valentin.

Que diantre fais-tu là, planté comme un piquet?
Le dîner se morfond ; ma maîtresse s'ennuie.

(Apercevant Ménechme, qu'elle prend pour le chevalier.)

Ah! vous voilà, monsieur! vraiment j'en suis ravie!

MÉNECHME.

Et pourquoi donc?

FINETTE.

J'allais au-devant de vos pas.
Voir qui peut empêcher que vous ne venez pas :
Ma maîtresse ne peut en deviner la cause.
Mais qu'est-ce donc, monsieur? quelle métamorphose!
Pourquoi cet habit noir et ce lugubre accueil?
En peu de temps vraiment, vous avez pris le deuil.
Faut-il, pour un dîner, s'habiller de la sorte?
Venez-vous d'un convoi, monsieur?

MÉNECHME.

Que vous importe?
Je suis comme il me plaît.

(A part, à Valentin.)

Les filles en ces lieux,
Ont l'abord familier, et l'esprit curieux.

VALENTIN, bas, à Ménechme.

C'est l'humeur du pays ; et, sans beaucoup d'instance,
Avec les étrangers elles font connaissance.

FINETTE.

Mon zèle de ces soins ne peut se dispenser :
A ce qui vous survient je dois m'intéresser :
Ma maîtresse a pour vous une tendresse extrême,
Et je dois l'imiter.

MÉNECHME.

Votre maîtresse m'aime?

FINETTE.

Ne le savez-vous pas?

MÉNECHME.

Je veux être pendu
Si, jusqu'à ce moment [1], j'en ai jamais rien su.

---

[1] Dans quelques éditions modernes, on lit :
Si, *jusques à ce jour*, j'en ai jamais rien su.

ACTE II, SCÈNE III.

FINETTE.
Vous en avez pourtant déjà fait quelque épreuve :
Et, si vous en voulez de plus solide preuve,
Quand vous souhaiterez, vous serez son époux.

MÉNECHME.
Je serai son époux?

FINETTE.
Oui, vraiment.

MÉNECHME.
Qui? moi?

FINETTE.
Vous.
Vous n'avez pas, je crois, d'autre dessein en tête.

MÉNECHME.
La proposition est, ma foi, fort honnête!
(A part, à Valentin.)
Voilà, sur ma parole, une agente d'amour.

VALENTIN, bas, à Ménechme.
Elle en a bien la mine.

FINETTE.
Avant votre retour,
Mille amants sont venus s'offrir à ma maîtresse;
Mais Ménechme est le seul qui flatte sa tendresse.

MÉNECHME.
D'où savez-vous mon nom?

FINETTE.
D'où savez-vous le mien?

MÉNECHME.
D'où je sais le vôtre?

FINETTE.
Oui.

MÉNECHME.
Je n'en sus jamais rien.
Je ne vous connais point.

FINETTE.
A quoi bon cette feinte?
Je me nomme Finette, et sers chez Araminte;
Et plus de mille fois je vous ai vu chez nous.

MÉNECHME.
Vous servez chez elle?

FINETTE.
Oui.

MÉNECHME.
Ma foi, tant pis pour vous.
Je ne m'y connais pas, ou bien, sur ma parole,
Vous êtes là, m'amie [1], en très-mauvaise école.
FINETTE.
Laissons ce badinage. En un mot, comme en cent,
Ma maîtresse à dîner chez elle vous attend.
Pour vous faire trouver meilleure compagnie,
Elle a, dans ce repas, invité son amie,
Belle et de bonne humeur, qui loge en son quartier.
MÉNECHME.
Votre maîtresse fait un fort joli métier !
FINETTE, bas, à Valentin.
Mais parle-moi donc, toi. Quelle vapeur nouvelle
A pu, dans un moment, déranger sa cervelle?
VALENTIN, bas, à Finette.
Depuis un certain temps il est assez sujet
A des distractions dont tu peux voir l'effet.
Il me tient quelquefois un discours vain et vague
A tel point qu'on dirait souvent qu'il extravague.
FINETTE.
Tantôt il paraissait assez sage ; et peut-on
Perdre en si peu de temps et mémoire et raison?
(A Ménechme.)
Voulez-vous, de bon sens, me dire une parole?
MÉNECHME.
Mais vous-même, m'amie, êtes-vous ivre ou folle,
De me baliverner avec vos contes bleus,
Et me faire enrager depuis une heure ou deux?
Qu'est-ce qu'une Araminte, un objet qui m'adore,
Une amie, un dîner, et cent discours encore,
Tous plus sots l'un que l'autre, à quoi l'on ne comprend
Non plus qu'à de l'algèbre, ou bien à l'Alcoran?
FINETTE.
Vous ne voulez donc pas être plus raisonnable,
Ni dîner au logis?
MÉNECHME.
Non, je me donne au diable.

---

[1] Dans les anciennes éditions, on lit, *ma mie*, qui est aussi une locution française, mais qui n'a pas le même sens.

Votre maîtresse ailleurs, en ses nobles projets,
Peut à d'autres oiseaux tendre ses trébuchets.
Et vous, son émissaire et son honnête agente,
C'est un vilain emploi que celui d'intrigante;
Quelque malheur enfin vous en arrivera,
Je vous en avertis, quittez ce métier-là.
Faites votre profit de cette remontrance.

FINETTE.

Nous verrons si dans peu vous aurez l'insolence
De faire à ma maîtresse un discours aussi sot :
Je vais lui dire tout, sans oublier un mot.
(A Valentin.)
Adieu, digne valet d'un trop indigne maître :
J'espère que dans peu nous nous ferons connaître.
(A part.)
Je ne le connais plus, et ne sais où j'en suis.

SCÈNE IV.

MÉNECHME, VALENTIN.

MÉNECHME.

Quelle ville, bon Dieu ! quel étrange pays !
On me l'avait bien dit, que ces femmes coquettes,
Pour faire réussir leurs pratiques secrètes,
Des nouveaux débarqués s'informaient avec soin,
Pour leur dresser après quelque piége au besoin.

VALENTIN.

Au coche elle aura pu savoir comme on vous nomme,
Et que vous arrivez pour toucher une somme.

MÉNECHME.

Justement, c'est de là qu'elle a pu le savoir :
Mais contre leurs complots j'ai su me prévaloir ;
Et si de m'attraper quelqu'un se met en tête,
Il ne faut pas, ma foi, que ce soit une bête.

VALENTIN.

Ne restons pas, monsieur, en ce lieu plus longtemps :
Les femmes à Paris ont des attraits tentants,
Où les cœurs les plus fiers enfin se laissent prendre.

MÉNECHME.

Votre conseil est bon ; entrons sans plus attendre.

SCÈNE V.

ARAMINTE, FINETTE, MÉNECHME, VALENTIN.

ARAMINTE, à Finette.
Non, je ne croirai point ce que tu me dis là.
FINETTE.
Vous verrez si je mens : parlez-lui, le voilà.
ARAMINTE, à Ménechme, qu'elle prend pour le chevalier.
Tandis que de vous voir je meurs d'impatience,
Vous témoignez, monsieur, bien de l'indifférence !
Le dîner vous attend ; et vous savez, je crois,
Que je n'ai de plaisir que lorsque je vous vous vois.
MÉNECHME.
En vérité, madame, il faut que je vous dise...
Que je suis fort surpris... et que dans ma surprise...
Je trouve surprenant... Je ne m'attendais pas
A voir ce que je vois... Car enfin vos appas,
Quoiqu'un peu... dérangés... pourraient bien me confondre :
Si d'ailleurs...
(A part.)
Par ma foi je ne sais que répondre.
ARAMINTE.
Le trouble où je vous vois, ce noir déguisement,
Ne m'annoncent-ils point de triste événement ?
Vous est-il survenu quelque mauvaise affaire ?
Parlez, mon cher enfant. Daignez ne me rien taire.
Vous êtes-vous battu ?
MÉNECHME.
Jamais je ne me bats.
ARAMINTE.
Tout mon bien est à vous, et ne l'épargnez pas.
Quand on s'aime, et qu'on a pour but de chastes chaînes,
Tout le bien et le mal, le plaisir et les peines,
Tout, entre deux amants, ne doit devenir qu'un.
Il faut mettre nos maux et nos biens en commun ;
Et je veux avec vous courir même fortune.
MÉNECHME.
Je vous suis obligé de vous voir si commune ;
Mais je n'userai point de la communauté
Que vous m'offrez, madame, avec tant de bonté.

ACTE II, SCÈNE V.

ARAMINTE.
Mais je ne comprends point quels discours sont les vôtres.
FINETTE.
Bon! madame, il m'en a tantôt tenu bien d'autres.
VALENTIN, bas, à Araminte.
Dans ses discours, parfois, il est impertinent.
ARAMINTE.
Entrons donc pour dîner.
MÉNECHME.
Je ne puis maintenant ;
J'ai quelque affaire ailleurs.
ARAMINTE.
J'ai tort de vous contraindre :
Mais de votre froideur j'ai sujet de tout craindre.
MÉNECHME.
Quel diantre de discours! Passez, et laissez-nous.
Je n'ai jamais senti ni froid ni chaud pour vous.
FINETTE.
Eh bien! peut-on plus loin porter l'impertinence?
Ferme, monsieur ; ici poussez bien l'insolence :
Mais, ma foi, si jamais chez nous vous revenez,
Je vous fais de la porte un masque sur le nez.
MÉNECHME.
Quand j'irai, je consens, pour punir ma folie,
Que la porte sur moi se brise et m'estropie.
ARAMINTE.
Mais d'où venez-vous donc? Ne me déguisez rien.
MÉNECHME.
Vous feignez l'ignorer ; mais vous le savez bien.
N'avez-vous pas tantôt envoyé voir au coche
Qui je suis, d'où je viens, où je vais?
ARAMINTE.
Quel reproche !
Et de quel coche ici me venez-vous parler?
MÉNECHME.
Du coche le plus rude où mortel puisse aller ;
Et je ne pense pas que, de Paris à Rome,
Un autre, tel qu'il soit, cahote mieux son homme.
ARAMINTE.
Finette, il perd l'esprit.
FINETTE.
Il ne perd pas beaucoup.

Il faut assurément qu'il ait trop bu d'un coup :
C'est le vin qui le porte à ces extravagancés.
####### MÉNECHME.
Je suis las, à la fin, de tant d'impertinences.
Des soins plus importants me mettent en souci :
C'est pour les terminer que l'on me voit ici,
Et non pas pour dîner avec des créatures
Qui viennent comme vous chercher des aventures.
####### ARAMINTE.
Des créatures! Ciel! quels termes sont-ce là?
####### FINETTE.
Des créatures! nous! Ah! madame, voilà
Les deux plus grands fripons... Si vous m'en voulez croire,
Frottons-les comme il faut, pour venger notre gloire..
####### MÉNECHME.
Doucement, s'il vous plaît ; modérez votre ardeur
####### FINETTE.
Je ne me suis jamais senti tant de vigueur.
J'aurai soin du valet; n'épargnez pas le maître.
####### VALENTIN, se sauvant.
De tout ce différend je ne veux rien connaître ;
Et je ne prétends point me battre contre toi.
Si l'on vous brutalise, est-ce ma faute à moi?
####### ARAMINTE.
Que je suis malheureuse! et quelle est ma faiblesse
D'avoir à cet ingrat déclaré ma tendresse !
Finette, tu le sais ; rien ne te fut caché.
####### FINETTE.
Perfide! scélérat! ton cœur n'est point touché?
####### MÉNECHME.
Là, là, consolez-vous. Si cet amour extrême
Est venu promptement, il passera de même.
####### ARAMINTE.
Va, n'attends plus de moi que haine et que rigueurs.
(Elle s'en va.)
####### MÉNECHME.
Bon! je me passerai fort bien de vos faveurs.

SCÈNE VI.

FINETTE, MÉNECHME, VALENTIN.

FINETTE, à Ménechme.

Ah! maudit renégat, le plus méchant du monde!
Que le ciel te punisse, et l'enfer te confonde!
Si nous avions bien fait, nous t'aurions étranglé.
Il faut assurément qu'on l'ait ensorcelé;
Et ce n'est plus lui-même.

(Finette sort; Ménechme la suit, et s'arrête à l'entrée d'une rue.)

MÉNECHME, à Finette et à Araminte qu'il suit des yeux.

Adieu donc, mes princesses :
Choisissez mieux vos gens pour placer vos tendresses.

SCÈNE VII.

MÉNECHME, VALENTIN.

MÉNECHME, revenant, à Valentin.

Mais voyez quelle rage et quel déchaînement!
J'ai senti cependant un tendre mouvement;
Le diable m'a tenté. J'ai trouvé la suivante
D'un minois revenant, et fort appétissante.

VALENTIN.

Vous avez jusqu'au bout bravement combattu ;
Et l'on ne peut assez louer votre vertu.
Mais entrons au plus tôt dans cette hôtellerie,
Pour n'être plus en butte à quelque brusquerie.
Là, si vous me jugez digne de quelque emploi,
Vous pourrez m'occuper, et vous servir de moi.

MÉNECHME.

Je brûle cependant d'aller voir ma maîtresse :
Un désir curieux plus que l'amour me presse.

VALENTIN.

Lorsque vous aurez fait un tour dans la maison,
Je vous y conduirai, si vous le trouvez bon.

MÉNECHME.

Adieu, jusqu'au revoir.

SCÈNE VIII.

VALENTIN, seul.

Je vais trouver mon maître,
Savoir en quel état les choses peuvent être ;
S'il agit de sa part ; s'il a bon air en deuil.
Courage, Valentin ; ferme ; bon pied, bon œil.

FIN DU SECOND ACTE.

ACTE TROISIÈME.

SCÈNE I.

LE CHEVALIER, vêtu en deuil ; VALENTIN.

VALENTIN.

Rien n'est plus surprenant ; et votre ressemblance
Avec votre jumeau passe la vraisemblance.
Vous et lui ce n'est qu'un : étant vêtu de deuil,
Il n'est homme à présent dont vous ne trompiez l'œil.
On ne peut distinguer qui des deux est mon maître ;
Et moi, votre valet, j'ai peine à vous connaître.
Pour ne m'y pas tromper, souffrez que de ma main,
Je vous attache ici quelque signe certain.
Donnez-moi ce chapeau.

LE CHEVALIER.

Qu'en prétends-tu donc faire ?

VALENTIN, mettant une marque au chapeau.

Vous marquer de ma marque, ainsi que votre père,
Pour vous mieux distinguer, faisait fort prudemment.

LE CHEVALIER.

Tu veux rire, je crois ?

VALENTIN.

Je ne ris nullement :

Et je pourrais fort bien, le premier, m'y méprendre.
LE CHEVALIER.
Le notaire à ces traits s'est déjà laissé prendre :
Il m'a reçu d'abord d'un accueil obligeant;
Et dans une heure il doit me compter mon argent.
VALENTIN.
Quoi! monsieur, il vous doit compter toute la somme,
Soixante mille écus?
LE CHEVALIER.
Tout autant.
VALENTIN.
L'honnête homme!
D'autres à ce jumeau se sont déjà mépris :
Pour vous, en ce lieu même, Araminte l'a pris,
Et chez elle à dîner a voulu l'introduire.
Lui, surpris, interdit, et ne sachant que dire,
Croyant qu'elle tendait un piége à sa vertu,
L'a brusquement traitée; il s'est presque battu ;
Et, si je n'avais pas apaisé la querelle,
Il serait arrivé mort d'homme ou de femelle.
LE CHEVALIER.
Mais n'a-t-il point sur moi quelques soupçons naissants?
VALENTIN.
Quel soupçon voulez-vous qu'il ait? Depuis vingt ans
Il vous croit trop bien mort; et jamais quoi qu'on ose,
Il ne peut du vrai fait imaginer la cause.
LE CHEVALIER.
L'aventure est plaisante, et j'en ris à mon tour,
Mais voyons le beau-père, et servons notre amour.
Heurte vite.

(Valentin va frapper à la porte de Démophon, qui sort.)

SCÈNE II.

DÉMOPHON, LE CHEVALIER, VALENTIN.

VALENTIN, à Démophon.
Êtes-vous, monsieur, un honnête homme
Appelé Démophon?
DÉMOPHON.
C'est ainsi qu'on me nomme.
VALENTIN.
Je me réjouis fort de vous avoir trouvé.

Voilà mon maître ici fraîchement arrivé,
Qui se nomme Ménechme, et qui vient de Péronne
A dessein d'épouser votre fille en personne.
DÉMOPHON, au chevalier.
Ah! monsieur, permettez que cet embrassement
Vous fasse voir l'excès de mon contentement.
LE CHEVALIER.
Souffrez aussi, monsieur, qu'une pareille joie
Dans cet embrassement à vos yeux se déploie,
Et que tout le respect ici vous soit rendu,
Que doit à son beau-père un gendre prétendu.
DÉMOPHON.
Votre taille, votre air, votre esprit, tout m'enchante!
Et mon âme serait entièrement contente,
Si votre oncle défunt, que je voyais souvent,
Pour voir cette alliance, était encor vivant.
LE CHEVALIER.
Ah! monsieur, n'allez pas rappeler de sa cendre
Un oncle que j'aimais d'une amitié bien tendre.
Ce garçon vous dira l'excès de mes douleurs,
Et combien, à sa mort, j'ai répandu de pleurs.
VALENTIN.
Qu'à son âme le ciel fasse miséricorde!
Mais nous parler de lui, c'est toucher une corde
Bien triste... et qui pourrait... Mais il était bien vieux.
DÉMOPHON.
Mais point trop. Nous étions de même âge tous deux,
Cinquante ans environ.
VALENTIN.
Ce mot se peut entendre
En diverses façons, suivant qu'on veut le prendre.
Je dis qu'il était vieux pour son peu de santé;
Il se plaignait toujours de quelque infirmité.
DÉMOPHON.
Point du tout; et je crois que, dans toute sa vie,
Il ne fut attaqué que de la maladie
Qui causa de sa mort le funeste accident.
LE CHEVALIER.
C'était un corps de fer.
VALENTIN.
Il est vrai... cependant...

ACTE III, SCÈNE III.

LE CHEVALIER, bas à Valentin.

Tais-toi donc.

DÉMOPHON.

Ce discours peut rouvrir votre plaie ;
Prenons une matière et plus vive et plus gaie.
Vous allez voir ma fille ; et j'ose me flatter
Que son air et ses traits pourront vous contenter.

LE CHEVALIER.

Il faudra que pour moi le devoir sollicite ;
Je compte, en vérité, bien peu sur mon mérite.

DÉMOPHON.

Vous avez très-grand tort, vous devez y compter ;
Et du premier coup d'œil vous saurez l'enchanter.
Je me connais en gens, croyez-en ma parole :
Et, de plus, Isabelle est une cire molle
Que je forme et pétris comme il me prend plaisir.
Quand vous ne seriez pas au gré de son désir
(Ce qui me tromperait bien fort), je suis son père.
Et pour voir à mes lois combien elle défère,
Mettez-vous à l'écart, je m'en vais l'appeler ;
Et sans être aperçu, vous l'entendrez parler.

(Il entre chez lui.)

SCÈNE III.

LE CHEVALIER, VALENTIN.

LE CHEVALIER.

Laisse-moi seul ici ; va-t'en trouver mon frère :
Empêche-le surtout d'aller chez le notaire ;
C'est le point principal.

VALENTIN.

J'en demeure d'accord.
Mais je ne pourrai pas, dans son ardent transport,
L'empêcher de venir ici voir sa maîtresse :
Ainsi je suis d'avis, quelque ardeur qui vous presse,
Que vous soyez succinct en discours amoureux.

LE CHEVALIER.

Va vite ; je ne suis qu'un moment en ces lieux.

SCÈNE IV.

DÉMOPHON, ISABELLE, LE CHEVALIER, à l'écart.

DÉMOPHON.

Isabelle, approchez.

ISABELLE.

Que voulez-vous, mon père ?

DÉMOPHON.

Vous dire quatre mots, et vous parler d'affaire.
Un homme de province, assez bien fait pourtant,
Doit, pour vous épouser, arriver à l'instant.

ISABELLE, à part.

Qu'entends-je ?

DÉMOPHON.

Ce parti vous est fort convenable ;
La naissance, le bien, tout m'est très-agréable ;
Et la personne aussi sera de votre goût.

ISABELLE.

Mon père, sans pousser ce discours jusqu'au bout,
Permettez-moi de dire, avecque déférence,
Et sans vouloir pour vous manquer d'obéissance,
Que je ne prétends point me marier.

DÉMOPHON.

Comment ?
D'où vous vient pour l'hymen ce brusque éloignement ?
Vous n'avez pas tenu toujours un tel langage.

ISABELLE.

Il est vrai ; mais enfin l'esprit vient avec l'âge.
J'en connais les dangers. Aujourd'hui les époux
Sont tous, pour la plupart, inconstants ou jaloux ;
Ils veulent qu'une femme épouse leurs caprices :
Les plus parfaits sont ceux qui n'ont que peu de vices.

DÉMOPHON.

Celui-ci te plaira quand tu l'auras connu.

ISABELLE.

Tel qu'il soit, je le hais avant de l'avoir vu :
Il suffit que ce soit un homme de province ;
Et je n'en voudrais pas, quand ce serait un prince.

LE CHEVALIER, se montrant.

Madame, il ne faut pas si fort se déchaîner

Contre le malheureux que l'on veut vous donner ;
Si vous le haïssez, il s'en peut trouver d'autres
De qui les sentiments différeront des vôtres.
ISABELLE, à part.
Que vois-je ? juste ciel ! et quel étonnement !
C'est Ménechme, grands dieux ! c'est lui, c'est mon amant.
DÉMOPHON, au chevalier.
Je suis au désespoir qu'un dégoût téméraire
Ait rendu son esprit à mes lois si contraire...
Mais je l'obligerai, si vous le souhaitez...
LE CHEVALIER.
Non ; ne contraignons point, monsieur, ses volontés :
J'aimerais mieux mourir que d'obliger madame
A faire quelque effort qui contraignît son âme.
DÉMOPHON.
Regarde le parti qui t'était destiné ;
Un époux fait à peindre, un jeune homme bien né,
Dont l'esprit est égal au bien, à la naissance.
LE CHEVALIER.
J'avais tort de porter si haut mon espérance.
ISABELLE.
Quoi ! c'est là le parti que vous me proposiez ?
DÉMOPHON.
Eh ! oui, si dans mon choix vous ne me traversiez,
Si votre sot dégoût et vos folles pensées
Ne rompaient mes desseins et toutes mes visées.
ISABELLE.
A ne vous point mentir, depuis que je l'ai vu,
Mon cœur n'est plus si fort contre lui prévenu.
DÉMOPHON.
Vous voyez ce que fait l'autorité d'un père.
LE CHEVALIER.
Vous n'avez plus pour moi cette haine sévère,
Et votre œil sans dédain s'accoutume à me voir ?
ISABELLE.
Mon père me l'ordonne, et je suis mon devoir.

SCÈNE V.

ARAMINTE, LE CHEVALIER, DÉMOPHON, ISABELLE.

ARAMINTE, au chevalier.
Ah ! te voilà donc, traître ! Avec quelle impudence

Oses-tu dans ces lieux soutenir ma présence !
Après m'avoir traitée avec indignité,
Ne crains-tu point l'effet de mon cœur irrité?
LE CHEVALIER.
Madame, je ne sais ce que vous voulez dire ;
Et ce brusque discours a de quoi m'interdire.
Vous me prenez ici pour un autre, je croi.
Quel sujet auriez-vous de vous plaindre de moi !
ARAMINTE.
Tu feins de l'ignorer, âme double et traîtresse !
Tu m'abusais, hélas ! d'une feinte tendresse :
Et moi, de bonne foi, je te donnais mon cœur,
Sans connaître le tien et toute sa noirceur.
LE CHEVALIER.
Vous m'honorez vraiment par delà mes mérites ;
Mais je ne comprends rien à tout ce que vous dites.
DÉMOPHON.
Ma foi, ni moi non plus. Mais dites-moi, ma sœur,
A quoi tend ce discours? Quelle bizarre humeur...
LE CHEVALIER, à Démophon.
Madame est votre sœur?
DÉMOPHON.
Oui, monsieur, dont j'enrage ;
De plus, ma sœur aînée, et n'en est pas plus sage.
(A Araminte.)
Quel caprice nouveau ; quel démon, dis-je, enfin,
Vous oblige à venir, en faisant le lutin,
Scandaliser ici monsieur, qui, de sa vie,
Ne vous vit, ne connut [1], et n'en a nulle envie ?
ARAMINTE.
Il ne me connaît pas ! Vous êtes fou, je crois !
Depuis plus de deux ans l'ingrat vit sous mes lois !
Il a fait de mon bien un assez long usage :
J'ai fait à mes dépens son dernier équipage ;
Et si de ses malheurs je n'avais eu pitié,
Il aurait tout au long fait la campagne à pied.
DÉMOPHON, bas, au chevalier.
Je vous le disais bien, qu'elle était un peu folle.
LE CHEVALIER, bas, à Démophon.
Elle y vise assez.

[1] Cette leçon est conforme à l'édition originale et à quelques autres. Dans les éditions modernes, on lit, *Ne vous vit*, NI *connut*.

ACTE III, SCÈNE VII. 53

DÉMOPHON, bas, au chevalier.
Oh! j'en donne ma parole.
LE CHEVALIER.
Je ne veux pas ici m'exposer plus longtemps
A m'entendre tenir des discours insultants.
A madame à présent je quitte la partie ;
Je reviendrai sitôt qu'elle sera partie.
DÉMOPHON, bas, au chevalier.
Ne vous arrêtez point à tout ce qu'elle dit ;
Il faut s'accommoder à son bizarre esprit.
LE CHEVALIER.
Pour un moment, monsieur, souffrez que je vous quitte ;
Je reviens sur mes pas achever ma visite.
(Il s'en va.)
ARAMINTE, au chevalier.
Ne crois pas m'échapper.

SCÈNE VI.

ARAMINTE, DÉMOPHON, ISABELLE.

ARAMINTE, revenant sur ses pas.
Je connais vos desseins :
Vous voudriez tous deux l'arracher de mes mains.
Mais je veux l'épouser en dépit de la fille,
Du père, des parents, de toute la famille,
En dépit de lui-même, et de moi-même aussi.
(Elle sort.)

SCÈNE VII.

DÉMOPHON, ISABELLE.

DÉMOPHON.
Quel vertigo l'agite, et la conduit ici [1] ?
Toujours de plus en plus son cerveau se démonte.
ISABELLE.
Il est vrai que souvent pour elle j'en ai honte.
DÉMOPHON.
Je crains que cette femme, avec sa brusque humeur,
Ne soit venue ici causer quelque malheur.

[1] Dans la plupart des éditions modernes, on lit :
Quel vertigo l'agite, et *l'a conduite* ici ?
Cela paraît être une faute des éditeurs.

SCÈNE VIII.

MÉNECHME, VALENTIN, DÉMOPHON, ISABELLE.

VALENTIN, à Ménechme, dans le fond.
Oui, monsieur, les voilà, la fille avec le père ;
Vous pouvez avec eux parler de votre affaire.
DÉMOPHON, allant à Ménechme, qu'il prend pour le chevalier.
Ah ! monsieur, pour ma sœur et pour sa vision,
Il faut, ma fille et moi, vous demander pardon.
Vous savez bien qu'il est, en femmes comme en filles,
Des esprits de travers dans toutes les familles.
MÉNECHME.
Oui, monsieur.
DÉMOPHON.
Vous voilà promptement de retour.
J'en suis ravi.
MÉNECHME.
Je viens vous donner le bonjour,
Et par même moyen, amant tendre et fidèle,
Épouser une fille appelée Isabelle,
Dont vous êtes le père, à ce que chacun dit.
En peu de mots, voilà tout ce qui me conduit.
DÉMOPHON.
Je vous l'ai déjà dit, et je vous le répète,
Combien de ce parti mon âme est satisfaite :
Ma fille en est contente ; elle vous a fait voir
Qu'elle suit maintenant l'amour et le devoir.
Elle a senti d'abord un peu de répugnance ;
Mais, vous voyant, son cœur n'a plus fait de défense.
MÉNECHME.
Nous nous sommes donc vus quelquefois ?
DÉMOPHON.
A l'instant,
Vous sortez d'avec elle, et paraissez [1] content.
MÉNECHME.
Moi ! je sors d'avec elle ?
DÉMOPHON.
Oui, sans doute, vous-même :

---

[1] Cette leçon est conforme à l'édition originale, à celle de 1728, et à celle de 1729. Dans la plupart des autres éditions, on lit :
Vous sortez d'avec elle, et *paraissiez* content.

ACTE III, SCÈNE VIII. 55

Nous avions, de vous voir, une allégresse extrême,
Quand ma sœur est venue, avec ses sots discours,
De notre conférence interrompre le cours.
Se peut-il que sitôt vous perdiez la mémoire?
MÉNECHME.
Nous rêvons, vous ou moi. Quoi! vous me ferez croire
Que j'ai vu votre fille? En quel temps? comment? où?
DÉMOPHON.
Tout à l'heure, en ces lieux.
MÉNECHME.
Allez, vous êtes fou.
C'est me faire passer pour un visionnaire ;
Et ce début, tout franc, ne me satisfait guère.
Quoi qu'il en soit enfin, à présent je la vois ;
Que ce soit la première ou la seconde fois,
Il importe fort peu pour notre mariage.
DÉMOPHON, bas.
Cet homme, dans l'abord, me paraissait plus sage.
MÉNECHME.
Madame, on m'a vanté, par écrit, vos appas :
J'en suis assez content ; mais j'en fais peu de cas,
Quand l'esprit ne va pas de pair avec les charmes.
C'est à vous là-dessus à guérir mes alarmes :
J'en dirai mon avis quand vous aurez parlé.
ISABELLE, à part.
Je ne le connais plus, son esprit s'est troublé.
MÉNECHME.
J'aime les gens d'esprit plus que personne en France :
J'en ai du plus brillant, et le tout sans science.
Je trouve que l'étude est le parfait moyen
De gâter la jeunesse, et n'est utile à rien ;
Aussi je n'ai jamais mis le nez dans un livre :
Et quand un gentilhomme, en commençant à vivre,
Sait tirer en volant, boire, et signer son nom,
Il est aussi savant que défunt Cicéron.
DÉMOPHON.
Prendrez-vous une charge à la cour, à l'armée?
MÉNECHME.
Mon âme dans ce choix est indéterminée.
La cour aurait pour moi d'assez puissants appas,
Si la sujétion ne me fatiguait pas.
La guerre me ferait d'ailleurs assez d'envie,

Si des gens bien versés en l'art d'astrologie
Ne m'avaient assuré que je vivrai cent ans :
Or, comme les guerriers vont peu jusqu'à ce temps,
Quoique mon nom fameux pût voler dans l'Europe,
Je veux, si je le puis, remplir mon horoscope.
Oh ! j'aime à vivre, moi.

####### VALENTIN.

Vous êtes de bon sens.

ISABELLE, bas.

Quel discours ! quel travers ! Est-ce lui que j'entends ?

MÉNECHME.

Qu'avez-vous, s'il vous plaît ? Vous paraissez surprise,
Comme si je disais ici quelque sottise.
Vous avez bien la mine, et soit dit entre nous,
De faire peu de cas des leçons d'un époux.

ISABELLE.

Je sais à quel devoir l'état de femme engage.

MÉNECHME.

Jusqu'ici je vous crois et vertueuse et sage ;
Cependant ce regard amoureux et fripon
Pour le temps à venir ne me dit rien de bon :
J'en tire un argument, sans être philosophe,
Que vous me réservez à quelque catastrophe.
Plaît-il ? qu'en dites-vous ?

DÉMOPHON.

Monsieur, ne craignez rien ;
Isabelle toujours doit se porter au bien.

ISABELLE.

Ciel ! peut-on me tenir de tels discours en face ?
Mon père, permettez que je quitte la place :
Monsieur me flatte trop ; ses tendres compliments
Me font connaître assez quels sont ses sentiments.

(Elle sort.)

SCÈNE IX.

DÉMOPHON, MÉNECHME, VALENTIN.

DÉMOPHON, à part.

Mon gendre avait d'abord de plus belles manières.

MÉNECHME.

Les filles n'aiment pas les hommes si sincères.

VALENTIN.

Vous ne les flattez pas.

ACTE III, SCÈNE XI.

MÉNECHME.
Oh! parbleu, je suis franc.
Femme, maîtresse, ami, tout m'est indifférent;
Je ne me contrains pas, et dis ce que je pense.
DÉMOPHON.
C'est bien fait. Vous aurez, je crois, la complaisance
De ne plus demeurer autre part que chez moi?
MÉNECHME.
Je reçois cette grâce ainsi que je le doi :
Mais il faut...
DÉMOPHON.
Vous souffrir en une hôtellerie!
Ce serait un affront...
MÉNECHME.
Laissez-moi, je vous prie,
Pour quelque temps encor vivre à ma liberté.
DÉMOPHON.
Soit. Je vais travailler à l'hymen projeté.
(A part.)
Mon gendre prétendu me paraît bien sauvage;
Mais le bien qu'il apporte est un grand avantage.

SCÈNE X.

MÉNECHME, VALENTIN.

MÉNECHME.
J'ai donc vu là l'objet dont je serai l'époux?
VALENTIN.
Oui, monsieur, le voilà.
MÉNECHME.
Tout franc, qu'en dites-vous?
VALENTIN.
Mais, si vous souhaitez que je parle sans feinte,
De ses perfections je n'ai pas l'âme atteinte.
MÉNECHME.
Ma foi, ni moi non plus.

SCÈNE XI.

M. COQUELET, MÉNECHME, VALENTIN.

VALENTIN, à part.
Quel surcroît d'embarras!

Un de nos créanciers tourne vers nous ses pas :
C'est le marchand fripier qui nous rend sa visite.
M. COQUELET, à Ménechme, qu'il prend pour le chevalier.
De mon petit devoir humblement je m'acquitte.
J'ai, ce matin, monsieur, appris votre retour,
Et je viens des premiers vous donner le bonjour.
Nous étions tous pour vous dans une peine extrême ;
Car, dans notre maison, tout le monde vous aime,
Moi, ma fille, ma femme : elles tremblaient de peur
Qu'il ne vous arrivât quelque coup de malheur.
MÉNECHME.
M'aimer sans m'avoir vu ! voilà de bonnes âmes !
Je n'aurais jamais cru tant être aimé des femmes !
M. COQUELET.
Nous le devons, monsieur, pour plus d'une raison :
Vous êtes dès longtemps ami de la maison.
MÉNECHME, bas, à Valentin.
Quel est cet homme-là ?
VALENTIN, bas, à Ménechme.
C'est un visionnaire,
Une espèce de fou d'un plaisant caractère,
Qui s'est mis dans l'esprit que tous les gens qu'il voit
Sont de ses débiteurs, et veut que cela soit :
C'est sa folie enfin : il n'aborde personne
Qu'un mémoire à la main ; et déjà je m'étonne
Qu'il ne vous ait point fait quelque sot compliment.
MÉNECHME, bas, à Valentin.
Sa folie est nouvelle, et rare assurément.
M. COQUELET.
Votre bonne santé, plus que l'on ne peut croire,
Me charme et me ravit. Voici certain mémoire
Qu'avant votre départ je vous fis arrêter,
Et que vous me paierez, je crois, sans contester.
VALENTIN, bas, à Ménechme.
Que vous avais-je dit ?
M. COQUELET.
J'ai, pendant votre absence,
Obtenu contre vous certain mot de sentence,
Et par corps.
MÉNECHME.
Et par corps ?

ACTE III, SCÈNE XI.

M. COQUELET.
　　　　　　　Mais, bénin créancier,
J'ai différé toujours d'en charger un huissier,
De poursuites, d'exploits, il vous romprait la tête.
　　　　　　　MÉNECHME.
Mais vous êtes vraiment trop bon et trop honnête!
Comment vous nomme-t-on?
　　　　　　　M. COQUELET.
　　　　　　　　　Oh! vous le savez bien.
　　　　　　　MÉNECHME.
Je veux être un maraud si j'en sus jamais rien.
　　　　　　　M. COQUELET.
Pourriez-vous oublier...
　　　　　　　VALENTIN, prenant M. Coquelet à part.
　　　　　　　　Ignorez-vous encore
Le mal qui le possède?
　　　　　　　M. COQUELET, à Valentin.
　　　　　　　Oui, vraiment, je l'ignore.
　　　　　　　VALENTIN, à part, à M. Coquelet.
Sa mémoire est perdue ; il ne se souvient plus,
Ni de ce qu'il a fait, ni des gens qu'il a vus.
Ainsi, de lui parler du passé, c'est folie.
Son nom même, son nom, bien souvent il l'oublie.
　　　　　　　M. COQUELET, à part, à Valentin.
Ciel! que me dites-vous? Quel triste événement!
Et comment se peut-il qu'à son âge...
　　　　　　　VALENTIN, bas.
　　　　　　　　　　Comment?
On l'a mis, à la guerre, en une batterie
D'où le canon tirait avec tant de furie,
Qu'il s'est fait dans sa tête une commotion
Qui de son souvenir empêche l'action.
De son faible cerveau... la membrane trop tendre...
Oh! l'effet du canon ne saurait se comprendre.
　　　　　　　M. COQUELET, à Ménechme.
Je plains bien le malheur qui vous est survenu ;
Mais je puis assurer que le tout m'est bien dû.
Vous savez...
　　　　　　　MÉNECHME.
　　　　Oui, je sais, sans en faire aucun doute,
Et vois que la raison est chez vous en déroute.

M. COQUELET.
Monsieur, souvenez-vous que ce sont des habits
Qu'à votre régiment l'an passé je fournis.
MÉNECHME.
Mon régiment, à moi ? Cherchez ailleurs vos dettes ;
Et je n'ai pas le temps d'entendre vos sornettes :
Vous êtes un vieux fou.
M. COQUELET.
Je suis marchand fripier :
Mon nom est Coquelet, syndic et marguillier.
Si vous avez perdu, par malheur, la mémoire,
Les articles sont tous contenus au mémoire.
(Il lui donne son mémoire.)
MÉNECHME.
Tiens, voilà ton mémoire, et comme j'en fais cas.
(Il déchire le mémoire, et lui jette les morceaux au visage.)
VALENTIN, à Ménechme.
Ah ! monsieur, contre un fou ne vous emportez pas.
M. COQUELET, ramassant les morceaux.
Déchirer un billet !... le jeter à la face !...
Vous êtes un fripon.
MÉNECHME.
Un fripon, moi !
VALENTIN, se mettant entre deux.
De grâce...
M. COQUELET.
Je vous ferai bien voir...
VALENTIN, à M. Coquelet.
Sans faire tant de bruit,
Plaignez plutôt l'état où le sort l'a réduit.
M. COQUELET.
Un mémoire arrêté !
VALENTIN, à M. Coquelet.
Ne faites point d'affaires.
M. COQUELET.
C'est un crime effroyable et digne des galères.
MÉNECHME, à Valentin.
Laissez-moi lui couper le nez.
VALENTIN, à Ménechme.
Laissez-le aller :
Que feriez-vous, monsieur, du nez d'un marguillier ?
(A M. Coquelet.)
Vous causerez ici quelque accident funeste.

M. COQUELET.
Je veux être payé ; je me moque du reste.
VALENTIN, à M. Coquelet.
Partez, monsieur, partez. Voulez-vous de nouveau,
Par vos cris redoublés, ébranler son cerveau?
M. COQUELET.
Oui, je pars : mais peut-être avant qu'il soit une heure,
Je lui ferai changer de ton et de demeure.
Serviteur.

SCÈNE XII.

MÉNECHME, VALENTIN.

VALENTIN.
Contre un fou fallait-il vous fâcher?
MÉNECHME.
De quoi s'avise-t-il de me venir chercher
Pour être le plastron de ses impertinences?
Qu'il prenne un autre champ pour ses extravagances.
Allons chez mon notaire, et ne différons plus.
VALENTIN.
Présentement, monsieur, nos pas seraient perdus ;
Il n'est pas chez lui; mais bientôt il doit s'y rendre :
Dans peu, pour l'aller voir, je reviendrai vous prendre.
Certain devoir pressant m'appelle à quatre pas.
MÉNECHME.
Je vous attendrai donc. Allez, ne tardez pas.
Je m'en vais un moment tranquilliser ma bile.
Tout est devenu fou, je crois, dans cette ville.
Ma foi, de tous les gens que j'ai vus aujourd'hui,
Je n'ai trouvé que moi de raisonnable, et lui.
(Il sort.)

SCÈNE XIII [1].

VALENTIN, seul.

Je prétends l'observer autour de cette place.
Le poisson, de lui-même entre dans notre nasse :
Tout succède à mes vœux ; et j'espère, en ce jour,
Servir utilement la Fortune et l'Amour.

[1] Dans l'édition originale, cet acte n'est divisé qu'en onze scènes.

FIN DU TROISIÈME ACTE.

ACTE QUATRIÈME.

SCÈNE I.

VALENTIN, seul.

J'ai toujours observé cette porte de vue ;
Personne du logis n'est sorti dans la rue :
Mon maître a tout le temps de toucher son argent.
Je reviens en ce lieu, ministre diligent,
De crainte que notre homme, allant chez le notaire,
Ne fasse encor trop tôt découvrir le mystère.
Déjà d'un créancier il m'a débarrassé.
Je ris, lorsque je pense à ce qui s'est passé :
Je les ai mis aux mains d'une ardeur assez vive.
Parbleu, vive les gens pleins d'imaginative !

SCÈNE II.

FINETTE, VALENTIN.

VALENTIN.
Mais j'aperçois Finette ; et mon cœur amoureux
Se sent, en la voyant, brûler de nouveaux feux.
FINETTE.
Je cherche ici ton maître.
VALENTIN.
En attendant qu'il vienne,
Souffre que mon amour un moment t'entretienne,
Et que j'offre mon cœur à tes charmants attraits.
FINETTE.
Porte ailleurs tes présents ; ne me parle jamais.
Ton maître m'a traitée avec tant d'insolence,
Qu'il faut sur le valet que j'en prenne vengeance.
M'appeler créature !

ACTE IV, SCÈNE II.

VALENTIN.
Ah! cela ne vaut rien.
Il est dur quelquefois et brutal comme un chien.
FINETTE.
J'ai de ses vilains mots l'oreille encor blessée ;
Et ma maîtresse en est si fort scandalisée,
Que, rompant avec lui désormais tout à fait,
Je viens lui demander et lettres et portrait.
VALENTIN.
Pour les lettres, d'accord; c'est un dépôt stérile,
Dont la garde, à mon sens, est assez inutile :
Mais pour le portrait d'or, attendu le métal,
Le cas, à mon avis, ne paraît pas égal.
Quand le besoin d'argent nous presse et nous harcelle,
Tu sais, ma pauvre enfant, qu'on troque la vaisselle.
FINETTE.
Pourrait-on d'un portrait faire si peu de cas?
VALENTIN.
Nous nous sommes trouvés dans de grands embarras.
Mais, depuis quelque temps, un oncle, un honnête homme,
(A peine pouvons-nous dire comme il se nomme) [1]
A bien voulu descendre aux ténébreux manoirs,
Pour nous mettre à notre aise, et nous faire ses hoirs ;
Soixante mille écus d'argent sec et liquide
Ont mis notre fortune en un vol bien rapide.
FINETTE.
Ah ciel! que me dis-tu?
VALENTIN.
Je dis la vérité.
FINETTE.
Quoi! dans si peu de temps vous auriez hérité?
VALENTIN.
Bon! nous avons appris le mal de ce bonhomme,
La mort, le testament, et reçu notre somme,
Dans le temps que tu mets à me le demander.
Mon maître est diablement habile à succéder.
FINETTE.
Oh! je n'en doute point.

[1] On lit dans le *Misanthrope*, acte 1, scène I :
A peine pouvez-vous dire comme il se nomme.

VALENTIN.
Sois-en juge toi-même.
Tu vois bien qu'il ferait une sottise extrême,
S'il se piquait encor d'avoir des feux constants ;
Il faut bien dans la vie aller comme le temps.
FINETTE.
Nous nous passerons bien d'amants tels que vous êtes.
VALENTIN.
A son exemple aussi je quitte les soubrettes :
Mon amour veut dompter des cœurs d'un plus haut rang :
Je prends un vol plus fier et suis haussé d'un cran.
Mes mains de cet argent seront dépositaires,
Et je vais me jeter, je crois, dans les affaires.
FINETTE.
Dans les affaires, toi?
VALENTIN.
Devant qu'il soit deux ans,
Je veux que l'on me voie avec des airs fendants,
Dans un char magnifique, allant à la campagne,
Ébranler les pavés sous six chevaux d'Espagne.
Un Suisse à barbe torse, et nombre de valets,
Intendants, cuisiniers, rempliront mon palais :
Mon buffet ne sera qu'or et que porcelaine ;
Le vin y coulera comme l'eau dans la Seine :
Table ouverte à dîner; et les jours libertins,
Quand je voudrai donner des soupers clandestins,
J'aurai, vers le rempart, quelque réduit commode,
Où je régalerai les beautés à la mode,
Un jour l'une, un jour l'autre; et je veux, à ton tour,
Et devant qu'il soit peu, t'y régaler un jour.
FINETTE.
J'en suis d'avis.
VALENTIN.
Pour toi ma tendresse est extrême.
Mais quelqu'un vient ici.

SCÈNE III.

MÉNECHME, VALENTIN, FINETTE.

VALENTIN.
C'est Ménechme lui-même.

LES MÉNECHMES.

Mort non pas de mes jours! ne vous y jouez pas.

Acte II, Sc. III.

A Paris, chez P. Dufart, Quai Voltaire, N.º 19.

(A Ménechme.)
A vos ordres, monsieur, vous me voyez rendu.
MÉNECHME, à Valentin.
Vous m'avez, en ce lieu, quelque temps attendu ;
Mais j'ai cherché longtemps un papier nécessaire,
Pour aller promptement finir chez le notaire.
FINETTE, à Ménechme, qu'elle prend pour le chevalier.
Ma maîtresse, rompant avec vous tout à fait,
M'envoie ici, monsieur, demander son portrait,
Ses lettres, ses bijoux. En nous rendant les nôtres,
Elle m'a commandé de vous rendre les vôtres.
Les voilà.
(Elle tire de sa poche une boîte à portrait et un paquet de lettres.)
MÉNECHME, à Finette.
Tout ceci doit-il durer longtemps?
FINETTE.
C'est l'usage parmi tous les honnêtes gens :
Quand il est survenu rupture ou brouillerie,
Et que de se revoir on n'a plus nulle envie,
On se rend l'un à l'autre et lettres et portraits.
MÉNECHME.
C'est l'usage?
FINETTE.
Oui, monsieur; on n'y manque jamais.
Ce garçon vous dira que cela se pratique,
Lorsque de savoir vivre et de monde on se pique.
VALENTIN.
Pour moi, dans pareil cas, toujours j'en use ainsi.
MÉNECHME.
Savez-vous bien, m'amie [1], enfin que tout ceci
M'ennuie étrangement, me lasse et me fatigue ;
Et que, pour vous payer de toute votre intrigue,
Vous pourriez bien sentir ce que pèse mon bras?
FINETTE.
Mort non pas de mes jours ! ne vous y jouez pas.
Voilà votre portrait, et rendez-nous le nôtre.
MÉNECHME.
Mon portrait ! Qu'est-ce à dire?
FINETTE.
Oui, sans doute, le vôtre,

[1] Voyez la remarque de la page 40 sur cette locution.

Que ma maîtresse prit en vous donnant le sien.
MÉNECHME.
J'ai donné mon portrait à ta maîtresse ?
FINETTE.
Eh bien !
Allez-vous dire encor que ce sont là des fables,
Et que rien n'est plus faux ?
MÉNECHME.
Oui, de par tous les diables,
Je le dis, le soutiens, et je le soutiendrai.
FINETTE.
Quoi ! vous pourriez jurer, monsieur...
MÉNECHME.
J'en jurerai.
Je ne me suis jamais ni fait graver ni peindre.
FINETTE, à part..
Ah ! l'abominable homme !
VALENTIN, bas, à Ménechme.
Il n'est plus temps de feindre ;
Si vous l'avez reçu, dites-le sans façon :
C'est pousser assez loin votre discrétion.
MÉNECHME, à Valentin.
Je ne sais ce que c'est, ou l'enfer me confonde.
FINETTE.
Votre portrait n'est pas dans cette boîte ronde ?
MÉNECHME.
Non, à moins que le diable, à me nuire obstiné,
Ne l'ait peint de sa main, et ne vous l'ait donné.
FINETTE, à part.
Quelle audace ! quel front ! mais je veux le confondre.
Voyons à ce témoin ce qu'il pourra répondre.
(Elle ouvre la boîte, et en montre le portrait à Ménechme.)
Eh bien ! connaissez-vous ce visage et ces traits ?
MÉNECHME, considérant le portrait.
Comment diable ! c'est moi ! Qui l'eût pensé jamais ?
Ce sont mes yeux, mon air.
VALENTIN, prenant le portrait.
Voyons donc, je vous prie,
Mettons l'original auprès de la copie.
Par ma foi, c'est vous-même ; et vous voilà parlant :
Jamais peintre ne fit portrait si ressemblant.

ACTE IV, SCÈNE III.

MÉNECHME, à part.

Il entre là-dessous quelque sorcellerie ;
Ou du moins j'entrevois quelque friponnerie.
Vous verrez qu'en venant par le coche, à leurs frais,
Ces deux coquines-là m'auront fait peindre exprès
Pour me jouer ici quelque noir stratagème.

FINETTE, à Ménechme.

Finissons, s'il vous plaît.

MÉNECHME.

Oh ! finissez vous-même.
Allez apprendre ailleurs à connaître vos gens,
Et ne me rompez point la tête plus longtemps.

FINETTE.

Rendez donc le portrait.

MÉNECHME.

De qui ?

FINETTE.

De ma maîtresse.

MÉNECHME, la prenant par les épaules.

Je ne sais ce que c'est. Passe vite, et me laisse.

FINETTE.

Savez-vous bien qu'avant de partir de ces lieux,
Je pourrais bien, monsieur, vous arracher les yeux ?

VALENTIN, bas, à Ménechme.

Pour éviter, monsieur, de plus longue querelle,
Rendez-lui son portrait, et vous défaites d'elle.
Vous savez ce que c'est qu'une amante en courroux :
Les enfers déchaînés seraient cent fois plus doux.

MÉNECHME.

Mais quand elle serait mille fois plus diablesse,
Je ne la connais point, elle, ni sa maîtresse.

VALENTIN, bas, à Finette.

Quoi qu'il dise, l'amour lui tient encore au cœur :
Je vais le ramener un peu par la douceur.
Tu reviendras tantôt, je te ferai tout rendre.

FINETTE.

Eh bien ! jusqu'à ce temps je veux encore attendre ;
Mais si l'on manque après à me faire raison,
Je reviens, et je mets le feu dans la maison.

SCÈNE IV.

MÉNECHME, VALENTIN.

MÉNECHME.

Mais peut-on sur les gens être tant acharnée?
Pour me persécuter l'enfer l'a déchaînée.

VALENTIN.

Quand on est, comme vous, jeune, aimable et bien fait,
A ces petits malheurs on est souvent sujet.
Entre amants, tel dépit n'est qu'une bagatelle;
Je veux, dès aujourd'hui, vous remettre avec elle.

SCÈNE V.

LE MARQUIS, MÉNECHME, VALENTIN.

VALENTIN, à part.

Mais je vois le marquis; il tourne ici ses pas.
Les cent louis nous vont donner de l'embarras.

LE MARQUIS, embrassant vivement Ménechme, qu'il prend pour le chevalier.

Hé! cadédis, mon cher, quelle heureuse fortune!
Qué jé t'embrasse... encore... et millé fois pour une.
Quelqué contentément qué j'aie à té révoir,
Régardé-moi; jé suis outré dé désespoir;
Lé jour mé scandalise, et voudrais contré quatre,
Pour terminer mon sort, trouver seul à mé battre.

MÉNECHME.

Monsieur, je suis fâché de vous voir en courroux;
Mais je n'ai pas le temps de me battre avec vous.

LE MARQUIS.

Un coup dé pistolet mé serait coup dé grâce;
Jé voudrais qué quelqu'un m'écrasât sur la place.

MÉNECHME, à part, à Valentin.

Quel est ce Gascon-là?

VALENTIN, bas, à Ménechme.

C'est un de vos amis,
Sans doute, et des plus chers.

MÉNECHME, bas, à Valentin.

Jamais je ne le vis.

LE MARQUIS.

Jé sors d'uné maison, qué la terre engloutisse,

ACTE IV, SCÈNE V.

Et qu'avec elle encor la nature périsse !
Où, jusqu'au dernier sou, j'ai quitté mon argent.
D'un maudit lansquénet lé caprice outrageant
M'oblige à té prier dé vouloir bien mé rendre
Cent louis qué dé moi lé bésoin té fit prendre.
Excuse si jé viens ici t'importuner ;
En l'état où jé suis, on doit tout pardonner.

MÉNECHME.

Je vous pardonne tout ; pardonnez-moi de même,
Si je dis qu'en ce point ma surprise est extrême.
Je ne vous connais point. Comment auriez-vous pu
Me prêter cent louis, ne m'ayant jamais vu ?

LE MARQUIS.

Quel est donc cé discours ? Il mé passe. A l'entendre...

MÉNECHME.

Le vôtre est-il pour moi plus facile à comprendre ?

LE MARQUIS.

Vous né mé dévez pas cent louis ?

MÉNECHME.

Non, ma foi ;
Vous les avez prêtés à quelque autre qu'à moi.

LE MARQUIS.

Il né vous souvient pas qu'allant en Allémagne,
Étant vide d'argent pour fairé la campagne,
Sans âne, ni mulet, prêt à demeurer là...

MÉNECHME, le contrefaisant.

Jé né mé souviens pas d'un mot dé tout cela.

LE MARQUIS.

Vous vîntes mé trouver pour vous fairé ressource,
Et qué, sans déplacer, jé vous ouvris ma bourse ?

MÉNECHME.

A moi ? J'aurais perdu le sens et la raison,
De prétendre emprunter de l'argent d'un Gascon.

LE MARQUIS, montrant Valentin.

Cet hommé-ci présent peut rendré témoignage ;
Il était avec vous, jé rémets son visage.

(A Valentin.)

Viens çà, bélitre ; parle ; oseras-tu nier
Cé qué son mauvais cœur tâche en vain d'oublier ?

VALENTIN.

Monsieur...

LE MARQUIS.
Parle, ou ma main dé fureur possédée...
VALENTIN.
Il m'en vient dans l'esprit quelque confuse idée.
LE MARQUIS.
Quelqué confuse idée ? Oh ! moi, j'en suis certain.
(A Ménechme.)
Çà, monsieur, mon argent, ou l'épée à la main.
MÉNECHME.
Quoi ! pour ne vouloir pas vous donner cent pistoles,
Il faut que je me batte ?
LE MARQUIS.
Un peu : trêve aux paroles,
Il mé faut des effets ; vite, dépêchez-vous.
MÉNECHME.
Je ne suis point pressé ; de grâce, expliquons-nous.
LE MARQUIS.
Point d'explication, la chose est assez claire.
MÉNECHME.
Mais, monsieur...
LE MARQUIS.
Mais, monsieur, il faut mé satisfaire.
MÉNECHME.
Vous satisfaire, moi ! Mais je ne vous dois rien ;
Faites-nous assigner, nous vous répondrons bien.
LE MARQUIS.
Quand on mé doit, voilà lé sergent qué jé porte.
(Il met l'épée à la main.)
MÉNECHME, à part.
Juste ciel ! quel brutal ! Si faut-il que j'en sorte.
(Haut.)
Combien vous est-il dû ?
LE MARQUIS.
L'avez-vous oublié ?
Cent louis.
MÉNECHME.
Cent louis ! j'en paierai la moitié.
LE MARQUIS.
Qué jé devienne atome, ou qu'à l'instant jé meure,
Si vous né mé payez lé tout dans un quart d'heure.
VALENTIN, bas, à Ménechme.
Il nous tuera tous deux. Quand vous ne serez plus,

De quoi vous serviront soixante mille écus [1] ?
Lui n'a plus rien à perdre.
MÉNECHME, bas, à Valentin.
Il est pourtant bien rude...
LE MARQUIS.
Qué dé réflexions, et qué d'incertitude !
MÉNECHME.
Si vous êtes si prompt, monsieur, tant pis pour vous ;
Il me faut plus de temps pour me mettre en courroux.
Je n'ai pas cent louis, mais en voilà soixante.
(Bas, à Valentin.)
Tirez-moi de ses mains ; faites qu'il se contente.
(A part.)
Ah ! si je n'avais pas hérité depuis peu,
Je me battrais en diable ; et nous verrions beau jeu.
VALENTIN, au marquis.
Voilà plus de moitié, monsieur, de votre dette ;
Demain on vous fera votre somme complète.
LE MARQUIS, prenant la bourse.
Adieu, monsieur, adieu ; jé vous croyais du cœur,
Et vous m'aviez fait voir des sentiments d'honneur ;
Mais cette occasion mé prouve lé contraire ;
Né m'approchez jamais qué dé loin... Plus d'affaire.
Jé serais dégradé dé noblesse chez nous,
Si j'étais accosté d'un lâche tel qué vous.

SCÈNE VI.

MÉNECHME, VALENTIN.

MÉNECHME.
Je lui conseille encor de me chanter injure.
Où suis-je ? quel pays ? quelle race parjure !
Hommes, femmes, passants, marchands, Gascons, commis,
Pour me faire enrager, tous semblent s'être unis.
Je n'en connais aucun ; et tous, à les entendre,
Sont mes meilleurs amis, et viennent me surprendre.
Allons voir mon notaire ; et sortons, si je puis,

---

[1] Dans l'édition originale et dans quelques anciennes éditions, on lit :
De quoi vous serviront *quarante* mille écus?
Mais il a déjà été question de *soixante* mille écus, et non de *quarante*.

Du coupe-gorge affreux et du bois où je suis.
(Il s'en va.)

VALENTIN, courant après lui.

Vous ne voulez donc pas que je vous y conduise?

MÉNECHME.

Je n'ai besoin de vous ni de votre entremise ;
Je vous suis obligé des services rendus :
A tout autre qu'à moi je ne me fierai plus ;
Et j'appréhende encor, dans mon soupçon extrême,
D'être d'intelligence à me tromper moi-même.

SCÈNE VII.

VALENTIN, seul.

Le pauvre diable en a, par ma foi, tout son soûl ;
Il faudra qu'il décampe, ou qu'il devienne fou ;
Pour peu de temps encor qu'en ces lieux il habite,
De tous ses créanciers mon maître sera quitte.

SCÈNE VIII.

LE CHEVALIER, VALENTIN.

LE CHEVALIER.

Ah! mon cher Valentin, tu me vois hors de moi ;
Mon bonheur est si grand qu'à peine je le croi.
J'ai reçu mon argent; regarde, je te prie,
Des billets que je tiens la force et l'énergie ;
Tous billets au porteur, des meilleurs de Paris ;
L'un de trois mille écus ; l'autre de neuf, de six,
De huit, de cinq, de sept. J'achèterais, je pense,
Deux ou trois marquisats des mieux rentés de France.

VALENTIN.

Quelle aubaine! Le bien vous vient de toutes parts.
De grâce, laissez-moi promener mes regards
Sur ces billets moulés, dont l'usage est utile.
La belle impression! les beaux noms! le beau style!
Ce sont là les billets qu'il faut négocier,
Et non pas vos poulets, vos chiffons de papier,
Où l'amour se distille en de fades paroles,
Et qui ne sont partout pleins que de fariboles.

LE CHEVALIER.
Va, j'en connais le prix tout aussi bien que toi ;
Mais jusqu'ici l'usage en fut peu fait pour moi :
J'espère à l'avenir m'en servir comme un autre.
VALENTIN.
Vous ignorez encor quel bonheur est le vôtre ;
Votre frère pour vous vient encor d'être pris.
Le marquis, qui jadis nous prêta cent louis,
Est venu brusquement lui demander la somme.
Votre frère d'abord a rembarré son homme ;
Mais lui, sourd aux raisons qu'il a pu lui donner,
A voulu sur-le-champ le faire dégaîner.
Notre jumeau prudent n'en a voulu rien faire ;
Et, mettant à profit mon conseil salutaire,
Il en a délivré plus de moitié comptant,
Que le marquis a pris toujours en rabattant.
LE CHEVALIER.
Je lui suis obligé d'avoir payé mes dettes.
VALENTIN.
Vos obligations ne sont pas si parfaites ;
Car avec Isabelle il vous a mis fort mal.
LE CHEVALIER.
Il l'a vue?
VALENTIN.
Oui vraiment. Il est un peu brutal,
Ainsi que j'ai tantôt eu l'honneur de vous dire :
Il a sur son chapitre étendu sa satire,
Et tenu, face à face, un propos aigre-doux,
Qu'on met sur votre compte, et que l'on croit de vous.
Isabelle est sortie à tel point courroucée...
LE CHEVALIER.
Il faut de cette erreur détromper sa pensée.

SCÈNE IX.

ISABELLE, LE CHEVALIER, VALENTIN.

LE CHEVALIER.
Mais je la vois paraître. Où tournez-vous vos pas,
Madame? où fuyez-vous?
ISABELLE, traversant le théâtre.
Où vous ne serez pas.

VALENTIN.

Voilà le quiproquo.

ISABELLE.

Je vais chez Araminte,
Lui dire que pour vous ma tendresse est éteinte.
Aimez-la, j'y consens ; je fais vœu désormais
De vous fuir comme un monstre, et ne vous voir jamais.

LE CHEVALIER.

Madame...

ISABELLE.

Pour le prix de l'ardeur la plus vive,
Je ne reçois de vous qu'injure et qu'invective ;
Je vous parais sans foi, sans esprit, sans appas.

LE CHEVALIER.

Madame, écoutez-moi.

ISABELLE.

Non ; je ne comprends pas,
Si brutal que l'on soit, qu'on puisse avoir l'audace
De dire, de sang-froid, ces duretés en face.

LE CHEVALIER.

Vous saurez qu'en ces lieux...

ISABELLE.

Je ne veux rien savoir.

LE CHEVALIER.

C'est bien fait.

VALENTIN, à Isabelle.

Écoutez, sans tant vous émouvoir.

ISABELLE, à Valentin.

Veux-tu que je m'expose encore à ses sottises ?

VALENTIN.

Mon Dieu ! non. Sans sujet vous en venez aux prises.
Je vais dans un moment dissiper ce soupçon :
Tous deux vous avez tort, et vous avez raison.

ISABELLE.

Oh ! pour moi, j'ai raison ; toi-même, sois-en juge.

LE CHEVALIER.

Et moi, je n'ai pas tort.

VALENTIN.

Tout ce petit grabuge
Entre vous excité va finir en deux mots.
Monsieur vous a tantôt tenu certains propos

ACTE IV, SCÈNE IX.

Assez durs, dites-vous ?
ISABELLE.
Hors de toute créance [1].
LE CHEVALIER.
Moi ! je vous ai...
VALENTIN, au chevalier.
Paix donc, point tant de pétulance.
Je ne dirai plus rien, si vous parlez toujours.
(A Isabelle.)
L'homme qui vous a fait d'impertinents discours,
C'est lui, sans être lui ; ce n'est que son image,
De taille, de façon, de nom, et de visage ;
Et, quoique l'un soit l'autre, ils diffèrent entre eux ;
Tous les deux ne font qu'un, et cependant font deux.
Ainsi, c'est l'autre lui, vêtu de ses dépouilles,
Le portrait de monsieur, qui vous a chanté pouilles.
ISABELLE.
De quels contes en l'air me fais-tu l'embarras ?
LE CHEVALIER.
Sans l'entendre parler, ne vous emportez pas.
VALENTIN.
La chose, j'en conviens, ne paraît pas trop claire :
Mais sachez que monsieur en ces lieux a son frère,
Frère jumeau, semblable et d'habit et de traits,
Dont la langue a tantôt sur vous lancé ses traits.
Vous l'avez pris pour lui ; mais quoiqu'il soit semblable,
L'autre est un faux brutal, voici le véritable.
ISABELLE.
Quelque étrange que soit ce surprenant récit,
Je me plais à le croire ; il flatte mon esprit.
L'amour rend ma méprise et juste et pardonnable [2].
LE CHEVALIER.
Ce courroux à mes yeux vous rend plus adorable.
Souffrez que mon transport...
(Il veut lui baiser la main.)
ISABELLE.
Modérez ces désirs.

---

[1] Dans quelques éditions modernes, on lit *croyance*.
[2] *Pardonnable* est conforme à l'édition originale. Dans toutes les éditions que j'ai consultées, j'ai trouvé :
L'amour rend ma méprise et juste et *raisonnable*.

LES MÉNECHMES.

LE CHEVALIER.
Je me méprends aussi : transporté de plaisirs,
Je pousse un peu trop loin mes tendres entreprises.
Mais, d'une et d'autre part, oublions nos méprises.
VALENTIN, montrant la marque du chapeau du chevalier.
Pour ne vous plus tromper, regardez ce signal ;
Il doit, dans l'embarras, vous servir de fanal.
Mais n'allez pas tantôt, par-devant le notaire,
Épouser l'un pour l'autre, et prendre le contraire :
Vous apprendrez par là quel est le vrai des deux.
ISABELLE.
Mon cœur me le dira bien plutôt que mes yeux.
LE CHEVALIER.
Quoi qu'aujourd'hui le ciel fasse pour ma fortune,
Sans ce cœur j'y renonce, et je n'en veux aucune.
VALENTIN.
Trève de compliments. Quand vous serez époux,
Il vous sera permis de tout dire entre vous.
La gloire en d'autres lieux vous et moi nous appelle.
Que madame à présent en paix rentre chez elle.
Nous, courons au contrat ; et qu'un heureux destin,
Comme il a commencé, mette l'affaire à fin.

FIN DU QUATRIÈME ACTE.

ACTE CINQUIÈME.

SCÈNE I.

ARAMINTE, FINETTE.

FINETTE.
Je vous dis vrai, madame ; et je ne saurais croire
Que l'on puisse trouver une âme encor si noire.
Lorsque je l'ai pressé de rendre le portrait,
Il a voulu me battre, et l'aurait, je crois, fait,
Si son valet, plus doux, n'eût écarté l'orage.
Ah ! madame, armez-vous d'un généreux courage.

Poursuivez votre pointe, et faites bien valoir
Les droits que la raison met en votre pouvoir.
Vous avez sa promesse, il faut qu'il l'accomplisse.
ARAMINTE.
Si je ne le fais pas, que le ciel me punisse !
FINETTE.
Il n'est plus ici-bas de foi, de probité,
Plus de loi, plus d'honneur, plus de sincérité.
Les filles, en ce temps, si souvent attrapées,
Sur la foi des serments avaient été trompées ;
Et, voulant mettre un frein au dégoût des amants,
Se faisaient d'un écrit confirmer les serments.
Mais que leur sert d'user de cette prévoyance,
Si les écrits trompeurs n'ont pas plus de puissance ?
Je vois bien maintenant que, dans ce siècle ingrat,
Il ne faut se fier que sur un bon contrat.
Mais c'est notre destin : toujours, tant que nous sommes,
Nous serons le jouet et les dupes des hommes.
ARAMINTE.
Va, j'ai bien résolu, dans mon cœur courroucé,
De venger, si je puis, tout le sexe offensé.
FINETTE.
Quoi donc ! il ne tiendra, pour engager le monde,
Qu'à venir étaler une perruque blonde !
Une tête éventée, un petit freluquet,
Qui s'admire lui seul, et n'a que du caquet,
Parce qu'il a bon air, et qu'on a le cœur tendre,
Impunément viendra nous plaire et nous surprendre :
Nous fera par écrit sa déclaration,
Sans en venir après à la conclusion !
Non, c'est une noirceur qui crie au ciel vengeance.
Il faut de cet abus réprimer la licence ;
Et, quand ce ne serait que pour vous en venger,
Il faudrait l'épouser pour le faire enrager.
ARAMINTE.
Mais, s'il ne m'aime point, quel sera l'avantage
Que me procurera ce triste mariage ?
FINETTE.
Est-ce donc pour s'aimer qu'on s'épouse à présent ?
Cela fut bon du temps du monde adolescent ;
Et j'en vois tous les jours qui ne font pas un crime

D'épouser sans amour et même sans estime.
Il faut se marier : vous êtes dans un temps
Où les appas flétris s'effacent pour longtemps.
Ce conseil bienfaisant que mon zèle vous donne,
Je voudrais l'appliquer à ma propre personne ;
Et rester vieille fille est un mal plus affreux
Que tout ce que l'hymen a de plus dangereux.

SCÈNE II.

DÉMOPHON, ISABELLE, ARAMINTE, FINETTE.

DÉMOPHON.

Le hasard justement en ce lieu vous amène ;
D'aller jusque chez vous il m'épargne la peine.

ARAMINTE.

Le hasard nous sert donc tous deux également,
Mon frère ; car chez vous j'allais pareillement.
Vous m'épargnez des pas.

DÉMOPHON.

    Toujours préoccupée.
N'êtes-vous point, ma sœur, encore détrompée,
Et ne voyez-vous pas que votre passion
N'est rien qu'une chimère et pure vision ?
Finissez, croyez-moi ; n'allez pas davantage
Traverser mes desseins, et montrez-vous plus sage.

ARAMINTE.

Sans rime ni raison vous babillez toujours ;
Mais vous savez quel cas je fais de vos discours.
Ménechme m'appartient ; et voilà la promesse
Qu'il me fit de sa main pour marquer sa tendresse.

DÉMOPHON.

Mais jusqu'où va, ma sœur, votre crédulité ?

ARAMINTE.

Il est, vous dis-je, à moi ; je l'ai bien acheté.
Entendez-vous, ma nièce ?

ISABELLE.

    Oui, sans doute, ma tante,
J'entends bien.

ARAMINTE.

    Sans mentir, vous êtes fort plaisante
De vouloir m'enlever un cœur comme le sien,
Et vous approprier si hardiment mon bien !

Un procédé pareil est sot et malhonnête.
ISABELLE.
Qui pourrait de vos mains ravir une conquête?
Quand on est une fois frappé de vos attraits,
Vos yeux vous sont garants qu'on ne change jamais.
Ce sont ces yeux charmants qui les volent aux autres.
ARAMINTE.
Mes yeux sont, pour le moins, aussi beaux que les vôtres ;
Et, lorsque nous voudrons les employer tous deux,
On verra qui de nous y réussira mieux.
DÉMOPHON.
Oh! je suis à la fin bien las de vous entendre.

SCÈNE III.

MÉNECHME, DÉMOPHON, ISABELLE, ARAMINTE, FINETTE.

DÉMOPHON.
Heureusement ici je vois venir mon gendre.
(A Ménechme.)
Vous n'amenez donc pas le notaire en ces lieux?
MÉNECHME.
J'ai cherché son logis en vain une heure ou deux,
Et je viens vous prier de m'y vouloir conduire.
Toujours quelque fâcheux a pris soin de me nuire.
DÉMOPHON.
Je l'attends ; et je crois qu'il ne tardera pas.
MÉNECHME.
L'un, du bout de la place accourant à grands pas,
Comme le plus chéri de mes amis fidèles,
Me vient de ma santé demander des nouvelles ;
Un autre, à toute force, et me serrant la main,
Me veut mener souper au cabaret prochain ;
Celui-ci, m'arrêtant au détour d'une rue,
Me force à lui payer une dette inconnue :
Et de tous ces gens-là, me confonde l'enfer,
Si j'en connais aucun, non plus que Lucifer !
ARAMINTE, à Ménechme.
Traître! c'en est donc fait ; malgré ta foi donnée,
Tu te veux engager dans un autre hyménée,
Malgré tous tes serments, malgré ton premier choix !

MÉNECHME.
Ah! nous y voilà donc encore une autre fois!
ARAMINTE.
Tu me quittes, perfide, ingrat, cœur infidèle!
Tu te fais un plaisir de ma peine cruelle!
Tu me vois expirante, et cédant à mon sort,
Sans donner seulement une larme à ma mort!
(Elle tombe sur Finette.)
MÉNECHME.
Cette femme est sur moi rudement endiablée!
Il faut assurément qu'on l'ait ensorcelée.
Faudra-t-il que toujours je sois dans l'embarras
De voir une furie attachée à mes pas?
FINETTE, à Ménechme.
Vous, qui pour nous jadis eûtes tant de tendresse,
Verrez-vous dans mes bras expirer ma maîtresse?
Cette pauvre innocente a-t-elle mérité
Qu'on payât son amour de tant de cruauté?
MÉNECHME.
Qu'elle expire en tes bras, que le diable l'emporte,
Et te puisse avec elle entraîner, que m'importe?
Déjà, pour mon repos, il devrait l'avoir fait.
ARAMINTE.
Perfide! je me veux venger de ton forfait.
J'ai ta promesse en main; voilà ta signature:
Je puis, par ce témoin, confondre l'imposture.
(Démophon prend la promesse.)
MÉNECHME, à Démophon.
Elle est folle à tel point qu'on ne peut l'exprimer:
Travaillez au plus tôt à la faire enfermer.
DÉMOPHON, lui montrant la promesse.
Mais voilà votre nom « Ménechme. »
(Bas.)
En confidence,
Avez-vous avec elle eu quelque intelligence?
C'est ma sœur, et je puis assoupir tout cela.
MÉNECHME, à part, à Démophon.
Moi! si j'ai jamais vu ces deux friponnes-là [1];
(Pardonnez-moi le mot; c'est votre sœur, n'importe),

---

[1] Comment Ménechme n'a-t-il pas demandé à voir la pièce? à voir la signature?

ACTE V, SCÈNE IV.

Je veux bien à vos yeux, et devant que je sorte,
Que Satan... Lucifer...

DÉMOPHON, à part, à Ménechme.

Je vous crois sans jurer.

MÉNECHME.

Cette femme a fait vœu de me désespérer.
(A Araminte.)
Esprit, démon, lutin, ombre, femme, ou furie,
Qui que tu sois enfin, laisse-moi, je te prie.

SCÈNE IV.

ROBERTIN, MÉNECHME, DÉMOPHON, ISABELLE, ARAMINTE, FINETTE.

DÉMOPHON.

Ah! monsieur Robertin, vous venez justement;
Et nous vous attendons avec empressement.

ROBERTIN.

Je vois avec plaisir toute la compagnie,
Dans un jour plein de joie, en ce lieu réunie,
Je crois que ma présence ici ne déplaît pas,
Surtout à la future : elle a beaucoup d'appas ;
Mais un époux bien fait, tel que l'Amour lui donne,
Malgré tous ses attraits, manquait à sa personne :
Elle n'a maintenant plus rien à désirer.

MÉNECHME.

Si ce n'est d'être veuve et me voir enterrer :
C'est ce qui met le comble au bonheur d'une femme.

ISABELLE.

De pareils sentiments n'entrent point dans mon âme.

ROBERTIN, à Isabelle.

Monsieur ne pense pas aussi ce qu'il vous dit.
Votre beauté le charme autant que votre esprit.
Je stipule, pour lui, que c'est un honnête homme.

MÉNECHME, à Robertin.

Vous vous moquez, monsieur.

ROBERTIN.

Et dans lui l'on renomme
La franchise du cœur qu'il a par préciput.

MÉNECHME, à Robertin.

Je voudrais pouvoir être avec vous but à but.

T. II. 6

C'est vous qui des vertus êtes le protocole ;
Et pour vous bien louer, je n'ai point de parole.
ROBERTIN.
Puisque, comme je crois, vous êtes tous d'accord,
Il nous faut procéder.
ARAMINTE.
Rien ne presse si fort.
A ce bel hymen, moi, s'il vous plaît, je m'oppose ;
Et j'en ai dans les mains une très-juste cause.
DÉMOPHON.
Vous direz vos raisons et vos griefs demain,
Ma sœur. Ne laissons pas d'aller notre chemin.
ROBERTIN.
Voici donc le contrat...
MÉNECHME.
Mais, monsieur le notaire,
Avant tout, finissons une certaine affaire
Qui, plus que celle-là, me tient sans doute au cœur.
ROBERTIN.
Tout ce qui vous convient est toujours le meilleur.
Je n'aurais pas usé de tant de diligence,
Si vous n'étiez venu chez moi me faire instance
De vouloir achever le contrat au plus tôt.
MÉNECHME.
Vous m'avez vu chez vous ?
ROBERTIN.
Oui, monsieur.
MÉNECHME.
Quand ?
ROBERTIN.
Tantôt...
MÉNECHME.
Qui ? moi ? moi ?...
ROBERTIN.
Vous ; oui, vous. Au logis où j'habite,
Vous m'avez fait l'honneur de me rendre visite :
Mais je l'ai bien payé. Soixante mille écus
N'ont pas rendu vos pas ni vos soins superflus.
MÉNECHME.
Entendons-nous un peu. Que voulez-vous donc dire ?
ROBERTIN.
Vous vous divertissez, vous avez de quoi rire.

ACTE V, SCÈNE IV.

MÉNECHME.
Je ne ris nullement, et me fâche à la fin.
Ne vous nommez-vous pas, s'il vous plaît, Robertin?
ROBERTIN.
Oui, l'on me nomme ainsi.
MÉNECHME.
N'êtes-vous pas notaire?
ROBERTIN.
Et, de plus, honnête homme.
MÉNECHME.
Oh! c'est une autre affaire.
N'aviez-vous pas chez vous soixante mille écus
A moi?
ROBERTIN.
Je les avais; mais je ne les ai plus.
MÉNECHME.
Comment donc?
ROBERTIN.
N'est-ce pas Ménechme qu'on vous nomme?
MÉNECHME.
Sans doute.
ROBERTIN.
C'est à vous que j'ai remis la somme,
En bon argent comptant, ou billets au porteur,
Dont j'ai votre quittance; et c'est là le meilleur.
MÉNECHME.
Quoi! monsieur, vous auriez le front et l'insolence.
ROBERTIN.
Quoi! monsieur, vous auriez l'audace et l'impudence...
MÉNECHME.
De dire que j'ai pris soixante mille écus?
ROBERTIN.
De nier hardiment de les avoir reçus?
MÉNECHME.
Voilà, je le confesse, un homme abominable.
ROBERTIN.
Voilà, je vous l'avoue, un fourbe détestable.
DÉMOPHON, se mettant entre deux.
Hé! messieurs, doucement; je suis pour vous honteux,
Et je ne sais ici qui croire de vous deux.
ISABELLE.
Monsieur pourrait-il bien avoir l'âme assez noire...

ARAMINTE.

Oui, c'est un scélérat, qui du crime fait gloire.

FINETTE.

Faites-lui son procès; et, s'il en est besoin,
Je servirai toujours contre lui de témoin.

SCÈNE V.

MÉNECHME, VALENTIN, DÉMOPHON, ARAMINTE, ISABELLE, ROBERTIN, FINETTE.

VALENTIN.

Hé! qu'est-ce donc, messieurs? Voilà bien du grabuge!

MÉNECHME, montrant Valentin.

De notre différend cet homme sera juge;
Il ne m'a point quitté, je m'en rapporte à lui.
Qu'il parle.

(A Valentin.)

Ai-je reçu quelque argent aujourd'hui
De monsieur que voilà?

VALENTIN.

Sans doute, en belle espèce.
Soixante mille écus, que votre oncle vous laisse,
Vous ont été comptés en argent ou valeur.

MÉNECHME, le prenant au collet.

Ah! maudit faux témoin! malheureux imposteur!
Tu peux soutenir...

VALENTIN.

Oui, je soutiens que la somme
A tantôt été mise entre les mains d'un homme
Semblable à vous d'habit, de mine, de hauteur;
Qui prétend épouser la fille de monsieur;
Il s'appelle Ménechme, il est de Picardie;
Et, si vous le niez, c'est une perfidie.
Je lèverai la main de tout ce que j'ai dit.

ROBERTIN, à Démophon.

Vous voyez s'il se peut un plus méchant esprit,
Plus noir, plus scélérat. Hélas! qu'alliez-vous faire?
Je vous embarquais là dans une belle affaire!

DÉMOPHON, à Ménechme.

Je vous prenais, monsieur, pour un homme de bien;
Mais je vois à présent que vous ne valez rien.

ARAMINTE.
Après ce qu'il m'a fait, il n'est point d'injustice,
De crimes, de noirceurs dont il ne soit complice.
FINETTE, à Ménechme.
Traître, te voilà donc à la fin confondu !
Sans autre procédure, il faut qu'il soit pendu.
MÉNECHME.
Non, je ne pense pas que l'enfer soit capable
De vomir sur la terre, en sa rage exécrable,
Des hommes, des démons si méchants que vous tous ;
Et... je ne puis parler, tant je suis en courroux.

SCÈNE VI.

LE CHEVALIER, MÉNECHME, DÉMOPHON, ARAMINTE, ISABELLE, ROBERTIN, VALENTIN, FINETTE.

LE CHEVALIER, à part.
Ma présence, je crois, est ici nécessaire,
Pour découvrir le fond d'un surprenant mystère.
DÉMOPHON, apercevant le chevalier.
Qu'est-ce donc que je vois ?
ROBERTIN, apercevant le chevalier.
Quel prodige en ces lieux !
ARAMINTE, apercevant le chevalier.
Quelle aventure, ô ciel ! Dois-je en croire mes yeux ?
FINETTE, apercevant le chevalier.
Madame, je ne sais si j'ai le regard trouble,
Si c'est quelque vapeur ; mais enfin je vois double.
MÉNECHME, apercevant le chevalier.
Quel objet se présente, et que me fait-on voir ?
C'est mon portrait qui marche, ou bien c'est mon miroir.
LE CHEVALIER, à Ménechme.
Pourquoi prendre, monsieur, mon nom et ma figure ?
Je m'appelle Ménechme, et c'est me faire injure.
MÉNECHME, à part.
Voilà, sur ma parole, encor quelque fripon !
(Au chevalier.)
Et de quel droit, monsieur, me volez-vous mon nom ?
Je ne m'avise point d'aller prendre le vôtre.
LE CHEVALIER.
Pour moi, dès le berceau, je n'en ai point eu d'autre.

MÉNECHME.
Mon père, en son vivant, se fit nommer ainsi.
LE CHEVALIER.
Le mien, tant qu'il vécut, porta ce nom aussi.
MÉNECHME.
En accouchant de moi l'on vit mourir ma mère.
LE CHEVALIER.
La mienne est morte aussi de la même manière.
MÉNECHME.
Je suis de Picardie.
LE CHEVALIER.
Et moi pareillement.
MÉNECHME.
J'avais un certain frère, un mauvais garnement,
Et dont, depuis quinze ans, je n'ai nouvelle aucune.
LE CHEVALIER.
Du mien, depuis ce temps, j'ignore la fortune.
MÉNECHME.
Ce frère, étant jumeau, dans tout me ressemblait.
LE CHEVALIER.
Le mien est mon image; et qui me voit, le voit.
MÉNECHME.
Mais vous qui me parlez, n'êtes-vous point ce frère?
LE CHEVALIER.
C'est vous qui l'avez dit : voilà tout le mystère.
MÉNECHME.
Est-il possible? ô ciel!
LE CHEVALIER.
Que cet embrassement
Vous témoigne ma joie et mon ravissement.
Mon frère, est-ce bien vous? quelle heureuse rencontre!
Se peut-il qu'à mes yeux la fortune vous montre?
MÉNECHME.
Mon frère, en vérité... je m'en réjouis fort :
Mais j'avais cependant compté sur votre mort.
FINETTE, à Araminte.
En tout ceci, madame, il n'y va rien du nôtre;
Quoi qu'il puisse arriver, nous aurons l'un ou l'autre.
DÉMOPHON.
L'incident que je vois, certes, n'est pas commun.
(A Isabelle.)
Il te faut un époux; en voilà deux pour un :

ACTE V, SCÈNE VI.

Choisis le bon pour toi, ma fille, et te contente.
  ISABELLE, reconnaissant la marque du chapeau du chevalier.
Puisque vous m'accordez le choix qui se présente,
Portée égalemént de l'une et l'autre part,
  (Elle donne la main au chevalier.)
Je prends monsieur : il faut en courir le hasard.
  ARAMINTE, prenant Ménechme par le bras.
Et moi, je prends monsieur.
  MÉNECHME, à Araminte.
      Il semble, à vous entendre,
Que vous n'ayez ici qu'à vous baisser et prendre.
  VALENTIN, prenant Finette par le bras.
Puisque chacun ici prend ce qui lui convient,
Par droit d'aubaine aussi Finette m'appartient.
  ROBERTIN, prenant les deux frères par le bras.
Moi, je vous prends tous deux. Je veux que l'on m'instruise
En quelles mains enfin cette somme est remise.
L'un de vous a touché soixante mille écus.
  LE CHEVALIER, à Robertin.
N'en soyez point en peine, et je les ai reçus.
C'est moi qui, pour la mienne, ayant pris sa valise,
Ai su me prévaloir d'une heureuse méprise.
C'est lui qui, pour un legs, vient d'arriver ici :
C'est moi qu'on a cru mort, et qui m'en suis saisi :
C'est moi qui, dans l'ardeur d'une feinte tendresse,
  (Montrant Araminte.)
A madame autrefois ai fait une promesse ;
Et c'est moi qui, depuis, brûlant des plus beaux feux,
A l'aimable Isabelle ai porté tous mes vœux.
  MÉNECHME.
Vous m'avez donc trahi, vous, monsieur le notaire?
  ROBERTIN.
Je n'ai rien fait de mal dans toute cette affaire,
Et j'ai du testateur suivi l'intention.
Il laisse à son neveu cette succession :
Monsieur l'est comme vous ; vous n'avez rien à dire.
  LE CHEVALIER.
Aux arrêts du destin, mon frère, il faut souscrire.
Mais vous aurez bientôt tout lieu d'être content ;
Pourvu que, sans éclat, vous vouliez à l'instant,
En épousant madame, acquitter ma parole.

MÉNECHME.
Comment donc! voulez-vous que j'épouse une folle?
ARAMINTE, au chevalier.
Et de quel droit, monsieur, me faites-vous la loi?
Je vous trouve plaisant de disposer de moi!
LE CHEVALIER, à Ménechme et à Araminte.
Suivez tous deux l'avis d'un homme qui vous aime.
Vous vouliez m'épouser, c'est un autre moi-même.
Et, pour vous faire voir quelle est mon amitié,
De la succession recevez la moitié :
Que trente mille écus facilitent l'affaire.
MÉNECHME, embrassant le chevalier.
A ce dernier trait-là je reconnais mon frère.
(A Araminte.)
Çà, ma reine, épousons, malgré notre discord.
Nous nous sommes tous deux chanté pouilles à tort,
Moi vous nommant friponne, et vous m'appelant traître.
Nous n'avions pas, pour lors, l'honneur de nous connaître.
Bien d'autres, avant nous, en formant ce lien,
S'en sont dit tout autant, et se connaissaient bien.
FINETTE.
Moi, quand ce ne serait que pour la ressemblance,
Je voudrais l'épouser, sans tant de résistance.
ARAMINTE.
Si je pouvais un jour me résoudre à ce choix,
Je le ferais exprès pour vous punir tous trois.
Vous n'avez, je le vois, que mon bien seul en vue ;
Mais, en me mariant, votre attente est déçue.
Oui, je l'épouserai, pour me venger de vous,
Lui donner tout mon bien, et vous désoler tous.
MÉNECHME.
Ce sera très-bien fait.
DÉMOPHON, au chevalier.
Vous, acceptez ma fille,
Puisqu'un coup du hasard vous met dans ma famille.
Je voulais un Ménechme : en lui donnant la main,
Vous ne changerez rien à mon premier dessein.
LE CHEVALIER.
Dans l'excès du bonheur que le destin m'envoie,
Mon cœur ne peut suffire à contenir sa joie
VALENTIN.
Chacun, Finette, ici songe à se marier ;

ACTE V, SCÈNE VI.

Marions-nous aussi, pour nous désennuyer.
FINETTE.
A ne t'en point mentir, j'en aurais grande envie :
Mais je crains...
VALENTIN.
Que crains-tu ?
FINETTE.
De faire une folie.
VALENTIN.
J'en fais une cent fois bien plus grande que toi ;
Et je ne laisse pas de te donner ma foi.
(Aux auditeurs.)
Messieurs, j'ai réussi dans l'hymen qui s'apprête ;
De myrte et de laurier je vais ceindre ma tête :
Mais si je méritais vos applaudissements
Ce jour mettrait le comble à mes contentements.

FIN DES MÉNECHMES.

AVERTISSEMENT

SUR

LE LÉGATAIRE UNIVERSEL.

Cette comédie a été représentée, pour la première fois, le lundi 9 janvier 1708. Elle eut un succès complet; et vingt représentations que l'on en donna de suite dans sa nouveauté suffirent à peine pour satisfaire l'empressement du public.

M. de Voltaire a dit que qui ne se plaisait point avec Regnard n'était pas digne d'admirer Molière; c'est surtout au LÉGATAIRE que nous paraît devoir s'appliquer ce mot : il n'est point de comédie d'un comique plus gai, et qui justifie mieux ce que disait de notre auteur le législateur du Parnasse. Quelqu'un, croyant lui faire sa cour, traitait Regnard de poète médiocre : Despréaux répondit qu'il n'était pas médiocrement plaisant.

Cependant la comédie du LÉGATAIRE, malgré son succès, a été vivement critiquée. On a reproché au poète d'avoir sacrifié la décence et les bonnes mœurs à son goût pour la plaisanterie, de n'avoir introduit sur la scène que des personnages vicieux, et d'avoir voulu faire rire le public en mettant sous ses yeux des friponneries faites pour mériter le dernier supplice.

La meilleure de ces critiques est une lettre insérée dans le nouveau Mercure imprimé à Trévoux, en février 1708, page 110. Comme cette lettre contient quelques observations justes, quoique trop sévères, nous en rapporterons ici quelques traits.

Après avoir rendu justice en général au mérite de la pièce et à son effet théâtral, l'anonyme passe en revue les principaux personnages. Voici ce qu'il dit de Lisette : « C'est une fille d'humeur

» assez gaie, et qui s'est mise depuis longtemps en possession de
» dire au vieux Géronte toutes ses vérités, ou une bonne partie ;
» et cela avec une liberté qu'elle peut avoir héritée de la Toinette
» du Malade imaginaire, ou de la Dorine du Tartuffe, mais non
» pas tout à fait avec les mêmes grâces. »

On convient avec l'anonyme qu'il y a beaucoup de ressemblance entre Lisette et les deux suivantes de Molière; mais on ajoute qu'elle n'est pas tant au-dessous de ses modèles qu'on voudrait le faire croire; que la liberté qu'elle prend de donner son avis sur tout, et le ton de maîtresse qu'elle s'arroge, convient parfaitement à la gouvernante d'un vieux goutteux, dont elle compose tout le domestique, et avec qui elle vivait depuis longtemps avec beaucoup de familiarité.

« Pour Crispin (continue le critique anonyme), valet du neveu
» et amant déclaré de la servante de Géronte, c'est un valet à qui
» l'on veut donner de l'esprit, et dont on fait le principal intri-
» gant de toute la pièce. Il est déjà veuf, et emploie, le mieux
» qu'il peut, ses talents et l'expérience que l'âge lui donne, à
» seconder l'inclination qu'il a d'être fripon ; il jase beaucoup,
» promet merveilles, se met à tout, et tient le dé dans les grands
» desseins et les coups d'importance. »

C'est effectivement cet intrigant qui est le principal personnage de la pièce, et c'est à lui qu'on reproche aussi d'être un fripon et un homme sans mœurs. Ce reproche ne devrait pas s'adresser particulièrement à Regnard. De tout temps les poètes dramatiques ont mis des intrigants sur la scène, et ces intrigants sont toujours des fripons.

Si Molière emploie le secours d'un intrigant pour tromper Pourceaugnac et le contraindre de retourner dans sa province, c'est dans la dernière classe des fripons qu'il choisit son Sbrigani. Voici comme il le peint lui-même : « C'est un homme qui, vingt
» fois en sa vie, pour servir ses amis, a généreusement affronté
» les galères, qui, au péril de ses bras et de ses épaules, sait met-
» tre noblement à fin les aventures les plus difficiles, et qui est
» exilé de son pays pour je ne sais combien d'actions honorables
» qu'il a généreusement entreprises. » Nérine, qui seconde Sbrigani, est digne d'un pareil collègue. Sbrigani, en répondant au portrait que nous venons de citer, la loue de la gloire qu'elle s'est acquise. « Lorsque avec tant d'honnêteté (lui dit-il), vous pipâtes
» au jeu, pour douze mille écus, ce jeune seigneur étranger que
» l'on mena chez vous; lorsque vous fîtes galamment ce faux

AVERTISSEMENT

» contrat qui ruina toute une famille; lorsque avec tant de gran-
» deur d'âme, vous sûtes nier le dépôt qu'on vous avait confié et
» que si généreusement on vous vit prêter votre témoignage à
» faire pendre ces deux personnes qui ne l'avaient pas mérité. »
Lisette et Crispin ne sont pas plus vicieux que Sbrigani et Nérine.

Regnard a fait d'ailleurs tout ce qu'il a pu pour rendre ces deux personnages odieux; il voulait qu'ils fussent plaisants, mais il n'a pas voulu qu'ils pussent intéresser. Lisette, gouvernante du vieux Géronte, est une fille de mœurs suspectes. Crispin n'ignore pas qu'elle a vécu scandaleusement avec son maître. Voici l'aveu qu'il en fait; il dit à Eraste, acte IV, scène VII :

> Elle est un peu de la famille.
> Votre oncle, si l'on croit le lardon scandaleux,
> N'a pas été toujours impotent et goutteux;
> Et j'ai dû lui laisser un peu de subsistance
> Pour l'acquit de son âme et de ma conscience.

Quant à Crispin, qui est sur le point d'épouser Lisette, malgré la connaissance qu'il a de sa mauvaise conduite, c'est un homme vil, sans délicatesse, et qui compte pour rien les mœurs et la probité.

Bien loin de savoir mauvais gré à Regnard d'avoir ainsi caractérisé ces deux fourbes, nous croyons qu'il y a de l'art d'avoir rassemblé sur ces deux personnages tout ce qui pouvait les rendre méprisables; c'est le seul moyen qui puisse excuser l'amusement que donnent leurs friponneries, et qui puisse empêcher que leur exemple ne séduise.

On ne doit jamais se permettre, dans un drame, de faire faire à un personnage vertueux et intéressant une action honteuse qui démente ses principes, et affaiblisse l'intérêt qu'il avait commencé d'inspirer. On n'a pu souffrir dans un drame moderne l'image d'un fils volant son père; tandis que, dans la comédie de *l'Avare*, Cléante traverse le théâtre, suivi de son valet qui emporte le trésor de son père Harpagon. Ces deux actions, qui sont exactement les mêmes, ont néanmoins produit des effets bien différents. La dernière fait rire aux dépens du vieil avare qui reçoit la juste punition de sa sordide avarice, et l'autre a généralement révolté.

En voilà assez pour justifier Regnard, et pour répondre à la critique des auteurs du théâtre français. Lisette, disent-ils, est une soubrette d'assez mauvais exemple; ils lui passent les bouillons de bouche et postérieurs qu'elle prend soin de donner à Géronte, mais il leur semble qu'une honnête fille n'aurait pas dû ajouter :

> De ma main il les trouve meilleurs.
> Aussi, sans me targuer d'une vaine science,
> J'entends ce métier-là mieux que fille de France.

Une fille honnête sans doute ne se serait pas permis un pareil propos. Mais Lisette n'est pas et ne devait pas être une personne honnête : amante et complice de Crispin, elle devait être peinte des mêmes couleurs.

Par une suite de leur premier raisonnement, les mêmes auteurs trouvent mauvais que Crispin soit instruit du lardon scandaleux qui attaque la réputation de la soubrette qu'il est sur le point d'épouser. C'est, disent-ils, le propre d'un homme dépourvu de délicatesse.

Nous répétons encore que le poète aurait manqué son but, s'il eût rendu Crispin susceptible de quelque espèce d'honneur que ce soit. Aussi, non content de lui faire épouser de sang-froid une coquette, il le peint encore comme un homme accoutumé à supporter de pareils affronts, et qui les compte même pour si peu, qu'il se permet d'en railler. Voici comment il parle de sa première femme ; et ce qui met le comble à son effronterie, c'est à Lisette, qu'il doit épouser, qu'il tient ce discours :

> Ma première femme était assez gentille ;
> Une Bretonne vive, et coquette surtout,
> Qu'Éraste, que je sers, trouvait fort de son goût.
> Je crois, comme toujours il fut aimé des dames,
> Que nous pourrions bien être alliés par les femmes ;
> Et de monsieur Géronte il s'en faudrait bien peu
> Que par là je ne fusse un arrière-neveu.

Un troisième personnage, sur lequel s'exerce le critique de l'anonyme, est l'apothicaire Clistorel. « Le dernier de tous les
» personnages, dit-il, ou du moins celui que je mets le dernier,
» parce qu'il est le plus inutile,... est un M. Clistorel, dont le
» nom seul vous fera aisément deviner la profession. C'est un
» apothicaire, révérence parler, mais un apothicaire renforcé, qui
» est tout à la fois et l'apothicaire et le médecin et le chirurgien
» du vieillard. Quoiqu'il renferme en lui seul tous ces trois degrés
» de la Faculté, il n'en est pas pour cela d'un plus grand volume,
» et on en fait un petit homme contrefait, à peu près de la taille
» et de la figure du diable boiteux : je ne sais pourquoi ; car je ne

… AVERTISSEMENT

» vois pas que les apothicaires soient faits autrement que les
» autres hommes : mais il ne faut pas chicaner là-dessus. Comme
» c'est une espèce de personne épisodique, et qui sert si peu à la
» pièce, que quand elle n'y serait pas elle n'en serait pas moins
» complète, on a pu, en cette qualité, le bâtir comme on a voulu.
» On prétend qu'il faut de ces sortes d'objets au parterre... Pour
» vous dire vrai, j'aurais mauvaise idée de son goût, si un nom
» tiré de la seringue, et autres gentillesses de cette nature, lui
» faisaient grand plaisir à entendre. Molière a mis en jeu les apo-
» thicaires, mais il l'a fait à propos, et par là il a plu. C'est une
» chose à quoi ceux qui travaillent pour le theâtre ne font pas
» assez d'attention : parce qu'un médecin, un apothicaire, ont
» réussi sur le théâtre, ils croient qu'il n'y a qu'à y mettre des
» médecins et des apothicaires ; et ils ne songent pas que ces per-
» sonnages ont réussi, non pas parce que c'étaient des médecins
» et des apothicaires, mais parce que ces médecins et apothicaires
» étaient dans leur place et parlaient à propos. »

Voilà une sortie bien longue contre une caricature épisodique que le poète a insérée dans sa pièce, sans autre dessein que celui de faire rire, dessein qui lui a parfaitement réussi. On ne peut disconvenir que ce personnage soit inutile ; on avoue avec les critiques que son rôle a beaucoup de ressemblance avec celui de Purgon dans le *Malade imaginaire;* mais il n'est nullement vrai que ce personnage soit deplacé et qu'il fasse tort à la pièce.

La petitesse de sa taille n'est pas aussi indifférente qu'on se l'imagine ; elle donne à sa mutinerie, à sa colère, à son orgueil, un caractère de ridicule original et des plus plaisants : c'est le Ragotin du *Roman comique,* qui vaudrait beaucoup moins s'il était d'une taille et d'une structure ordinaires. Quant à son nom, il est tiré de sa profession, ainsi que ceux des Purgon et des Diafoirus.

Non que nous approuvions l'usage où sont les comédiens de jouer ce rôle en marchant sur les genoux, ou de le faire jouer par un enfant : ces charges trop outrées ne sont dignes que des tréteaux des foires ; la vraisemblance et le bon goût en sont également choqués.

Nous n'entendons pas ce que l'anonyme veut dire en reprochant à ce personnage de n'être point placé à propos. S'il entend qu'il est purement épisodique et que la pièce pouvait se passer de sa présence, nous sommes de son avis. S'il prétend que c'est un personnage déplacé, dont rien ne motive l'apparition et qui choque la vraisemblance, nous croyons qu'il se trompe.

Clistorel est le médecin et l'apothicaire de Géronte; en ces qualités il lui rend ses soins. Il apprend que ce vieux goutteux songe à se marier, et qu'il a pris ce parti sans le consulter : la bile du petit Esculape s'échauffe; il court chez son malade le quereller comme il convient, et le punir de sa folie en lui annonçant qu'il l'abandonne. Cette scène, calquée peut-être sur celle de Purgon du *Malade imaginaire*, n'est ni plus déplacée, ni plus dénuée de vraisemblance que son modèle.

Les deux scènes épisodiques, dans lesquelles Crispin prend les noms et les ajustements du neveu Normand et de la nièce du Maine, pour indisposer le vieillard contre ces deux parents, et l'empêcher de leur laisser à chacun une somme de vingt mille livres, sont, comme l'observe l'anonyme, imitées des anciennes scènes italiennes. On doit convenir avec les critiques que cette ruse est d'une invention ancienne, et que c'est un stratagème usé au théâtre. Mais si Regnard n'a pas le faible mérite d'avoir imaginé ces scènes, il a celui de les avoir supérieurement traitées, d'y avoir répandu ce comique, cette gaieté, qui lui étaient propres, et qui en ont fait tout le succès.

Le succès de ces sortes de scènes, dont l'effet est toujours sûr au théâtre, dépend absolument de la manière dont elles sont mises en œuvre. C'est ainsi que, postérieurement à Regnard, Le Sage a su plaire dans *Crispin, rival de son maître*, en employant une scène imitée d'un ancien canevas italien, mais à laquelle il a su donner tout le charme de la nouveauté.

On a prétendu que le sujet du LÉGATAIRE UNIVERSEL était tiré d'un fait arrivé du temps de Regnard. Nous n'avons pas de connaissance de ce fait. Quoi qu'il en soit, l'auteur en a tiré le plus grand parti, et en a composé une pièce qui mérite une place distinguée dans notre théâtre.

L'auteur de la lettre critique dont nous avons cité plusieurs traits a prétendu que le jeu des acteurs avait beaucoup contribué au succès de la pièce, et qu'elle perdrait à la lecture. Sa prédiction ne s'est pas vérifiée; et c'est à ce critique que Palaprat adressa le rondeau suivant :

RONDEAU

SUR LE LÉGATAIRE UNIVERSEL.

Il est aisé de dire avec hauteur
Fi d'une pièce, en faisant le docteur
Qui, pour arrêt, nous donne sa grimace.

AUTRE AVERTISSEMENT

Contre Regnard la grenouille croasse [1] ;
En est-il moins au goût du spectateur ?
Je le soutiens, et ne suis point flatteur,
De notre scène il sait l'art enchanteur,
Il y fait rire, il badine avec grâce,
  Il est aisé.

Sans le secours des charmes de l'acteur,
Le Légataire aura chez le lecteur
Le même sort. Malgré toi, vile race,
Bas envieux, chose rare au Parnasse,
Outre qu'en tout Regnard est bon auteur,
  Il est aisé.

AUTRE AVERTISSEMENT. [2]

On sait qu'un fait véritable a donné l'idée de la pièce du Légataire. La scène du testament fut en effet jouée longtemps avant que Regnard imaginât d'en faire une comédie : mais ce que tout le monde ne sait pas, c'est que ce furent les jésuites de Rome qui l'exécutèrent. Cette anecdote est assez curieuse pour que nous nous empressions de la mettre sous les yeux de nos lecteurs. Les détails que nous publions sont extraits des notes qui suivent la tragédie des Jammabos. L'auteur assure qu'ils n'ont jamais été imprimés, et croit pouvoir en garantir l'authenticité. Voici cette anecdote :

EXTRAIT DES NOTES
QUI SUIVENT LA TRAGÉDIE DES JAMMABOS.

Antoine-François Gauthiot, seigneur d'Ancier, était d'une famille noble de Franche-Comté, et y possédait de grands biens. Riche, et vieux garçon, c'était un titre pour mériter l'attention des jésuites : aussi ceux de la ville de Besançon, où il faisait sa

---

[1] *Croasser* exprime le cri du corbeau ; et *coasser*, celui de la grenouille. Il faudrait donc ici la grenouille *coasse*. On trouve la même faute dans les *Folies amoureuses*, acte II, scène VII.

[2] Ce second avertissement se trouve en tête du *Légataire*, dans l'édition stéréotype imprimée en 1801.

demeure, n'oublièrent rien pour gagner son amitié et sa succession. Ils écrivirent à leurs confrères de Rome, quand M. d'Ancier y alla, en 1626, et ils recommandèrent beaucoup cet intéressant voyageur, en les informant des vues qu'ils avaient sur lui. Notre Franc-Comtois en reçut donc le plus grand accueil. Il tomba malade, et ne put alors refuser à leurs instances d'aller prendre un logement chez eux, c'est-à-dire dans la maison du Grand-Jésus, habitée par le général même de la société. Cependant la maladie empira ; M. d'Ancier mourut ; et, ce qui était le plus fâcheux pour ses hôtes, il mourut *ab intestat*.

Grande désolation parmi les compagnons de Jésus. Heureusement pour eux, ils avaient alors un frère qui était resté longtemps à leur maison de Besançon. Ce modèle des Crispins, voyant la douleur générale, entreprend de la calmer. Son esprit inventif lui fait apercevoir du remède à un malheur qui n'en paraît pas susceptible ; et le digne serviteur apprend à ses maîtres qu'il connaît en Franche-Comté un paysan dont la voix ressemble tellement à celle du défunt, que tout le monde s'y trompait. A ce coup de lumière l'espérance des pères se ranime : ils conviennent de cacher la mort de l'ingrat qui est parti sans payer son gîte, et de faire venir l'homme que la Providence a mis en état de les servir dans cette importante occasion.

C'était un nommé Denis Euvrard, fermier d'une grange appartenante à M. d'Ancier lui-même, et située au village de Montferrand, près de Besançon. Mais comment le déterminer à entreprendre ce voyage ? Le frère jésuite avait donné l'idée du projet ; on le charge de l'exécution. Le voilà parti pour la Franche-Comté. Il arrive, et va trouver Denis Euvrard. Il ne l'aborde qu'en secret, et commence par le faire jurer de ne rien révéler, même à sa femme, de ce qu'il lui vient apprendre. Alors il lui dit que M. d'Ancier est malade à Rome, et veut faire son testament ; mais qu'ayant auparavant des choses essentielles à lui communiquer, il l'envoie chercher, et promet de le récompenser généreusement. Le fermier ne balance pas : sans parler de son voyage à personne, il se met en route avec le frère, et tous deux se rendent à Rome dans la maison du Grand-Jésus.

Dès que Denis Euvrard y est entré, deux jésuites viennent à sa rencontre : « Ah ! mon pauvre ami ! lui disent-ils avec l'air et le
» ton de la douleur, vous arrivez trop tard ; M. d'Ancier est mort :
» c'est une grande perte pour nous et pour vous. Son intention
» était de vous donner sa grange de Montferrand, et de léguer le

» reste de ses biens à nos pères de Besançon : mais il n'y faut plus
» songer. » Alors ils le conduisent dans une chambre, on l'y
laisse se reposer; et il demeure seul, abandonné à ses tristes
réflexions.

Le lendemain, un des mêmes pères qui l'avaient entretenu la veille revient le voir, et la conversation retombe sur le même sujet « Mon cher Euvrard, » lui dit le jésuite, « il me vient une
» idée. C'était l'intention de M. d'Ancier de faire son testament :
» il voulait vous donner sa grange de Montferrand, et nous lais-
» ser le surplus de ce qu'il possédait. Vous avouerez qu'il était
» maître de ses biens ; il pouvait en disposer comme il le jugeait
» convenable : ainsi l'on peut regarder ces biens comme nous
» étant déjà donnés devant Dieu. Il ne manque donc que la for-
» malité du testament ; mais c'est un petit défaut de forme qu'il
» est possible de réparer. Je me suis aperçu que vous avez la
» voix entièrement semblable à celle de M. d'Ancier : vous pour-
» riez facilement le représenter dans un lit, et dicter un testa-
» ment conforme à ses intentions. Surtout vous n'oublierez pas
» de vous donner la grange de Montferrand. »

Le bon fermier se rendit sans peine à l'avis du casuiste. Le père jésuite, que le frère avait parfaitement instruit des biens du défunt, fit faire à Denis Euvrard plusieurs répétitions du rôle qu'il devait jouer. Enfin, lorsque celui-ci parut assez exercé, il fut mis dans un lit ; on manda le notaire ; et deux hommes distingués de la Franche-Comté, l'un conseiller au parlement, l'autre chanoine de la métropole, qui se trouvaient alors à Rome, furent invités de la part de M. d'Ancier à venir assister à son testament. Il faut observer que, depuis quelque temps, ces deux personnes s'étaient souvent présentées pour voir M. d'Ancier, et qu'on leur avait toujours répondu qu'il n'était pas en état de les recevoir.

Quand le notaire et tous les témoins furent arrivés, le soi-disant moribond, bien enfoncé dans le lit, son bonnet sur les yeux, le visage tourné contre le mur, et ses rideaux à peine entr'ouverts, dit quelques mots à ses deux compatriotes ; puis on s'occupa de l'acte pour lequel on était assemblé.

Après le préambule ordinaire, le testateur révoque tout testament qu'il pourrait avoir fait précédemment, et tout autre qu'il pourrait faire par la suite, à moins qu'il ne commence par ces mots : *Ave, Maria, gratiâ plena*. Il élit sa sépulture dans l'église des révérends pères jésuites de Rome, sous le bon plaisir et vouloir du révérend père général. Il donne et lègue une somme de cinquante francs à chacune des pauvres communautés religieuses de Besançon, et une autre somme aussi très-modique, avec un tableau, à l'un de ses parents.

« *Item*, continue-t-il, je donne et lègue à Denis Euvrard, mon » fermier, ma grange de Montferrand et toutes ses dépendances. » — A ces derniers mots, le jésuite, qui était assis auprès du lit, parut fort étonné. L'acteur ajoutait à son rôle, et ce n'est point ainsi qu'on l'avait fait répéter. L'enfant d'Ignace observa donc au testateur que ces *dépendances* étaient considérables, puisqu'elles comprenaient *un moulin, un petit bois, et des cens :* mais l'homme qui était dans le lit ne voulut en rien rabattre, et soutint qu'il avait les plus grandes obligations à ce fermier.

« *Item*, je donne et lègue audit Denis Euvrard ma vigne située » à la côte des Maçons, et de la contenance de quatre-vingts ou- » vrées. » — Nouvelle observation de la part du révérend père ; même réponse de la part du testateur.

« *Item*, je donne et lègue audit Denis Euvrard mille écus à » choisir dans mes meilleures constitutions de rente, et tout ce » qu'il peut me redevoir de termes arriérés pour son bail de la » grange de Montferrand. »

Ici le jésuite, outré de dépit, voulut encore faire des remon- trances ; mais il n'en eut pas le temps, et la parole lui fut coupée par le malade.

« *Item*, je donne et lègue une somme de cinq cents francs à » l'enfant de la nièce dudit Denis Euvrard : sans doute que cet » enfant est de mes œuvres. »

Le révérend père était resté sans voix ; mais il étouffait de colère. Enfin le testateur déclara que, « quant au surplus de ses biens, il » nommait, instituait ses héritiers seuls et universels pour le tout » les pères jésuites de la maison de Besançon, à la charge par eux » de bâtir leur église suivant le plan projeté, d'y ériger une cha- » pelle sous l'invocation de saint Antoine et de saint François, » ses bons patrons, et de célébrer dans ladite chapelle une messe » quotidienne pour le repos de son âme. »

Tel est ce testament singulier qui a servi de modèle à celui de Crispin, et qui n'est certainement pas moins plaisant. Mais M. d'An- cier ne fit point comme Géronte ; il ne revint pas. Sa mort fut annoncée le lendemain ; on publia le testament à l'officialité de Besançon ; et les jésuites furent mis en possession de cet héritage.

Quelques années après, Denis Euvrard se trouva véritablement dans l'état qu'il avait si bien joué à Rome. Voyant qu'il touchait à la fin de sa vie, il sentit des remords, et fit à son curé l'aveu de tout ce qui s'était passé. Celui-ci, qui n'avait point étudié la morale dans les casuistes de la société de Jésus, représenta au moribond l'énormité de son crime. Ce pasteur éclairé lui dit que, devant un notaire, assisté du juge du lieu et de plusieurs témoins, il fallait déclarer dans le plus grand détail la manœuvre à laquelle il s'était prêté, et faire en même temps aux héritiers de M. d'Ancier un abandon, non-seulement des biens qu'il s'était donnés, mais encore de tout ce qu'il possédait. La déclaration et l'abandon furent faits dans toutes les formes, et suivis de la mort de Denis Euvrard.

Dès que les héritiers naturels de M. d'Ancier eurent en main des pièces si fortes, ils se pourvurent contre le testament. Ils gagnèrent d'abord à Besançon, dans le premier degré de juridiction. On en appela au parlement de Dôle; ils gagnèrent encore. Une dernière ressource restait à la société, et le procès fut porté au conseil suprême de Bruxelles (car la Franche-Comté, soumise à l'Espagne, dépendait alors du gouvernement de Flandre). Dans ce dernier tribunal le crédit et les intrigues des jésuites prévalurent enfin; les deux premiers jugements furent cassés; les pères furent maintenus dans la possession des biens dont ils jouissaient, et l'on lit encore sur le frontispice de leur église, possédée à présent par le collége de Besançon : *Ex munificentiâ domini d'Ancier*.

On ne peut douter que Regnard, qui voyagea beaucoup dans sa jeunesse, n'ait eu connaissance de cette anecdote. Il en fut vraisemblablement instruit à Bruxelles, où il alla en 1681, c'est-à-dire dans un temps où l'on devait y conserver encore la mémoire de ce singulier procès, puisqu'il avait eu pour témoins tous ceux des habitants de cette ville qui se trouvaient alors âgés de cinquante à soixante ans. Quand le poëte composa dans la suite sa comédie du LÉGATAIRE, il se garda bien de citer la source qui lui en avait fourni l'idée; c'était l'époque de la plus grande puissance des jésuites : il eut donc la prudence de cacher ce que sa pièce leur devait, et ces pères eurent la modestie de ne pas le réclamer.

Il paraît cependant que Regnard ne s'attribua point la gloire de l'invention, ou du moins qu'elle lui fut contestée. C'est ce que semble indiquer un passage du Dictionnaire portatif des théâtres. « On prétend, » y est-il dit à l'article du Légataire, « qu'un fait » véritable a donné l'idée de cette pièce. » Mais ce fait n'était guère connu que dans la Franche-Comté, où il a toujours été de notoriété publique.

LE LÉGATAIRE UNIVERSEL [1]

COMÉDIE EN CINQ ACTES, ET EN VERS,

Représentée, pour la première fois, le lundi 9 janvier 1708.

ACTEURS :

GÉRONTE, oncle d'Éraste.
ÉRASTE, amant d'Isabelle.
Mme ARGANTE, mère d'Isabelle.
ISABELLE, fille de Mme Argante.
LISETTE, servante de Géronte.
CRISPIN, valet d'Éraste.
M. CLISTOREL, apothicaire.
M. SCRUPULE } notaires.
M. GASPARD }
UN LAQUAIS.

La scène est à Paris chez M. Géronte.

ACTE PREMIER.

SCÈNE I.

LISETTE, CRISPIN.

LISETTE.
Bonjour, Crispin, bonjour.
CRISPIN.
Bonjour, belle Lisette.
Mon maître, toujours plein du soin qui l'inquiète [2],
M'envoie, à ton lever, zélé collatéral,
Savoir comment son oncle a passé la nuit.
LISETTE.
Mal.
CRISPIN.
Le bonhomme, chargé de fluxions, d'années,

---

[1] La 1re édition est de 1708.
[2] Expression répétée au commencement de la scène II.

Lutte depuis longtemps contre les destinées,
Et pare de la mort le trait fatal en vain ;
Il n'évitera pas celui du médecin.
Il garde le dernier; et ce corps cacochyme
Est à son art fatal dévoué pour victime
Nous prévoyons dans peu qu'un petit ou grand deuil
Étendra de son long Géronte en un cercueil.
Si mon maître pouvait être fait légataire,
Je ferais de bon cœur les frais du luminaire.
      LISETTE.
Un remède par moi lui vient d'être donné,
Tel que l'apothicaire en avait ordonné.
J'ai cru que ce serait le dernier de sa vie ;
Il est tombé sur moi deux fois en léthargie.
      CRISPIN.
De ses bouillons de bouche, et des postérieurs,
Tu prends soin ?
      LISETTE.
    De ma main il les trouve meilleurs ;
Aussi, sans me targuer d'une vaine science,
J'entends ce métier-là mieux que fille de France.
      CRISPIN.
Peste, le beau talent ! Tu te fais bien payer,
Je crois, de tous les soins qu'il te fait employer.
      LISETTE.
Il ne me donne rien; mais j'ai, pour récompense,
Le droit de lui parler avec toute licence.
Je lui dis, à son nez, des mots assez piquants :
Voilà tous les profits que j'ai depuis cinq ans.
C'est le plus ladre vert qu'on ait vu de la vie.
Je ne puis t'exprimer où va sa vilenie.
Il trouve tous les jours, dans son fécond cerveau,
Quelque trait d'avarice admirable et nouveau.
Il a, pour médecin, pris un apothicaire
Pas plus haut que ma jambe, et de taille sommaire :
Il croit qu'étant petit, il lui faut moins d'argent ;
Et qu'attendu sa taille, il ne paiera pas tant.
      CRISPIN.
S'il est court, il fera de très-longues parties.
      LISETTE.
Mais dans son testament ses grâces départies

Doivent me racquitter de son avare humeur :
Ainsi je renouvelle avec soin mon ardeur.
CRISPIN.
Il fait son testament?
LISETTE.
Dans peu de temps, j'espère
Y voir coucher mon nom en riche caractère.
CRISPIN.
C'est très-bien espérer : j'espère bien encor
Y voir aussi coucher le mien en lettres d'or.
LISETTE.
Tout beau, l'ami, tout beau ! L'on dirait, à t'entendre,
Qu'à la succession tu peux aussi prétendre.
Déjà ne sont-ils pas assez de concurrents,
Sans t'aller mettre encore au rang des aspirants?
Il a tant d'héritiers, le bon seigneur Géronte,
Il en a tant et tant, que parfois j'en ai honte :
Des oncles, des neveux, des nièces, des cousins,
Des arrière-cousins remués de germains ;
J'en comptais l'autre jour, en lignes paternelles,
Cent sept mâles vivants : juge encor des femelles.
CRISPIN.
Oui ! mais mon maître aspire à la plus grosse part :
J'en pourrais bien aussi tirer ma quote-part ;
Je suis un peu parent, et tiens à la famille.
LISETTE.
Toi?
CRISPIN.
Ma première femme était assez gentille,
Une Bretonne vive, et coquette surtout,
Qu'Éraste, que je sers, trouvait fort à son goût :
Je crois, comme toujours il fut aimé des dames,
Que nous pourrions bien être alliés par les femmes ;
Et de monsieur Géronte il s'en faudrait bien peu
Que par là je ne fusse un arrière-neveu.
LISETTE.
Oui-dà ; tu peux passer pour parent de campagne,
Ou pour neveu, suivant la mode de Bretagne.
CRISPIN.
Mais, raillerie à part, nous avons grand besoin
Qu'à faire un testament Géronte prenne soin.

Si mon maître, *primò*, n'est nommé légataire,
Le reste de ses jours il fera maigre chère.
Secundò, quoiqu'il soit diablement amoureux,
Madame Argante, avant de couronner ses feux,
Et de le marier à sa fille Isabelle,
Veut qu'un bon testament, bien sûr et bien fidèle,
Fasse ledit neveu légataire de tout.
Mais ce qui doit le plus être de notre goût,
C'est qu'Éraste nous fait trois cents livres de rente,
Si nous réussissons au gré de son attente :
Ce don, de notre hymen formera les liens.
Ainsi tant de raisons sont autant de moyens
Que j'emploie à prouver qu'il est très-nécessaire
Que le susdit neveu soit nommé légataire ;
Et je conclus enfin qu'il faut conjointement
Agir pour arriver au susdit testament.

LISETTE.
Comment diable! Crispin, tu plaides comme un ange !

CRISPIN.
Je le crois. Mon talent te paraît-il étrange?
J'ai brillé dans l'étude avec assez d'honneur,
Et l'on m'a vu trois ans clerc chez un procureur.
Sa femme était jolie ; et, dans quelques affaires,
Nous jugions à huis clos de petits commissaires.

LISETTE.
La boutique était bonne. Eh! pourquoi la quitter?

CRISPIN.
L'époux un peu jaloux m'en a fait déserter.
Un procureur n'est pas un homme fort traitable :
Sur sa femme il m'a fait des chicanes de diable.
J'ai bataillé, ma foi, deux ans sans en sortir;
Mais je fus à la fin contraint de déguerpir.

SCÈNE II.

ÉRASTE, CRISPIN, LISETTE.

CRISPIN.
Mais mon maître paraît.

ÉRASTE.
Ah ! te voilà Lisette !

Guéris-moi, si tu peux, du soin qui m'inquiète [1].
Eh bien ! mon oncle est-il en état d'être vu ?
LISETTE.
Ah ! monsieur, depuis hier il est encor déchu ;
J'ai cru que cette nuit serait sa nuit dernière,
Et que je fermerais pour jamais sa paupière.
Les lettres de répit qu'il prend contre la mort
Ne lui serviront guère, ou je me trompe fort.
ÉRASTE.
Ah ciel ! que dis-tu là ?
CRISPIN.
C'est la vérité pure.
ÉRASTE.
Quel que soit mon espoir, je sens que la nature
Excite dans mon cœur de tristes sentiments.
CRISPIN.
Je sentis autrefois les mêmes mouvements,
Quand ma femme passa les rives du Cocyte,
Pour aller en bateau rendre aux défunts visite.
J'en avais dans le cœur un plaisir plein d'appas,
Comme tant de maris l'auraient en pareil cas ;
Cependant la nature, excitant la tristesse,
Faisait quelque conflit avecque l'allégresse,
Qui, par certains ressorts et mélanges confus,
Combattaient tour à tour, et prenaient le dessus ;
En sorte que l'espoir... la douleur légitime...
L'amour... On sent cela bien mieux qu'on ne l'exprime.
Mais ce que je puis dire, en vous accusant vrai,
C'est que, tout à la fois, j'étais et triste et gai.
ÉRASTE.
Je ressens pour mon oncle une amitié sincère ;
Je donne dans son sens en tout pour lui complaire ;
Quoi qu'il dise ou qu'il fasse, ayant le droit ou non,
Je conviens avec lui qu'il a toujours raison.
LISETTE.
Il faut que le vieillard soit mal dans ses affaires,
Puisqu'il m'a commandé d'aller chez deux notaires.
CRISPIN.
Deux notaires ! hélas ! Cela me fend le cœur.

---

[1] Expression déjà employée au commencement de la scène I.

LISETTE.
C'est pour instrumenter avecque plus d'honneur.
ÉRASTE.
Hé! dis-moi, mon enfant, en pleine confidence,
Puis-je, sans me flatter, former quelque espérance?
LISETTE.
Elle est très-bien fondée; et, depuis quelques jours,
Avec madame Argante il tient certains discours
Où l'on parle tout bas de legs, de mariage :
Je n'ai de leur dessein rien appris davantage.
Votre maîtresse est mise aussi dans l'entretien.
Pour moi, je crois qu'il veut vous laisser tout son bien,
Et vous faire épouser Isabelle.
ÉRASTE.
Ah! Lisette,
Que tu flattes mes sens! que ma joie est parfaite!
Ce n'est point l'intérêt qui m'anime aujourd'hui!
Un dieu beaucoup plus fort et plus puissant que lui,
L'Amour, parle en mon cœur : la charmante Isabelle
Est de tous mes désirs une cause plus belle,
Et pour le testament me fait faire des vœux...
LISETTE.
L'amour et l'intérêt seront contents tous deux.
Serait-il juste aussi qu'un si bel héritage
De cent co-héritiers devînt le sot partage?
Verrais-je d'un œil sec déchirer par lambeaux,
Par tant de campagnards, de pieds-plats, de nigauds,
Une succession qui doit, par parenthèse,
Vous rendre un jour heureux, et nous mettre à notre aise?
Car vous savez, monsieur...
ÉRASTE.
Va, tranquillise-toi;
Ce que j'ai dit est dit; repose-toi sur moi.
LISETTE.
Si votre oncle vous fait le bien qu'il se propose,
Sans trop vanter mes soins, j'en suis un peu la cause :
Je lui dis tous les jours qu'il n'a point de neveux
Plus doux, plus complaisants, ni plus respectueux;
Non par l'espoir du bien que vous pouvez attendre,
Mais par un naturel et délicat et tendre.
CRISPIN.
Que cette fille-là connaît bien votre cœur!

Vous ne sauriez, ma foi, trop payer son ardeur.
Je dois, dans peu de temps, contracter avec elle :
Regardez-la, monsieur; elle est et jeune et belle :
N'allez pas en user comme de l'autre, non !
LISETTE.
Monsieur Géronte vient, il faut changer de ton.
Je n'ai point eu le temps d'aller chez les notaires.
Toi, qui m'as trop longtemps parlé de tes affaires,
Va vite, cours, dis-leur qu'ils soient prêts au besoin.
L'un s'appelle Gaspard, et demeure à ce coin ;
Et l'autre un peu plus bas, et se nomme Scrupule.
CRISPIN.
Voilà pour un notaire un nom bien ridicule.

SCÈNE III.

GÉRONTE, ÉRASTE, LISETTE, UN LAQUAIS.

GÉRONTE.
Ah ! bonjour, mon neveu.
ÉRASTE.
Je suis, en vérité,
Charmé de vous revoir en meilleure santé.
De grâce, asseyez-vous.
(Le laquais apporte une chaise.)
Ote donc cette chaise ;
Mon oncle, en ce fauteuil, sera plus à son aise.
(Le laquais ôte la chaise, apporte un fauteuil, et sort.)

SCÈNE IV.

GÉRONTE, ÉRASTE, LISETTE.

GÉRONTE.
J'ai, cette nuit, été secoué comme il faut,
Et je viens d'essuyer un dangereux assaut :
Un pareil, à coup sûr, emporterait la place.
ÉRASTE.
Vous voilà beaucoup mieux ; et le ciel, par sa grâce,
Pour vos jours en péril nous permet d'espérer.
Il faut présentement songer à réparer
Les désordres qu'a pu causer la maladie,
Vous faire désormais un régime de vie,

Prendre de bons bouillons, de sûrs confortatifs,
Nettoyer l'estomac par de bons purgatifs,
Enfin ne vous laisser manquer de nulles choses.

GÉRONTE.

Oui, j'aimerais assez ce que tu me proposes ;
Mais il faut tant d'argent pour se faire soigner,
Que, puisqu'il faut mourir, autant vaut l'épargner.
Ces porteurs de seringues ont pris des airs si rogues !
Ce n'est qu'au poids de l'or qu'on achète leurs drogues.
Qui pourrait s'en passer et mourir tout d'un coup,
De son vivant, sans doute, épargnerait beaucoup.

ÉRASTE.

Oui, vous avez raison ; c'est une tyrannie :
Mais je ferai les frais de votre maladie.
La santé dans le monde étant le premier bien,
Un homme de bon sens n'y doit ménager rien.
De vos maux négligés vous guérirez sans doute.
Tâchons à réparer vos forces, quoi qu'il coûte.

GÉRONTE.

C'est tout argent perdu dans cette occasion :
La maison ne vaut pas la réparation.
Je veux, mon cher neveu, mettre ordre à mes affaires.
As-tu dit qu'on allât me chercher deux notaires ?

LISETTE.

Oui, monsieur, et dans peu vous les verrez ici.

GÉRONTE.

Et dans peu vous saurez mes sentiments aussi ;
Je veux, en bon parent, vous les faire connaître.

ÉRASTE.

Je me doute à peu près de ce que ce peut être.

GÉRONTE.

J'ai des collatéraux...

LISETTE.

        Oui vraiment, et beaucoup.

GÉRONTE.

Qui, d'un regard avide, et d'une dent de loup,
Dans le fond de leur cœur dévorent par avance
Une succession qui fait leur espérance.

ÉRASTE.

Ne me confondez pas, mon oncle, s'il vous plaît,
Avec de tels parents.

ACTE 1, SCÈNE IV.

GÉRONTE.
Je sais ce qu'il en est.
ÉRASTE.
Votre santé me touche et me plaît davantage
Que tout l'or qui pourrait me tomber en partage.
GÉRONTE.
J'en suis persuadé. Je voudrais me venger
D'un vain tas d'héritiers, et les faire enrager;
Choisir une personne honnête et qui me plaise,
Pour lui laisser mon bien et la mettre à son aise.
ÉRASTE.
Vous devez là-dessus suivre votre désir.
LISETTE.
Non, je ne comprends pas de plus charmant plaisir
Que de voir d'héritiers une troupe affligée,
Le maintien interdit, et la mine allongée,
Lire un long testament où, pâles, étonnés,
On leur laisse un bonsoir avec un pied de nez.
Pour voir au naturel leur tristesse profonde,
Je reviendrais, je crois, exprès de l'autre monde.
GÉRONTE.
Quoique déjà je sois atteint et convaincu,
Par les maux que je sens, d'avoir longtemps vécu;
Quoiqu'un sable brûlant cause ma néphrétique,
Que j'endure les maux d'une âcre sciatique,
Qui, malgré le bâton que je porte en tout lieu,
Fait souvent qu'en marchant je dissimule un peu.
Je suis plus vigoureux que l'on ne s'imagine,
Et je vois bien des gens se tromper à ma mine.
LISETTE.
Il est de certains jours de barbe, où, sur ma foi,
Vous ne paraissez pas plus malade que moi.
GÉRONTE.
Est-il vrai?
LISETTE.
Dans vos yeux un certain éclat brille.
GÉRONTE.
J'ai toujours reconnu du bon dans cette fille.
Je veux pourtant songer à mettre ordre à mon bien,
Avant qu'un prompt trépas m'en ôte le moyen.
Tu connais et tu vois parfois madame Argante?

ÉRASTE.
Oui : dans ses procédés elle est toute charmante.
GÉRONTE.
Et sa fille Isabelle, euh ! la connais-tu ?
ÉRASTE.
Fort.
C'est une fille sage, et qui charme d'abord.
GÉRONTE.
Tu conviens que le ciel a versé dans son âme
Les qualités qu'on doit chercher en une femme ?
ÉRASTE.
Je ne vois point d'objet plus digne d'aucuns vœux,
Ni de fille plus propre à rendre un homme heureux.
GÉRONTE.
Je m'en vais l'épouser.
ÉRASTE.
Vous, mon oncle ?
GÉRONTE.
Moi-même.
ÉRASTE.
J'en ai, je vous l'avoue, une allégresse extrême.
LISETTE.
Miséricorde ! hélas ! ah ciel ! assistez-nous.
De quelle malheureuse allez-vous être époux ?
GÉRONTE.
D'Isabelle, en ce jour ; et, par ce mariage,
Je lui donne, à ma mort, tout mon bien en partage.
ÉRASTE.
Vous ne pouvez mieux faire, et j'en suis très-content :
Je voudrais, comme vous, en pouvoir faire autant.
LISETTE.
Quoi ! vous, vieux et cassé, fiévreux, épileptique ;
Paralytique, étique, asthmatique, hydropique,
Vous voulez de l'hymen allumer le flambeau,
Et ne faire qu'un saut de la noce au tombeau !
GÉRONTE.
Je sais ce qu'il me faut : apprenez, je vous prie,
Que même ma santé veut que je me marie.
Je prends une compagne, et de qui tous les jours
Je pourrai, dans mes maux, tirer de grands secours.
Que me sert-il d'avoir une avide cohorte

D'héritiers, qui toujours veille et dort à ma porte ;
De gens qui, furetant les clefs du coffre-fort,
Me détendront mon lit peut-être avant ma mort ?
Une femme, au contraire, à son devoir fidèle,
Par des soins conjugaux me marquera son zèle ;
Et de son chaste amour recueillant tout le fruit,
Je me verrai mourir en repos et sans bruit.

ÉRASTE.
Mon oncle parle juste, et ne saurait mieux faire
Que de se ménager un secours nécessaire.
Une femme économe et pleine de raison,
Prendra seule le soin de toute la maison.

GÉRONTE, l'embrassant.
Ah! le joli garçon! Aurais-je dû m'attendre
Qu'il eût pris cette affaire ainsi qu'on lui voit prendre?

ÉRASTE.
Votre bien seul m'est cher.

GÉRONTE.
Va, tu n'y perdras rien.
Quoi qu'il puisse arriver, je te ferai du bien,
Et tu ne seras pas frustré de ton attente.

SCÈNE V.

GÉRONTE, ÉRASTE, LISETTE, UN LAQUAIS.

GÉRONTE.
Mais quelqu'un vient ici.

UN LAQUAIS.
Monsieur, madame Argante
Et sa fille sont là.

ÉRASTE.
Je vais les amener.
(Il sort.)

SCÈNE VI.

GÉRONTE, LISETTE, LE LAQUAIS.

GÉRONTE, à Lisette.
Mon chapeau, ma perruque.

LISETTE.
On va vous les donner.

Les voilà.
GÉRONTE.
Ne va pas leur parler, je te prie,
Ni de mon lavement, ni de ma léthargie:.
LISETTE.
Elles ont toutes deux bon nez; dans un moment
Elles le sentiront de reste assurément..

SCÈNE VII.

Mme ARGANTE, ISABELLE, GÉRONTE, ÉRASTE, LISETTE, LE LAQUAIS..

Mme ARGANTE.
Nous avons, ce matin, appris de vos nouvelles,
Qui nous ont mis pour vous en des peines mortelles :
Vous avez, ce dit-on, très-mal passé la nuit.
GÉRONTE.
Ce sont mes héritiers qui font courir ce bruit ;
Ils me voudraient déjà voir dans la sépulture :
Je ne me suis jamais mieux porté, je vous jure.
ÉRASTE.
Mon oncle a le visage, ou du moins peu s'en faut,
D'un galant de trente ans.
LISETTE, à part.
Oui, qui mourra bientôt.
GÉRONTE.
Je serais bien malade, et plus qu'à l'agonie,
Si des yeux aussi beaux ne me rendaient la vie.
Mme ARGANTE.
Ma fille, en ce moment, vous voyez devant vous
Celui que je vous ai destiné pour époux.
GÉRONTE.
Oui, madame, c'est vous (pour le moins je m'en flatte)
Qui guérirez mes maux mieux qu'un autre Hippocrate.
Vous êtes pour mon cœur comme un julep futur,
Qui doit le nettoyer de ce qu'il a d'impur :
Mon hymen avec vous est un sûr émétique;
Et je vous prends enfin pour mon dernier topique.
ISABELLE.
Je ne sais pas, monsieur, pour quoi vous me prenez;
Mais ce choix m'interdit, et vous me surprenez.

Mme ARGANTE.
Monsieur, vous épousant, vous fait un avantage
Qui doit faire oublier et ses maux et son âge;
Et vous n'aurez pas lieu de vous en repentir.
ISABELLE.
Madame, le devoir m'y fera consentir ;
Mais peut-être, monsieur, par cette loi sévère,
Ne trouvera-t-il pas en moi ce qu'il espère.
Je sais ce que je suis, et le peu que je vaux,
Pour être, comme il dit, un remède à ses maux;
Il se trompe bien fort, s'il prétend, sur ma mine,
Devoir trouver en moi toute la médecine :
Je connais bien mes yeux; ils ne feront jamais
Une si belle cure et de si grands effets.
ÉRASTE.
Au pouvoir de ces yeux je rends plus de justice.
GÉRONTE.
Au feu que je ressens si l'amour est propice,
Avant qu'il soit neuf mois, sans trop me signaler,
Tous mes collatéraux auront à qui parler :
Dans le monde on saura, dans peu, de mes nouvelles.
LISETTE, à part.
Ah! par ma foi, je crois qu'il en fera de belles.
(Haut.)
Si le diable vous tente et vous veut marier,
Qu'il cherche un autre objet pour vous apparier.
Je m'en rapporte à vous : madame est vive et belle ;
Il lui faut un époux qui soit aussi vif qu'elle,
Bien fait, et de bon air, qui n'ait pas vingt-cinq ans ;
Vous, vous êtes majeur, et depuis très-longtemps.
A votre âge, doit-on parler de mariages?
Employez le notaire à de meilleurs usages :
C'est un bon testament, un testament, morbleu,
Bien fait, bien cimenté, qui doit vous tenir lieu
De tendresse, d'amour, de désir, de ménage,
De femme, de contrats, d'enfants, de mariage.
J'ai parlé, je me tais.
GÉRONTE.
Vraiment, c'est fort bien fait :
Qui vous a donc si bien affilé le caquet?
LISETTE.
La raison.

GÉRONTE, à Mme Argante et à Isabelle.
De ses airs ne soyez point blessées :
Elle me dit parfois librement ses pensées ;
Je le souffre en faveur de quelques bons talents.
LISETTE.
Je ne sais ce que c'est que de flatter les gens.
ÉRASTE.
Vous avez très-grand tort de parler de la sorte ;
Je voudrais me porter comme monsieur se porte.
Il veut se marier ; et n'a-t-il pas raison
D'avoir un héritier, s'il peut, de sa façon ?
Quoi ! refusera-t-il une aimable personne
Que son heureux destin lui réserve et lui donne ?
Ah ! le ciel m'est témoin si je voudrais jamais
De sort plus glorieux pour combler mes souhaits !
ISABELLE.
Vous me conseillez donc de conclure l'affaire ?
ÉRASTE.
Je crois qu'en vérité vous ne sauriez mieux faire.
ISABELLE.
Vos conseils amoureux et vos rares avis,
Puisque vous le voulez, monsieur, seront suivis.
Mme ARGANTE.
Ma fille sait toujours obéir quand j'ordonne.
ÉRASTE.
Oui, je vous soutiens, moi, qu'une jeune personne,
Malgré sa répugnance et l'orgueil de ses sens,
Doit suivre aveuglément le choix de ses parents ;
Et mon oncle, après tout, n'a pas un si grand âge,
A devoir renoncer encore au mariage ;
Et soixante et huit ans, est-ce un si grand déclin,
Pour...
GÉRONTE.
Je ne les aurai qu'à la Saint-Jean prochain [1].
LISETTE.
Il a souffert le choc de deux apoplexies,
Qui ne sont, par bonheur, que deux paralysies ;
Et tous les médecins qui connaissent ses maux

---

[1] J'ai entendu des comédiens dire :
Je ne les aurai que vendredi prochain.
La Saint-Jean semblerait exiger *prochaine*.

Ont juré Galien, qu'à son retour des eaux,
Il n'aurait sûrement ni goutte sciatique,
Ni gravelle, ni point, ni toux, ni néphrétique.
GÉRONTE.
Ils m'ont même assuré que, dans fort peu de temps,
Je pourrais de mon chef avoir quelques enfants.
LISETTE.
Je ne suis médecin non plus qu'apothicaire,
Et je jurerais, moi, cependant du contraire.
GÉRONTE, bas, à Lisette.
Lisette, le remède agit à certain point...
LISETTE.
En dussiez-vous crever, ne le témoignez point.
ÉRASTE.
Mon oncle, qu'avez-vous? vous changez de visage.
GÉRONTE.
Mon neveu, je n'y puis résister davantage.
Ah! ah!... madame, il faut que je vous dise adieu;
Certain devoir pressant m'appelle en certain lieu [1].
Mme ARGANTE.

De peur d'incommoder, nous vous cédons la place.
GÉRONTE.
Éraste, conduis-les. Excusez-moi, de grâce,
Si je ne puis rester plus longtemps avec vous.
(Il s'en va avec son laquais.)

SCÈNE VIII.

Mme ARGANTE, ISABELLE, ÉRASTE, LISETTE.

LISETTE, à Isabelle.
Madame, vous voyez le pouvoir de vos coups :
Un seul de vos regards, d'un mouvement facile,
Agite plus d'humeurs, détache plus de bile,
Opère plus en lui, dès la première fois,
Que les médicaments qu'il prend depuis six mois.
O pouvoir de l'amour!
Mme ARGANTE.
Adieu, je me retire.
ÉRASTE.
Madame, accordez-moi l'honneur de vous conduire.

---

[1] Dans *Tartuffe*, acte IV, scène II, Molière a dit :
Certain devoir pieux me demande là-haut.

SCÈNE IX [1].

LISETTE, seule.

Moi, je vais là-dedans vaquer à mon emploi ;
Le bonhomme m'attend, et ne fait rien sans moi.
Pour le premier début d'une noce conclue,
Voilà, je vous l'avoue, une belle entrevue !

FIN DU PREMIER ACTE.

ACTE SECOND.

SCÈNE I.

Mme ARGANTE, ISABELLE, ÉRASTE.

Mme ARGANTE.
C'est trop nous retenir, laissez-nous donc partir.
ÉRASTE.
Je ne puis vous quitter ni vous laisser sortir
Que vous ne me flattiez d'un rayon d'espérance.
Mme ARGANTE.
Je voudrais vous pouvoir donner la préférence.
ÉRASTE.
Quoi ! vous aurez, madame, assez de cruauté
Pour conclure à mes yeux cet hymen projeté,
Après m'avoir promis la charmante Isabelle ?
Pourrai-je, sans mourir, me voir séparé d'elle ?
Mme ARGANTE.
Quand je vous la promis, vous me fîtes serment

---

[1] Dans l'édition originale de 1708, cet acte n'est divisé qu'en cinq scènes. La scène III finit par :

Mais quelqu'un vient ici.

(*Voy.* p. 111.) La scène V et la scène VI n'en font qu'une. La scène V se compose du reste de l'acte.

ACTE II, SCÈNE I.

Que votre oncle, en faveur de cet engagement,
Vous ferait de ses biens donation entière.
En épousant ma fille, il offre de le faire :
Ai-je tort ?
ÉRASTE, à Isabelle.
Vous, madame, y consentiriez-vous ?
ISABELLE.
Assurément, monsieur, il sera mon époux.
Et ne venez-vous pas de me dire vous-même
Qu'une fille, malgré la répugnance extrême
Qu'elle trouvait à prendre un parti présenté,
Devait de ses parents suivre la volonté ?
ÉRASTE.
Et ne voyez-vous pas que, par cet artifice,
Pour rompre ses projets, je flattais son caprice ?
Il est certains esprits qu'il faut prendre de biais,
Et que, heurtant de front, vous ne gagnez jamais.
Mon oncle est ainsi fait.
(A madame Argante.)
L'intérêt peut-il faire
Que vous sacrifiiez une fille si chère ?
Mme ARGANTE.
Mais le bien qu'il lui fait...
ÉRASTE.
Donnez-moi votre foi
De rompre cet hymen ; et je vous promets, moi,
De tourner aujourd'hui son esprit de manière
Que les choses iront ainsi que je l'espère,
Et qu'il fera pour moi quelque heureux testament.
Mme ARGANTE.
S'il le fait, ma fille est à vous absolument.
Je vais d'un mot d'écrit lui mander que son âge,
Que sa frêle santé répugne au mariage ;
Que je serais bientôt cause de son trépas :
Que l'affaire est rompue, et qu'il n'y pense pas.
ISABELLE.
Je me fais d'obéir une joie infinie.
ÉRASTE.
Que mon sort est heureux ! qu'il est digne d'envie !
Mais Lisette s'avance, et j'entends quelque bruit.

SCÈNE II.

LISETTE, Mme ARGANTE, ISABELLE, ÉRASTE.

ÉRASTE, à Lisette.

Comment mon oncle est-il?

LISETTE.

Le voilà qui me suit.

Mme ARGANTE, à Éraste.

Je vous laisse avec lui ; pour moi, je me retire.
Mais, avant de partir, je vais là-bas écrire.
Vous, de votre côté, secondez mon ardeur.

ÉRASTE.

Le prix que j'en attends vous répond de mon cœur.

SCÈNE III.

ÉRASTE, LISETTE.

LISETTE.

Eh bien ! vous souffririez que votre oncle, à son âge,
Fasse, devant vos yeux, un si sot mariage ;
Qu'il vous frustre d'un bien que vous devez avoir !

ÉRASTE.

Hélas ! ma pauvre enfant, j'en suis au désespoir.
Mais l'affaire n'est pas encore consommée,
Et son feu pourrait bien s'en aller en fumée.
La mère, en ma faveur, change de volonté,
Et va, d'un mot d'écrit entre nous concerté,
Remercier mon oncle, et lui faire comprendre
Qu'il est un peu trop vieux pour en faire son gendre.

LISETTE.

Je veux dans le complot entrer conjointement.
Et que deviendrait donc enfin le testament
Sur lequel nous fondons toutes nos espérances,
Et qui doit cimenter un jour nos alliances,
Et faire le bonheur d'Eraste et de Crispin ?
Il faut, par notre esprit, faire notre destin,
Et rompre absolument l'hymen qu'il prétend faire.
J'en ai fait dire un mot à son apothicaire ;
C'est un petit mutin, qui doit venir tantôt,
Et qui lui lavera la tête comme il faut.

Je ne veux pas rester dans une nonchalance
Qu'il faut laisser aux sots. Mais Géronte s'avance.

SCÈNE IV.

GÉRONTE, LE LAQUAIS, ÉRASTE, LISETTE.

GÉRONTE.
Ma colique m'a pris assez mal à propos ;
Je n'ai senti jamais à la fois tant de maux.
N'ont-elles point été justement irritées
De ce que je les ai si brusquement quittées ?

ÉRASTE.
On sait que d'un malade on doit excuser tout.

LISETTE.
Monsieur a fait pour vous les honneurs jusqu'au bout :
Je dirai cependant qu'en entrant en matière,
Vous n'avez pas là fait un beau préliminaire.

ÉRASTE.
Mon oncle fera mieux une seconde fois :
Suffit qu'en épousant il ait fait un bon choix.

GÉRONTE.
Il est vrai. Cependant j'ai quelque répugnance
De songer, à mon âge, à faire une alliance :
Mais, puisque j'ai promis...

LISETTE.
Ne vous contraignez point ;
On n'est pas aujourd'hui scrupuleux sur ce point.
Monsieur acquittera la parole donnée.

GÉRONTE.
Le sort en est jeté, suivons ma destinée,
Je voudrais inventer quelque petit cadeau
Qui coûtât peu d'argent, et qui parût nouveau.

ÉRASTE.
Reposez-vous sur moi des soins de cette fête,
Des habits, du repas qu'il faut que l'on apprête :
J'ordonne sur ce point bien mieux qu'un médecin.

GÉRONTE.
Ne va pas m'embarquer dans un si grand festin.

LISETTE.
Il faut que l'abondance, avec soin répandue,
Puisse nous racquitter de votre triste vue :

Il faut entendre aussi ronfler les violons ;
Et je veux avec vous danser les cotillons.
GÉRONTE.
Je valais, dans mon temps, mon prix tout comme un autre.
LISETTE, à part.
Cela fait que bien peu vous valez dans le nôtre.

SCÈNE V.

UN LAQUAIS de Mme Argante, GÉRONTE, ÉRASTE, LISETTE,
LE LAQUAIS de Géronte.

LE LAQUAIS de madame Argante.
Ma maîtresse, qui sort dans ce moment d'ici,
M'a dit de vous donner le billet que voici.
GÉRONTE, prenant le billet.
Pour ma santé, sans doute, elles sont inquiètes.
Lisons. Va, me chercher, Lisette, mes lunettes.
LISETTE.
Cela vaut-il le soin de vous tant préparer ?
Donnez-moi le billet, je vais le déchiffrer.
(Elle lit.)

« Depuis notre entrevue, monsieur, j'ai fait réflexion sur
» le mariage proposé, et je trouve qu'il ne convient ni à l'un
» ni à l'autre ; ainsi vous trouverez bon, s'il vous plaît, qu'en
» vous rendant votre parole, je retire la mienne, et que je
» sois votre très-humble et très-obéissante servante.

» ARGANTE.
» Et plus bas,
» ISABELLE. »

Vous pouvez maintenant, sans que l'on vous punisse,
Vous retirer chez vous, et quitter le service ;
Voilà votre congé bien signé.
GÉRONTE.
Mon neveu,
Que dis-tu de cela ?
ÉRASTE.
Je m'en étonne peu.
Mais, sans vous arrêter à cet écrit frivole,
Il faut les obliger à tenir leur parole.

ACTE II, SCÈNE VI.

GÉRONTE.
Je me garderai bien de suivre ton avis,
Et d'un plaisir soudain tous mes sens sont ravis.
Je ne sais pas comment, ennemi de moi-même,
Je me précipitais dans ce péril extrême :
Un sort à cet hymen m'entraînait malgré moi,
Et point du tout l'amour.

LISETTE.
Sans jurer, je le croi.
Que diantre voulez-vous que l'amour aille faire
Dans un corps moribond, à ses feux si contraire?
Ira-t-il se loger avec des fluxions,
Des catarrhes, des toux, et des obstructions?

GÉRONTE, au laquais de madame Argante.
Attends un peu là-bas, et que rien ne te presse;
Je vais faire, à l'instant, réponse à ta maîtresse.
(Le laquais de madame Argante sort.)

SCÈNE VI.

GÉRONTE, ÉRASTE, LISETTE, LE LAQUAIS de Géronte.

GÉRONTE.
Voyez comme je prends promptement mon parti!
De l'hymen tout d'un coup me voilà départi.

LISETTE.
Il faut chanter, monsieur, votre nom par la ville.
Voilà ce qui s'appelle une action virile.

ÉRASTE.
C'était témérité, dans l'âge où vous voilà,
Malsain, fiévreux, goutteux, et pis que tout cela,
De prendre femme, et faire, en un jour si célèbre,
Du flambeau de l'hymen une torche funèbre.

GÉRONTE.
Mais tu louais tantôt mon dessein et mes feux.

ÉRASTE.
Tantôt vous faisiez bien, et maintenant bien mieux.

GÉRONTE.
Puisque je suis tranquille, et qu'un conseil plus sage
Me guérit des vapeurs d'amour, de mariage,
Je veux mettre ordre au bien que j'ai reçu du ciel,
Et faire en ta faveur un legs universel,

Par un bon testament.
ÉRASTE.
Ah ! monsieur, je vous prie [1],
Épargnez cette idée à mon âme attendrie :
Je ne puis sans soupir, vous ouïr prononcer
Le mot de testament ; il semble m'annoncer,
Avant qu'il soit longtemps, le sort qui doit le suivre,
Et le malheur auquel je ne pourrai survivre :
Je frémis quand je pense à ce moment cruel.
GÉRONTE.
Tant mieux ; c'est un effet de ton bon naturel.
Je veux donc te nommer mon légataire unique.
J'ai deux parents encor pour qui le sang s'explique :
L'un est fils de mon frère, et tu sais bien son nom,
Gentilhomme normand, assez gueux, ce dit-on ;
Et l'autre est une veuve avec peu de richesse,
La fille de ma sœur, par conséquent ma nièce [2],
Qui jadis dans le Maine épousa, quoique vieux,
Certain baron qui n'eut pour bien que ses aïeux.
Je veux donc, en faveur de l'amitié sincère
Qu'autrefois je portais à leur père, à leur mère,
Leur laisser à chacun vingt mille écus comptant.
LISETTE.
Vingt mille écus ! Le legs serait exorbitant.
Un neveu bas-normand, une nièce du Maine,
Pour acheter chez eux des procès par douzaine,
Jouiront, pour plaider, d'un bien comme cela !
Fi ! c'est trop des trois quarts pour ces deux cancres-là.
GÉRONTE.
Je ne les vis jamais ; ce que je puis vous dire,
C'est qu'ils se sont tous deux avisés de m'écrire
Qu'ils voulaient à Paris venir dans peu de temps,
Pour me voir, m'embrasser, et retourner contents.

---

[1] Dans le *Malade imaginaire*, acte Ier, scène VIII, quand Argan parle de faire son testament, Belise lui répond : *Ah ! mon ami, ne parlons pas de cela,... le seul mot de testament me fait tressaillir de douleur.*

[2] Ce vers et les quatre précédents sont conformes à toutes les anciennes éditions. Dans les éditions modernes, on lit ainsi :

J'ai deux parents encor pour qui le sang s'explique :
L'un est fils de *ma sœur*, et tu sais bien son nom,
Gentilhomme normand, assez gueux, ce dit-on ;
Et l'autre est une veuve avec peu de richesse,
La fille de mon frère, *et par ainsi* ma nièce.

Je crois que tu n'es pas fâché que je leur laisse
De quoi vivre à leur aise, et soutenir noblesse.
ÉRASTE.
N'êtes-vous pas, monsieur, maître de votre bien?
Tout ce que vous ferez, je le trouverai bien.
LISETTE.
Et moi, je trouve mal cette dernière clause;
Et de tout mon pouvoir à ce legs je m'oppose.
Mais vous ne songez pas que le laquais attend.
GÉRONTE.
Je vais l'expédier, et reviens à l'instant.
LISETTE.
Avez-vous oublié qu'une paralysie
S'est de votre bras droit depuis un mois saisie,
Et que vous ne sauriez écrire ni signer?
GÉRONTE.
Il est vrai : mon neveu viendra m'accompagner;
Et je vais lui dicter une lettre d'un style
Qui de madame Argante échauffera la [1] bile;
J'en suis bien assuré. Viens, Éraste; suis-moi.
ÉRASTE.
Vous obéir, monsieur, est ma suprême loi.

SCÈNE VII.

LISETTE, seule.

Nos affaires vont prendre une face nouvelle [2],
Et la fortune enfin nous rit et nous appelle.

SCÈNE VIII.

CRISPIN, LISETTE.

LISETTE.
Ah! te voilà, Crispin! et d'où diantre viens-tu?

[1] Dans la plupart des éditions modernes, on lit :
Qui de madame Argante *émouvera* la bile.
Comme ce mot n'est pas français, que le futur d'*émouvoir* est *émouvra*, mot de trois syllabes, et qu'il en faut quatre, on a remplacé *émouvera* par *échauffera*. C'est ainsi qu'on lit dans l'édition de 1750, et dans celles qui ont été faites depuis.
[2] Racine, dans *Andromaque*, acte I, scène I :
Ma fortune va prendre une face nouvelle.

CRISPIN.

Ma foi, pour te servir j'ai diablement couru ;
Ces notaires sont gens d'approche difficile.
L'un n'était pas chez lui, l'autre était par la ville.
Je les ai déterrés où l'on m'avait instruit,
Dans un jardin, à table, en un petit réduit,
Avec dames qui m'ont paru de bonne mine.
Je crois qu'ils passaient là quelque acte à la sourdine.
Mais dans une heure au plus ils seront ici.

LISETTE.

Bon.
Sais-tu pourquoi Géronte ici les mandait ?

CRISPIN.

Non.

LISETTE.

Pour faire son contrat de mariage.

CRISPIN.

Oh ! diable !
A son âge, il voudrait nous faire un tour semblable !

LISETTE.

Pour Isabelle, un trait décoché par l'Amour
Avait, ma foi, percé son pauvre cœur à jour ;
Et, frustrant des neveux l'espérance uniforme,
Lui-même il voulait faire un héritier en forme :
Mais le ciel, par bonheur, en ordonne autrement ;
Il pense maintenant à faire un testament
Où ton maître sera nommé son légataire.

CRISPIN.

Pour lui, comme pour nous, il ne pouvait mieux faire.
La nouvelle est trop bonne ; il faut qu'en sa faveur
Je t'embrasse et rembrasse, et, ma foi, de bon cœur ;
Et qu'un épanchement de joie et de tendresse,
En te congratulant... L'amour qui m'intéresse...
La nouvelle est charmante, et vaut seule un trésor.
Il faut, ma chère enfant, que je t'embrasse encor.

LISETTE.

Dans tes emportements sois sage et plus modeste.

CRISPIN.

Excuse si la joie emporte un peu le geste.

LISETTE.

Mais, comme en ce bas monde, il n'est nuls biens parfaits,

ACTE II, SCÈNE VIII.

Et que tout ne va pas au gré de nos souhaits,
Il met au testament une fâcheuse clause.

CRISPIN.

Et dis-moi, mon enfant, quelle est-elle?

LISETTE.

Il dispose
De son argent comptant quarante mille écus
Pour deux parents lointains et qu'il n'a jamais vus.

CRISPIN.

Quarante mille écus d'argent sec et liquide!
De la succession voilà le plus solide.
C'est de l'argent comptant dont je fais plus de cas.
Vous en aurez menti, cela ne sera pas,
C'est moi qui vous le dis, mon cher monsieur Géronte ;
Vous avez fait sans moi trop vite votre compte.
Et qui sont ces parents?

LISETTE.

L'un est un bas-Normand
Gentilhomme, natif d'entre Falaise et Caen :
L'autre est une baronne et veuve sans douaire,
Qui dans le Maine fait sa demeure ordinaire,
Plaideuse s'il en fut, comme on m'a dit souvent,
Qui, de vingt-cinq procès, en perd trente par an.

CRISPIN.

C'est tirer du métier toute la quintessence.
Puisque pour les procès elle a si bonne chance,
Il faut lui faire perdre encore celui-ci.

LISETTE.

L'un et l'autre bientôt arriveront ici.
Il faut, mon cher Crispin, tirer de ta cervelle,
Comme d'un arsenal, quelque ruse nouvelle
Qui déporte Géronte à leur faire ce legs.

CRISPIN.

A-t-il vu quelquefois ces deux parents ?

LISETTE.

Jamais.
Il a su seulement, par une lettre écrite,
Qu'ils viendraient à Paris pour lui rendre visite.

CRISPIN.

Mon visage chez vous n'est-il point trop connu?

LISETTE.

Géronte, tu le sais, ne t'a presque point vu :

Et, pour te dire vrai, je suis persuadée
Qu'il n'a de ta figure encore nulle idée.
CRISPIN.
Bon. Mon maître sait-il ce dangereux projet,
L'intention de l'oncle, et le tort qu'on lui fait?
LISETTE.
Il ne le sait que trop : dans son cœur il enrage,
Et voudrait que quelqu'un détournât cet orage.
CRISPIN.
Je serai ce quelqu'un, je te le promets bien.
De la succession les parents n'auront rien ;
Et je veux que Géronte à tel point les haïsse,
Qu'ils soient déshérités ; de plus qu'il les maudisse,
Eux et leurs descendants à perpétuité,
Et tous les rejetons de leur postérité.
LISETTE.
Quoi! tu pourrais, Crispin....
CRISPIN.
Va, demeure tranquille :
Le prix qui m'est promis me rendra tout facile :
Car je dois t'épouser, si...
LISETTE.
D'accord... mais enfin....
CRISPIN.
Comment donc?
LISETTE.
Tu m'as l'air d'être un peu libertin.
CRISPIN.
Ne nous reprochons rien.
LISETTE.
On sait de tes fredaines.
CRISPIN.
Nous sommes but à but, ne sais-je point des tiennes?
LISETTE.
Tu dois de tous côtés, et tu devras longtemps.
CRISPIN.
J'ai cela de commun avec d'honnêtes gens.
Mais enfin sur ce point à tort tu t'inquiètes ;
Le testament de l'oncle acquittera mes dettes ;
Et tel n'y pense pas, qui doit payer pour moi.
Mais on vient.

LISETTE.
C'est Géronte. Adieu; sauve-toi [1].
Va m'attendre là-bas : dans peu j'irai t'instruire
De ce que pour ton rôle il faudra faire et dire.
CRISPIN.
Va, va, je sais déjà tout mon rôle par cœur ;
Les gens d'esprit n'ont point besoin de précepteur.

SCÈNE IX.

GÉRONTE, ÉRASTE, LISETTE.

GÉRONTE, tenant une lettre.
Je parle en cet écrit comme il faut à la mère :
Je voudrais que quelqu'un me contât la manière
Dont elle recevra mon petit compliment ;
Je crois qu'elle sera surprise assurément.
ÉRASTE.
Si vous voulez, monsieur, me charger de la lettre,
Moi-même entre ses mains je promets de la mettre,
Et de vous rapporter ce qu'elle m'aura dit,
Et ce qu'elle aura fait en lisant votre écrit.
GÉRONTE.
Cela sera-t-il bien que toi-même on te voie?
ÉRASTE.
Vous ne sauriez, monsieur, me donner plus de joie.
GÉRONTE.
Dis-leur de bouche encor qu'elle ne pense pas
A renouer l'hymen dont je fais peu de cas...
ÉRASTE.
De vos intentions je sais tout le mystère.
GÉRONTE.
Que je vais à l'instant te nommer légataire,
Te donner tout mon bien.
ÉRASTE.
Je connais leur esprit,
Elles en crèveront toutes deux de dépit.
Demeurez en repos ; je sais ce qu'il faut dire,
Et de notre entretien je reviens vous instruire.

[1] Ce vers se trouve ainsi dans la plupart des anciennes éditions. Il est possible que Regnard ait fait *adieu* de trois syllabes; et cela n'est pas sans exemple. Dans l'édition de 1750, et dans toutes les éditions faites depuis, on lit :
C'est Géronte. Adieu : *fuis*, sauve-toi.

SCÈNE X.

GÉRONTE, LISETTE.

GÉRONTE.
Oui, depuis que j'ai pris ce généreux dessein,
Je me sens de moitié plus léger et plus sain.
LISETTE.
Vous avez fait, monsieur, ce que vous deviez faire.
Mais j'aperçois quelqu'un.

SCÈNE XI.

M. CLISTOREL, GÉRONTE, LISETTE.

LISETTE.
C'est votre apothicaire,
Monsieur Clistorel.
GÉRONTE, à Clistorel.
Ah! Dieu vous gard' en ces lieux.
Je suis, quand je vous vois, plus vif et plus joyeux.
CLISTOREL, fâché.
Bonjour, monsieur, bonjour.
GÉRONTE.
Si je m'y puis connaître,
Vous paraissez fâché. Quoi?
CLISTOREL.
J'ai raison de l'être.
GÉRONTE.
Qui vous a mis si fort la bile en mouvement?
CLISTOREL.
Qui me l'a mise?
GÉRONTE.
Oui.
CLISTOREL.
Vos sottises.
GÉRONTE.
Comment?
CLISTOREL.
Je viens, vraiment, d'apprendre une belle nouvelle,
Qui me réjouit fort.
GÉRONTE.
Eh! monsieur, quelle est-elle?

ACTE II, SCÈNE XI.

CLISTOREL.
N'avez-vous point de honte, à l'âge où vous voilà,
De faire extravagance égale à celle-là?
GÉRONTE.
De quoi s'agit-il donc?
CLISTOREL.
Il vous faudrait encore,
Malgré vos cheveux gris, quelques grains d'ellébore.
On m'a dit par la ville, et c'est un fait certain,
Que de vous marier vous formez le dessein.
LISETTE.
Quoi! ce n'est que cela?
CLISTOREL.
Comment donc! dans la vie,
Peut-on faire jamais de plus haute folie?
GÉRONTE.
Et quand cela serait : pourquoi vous récrier,
Vous que depuis un mois on vit remarier?
CLISTOREL.
Vraiment, c'est bien de même! Avez-vous le courage
Et la mâle vigueur requise en mariage?
Je vous trouve plaisant! et vous avez raison
De faire avecque moi quelque comparaison!
J'ai fait quatorze enfants à ma première femme [1],
Madame Clistorel (Dieu veuille avoir son âme);
Et, si dans mes travaux la mort ne me surprend,
J'espère à la seconde en faire encore autant.
LISETTE.
Ce sera très-bien fait.
CLISTOREL.
Votre corps cacochyme
N'est point fait, croyez-moi, pour ce genre d'escrime.
J'ai lu dans Hippocrate, il n'importe en quel lieu,
Un aphorisme sûr; il n'est point de milieu :
« Tout vieillard qui prend fille alerte et trop fringante,
» De son propre couteau sur ses jours il attend. »
Virgo libidinosa senem jugulat.
LISETTE.
Quoi! monsieur Clistorel, vous savez du latin!
Vous pourriez, dans un jour, vous faire médecin.

[1] Voyez la note de la page 682, tome I.

CLISTOREL.

Moi ! le ciel m'en préserve ! et ce sont tous des ânes,
Ou du moins les trois quarts : ils m'ont fait cent chicanes
Au procès qu'ils nous ont sottement intenté ;
Moi seul j'ai fait bouquer toute la Faculté.
Ils voulaient obliger tous les apothicaires
A faire et mettre en place eux-mêmes leurs clystères,
Et que tous nos garçons ne fussent qu'assistants.

LISETTE.

Fi donc ! ces médecins sont de plaisantes gens !

CLISTOREL.

Il m'aurait fait beau voir, avecque des lunettes,
Faire, en jeune apprenti, ces fonctions secrètes !
C'était, à soixante ans, nous mettre à l'A B C.
Voyez, pour tout un corps, quel affront c'eût été !

GÉRONTE.

Vous avez fort bien fait, dans cette procédure,
D'avoir jusques au bout soutenu la gageure.

CLISTOREL.

J'étais bien résolu, plutôt que de plier,
D'y manger ma boutique, et jusqu'à mon mortier.

LISETTE.

Leur dessein, en effet, était bien ridicule.

CLISTOREL.

Je suis, quand je m'y mets, plus têtu qu'une mule.

GÉRONTE.

C'est bien fait. Ces messieurs voulaient vous offenser :
Mais que vous ai-je fait, moi, pour vous courroucer ?

CLISTOREL.

Ce que vous m'avez fait ? Vous voulez prendre femme,
Pour crever ; et moi seul j'en aurai tout le blâme.
Prendre une femme, vous ! Allez, vous êtes fou.

GÉRONTE.

Monsieur...

CLISTOREL.

Il vaudrait mieux qu'on vous tordît le cou.

GÉRONTE.

Mais, monsieur...

CLISTOREL.

Prenez-moi de bonnes médecines,
Avec de bons sirops et drogues anodines ;

De bon catholicon...
GÉRONTE.
Monsieur...
CLISTOREL.
De bon séné,
De bon sel polychreste extrait et raffiné...
GÉRONTE.
Monsieur, un petit mot.
CLISTOREL.
De bon tartre émétique,
Quelque bon lavement fort et diurétique :
Voilà ce qu'il vous faut : mais une femme !...
GÉRONTE.
Mais...
CLISTOREL.
Ma boutique pour vous est fermée à jamais...
S'il lui fallait...
LISETTE.
Monsieur...
CLISTOREL.
Dans un péril extrême,
Le moindre lénitif, ou le moindre apozème,
Une goutte de miel, ou de décoction...
Je le verrais crever comme un vieux mousqueton.
O le beau jouvenceau pour entrer en ménage !
LISETTE.
Mais, monsieur Clistorel...
CLISTOREL.
Le plaisant mariage !
Le beau petit mignon !
LISETTE.
Monsieur, écoutez-nous.
CLISTOREL.
Non, non, je ne veux plus de commerce avec vous [1].
Serviteur, serviteur.

---

[1] Monsieur Purgon dit à Argan : « Je vous déclare que je romps commerce avec vous... que je ne veux plus d'alliance avec vous. » Et ce ne sont pas les seuls rapports entre cette scène du *Légataire* et la scène VI de l'acte III du *Malade imaginaire*.

SCÈNE XII [1].

GÉRONTE, LISETTE.

LISETTE.

Que le diable t'emporte !
Non, je ne vis jamais animal de la sorte :
A le bien mesurer, il n'est pas, que je crois,
Plus haut que sa seringue, et glapit comme trois.
Ces petits avortons ont tous l'humeur mutine.

GÉRONTE.

Il ne reviendra plus ; son départ me chagrine.

LISETTE.

Pour un, vous en aurez mille tout à la fois.
Un de mes bons amis, dont il faut faire choix,
Qui s'est fait, depuis peu, passer apothicaire,
M'a promis qu'à bon prix il ferait votre affaire ;
Et qu'il aurait pour vous quelque sirop à part,
Casse, séné, rhubarbe, et le tout de hasard,
Qui fera plus d'effet et de meilleur ouvrage,
Que ce qu'on vous vendait quatre fois davantage.

GÉRONTE.

Fais-le moi donc venir.

LISETTE.

Je n'y manquerai pas.

GÉRONTE.

Allons nous reposer. Lisette, suis mes pas.
Ce monsieur Clistorel m'a tout ému la bile.

LISETTE.

Souvenez-vous toujours, quand vous serez tranquille,
Dans votre testament de me faire du bien.

GÉRONTE.

(Bas, à part.)
Je t'en ferai, pourvu qu'il ne m'en coûte rien.

---

[1] Dans les anciennes éditions, cet acte n'est divisé qu'en onze scènes.

FIN DU SECOND ACTE.

ACTE TROISIÈME.

SCÈNE I.

GÉRONTE, LISETTE.

GÉRONTE.
Éraste ne vient point me rendre de réponse.
Qu'est-ce que ce délai me prédit et m'annonce?
LISETTE.
Et pourquoi, s'il vous plaît, vous inquiéter tant?
Suffit que vous devez être de vous content;
Vous n'avez jamais fait rien de plus héroïque
Que de rompre un hymen aussi tragi-comique.
GÉRONTE.
Je suis content de moi dans cette occasion,
Et monsieur Clistorel a fort bonne raison.
C'était, la pierre au cou, la tête la première,
M'aller précipiter au fond de la rivière.
LISETTE.
Bon! c'était cent fois pis encor que tout cela.
Mais enfin tout va bien.

SCÈNE II.

CRISPIN, en gentilhomme campagnard; GÉRONTE, LISETTE.

CRISPIN, dehors, heurtant.
Holà, quelqu'un, holà!
Tout est-il mort ici, laquais, valet, servante?
J'ai beau heurter, crier; aucun ne se présente.
Le diable puisse-t-il emporter la maison!
LISETTE.
Eh! qui diantre chez nous heurte de la façon?
(Elle ouvre.)
Que voulez-vous, monsieur? quel démon vous agite?

Vient-on chez un malade ainsi rendre visite?
(A part.)
Dieu me pardonne! c'est Crispin ; c'est lui, ma foi!
CRISPIN, bas, à Lisette.
Tu ne te trompes pas, ma chère enfant; c'est moi.
(Haut.)
Bonjour, bonjour, la fille. On m'a dit par la ville
Qu'un Géronte en ce lieu tenait son domicile;
Pourrait-on lui parler?
LISETTE.
Pourquoi non? Le voilà.
CRISPIN, lui secouant le bras.
Parbleu, j'en suis bien aise. Ah! monsieur, touchez là.
Je suis votre valet, ou le diable m'emporte.
Touchez là derechef. Le plaisir me transporte
Au point que je ne puis assez vous le montrer.
GÉRONTE.
Cet homme assurément prétend me démembrer.
CRISPIN.
Vous paraissez surpris autant qu'on le peut être.
Je vois que vous avez peine à me reconnaître ;
Mes traits vous sont nouveaux : savez-vous bien pourquoi?
C'est que vous ne m'avez jamais vu.
GÉRONTE.
Je le crois.
CRISPIN.
Mais feu monsieur mon père, Alexandre Choupille,
Gentilhomme normand, prit pour femme une fille
Qui fut, à ce qu'on dit, votre sœur autrefois,
Et qui me mit au jour au bout de quatre mois.
Mon père se fâcha de cette diligence ;
Mais un ami sensé lui dit, en confidence,
Qu'il est vrai que ma mère, en faisant ses enfants,
N'observait pas encore assez l'ordre des temps ;
Mais qu'aux femmes l'erreur n'était pas inouïe,
Et qu'elle ne manquait qu'à la chronologie.
GÉRONTE.
A la chronologie!
LISETTE.
Une femme, en effet,
Ne peut pas calculer comme un homme aurait fait.

CRISPIN.
Or donc cette femelle, à concevoir si prompte,
Qu'à tout considérer quelquefois j'en ai honte,
En me mettant au jour, soit disgrâce ou faveur,
M'a fait votre neveu, puisqu'elle est votre sœur.
GÉRONTE.
Apprenez, mon neveu, si par hasard vous l'êtes,
Que vous êtes un sot, aux discours que vous faites.
Ma sœur fut sage; et nul ne peut lui reprocher
Que jamais sur l'honneur on l'ait pu voir broncher.
CRISPIN.
Je le crois : cependant tant qu'elle fut vivante,
On tient que sa vertu fut un peu chancelante.
Quoi qu'il en soit enfin, légitime ou bâtard,
Soit qu'on m'ait mis au monde ou trop tôt ou trop tard,
Je suis votre neveu, quoi qu'en dise l'envie;
De plus, votre héritier, venant de Normandie
Exprès pour recueillir votre succession.
GÉRONTE.
C'est bien fait; et je loue assez l'intention.
Quand vous en allez-vous?
CRISPIN.
Voudriez-vous me suivre?
Cela dépend du temps que vous avez à vivre.
Mon oncle, soyez sûr que je ne partirai
Qu'après vous avoir vu bien cloué, bien muré,
Dans quatre ais de sapin reposer à votre aise.
LISETTE, bas, à Géronte.
Vous avez un neveu, monsieur, ne vous déplaise,
Qui dit ses sentiments en pleine liberté.
GÉRONTE, bas, à Lisette.
A te dire le vrai, j'en suis épouvanté.
CRISPIN.
Je suis persuadé, de l'humeur dont vous êtes,
Que la succession sera des plus complètes,
Que je vais manier de l'or à pleine main ;
Car vous êtes, dit-on, un avare, un vilain.
Je sais que, pour un sou, d'une ardeur héroïque
Vous vous feriez fesser dans la place publique.
Vous avez, dit-on même, acquis, en plus d'un lieu,
Le titre d'usurier et de fesse-Mathieu.

LE LÉGATAIRE.
GÉRONTE.
Savez-vous, mon neveu, qui tenez ce langage,
Que, si de mes deux bras j'avais encor l'usage,
Je vous ferais sortir par la fenêtre.
CRISPIN.
Moi ?
GÉRONTE.
Oui, vous ; et, dans l'instant, sortez.
CRISPIN.
Ah ! par ma foi,
Je vous trouve plaisant de parler de la sorte !
C'est à vous de sortir et de passer la porte.
La maison m'appartient [1] : ce que je puis souffrir,
C'est de vous y laisser encor vivre et mourir.
LISETTE.
Ah ciel ! quel garnement !
GÉRONTE, bas.
Où suis-je ?
CRISPIN.
Allons, m'amie,
Au bel appartement mène-moi, je te prie.
Est-il voisin du tien ? Je te trouve à mon gré ;
Et nous pourrons, la nuit, converser de plain-pied.
Bonne chère, grand feu : que la cave enfoncée
Nous fournisse, à pleins brocs, une liqueur aisée :
Fais main basse sur tout ; le bonhomme a bon dos,
Et l'on peut hardiment le ronger jusqu'aux os.
Mon oncle, pour ce soir il me faut, je vous prie,
Cent louis neufs comptant, en avance d'hoirie ;
Sinon, demain matin, si vous le trouvez bon,
Je mettrai, de ma main, le feu dans la maison.
GÉRONTE, à part.
Grand dieux ! vit-on jamais insolence semblable ?
LISETTE, bas à Géronte.
Ce n'est pas un neveu, monsieur ; mais c'est un diable.
Pour le faire sortir employez la douceur.
GÉRONTE.
Mon neveu, c'est à tort qu'avec tant de hauteur

[1] Hémistiches de *Tartuffe* :
C'est à vous d'en sortir
La maison m'appartient.

Vous venez tourmenter un oncle à l'agonie ;
En repos laissez-moi finir ma triste vie,
Et vous hériterez au jour de mon trépas.

CRISPIN.

D'accord. Mais quand viendra ce jour ?

GÉRONTE.

A chaque pas
L'impitoyable mort s'obstine à me poursuivre ;
Et je n'ai, tout au plus, que quatre jours à vivre.

CRISPIN.

Je vous en donne six ; mais après, ventrebleu,
N'allez pas me manquer de parole, ou dans peu
Je vous fais enterrer mort ou vif. Je vous laisse.
Mon oncle, encore un coup, tenez votre promesse,
Ou je tiendrai la mienne.

SCÈNE III.

GÉRONTE, LISETTE.

LISETTE.

Ah! quel homme voilà !
Quel neveu vos parents vous ont-il donné là ?

GÉRONTE.

Ce n'est point mon neveu ; ma sœur était trop sage
Pour élever son fils dans un air si sauvage :
C'est un fieffé brutal, un homme des plus fous.

LISETTE.

Cependant, à le voir, il a quelque air de vous :
Dans ses yeux, dans ses traits, un je ne sais quoi brille ;
Enfin on s'aperçoit qu'il tient de la famille.

GÉRONTE.

Par ma foi, s'il en tient, il lui fait peu d'honneur.
Ah! le vilain parent!

LISETTE.

Et vous auriez le cœur
De laisser votre bien, une si belle somme,
Vingt mille écus comptant, à ce beau gentilhomme?

GÉRONTE.

Moi, lui laisser mon bien ! J'aimerais mieux cent fois
L'enterrer pour jamais.

LISETTE.

Ma foi, je m'aperçois
Que monsieur le neveu, si j'en crois mon présage,
N'aura pas trop gagné d'avoir fait son voyage,
Et que le pauvre diable, arrivé d'aujourd'hui,
Aurait aussi bien fait de demeurer chez lui.

GÉRONTE.

Si c'est sur mon bien seul qu'il fonde sa cuisine,
Je t'assure déjà qu'il mourra de famine,
Et qu'il n'aura pas lieu de rire à mes dépens.

LISETTE.

C'est fort bien fait : il faut apprendre à vivre aux gens.
Voilà comme sont faits tous ces neveux avides,
Qui ne peuvent cacher leurs naturels perfides :
Quand ils n'assomment pas un oncle assez âgé,
Ils prétendent encor qu'il leur est obligé.
Mais Éraste revient, et nous allons apprendre
Comment tout s'est passé.

SCÈNE IV.

ÉRASTE, GÉRONTE, LISETTE.

GÉRONTE.

Tu te fais bien attendre!
Tu m'as abandonné dans un grand embarras.
Un malheureux neveu m'est tombé sur les bras.

ÉRASTE.

Il vient de m'accoster là-bas tout hors d'haleine [1],
Et m'a dit en deux mots le sujet qui l'amène.

GÉRONTE.

Que dis-tu de ses airs?

ÉRASTE.

Je les trouve étonnants.
Il peste, il jure, il veut mettre le feu céans.

GÉRONTE.

J'aurais bien eu besoin ici de ta présence,
Pour réprimer l'excès de son impertinence ;
Lisette en est témoin.

LISETTE.

Ah ! le mauvais pendard,

[1] Ce vers et les trois suivants devraient être supprimés, pour fonder la surprise d'Éraste, à la neuvième scène, en reconnaissant Crispin.

ACTE III, SCÈNE IV.

A qui monsieur voulait de son bien faire part!
GÉRONTE.
J'ai bien changé d'avis : je te donne parole
Qu'il n'aura de mon bien jamais la moindre obole.
ÉRASTE.
Je me suis acquitté de ma commission,
Et tout s'est fait au gré de notre intention.
Votre lettre a produit un effet qui m'enchante.
On a montré d'abord une âme indifférente ;
D'un faux air de mépris voulant couvrir leur jeu,
Elles me paraissaient s'en soucier fort peu :
Mais quand je leur ai dit que vous vouliez me faire
Aujourd'hui de vos biens unique légataire,
(Car vous m'avez prescrit de parler sur ce ton...)
GÉRONTE.
Oui, je te l'ai promis; c'est mon intention.
ÉRASTE.
Elles ont toutes deux témoigné des surprises
Dont elles ne seront de six mois bien remises.
GÉRONTE.
J'en suis persuadé.
ÉRASTE.
Mais écoutez ceci,
Qui doit bien vous surprendre, et m'a surpris aussi ;
C'est que madame Argante, aimant votre famille,
M'a proposé, tout franc, de me donner sa fille,
Et d'acquitter ainsi, par un commun égard,
La parole donnée et d'une et d'autre part.
GÉRONTE.
Et qu'as-tu su répondre à ces belles pensées?
ÉRASTE.
Que je ne voulais point aller sur vos brisées,
Sans avoir, sur ce point, su votre sentiment,
Et de plus obtenu votre consentement.
GÉRONTE.
Ne t'embarrasse point encor de mariage.
Que mon exemple ici serve à te rendre sage.
LISETTE.
Moi, j'approuverais fort cet hymen et ce choix :
Il est tel qu'il le faut, et j'y donne ma voix.
Il convient à monsieur de suivre cette envie,
Non à vous qui devez renoncer à la vie.

GÉRONTE.

A la vie ! Et pourquoi ! Suis-je mort, s'il vous plaît ?

LISETTE.

Je ne sais pas, monsieur, au vrai ce qu'il en est ;
Mais tout le monde croit, à votre air triste et sombre,
Qu'errant près du tombeau, vous n'êtes plus qu'une ombre;
Et que, pour des raisons qui vous font différer,
Vous ne vous êtes pas encor fait enterrer.

GÉRONTE.

Avec de tels discours et ton air d'insolence,
Tu pourrais, à la fin, lasser ma patience.

LISETTE.

Je ne sais point, monsieur, farder la vérité,
Et dis ce que je pense avecque liberté.

SCÈNE V.

LE LAQUAIS, GÉRONTE, ÉRASTE, LISETTE.

LE LAQUAIS.

Une dame, là-bas, monsieur, avec sa suite,
Qui porte le grand deuil, vient vous rendre visite,
Et se dit votre nièce.

GÉRONTE.

Encore des parents !

LE LAQUAIS.

La ferai-je monter ?

GÉRONTE.

Non, je te le défends.

LISETTE.

Gardez-vous bien, monsieur, d'en user de la sorte ;
Et vous ne devez pas lui refuser la porte.

(Au laquais.)

Va-t'en la faire entrer.

SCÈNE VI.

GÉRONTE, ÉRASTE, LISETTE.

LISETTE, à Géronte.

Contraignez-vous un peu :
La nièce aura l'esprit mieux fait que le neveu.
Entre tant de parents, ce serait bien le diable
S'il ne s'en trouvait pas quelqu'un de raisonnable.

SCÈNE VII.

CRISPIN, en veuve, un petit dragon lui portant la queue;
GÉRONTE, ÉRASTE, LISETTE, LE LAQUAIS de Géronte.

CRISPIN fait des révérences au laquais de Géronte qui lui ouvre la porte.
Le petit dragon sort.
(A Géronte.)
Permettez, s'il vous plaît, que cet embrassement
Vous témoigne ma joie et mon ravissement :
Je vois un oncle enfin, mais un oncle que j'aime,
Et que j'honore aussi cent fois plus que moi-même.
LISETTE, bas, à Éraste.
Monsieur, c'est là Crispin [1].
ÉRASTE, bas, à Lisette.
C'est lui, je le sais bien;
Nous avons eu là-bas un moment d'entretien.
GÉRONTE, à Éraste.
Elle a de la douceur et de la politesse.
Qu'on donne promptement un fauteuil à ma nièce.
CRISPIN, au laquais de Géronte.
Ne bougez, s'il vous plaît; le respect m'interdit.
(A Géronte, avec le ton du respect.)
Un fauteuil près mon oncle ! Un tabouret suffit.
(Le laquais donne un tabouret à Crispin.)
GÉRONTE.
Je suis assez content déjà de la parente.
ÉRASTE.
Elle sait vraiment vivre et sa taille est charmante.
(Le laquais donne un fauteuil à Géronte, une chaise à Éraste, un tabouret à Lisette, et sort.)

SCÈNE VIII.

GÉRONTE; CRISPIN, en veuve; ÉRASTE, LISETTE.

CRISPIN.
Fi donc ! vous vous moquez, je suis à faire peur.
Je n'avais autrefois que cela de grosseur :
Mais vous savez l'effet d'un second mariage,

---

[1] Ce vers et le suivant sont encore à retrancher suivant la note de la page 138.

Et ce que c'est d'avoir des enfants en bas âge,
Cela gâte la taille, et furieusement.
LISETTE.
Vous passeriez encor pour fille assurément.
CRISPIN.
J'ai fait du mariage une assez triste épreuve.
A vingt ans mon mari m'a laissé mère et veuve.
Vous vous doutez assez qu'après ce prompt trépas,
Et faite comme on est, ayant quelques appas,
On aurait pu trouver à convoler de reste ;
Mais du pauvre défunt la mémoire funeste
M'oblige à dévorer en secret mes ennuis.
J'ai bien de fâcheux jours, et de plus dures nuits :
Mais d'un veuvage affreux les tristes insomnies
Ne m'arracheront point de noires perfidies ;
Et je veux chez les morts emporter, si je peux,
Un cœur qui ne brûla que de ses premiers feux.
ÉRASTE.
On ne poussa jamais plus loin la foi promise.
Voilà des sentiments dignes d'une Artémise.
GÉRONTE, à Crispin.
Votre époux, vous laissant mère et veuve à vingt ans,
Ne vous a pas laissé, je crois, beaucoup d'enfants.
CRISPIN.
Rien que neuf ; mais, le cœur tout gonflé d'amertume,
Deux ans encore après j'accouchai d'un posthume.
LISETTE.
Deux ans après ! voyez quelle fidélité !
On ne le croira pas dans la postérité.
GÉRONTE, à Crispin.
Peut-on vous demander, sans vous faire de peine,
Quel sujet si pressant vous fait quitter le Maine?
CRISPIN.
Le désir de vous voir est mon premier objet ;
De plus, certain procès qu'on m'a sottement fait,
Pour certain four banal sis en mon territoire.
Je propose d'abord un bon déclinatoire ;
On passe outre : je forme empêchement formel,
Et, sans nuire à mon droit, j'anticipe l'appel.
La cause est au bailliage ainsi revendiquée :
On plaide, et je me trouve enfin interloquée !

ACTE III, SCÈNE VIII.

LISETTE.
Interloquée! Ah ciel! quel affront est-ce là!
Et vous avez souffert qu'on vous interloquât!
Une femme d'honneur se voir interloquée¹!
ÉRASTE.
Pourquoi donc de ce terme être si fort piquée?
C'est un mot du barreau.
LISETTE.
C'est ce qu'il vous plaira;
Mais juge, de ses jours, ne m'interloquera :
Le mot est immodeste, et le terme me choque;
Et je ne veux jamais souffrir qu'on m'interloque.
GÉRONTE, à Crispin.
Elle est folle, et souvent il lui prend des accès...
Elle ne parle pas si bien que vous procès.
CRISPIN.
Ce procès n'est pas seul le sujet qui m'amène,
Et qui m'a fait quitter si brusquement le Maine.
Ayant appris, monsieur, par gens dignes de foi,
Qui m'ont fait un récit de vous, et que je croi,
Que vous étiez un homme atteint de plus d'un vice,
Un ivrogne, un joueur...
ÉRASTE.
Comment donc? Quel caprice!
CRISPIN.
Qui hantiez certains lieux et le jour et la nuit,
Où l'honnêteté souffre et la pudeur gémit...
GÉRONTE.
Est-ce à moi, s'il vous plaît, que ce discours s'adresse?
CRISPIN.
Oui, mon oncle, à vous-même. A-t-il rien qui vous blesse,
Puisqu'il est copié d'après la vérité?
GÉRONTE, à part.
Je ne sais où j'en suis.
CRISPIN.
On m'a même ajouté

---

[1] Cailhava (I, 462) dit à l'occasion de cette scène : « Regnard, né plaisant et ne se donnant pas la peine de méditer, d'approfondir, fait toujours rire par le mot seulement. » Il aurait pu remarquer que l'exclamation de Lisette rappelle la *condamnée!* de Philaminte dans les *Femmes savantes* (acte V, scène IV), et le *je ne veux point être liée* de la comtesse de Pimbesche dans les *Plaideurs* (acte I er, scène VII).

Que, depuis très-longtemps, avec mademoiselle,
Vous meniez une vie indigne et criminelle,
Et que vous en aviez déjà plusieurs enfants.

LISETTE.

Avec moi, juste ciel ! voyez les médisants !
De quoi se mêlent-ils ? Est-ce là leur affaire ?

GÉRONTE.

Je ne sais qui retient l'effet de ma colère.

CRISPIN.

Ainsi, sur le rapport de mille honnêtes gens,
Nous avons fait, monsieur, assembler vos parents ;
Et pour vous empêcher, dans ce désordre extrême,
De manger notre bien et vous perdre vous-même,
Nous avons résolu, d'une commune voix,
De vous faire interdire, en observant les lois.

GÉRONTE.

Moi, me faire interdire !

LISETTE.

Ah ciel ! quelle famille !

CRISPIN.

Nous savons votre vie avecque cette fille,
Et voulons empêcher qu'il ne vous soit permis
De faire un mariage un jour *in extremis*.

GÉRONTE, se levant.

Sortez d'ici, madame, et que de votre vie
D'y remettre le pied il ne vous prenne envie ;
Sortez d'ici, vous dis-je, et sans vous arrêter...

CRISPIN.

Comment ! battre une veuve et la violenter !
Au secours ! aux voisins ! au meurtre ! on m'assassine !

GÉRONTE.

Voilà, je vous avoue, une grande coquine.

CRISPIN.

Quoi ! contre votre sang vous osez blasphémer !
Cela peut bien aller à vous faire enfermer.

LISETTE.

Faire enfermer monsieur !

CRISPIN.

Ne faites point la fière ;
On peut aussi vous mettre à la Salpétrière.

LISETTE.

A la Salpétrière !

CRISPIN.
Oui, m'amie, et sans bruit.
De vos déportements on n'est que trop instruit.
ÉRASTE.
Il faut développer le fond de ce mystère.
Que l'on m'aille à l'instant chercher un commissaire.
CRISPIN.
Un commissaire à moi ! Suis-je donc, s'il vous plaît,
Gibier à commissaire ?
ÉRASTE.
On verra ce que c'est ;
Et dans peu nous saurons, avec un tel tumulte,
Si l'on vient chez les gens ainsi leur faire insulte.
Vous, mon oncle, rentrez dans votre appartement ;
Je vous rendrai raison de tout dans un moment.
GÉRONTE.
Ouf ! ce jour-ci sera le dernier de ma vie.
LISETTE, à Crispin.
Misérable ! tu mets un oncle à l'agonie !
La mauvaise famille et du Maine et de Caen !
Oui, tous ces parents-là méritent le carcan.

SCÈNE IX [1].

ÉRASTE, CRISPIN.

ÉRASTE.
Est-il bien vrai, Crispin ? et ton ardeur sincère...
CRISPIN.
Envoyez donc, monsieur, chercher un commissaire :
Je l'attends de pied ferme.
ÉRASTE.
Ah ! juste ciel ! c'est toi.
Je ne me trompe point.
CRISPIN.
Oui, ventrebleu, c'est moi.
Vous venez de me faire une rude algarade.
ÉRASTE.
Ta pudeur a souffert d'une telle incartade.

[1] D'après les notes précédentes, cette scène doit être réduite aux deux premiers vers.

CRISPIN.

L'ardeur de vous servir m'a donné cet habit ;
Et, comme vous voyez, mon projet réussit.
Avec de certains mots j'ai conjuré l'orage :
Ici des deux parents j'ai fait le personnage ;
Et j'ai dit, en leur nom, de telles duretés,
Qu'ils seront, par ma foi, tous deux déshérités.

ÉRASTE.

Quoi ?

CRISPIN.

Si vous m'aviez vu tantôt faire merveille,
En noble campagnard, le plumet sur l'oreille,
Avec un feutre gris, longue brette au côté,
Mon air de bas-Normand vous aurait enchanté.
Mais, il faut dire vrai, cette coiffe m'inspire
Plus d'intrépidité que je ne puis vous dire :
Avec cet attirail, j'ai vingt fois moins de peur ;
L'adresse et l'artifice ont passé dans mon cœur.
Qu'on a, sous cet habit, et d'esprit et de ruse !

ÉRASTE.

Enfin de ses neveux l'oncle se désabuse ;
Il fait un testament qui doit combler mes vœux.
Est-il dans l'univers un mortel plus heureux ?

SCÈNE X [1].

ÉRASTE, CRISPIN, LISETTE.

LISETTE.

Ah ! monsieur, apprenez un accident terrible ;
Monsieur Géronte est mort.

ÉRASTE.

Ah ! ciel ! est-il possible ?

CRISPIN.

Quoi ! l'oncle de monsieur serait défunt ?

LISETTE.

Hélas !

Il ne vaut guère mieux, tant le pauvre homme est bas.
Arrivant dans sa chambre et se traînant à peine,
Il s'est mis sur son lit sans force et sans haleine ;

---

[1] Dans l'édition originale, cet acte n'est divisé qu'en huit scènes.

Et, raidissant les bras, la suffocation
A tout d'un coup coupé la respiration ;
Enfin, il est tombé, malgré mon assistance,
Sans voix, sans sentiment, sans pouls, sans connaissance.
ÉRASTE.
Je suis au désespoir. C'est ce dernier transport
Où tu l'as mis, Crispin, qui causera sa mort.
CRISPIN.
Moi, monsieur! De sa mort je ne suis point la cause ;
Et le défunt, tout franc, a fort mal pris la chose.
Pourquoi se saisit-il si fort pour des discours?
J'en voulais à son bien, et non pas à ses jours.
ÉRASTE.
Ne désespérons point encore de sa vie ;
Il tombe assez souvent dans une léthargie
Qui ressemble au trépas, et nous alarme fort.
LISETTE.
Ah! monsieur, pour le coup, il est à moitié mort ;
Et moi, qui m'y connais, je dis qu'il faut qu'il meure,
Et qu'il ne peut jamais aller encore une heure.
ÉRASTE.
Ah! juste ciel! Crispin, quel triste événement !
Mon oncle mourra donc sans faire un testament ;
Et je serai frustré, par cette mort cruelle,
De l'espoir d'obtenir la charmante Isabelle !
Fortune, je sens bien l'effet de ton courroux !
LISETTE.
C'est à moi de pleurer, et je perds plus que vous.
CRISPIN.
Allons, mes chers enfants, il faut agir de tête,
Et présenter un front digne de la tempête :
Il n'est pas temps ici de répandre des pleurs ;
Faisons voir un courage au-dessus des malheurs.
ÉRASTE.
Que nous sert le courage, et que pouvons-nous faire?
CRISPIN.
Il faut premièrement, d'une ardeur salutaire,
Courir au coffre-fort, sonder les cabinets,
Démeubler la maison, s'emparer des effets.
Lisette, quelque temps tiens la bouche cousue,
Si tu peux : va fermer la porte de la rue ;

Empare-toi des clefs, de peur d'invasion.
LISETTE.
Personne n'entrera sans ma permission.
CRISPIN.
Que l'ardeur du butin et d'un riche pillage
N'emporte pas trop loin votre bouillant courage;
Surtout, dans l'action, gardons le jugement.
Le sort conspire en vain contre le testament :
Plutôt que tant de bien passe en des mains profanes,
De Géronte défunt j'évoquerai les mânes;
Et vous aurez pour vous, malgré les envieux,
Et Lisette, et Crispin, et l'enfer, et les dieux.

FIN DU TROISIÈME ACTE.

ACTE QUATRIÈME.

SCÈNE I.

ÉRASTE, CRISPIN.

ÉRASTE, tenant le portefeuille de Géronte.
Ah! mon pauvre Crispin, je perds toute espérance.
Mon oncle ne saurait reprendre connaissance :
L'art et les médecins sont ici superflus;
Le pauvre homme n'a pas à vivre une heure au plus.
Le legs universel qu'il prétendait me faire,
Comme tu vois, Crispin, ne m'enrichira guère.
CRISPIN.
Lisette et moi, monsieur, pour finir nos projets,
Nous comptions bien aussi sur quelque petit legs.
ÉRASTE.
Quoiqu'un cruel destin, à nos désirs contraire,
Épuise contre nous les traits de sa colère,
Nos soins ne seront pas infructueux et vains ;
Quarante mille écus que je tiens dans mes mains,
Triste et fatal débris d'un malheureux naufrage,

Seront mis, si je veux, à l'abri de l'orage.
Voilà tous bons billets que j'ai trouvés sur lui.
CRISPIN, voulant prendre les billets.
Souffrez que je partage avec vous votre ennui.
Ce petit lénitif, en attendant le reste,
Pourra nous consoler d'un coup aussi funeste.
ÉRASTE.
Il est vrai, cher Crispin ; mais enfin tu sais bien
Que cela ne fait pas presque le tiers du bien
Qu'en la succession mes soins pouvaient prétendre,
Et que le testament me donnait lieu d'attendre :
Des maisons à Paris, des terres, des contrats,
Offraient bien à mon cœur de plus charmants appas.
Non que l'ardeur du gain et la soif des richesses
Me fissent ressentir leurs indignes faiblesses ;
C'est d'un plus noble feu dont mon cœur est épris.
Je devais épouser Isabelle à ce prix :
Ce n'est qu'avec ce bien, qu'avec ces avantages,
Que je puis de sa mère obtenir les suffrages :
Faute de testament, je perds, et pour toujours,
Un bien dont dépendait le bonheur de mes jours.
CRISPIN.
J'entre dans vos raisons ; elles sont très-plausibles :
Mais ce sont de ces coups imprévus et terribles,
Dont tout l'esprit humain demeure confondu,
Et qui mettent à bout la plus mâle vertu.
Pour marquer au vieillard sa dernière demeure,
O mort, tu devais bien attendre encore une heure :
Tu nous aurais tous mis dans un parfait repos,
Et le tout se serait passé bien à propos.
ÉRASTE.
Faudra-t-il qu'un espoir fondé sur la justice,
En stériles regrets passe et s'évanouisse ?
Ne saurais-tu, Crispin, parer ce coup fatal,
Et trouver promptement un remède à mon mal ?
Tantôt tu méditais un héroïque ouvrage :
C'est dans les grands dangers qu'on voit un grand courage.
CRISPIN.
Oui, je croyais tantôt réparer cet échec ;
Mais à présent j'échoue et je demeure à sec.
Un autre, en pareil cas, serait aussi stérile.

S'il fallait, par hasard, d'un coup de main habile,
Soustraire, escamoter sans bruit un testament
Où vous seriez traité peu favorablement,
Peut-être je pourrais, par quelque coup d'adresse,
Exercer mon talent et montrer ma prouesse :
Mais en faire trouver alors qu'il n'en est point,
Le diable avec sa clique, et réduit à ce point,
Fort inutilement s'y casserait la tête ;
Et cependant, monsieur, le diable n'est pas bête.

ÉRASTE.

Tu veux donc me confondre et me désespérer ?

SCÈNE II.

LISETTE, ÉRASTE, CRISPIN.

LISETTE, à Éraste.

Les notaires, monsieur, viennent là-bas d'entrer ;
Je les ai mis tous deux dans cette salle basse.
Voyez ; que voulez-vous, s'il vous plaît, qu'on en fasse ?

ÉRASTE.

Je vois à tous moments croître mon embarras.
Fais-en, ma pauvre enfant, tout ce que tu voudras.
Savent-ils que mon oncle a perdu connaissance,
Et qu'il ne peut parler ?

LISETTE.

Non, pas encor, je pense.

ÉRASTE.

Crispin...

CRISPIN.

Monsieur !

ÉRASTE.

Hélas !

CRISPIN.

Hélas !

ÉRASTE.

Juste ciel !

CRISPIN.

Ha !

ÉRASTE.

Que ferons-nous, dis-moi ?

CRISPIN.

Tout ce qu'il vous plaira.

ACTE IV, SCÈNE II.

ÉRASTE.
Quoi! les renverrons-nous?
CRISPIN.
Eh! qu'en voulez-vous faire?
Qu'en pouvons-nous tirer qui nous soit salutaire?
LISETTE.
Je vais donc leur marquer qu'ils n'ont qu'à s'en aller.
ÉRASTE, arrêtant Lisette.
Attends encore un peu. Je me sens accabler.
Crispin, tu vas me voir expirer à ta vue.
CRISPIN.
Je vous suivrai de près, et la douleur me tue.
LISETTE.
Moi! je n'irai pas loin. Faut-il nous voir, tous trois,
Comme d'un coup de foudre écraser à la fois?
CRISPIN.
Attendez... Il me vient... Le dessein est bizarre;
Il pourrait par hasard... J'entrevois... Je m'égare;
Et je ne vois plus rien que par confusion.
LISETTE.
Peste soit l'animal! avec sa vision!
ÉRASTE.
Fais-nous part du dessein que ton cœur se propose.
LISETTE.
Allons, mon cher Crispin, tâche à voir quelque chose.
CRISPIN.
Laisse-moi donc rêver... Oui-dà... Non... Si, pourtant...
Pourquoi non?... On pourrait...
LISETTE.
Ne rêve donc point tant;
Les notaires là-bas sont dans l'impatience :
Tout ici ne dépend que de la diligence.
CRISPIN.
Il est vrai; mais enfin j'accouche d'un dessein
Qui passera l'effort de tout esprit humain.
Toi, qui parais dans tout si légère et si vive,
Exerce à ce sujet ton imaginative;
Voyons ton bel esprit.
LISETTE.
Je t'en laisse l'emploi.
Qui peut en fourberie être si fort que toi?

L'amour doit ranimer ton adresse passée.
CRISPIN.
Paix... Silence... Il me vient un surcroît de pensée.
J'y suis, ventrebleu !
LISETTE.
Bon.
CRISPIN.
Dans un fauteuil assis...
LISETTE.
Fort bien...
CRISPIN.
Ne troublez pas l'enthousiasme où je suis.
Un grand bonnet fourré jusque sur les oreilles ;
Les volets bien fermés...
LISETTE.
C'est penser à merveilles.
CRISPIN.
Oui, monsieur, dans ce jour, au gré de vos souhaits,
Vous serez légataire, et je vous le promets.
Allons, Lisette, allons, ranimons notre zèle ;
L'amour à ce projet nous guide et nous appelle.
Va de l'oncle défunt me chercher quelque habit,
Sa robe de malade, et son bonnet de nuit :
Les dépouilles du mort feront notre victoire.
LISETTE.
Je veux en élever un trophée à ta gloire :
Et je cours te servir. Je reviens sur mes pas.

SCÈNE III.

ÉRASTE, CRISPIN.

ÉRASTE.
Tu m'arraches, Crispin, des portes du trépas.
Si ton dessein succède au gré de notre envie,
Je veux te rendre heureux le reste de ta vie.
Je serais légataire ! et par même moyen,
J'épouserais l'objet qui fait seul tout mon bien !
Ah ! Crispin !
CRISPIN.
Cependant une terreur secrète
S'empare de mes sens, m'alarme et m'inquiète :

ACTE IV, SCÈNE IV.

Si la justice vient à connaître du fait,
Elle est un peu brutale, et saisit au collet.
Il faut faire un faux seing, et ma main alarmée
Se refuse au projet dont mon âme est charmée.

ÉRASTE.

Ton trouble est mal fondé : depuis deux ou trois mois
Géronte ne pouvait se servir de ses doigts ;
Ainsi sa signature, ailleurs si nécessaire,
N'est point, comme tu vois, requise en cette affaire ;
Et tu déclareras que tu ne peux signer.

CRISPIN.

A de bonnes raisons je me laisse gagner ;
Et je sens tout à coup renaître en mon courage
L'ardeur dont j'ai besoin pour un si grand ouvrage.

SCÈNE IV.

LISETTE, apportant les hardes de Géronte ; ÉRASTE, CRISPIN.

LISETTE, jetant le paquet.

Du bonhomme Géronte, en gros comme en détail,
Comme tu l'as requis, voilà tout l'attirail.

CRISPIN, se déshabillant.

Ne perdons point de temps, que l'on m'habille en hâte.
Monsieur, mettez la main, s'il vous plaît, à la pâte.
La robe ; dépêchons, passez-la dans mes bras.
Ah ! le mauvais valet ! chaussez chacun un bas.
Çà, le mouchoir de cou. Mets-moi vite ce casque.
Les pantoufles. Fort bien. L'équipage est fantasque.

LISETTE.

Oui, voilà le défunt ; dissipons notre ennui.
Géronte n'est point mort, puisqu'il revit en lui :
Voilà son air, ses traits ; et l'on doit s'y méprendre.

CRISPIN.

Mais, avec son habit, si son mal m'allait prendre [1] ?

ÉRASTE.

Ne crains rien, arme-toi de résolution.

CRISPIN.

Ma foi, déjà je sens un peu d'émotion :

---

[1] Plaisanterie qui rappelle le mot d'Argan, dans le *Malade imaginaire*, acte III, scène XVII : « N'y a-t-il pas quelque danger à contrefaire le mort ? »

Je ne sais si la peur est un peu laxative,
Ou si cet habit est de vertu purgative.
LISETTE.
Je veux te mettre encor ce vieux manteau fourré,
Dont aux jours de remède il était entouré.
CRISPIN.
Tu peux, quand tu voudras, appeler les notaires ;
Me voilà maintenant en habits mortuaires.
LISETTE.
Je vais dans un moment les amener ici.
CRISPIN.
Secondez-moi bien tous dans cette affaire-ci.

SCÈNE V.

ÉRASTE, CRISPIN.

CRISPIN.
Vous, monsieur, s'il vous plaît, fermez porte et fenêtre ;
Un éclat indiscret peut me faire connaître.
Avancez cette table. Approchez ce fauteuil.
Ce jour mal condamné me blesse encore l'œil.
Tirez bien les rideaux, que rien ne nous trahisse.
ÉRASTE.
Fasse un heureux destin réussir l'artifice !
Si j'ose me porter à cette extrémité,
Malgré moi j'obéis à la nécessité.
J'entends du bruit.
CRISPIN, se jetant brusquement sur un fauteuil.
Songeons à la cérémonie ;
Et ne me quittez pas, monsieur à l'agonie.
ÉRASTE.
Un dieu, dont le pouvoir sert d'excuse aux amants,
Saura me disculper de ces emportements.

SCÈNE VI.

LISETTE, M. SCRUPULE, M. GASPARD, ÉRASTE, CRISPIN.

LISETTE, aux notaires.
Entrez, messieurs, entrez.
(A Crispin.)
Voilà les deux notaires

Avec qui vous pouvez mettre ordre à vos affaires.
CRISPIN, aux notaires.
Messieurs, je suis ravi, quoiqu'à l'extrémité,
De vous voir tous les deux en parfaite santé,
Je voudrais bien encore être à l'âge où vous êtes,
Et si je me portais aussi bien que vous faites,
Je ne songerais guère à faire un testament.
M. SCRUPULE.
Cela ne vous doit point chagriner un moment;
Rien n'est désespéré : cette cérémonie
Jamais d'un testateur n'a raccourci la vie ;
Au contraire, monsieur, la consolation
D'avoir fait de ses biens la distribution,
Répand au fond du cœur un repos sympathique,
Certaine quiétude et douce et balsamique,
Qui, se communiquant après dans tous les sens,
Rétablit la santé dans quantité de gens.
CRISPIN.
Que le ciel veuille donc me traiter de la sorte !
Messieurs, asseyez-vous.
(A Lisette.)
Toi, va fermer la porte.
M. GASPARD.
D'ordinaire, monsieur, nous apportons nos soins
Que ces actes secrets se passent sans témoins.
Il serait à propos que monsieur prît la peine
D'aller, avec madame, en la chambre prochaine.
LISETTE.
Moi, je ne puis quitter monsieur un seul moment.
ÉRASTE.
Mon oncle, sur ce point, dira son sentiment.
CRISPIN.
Ces personnes, messieurs, sont sages et discrètes ;
Je puis leur confier mes volontés secrètes,
Et leur montrer l'excès de mon affection.
M. SCRUPULE,
Nous ferons tout au gré de votre intention.
L'intitulé sera tel que l'on doit le faire,
Et l'on le réduira dans le style ordinaire.
(Il dicte à M. Gaspard qui écrit.)
Par-devant... fut présent... Géronte... *et cœtera*.

(A Géronte.)
Dites-nous maintenant tout ce qu'il vous plaira.
CRISPIN.
Je veux premièrement qu'on acquitte mes dettes.
ÉRASTE.
Nous n'en trouverons pas, je crois, beaucoup de faites.
CRISPIN.
Je dois quatre cents francs à mon marchand de vin,
Un fripon qui demeure au cabaret voisin.
M. SCRUPULE.
Fort bien. Où voulez-vous, monsieur, qu'on vous enterre [1]?
CRISPIN.
A dire vrai, messieurs, il ne m'importe guère.
Qu'on se garde surtout de me mettre trop près
De quelque procureur chicaneur et mauvais;
Il ne manquerait pas de me faire querelle,
Ce serait tous les jours procédure nouvelle,
Et je serais encor contraint de déguerpir.
ÉRASTE.
Tout se fera, monsieur, selon votre désir.
J'aurai soin du convoi, de la pompe funèbre,
Et n'épargnerai rien pour la rendre célèbre.
CRISPIN.
Non, mon neveu, je veux que mon enterrement
Se fasse à peu de frais et fort modestement.
Il fait trop cher mourir, ce serait conscience.
Jamais, de mon vivant, je n'aimai la dépense ;
Je puis être enterré fort bien pour un écu.
LISETTE, à part.
Le pauvre malheureux meurt comme il a vécu.
M. GASPARD.
C'est à vous maintenant, s'il vous plaît, de nous dire
Le legs qu'au testament vous voulez faire écrire.
CRISPIN.
C'est à quoi nous allons nous employer dans peu.
Je nomme, j'institue Éraste, mon neveu,
Que j'aime tendrement, pour mon seul légataire,

[1] Dans la *Pucelle*, chant V.
A leur chevet, une garde, un notaire,
Viennent leur dire : « Allons, il faut partir,
« Où voulez-vous, monsieur, qu'on vous enterre ? »

Unique, universel.
ÉRASTE, affectant de pleurer.
O douleur trop amère!
CRISPIN.
Lui laissant tout mon bien, meubles propres, acquets,
Vaisselle, argent comptant, contrats, maisons, billets;
Déshéritant, en tant que besoin pourrait être,
Parents, nièces, neveux, nés aussi bien qu'à naître,
Et même tous bâtards, à qui Dieu fasse paix,
S'il s'en trouvait aucuns au jour de mon décès.
LISETTE, affectant de la douleur.
Ce discours me fend l'âme. Hélas! mon pauvre maître!
Il faudra donc vous voir pour jamais disparaître!
ÉRASTE, de même.
Les biens que vous m'offrez n'ont pour moi nuls appas,
S'il faut les acheter avec votre trépas.
CRISPIN.
Item. Je donne et lègue à Lisette présente...
LISETTE, de même.
Ah!
CRISPIN.
Qui depuis cinq ans me tient lieu de servante,
Pour épouser Crispin en légitime nœud,
Non autrement...
LISETTE, tombant comme évanouie.
Ah! ah!
CRISPIN.
Soutiens-la, mon neveu.
Et, pour récompenser l'affection, le zèle
Que de tout temps, pour moi, j'ai reconnus en elle...
LISETTE, affectant de pleurer.
Le bon maître, grands dieux, que je vais perdre là!
CRISPIN.
Deux mille écus comptant en espèce.
LISETTE, de même.
Ah! ah! ah!
ÉRASTE, à part.
Deux mille écus! Je crois que le pendard se moque.
LISETTE, de même.
Je n'y puis résister, la douleur me suffoque.
Je crois que j'en mourrai.

CRISPIN.
Lesquels deux mille écus,
Du plus clair de mon bien seront pris et perçus.
LISETTE, à Crispin.
Le ciel vous fasse paix d'avoir de moi mémoire,
Et vous paie au centuple une œuvre méritoire !
(A part.)
Il avait bien promis de ne pas m'oublier.
ÉRASTE, bas.
Le fripon m'a joué d'un tour de son métier.
(Haut, à Crispin.)
Je crois que voilà tout ce que vous voulez dire.
CRISPIN.
J'ai trois ou quatre mots encore à faire écrire.
Item. Je laisse et lègue à Crispin...
ÉRASTE, bas.
A Crispin !
Je crois qu'il perd l'esprit. Quel est donc son dessein ?
CRISPIN.
Pour les bons et loyaux services...
ÉRASTE, bas.
Ah ! le traître !
CRISPIN.
Qu'il a toujours rendus, et doit rendre à son maître...
ÉRASTE.
Vous ne connaissez pas, mon oncle, ce Crispin :
C'est un mauvais valet, ivrogne, libertin,
Méritant peu le bien que vous voulez lui faire.
CRISPIN.
Je suis persuadé, mon neveu, du contraire ;
Je connais ce Crispin mille fois mieux que vous :
Je lui veux donc léguer, en dépit des jaloux...
ÉRASTE, à part.
Le chien !
CRISPIN.
Quinze cents francs de rentes viagères ;
Pour avoir souvenir de moi dans ses prières.
ÉRASTE, à part.
Ah ! quelle trahison !
CRISPIN.
Trouvez-vous, mon neveu,

LE LÉGATAIRE.

Quinze cents francs de rentes viagères,
Pour avoir souvenir de moi dans ses prières.

Acte IV, Sc. VI.

A Paris, chez P. Dufart, Quai Voltaire, N.º 19.

ACTE IV, SCÈNE VI.

Le présent malhonnête, et que ce soit trop peu?
ÉRASTE.
Comment! quinze cents francs!
CRISPIN.
Oui, sans laquelle clause,
Le présent testament sera nul, et pour cause.
ÉRASTE.
Pour un valet, mon oncle, a-t-on fait un tel legs?
Vous n'y pensez donc pas.
CRISPIN.
Je sais ce que je fais;
Et je n'ai point l'esprit si faible et si débile.
ÉRASTE.
Mais...
CRISPIN.
Si vous me fâchez, j'en laisserai deux mille.
ÉRASTE.
Si...
LISETTE, bas, à Éraste.
Ne l'obstinez point, je connais son esprit;
Il le ferait, monsieur, tout comme il vous le dit.
ÉRASTE, bas, à Lisette.
Soit, je ne dirai mot; cependant, de ma vie,
Je n'aurai de parler une si juste envie.
CRISPIN.
N'aurais-je point encor quelqu'un de mes amis
A qui je pourrais faire un fidéicommis?
ÉRASTE, bas.
Le scélérat encor rit de ma retenue;
Il ne me laissera plus rien, s'il continue.
M. SCRUPULE, à Crispin.
Est-ce fait?
CRISPIN.
Oui, monsieur.
ÉRASTE, à part.
Le ciel en soit béni!
M. GASPARD.
Voilà le testament heureusement fini.
(A Crispin.)
Vous plaît-il de signer?
CRISPIN.
J'en aurais grande envie;

Mais j'en suis empêché par la paralysie
Qui depuis quelques mois me tient sur le bras droit.
M. GASPARD, écrivant.
Et ledit testateur déclare en cet endroit
Que de signer son nom il est dans l'impuissance,
De ce l'interpellant au gré de l'ordonnance.
CRISPIN.
Qu'un testament à faire est un pesant fardeau !
M'en voilà délivré ; mais je suis tout en eau.
M. SCRUPULE, à Crispin.
Vous n'avez plus besoin de notre ministère ?
CRISPIN, à M. Scrupule.
Laissez-moi, s'il vous plaît, l'acte qu'on vient de faire.
M. SCRUPULE.
Nous ne pouvons, monsieur ; cet acte est un dépôt
Qui reste dans nos mains ; je reviendrai tantôt,
Pour vous en apporter moi-même une copie.
ÉRASTE.
Vous nous ferez plaisir ; mon oncle vous en prie,
Et veut récompenser votre peine et vos soins.
M. GASPARD.
C'est maintenant, monsieur, ce qui presse le moins.
CRISPIN.
Lisette, conduis-les.

SCÈNE VII.

ÉRASTE, CRISPIN.

CRISPIN, remettant en place la table et les chaises.
Ai-je tenu parole ?
Et, dans l'occasion, sais-je jouer mon rôle,
Et faire un testament ?
ÉRASTE.
Trop bien pour ton profit.
Dis-moi donc, malheureux ! as-tu perdu l'esprit,
De faire un testament qui m'est si dommageable ?
De laisser à Lisette une somme semblable ?
CRISPIN.
Ma foi, ce n'est pas trop.
ÉRASTE.
Deux mille écus comptant !

ACTE IV, SCÈNE VIII.

CRISPIN.
Il faut, en pareil cas, que chacun soit content.
Pouvais-je moins laisser à cette pauvre fille?

ÉRASTE.
Comment donc, traître!

CRISPIN.
Elle est un peu de la famille :
Votre oncle, si l'on croit le lardon scandaleux,
N'a pas été toujours impotent et goutteux ;
Et j'ai dû lui laisser un peu de subsistance,
Pour l'acquit de son âme et de ma conscience.

ÉRASTE.
Et de ta conscience! Et ces quinze cents francs
De pension à toi payables tous les ans,
Que tu t'es fait léguer avec tant de prudence,
Est-ce encor pour l'acquit de cette conscience?

CRISPIN.
Il ne faut point, monsieur, s'estomaquer si fort :
On peut en un moment nous mettre tous d'accord.
Puisque le testament que nous venons de faire,
Où je vous institue unique légataire,
Ne peut avoir l'honneur d'obtenir votre aveu,
Il faut le déchirer et le jeter au feu.

ÉRASTE.
M'en préserve le ciel!

CRISPIN.
Sans former d'entreprise,
Laissons la chose au point où votre oncle l'a mise.

ÉRASTE.
Ce serait cent fois pis; j'en mourrais de douleur.

CRISPIN.
Il s'élève, aussi bien, dans le fond de mon cœur,
Certain remords cuisant, certaine syndérèse,
Qui furieusement sur l'estomac me pèse.

ÉRASTE.
Rentrons, Crispin; je tremble, et suis persuadé
Que nous allons trouver mon oncle décédé,
Ou que, dans ce moment, pour le moins il expire.

CRISPIN.
Hélas! il était temps, ma foi, de faire écrire.

ÉRASTE.
Le laurier dont tu viens de couronner ton front

Ne peut avoir un prix ni trop grand, ni trop prompt.
CRISPIN.
Il faut donc, s'il vous plaît, m'avancer une année
De cette pension que je me suis donnée :
Vous ne sauriez me faire un plus charmant plaisir.
ÉRASTE.
C'est ce que nous verrons avec plus de loisir.

SCÈNE VIII.

LISETTE, ÉRASTE, CRISPIN.

LISETTE, se jetant dans le fauteuil.
Miséricorde ! ah ciel ! je me meurs : je suis morte.
ÉRASTE, à Lisette.
Qu'as-tu donc, mon enfant, à crier de la sorte ?
LISETTE.
J'étouffe. Ouf, ouf ! la peur m'empêche de parler.
CRISPIN, à Lisette.
Quel vertigo soudain a donc pu te troubler ?
Parle donc, si tu veux.
LISETTE.
Géronte...
CRISPIN.
Eh bien ! Géronte...
LISETTE, se levant brusquement.
Ah ! prenez garde à moi.
CRISPIN.
Veux-tu finir ton conte ?
LISETTE.
Un grand fantôme noir...
ÉRASTE.
Comment donc ? que dis-tu ?
LISETTE.
Hélas ! mon cher monsieur, je dis ce que j'ai vu.
Après avoir conduit ces messieurs dans la rue,
Où la mort du bonhomme est déjà répandue,
Où même le crieur a voulu, malgré moi,
Faire entrer avec lui l'attirail d'un convoi,
De la chambre où gisait votre oncle sans escorte,
Il m'a semblé d'abord entendre ouvrir la porte ;
Et, montant l'escalier, j'ai trouvé nez pour nez,

ACTE IV, SCÈNE VIII.

Comme un grand revenant, Géronte sur ses pieds.
CRISPIN.
De la crainte d'un mort ton âme possédée
T'abuse et te fait voir un fantôme en idée.
LISETTE.
C'est lui, vous dis-je; il parle... Ah!
(Elle se retourne, voit Crispin qu'elle prend pour Géronte, se lève et se sauve dans un coin, en poussant un cri d'effroi.)
CRISPIN.
Pourquoi ce grand cri?
LISETTE.
Excuse, mon enfant, je te prenais pour lui.
Enfin criant, courant, sans détourner la vue,
Essoufflée et tremblante, ici je suis venue
Vous dire que le mal de votre oncle, en ces lieux,
N'est qu'une léthargie, et qu'il n'en est que mieux.
ÉRASTE.
Avec quelle constance, au branle de sa roue,
La fortune ennemie et me berce et me joue!
LISETTE.
O trop flatteur espoir! projets si bien conçus,
Et mieux exécutés, qu'êtes-vous devenus?
CRISPIN.
Voilà donc le défunt que le sort nous renvoie!
Et l'avare Achéron lâche encore sa proie!
Vous le voulez, grands dieux! ma constance est à bout.
Je ne sais où j'en suis, et j'abandonne tout.
ÉRASTE.
Toi que j'ai vu tantôt si grand, si magnanime,
Un seul revers te rend faible et pusillanime!
Reprends des sentiments qui soient dignes de toi :
Offrons-nous aux dangers ; viens signaler ta foi :
Quelque coup de hasard nous tirera d'affaire.
CRISPIN.
Allons-nous abuser encor quelque notaire?
ÉRASTE.
Je vais, sans perdre temps, remettre ces billets
Dans les mains d'Isabelle : ils feront leurs effets ;
Et nous en tirerons peut-être un avantage
Qui pourrait bien servir à notre mariage.
Vous, rentrez chez mon oncle, et prenez bien le soin

D'appeler le secours dont il aura besoin.
Pour retourner plus tôt, je pars en diligence,
Et viens vous rassurer ici par ma présence.

SCÈNE IX.

CRISPIN, LISETTE.

CRISPIN.
Ne me voilà pas mal avec mon testament !
Je vois ma pension payée en un moment.
LISETTE.
Et mes deux mille écus pour prix de mon service ?
CRISPIN.
Juste ciel ! sauve-moi des mains de la justice !
Tout ceci ne vaut rien et m'inquiète fort :
Je crains bien d'avoir fait mon testament de mort.

FIN DU QUATRIÈME ACTE.

ACTE CINQUIÈME.

SCÈNE I.

Mme ARGANTE, ISABELLE, ÉRASTE.

Mme ARGANTE, à Éraste.
Quel est votre dessein et que voulez-vous faire ?
Puis-je de ces billets être dépositaire ?
On me soupçonnerait d'avoir prêté les mains
A faire réussir en secret vos desseins.
Maintenant que votre oncle a pu, malgré son âge,
Reprendre de ses sens heureusement l'usage,
Le parti le meilleur, sans user de délais,
Est de lui reporter vous-même ses billets.
ÉRASTE.
Ce n'est pas d'aujourd'hui que je connais, madame,
Les nobles sentiments qui règnent dans votre âme :

ACTE V, SCÈNE 1.

Nous ne prétendons point, vous ni moi, retenir
Un bien qui ne nous peut encore appartenir.
Mais gardez ces billets quelques moments, de grâce ;
Le ciel m'inspirera ce qu'il faut que je fasse.
Je le prends à témoin, si, dans ce que j'ai fait,
L'amour n'a pas été mon principal objet.
Hélas! pour mériter la charmante Isabelle,
J'ai peut-être un peu trop fait éclater mon zèle ;
Mais on pardonnera ces transports amoureux :
(A Isabelle.)
Mon excuse, madame, est écrite en vos yeux.

ISABELLE, à Éraste.

Puisque pour notre hymen j'ai l'aveu de ma mère,
Je puis faire paraître un sentiment sincère.
Les biens dont vous pouvez hériter chaque jour
N'ont point du tout pour vous déterminé l'amour :
Votre personne seule est le bien qui me flatte ;
Et tous les vains brillants dont la fortune éclate
Ne sauraient éblouir un cœur comme le mien.

ÉRASTE.

Si je l'obtiens, ce cœur, non, je ne veux plus rien.

Mme ARGANTE.

Tous ces beaux sentiments sont fort bons dans un livre.
L'amour seul, tel qu'il soit, ne donne point à vivre :
Et je vous apprends, moi, que l'on ne s'aime bien,
Quand on est marié, qu'autant qu'on a du bien.

ÉRASTE.

Mon oncle maintenant, par sa convalescence,
Fait revivre en mon cœur la joie et l'espérance ;
Et je vais l'exciter à faire un testament.

Mme ARGANTE.

Mais ne craignez-vous rien de son ressentiment ?
Ces billets détournés ne peuvent-ils point faire
Qu'il prenne à vos désirs un sentiment contraire ?

ÉRASTE.

Et voilà la raison qui me fait hasarder
A vouloir quelque temps encore les garder.
Pour revoir ce dépôt rentrer en sa puissance,
Il accordera tout, sans trop de résistance.
Il faut, mademoiselle, en ce péril offert,
Être un peu, dans ce jour, avec nous de concert.

Voilà tous bons billets qu'il faut, s'il vous plaît, prendre.

ISABELLE.

Moi !

ÉRASTE.

N'en rougissez point, ce n'est que pour les rendre.

ISABELLE.

Mais je ne sais, monsieur, en cette occasion,
Si je dois accepter cette commission :
De ces billets surpris on me croira complice.
En restitution je suis encor novice.

ÉRASTE.

Mais j'entends quelque bruit.

SCÈNE II.

CRISPIN, Mme ARGANTE, ISABELLE, ÉRASTE.

ÉRASTE.

C'est Crispin que je vois.

(A Crispin.)
A qui donc en as-tu ? Te voilà hors de toi.

CRISPIN.

Allons, monsieur, allons, en homme de courage,
Il faut ici, ma foi, soutenir l'abordage.
Monsieur Géronte approche.

ÉRASTE.

O ciel !

(A madame Argante et à Isabelle.)

En ce moment,
Souffrez que je vous mène à mon appartement.
J'ai de la peine encore à m'offrir à sa vue :
Laissons évaporer un peu sa bile émue ;
Et, quand il sera temps, tous unanimement
Nous viendrons travailler ensemble au dénoûment.

(A Crispin.)
Pour toi, reste ici ; vois l'humeur dont il peut être ;
Et tu m'informeras s'il est temps de paraître.

SCÈNE III.

CRISPIN, seul.

Nous voilà, grâce au ciel, dans un grand embarras.
Dieu veuille nous tirer d'un aussi mauvais pas !

SCÈNE IV.

GÉRONTE, CRISPIN, LISETTE.

GÉRONTE, appuyé sur Lisette.

Je ne puis revenir encor de ma faiblesse :
Je ne sais où je suis : l'éclat du jour me blesse ;
Et mon faible cerveau, de ce choc ébranlé,
Par de sombres vapeurs est encor tout troublé,
Ai-je été bien longtemps dans cette léthargie ?

LISETTE.

Pas tant que nous croyions. Mais votre maladie
Nous a tous mis ici dans un dérangement,
Une agitation, un soin, un mouvement,
Qu'il n'est pas bien aisé, dans le fond, de décrire :
Demandez à Crispin, il pourra vous le dire.

CRISPIN.

Si vous saviez, monsieur, ce que nous avons fait,
Lorsque de votre mal vous ressentiez l'effet,
La peine que j'ai prise, et les soins nécessaires
Pour pouvoir, comme vous, mettre ordre à vos affaires,
Vous seriez étonné, mais d'un étonnement
A n'en pas revenir sitôt assurément.

GÉRONTE.

Où donc est mon neveu ? Son absence m'ennuie.

CRISPIN.

Ah ! le pauvre garçon, je crois, n'est plus en vie.

GÉRONTE.

Que dis-tu là ? Comment ?

CRISPIN.

Il s'est saisi si fort,
Quand il a vu vos yeux tourner droit à la mort,
Que, n'écoutant plus rien que sa douleur amère,
Il s'est allé jeter [1]...

GÉRONTE.

Où donc ? dans la rivière ?

CRISPIN.

Non, monsieur, sur son lit, où, baigné de ses pleurs,
L'infortuné garçon gémit de ses malheurs.

---

[1] Ceci est imité de l'*Amour médecin* de Molière, acte Ier, scène VI.

GÉRONTE.
Va donc lui redonner et le calme et la joie,
Et dis-lui, de ma part, que le ciel lui renvoie
Un oncle toujours plein de tendresse pour lui,
Qui connaît son bon cœur et qui veut aujourd'hui
Lui montrer des effets de sa reconnaissance.
CRISPIN.
S'il n'est pas encor mort, en toute diligence
Je vous l'amène ici.

SCÈNE V.

GÉRONTE, LISETTE.

GÉRONTE.
Mais, à ce que je vois,
J'ai donc, Lisette, été plus mal que je ne crois ?
LISETTE.
Nous vous avons cru mort pendant une heure entière.
GÉRONTE.
Il faut donc expliquer ma volonté dernière,
Et, sans perdre de temps, faire mon testament.
Les notaires sont-ils venus ?
LISETTE.
Assurément.
GÉRONTE.
Qu'on aille de nouveau les chercher, et leur dire
Que dans le même instant je veux les faire écrire.
LISETTE.
Ils reviendront dans peu.

SCÈNE VI.

ÉRASTE, GÉRONTE, CRISPIN, LISETTE.

CRISPIN, à Éraste.
Le ciel vous l'a rendu.
ÉRASTE.
Hélas ! à ce bonheur me serais-je attendu ?
Je revois mon cher oncle ; et le ciel, par sa grâce,
Sensible à mes douleurs, permet que je l'embrasse !
Après l'avoir cru mort, il paraît à mes yeux !

GÉRONTE.
Hélas! mon cher neveu, je n'en suis guère mieux :
Mais je rends grâce au ciel de prolonger ma vie,
Pour pouvoir maintenant exécuter l'envie
De te donner mon bien par un bon testament.
LISETTE.
Ce garçon-là, monsieur, vous aime tendrement.
Si vous aviez pu voir les syncopes, les crises,
Dont, par la sympathie, il sentait les reprises,
Il vous aurait percé le cœur de part en part.
CRISPIN.
Nous en avons, tous trois, eu notre bonne part.
LISETTE.
Enfin le ciel a pris pitié de nos misères.

SCÈNE VII.

M. SCRUPULE, GÉRONTE, ÉRASTE, LISETTE, CRISPIN.

LISETTE.
Mais j'aperçois quelqu'un.
(Bas à Crispin.)
C'est un des deux notaires.
GÉRONTE.
Bonjour, monsieur Scrupule.
CRISPIN, à part.
Ah! me voilà perdu !
GÉRONTE.
Ici depuis longtemps vous êtes attendu.
M. SCRUPULE.
Certes, je suis ravi, monsieur, qu'en moins d'une heure
Vous jouissiez déjà d'une santé meilleure.
Je savais bien qu'ayant fait votre testament,
Vous sentiriez bientôt quelque soulagement.
Le corps se porte mieux lorsque l'esprit se trouve
Dans un parfait repos.
GÉRONTE.
Tous les jours je l'éprouve.
M. SCRUPULE.
Voici donc le papier que, selon vos desseins,
Je vous avais promis de remettre en vos mains.

GÉRONTE.

Quel papier, s'il vous plaît? Pourquoi, pour quelle affaire?

M. SCRUPULE.

C'est votre testament que vous venez de faire.

GÉRONTE.

J'ai fait mon testament !

M. SCRUPULE.

Oui, sans doute, monsieur.

LISETTE, bas.

Crispin, le cœur me bat.

CRISPIN, bas.

Je frissonne de peur.

GÉRONTE.

Eh ! parbleu, vous rêvez, monsieur ; c'est pour le faire
Que j'ai besoin ici de votre ministère.

M. SCRUPULE.

Je ne rêve, monsieur, en aucune façon ;
Vous nous l'avez dicté plein de sens et raison.
Le repentir sitôt saisirait-il votre âme ?
Monsieur était présent, aussi bien que madame :
Ils peuvent là-dessus dire ce qu'ils ont vu.

ÉRASTE, bas.

Que dire?

LISETTE, bas.

Juste ciel !

CRISPIN, bas.

Me voilà confondu !

GÉRONTE.

Éraste était présent?

M. SCRUPULE.

Oui, monsieur, je vous jure.

GÉRONTE.

Est-il vrai, mon neveu ? Parle, je t'en conjure.

ÉRASTE.

Ah ! ne me parlez point, monsieur, de testament ;
C'est m'arracher le cœur trop tyranniquement.

GÉRONTE.

Lisette, parle donc.

LISETTE.

Crispin, parle en ma place ;
Je sens, dans mon gosier, que ma voix s'embarrasse.

CRISPIN, à Géronte.
Je pourrais là-dessus vous rendre satisfait ;
Nul ne sait mieux que moi la vérité du fait.
GÉRONTE.
J'ai fait mon testament?
CRISPIN.
On ne peut pas vous dire
Qu'on vous l'ait vu tantôt absolument écrire ;
Mais je suis très-certain qu'aux lieux où vous voilà
Un homme, à peu près mis comme vous êtes là,
Assis dans un fauteuil auprès de deux notaires,
A dicté mot à mot ses volontés dernières.
Je n'assurerai pas que ce fût vous. Pourquoi ?
C'est qu'on peut se tromper. Mais c'était vous, ou moi.
M. SCRUPULE, à Géronte.
Rien n'est plus véritable, et vous pouvez m'en croire.
GÉRONTE.
Il faut donc que mon mal m'ait ôté la mémoire ;
Et c'est ma léthargie.
CRISPIN.
Oui, c'est elle, en effet.
LISETTE.
N'en doutez nullement ; et, pour prouver le fait,
Ne vous souvient-il pas que, pour certaine affaire,
Vous m'avez dit tantôt d'aller chez le notaire ?
GÉRONTE.
Oui.
LISETTE.
Qu'il est arrivé dans votre cabinet ;
Qu'il a pris aussitôt sa plume et son cornet,
Et que vous lui dictiez à votre fantaisie ?
GÉRONTE.
Je ne m'en souviens point.
LISETTE.
C'est votre léthargie.
CRISPIN.
Ne vous souvient-il pas, monsieur, bien nettement,
Qu'il est venu tantôt certain neveu normand,
Et certaine baronne, avec un grand tumulte
Et des airs insolents, chez vous vous faire insulte ?
GÉRONTE.
Oui.

CRISPIN.
Que, pour vous venger de leur emportement,
Vous m'avez promis place en votre testament,
Ou quelque bonne rente au moins pendant ma vie?
GÉRONTE.
Je ne m'en souviens point.
CRISPIN.
C'est votre léthargie.
GÉRONTE.
Je crois qu'ils ont raison, et mon mal est réel.
LISETTE.
Ne vous souvient-il pas que monsieur Clistorel...
ÉRASTE.
Pourquoi tant répéter cet interrogatoire?
Monsieur convient de tout, du tort de sa mémoire,
Du notaire mandé, du testament écrit.
GÉRONTE.
Il faut bien qu'il soit vrai, puisque chacun le dit.
Mais voyons donc enfin ce que j'ai fait écrire.
CRISPIN, à part.
Ah! voilà bien le diable.
M. SCRUPULE.
Il faut donc vous le lire.
« Fut présent devant nous, dont les noms sont au bas,
» Maître Mathieu Géronte, en son fauteuil à bras,
» Étant en son bon sens, comme on a pu connaître
» Par le geste et maintien qu'il nous a fait paraître :
» Quoique de corps malade, ayant sain jugement;
» Lequel, après avoir réfléchi mûrement
» Que tout est ici-bas fragile et transitoire...
CRISPIN.
Ah! quel cœur de rocher, et quelle âme assez noire
Ne se fendrait en quatre en entendant ces mots?
LISETTE.
Hélas! je ne saurais arrêter mes sanglots.
GÉRONTE.
En les voyant pleurer, mon âme est attendrie.
Là, là, consolez-vous; je suis encore en vie.
M. SCRUPULE, continuant de lire.
» Considérant que rien ne reste en même état,
» Ne voulant pas aussi décéder intestat...

Intestat!...
CRISPIN.

LISETTE.
Intestat!... Ce mot me perce l'âme.

M. SCRUPULE.
Faites trêve un moment à vos soupirs, madame.
» Considérant que rien ne reste en même état,
» Ne voulant pas aussi décéder intestat...

CRISPIN.
Intestat!...

LISETTE.
Intestat!...

M. SCRUPULE.
Mais laissez-moi donc lire ;
Si vous pleurez toujours, je ne pourrai rien dire.
» A fait, dicté, nommé, rédigé par écrit
» Son susdit testament, en la forme qui suit.

GÉRONTE.
De tout ce préambule et de cette légende,
S'il m'en souvient d'un mot, je veux bien qu'on me pende.

LISETTE.
C'est votre léthargie.

CRISPIN.
Ah! je vous en repond.
Ce que c'est que de nous ! Moi, cela me confond.

M. SCRUPULE, lisant.
» Je veux, premièrement qu'on acquitte mes dettes.

GÉRONTE.
Je ne dois rien.

M. SCRUPULE.
Voici l'aveu que vous en faites :
» Je dois quatre cents francs à mon marchand de vin,
» Un fripon qui demeure au cabaret voisin.

GÉRONTE.
Je dois quatre cents francs ! C'est une fourberie.

CRISPIN, à Géronte.
Excusez-moi, monsieur, c'est votre léthargie.
Je ne sais pas au vrai si vous les lui devez,
Mais il me les a, lui, mille fois demandés.

GÉRONTE.
C'est un maraud, qu'il faut envoyer en galère.

CRISPIN.
Quand ils y seraient tous, on ne les plaindrait guère.
M. SCRUPULE, lisant.
» Je fais mon légataire unique, universel,
» Éraste mon neveu.
ÉRASTE.
Se peut-il?... Juste ciel!
M. SCRUPULE, lisant.
» Déshéritant, en tant que besoin pourrait être,
» Parents, nièces, neveux, nés aussi bien qu'à naître,
» Et même tous bâtards, à qui Dieu fasse paix,
» S'il s'en trouvait aucuns au jour de mon décès.
GÉRONTE.
Comment! moi, des bâtards?
CRISPIN, à Géronte.
C'est style de notaire.
GÉRONTE.
Oui, je voulais nommer Éraste légataire.
A cet article-là, je vois présentement
Que j'ai bien pu dicter le présent testament.
M. SCRUPULE, lisant.
» *Item*. Je donne et lègue, en espèce sonnante,
» A Lisette...
LISETTE.
Ah! grands dieux!
M. SCRUPULE, lisant.
» Qui me sert de servante,
» Pour épouser Crispin en légitime nœud,
» Deux mille écus.
CRISPIN, à Géronte.
Monsieur... en vérité... pour peu...
Non... jamais... car enfin... ma bouche... quand j'y pense...
Je me sens suffoquer par la reconnaissance.
(A Lisette.)
Parle donc.
LISETTE, embrassant Géronte.
Ah! monsieur...
GÉRONTE.
Qu'est-ce à dire cela?
Je ne suis point l'auteur de ces sottises-là.
Deux mille écus comptant!

ACTE V, SCÈNE VII.

LISETTE.

Quoi ! déjà, je vous prie,
Vous repentiriez-vous d'avoir fait œuvre pie ?
Une fille nubile, exposée au malheur,
Qui veut faire une fin en tout bien, tout honneur,
Lui refuseriez-vous cette petite grâce ?

GÉRONTE.

Comment ! six mille francs ! quinze ou vingt écus, passe.

LISETTE.

Les maris aujourd'hui, monsieur, sont si courus !
Et que peut-on, hélas ! avoir pour vingt écus ?

GÉRONTE.

On a ce que l'on peut, entendez-vous, m'amie ?
Il en est à tout prix.

(Au notaire.)

Achevez, je vous prie.

M. SCRUPULE.

» *Item.* Je donne et lègue...

CRISPIN, à part.

Ah ! c'est mon tour enfin.

Et l'on va me jeter...

M. SCRUPULE.

» A Crispin...

(Crispin se fait petit.)

GÉRONTE, regardant Crispin.

A Crispin !

M. SCRUPULE, lisant.

» Pour tous les obligeants, bons et loyaux services
» Qu'il rend à mon neveu dans divers exercices,
» Et qu'il peut bien encor lui rendre à l'avenir...

GÉRONTE.

Où donc ce beau discours doit-il enfin venir ?
Voyons.

M. SCRUPULE, lisant.

» Quinze cents francs de rentes viagères,
» Pour avoir souvenir de moi dans ses prières. »

CRISPIN, se prosternant aux pieds de Géronte.

Oui, je vous le promets, monsieur, à deux genoux,
Jusqu'au dernier soupir, je prierai Dieu pour vous.
Voilà ce qui s'appelle un vraiment honnête homme !
Si généreusement me laisser cette somme !

GÉRONTE.

Non ferai-je, parbleu ! Que veut dire ceci ?
(Au notaire.)
Monsieur, de tous ces legs je veux être éclairci.

M. SCRUPULE.

Quel éclaircissement voulez-vous qu'on vous donne ?
Et je n'écris jamais que ce que l'on m'ordonne.

GÉRONTE.

Quoi ! moi, j'aurais légué, sans aucune raison,
Quinze cents francs de rente à ce maître fripon,
Qu'Éraste aurait chassé s'il m'avait voulu croire !

CRISPIN, toujours à genoux.

Ne vous repentez pas d'une œuvre méritoire ;
Voulez-vous, démentant un généreux effort,
Être avaricieux même après votre mort ?

GÉRONTE.

Ne m'a-t-on point volé mes billets dans mes poches ?
Je tremble du malheur dont je sens les approches ;
Je n'ose me fouiller.

ÉRASTE, à part.

Quel funeste embarras !

(Haut, à Géronte.)

Vous les cherchez en vain, vous ne les avez pas.

GÉRONTE, à Éraste.

Où sont-ils donc ? Réponds.

ÉRASTE.

Tantôt, pour Isabelle,
Je les ai, par votre ordre exprès, portés chez elle.

GÉRONTE.

Par mon ordre !

ÉRASTE.

Oui, monsieur.

GÉRONTE.

Je ne m'en souviens point.

CRISPIN.

C'est votre léthargie.

GÉRONTE.

Oh ! je veux, sur ce point,
Qu'on me fasse raison. Quelles friponneries !
Je suis las, à la fin, de tant de léthargies.

(A Éraste.)
Cours chez elle ; dis-lui que, quand j'ai fait ce don,
J'avais perdu l'esprit, le sens et la raison.

SCÈNE VIII.

Mme ARGANTE, ISABELLE, GÉRONTE, ÉRASTE, LISETTE,
CRISPIN, LE NOTAIRE.

ISABELLE, à Géronte.

Ne vous alarmez point, je viens pour vous les rendre.

GÉRONTE.

O ciel !

ÉRASTE.

Mais sous des lois que nous osons prétendre.

GÉRONTE.

Et quelles sont ces lois ?

ÉRASTE.

Je vous prie humblement
De vouloir approuver le présent testament.

GÉRONTE.

Mais tu n'y penses pas. Veux-tu donc que je laisse
A cette chambrière un legs de cette espèce ?

LISETTE.

Songez à l'intérêt que le ciel vous en rend :
Et plus le legs est gros, plus le mérite est grand.

GÉRONTE, à Crispin.

Et ce maraud aurait cette somme en partage !

CRISPIN.

Je vous promets, monsieur, d'en faire un bon usage :
De plus, ce legs ne peut en rien vous faire tort.

GÉRONTE.

Il est vrai qu'il n'en doit jouir qu'après ma mort.

ÉRASTE.

Ce n'est pas encor tout : regardez cette belle ;
Vous savez ce qu'un cœur peut ressentir pour elle ;
Vous avez éprouvé le pouvoir de ses coups :
Charmé de ses attraits, j'embrasse vos genoux ;
Et je vous la demande en qualité de femme.

GÉRONTE.

Ah ! monsieur mon neveu...

ÉRASTE.

Je n'ai fait voir ma flamme

Que, lorsqu'en écoutant un sentiment plus sain,
Votre cœur moins épris a changé de dessein.
Mme ARGANTE.
Je crois que vous et moi nous ne saurions mieux faire.
GÉRONTE.
Nous verrons : mais, avant de conclure l'affaire,
Je veux voir mes billets en entier.
ISABELLE.
Les voilà ;
Tels que je les reçus [1], je les rends.
(Elle présente le portefeuille à Géronte.)
LISETTE, prenant le portefeuille plus tôt que Géronte.
Halte-là !
Convenons de nos faits avant que de rien rendre.
GÉRONTE.
Si tu ne me les rends, je vous ferai tous pendre.
ÉRASTE, se jetant à genoux.
Monsieur, vous me voyez embrasser vos genoux :
Voulez-vous aujourd'hui nous désespérer tous ?
LISETTE, à genoux.
Eh ! monsieur.
CRISPIN, à genoux.
Eh ! monsieur.
GÉRONTE.
La tendresse m'accueille.
Dites-moi, n'a-t-on rien distrait du portefeuille ?
ISABELLE.
Non, monsieur, je vous jure ; il est en son entier,
Et vous retrouverez jusqu'au moindre papier.
GÉRONTE.
Eh bien ! s'il est ainsi, pardevant le notaire,
Pour avoir mes billets je consens à tout faire ;
Je ratifie en tout le présent testament,
Et donne à votre hymen un plein consentement.

---

[1] Ce vers est conforme à l'édition de 1750, et à toutes les éditions modernes. Dans les premières éditions, on lit :
Tels que je les *ai eus,* je les rends ;
et c'est probablement ainsi que l'auteur l'avait fait. Mais à la fin de l'édition originale de la Critique du Légataire (1708), on lit : *Fautes à corriger dans la comédie du Légataire :* Tels que je les *ai eus,* je les rends. Lisez : Tels que je les *reçus,* je les rends.

Mes billets?

Les voilà.
LISETTE.

ÉRASTE, à Géronte.
Quelle action de grâce!

GÉRONTE.
De vos remercîments volontiers je me passe.
Mariez-vous tous deux, c'est bien fait; j'y consens :
Mais, surtout, au plus tôt procréez des enfants
Qui puissent hériter de vous en droite ligne ;
De tous collatéraux l'engeance est trop maligne.
Détestez à jamais tous neveux bas-normands,
Et nièces que le diable amène ici du Mans ;
Fléaux plus dangereux, animaux plus funestes
Que ne furent jamais les guerres ni les pestes.

SCÈNE IX [1].

CRISPIN, LISETTE.

CRISPIN.
Laissons-le dans l'erreur, nous sommes héritiers.
Lisette, sur mon front viens ceindre des lauriers :
Mais n'y mets rien de plus pendant le mariage.

LISETTE.
J'ai du bien maintenant assez pour être sage.

CRISPIN, au parterre.
Messieurs, j'ai, grâce au ciel, mis ma barque à bon port.
En faveur des vivants je fais revivre un mort;
Je nomme, à mes désirs, un ample légataire;
J'acquiers quinze cents francs de rente viagère,
Et femme au par-dessus : mais ce n'est pas assez;
Je renonce à mon legs, si vous n'applaudissez [2].

[1] Dans l'édition originale, cet acte n'est divisé qu'en sept scènes.
[2] La fin du *Légataire* rappelle la fin des pièces de Plaute, qui prie les spectateurs de l'applaudir, notamment le *Rudens*.
Mais Molière lui-même ne termine-t-il pas son *École des Maris* par ces deux vers adressés au parterre :

Vous, si vous connaissez des maris loups-garous,
Envoyez-les du moins à l'école chez nous.

FIN DU LÉGATAIRE.

AVERTISSEMENT

SUR

LA CRITIQUE DU LÉGATAIRE.

Cette comédie a été représentée, pour la première fois, le jeudi 19 février 1708, à la suite du *Légataire universel*, et n'a eu que trois représentations.

Molière est le premier qui ait imaginé de répondre aux critiques par une comédie, et de leur imposer silence en jetant du ridicule sur leurs impertinentes censures. Sa Critique de l'École des Femmes est le premier ouvrage de ce genre que l'on connaisse au théâtre; mais ces sortes de pièces sont plutôt une satire des censeurs qu'une apologie de l'ouvrage; et le public leur a fait rarement un accueil favorable.

A l'imitation de Molière, Regnard avait déjà donné aux Italiens la Critique de l'Homme a bonnes fortunes. Cette pièce a été jouée en mars 1690 par les anciens comédiens italiens, et a été donnée à la suite de l'Homme a bonnes fortunes. Nous ne rappelons ici cette petite comédie que parce que la Critique du Légataire universel lui ressemble à beaucoup d'égards. Nous avons remarqué, dans l'avertissement qui précède la critique italienne, que Regnard a répété dans la seconde critique plusieurs idées employées dans la première; mais nous avons observé en même temps que la première critique était beaucoup plus plaisante que la seconde. Nous ajoutons que le succès des deux pièces a été très-différent : la Critique du Légataire n'a eu que trois représentations.

AVERTISSEMENT SUR LA CRITIQUE.

Nous convenons, avec quelques critiques, que ces sortes de pièces ne répondent point aux observations des censeurs, et que ce n'est point en introduisant sur la scène des personnages extravagants, et incapables de porter leur jugement sur la pièce qu'ils critiquent, que l'on se justifie. Au surplus, le peu de prétention que les auteurs mettent à ces bagatelles, qui ne sont, pour la plupart, qu'un assemblage de scènes sans intrigue et sans intérêt, et ne méritent pas le nom de comédie, doit dispenser de les juger avec rigueur.

C'est sous ce point de vue qu'il faut considérer la CRITIQUE DU LÉGATAIRE UNIVERSEL, qui n'a été représentée que trois fois dans sa nouveauté, et qui n'a point paru depuis sur le théâtre.

LA CRITIQUE DU LÉGATAIRE

COMÉDIE EN UN ACTE, ET EN PROSE,

Représentée, pour la première fois, le jeudi 19 février 1708.

ACTEURS :

LE COMÉDIEN.
LE CHEVALIER.
LE MARQUIS.
LA COMTESSE.

CLISTOREL, apothicaire,
CLISTOREL, comédien.
M. BONIFACE, auteur.
M. BREDOUILLE, financier.

SCÈNE I.

LE COMÉDIEN, faisant l'annonce.

Messieurs, nous aurons l'honneur de vous donner demain la tragédie de... et, le jour suivant, vous aurez encore une représentation du Légataire.

SCÈNE II.

LE CHEVALIER, LE COMÉDIEN.

LE CHEVALIER.
Holà, ho, monsieur l'annonceur! un petit mot, s'il vous plaît.
LE COMÉDIEN.
Que souhaitez-vous, monsieur?
LE CHEVALIER.
Hé! ventrebleu! n'êtes-vous point las de nous donner toujours la même pièce? Est-ce qu'il n'y a pas assez longtemps que vous nous fatiguez de votre Légataire?

SCÈNE II.

LE COMÉDIEN.

Monsieur, nous ne nous lassons jamais des pièces, tant qu'elles nous donnent de l'argent.

LE CHEVALIER.

Je suis las de voir ce Poisson avec son bredouillement et son *item*. Ma foi, c'est un mauvais plaisant ; tu vaux mieux que lui.

LE COMÉDIEN.

C'est le public qui détermine le sort des ouvrages d'esprit, et le nôtre ; et, lorsque nous le voyons venir en foule à quelque comédie nouvelle, nous jugeons que la pièce est bonne, et nous n'en voulons point d'autre garant.

LE CHEVALIER.

Ah ! palsambleu, voilà un beau garant que le public ! Le public ! le public ! c'est bien à lui à qui je m'en rapporte.

LE COMÉDIEN.

A qui donc, monsieur, voulez-vous vous en rapporter ?

LE CHEVALIER.

A qui ?

LE COMÉDIEN.

Oui, monsieur.

LE CHEVALIER.

A moi, morbleu, à moi : il y a plus de sens, de raison et d'esprit dans cette tête-là qu'il n'y en a sur votre théâtre, dans vos loges, et dans votre parterre, quand ces trois ordres seraient réunis ensemble.

LE COMÉDIEN.

Je ne doute point, monsieur, de votre capacité ; mais j'ai toujours ouï dire que le goût général devait l'emporter sur le goût particulier.

LE CHEVALIER.

Cette maxime est bonne pour les sots, mais non pas pour moi. Je ne me laisse jamais entraîner au torrent : je fais tête au parterre ; et quand il approuve quelque endroit, c'est justement celui que je condamne.

LE COMÉDIEN.

Je vous dirai, monsieur, que nous autres comédiens nous sommes d'un sentiment bien contraire : c'est de ce tribunal-là que nous attendons nos arrêts ; et, quand il a prononcé, nous n'appelons point de ses décisions.

LE CHEVALIER.

Et moi, morbleu, j'en appelle comme d'abus; j'en appelle au bon sens; j'en appelle à la postérité; et le siècle à venir me fera raison du mauvais goût de celui-ci.

LE COMÉDIEN.

Quelque succès qu'ait notre pièce, nous n'espérons pas, monsieur, qu'elle passe aux siècles futurs; il nous suffit qu'elle plaise présentement à quantité de gens d'esprit, et que la peine de nos acteurs ne soit pas infructueuse.

LE CHEVALIER.

Si j'étais de vous autres comédiens, j'aimerais mieux tirer la langue d'un pied de long que de représenter de pareilles sottises : mourez de faim, morbleu, mourez de faim avec constance plutôt que de vous enrichir avec une aussi mauvaise pièce. Et qu'est-ce que c'est encore que cette critique dont vous nous menacez?

LE COMÉDIEN.

Je vous dirai, monsieur, par avance, que ce n'est qu'une bagatelle; deux ou trois scènes qu'on a ajoutées pour donner à la comédie une juste longueur, et pour vous amuser jusqu'à l'heure du souper.

LE CHEVALIER.

Cela sera-t-il bon?

LE COMÉDIEN.

C'est ce que je ne vous dirai pas : le public en jugera.

LE CHEVALIER.

Le public! le public! Ils n'ont autre chose à vous dire, le public! le public!

LE COMÉDIEN.

Monsieur, je vous laisse avec lui : tâchez à le faire convenir qu'il a tort; mais ne lui exposez que de bonnes raisons : il ne se paie pas de mauvais discours, je vous en avertis : et il a souvent imposé silence à des gens qui avaient autant d'esprit que vous.

(Il s'en va.)

SCÈNE III.

LE CHEVALIER, seul.

Je lui parlerais fort bien, si je me trouvais tête à tête avec lui; mais la partie n'est pas égale : il faut remettre l'affaire à une autre fois, et voir si ces messieurs voudront me rendre ma place.

SCÈNE IV.

LA COMTESSE, LE MARQUIS, M. BONIFACE.

LA COMTESSE.

Holà! quelqu'un de mes gens! n'ai-je là personne? Mon carrosse, mon carrosse. Monsieur le marquis, sortons d'ici. Remuez-vous donc, monsieur Boniface; vous voilà comme une idole : faites donc avancer mon équipage.

LE MARQUIS.

Sitôt que votre carrosse sera devant la porte, on viendra vous avertir; mais vous en avez encore pour un quart d'heure tout au moins.

LA COMTESSE.

Pour un quart d'heure! Quoi! il faudra que je demeure ici encore un quart d'heure? Je ne pourrai jamais suffire à tout ce que j'ai à faire aujourd'hui. On m'attend au Marais pour faire une reprise de lansquenet; je vais souper proche les Incurables; nous devons courir le bal toute la nuit; et, sur les huit heures du matin, il faut que je me trouve à un réveillon à la porte Saint-Bernard.

LE MARQUIS.

Voilà, madame, bien de l'ouvrage à faire en fort peu de temps.

LA COMTESSE.

Ma vivacité fournira à tout; et si vous ne voulez pas me suivre, voilà monsieur Boniface qui ne m'abandonnera point dans l'occasion : c'est un jeune poëte que je produis dans le monde, un bel esprit qui fait des vers pour moi quand j'en ai besoin : je l'ai amené à la comédie pour m'en dire son sentiment.

LE MARQUIS, bas, à la comtesse.

Comment! tête à tête?

LA COMTESSE, bas, au marquis.

Pourquoi non? Il me sert de chaperon; il a une mine sans conséquence : que voulez-vous qu'une femme fasse d'un visage comme le sien? (Haut.) Je prétends bien qu'il vienne au bal avec moi. Mais, avant tout, tirez-moi de la foule, monsieur le marquis, tirez-moi de la foule. Mon carrosse, en arrivant, a été une heure dans la rue Dauphine, sans pouvoir avancer ni reculer ; le voilà présentement dans le même embarras. Cela est étrange, que, dans une ville policée comme Paris, les rues ne soient pas libres, et que messieurs les comédiens empêchent la circulation des voitures.

LE MARQUIS.

Cela crie vengeance. Parbleu, monsieur Boniface, je suis bien aise de vous rencontrer dans les foyers. Vous venez de voir cette comédie qui a fait courir tant de monde ; je serai charmé que vous m'en disiez votre sentiment : j'ai autrefois entendu de petits vers de votre façon qui n'étaient pas impertinents.

M. BONIFACE.

Oh ! monsieur.

LA COMTESSE.

Monsieur Boniface a cent fois plus d'esprit qu'il ne paraît. J'aime les gens dont la mine promet peu et tient beaucoup. Il a l'air d'un cuistre ; mais je puis vous assurer qu'il n'est pas un sot.

M. BONIFACE.

On voit bien, madame la comtesse, que vous vous connaissez en physionomie.

LA COMTESSE.

C'est une source d'imagination vive, hardie, échauffée ; rien ne l'arrête, rien ne l'embarrasse : je lui trouve un fonds de science qui m'étonne, une fécondité qui m'épouvante. Croiriez-vous, monsieur le marquis, qu'il a fait vingt-cinq comédies, et, pour le moins, autant de tragédies ? Les comédiens n'en veulent jouer aucune : mais ce qu'il y a de beau, c'est que ses comédies font pleurer, et que ses tragédies font rire à gorge déployée.

LE MARQUIS.

C'est attraper le fin de l'art.

M. BONIFACE.

Madame la comtesse est, à son ordinaire, vive et pétulante ; il faut qu'elle se divertisse toujours aux dépens de quelqu'un.

LE MARQUIS.

Allons, monsieur Boniface, faites-nous part de vos lumiè-

SCÈNE IV.

res; et dites-nous, je vous prie, votre avis sur la pièce que nous venons de voir.

M. BONIFACE.

Monsieur...

LA COMTESSE.

Parlez, parlez, monsieur Boniface; mais soyez court : votre récit commence déjà à m'ennuyer : je n'aime point les grands parleurs; c'est le défaut des gens de votre métier. Je rencontrai dernièrement un auteur dans la rue, qui fit à toute force arrêter mon carrosse; il me fatigua de ses vers pendant une heure entière; il en récita au laquais, au cocher, aux chevaux ; et, si un autre carrosse ne fût survenu, qui lui serra les côtes de fort près et lui fit quitter prise, je crois qu'il parlerait encore, ou qu'il serait devenu lui-même la catastrophe de sa tragédie.

M. BONIFACE.

Je ne suis encore qu'un jeune candidat dans la république des lettres, un nourrisson des Muses; mais je soutiens que la pièce est vicieuse *à capite ad calcem*, c'est-à-dire de la tête aux pieds.

LA COMTESSE.

Un jeune candidat! un jeune candidat! un nourrisson des Muses! Que dis-tu à cela, marquis? Les Muses n'ont-elles pas fait là une belle nourriture? Quand serez-vous sevré, monsieur Boniface?

M. BONIFACE.

Nous avons un peu lu notre poétique d'Aristote ; et nous savons la différence de l'épopée avec le poème dramatique, qui vient du grec παρὰ τὸ δρᾶν, id est, *agere*.

LA COMTESSE.

Agere... agere... Il faut avouer que cette langue grecque est admirable : il faut que vous me l'appreniez, monsieur Boniface... Que je serais ravie de savoir du grec! Quoi! je parlerais grec, je parlerais grec, monsieur le marquis ! mais cela serait tout à fait plaisant.

LE MARQUIS.

Oui, madame, cela serait tout à fait plaisant et nouveau.

M. BONIFACE.

Je ne m'arrête point à la diction, je laisse cette critique aux esprits subalternes ; c'est à l'analyse, à la conduite, à la texture d'une pièce que je m'attache; et, par là, je vous prouverai que celle-ci est impertinente.

LA CRITIQUE DU LÉGATAIRE.

LE MARQUIS.

Voilà qui est fort.

M. BONIFACE.

N'est-il pas vrai qu'il s'agit dans cette pièce d'un testament qui fait le nœud et le dénoûment de toute l'intrigue?

LE MARQUIS.

Vous avez raison.

M. BONIFACE.

Qui est-ce qui fait ce testament? Ne tombez-vous pas d'accord que c'est un valet?

LA COMTESSE.

Oui, c'est Crispin. Il me réjouit parfois; j'aime à le voir.

M. BONIFACE.

Or est-il que le code Justinien, titre douze, *paragrapho primo de testamentis*, nous apprend que ceux qui sont sous la puissance d'autrui ne peuvent pas tester. Le valet est sous la puissance de son maître; *ergo* je soutiens que le valet n'a pu faire de testament : et, de là, je conclus que la pièce est détestable.

LE MARQUIS.

Belle conclusion !

LA COMTESSE.

Voilà ce qui s'appelle saper un ouvrage par les fondements, raisonner juste, et décider comme j'aurais fait. Que monsieur Boniface a d'esprit ! c'est un gouffre de science. Mon Dieu, que j'aurais envie de l'embrasser ! mais la pudeur m'en empêche. Pour vous consoler, monsieur Boniface, baisez ma main. Te voilà, marquis, confondu, écrasé, anéanti. Tu ne ris point? tu ne ris point?

LE MARQUIS.

Ce n'est pas, ma foi, que vous ne m'en donniez tous deux une ample matière. Qu'avons-nous affaire ici d'épopée, et de tous les grands mots grecs et latins dont monsieur Boniface fait une parade fastueuse?

LA COMTESSE.

Ce sont tous termes de l'art, qui sont cités fort à propos; l'épopée, le code Justinien, le *paragrapho*. Je voudrais avoir trouvé une douzaine de ces mots, et les avoir payés une pistole pièce.

LE MARQUIS.

Apprenez, monsieur le jurisprudent hors de saison, qu'il

n'est point question, dans une comédie, du droit romain ni de Justinien : il s'agit de divertir les gens d'esprit avec art ; et je vous soutiens, moi, que la conduite de cette pièce est très-sensée.

M. BONIFACE.

C'est dont nous ne convenons pas parmi nous autres savants.

LE MARQUIS.

Le premier acte expose le sujet; le second fait le nœud; dans le troisième commence l'action ; elle continue dans les suivants : tout concourt à l'événement; l'embarras croît jusqu'à la dernière scène; le dénoûment est tiré des entrailles du sujet. Tous les acteurs sont contents, et les spectateurs seraient bien difficiles s'ils ne l'étaient pas, puisqu'il me paraît qu'ils ont été divertis dans les règles.

LA COMTESSE.

Pour moi, je n'entends point vos règles de comédie : mais mon frère le chevalier, qui a bon goût, et qui est presque aussi sage que moi, m'a dit qu'elle ne valait rien ; il ne l'a pourtant point encore vue.

LE MARQUIS.

C'est le moyen d'en juger bien sainement.

LA COMTESSE.

Il n'a cependant manqué aucune représentation. La première, il ne vit rien ; la seconde, il n'entendit pas un mot ; la troisième, il ne vit ni n'entendit; et, toutes les autres fois, il était dans les foyers, occupé devant le miroir à rajuster sa personne, ranimer sa perruque, se renouveler de bonne mine, pour être en état de donner la main à quelque femme de qualité, et la conduire avec succès dans son carrosse.

LE MARQUIS.

Je ne m'étonne pas s'il en parle si bien.

LA COMTESSE.

Pour moi, ne trouvant plus de place dans les premières loges, je l'ai vue la première fois dans l'amphithéâtre, où je me trouvai entourée de cinq ou six jeunes seigneurs qui ne cessèrent de folâtrer autour de moi : jamais jolie femme ne fut plus lutinée ; et, si la pièce n'avait promptement fini, je ne sais, en vérité, ce qu'il en serait arrivé.

LE MARQUIS.

Vous avez bien raison, madame la comtesse, de pester;

vous n'avez jamais tant couru de risque en vos jours qu'à cette comédie.

M. BONIFACE.

Pour moi, j'étais dans le parterre à la première représentation; il ne m'en a jamais tant coûté pour voir une mauvaise comédie : une moitié de mon justaucorps fut emportée par la foule, et j'eus bien de la peine à sauver l'autre au milieu des flots de laquais, qui m'inondèrent de cire en sortant, et me brûlèrent tout un côté de ma perruque.

LA COMTESSE.

Les auteurs qui ont des habits aussi mûrs que le vôtre, monsieur Boniface, ne doivent point se trouver dans le parterre à une première représentation.

LE MARQUIS.

Madame la comtesse a raison. Vous êtes là un tas de mauvais poètes cantonnés par peloton (je ne parle pas de ceux qui sont avoués d'Apollon, dont on doit respecter les avis); vous êtes là, dis-je, comme des âmes en peine, tout prêts à donner l'alarme dans votre quartier, et à sonner le tocsin sur un mot qui ne vous plaira pas. Sont-ce deux ou trois termes hasardés, négligés, ou mal interprétés, qui doivent décider d'un ouvrage de deux mille vers ?

LA COMTESSE.

Tu te rends, marquis; tu fléchis; tu demandes quartier. Courage, monsieur Boniface; remettez-vous; l'ennemi plie; tenez bon, quand il devrait aujourd'hui vous en coûter votre manteau. Te moques-tu, marquis, de te mesurer avec monsieur Boniface ! C'est le plus bel esprit du siècle; il a voix délibérative aux cafés; et c'est lui qui fait un livre qui aura pour titre : *le Diable partisan, ou l'Abrégé des soupirs auprès des cruelles.*

LE MARQUIS.

Mais enfin, vous conviendrez que la pièce est...

LA COMTESSE.

Horrible, détestable, archidétestable; et qu'il n'y a que les entr'actes qui la soutiennent.

M. BONIFACE.

Que voulez-vous dire avec vos entr'actes? Il me semble qu'il n'y en a point.

LA COMTESSE.

Il n'y en a point ! Comment appelez-vous donc ces pirouettes, ces caracoles, ces chaudes embrassades qui se font sur le théâtre pendant qu'on mouche les chandelles? Voilà ce qui s'appelle des scènes d'action et de mouvement des plus comiques. Place au théâtre! haut les bras! Demandez plutôt au parterre, je suis sûr qu'il sera de mon avis. Mais je perds ici bien du temps. Mon cher monsieur Boniface, voyez, je vous prie, si mon carrosse n'est point à la porte : de moment en moment je sens que je m'exténue ; je fonds, je péris, je deviens nulle.

M. BONIFACE.

Dans un moment, madame, je viens vous rendre réponse.

SCÈNE V.

M. BREDOUILLE, LA COMTESSE, LE MARQUIS.

M. BREDOUILLE, sortant de la coulisse.

Allez toujours devant, j'y serai aussitôt que vous; ayez soin seulement que nous buvions bien frais, et que le rôt soit cuit à propos.

LE MARQUIS.

Hé! bonjour, mon cher monsieur Bredouille; que j'ai de joie de vous rencontrer ici! Madame, vous voyez devant vous l'homme de France qui fait la meilleure chère, et qui a cinquante bonnes mille livres de rente.

LA COMTESSE.

Je ne connais autre que monsieur Bredouille; j'ai été vingt fois à sa maison de campagne : c'est lui qui a inventé les poulardes aux huîtres, les poulets aux œufs, et les cervelles aux olives. Si je n'étais pas retenue, je lui proposerais de nous donner ce soir à souper, pour nous dédommager de la mauvaise comédie que nous venons de voir.

M. BREDOUILLE.

Qu'appelez-vous mauvaise comédie? mauvaise comédie!... Je la trouve excellente : je ne me suis jamais tant diverti; et monsieur Clistorel m'a guéri de toute la mauvaise humeur que j'y avais apportée.

LA COMTESSE.

D'où venait ton chagrin, mon gros bredouilleux? quelque quartaut de ta cave a-t-il échappé à ses cerceaux? et pleures-tu, par avance, le malheur qui nous menace de ne point avoir de glace pendant l'été?

M. BREDOUILLE.

Mon cuisinier avait, à dîner, manqué sa soupe ; ses entrées ne valaient pas le diable, et le coquin avait laissé brûler un faisan qu'on m'avait envoyé de mes terres. Je n'ai pas laissé d'y rire tout mon soûl, tout mon soûl.

LA COMTESSE.

Comment ! tu as pu rire de pareilles sottises ? Si je te faisais l'anatomie de cette pièce-là, tu tomberais dans un dégoût qui t'ôterait l'appétit pendant tout le carnaval.

M. BREDOUILLE.

Ne me la faites donc pas ; il n'est point ici question d'anatomie. Est-ce que le testament ne vous a pas réjouie? Il y a là deux *item* qui valent chacun une comédie. Et cette veuve, morbleu, cette veuve, n'est-elle pas à manger? Ce Poisson est plaisant, il me divertit : j'aime à rire, moi ; cela me fait faire digestion.

LA COMTESSE.

Et c'est justement la scène de la veuve qui m'a donné un dégoût pour la pièce ; j'ai une antipathie extrême pour cet habit; et, si mon mari mourait aujourd'hui, je me remarierais demain pour n'être pas obligée de me présenter [1] sous un si lugubre équipage. Je crois que je ne ferais pas mal dès à présent de choisir quelqu'un pour lui succéder. Qu'en dis-tu, marquis ?

LE MARQUIS.

Ce serait très-bien fait.

LA COMTESSE.

Et que dites-vous, s'il vous plaît, de ce gentilhomme normand, monsieur Alexandre Choupille, de l'enfant posthume, du Clistorel, et de la servante qui ne veut pas être interloquée?

M. BREDOUILLE.

Eh bien ! interloquée, interloquée ! où est donc le grand mal? N'ai-je pas été interloqué, moi qui vous parle, dans un procès que j'ai avec un de mes fermiers ?

LA COMTESSE.

Eh! fi donc, monsieur ! fi donc !

---

[1] La plupart des anciennes éditions portent : *Pour n'être pas obligée de me* REPRÉSENTER *sous un si lugubre équipage.*

M. BREDOUILLE.

Pour moi, je n'y entends pas tant de façon ; quand une chose me plaît, je ne vais point m'alambiquer l'esprit pour savoir pourquoi elle me plaît.

LE MARQUIS.

Monsieur parle de fort bon sens.

M. BREDOUILLE.

Madame la comtesse, par exemple, je ne la détaille point par le menu ; il suffit qu'elle me plaise en gros : je n'examine point si elle a les yeux petits, le nez rentrant, la taille renforcée [1] ; elle me plaît, je n'en veux point davantage.

LA COMTESSE, le contrefaisant.

Monsieur Bredouille a raison ; car, voyez-vous, une femme est comme une comédie ; il y a de l'intrigue, du dénoûment. Monsieur Bredouille, par exemple, je n'examine point s'il est gros ou menu, gras ou maigre ; il a de bon vin, on le va voir : en faut-il davantage ? N'est-il pas vrai, marquis ?

LE MARQUIS.

Oui, rien n'est plus clair que ce raisonnement-là.

M. BREDOUILLE.

Madame, je suis votre serviteur. Je vais souper à la Place-Royale, où nous devons attaquer un aloyau dans les formes ; et je serais au désespoir que la scène commençât sans moi.

LA COMTESSE, bredouillant.

C'est très-bien fait, monsieur Bredouille ; ne manquez pas d'en couper une douzaine de tranches à mon intention, et de boire autant de rasades à ma santé.

SCÈNE VI.

LA COMTESSE, LE MARQUIS.

LA COMTESSE.

Voilà un plaisant original ! Mais que vois-je ? Il me semble que j'aperçois monsieur Clistorel. Il n'est pas encore déshabillé ; il faut l'appeler pour nous en divertir. Holà, ho, monsieur Clistorel ! un petit mot.

---

[1] *Renforcée* est conforme à l'édition originale de 1708, et à quelques autres éditions. Dans toutes les éditions modernes, on lit *renfoncée*.

SCÈNE VII.

CLISTOREL, apothicaire; LE MARQUIS, LA COMTESSE.

CLISTOREL, apothicaire.

Les comédiens sont bien plaisants, de jouer sur leur théâtre un corps aussi illustre que celui des apothicaires ; et ce petit mirmidon de Clistorel bien impertinent, de s'attaquer à un homme comme moi !

LA COMTESSE.

Que voulez-vous donc dire ? n'êtes-vous pas monsieur Clistorel ? Comment donc ! je crois qu'en voilà un autre : je m'imaginais qu'il fût unique en son espèce. Holà, ho, monsieur Clistorel ! un petit mot.

SCÈNE VIII.

CLISTOREL, comédien ; CLISTOREL, apothicaire ; LE MARQUIS, LA COMTESSE.

CLISTOREL, apothicaire, à Clistorel, comédien.

C'est donc vous, mon petit ami, qui empruntez mon nom et ma personne pour les mettre dans vos comédies ? Savez-vous que je suis doyen des apothicaires ?

CLISTOREL, comédien.

Vous ! doyen des apothicaires ?

CLISTOREL, apothicaire.

Oui, moi.

CLISTOREL, comédien.

Que m'importe ? Ah ! ah ! ah ! la plaisante figure pour un doyen !

CLISTOREL, apothicaire.

Figure ! parbleu, figure vous-même ; je serais bien fâché que la mienne fût aussi ridicule que la vôtre.

CLISTOREL, comédien.

Et moi, je serais au désespoir de vous ressembler : ne voilà-t-il pas un petit gentilhomme bien tourné ?

CLISTOREL, apothicaire.

Depuis deux cents ans nous tenons boutique d'apothicaire, de père en fils, dans le faubourg Saint-Germain.

SCÈNE VIII.

CLISTOREL, comédien.
Oui, l'on dit que c'est vous qui récrépissez toutes les vieilles du quartier.

CLISTOREL, apothicaire.
Je puis me vanter qu'il n'y a pas d'homme en France qui ait plus raccommodé de visages que moi.

LA COMTESSE.
Vous avez raccommodé des visages! Je croyais qu'un visage n'était pas de la compétence d'un apothicaire [1]. Il faudra donc, monsieur Clistorel, que vous préludiez quelque jour sur le mien. Je suis jeune encore, comme vous voyez; mais quand j'ai bu du vin de Champagne, j'ai le lendemain le coloris obscur, les nuances brouillées, et des erreurs au teint, qui me vieillissent de dix années.

CLISTOREL, comédien, à la comtesse.
Il a remis sur pied des teints aussi désespérés que le vôtre.

LA COMTESSE.
Je puis l'assurer que mon visage ne lui fera point d'affront, et qu'il en aura de l'honneur.

CLISTOREL, apothicaire.
Pourquoi donc, mon petit comédien, connaissant mon mérite, êtes-vous assez impudent pour me jouer en plein théâtre?

CLISTOREL, comédien.
Nous y jouons bien tous les jours les médecins, qui valent bien les apothicaires.

CLISTOREL, apothicaire.
Savez-vous que personne n'approche de plus près que nous les princes et les grands seigneurs?

CLISTOREL, comédien.
Vous ne les voyez que par derrière; mais nous leur parlons face à face.

CLISTOREL, apothicaire.
Je suis apothicaire, et médecin quand il le faut.

CLISTOREL, comédien.
Je joue, moi, dans le comique et dans le sérieux.

CLISTOREL, apothicaire.
J'ai fait, à Paris, quatre cours de chimie.

[1] Cela rappelle le « On voit bien que vous n'avez pas accoutumé à parler à des visages, » du *Malade imaginaire*, acte III, scène IV.

CLISTOREL, comédien.

J'ai joué, en campagne, les rois et les empereurs.

LA COMTESSE.

Quoi! vous jouez dans le sérieux! Un pygmée, un extrait d'homme comme vous représenterait Achille, Agamemnon, Mithridate! Marquis, que dis-tu de ce héros-là? Ne voilà-t-il pas un Mithridate bien fourni pour faire fuir les légions romaines?

LE MARQUIS.

Je vous prie, monsieur Clistorel le sérieux, de nous dire seulement deux vers, pour voir comment vous vous y prenez.

CLISTOREL, comédien.

Oui-dà.

« Et vous aurez pour vous, malgré les envieux,
» Et Lisette, et Crispin, et l'enfer et les dieux. »

CLISTOREL, apothicaire.

Il faut dire la vérité : voilà une belle taille pour faire un empereur!

CLISTOREL, comédien.

Voilà un plaisant visage pour avoir fait quatorze enfants à sa femme!

CLISTOREL, apothicaire.

Cela est faux, je lui en ai fait dix-neuf.

CLISTOREL, comédien.

Tant mieux, pourvu qu'ils soient tous de votre façon.

CLISTOREL, apothicaire.

Qu'est-ce à dire de ma façon? Apprenez que sur l'honneur, madame Clistorel n'a jamais fait de quiproquo.

CLISTOREL, comédien.

Elle ne vous ressemble donc pas?

CLISTOREL, apothicaire.

Moi, j'ai fait des quiproquo! Vous en avez menti.

CLISTOREL, comédien.

J'en ai menti?

(Ils se battent.)

LA COMTESSE, les séparant.

Monsieur l'apothicaire, monsieur le comédien, monsieur Clistorel, monsieur Mithridate...

CLISTOREL, apothicaire.

Avorton de comédien!

CLISTOREL, comédien.

Embryon d'apothicaire!

SCÈNE X.

LA COMTESSE.

Doucement, messieurs, doucement : je ne souffrirai point qu'il arrive de malheur, et que deux Clistorels se coupent la gorge en ma présence. Vous, monsieur Clistorel l'apothicaire, retournez dans votre boutique; et vous, monsieur Clistorel le comédien, je veux que vous me meniez au bal, et que nous dansions ensemble le rigodon, la chasse, les cotillons, la jalousie, et toutes les autres danses nouvelles, où j'excelle assurément; et je puis me vanter qu'il n'y a point de femme qui se trémousse dans un bal avec plus de noblesse, de cadence, de vivacité, de légèreté, et de pétulance.

SCÈNE IX.

M. BONIFACE, LA COMTESSE, CLISTOREL, comédien ; CLISTOREL, apothicaire; LE MARQUIS.

M. BONIFACE.

Madame, votre carrosse est à la porte, et vous descendrez quand il vous plaira.

LA COMTESSE.

Il a bien fait de venir; j'allais me jeter dans le premier venu. (A Clistorel, le comédien.) Allons, monsieur Clistorel, donnez-moi la main.

SCÈNE X [1].

LE MARQUIS, seul.

Eh bien! morbleu, voilà ce qui s'appelle une comédie dans les règles! cela vaut mieux que l'autre; et je vous jure que l'on ne la jouera point que je n'y revienne. Je conseille à l'assemblée d'en faire autant.

[1] Dans l'édition originale, cette pièce n'est divisée qu'en sept scènes.

FIN DE LA CRITIQUE DU LÉGATAIRE.

LES SOUHAITS

COMÉDIE EN UN ACTE, ET EN VERS LIBRES,

Non représentée.

ACTEURS :

MERCURE.
UNE NOUVELLE MARIÉE.
UNE SUISSESSE.
UNE FILLE, en cavalier gascon.
UN NAIN, en vieillard.
L'HOMME de bonne chère.

POISSON } comédiens de
LA THORILLIÈRE } campagne.
MARS, joué par La Thorillière.
VULCAIN, joué par Poisson.
VÉNUS.
SUITE DE CYCLOPES.

Le théâtre représente une foire, ou une assemblée de plusieurs personnes de différentes nations. Mercure entre, suivi de tous ceux qui viennent lui demander l'accomplissement de leurs souhaits.

MARCHE.

MERCURE, chantant.

Venez, venez, peuples divers;
Accourez à ma voix des bouts de l'univers :
Le dieu qui lance le tonnerre
Remet aujourd'hui dans mes mains
Le bonheur de la terre,
Et le sort de tous les humains.
Ne vous plaignez donc plus des malheurs de la vie,
Mortels ; je veux vous rendre heureux :
Formez tous des souhaits au gré de votre envie ;
Je comblerai vos vœux,
Si pour votre repos ils sont avantageux.

SCÈNE I.

UNE NOUVELLE MARIÉE, MERCURE.

LA MARIÉE.

Je m'offre la première étant la plus pressée.
En vous disant d'abord que je suis mariée,

SCÈNE I.

Vous devinez assez que je viens vous prier
De vouloir me démarier.
Ne rendez point ma demande frivole,
Et, pour le bien commun, changez tous les maris ;
Je vous porte ici la parole
Pour tout le corps des femmes de Paris.

MERCURE.
Je le crois aisément ; mais je me persuade
Que, de leur côté, les époux,
Pour obtenir même grâce que vous,
Vont m'envoyer même ambassade.

LA MARIÉE.
Ils n'en ont pas tant de raisons que nous.

MERCURE.
Comptez-vous bien du temps depuis que l'hyménée
Au sort de votre époux joint votre destinée ?

LA MARIÉE.
Quinze jours ; mais, avant ce choix si malheureux,
J'étais, en moins d'un mois, déjà veuve de deux :
Sitôt que l'un fut mort, par grâce singulière,
Un autre à succéder aussitôt fut admis ;
Celui-ci mort, un autre en sa place fut mis,
Croyant mieux trouver et mieux faire :
Mais, hélas ! j'ai toujours été de pis en pis.
Le premier se trouva brutal jusqu'à l'extrême ;
Le second plus brutal, et très-jaloux, de plus ;
L'autre est jaloux, brutal, ivrogne au par-dessus :
Je veux voir si le quatrième
Pourrait avoir quelques vertus,
Sauf à recourir au cinquième.

MERCURE.
Mais pour vous fournir de maris
Seulement pendant une année,
De l'humeur dont vous êtes née,
Vous épuiseriez tout Paris.

LA MARIÉE.
Je veux, pour en trouver un à ma fantaisie,
En changer, si je puis, tous les jours de ma vie.

MERCURE.
Je rebute vos vœux, et j'ai pitié de vous ;
Il vous arriverait, dans votre rage extrême,

Si vous preniez un quatrième,
Qu'il aurait à lui seul tous les défauts de tous,
Et qu'il pourrait encor vous assommer de coups [1],
Et ferait bien, cela ne soit dit qu'entre nous,
Pour vous ôter l'espoir de songer au cinquième.

LA MARIÉE.

De mon sort, en un mot, vous plaît-il d'ordonner?

MERCURE.

Votre vœu n'est pas impétrable.
Faisant place à quelqu'un qui soit plus raisonnable,
Écoutez le conseil que je vais vous donner.

AIR :

Le mariage
Est un hommage
Que chacun à son tour
Peut rendre à l'Amour.
Mais quand un doux veuvage
Assure un heureux sort,
Ce n'est pas être sage
D'affronter de nouveau l'orage,
Quand on est au port.

SCÈNE II.

UNE SUISSESSE; UN NAIN, en vieillard; MERCURE.

LA SUISSESSE, à Mercure.

Vous voyez deux amants dont la taille diffère :
La nature dans l'un prodigua sa matière,
Et dans l'autre elle fut avare de ses biens ;
Cependant, ne pouvant mieux faire,
Nous voulons de l'hymen contracter les liens.
Mais chacun, par avance,
Rit de cette alliance ;
Et je viens vous prier, par un souhait nouveau,
De vouloir bien tous deux nous mettre de niveau.

MERCURE.

Voilà du dieu d'amour l'ordinaire injustice ;
Il se plaît, sous un joug d'airain,
D'asservir bien souvent deux amants de sa main,

---

[1] Ce vers se trouve dans l'édition de 1731 ; mais on l'a retranché dans la plupart des éditions faites depuis. J'en ignore la cause.

Fort différents d'humeur, de taille et de caprice ;
Puis il en rit le lendemain.
LE NAIN.
Je ne sais pas pourquoi dans mon choix on me blâme.
Un grand homme souvent épouse un avorton :
    Je puis, par la même raison,
    Épouser une grande femme,
    Sans crainte du qu'en-dira-t-on.
Je sais qu'elle n'est pas sur ma forme taillée ;
    Mais je ne suis pas le premier
  Qui prend pour femme, et sans s'en méfier,
    Une fille dépareillée.
LA SUISSESSE.
    Nous craignons fort que nos enfants
    N'ayent pas la forme ordinaire :
Si la nature un jour les mesure à leur mère,
    Ils pourront être des géants ;
    Si d'ailleurs ils tiennent du père,
    Les risques n'en sont pas moins grands ;
    Ce ne seront que des idées[1],
    Ou du moins des nains étonnants,
    Et qui n'auront pas deux coudées.
Mais, pour nous égaler dans un tel différend,
Faites-moi plus petite, ou le faites plus grand.
MERCURE.
La raison est choquée aux souhaits que vous faites :
    Mariez-vous tels que vous êtes.
A porter des géants ses flancs sont destinés :
Et de là je conclus, sans être philosophe,
Que sa fécondité doit vous fournir assez
Ce qui, de votre part, pourra manquer d'étoffe,
Et vos enfants seront bien proportionnés.
LE NAIN.
    Mais cependant, sans vous déplaire,
Cela gâterait-il quelque chose à l'affaire,
Si j'avais sur ma tête encore un pied de plus ?
MERCURE.
    Sur ce point laisse agir ta femme :

---

[1] C'est ainsi qu'on lit dans l'édition de 1731 et dans celle de 1750. Dans les éditions modernes, on lit :
    Ce ne seront que des *pygmées*.

Si j'en juge aux regards de cette bonne dame,
Tes vœux ne seront point déçus ;
Quand tu seras époux, tu deviendras peut-être
Plus grand que tu ne voudrais être.
(A la Suissesse.)
Pour vous, écoutez bien ma chanson là-dessus.

AIR :

Un mari toujours embarrasse :
Heureuse celle qui s'en passe!
On n'en a pas comme on les veut.
Vous en pourrez trouver qui seront plus de mise :
Mais de mauvaise marchandise
Il ne s'en faut charger que le moins que l'on peut.

SCÈNE III.

UN HOMME de bonne chère, ou un buveur, MERCURE.

L'HOMME de bonne chère.
Vous voyez un garçon qui du bien fait usage,
Assez bien nourri pour son âge ;
Je n'ai pas encore vingt ans,
Et j'espère dans peu profiter davantage.
Cet embonpoint des plus brillants,
Qui fidèlement m'accompagne,
Est pétri de mets succulents,
Et broyé de vin de Champagne.
MERCURE.
La teinture en est bonne, et durera longtemps.
L'HOMME de bonne chère.
Cependant, croiriez-vous ce que je vais vous dire ?
Avec cet embonpoint des autres souhaité,
Souvent je manque de santé.
MERCURE.
Bon ! je crois que vous voulez rire :
Vous n'avez point d'affaire avec la Faculté.
L'HOMME de bonne chère.
Mon plaisir unique est la table ;
Je m'y plais à passer les nuits :
Mais, lorsque trop longtemps j'y suis,
Un désir de dormir m'accable.

SCÈNE III.

En vain, pour le chasser, je fais ce que je puis.
Quand j'ai seulement bu mes neuf ou dix bouteilles,
Certain mal de tête me prend,
Sous moi mon pied est chancelant,
Et j'ai des vapeurs sans pareilles ;
Il me prend un dégoût pour tout ce qu'on me sert,
Plus de faim, plus de soif, plus d'appétit ouvert.
Dans cette affreuse maladie,
Je me traîne à mon lit sans me déshabiller :
Là, je dors sans donner aucun signe de vie ;
Et je demeure en cette léthargie
Jusques au lendemain, sans pouvoir m'éveiller.

MERCURE.

S'il est ainsi, vous êtes bien malade.
Et ce mal vous prend-il bien ordinairement ?

L'HOMME de bonne chère.

Une fois par jour réglément.

MERCURE.

Oui ! vous êtes plus mal qu'on ne se persuade.

L'HOMME de bonne chère.

Je viens vous demander, pour vivre heureusement,
Un meilleur estomac, un ventre plus capable,
Une faim qui s'irrite à table
Et qui puisse porter l'effroi dans tous les plats,
Et surtout une soif que rien ne puisse éteindre.

MERCURE.

Homme, ou tonneau, je ne t'écoute pas ;
Serait-ce t'obliger qu'avancer ton trépas ?
Eh ! de moi tu devrais te plaindre.
Ton souhait est impertinent ;
Cherche une demande meilleure.
Tu crèveras avant qu'il soit un an ;
Et, si j'étais à tes vœux complaisant,
Tu crèverais avant qu'il fût une heure.

L'HOMME de bonne chère.

Quoi ! je n'aurai donc point de vous d'autre raison ?

MERCURE.

A ce propos, écoute ma chanson.

AIR :

Ami, je condamne l'usage
De ceux qui mettent tous leurs soins

A voir dans un repas qui boira davantage,
Et qui vivra le moins.
Buvez tant que d'Iris vous perdiez la mémoire,
Vous gagnerez beaucoup ;
Alors je vous permets de boire,
Pour célébrer votre victoire,
Encore un coup.

SCÈNE IV.

UNE FILLE, en cavalier gascon ; MERCURE.

LE GASCON.

Cadédis, monsieur de Mercure,
Je ne viens point faire de vœux,
Comme font tous ces malheureux ;
J'ai tout reçu de la nature.
Je suis plus noble que le roi,
Et je ne le cède à personne ;
Ma noblesse est plus vieille et plus pure, je croi,
Que les sources de la Garonne.
J'ai plus d'esprit cent fois qu'il ne me faut ;
Ma taille est des plus à la mode ;
Je ne vois en moi nul défaut ;
Mais trop de valeur m'incommode.

MERCURE.

Oh ! oh ! cet homme a le sang chaud.
En ce temps de désordre, où l'on voit sur la terre
Régner le démon de la guerre,
Vous avez de quoi batailler.

LE GASCON.

D'accord : mais les hivers on ne peut chamailler.
Ce repos m'ennuie et me gêne :
Le sang me bout de veine en veine ;
Je voudrais qu'il me fût permis,
Pour me tenir bien en haleine,
De me battre en duel contre mes ennemis,
Trois fois seulement par semaine [1].

[1] Ces quatre derniers vers sont conformes à l'édition de 1731. Dans l'édition de 1750, le dernier est omis ; et dans les éditions faites depuis on lit :
Je voudrais qu'il me fût permis
De me battre en duel contre mes ennemis,
Pour me tenir bien en haleine.

SCÈNE IV.

MERCURE.

Vous êtes-vous battu parfois?

LE GASCON.

Non, ou je mens;
Mais, certes, je m'en meurs d'envie.

MERCURE.

Ce métier à la longue ennuie,
Lasse, et ne nourrit pas son maître bien longtemps.

LE GASCON.

Lorsque je l'aurai fait dix ans,
Je me reposerai le reste de ma vie.

MERCURE.

Ce souhait est vraiment nouveau,
Et je ne vois rien de si beau
D'aller à tout venant offrir la carte blanche :
Mais, si vous commenciez lundi
Ce jeu digne d'un étourdi,
A peine iriez-vous au dimanche.

LE GASCON.

Vous vous raillez, je crois. Remplissez mon souhait :
Ce m'est un jeu quand je m'exerce
A pousser la quarte et la tierce,
Et faire une passe au collet :
Du sort d'un ennemi je suis toujours le maître;
Et, dans un combat singulier,
Je force à demander quartier,
Quelque brave que ce puisse être.

MERCURE.

Quelque mortels que soient vos coups,
Je connais, à votre visage,
Que bien des gens voudraient posséder l'avantage
D'en venir aux mains avec vous.
Malgré l'habit qui me cache vos charmes,
Vous ne sauriez m'imposer en ce jour :
Vous vous imaginez être fait pour les armes,
Et vous êtes fait pour l'amour.

LE GASCON.

Il faut donc que je me retranche
Aux exploits que ce dieu m'offrira désormais,
Et que je prenne ma revanche
Sur des cœurs qui n'en pourront mais.

SCÈNE V.

POISSON, LA THORILLIÈRE, comédiens de campagne;
MERCURE.

LA THORILLIÈRE.

Avec tous les respects que la divinité
    Exige de l'humanité,
Nous venons rendre notre hommage,
    Et profiter de l'avantage
  Qui par vous nous est présenté.

POISSON.

Seigneur Mercure, en vérité,
En voyant ce noble équipage
Qui vous sert à faire voyage,
On ne vous prendra pas, à moins d'être hébété,
    Pour un messager de village ;
    Mais cette noble majesté
  Qui... je n'en dis pas davantage,
    De crainte de prolixité.

MERCURE.

Venons au fait, et point tant de langage.

LA THORILLIÈRE.

Des bords fameux du Pô, jusqu'aux rives du Rhin,
Dans les troupes toujours cherchant un beau destin,
De lauriers éclatants nous avons ceint nos têtes,
Et près du sexe même étendu nos conquêtes.
    Le sceptre est souvent en nos mains ;
Et vous voyez en nous, par le fruit de nos peines,
    Ce que les Grecs et les Romains
    Ont eu de plus grands capitaines.

MERCURE.

Oui ! Mais, s'il est ainsi, comme on n'en peut douter,
Que vous peut-il encor rester à souhaiter ?

LA THORILLIÈRE.

Rassasiés de gloire et de ses dons frivoles,
    Comme sont enfin les héros,
Ayant dans l'univers joué les premiers rôles,
    Nous cherchons un peu de repos.
    L'honneur partout nous accompagne ;
Mais nous sommes d'ailleurs fort dénués de biens,

SCÈNE V.

Car nous sommes comédiens.
POISSON.
Et comédiens de campagne.
MERCURE.
J'aime les gens de cet emploi.
Parlez, que voulez-vous de moi ?
LA THORILLIÈRE.
Vous savez que notre espérance,
Le but de nos travaux, est d'être un jour admis
Dans cette troupe de Paris,
Où l'on vit avec abondance :
On emploie à cela l'argent et les amis.
POISSON.
C'est pour nous le bâton de maréchal de France.
LA THORILLIÈRE.
C'est donc où se bornent nos vœux,
Et ce qui peut nous rendre heureux.
MERCURE.
Pour m'assurer si le vœu que vous faites
Vous est avantageux, ou non,
Il faudrait de ce que vous êtes
Me donner quelque échantillon
Quel rôle faites-vous ?
POISSON.
Jadis dans le comique
Mon camarade et moi nous avions du crédit ;
Mais, pour faire en tout genre admirer notre esprit,
Nous chaussons maintenant le cothurne tragique,
Et je fais le héros des mieux, à ce qu'on dit.
LA THORILLIÈRE.
Pour peu que vous vouliez en passer votre envie,
Nous jouerons un fragment pris d'une tragédie,
Dont les vers, faits par moi, furent très-bien reçus :
Elle a nom, *les Amours de Mars et de Vénus*,
Et ce n'est proprement qu'un trait de parodie
D'une scène d'Iphigénie,
Quand Achille en fureur insulte Agamemnon.
Pour moi, quand je travaille,
J'aime mieux imiter certains auteurs de nom,
Qu'en produisant de moi, ne rien faire qui vaille.
MERCURE.
Vous avez fort bonne raison.

POISSON.

Ordonnez donc, seigneur Mercure,
Que les musiciens, avec leurs violons,
    Vous fredonnent une ouverture,
    Et dans peu nous commencerons.

SCÈNE VI.

VÉNUS, VULCAIN, SUITE DE CYCLOPES.

PARODIE.

VULCAIN.

Assez et trop longtemps ma lâche complaisance
De vos déportements entretient la licence,
Madame; je ne puis les souffrir plus longtemps:
Et Mars fait voir pour vous des feux trop éclatants.

VÉNUS.

Ne cesserez-vous point, dans votre humeur farouche,
De m'immoler sans cesse à vos transports jaloux?

VULCAIN.

Vous immolez ma tête aux malheurs d'un époux,
    Et le mal d'assez près me touche.

VÉNUS.

Vous ne méritez pas l'amour qu'on a pour vous.

VULCAIN.

On ne m'abuse point par de fausses caresses;
Je sais ce que je dois croire de vos discours.

VÉNUS.

    Que manque-t-il à vos tendresses?
Vous avez épousé la mère des Amours.

VULCAIN.

    Et c'est là ma douleur amère!
    Des Amours vous êtes la mère;
Et moi, Vulcain, qui suis par malheur votre époux,
J'en devrais être aussi le père, ce me semble :
    Cependant, au dire de tous,
    De tant d'enfants aucun ne me ressemble;
    Et les mortels, dans leurs discours,
Ne m'appellent jamais le père des Amours.

VÉNUS.

Il serait beau, vraiment, que de votre visage
    Mes enfants eussent quelques traits;
    Vous n'avez pas assez d'attraits

SCÈNE VIII.

Pour leur souhaiter votre image.
Que dirait tout le genre humain,
Si, de notre couche féconde,
Il voyait voler dans le monde
Des Amours forgés par Vulcain?

VULCAIN.

C'est trop insulter à ma peine.
A son appartement, gardes, qu'on la ramène,
Et qu'on l'empêche d'en sortir.

(Deux cyclopes s'emparent de Vénus.)

VÉNUS.

Quoi! vous voulez, par cette violence,
Forcer mon cœur à vous haïr!

VULCAIN.

Vous avez trop longtemps lassé ma patience.
Je parle, j'ai parlé ; c'est à vous d'obéir.

(Les deux cyclopes emmènent Vénus.)

SCÈNE VII.

VULCAIN, seul.

Faut-il, cruel hymen, que, tout dieux que nous sommes,
Nous ressentions tes coups comme les autres hommes?

SCÈNE VIII.

MARS, VULCAIN.

MARS.

Un bruit assez étrange est venu jusqu'à moi,
Seigneur ; je l'ai jugé trop peu digne de foi.
On dit, et sans horreur je ne puis le redire,
Qu'exerçant sur Vénus un rigoureux empire,
Et vous-même étouffant tout sentiment d'époux,
Vous voulez l'immoler à vos transports jaloux.
Contre ses volontés par vos soins retenue,
Vous la faites, dit-on, ici garder à vue.
On dit plus ; on prétend que cette dure loi
N'est donnée en ces lieux, n'est faite que pour moi.
Qu'en dites-vous, seigneur? que faut-il que j'en pense?
Ne ferez-vous point taire un bruit qui nous offense?

VULCAIN.

Seigneur, je ne rends point compte de mes desseins :
Ma femme ignore encor mes ordres souverains ;
Et, quand il sera temps qu'elle soit enfermée,
Vous en serez instruit avec la renommée.

MARS.

Et vous pourriez, cruel, la maltraiter ainsi !

VULCAIN.

De vos secrets complots je suis trop éclairci :
Vos discours me font voir ce que j'avais à craindre,
Et vos lâches amours ne sauraient se contraindre.

MARS.

Seigneur, je ne rends point compte de mes amours :
Vénus ignore encor quel en sera le cours ;
Et, quand il sera temps, par vous ou par un autre,
Elle apprendra son sort, et vous saurez le vôtre.

VULCAIN.

Ah ! je sais trop le sort que vous me réservez.

MARS.

Pourquoi le demander, puisque vous le savez ?

VULCAIN.

Pourquoi je le demande ! ô ciel ! le puis-je croire,
Qu'on ose des ardeurs avouer la plus noire ?
Vous pensez qu'approuvant vos feux injurieux,
Je vous laisse achever ce complot à mes yeux ;
Que ma foi, mon honneur, mon amour y consente ?

MARS.

Mais vous, qui me parlez d'une voix menaçante,
Oubliez-vous ici qui vous interrogez ?

VULCAIN.

Oubliez-vous qui j'aime, et qui vous outragez ?

MARS.

C'est pour le bien commun qu'ici mon zèle brille.

VULCAIN.

Et qui vous a chargé du soin de ma famille ?
Avez-vous sur ma femme acquis des droits d'époux ?
Et ne pourrai-je...

MARS.

Non, elle n'est pas à vous.
En épousant Vénus, cette belle déesse,
Vous saviez que son cœur, sensible à la tendresse,

Ne se refusait pas aux transports les plus doux :
A ces conditions vous fûtes son époux.
Si, depuis, des amants la troupe favorite
A pris chez vous des droits dont votre cœur s'irrite,
Accusez-en le sort et le ciel tout entier,
Jupiter, Apollon, et vous tout le premier.

VULCAIN.
Moi !

MARS.
Vous, qui, dès longtemps, mari doux et docile,
Pour moi seul aujourd'hui devenez difficile :
Vous vous avisez tard de devenir jaloux ;
Et Mars peut, comme un autre, être reçu chez vous.

VULCAIN.
Juste ciel ! puis-je entendre et souffrir ce langage ?
Est-ce ainsi qu'au mépris on ajoute l'outrage ?
Moi, pour le bien commun, j'aurais pris femme exprès,
Et serais seulement époux *ad honores* !
Des plaisirs du public lâche dépositaire,
Je ferais de l'hymen un trafic mercenaire !
Je ne connais ni dieux, ni mortels favoris ;
Ma femme est à moi seule, et n'en veux qu'à ce prix.

MARS.
Fuyez donc ; retournez dans vos grottes ardentes,
Forger à Jupiter des armes foudroyantes ;
Fuyez. Mais si Vénus ne paraît aujourd'hui,
Malheur à qui verra tomber mon bras sur lui !

VULCAIN.
Je tiens à Jupiter par un nœud qui l'engage
A me mettre à l'abri de votre vaine rage :
Mais, lorsque je voudrai la cacher à vos yeux,
Je percerai le sein des antres les plus creux.
Là, bravant vos efforts, et nageant dans la joie,
Je saurai de vos mains arracher cette proie.

MARS.
Rendez grâce au seul nœud qui retient mon courroux ;
De votre femme encor je respecte l'époux.
Je ne dis plus qu'un mot ; c'est à vous de m'entendre,
J'ai mon amour ensemble et ma gloire à défendre :
Pour aller jusqu'aux lieux que vous voulez percer,
Voilà par quel chemin il vous faudra passer.

SCÈNE IX.

VULCAIN, seul.

Et voilà ce qui doit avancer ma vengeance.
Ton insolent amour aura sa récompense.
Holà, gardes, à moi. Mais tout beau, mon courroux !
Ne précipitons rien.
        (Aux cyclopes.)
Venez, suivez-moi tous.

SCÈNE X.

MERCURE, LA THORILLIÈRE, POISSON.

LA THORILLIÈRE.
Vous voyez maintenant si c'est nous faire grâce
De nous accorder une place
Que le mérite seul peut nous faire espérer.
MERCURE.
Messieurs, je ne sais que vous dire :
Vos talents n'ont pas su sur moi trop opérer.
Le métier d'un tragique est de faire pleurer ;
Et chacun, vous voyant, s'est éclaté de rire.
Retournez en province, et suivez mon avis ;
Là, vous serez admirés et chéris :
Vous n'auriez pas peut-être ici cet avantage.
Il vaut mieux être enfin le premier au village,
Qu'être le dernier à Paris.
POISSON.
Après une telle injustice,
Paris de mes talents ne profitera pas ;
Et je m'en vais, tout de ce pas,
Me faire comédien suisse.
MERCURE.
Mortels, jusqu'à présent nul n'a demandé rien
Que je lui puisse accorder pour son bien.
Je vois bien que chacun s'empresse
De requérir, avec grand soin,
Les plaisirs, le bon vin, les honneurs, la richesse :
Mais nul n'a souhaité la vertu, la sagesse ;

SCÈNE X.

Et c'est dont vous avez tous le plus de besoin.
Ne formez donc plus tant de souhaits inutiles :
Les dieux vous trahiraient, s'ils étaient trop faciles.
Sans redouter le sort, mettez tout en sa main :
Riez, chantez, dansez, livrez-vous à la joie ;
Profitez chaque jour des biens qu'il vous envoie ;
Laissez à Jupiter le soin du lendemain.

(Les suivants de Mercure forment une contredanse qui finit la comédie.)

FIN DES SOUHAITS.

LES VENDANGES

OU

LE BAILLI D'ANIÈRES

COMÉDIE EN UN ACTE, ET EN VERS,

Non représentée [1].

ACTEURS :

M. TRIGAUDIN, avocat.
Mme TRIGAUDIN.
BABET, fille de M. Trigaudin.
TOINON, servante de M. Trigaudin.
LÉANDRE, amant de Babet.
CHAMPAGNE, valet de Léandre.
GRIFFONET, clerc de M. Trigaudin.

GUILLOT et MATHIEU, paysans.
LA PROCUREUSE.
LA GREFFIÈRE.
LA SERRE, procureur.
UN GREFFIER [2].
UN NOTAIRE [3].
UN COMMISSAIRE [4].

La scène est à Anières.

SCÈNE I.

M. TRIGAUDIN, Mme TRIGAUDIN.

TRIGAUDIN.

Oui, vous dis-je, sans faute ils arrivent ce soir,
Ma femme ; ordonnez tout pour les bien recevoir :
Étant bailli du lieu, cette charge m'engage
A faire de mon mieux les honneurs du village.
Çà, pendant la vendange égayons nos esprits ;
Pour cela tout exprès ils viennent de Paris ;

---

[1] A été représentée sans succès au théâtre de la Porte-Saint-Martin, le 15 mars 1823.
[2] On voit, par le vers 12 de la scène I, qu'il s'appelle HARDI.
[3] Son nom est LA GRIFFAUDIÈRE, d'après le même vers.
[4] Le même vers nous apprend qu'il se nomme TIRAN.

Monsieur de Bonnemain, procureur, et son père,
Honnête huissier, tous deux pour moi gens à tout faire ;
Mais surtout le premier, à qui je veux demain
Que ma fille s'unisse, en lui donnant la main.
Les autres sont greffier, commissaire, et notaire ;
Savoir, messieurs Hardi, Tiran, La Griffaudière.

Mme TRIGAUDIN.

Çamon, c'est bien le temps de faire des bombances !
Vous deviendrez bien riche avecque ces dépenses !
Voyez-vous, mon mari, je vous le dis tout net ;
Il faut qu'un avocat ménage mieux son fait.

TRIGAUDIN.

J'ai mes raisons, ma femme, et sais ce qu'il faut faire.

Mme TRIGAUDIN.

Sont-ce là les leçons de feu votre grand-père ?
Le pauvre homme ! il me semble encor que je le voi.
C'était un homme sage.

TRIGAUDIN.
                Il l'était plus que moi,
D'accord.

Mme TRIGAUDIN.
        Tous ses discours portaient toujours sentence.
Manger son blé en vert est grande extravagance,
A-t-il dit mille fois. Quoi qu'on puisse amasser,
Il ne faut point de bourse à qui veut dépenser.
Grandes maisons se font par petite cuisine.

TRIGAUDIN.

Oui, mon grand-père était fort savant en lésine ;
Et, pour jeter l'argent, je sais trop ce qu'il vaut :
Gens de robe n'ont pas volontiers ce défaut.
Mais, malgré tout cela, je tiens, quoi que l'on die,
Que dépense bien faite est grande économie ;
Enfin j'ai de l'esprit, et sais mes intérêts.

Mme TRIGAUDIN.

Mais pourquoi rassembler la crasse du palais ?
Des greffiers !

TRIGAUDIN.
        N'en déplaise à votre humeur bourrue,
Ce sont tous bons bourgeois, ayant pignon sur rue.

Mme TRIGAUDIN.

Ah ! mon fils, vous avez le goût peu délicat :
Des procureurs !

TRIGAUDIN.
Eh bien! moi, je suis avocat;
Mais ma profession, malgré son excellence,
De ces sortes de gens a quelque dépendance ;
Et beaucoup d'avocats, qui font les grands seigneurs,
Se trouvent bien d'avoir des gendres procureurs.
Mme TRIGAUDIN.
Mais...
TRIGAUDIN.
Mais point de discours, j'ai résolu l'affaire;
Faites-nous seulement bonne mine et grand'chère.
M'entendez-vous?
Mme TRIGAUDIN.
Il faut suivre vos volontés ;
Mais je fais malgré moi ce que vous souhaitez.
TRIGAUDIN.
Du souper sur vos soins mon esprit se repose.
Mme TRIGAUDIN.
On y va donner ordre.
TRIGAUDIN.
Au moins, sur toute chose,
N'allez pas pratiquer les leçons de tantôt,
Là... celles du grand-père.
Mme TRIGAUDIN.
On fera ce qu'il faut.

SCÈNE II.

M. TRIGAUDIN, seul.

Au fond elle a raison ; dans le temps des vacances,
Ne gagnant rien, on doit modérer ses dépenses :
Cependant marier ma fille, que je croi,
Quelque argent qu'il m'en coûte, est fort bien fait à moi.
De l'âge dont elle est, la garde d'une ville,
Dans un pays conquis, serait moins difficile.
Il lui faudra pourtant faire part de mon bien.
Ma charge de bailli ne vaut presque plus rien.
En vendange, autrefois, dans les lieux [1] où nous sommes,

[1] Ce vers est conforme à l'édition de 1750. Dans l'édition de 1731, on lit :
En vendanges, autrefois, dans le temps où nous sommes.

Peu de jours se passaient qu'il n'arrivât mort d'hommes :
Mais tout est bien changé, chacun se tient reclus ;
Le temps est malheureux, on ne s'assomme plus.
Griffonet !

SCÈNE III.
M. TRIGAUDIN, GRIFFONET.

GRIFFONET.
Quoi, monsieur ?
TRIGAUDIN.
Va dire en diligence
Au procureur fiscal qu'il tienne, en mon absence,
Les plaids pour moi.
GRIFFONET.
Fort bien.
TRIGAUDIN.
Moi, dans mon cabinet,
Je vais dresser le plan du contrat de Babet.

SCÈNE IV.
GRIFFONET, seul.

Et madame Babet, de Léandre amoureuse,
Dresse un plan pour ne pas devenir procureuse.
On a beau la garder et l'observer de près,
Il suffit que Toinon soit dans ses intérêts,
Monsieur le procureur ne tient rien.

SCÈNE V.
TOINON, GRIFFONET.

GRIFFONET.
Ah ! ma chère,
Te voilà sans Babet ?
TOINON.
Qu'as-tu fait de son père ?
GRIFFONET.
Il est monté là-haut.
TOINON.
Çà, maître Griffonet,

De notre enlèvement tu sais tout le projet :
Mon estime pour toi sera-t-elle trompée?
Ne veux-tu point quitter la robe pour l'épée?
Aimes-tu mieux, dis-moi, toujours être un pied-plat,
Un apprenti sergent, petit clerc d'avocat,
Que de te voir monsieur par les soins de Léandre?
Le moins, en le servant, que tu puisses prétendre,
C'est d'être subalterne en quelque régiment,
Où tu feras bientôt fortune, assurément.
Réponds donc [1].

GRIFFONET.

N'es-tu pas sûre de ma réponse?
Au métier que je fais de bon cœur je renonce [2].
N'aurai-je pas bon air à cheval, Toinon, dis,
Avec un grand plumet? Tiens, je crois que j'y suis.
Pour moi, j'aime la guerre, et je hais les affaires.
Au palais à présent on n'en amasse guères :
Monsieur jamais n'y plaide, y fût-il tout le jour ;
Il en a fait serment, que je pense, à la cour.
Je ne l'ai point encore ouï que dans une cause ;
Aussi ne parle-t-il à chacun d'autre chose :
Il est de la conter tellement altéré,
Qu'on le fuit en tous lieux comme un pestiféré ;
Dès qu'il ouvre la bouche, on déserte sur l'heure.

SCÈNE VI.

BABET, TOINON, GRIFFONET.

GRIFFONET.

Mais j'aperçois sa fille.

BABET.

Ah! Griffonet, demeure ;
Je veux t'entretenir.

GRIFFONET.

J'ai tout su de Toinon,

---

[1] Ces mots, *Réponds donc*, se trouvent dans l'édition de 1731, la plus ancienne que j'aie de cette pièce. Dans toutes les autres éditions que j'ai consultées, ils sont omis, et remplacés par des points au commencement du vers suivant.

[2] Ce vers est conforme à l'édition de 1750. Dans celle de 1731, on lit :
Au métier que je fais, de bon cœur j'y renonce.

Madame.
Eh bien?

BABET.

GRIFFONET.
Ma foi, je n'ai pu dire non.
Pour servir vos amours je suis prêt à tout faire.
Je vais auparavant où monsieur votre père
M'envoie, et je reviens. Quoi qu'il puisse arriver,
J'oserai tout pour vous, jusqu'à vous enlever.

SCÈNE VII.

BABET, TOINON.

TOINON.
Oh! monsieur Griffonet est un brave, madame,
Un garçon hasardeux. Mais, qui trouble votre âme?
Léandre va venir; quel est votre souci?

BABET.
Ce n'est qu'avec chagrin que je le vois ici ;
Ma mère peut rentrer, mon père peut descendre;
Et cette salle enfin est commode à surprendre :
Je suis dans des frayeurs qu'on ne peut concevoir.

TOINON.
Eh quoi! mort de ma vie! est-ce un crime d'avoir
Un tendre engagement avec un honnête homme?
Si celles qui en ont allaient le dire à Rome,
La France deviendrait un pays bien désert.

BABET.
Mais si ce rendez-vous, Toinon, est découvert...

TOINON.
Il faut bien vous attendre à d'autres aventures.

BABET.
Mais le moindre soupçon peut rompre nos mesures.

TOINON.
Mais, pour les prendre, il faut se voir, et convenir
De vos faits, et savoir à quoi vous en tenir.

BABET.
Je crains...

TOINON.
Dans le chagrin que cette peur me donne,
Je ne sais qui me tient que je vous abandonne.
Comment! trembler toujours! avoir incessamment
Des inégalités...

SCÈNE VIII.

BABET, TOINON, LÉANDRE.

TOINON.
Mais voici votre amant.
BABET.
Prends donc garde, Toinon, que personne...
LÉANDRE, à Babet.
Madame,
Tout semble conspirer au succès de ma flamme ;
Et votre tante, enfin, de l'aveu d'un époux,
En cette occasion se déclare pour nous :
Nous trouverons chez elle une sûre retraite.
Mais vous me paraissez incertaine, inquiète :
Après m'avoir donné votre consentement,
Auriez-vous [1] pu sitôt changer de sentiment ?
BABET.
N'imputez point ce trouble à mon peu de tendresse,
Léandre ; et n'accusez que ma seule faiblesse.
LÉANDRE.
Vous rassurez par là mon esprit alarmé,
Madame ; et ce soupçon heureusement calmé
Fait place aux doux transports...
TOINON, à Léandre.
Oh ! finissons, de grâce :
Dans un long entretien votre esprit s'embarrasse ;
Il n'est point maintenant question de cela.
LÉANDRE.
Que mon bonheur est doux ! Ah ! madame.
TOINON.
Alte-là,
Vous dis-je ; et bannissons tous les discours frivoles :
Il faut des actions, et non pas des paroles.
Que tous vos gens...
LÉANDRE.
Ils sont à deux cents pas d'ici.
TOINON.
La chaise ?
LÉANDRE.
Dans une heure elle doit être aussi

---

[1] *Auriez* est conforme à l'édition de 1731. Dans les autres éditions, on lit : AVEZ-*vous pu*, etc.

Au coin du petit bois.

TOINON.

Au moins, qu'elle soit prête
Lorsque nos paysans commenceront la fête :
C'est un bal villageois, dont la confusion
Sera très-favorable à notre évasion ;
Et chacune de nous, en nymphe déguisée,
Trouvera vers le bois la fuite plus aisée,
Pendant que Griffonet... Mais on vient nous troubler.

SCÈNE IX.

M. TRIGAUDIN, BABET, LÉANDRE, TOINON.

BABET, bas.

C'est mon père, Toinon.

LÉANDRE, bas, à Babet.

Laissez-moi lui parler.

TRIGAUDIN, à part.

Que vois-je ? Un homme ! Il entre en ceci du mystère.

BABET, bas, à Léandre.

Je crains...

LÉANDRE, bas, à Babet.

Ne craignez rien, je prends sur moi l'affaire ;
J'ai tout prévu...

(A Trigaudin.)

Le bruit de votre grand savoir
Me fait venir, monsieur, de Paris pour vous voir,
Et vous communiquer un fait de conséquence.

TRIGAUDIN.

Je le débrouillerai mieux que personne en France.

LÉANDRE.

Ce fait est important ; mais il n'est pas nouveau.

TRIGAUDIN, à Babet et à Toinon.

Rentrez.

SCÈNE X.

TRIGAUDIN, LÉANDRE.

(Trigaudin tousse.)

LÉANDRE.

Vous toussez fort.

TRIGAUDIN.

C'est le fruit du barreau.
Ayant ces jours derniers, dans toute une audience,
Entretenu la cour sur un cas d'importance,
Un brouillard, dont en vain je voulus me garder,
M'a mis pour quatre mois hors d'état de plaider :
Lorsque je veux parler, je souffre le martyre.

LÉANDRE.

Écoutez-moi, je n'ai que deux mots à vous dire.

TRIGAUDIN.

A la bonne heure, soit; dépêchez seulement :
Quoique en vacations, jusqu'au moindre moment,
Le temps m'est précieux. Dites-moi votre affaire.

LÉANDRE.

Il s'agit en ceci d'un amoureux mystère.

TRIGAUDIN.

Or, soit.

LÉANDRE.

Je crois, monsieur, que vous êtes humain...

TRIGAUDIN.

Aux gens de bien, monsieur, je tends toujours la main.

LÉANDRE.

Que vous êtes charmé de rendre un bon office.

TRIGAUDIN.

Expliquez-vous, je suis tout à votre service.

LÉANDRE.

Monsieur, un mien ami, de qui les intérêts
M'ont toujours été chers et me touchent de près,
Est fortement épris d'une fille très-belle,
Qui répond à ses feux d'une ardeur mutuelle ;
Un père rigoureux veut forcer leurs désirs :
(Ces pères sont toujours ennemis des plaisirs.)
En cette extrémité, n'est-il point d'artifice
Pour les mettre à couvert des rigueurs de justice
Contre l'enlèvement qu'ils sont près de tenter ?
L'ami pour qui je viens ici vous consulter
M'a prié, ne voulant rien faire à la légère,
De prendre par écrit votre avis sur l'affaire.

TRIGAUDIN.

Lorsque la voix publique a su vous informer
De ce profond savoir qui me fait estimer,

SCÈNE X.

Elle a dû, ce me semble, aussitôt vous instruire
De cette probité qu'en moi chacun admire ;
Et je ne sais, monsieur, qui vous donne sujet
De me communiquer un si hardi projet :
En cela je vous trouve un peu bien téméraire,
Et n'ai point là-dessus de réponse à vous faire.

LÉANDRE.

Je conviens avec vous de ma témérité,
Et mon début vous a justement irrité ;
Mais, malgré mon audace, et trop grande et trop haute,
S'il est quelque moyen de réparer ma faute,
J'oserai...

TRIGAUDIN.

Quoi, monsieur ?

LÉANDRE, lui présentant une bourse [1],
Vous prier instamment...

TRIGAUDIN, prenant la bourse.

Ces prières, monsieur, sont un commandement.

LÉANDRE.

Fort bien.

TRIGAUDIN.

Ne croyez point que l'intérêt m'engage
A protéger le crime ou le libertinage ;
Et n'était que je vois que c'est à bonne fin,
Que tout cela ne tend qu'au mariage enfin,
Vous me verriez toujours résolu de me taire.
Oui, je pèse toujours mûrement une affaire,
Et j'examine [2] bien avant de m'embarquer :
Mais je vois bien qu'ici je n'ai rien à risquer.
Cette affaire, monsieur, est de soi criminelle ;
En matière de rapt, l'ordonnance est formelle.
Mais, dans l'occasion, on peut bien quelquefois,
En faveur d'un ami, faire gauchir les lois ;
C'est là le fin, monsieur. Ce père inexorable,
Quel homme est-ce ?

LÉANDRE.

Un fâcheux, d'une humeur peu traitable,

---

[1] Molière, dans le *Médecin malgré lui*, acte II, scène dernière.

[2] Ce vers est conforme à l'édition de 1731. Dans les autres éditions, on lit :

Et j'examine bien avant que m'embarquer.

Qui n'a point d'autre but que son propre intérêt.
TRIGAUDIN.
Quelque bourru, sans doute?
LÉANDRE.
Oui, voilà ce que c'est.
TRIGAUDIN.
Ce complot se fait-il de l'aveu de la belle?
LÉANDRE.
Oui, tout cela se fait de concert avec elle :
C'est ainsi qu'on m'a dit la chose.
TRIGAUDIN.
Elle a raison ;
Elle fera fort bien de forcer sa prison :
Et quand un père usurpe un pouvoir tyrannique,
On peut, pour s'affranchir, mettre tout en pratique.
Que votre ami, monsieur, achève son dessein ;
J'entreprends le procès, si l'on poursuit.
LÉANDRE.
Enfin,
Vous approuvez la chose?
TRIGAUDIN.
Oui. Qu'ils partent : le père
Se trouvera, ma foi, bien camus.
LÉANDRE.
On l'espère.
Ayez donc la bonté de signer votre avis.
TRIGAUDIN.
Volontiers.
LÉANDRE.
Vos conseils seront en tout suivis.
TRIGAUDIN.
Je réponds du succès. Savez-vous quelle cause
Je plaidai l'autre jour? Morbleu, la belle chose !
Je vais en répéter quelques traits seulement.

SCÈNE XI.

TRIGAUDIN, LÉANDRE, TOINON.

TOINON.
On vous demande là.
TRIGAUDIN.
Qu'on m'attende un moment.

SCÈNE XII.

TOINON.
Ce sont gens bien pressés.
LÉANDRE.
Monsieur, je me retire [1].
TRIGAUDIN.
Non, non; vous entendrez ce que je veux vous dire :
La chose vous plaira, j'en suis très-assuré.
Le sujet du procès est un âne égaré.
TOINON, à part.
Le voilà tout trouvé, sans procès ni chicane.
TRIGAUDIN.
En la cause, je suis pour le maître de l'âne,
Qui sur le détenteur veut le revendiquer.
LÉANDRE.
Certes! la cause est rare.
TRIGAUDIN.
Et fort à remarquer.
Voyez avec quel art ce plaidoyer commence!
LÉANDRE, à part.
Voilà pour mettre à bout toute ma patience.
TRIGAUDIN.
« Quand le grand Annibal et les Carthaginois,
» De deux consuls romains triomphant à la fois,
» Portèrent la terreur au sein de l'Italie,
» Et couvrirent de morts les plaines d'Apulie;
» Quand ce fils d'Amilcar, du sang des légions,
» Fit rougir la campagne, inonda les sillons;
» L'aigle prenant la fuite au fameux jour de Canne... »
TOINON.
Qu'a cela de commun, monsieur, avec votre âne?
Et qu'est-il besoin là de canne ni d'oison?
TRIGAUDIN, à Toinon.
Sortez.

SCÈNE XII.

M. TRIGAUDIN, LÉANDRE.

TRIGAUDIN.
On le verra dans ma péroraison.

[1] Ces mots, *Monsieur, je me retire*, prononcés par Léandre, se trouvent

Sur ce fameux combat jusque-là je me joue ;
Mais naturellement tout cela se dénoue,
Et je viens à mon fait.
LÉANDRE.
J'abuse trop longtemps
Des moments destinés à vos soins importants.
TRIGAUDIN.
Par ce commencement vous jugez bien du reste.
L'exorde m'a coûté beaucoup, je vous proteste ;
Mais de ma peine aussi j'ai recueilli le fruit,
Et jamais plaidoyer ne fera plus de bruit :
Aux affaires depuis je ne saurais suffire.
(Il reconduit Léandre.)
LÉANDRE.
Vous me désobligez de vouloir me conduire.
TRIGAUDIN.
Je prétends m'acquitter de ce que je vous doi.
LÉANDRE.
Demeurez.
TRIGAUDIN.
Oh ! monsieur...
LÉANDRE.
De grâce, laissez-moi.

SCÈNE XIII.

M. TRIGAUDIN, TOINON.

TRIGAUDIN.
Qu'est-ce ?
TOINON.
Deux paysans qui vont crever, je pense ;
Voulez-vous bien, monsieur, leur donner audience ?
Ils viennent, que je crois, de faire un mauvais coup.
Ou bien, par la campagne, ils ont vu quelque loup ;
Car ils haltent [1] tous deux comme des chiens de chasse.

dans l'édition de 1731. Ils sont omis dans l'édition de 1750 et dans les éditions modernes. Dans l'édition de 1750, on lit :
Ce sont gens bien pressés, et voudraient vous instruire.
Dans les éditions modernes, on lit :
Ce sont gens bien pressés, qui voudraient vous instruire.

[1] C'est pour faire le vers que l'auteur a fait ce mot de deux syllabes : *haleter* est de trois syllabes ; et il faudrait ici *halettent* ou *halètent*.

TRIGAUDIN.
Qu'ils entrent.
TOINON.
Les voici ; je vais leur faire place.

SCÈNE XIV.

M. TRIGAUDIN, GUILLOT, MATHIEU.

TRIGAUDIN.
Ces gens sont-ils muets? Que veut dire ceci?
Que voulez-vous?
GUILLOT.
Monsieur... j'ons couru... jusqu'ici
Pour... Je sis essoufflé... Maquieu... conte la chore,
Et défrinche... tout c'en que j'ons vu.
TRIGAUDIN.
La pécore!
MATHIEU.
Dis tai-même, s'tu veux... je sis tout hors de moi.
TRIGAUDIN.
Ces lourdauds me feront enrager, que je croi.
Que diantre voulez-vous? Parleras-tu, maroufle?
GUILLOT.
Monsieu... je n'en pis plus.
TRIGAUDIN.
Le coquin, comme il souffle!
Qu'est-ce donc? qu'y a-t-il [1]?
MATHIEU.
C'est que tout maintenant,
Comme j'allions nous deux... aux champs en dandenant...
TRIGAUDIN.
Tu diras ce que c'est, ou, morbleu, je t'assomme.
GUILLOT.
Pour vous le faire court, j'ons vu tuer un homme.
TRIGAUDIN, à part.
Voici de quoi payer mon souper.
MATHIEU.
Ah ! monsieu.

---

[1] Ces mots, *Qu'est-ce donc? qu'y a-t-il?* se trouvent dans l'édition de 1731. Ils sont omis dans les autres éditions, et sont remplacés par des points au commencement de la phrase suivante.

GUILLOT.
Celi qu'en a tué, c'est le genre à Maquieu.
MATHIEU, essuyant ses yeux.
Oui, monsieur.
TRIGAUDIN.
Eh! tant mieux. Bonne affaire, ou je meure.
GUILLOT.
J'ons morguenne arrêté l'assassin tout sur l'heure;
Pis, l'ayant enfarmé dans la grange à Gariau,
J'ons couru... vous voyez, j'ons le corps tout en yau.
TRIGAUDIN.
Avez-vous des témoins?
GUILLOT.
J'en avons à revenre.
MATHIEU.
Monsieu, tout chaudement si vous vouliez le penre.
TRIGAUDIN.
Il faut y procéder, et j'y vais à l'instant.
Mais, dites-moi d'abord, quel est le délinquant?
GUILLOT.
C'est...
TRIGAUDIN.
Eh bien! parle donc.
GUILLOT.
Un garçon de village.
TRIGAUDIN.
C'est bien à des marauds de tuer! Ah! j'enrage!
Ce n'est pas là, morbleu, ce que j'ai cru d'abord,
J'en rabats plus de quinze; et je me trompe fort
Si je ne demeurais pour les frais de l'enquête.
MATHIEU.
Morgué, monsieu, partons.
TRIGAUDIN.
Va, tu me romps la tête.
MATHIEU.
Peut-être qu'on lairra sauver le criminel.
TRIGAUDIN.
Eh bien! sauve qui peut, rien n'est si naturel;
Le jeu ne vaudrait pas aussi bien la chandelle.
GUILLOT.
Ma si...

SCÈNE XV.

TRIGAUDIN.
Les importuns!

SCÈNE XV.

GRIFFONET, M. TRIGAUDIN, GUILLOT, MATHIEU.

GRIFFONET, venant avec précipitation.
Un homme assassiné ! Monsieur, bonne nouvelle !

TRIGAUDIN.
J'ai tout su de ces gens.

GRIFFONET.
Quoi! vous n'y courez pas?

TRIGAUDIN.
Eh! nous avons du temps;
Demain il fera jour ; rien encor ne se gâte.

GUILLOT.
Oui, mais...

TRIGAUDIN.
Courez devant, si vous avez si hâte.

MATHIEU.
La chose presse.

TRIGAUDIN.
A l'autre! au diantre le plat pied!

GRIFFONET.
Vous ne savez donc pas que la bête a bon pied?

TRIGAUDIN.
Comment?

GRIFFONET.
Que l'assassin que ces gens ont fait prendre
Conduisait au marché des cochons pour les vendre?

TRIGAUDIN.
Des cochons!

GRIFFONET.
Oui, vraiment.

TRIGAUDIN.
Eh bien! qu'en as-tu fait?

GRIFFONET.
Belle demande!

TRIGAUDIN.
Encor?

GRIFFONET.
Serez-vous satisfait?
J'ai tout mis en prison.
TRIGAUDIN.
Où donc?
GRIFFONET.
Dans une étable.
Un novice aurait fait arrêter le coupable ;
Mais, instruit au métier par vos douces leçons,
Laissant le délinquant, j'ai saisi les cochons.
TRIGAUDIN.
Tu seras quelque jour un juge d'importance.
Mais, sans perdre de temps, partons en diligence;
Allons, que l'on me bride un cheval; dépêchons.

SCÈNE XVI.

M. TRIGAUDIN, GUILLOT, MATHIEU.

TRIGAUDIN.
Que ne me disiez-vous qu'il avait des cochons?
MATHIEU.
Eh! je ne pensions pas qu'il en fût plus coupable.
TRIGAUDIN.
Si fait, si fait. Un homme assommé! Comment, diable!
Et des cochons ! suffit ; rien ne peut m'émouvoir ;
Je prétends, en bon juge, en faire mon devoir :
Ceci mérite exemple.
GUILLOT.
Eh! pour le maître, passe;
Mais les cochons, monsieu, morgué faites-leu grâce.
MATHIEU, d'un ton pleurant.
Je vous la demandons.
TRIGAUDIN.
Nous verrons tout cela.
Je vais prendre ma robe. Enfants, attendez là.

SCÈNE XVII.

GUILLOT, MATHIEU.

MATHIEU.
Noutre bailli, tout franc, entend les récritures.

GUILLOT.
Morgué! son cler itou sait bian les proucédures.
Ce sont deux fins matois que ces compères-là.
MATHIEU.
Voilà, par ma figuette, un bon juge, stilà.
N'est-il pas vrai, Guillot?
GUILLOT.
        Y me semble de même.
MATHIEU.
Y n'y cherche point tant de chose ni de frême.
Aux autres, pour avar un méchant jugement,
Y leu faut, palsangué, plus de recoulement
Et plus de con... fron... tra.. tanquia, plus de grimoire!
An n'en serait chevir, et c'est la mar à boire :
Ma ly, sans barguigner, y va d'abour au fait ;
Drès qu'on a des cochons, le procès est tout fait :
C'est juger comme il faut.
GUILLOT.
         Oui, morgué, c'est l'entenre.
Ma si, tandis qu'il est dans son himeur de penre,
A noutre collecteur je faisions... tu m'entends.
MATHIEU.
C'est très-bien avisé, vengeons-nous tout d'un temps.
GUILLOT.
Le compère a, morguoi, des cochons.
MATHIEU.
                              La pensée
En est bonne : oui, ma foi, baillons-ly la poussée.

SCÈNE XVIII.

M. TRIGAUDIN, GUILLOT, MATHIEU.

TRIGAUDIN, botté.
Un homme assassiné! nous allons voir beau jeu!
Il en mourra plus d'un.
MATHIEU.
              C'est bian dit. Mais, monsieur,
Comme tout vilain cas fut toujours regniable,
S'il soutiant aux témoins...
TRIGAUDIN.
        Quoi?

MATHIEU.
Qu'il n'est point coupable,
Qu'on l'a pris pour un autre...
TRIGAUDIN.
Eh ! non : sait-on pas bien?...
MATHIEU.
S'il les récuse, enfin?
TRIGAUDIN.
Allez, ne craignez rien :
Voyez-vous, ces détours ne peuvent me surprendre.
L'homme aux cochons, vous dis-je, est celui qu'il faut pendre.
GUILLOT.
Mais, monsieu, si toujou je commencions par là,
Pour ne point parde temps?
TRIGAUDIN.
Le lourdaud que voilà !
GUILLOT.
Je verbaliserons après tout à notre aise.
TRIGAUDIN.
Oui, oui. Çà, dépêchons.
GUILLOT.
Monsieu, ne vous déplaise,
Je pourrions là-dessus raisonner un moment.
MATHIEU.
J'avons du temps pour tout.
TRIGAUDIN.
Partons incessamment ;
La chose le requiert. Sans me rompre la tête,
Qu'on aille voir plutôt si ma monture est prête.

SCÈNE XIX.

M. TRIGAUDIN, GUILLOT, MATHIEU, TOINON.

TRIGAUDIN.
Quoi ! qu'est-ce encor, Toinon? ne partirons-nous pas?
TOINON.
Votre bidet, monsieur, est tout bridé là-bas [1].

[1] On n'a point trouvé, parmi les manuscrits de M. Regnard, de copie entière de cette pièce ; cependant le libraire croit faire plaisir au public de lui donner ce fragment, tel qu'il a été copié sur l'original de l'auteur.

SAPOR

TRAGÉDIE EN CINQ ACTES,

Non représentée.

ACTEURS :

AURÉLIEN, empereur romain.
ZÉNOBIE, reine d'Orient ⎫
ISMÈNE, fille de Zénobie ⎬ prisonniers d'Aurélien.
SAPOR, fils du roi de ⎪
Perse, promis à Ismène ⎭

SABINUS, tribun de l'armée d'Aurélien.
FIRMIN, confident de l'empereur.
THÉONE, confidente de Zénobie.
GARDES.

La scène est à Palmire, ville de Syrie, conquise par Aurélien.

ACTE PREMIER.

SCÈNE I.

ZÉNOBIE, THÉONE.

ZÉNOBIE.
Enfin nous la voyons cette grande journée
Qui de tout l'Orient règle la destinée ;
Nous la voyons, Théone, et nos bras désarmés
Rougissent sous les fers dont ils sont opprimés.
Nos honneurs sont détruits : cette grandeur suprême,
Ces armes, ces soldats, ces rois, ce diadème,
Cet éclat triomphant qui brillait dans ma cour,
Tout s'est évanoui dans l'espace d'un jour.
Ton âme, en ce moment, d'étonnement saisie,
Reconnaît-elle encor la fière Zénobie,
Qui, vengeant un époux et deux fils par ses mains,
Fit pâlir le sénat, et frémir les Romains ;

Et, faisant de leur camp un champ de funérailles,
Les fit souvent pleurer du ¹ gain de leurs batailles?
Hélas! ce temps n'est plus, Théone; et nos malheurs
L'emportent, en un jour, sur toutes nos grandeurs.
Il ne me reste rien de ma gloire passée
Que le dur souvenir d'une pompe effacée;
Et cet amer retour, ce revers que je sens,
De mes honneurs passés me fait des maux présents.

THÉONE.

En quelque état, madame, où le sort vous entraîne,
Vous portez en tous lieux l'auguste nom de reine :
On respecte toujours le mérite abattu;
Le malheur sert en vous de lustre à la vertu.
Fille et veuve de rois...

ZÉNOBIE.

     Et c'est ce qui m'outrage :
A ces titres pompeux tu vois croître ma rage;
Je sens des mouvements de haine et de fureur,
Qui me rendent mon rang et le jour en horreur.
Je pourrais, écoutant un transport légitime,
M'arracher aux horreurs dont je suis la victime.
On n'est point malheureux, lorsque l'on peut mourir.
Il est mille chemins que je pourrais m'ouvrir;

(Elle montre un poignard caché sous sa robe.)

Ce fer toujours caché, le seul bien qui me reste,
En tout temps, en tout lieu, m'offre un secours funeste;
Et je puis, insultant le sort et ses revers,
Dérober aux Romains la gloire de mes fers.
Mais, hélas! tu le sais, je suis mère; et ma fille,
Débris infortuné d'une triste famille,
M'attache encor au jour par des nœuds que le sang
Et l'amour paternel ont formés dans mon flanc.
Ismène, quel que soit l'excès de sa misère,
Ismène encor peut-être a besoin de sa mère;
Et pour survivre aux maux que l'on me voit souffrir
Il faut plus de vertu cent fois que pour mourir.
Que te dirai-je enfin? l'ardeur de la vengeance
Entretient les lueurs d'une faible espérance.
Le généreux Zabas aux Romains échappé,

---

¹ *Du* est conforme à l'édition de 1731. Dans les autres éditions, on lit *le*.

Dans nos communs malheurs Sapor enveloppé,
Tout flatte les transports de mon âme inquiète.
La Perse va bientôt, apprenant ma défaite,
Pour arracher son prince à d'odieuses mains,
De soldats aguerris couvrir les champs romains.
Tu sais bien que Sapor, digne sang d'Artaxerce,
Est second fils du roi qui règne dans la Perse ;
Que son père voulut, pour cimenter la paix,
Avec les nœuds du sang nous unir à jamais,
Afin que, plus à craindre en rassemblant nos haines,
Nous n'eussions d'ennemis que les aigles romaines.
Il proposa d'unir ma fille avec son fils :
Ma gloire le voulait, l'État y consentit [1] ;
Et, destinant dès lors un héritier au trône,
Je promis à Sapor ma fille et ma couronne :
Je l'adoptai pour fils ; et le roi, dès ce jour,
Envoya, jeune encor, ce prince dans ma cour.
Nourri depuis ce temps dans le métier des armes,
Il voit à tout moment croître Ismène et ses charmes ;
Et ce jeune guerrier, charmé de ses appas,
A fait naître l'amour au milieu des combats.
Je vis avec plaisir cette naissante flamme,
Qui, confirmant mon choix, s'emparait de leur âme ;
Et je devais bientôt, par un hymen heureux,
Affermir mon empire, et couronner leurs feux :
Mais du ciel irrité la suprême puissance
De ces cœurs amoureux détruit l'intelligence ;
Sapor voit sans espoir enchaîner dans ce jour
Son bras par la victoire, et son cœur par l'amour.

THÉONE.

Madame, espérez tout d'un retour favorable ;
Le destin, quel qu'il soit, ne peut être durable :
De cette même main qui verse les malheurs,
Le ciel, quand il lui plaît, vient essuyer les pleurs ;
A vos plaintes enfin il faudra qu'il se rende :
Attendez tout de lui.

ZÉNOBIE.

Que veux-tu que j'attende
De ces injustes dieux de la vertu jaloux,

---

[1] *Consentit* ne rime point avec *fils*.

Qui n'ont pu préserver mes fils ni mon époux,
Et qui, m'abandonnant en prenant leur défense,
N'ont pas justifié l'ardeur de ma vengeance ?
Que veux-tu que j'attende ? hélas ! parle, dis-moi,
Ne suis-je pas plus prompte à me flatter que toi ?
J'irai (voilà le sort où je suis destinée),
J'irai, traînant ma honte, à ce char enchaînée,
Au milieu des faisceaux, parmi les étendards,
De l'orgueilleux Romain rassembler les regards !
Spectacle d'infamie, esclave confondue,
Des rayons du soleil je soutiendrai la vue !
J'entends déjà les cris d'un peuple injurieux,
Qui va m'anéantir de la voix et des yeux.
« Est-ce là, dira-t-il, la fière Zénobie,
» Qui devait sous ses lois tenir Rome asservie ?
» Voilà par quel triomphe elle vient se venger,
» Et les fers qu'aux Romains elle avait fait forger ! »
Et, tandis que mon cœur dans les douleurs se noie,
Je me verrai l'objet de la publique joie !
Des vainqueurs insultée, aux vaincus en horreur,
Sur moi tout l'univers confondra sa fureur !
Ah ! j'en frémis déjà ; ma vertu terrassée
Succombe sous le poids d'une telle pensée.
Non, je ne verrai point ces détestables jours :
Que plutôt...—Mais rompons d'inutiles discours :
Écoutons des transports dignes de mon courage ;
Mettons le fer, le feu, le poison en usage,
D'autres moyens encor. Toi, sans perdre de temps,
Va, cours à Sabinus, dis-lui que je l'attends.

SCÈNE II.

ZÉNOBIE, seule.

Impatients transports, enfants de ma vengeance,
Qui jetez dans mon cœur un rayon d'espérance,
Que je me plais d'entendre, au gré de ma fureur,
Murmurer votre voix dans le fond de mon cœur !
Mais vous me flattez trop, et mon âme égarée
Ne suit que la fureur dont elle est enivrée.
Malheureuse princesse ! où vas-tu t'emporter ?
De quel espoir trompeur te laisses-tu flatter ?

Ce que tu n'as pu faire, et tant de rois ensemble,
Avec tous les soldats que l'Orient rassemble,
Quand ton bras s'étendait sur cent peuples divers,
Tu veux donc l'entreprendre, et seule, dans les fers!
Quels secours attends-tu d'une haine impuissante?
La couronne longtemps fut sur ton front flottante;
Tu n'as pu l'empêcher de tomber en éclats;
Tu n'as pu conserver un seul de tant d'États,
Et tu veux d'un vainqueur mettre le trône en poudre!
Ton bras sur ses lauriers veut allumer la foudre !
Au milieu de son camp, dans le sein de sa cour,
Tu veux que Sabinus... Ah! fuyez sans retour,
Impuissants mouvements de honte et de colère!
Le ciel dans mes malheurs ne veut pas que j'espère;
Quand je l'implorerais, ce ne serait qu'en vain ;
A mes vœux, à mes cris il est toujours d'airain.
Mais pourquoi de ses traits voudrais-je encor me plaindre?
Trop contente en effet de ne pouvoir plus craindre,
Je ne t'accuse point, ô ciel, de tes rigueurs;
Tu m'as rendue heureuse à force de malheurs;
Quel que soit le courroux dont tu m'as poursuivie,
En me persécutant, ta fureur m'a servie ;
Et, pour fruit de tes coups, sans nombre confondus,
Je me trouve en état de n'en redouter plus.
Mais quoi! laissant en cris exhaler ma vengeance,
N'aurais-je désormais que les pleurs pour défense?
Non, non; s'il faut tomber, que le poids de mes fers
Entraîne, s'il se peut, et Rome, et l'univers!
Le dessein en est pris.

SCÈNE III.

ZÉNOBIE, THÉONE.

ZÉNOBIE.
            Ah! reviens donc, Théone,
Calmer l'impatience où mon cœur s'abandonne.
Que t'a dit Sabinus? viendra-t-il dans ces lieux?
Le verrai-je?
                THÉONE.
        Bientôt il se montre à vos yeux :
Dans ce même palais je l'ai trouvé, madame;

Votre ordre et votre nom ont porté dans son âme
Un plaisir dont ses yeux ont soudain éclaté.
Mais pardonnez, madame, à ma témérité,
Si, suivant trop peut-être un transport de tendresse,
Je cherche à m'informer du trouble qui vous presse.
Aujourd'hui, plus sensible à vos cruels malheurs,
Le temps ne fait en vous qu'irriter les douleurs ;
De vos cris plus fréquents ces voûtes retentissent ;
De pleurs renouvelés vos beaux yeux s'obscurcissent ;
Tout me fait craindre encor quelques malheurs nouveaux.

ZÉNOBIE.

Tu ne rends pas justice à l'excès de mes maux,
Si tu crois que du ciel l'injuste barbarie
De ses traits courroucés puisse attaquer ma vie ;
Et tu ne connais pas l'excès de mes malheurs,
Si tu crois l'avenir bon à sécher mes pleurs.
Sur les ailes du temps la tristesse ordinaire
S'évanouit souvent, et devient plus légère :
Mais mes maux ne sont pas de ceux qu'il peut guérir ;
Chaque jour, chaque instant ne sert qu'à les aigrir.
Crois-tu donc qu'oubliant la gloire où j'étais née,
A ces cruels destins je me tienne enchaînée ?
Et que cent fois le jour, par des chemins divers,
Je ne songe en secret à m'échapper des fers ?
Que dis-je ? Est-ce le terme où mon courage aspire ?
Non, ce n'est pas assez de me rendre à l'empire ;
Trop de honte en un jour a fait rougir mon front :
Théone, il faut du sang pour laver mon affront :
Si je n'en puis tirer par la force des armes,
On m'aime ; espérons tout du pouvoir de mes charmes.
Tu sais qu'après un siége aussi long que fâcheux,
Lasse de fatiguer le ciel de tant de vœux,
Et d'opposer ces murs pour toute ma défense,
Sans force, sans secours, même sans espérance,
Mes plus vaillants soldats par le fer immolés,
Les remparts de Palmire aux sillons égalés,
Je fus contrainte enfin, sans bruit, presque sans suite,
Dans l'ombre de la nuit d'envelopper ma fuite,
Et d'aller, m'arrachant au bras de mon vainqueur,
Du Perse à mon secours exciter la lenteur.
Déjà, tu le sais bien, ma troupe fugitive

De l'Euphrate voisin touchait presque la rive ;
Déjà je me croyais échappée aux Romains,
Quand Sabinus, conduit par de plus courts chemins,
De six mille chevaux qui bordaient le rivage,
Au milieu de la nuit me ferma le passage.
Je ne te dirai point de quel déluge alors
Le fleuve vit rougir et ses flots et ses bords ;
Tu sauras seulement que, dans nos mains sanglantes,
Le désespoir rendit nos armes plus tranchantes.
L'astre qui nous luisait de tant de sang pâlit,
Et le jour eut horreur des crimes de la nuit.
Mais que peut la valeur quand le nombre est extrême ?
Je cédai sans me rendre ; et Sabinus lui-même,
En m'imposant des fers adora mes appas ;
Et mes yeux en ce jour surent venger mon bras.
Il m'aime ; et, dans l'ardeur du courroux qui m'entraîne,
Son amour peut servir d'instrument à ma haine :
Il souffre impunément que Firmin aujourd'hui
De bienfaits et d'honneurs soit plus comblé que lui [1] ;
Ce favori nouveau l'aigrit et l'importune :
Unissons nos dédains, notre cause est commune ;
Je me flatte, et mon cœur...

SCÈNE IV.

SABINUS, ZÉNOBIE, THÉONE.

THÉONE.
Madame, le voici.
ZÉNOBIE.
Va, laisse-nous, Théone, un moment seuls ici.

SCÈNE V.

ZÉNOBIE, SABINUS.

SABINUS.
Madame, près de vous, par votre ordre on m'appelle :
Quel excès de bonheur, quelle heureuse nouvelle,

---

[1] Ce vers et le précédent sont conformes à l'édition de 1731. Dans les autres éditions, on lit :
<blockquote>Il souffre avec regret que Firmin aujourd'hui
De bienfaits et d'honneurs soit plus chargé que lui.</blockquote>

Si mes soins empressés pouvaient faire, en un jour,
Expirer votre haine, et naître votre amour!
ZÉNOBIE.
A quelque emportement que m'ait poussé la haine,
Je n'ai haï dans vous qu'un fils d'une Romaine ;
Dans la commune horreur vous étiez confondu ;
J'ai toujours cependant reconnu la vertu :
Mais plus dans un Romain je la voyais paraître,
Plus je sentais ma haine en mon âme s'accroître ;
Et cette vertu même était crime à mes yeux,
Lorsque je la trouvais dans un sang odieux.
Je la garde aux Romains cette haine infinie :
Voilà tout ce qui reste encor de Zénobie ;
C'est un bien qu'à mon cœur on n'ôtera jamais.
Mais, sans examiner si j'aime ou si je hais,
Vous, prince, expliquez-vous. M'aimez-vous?
SABINUS.
Ah! madame,
Que du ciel en courroux la foudroyante flamme,
Que l'enfer sous mes pas s'ouvrant...
ZÉNOBIE.
Je vous entends.
Ce n'est point en discours qu'il faut perdre de temps,
Un cœur comme le mien hait ces secours frivoles ;
Je prétends qu'un amant, sans l'aide des paroles,
A travers des dangers courant se faire jour,
Au bruit de ses exploits m'apprenne son amour.
SABINUS.
C'est par mon bras aussi que je prétends, madame,
Avec des traits de sang peindre à vos yeux ma flamme.
Déterminez. Faut-il, en vous tirant des fers,
Vous replacer au trône aux yeux de l'univers?
Faut-il, sous vos drapeaux, aux deux bouts de la terre,
Rallumer le flambeau d'une funeste guerre,
Semer par tout le camp la discorde et l'horreur?
L'amour fera pour vous l'effet de la fureur ;
Et, contre le Romain armant le Romain même...
Madame, à ces transports connaîtrez-vous si j'aime?
ZÉNOBIE.
Depuis cinq ans et plus, l'Orient sous mes lois
D'une cruelle guerre a soutenu le poids.

ACTE I, SCÈNE V.

Le sort serait douteux ; ma rapide vengeance
Offre un plus prompt secours à mon impatience :
Pour servir votre amour et mériter mon cœur,
Il faut que votre bras immole à ma fureur...
SABINUS.
Prononcez.
ZÉNOBIE.
Aux transports de cet ardent courage,
Je le crois déjà mort, l'ennemi qui m'outrage.
SABINUS.
N'en doutez point, madame ; il mourra de mes coups.
ZÉNOBIE.
La victime, du moins, sera digne de vous.
S'il était à mes yeux une plus noble tête,
On me verrait sur elle exciter la tempête :
Mais, depuis mes malheurs, il ne s'offre plus rien
Qui paraisse au-dessus du nom d'Aurélien ;
C'est lui qu'il faut percer. Quoi ! ce grand cœur balance !
Vous ne répondez rien ! Que m'apprend ce silence ?
Parlez.
SABINUS.
Madame, hélas ! le crime...
ZÉNOBIE.
Finissez...
SABINUS.
L'empereur...
ZÉNOBIE.
Quoi !
SABINUS.
Les dieux... Ah ! vous me haïssez
Plus que tous les Romains, plus que l'empereur même.
ZÉNOBIE.
Et qui vous fait juger de cette horreur extrême ?
Est-ce donc vous haïr que de mettre en vos mains
Le succès important de mes hardis desseins ?
Qu'importe que l'amour ou la haine m'inspire ?
N'est-ce pas vous ouvrir un chemin à l'empire ?
Qu'espérez-vous encor ? Quand on y peut monter,
Est-il quelque moyen qu'on ne doive tenter ?
Vous n'aurez pas plus tôt embrassé ma vengeance,
Que l'Orient, en vous respectant ma puissance,
Incertain, sous le joug viendra de toutes parts

T. II. 16

Se ranger en un jour près de vos étendards ;
Vous verrez près de vous les brigands de Syrie,
Ce qu'arme de soldats l'une et l'autre Arabie,
La Perse, sous vos lois dressant ses pavillons,
De ses meilleurs soldats grossir vos bataillons :
Les habitants épars des sommets de Nyphate,
Ceux qu'arrose le Tigre, et qui boivent l'Euphrate ;
Tous ces peuples armés sauront bien sous vos lois [1]
Contre tout l'univers justifier vos droits.
La fortune en ce jour au trône vous appelle,
Jamais l'occasion ne peut être plus belle :
La discorde partout déchire les Romains ;
L'Italie est en proie aux fureurs des Germains ;
Titricus en Espagne, aidé de Victorie,
A d'un joug importun fini la barbarie ;
Et Firmus, ralliant les mécontents épars,
Fait sur le bord du Nil flotter ses étendards.
Vous ne répondez rien ! Qu'ai-je encore à vous dire ?
Vous êtes insensible aux honneurs d'un empire,
Aussi bien qu'à ma voix, qui ne vous touche pas.
Si le trône du monde a pour vous peu d'appas,
Hélas ! puis-je espérer que quelques faibles charmes,
Inutiles secours, vaines et faibles armes,
Seront de quelque prix, exposés à vos yeux ;
Que les coups redoublés d'un sort injurieux,
Que les cruels malheurs dont je suis la victime ?...

SABINUS.

Ne peut-on vous venger, hélas ! que par un crime ?

ZÉNOBIE.

Non, ce n'est pas le crime, ingrat, qui te fait peur ;
La crainte de la mort saisit ton lâche cœur.
As-tu frémi toujours à cette voix austère
Que fait entendre au cœur une vertu sévère ?
As-tu fait autrefois de semblables efforts
Pour dérober ton cœur aux horreurs d'un remords ?
C'est donc une vertu de m'arracher au trône,
D'enlever sur ma tête une juste couronne,
De mettre dans mes mains, pour un sceptre, des fers,

---

[1] Ce vers est conforme à l'édition de 1731. Dans les autres éditions, on lit :

Tous ces peuples armés sauront, *dessous* vos lois, etc.

ACTE I, SCÈNE VI.

Et d'un sang innocent inonder l'univers?
A de telles vertus ton âme est toute ouverte :
Mais, quand il faut saisir l'occasion offerte
Pour purger l'univers d'un tyran odieux,
Et venger en un jour les hommes et les dieux;
Qu'il faut briser les fers d'une reine innocente,
Et rendre la vertu du vice triomphante :
Voilà, voilà le crime, et les lâches forfaits
Que ton cœur innocent ne tentera jamais !
Va, lâche, mériter les feux d'une Romaine ;
Je crains plus ton amour que je ne fais ta haine ;
Je rougis que mes yeux en ce jour aient blessé
Un cœur que cette main devrait avoir percé.
Va, cours à l'empereur conter ma perfidie ;
Dis-lui les attentats que conçoit Zénobie :
Mais hâte-toi ; peut-être avant la fin du jour
Le désespoir m'aura vengé [1] de ton amour.

(Elle sort.)

SCÈNE VI.

SABINUS, seul.

Dieux ! qu'est-ce que j'entends, et quelle est ma disgrâce !
A quoi m'engage-t-on ! que veut-on que je fasse ?
Moi, j'irai mériter, par un lâche attentat,
Les titres d'assassin, de perfide, d'ingrat !
Quoi ! l'on verra ma main, jusqu'alors innocente,
Du sein d'un empereur sortir toute fumante !
D'un prince qui pour moi prodiguant ses faveurs...
Non, je ne puis penser à de telles horreurs ;
Tout mon sang en frémit. Trop cruelle princesse,
Faut-il par des fureurs vous prouver ma tendresse ?
Si, pour se faire aimer, il n'est que ce chemin,
Laissez du moins au meurtre accoutumer ma main ;
Laissez-moi m'essayer sur de moindres victimes ;
Et ne commençons point par le plus noir des crimes.

[1] Il faudrait *vengée;* mais le vers serait trop long.

FIN DU PREMIER ACTE.

ACTE SECOND.

SCÈNE I.

AURÉLIEN, SABINUS.

SABINUS.
Quoi! seigneur, quand le ciel, secondant vos guerriers,
Lui-même au champ de Mars cultive vos lauriers,
Au milieu des faveurs que sa main vous envoie,
Votre cœur abattu se refuse à la joie!
Vous seul, d'un noir chagrin partout environné,
Plus qu'aucun des vaincus paraissez consterné!
Tout rit à vos désirs, dans vos mains Zénobie
Vous répond du destin du reste de l'Asie ;
Et César maintenant peut nous dire, à son choix,
Combien, pour son triomphe, il destine de rois.
AURÉLIEN.
Cher ami, ce grand jour éclairera ma honte;
Et, parmi tant de rois, je crains qu'on ne me compte.
SABINUS.
Seigneur, que craignez-vous? quelle vaine terreur
Vous dérobe à vous-même, et saisit votre cœur?
Depuis que l'Orient est joint à votre empire,
Est-il quelque conquête où votre bras aspire?
Le soleil, trop content d'éclairer vos États,
Ne s'y lasse jamais, et ne s'y couche pas :
Vous commandez, seigneur, du couchant à l'aurore,
Le Scythe vous révère, aussi bien que le Maure :
Le Tage avec le Rhin s'incline devant vous,
Et d'un juste tribut honore vos genoux.
D'où naît dans votre cœur l'ennui qui vous traverse?
De quelques mouvements soupçonnez-vous la Perse?
Et, tenant dans vos fers Zénobie et Sapor,
Est-il quelque ennemi que vous craigniez encor?

AURÉLIEN.
Non, non, je ne crains plus d'ennemis que moi-même :
Cher Sabinus, enfin, te le dirai-je? j'aime.
SABINUS.
Vous aimez ! vous, seigneur, à l'Amour immolé !
AURÉLIEN.
Jamais de plus de feux un cœur ne fut brûlé ;
Et jamais empereur, suivi de la victoire,
Ne se vit plus à plaindre au comble de la gloire.
Pour garantir mon cœur d'un funeste poison,
J'appelle à mon secours ma fierté, ma raison ;
J'oppose à mon amour mon rang et ma naissance,
Le sénat, la vertu, vingt ans d'indifférence :
Hélas ! tout me trahit et me quitte en un jour ;
Fierté, raison, vertu, tout me livre à l'amour [1].
Oui, je te l'avouerai, depuis cette journée
Que le ciel par malheur rendit trop fortunée,
Où ton bras triomphant ramena dans ces lieux
Une princesse, hélas ! trop charmante à mes yeux,
Je ne me connais plus, ma grandeur m'importune ;
Je condamne les dieux, j'accuse la fortune ;
J'erre dans ce palais, inquiet, incertain ;
Je fuis, mais vainement, j'ai le trait dans le sein.
A tout moment, l'objet dont mon âme est blessée
Est présent à mes yeux, et flatte ma pensée ;
En vain de cet objet je tâche à m'écarter ;
Je veux me fuir moi-même, et ne puis m'éviter.
Que ne la laissais-tu, la princesse orgueilleuse,
Porter aux ennemis sa beauté dangereuse ?
Pourquoi l'arrêtais-tu sur le point d'échapper ?
Pour me servir, hélas ! n'osais-tu me tromper ?
Ne présumais-tu pas, en voyant tant de charmes,
Que la victoire un jour me coûterait des larmes ?
Et ton bras pouvait-il, la mettant dans mes mains,
Jamais faire un présent plus funeste aux Romains ?
SABINUS.
Dieux ! qu'est-ce que j'entends ? quelle foudre imprévue !
Mon âme à ce revers s'était-elle attendue ?
Quoi ! sur une captive attachant vos regards,

[1] Ce vers et le précédent sont omis dans la plupart des éditions ; mais on les trouve dans l'édition de 1731.

Vous pourriez démentir la fierté des Césars !
AURÉLIEN.
Ah ! cruel, qu'as-tu fait ?
SABINUS.
Ce que je devais faire,
Ce qu'au bien de l'État il était nécessaire ;
Et l'Orient, soumis à vos lois pour jamais,
Assure à tout l'empire une éternelle paix.
AURÉLIEN.
Et que m'importe, hélas ! le repos de la terre ?
Que me sert d'étouffer le flambeau de la guerre,
Si j'allume en mon sein des feux plus violents,
Et dérobe à mon cœur le repos que je sens ?
Tout l'Orient conquis, l'Afrique avec l'Asie,
Ne me rendront jamais ma liberté ravie ;
Et l'univers entier est pour un empereur
Trop cher, quand il le doit acheter de son cœur.
J'aime, cependant, j'aime ; et, malgré moi, mon âme
Est en proie aux fureurs de sa nouvelle flamme :
Ce feu trop retenu ne peut plus se celer ;
Et je ne puis, enfin, et me taire et brûler.
Rome, dans ce moment, et l'armée, attentives,
Attendent quel sera le destin des captives ;
Ce jour le prescrira : je destine au soleil
D'un sacrifice heureux le pompeux appareil.
J'attends tout de tes soins ; va, que le camp s'apprête
A célébrer l'éclat d'une si grande fête.
Pour rendre à l'univers ce jour encor plus beau,
L'hymen en ma faveur brûlera son flambeau.
Ismène, dans ces lieux par mon ordre conduite,
Va bientôt de son sort par ma bouche être instruite ;
Je l'attends. Mais on vient. Ma gloire et mon amour
Se reposent sur toi de l'éclat de ce jour.

SCÈNE II.

AURÉLIEN, FIRMIN.

AURÉLIEN.
Eh bien ! Firmin, eh bien ! verrai-je la princesse ?
Viendra-t-elle en ces lieux ?
FIRMIN.
Seigneur, elle s'empresse

A remplir vos désirs, et bientôt, sur mes pas,
Ismène à vos regards viendra s'offrir.
AURÉLIEN.
Hélas!
FIRMIN.
Vous soupirez, seigneur; et votre âme abattue
Semble, dans ce moment, redouter cette vue.
Vous tremblez!
AURÉLIEN.
Je rougis du trouble où tu me vois.
Toute ma fierté cède au feu que je conçois;
Et l'amour, me forçant à rompre le silence,
Par ce honteux aveu commence sa vengeance.
Firmin, je fais venir Ismène dans ces lieux
Pour soumettre mon cœur au pouvoir de ses yeux,
Lui dire qu'un hymen à mes jours nécessaire
Doit nous joindre aujourd'hui.
FIRMIN.
Seigneur, qu'allez-vous faire?
Vous savez quel [1] empire est commis à vos soins.
AURÉLIEN.
Je serais plus heureux, si je le savais moins.
FIRMIN.
Je tremble des malheurs que le ciel vous apprête :
A combien de fureurs offrez-vous votre tête!
Je vois déjà, seigneur, vos chefs et vos soldats,
D'un prétexte apparent couvrant leurs attentats,
Et se nommant tout haut vengeurs de la patrie,
Obéir en secret à leur propre furie.
La haine des Romains, ardents à se venger,
Ne souffre point au trône aucun sang étranger :
Cent massacres fameux en ont teint notre histoire.
Vous aurez beau, seigneur, opposer votre gloire,
Des moissons de lauriers, votre rang, vos vertus,
Des rois chargés de fers, des tyrans abattus :
En vain de ces remparts vous voudrez vous défendre,
Quand la liberté parle, on ne veut rien entendre.
Le Romain, attentif à ses premiers destins,

---

[1] Ce vers est conforme à l'édition de 1734 et à celle de 1750. Dans la plupart des autres éditions, on lit :
Vous savez que l'empire est commis à vos soins.

Ne verra plus en vous que le sang des Tarquins;
Et, cet affront rendant ses fureurs légitimes,
De toutes vos vertus il vous fera des crimes.

AURÉLIEN.

Ainsi que toi, Firmin, je prévois les malheurs
Où d'un aveugle amour m'exposent les erreurs :
Mais je verrais la foudre à partir toute prête
S'allumer dans les cieux et menacer ma tête,
La foudre et ses éclats ne pourraient m'alarmer :
Le sort en est jeté, j'aime et je veux aimer.
Que le sénat, jaloux de cet hymen, murmure,
Qu'il arme l'univers pour venger cette injure;
Contre tout l'univers je soutiendrai mes droits,
Et saurai me soustraire au caprice des lois :
Je maintiendrai sans lui l'honneur du diadème;
On me l'a confié, j'en rends compte à moi-même :
Qu'on s'en rapporte à moi; la gloire des Romains
Ne peut être remise en de meilleures mains.
Depuis que j'ai reçu les rênes de l'empire,
Aux lois de mon devoir j'ai pris soin de souscrire ;
Et dans ce dur chemin où j'ai su m'avancer,
Ce n'est pas s'égarer que de s'y délasser.

FIRMIN.

Oui, seigneur, jamais Rome, en un jour de victoire,
De traits plus glorieux ne marqua son histoire;
L'éclat dont aujourd'hui le sénat est frappé,
N'est que de votre gloire un rayon échappé :
Mais vous devez encore arracher à l'envie
Les traits dont elle peut attaquer votre vie,
Ne pas vous en remettre à nos neveux déchus [1]
A peser vos erreurs avecque vos vertus.
Du chemin de la gloire on ne saurait descendre,
Que la trace n'en soit difficile à reprendre :
En vain par mille exploits on a su s'avancer,
Pour un égarement il faut recommencer.
Il ne sied qu'au cœur faible, aux hommes ordinaires,
A se lasser bientôt dans ces routes austères,
Et se flatter encor, fiers et présomptueux,

---

[1] Ce vers est conforme à l'édition de 1731. Dans l'édition de 1750 et dans toutes les éditions faites depuis, on lit :

Ne pas vous en remettre à vos neveux déçus.

Qu'un seul jour de vertu peut faire un vertueux.
Ah! qu'il est beau, seigneur, au vainqueur de la terre,
Qui déchaîne à son gré le démon de la guerre,
Qui tient tout sous ses lois, de borner son pouvoir
Au terme généreux prescrit par son devoir;
De laisser sa vertu seule dans la balance
L'emporter sur le poids de toute sa puissance!

AURÉLIEN.
Tous tes conseils, Firmin, ne sont plus de saison,
Et mes sens égarés ont séduit ma raison ;
Une secrète voix, qui ne saurait se taire,
Me prescrit mieux que toi ce que je devrais faire,
Et contre cet amour m'aurait fait révolter,
Si mon cœur un moment avait pu l'écouter.
Que fais-je cependant dont ma gloire s'offense?
Me voit-on de l'empire oublier la défense?
Quels tyrans sont en paix? quels Romains sont proscrits?
Mes arrêts au sénat de sang sont-ils écrits?
L'univers me voit-il, couvert d'ignominie,
Traîner dans le repos une indolente vie?
Pour fruit de mes travaux, pour prix de mes exploits,
Je ne veux qu'être un jour arbitre de mon choix.
Suis-je donc du sénat ou le maître ou l'esclave?
Attendrai-je à la fin qu'il m'insulte et me brave,
Qu'il décide mon sort? Firmin, n'en parlons plus ;
L'amour est mon vainqueur; tes soins sont superflus.
Mais on vient. Que je sens de trouble dans mon âme!

SCÈNE III.

AURÉLIEN, ISMÈNE, FIRMIN, THÉONE.

AURÉLIEN.
Souffrez qu'à vos regards je m'offre ici, madame,
Non plus comme autrefois, que l'horreur et l'effroi
Marquaient partout mes pas et volaient devant moi :
Je viens, plein des transports d'une flamme indiscrète,
D'un cœur qui vous adore avouer la défaite,
Me mettre dans vos fers, et dire, à vos genoux,
Qu'il n'est plus dans ces lieux d'autre vainqueur que vous.

ISMÈNE.
Seigneur, un tel discours a de quoi me surprendre ;

J'en demeure interdite, et ne le puis comprendre.
Je n'ai pas oublié qu'un funeste revers,
Après de vains efforts, m'a mise dans vos fers :
Rebut de la fortune, esclave infortunée,
Je sais à quels malheurs le sort m'a condamnée ;
Et le plus grand de tous, sans espoir, sans secours,
C'est de n'avoir encor vécu que peu de jours.
Puis-je au milieu des fers conserver quelques charmes?
Tout le feu de mes yeux s'est éteint dans mes larmes ;
Et je les punirais, si leur coupable ardeur
Avait, en vous touchant, si mal servi mon cœur.

AURÉLIEN.

Madame, je sais bien qu'un soupir en ma bouche
Allume votre haine et vous rend plus farouche ;
Que vous changez le nom d'empereur, de vainqueur,
En celui de tyran et de persécuteur :
Mais enfin, si jamais, dans une âme hautaine,
Par un effort d'amour on peut vaincre la haine,
Malgré tous vos dédains je suis sûr d'être heureux.
Madame, on n'a jamais ressenti tant de feux ;
Et, quel que soit l'excès de votre horreur extrême,
Votre cœur me hait moins que le mien ne vous aime.
Si c'est assez pour vous qu'un [1] empire romain,
Je vous l'offre en ce jour, madame, avec ma main.

ISMÈNE.

A moi, seigneur ! à moi ! songez...

AURÉLIEN.

A vous, madame.
Quel don plus précieux vous prouverait ma flamme?
Un empereur, bientôt maître de l'univers,
Serait-il un captif indigne de vos fers?

ISMÈNE.

Je l'avouerai, seigneur, une telle victoire
N'éblouit point mes yeux par l'éclat de sa gloire ;
Et je dois renoncer sans peine à la grandeur
Qu'il faudrait acheter aux dépens de mon cœur.
Il ne m'est plus permis d'accepter de couronne,
Si Sapor, plus heureux, à mon front ne la donne ;

---

[1] Ce vers est conforme à l'édition de 1731. Dans les autres éditions, on lit :
Si c'est assez pour vous *que* l'empire romain.

Et même le présent de l'empire romain
M'est odieux, seigneur, offert d'une autre main.
AURÉLIEN.
Que m'apprenez-vous donc? et que m'osez-vous dire?
Sapor!... Si de sa main vous attendez l'empire,
Vos vœux avec les siens vers le ciel adressés
Ne seront pas encor dans ce jour exaucés.
Je crois peu que l'état où le ciel l'abandonne
Soit le plus court chemin pour arriver au trône :
Je pourrais me tromper; et, pour sortir des fers,
Peut-être que Sapor a cent chemins ouverts.
Mais, sans trop pénétrer, peut-on savoir, madame,
Par quel heureux secret il a touché votre âme?
Car enfin vous l'aimez.
ISMÈNE.
Seigneur, jusqu'à ce jour
Mon cœur ignore encor ce que c'est que l'amour [1].
J'avouerai seulement qu'en ma plus tendre enfance,
Quand mes jours plus sereins coulaient dans l'innocence,
Une mère, avant moi, formant ces nœuds si doux,
Me choisit, de sa main, ce prince pour époux.
Depuis ce temps, hélas! source d'inquiétude,
Je me fais de le voir une douce habitude ;
Chaque jour, chaque instant vient irriter l'ardeur
Qui, flattant mes désirs, s'empare de mon cœur.
Quand je le vois, seigneur, une furtive joie
Dans mes yeux indiscrets malgré moi se déploie;
Mon cœur, en ce moment, de plaisir pénétré,
Vole au-devant de lui, dans mon sein trop serré :
Quand je ne le vois plus, une langueur secrète
Entretient les ennuis d'une flamme inquiète ;
Et, séduite souvent d'un souvenir flatteur,
Je le cherche et lui parle en secret dans mon cœur.
Mes yeux ne s'ouvrent plus que pour voir ses alarmes,
Que pour le regarder, ou pour verser des larmes :
Plus sensible à ses maux que je ne suis aux miens,
Mes fers sont à mon bras moins pesants que les siens ;
Je le plains plus cent fois qu'il ne se plaint lui-même.
Ah! si l'on aime ainsi, j'avouerai que je l'aime.

---

[1] Ce vers est omis dans plusieurs éditions.

AURÉLIEN.

N'en doutez point, madame, à ces signes secrets
On reconnaît assez l'amour et ses effets ;
Par de plus doux transports il ne saurait paraître.

ISMÈNE.

J'ai donc senti l'amour, seigneur, sans le connaître :
A ce tendre penchant mon cœur accoutumé
De sa naissante ardeur ne s'est point alarmé.
Trouvant dans mon amour mon devoir même à suivre,
J'ai commencé d'aimer en commençant de vivre ;
Et, le temps confirmant mes feux de jour en jour,
Sapor n'a plus tenu mon cœur que de l'amour.
Je ferais plus encor ; je donnerais ma vie
Pour lui rendre un moment sa liberté ravie.
Oui, prince, je te l'offre, et je meurs à tes yeux ;
Puisse ma mort calmer la colère des dieux !
Trop contente, en mourant, de te le pouvoir dire :
Ayant vécu pour toi, c'est pour toi que j'expire.
Mais ma raison s'égare, et je me sens troubler.
Seigneur, en ce moment, je croyais lui parler.

AURÉLIEN.

A ces égarements, à ces transports, madame,
Vous m'instruisez assez des ardeurs de votre âme ;
Mais apprenez aussi qu'un empereur romain
N'est point accoutumé de soupirer en vain ;
Qu'un amant, couronné de plus d'un diadème,
Prétend être entendu quand il a dit qu'il aime.
Pour ne devoir qu'à vous le don de votre cœur,
J'oubliais tous les noms de maître, de vainqueur ;
Et, m'abandonnant trop aux transports de mon âme,
Je ne me suis paré que de ma seule flamme.
Mais, madame, un moment songez ce que je puis,
Qui vous êtes, quel est Sapor, et qui je suis ;
Songez que, de nommer un rival qui m'offense,
C'est presque de sa mort prononcer la sentence :
Je vous laisse y penser.

SCÈNE IV.

ISMÈNE, THÉONE.

ISMÈNE.

Théone, qu'ai-je dit ?

ACTE II, SCÈNE IV.

Quel trouble, en ce moment, vient saisir mon esprit?
Quel aveu, quel discours est sorti de ma bouche!
N'as-tu pas remarqué cet air sombre et farouche,
Ces regards incertains, où j'ai lu la fureur
Et les jaloux transports qui déchirent son cœur?
Il mourra donc, Théone ; et, parce que je l'aime,
Il faudra que ma main l'assassine elle-même !
C'était peu qu'en ces lieux conduit par son amour
Il eût abandonné les grandeurs de sa cour ;
Que, prodiguant pour moi son sang avec sa vie,
Son bras de fers honteux sentît la barbarie ;
Je n'avais pas encore assez rempli son sort,
Et j'étais réservée à lui donner la mort.
Hélas! tout me trahit; et toi-même, cruelle!
Voilà, voilà l'effet de ta main criminelle :
C'est toi qui, ce matin, par des soins imprudents,
As voulu me parer de ces vains ornements ;
C'est toi qui, par ces nœuds, dont l'appareil m'offense,
De mes cheveux épars as dompté la licence ;
C'est ce zèle indiscret, que je n'approuvais pas,
Qui rallume l'éclat de mes faibles appas.
Ah ! que tes soins cruels me vont coûter de larmes !

THÉONE.

Madame, quelque temps suspendez vos alarmes ;
Le ciel, en ce moment, touché de vos malheurs,
Se prépare à tarir la source de vos pleurs ;
Il vous ouvre un chemin pour monter à l'empire :
Il ne tient plus qu'à vous.

ISMÈNE.

Ah ! que m'oses-tu dire,
Cruelle? et jusque-là tu peux donc me haïr?
Ta bouche, avec ta main, s'emploie à me trahir.
J'irais, du vain éclat d'un empire éblouie,
Aux yeux de l'univers montrer ma perfidie !
Et, pour un faux brillant, je vendrais en un jour
Fierté, haine, parents, gloire, vengeance, amour !
Moi, j'irais, me couvrant d'une honte éternelle,
Justifier les noms d'ingrate, d'infidèle !
Ah! périsse en mon cœur ce dessein odieux !
Je tremble, je frémis. Que plutôt à tes yeux...
Mais allons l'informer de tout ce qui se passe ;

Tâchons à détourner le coup qui le menace ;
A ses mortels ennuis je vais mêler mes pleurs.
Dieux ! devrait-il s'attendre encore à ces malheurs ?

FIN DU SECOND ACTE.

ACTE TROISIÈME.

SCÈNE I.

SAPOR, ISMÈNE.

SAPOR.

Est-il vrai ? le croirai-je, adorable princesse ?
Quoi ! votre cœur encor dans mon sort s'intéresse !
Trahi de tous côtés, vaincu de toutes parts,
Je puis, sans vous blesser, m'offrir à vos regards !
Vous me voyez sans peine ; et ces yeux pleins de charmes
Daignent pour moi s'ouvrir et répandre des larmes !
Pour moi vous préférez la honte de vos fers
Aux honneurs éclatants de cent sceptres offerts !
Un mot changeait l'état de votre destinée ;
Vous remontiez au trône auquel vous étiez née ;
Et le ciel aujourd'hui, par un juste retour,
Vengeait les coups du sort par les coups de l'amour.
Cependant, plus sensible au feu qui vous inspire,
Vous abandonnez tout, gloire, grandeurs, empire,
Pour qui ? Pour un captif accablé de malheurs,
Qui ne peut désormais vous offrir que des pleurs,
D'un trône abandonné frivole récompense ;
Et, pour comble d'ennui (j'en rougis quand j'y pense),
Ce prince aimé de vous, que vous favorisez,
Ne vous rendra jamais ce que vous refusez.

ISMÈNE.

Ah ! prince, dès longtemps par le sort poursuivie,
J'ai prévu les malheurs qui menaçaient ma vie ;

Et j'ai toujours bien cru qu'il fallait m'exercer
Au mépris des grandeurs où j'allais renoncer.
Je m'en suis déjà fait une longue habitude :
Mais mon cœur à changer n'a point mis son étude,
Et je n'ai jamais cru devoir l'accoutumer
Au malheur imprévu de ne vous point aimer.
Peut-être à mon amour me laissé-je séduire :
Mais, à quelque grandeur où m'élève l'empire,
Le don de votre cœur, cher prince, est, à mes yeux,
Un présent mille fois encor plus précieux.

SAPOR.

Songez-vous qui je suis? Ah ! princesse charmante,
Mon âme en ce moment sur mes lèvres errante,
Pour s'échapper de moi, n'attend plus qu'un soupir?
C'est trop pour un mortel ressentir de plaisir :
Arrêtez ces torrents où mon âme se noie,
Et Sapor n'est pas fait pour expirer de joie.

ISMÈNE.

Hélas ! que ces plaisirs vous coûteront de pleurs !
Mon amour est pour vous le dernier des malheurs ;
Craignez que l'empereur...

SAPOR.

Hé ! que pourrais-je craindre?
Est-il quelque revers dont je puisse me plaindre?
Hélas ! quand une fois on a vu vos appas [1],
Il n'est plus d'autre mal que de ne vous voir pas,
Plus de bien que d'avoir un cœur tendre, et capable
De vous aimer autant que vous êtes aimable.

ISMÈNE.

Hélas ! pour tant d'ardeur, pour prix de tant d'amour,
Que fais-je? Je conspire à vous ravir le jour ;
D'un dangereux rival j'aigris la jalousie,
J'allume ses transports, j'excite sa furie :
Irrité d'un refus qu'il croit injurieux,
Il vengera sur vous le crime de mes yeux.
D'une secrète horreur mon âme prévenue,
Ne jouit qu'en tremblant du bien de votre vue :
Je crains pour moi, pour vous ; et, lorsque je vous vois,

---

[1] On lit, dans l'édition de 1731 :
Hélas ! quand on a vu une fois vos appas.

Je crois toujours vous voir pour la dernière fois.
SAPOR.
Pour la dernière fois! Trop de bonté, madame,
Vous presse à partager les ennuis de mon âme.
Un prince qui n'a pu détourner vos malheurs
Mérite-t-il encor de causer vos frayeurs?
L'univers me verra, victime toujours prête,
Attendre les couteaux suspendus sur ma tête :
Un mot de votre bouche, un regard de vos yeux,
Réparent pour toujours un sort injurieux ;
Et l'on oublie assez son injustice extrême,
Lorsque l'on se souvient seulement qu'on vous aime.
ISMÈNE.
Pour détourner les maux prêts à vous opprimer,
Souvenez-vous, hélas! de ne me plus aimer.
SAPOR.
Moi, ne plus vous aimer! Ma tendresse offensée
Ne soutient point l'horreur d'une telle pensée.
Moi, ne plus vous aimer! Et quel affreux démon
Verserait dans mon cœur ce funeste poison?
Pourrais-je imaginer un revers plus funeste?
Je vous aime, et c'est là le seul bien qui me reste.
Hélas! j'ai tout perdu; prêt à perdre le jour,
Permettez-moi du moins de garder mon amour.
Mon cœur, en vous faisant un ardent sacrifice,
Du destin courroucé peut braver la malice :
Pénétré de vos feux, c'est vous qui m'animez,
Et je ne vis enfin qu'autant que vous m'aimez.
Heureux, s'il m'est permis, en dépit de l'envie,
De finir à vos pieds ma déplorable vie!
ISMÈNE.
Hélas! qu'avez-vous fait?

SCÈNE II.

AURÉLIEN, SAPOR, ISMÈNE, FIRMIN, THÉONE.

ISMÈNE.
J'aperçois l'empereur.
Ciel, détourne les maux que présage mon cœur!
AURÉLIEN.
Je vois avec chagrin qu'en ces lieux ma présence

ACTE III, SCÈNE II.

De vos ardents transports calme la violence ;
Si j'avais cru troubler des entretiens si doux,
Je me serais gardé de m'offrir devant vous.
Si j'en crois mes regards, dans l'excès de ce zèle,
Vous lui juriez, madame, une amour éternelle ;
Et, plein du même feu, je crois qu'à votre tour,
Prince, vous lui juriez une éternelle amour.

SAPOR.

Vos yeux, en ce moment, n'ont point su vous séduire ;
Tout ce que sa bonté me permet de lui dire,
Ce que pense un amant de ses feux pénétré,
Ma bouche lui disait, quand vous êtes entré.

AURÉLIEN.

Mais vous ne deviez pas, prince, sitôt suspendre
Le cours impétueux d'un entretien si tendre ;
J'aurais été témoin de vos ardents discours.

SAPOR.

Si j'en crois votre bouche, elle use de détours.

AURÉLIEN.

Je n'en ai pas besoin ; je sais ce que peut dire
L'amour le plus puissant, quand le malheur l'inspire :
Mais, prince, je ne sais si vous êtes instruit
Quel dangereux rival vous traverse et vous nuit.
Vous a-t-on fait savoir qu'il fallait dans votre âme
Étouffer les ardeurs d'une indiscrète flamme ;
Que l'empire d'un cœur que le sort m'a donné
Est un bien qu'en secret je me suis destiné ;
Qu'aucun autre que moi ne doit plus y prétendre ?

SAPOR.

Oui, prince, je le sais ; on vient de me l'apprendre :
Mais j'ignorais encor que le sort des combats
Pût disposer d'un cœur, ainsi qu'il fait d'un bras ;
Et que les mêmes fers dont on charge une tête
Dussent toujours d'une âme assurer la conquête.
Il est vrai qu'en tout temps un puissant empereur
A travers cent rivaux se fait jour dans un cœur :
Tout fléchit devant lui, tout cède, tout fait place ;
C'est pour une mortelle encore trop de grâce
De recueillir l'honneur d'un sévère regard
Que sa bonté sur elle a jeté par hasard :
Mais il est certains cœurs, si j'ose ici le dire,

Qu'on n'éblouirait pas de l'offre d'un empire,
Et qui, dès leur naissance au trône accoutumés,
Même à des empereurs pourraient être fermés.
AURÉLIEN.
S'il s'en trouvait quelqu'un, une juste puissance
M'assurerait toujours de son obéissance :
Un pouvoir redoutable entraîne à soi l'amour.
SAPOR.
C'est ainsi qu'on emporte un cœur en cette cour?
AURÉLIEN.
D'une esclave orgueilleuse on sait tirer vengeance ;
Et l'on y sait, de plus, réprimer l'insolence.
SAPOR.
Insultez, triomphez : peut-être en d'autres temps
Vous m'eussiez épargné ces discours insultants ;
Avant qu'aux champs fumants d'Émesse et de Larisse
Le ciel de mes malheurs se fût rendu complice,
Lorsque vos bataillons étonnés n'osaient pas
Soutenir les éclairs du fer de mes soldats,
Incertains du succès que nous devions attendre,
Ces mots dans votre bouche auraient pu se suspendre ;
Ce temps, dont vous pourriez encor vous souvenir,
Peut-être malgré vous pourrait-il revenir.
AURÉLIEN.
En tout temps, en tous lieux, en me voyant paraître,
Prince, vous avez dû respecter votre maître ;
Et, d'un mot, je vous puis empêcher de revoir
Ce temps qui vainement flatte encor votre espoir.
SAPOR.
Le coup devrait avoir prévenu la menace.
AURÉLIEN.
Le coup devrait avoir humilié l'audace
D'un esclave orgueilleux.
SAPOR.
Dites mieux, d'un rival.
AURÉLIEN.
L'un et l'autre en ce jour mérite un sort égal,
Et tous deux à mes yeux ne sont que trop coupables.
SAPOR.
Peut-être d'autres yeux me sont plus favorables.
AURÉLIEN.
Redoutez leur faveur.

SAPOR.
Je crains plus leur courroux.
AURÉLIEN.
Je vous trouve bien vain.
SAPOR.
Mais du moins peu jaloux.
AURÉLIEN.
Prince, si vous l'étiez, vous seriez moins à plaindre.
SAPOR.
D'un rival tel que vous je sais ce qu'on doit craindre ;
Et je demanderais, pour être satisfait,
D'être aimé seulement autant que l'on vous hait.
(Il sort.)
ISMÈNE, à Sapor, qui sort.
Prince, que dites-vous ?

SCÈNE III.

AURÉLIEN, ISMÈNE, FIRMIN, THÉONE.

AURÉLIEN.
Ah ! c'est trop de licence ;
C'est trop par des raisons fatiguer ma constance :
Laissons de mon courroux ralentir les éclats.
Autant que l'on me hait !...
ISMÈNE.
Ah ! ne le croyez pas.
AURÉLIEN.
Je ne le crois que trop : mais si l'on me dédaigne,
Par de plus sûrs moyens j'obtiendrai qu'on me craigne.
Redoutez les transports d'un aveugle courroux ;
Tremblez pour lui, madame, et peut-être pour vous.
L'un et l'autre à mes yeux est déjà trop coupable,
Lui de vous trop aimer, vous d'être trop aimable.
Je ne vois en Sapor qu'un criminel d'État ;
Tout demande sa mort, l'armée et le sénat ;
Ce n'est plus un rival que mon courroux opprime,
Je dois à l'univers cette grande victime ;
Et je rends grâce au ciel de pouvoir, en un jour,
Satisfaire ma gloire, et venger mon amour.
ISMÈNE.
Non, le ciel ne veut point une telle injustice :

S'il vous demande encore un nouveau sacrifice,
Qui retient votre bras? Frappez, qu'attendez-vous?
Voilà le cœur qui doit expirer de vos coups.
AURÉLIEN.
Déjà Sapor devrait être réduit en poudre ;
Mais je veux quelque temps suspendre encor la foudre :
Je fais plus, je vous fais arbitre de son sort ;
Vous tenez dans vos mains et sa vie, et sa mort :
Allez le voir, madame, et lui faites entendre
Qu'aux droits de votre cœur il ne doit plus prétendre,
Que vos feux à jamais pour lui sont consumés,
Et qu'enfin aujourd'hui c'est moi que vous aimez.
ISMÈNE.
Il mourra donc, grands dieux ! Quoi ! ma bouche perfide
Pourra lui proférer ce discours parricide !
Et, quand je le pourrais, ah ! ne serait-ce pas,
Loin de sauver ses jours, avancer son trépas ?
Puisque vous et les dieux voulez cette victime,
Vous l'avez commencé, finissez votre crime :
Si la mort est l'objet de vos lâches desseins,
Qu'il meure par vos coups, et non pas par les miens.
AURÉLIEN.
Enfin par la pitié ma haine retenue
Peut avoir désormais toute son étendue.
Vous le voulez, madame ; et je vous ferais tort,
Si je m'intéressais plus que vous à son sort.
Je puis donner l'essor à ma juste vengeance ;
Armons-nous, punissons un rival qui m'offense ;
Qu'il meure. En le voyant sans vie à vos genoux,
Madame, en ce moment n'en accusez que vous.
(Il va pour sortir.)
ISMÈNE, l'arrêtant.
Ah ! seigneur, arrêtez ; je suis prête à tout faire :
J'immolerai l'amour et l'amant, pour vous plaire ;
Je vais lui prononcer l'arrêt de son trépas ;
J'y cours ; je lui dirai que je ne l'aime pas.
Que je ne l'aime pas ! Eh ! le pourra-t-il croire ?
Peut-être dans mes yeux il lira le contraire.
Mais n'importe ; ma bouche, arrêtant leurs effets,
Lui dira, s'il le faut encor, que je le hais.
Que ne ferais-je point pour lui sauver la vie !

AURÉLIEN.
Ne vous figurez pas que mon âme éblouie
Parmi ces sentiments n'aille se faire jour;
A travers cette haine on verra votre amour.
C'est pour moi, je l'avoue, une faible victoire;
Je sais d'un tel discours ce que je [1] devrai croire ;
Dans cet aveu contraint, source de votre ennui,
Votre bouche est pour moi, votre cœur est pour lui.
Mais enfin je vaincrai l'orgueil d'un téméraire ;
Et, puisque vous m'ôtez tout espoir de vous plaire,
Je le dirai, cruelle, il m'est presque aussi doux
D'être haï de lui, que d'être aimé de vous.

SCÈNE IV.

ZÉNOBIE, AURÉLIEN, ISMÈNE, FIRMIN, THÉONE.

ZÉNOBIE, à Aurélien.
Il se répand un bruit que je ne crois qu'à peine ;
On dit que dans ce jour vous épousez Ismène :
Ce bruit de bouche en bouche est jusqu'à moi venu,
Et dans tout ce palais se trouve répandu.
D'un doute qui m'outrage éclaircissez mon âme,
Épousez-vous Ismène ?
AURÉLIEN.
Oui, dès ce jour, madame.
ZÉNOBIE.
Et ma fille pourrait jusque-là s'oublier ?
AURÉLIEN.
Elle veut bien plutôt noblement s'allier.
ZÉNOBIE.
Elle y consentirait ! Non, je ne le puis croire ;
Ma fille n'ira point, insensible à sa gloire,
Immoler sa vengeance, et, vous donnant la main,
Vendre le sang d'un père à son lâche assassin.
(A Ismène.)
Monterait-elle au trône où le corps de son père
Fait le premier degré? Que prétend-elle faire?
Depuis quand, en quel lieu, comment, et par quels droits

---

[1] On lit, dans l'édition de 1731 :
    Je sais d'un tel discours ce que j'en devrai croire.

Est-elle devenue arbitre de son choix ?
Sapor y consent-il ? M'avez-vous consultée ?
La voix de mon époux, l'avez-vous écoutée,
Cette plaintive voix qui suit partout mes pas,
Et vous reproche un sang que vous ne vengez pas ?
ISMÈNE.
Et vous aussi, madame ? Hélas ! c'est trop de peines.
ZÉNOBIE.
Non, ce n'est point mon sang qui coule dans tes veines ;
Je ne t'ai point portée, ingrate, dans ce sein,
Et tu n'as, en naissant, sucé qu'un sang romain.
Sont-ce là ces transports de haine et de vengeance
Dont j'ai toujours pris soin de nourrir ton enfance ?
Est-ce moi qui t'appris à trahir en un jour
Les intérêts du sang et les droits de l'amour ?
Réponds-moi ; parle.
ISMÈNE.
Hélas !
ZÉNOBIE.
Insensible ! inhumaine !
Tu soupires ! Voilà les transports de ta haine,
Fille indigne d'un nom que tu ne peux porter !
AURÉLIEN.
Madame, jusqu'à quand voulez-vous m'insulter ?
N'avez-vous pas assez lassé ma patience ?
Dois-je encor porter loin l'excès de ma constance ?
Mais parmi ces discours, dont je dois être las,
Vous m'instruisez, madame ; et je ne savais pas
Qu'en répandant sur vous un rayon de ma gloire,
Je misse à votre front une tache si noire ;
Et qu'un sceptre romain, par ma main présenté,
Fût un crime pour vous à la postérité :
S'il faut même le dire, avec un œil sévère
Ma fierté dès longtemps avait vu le contraire ;
Et, soigneux de mon nom, j'ai craint jusqu'à ce jour
D'intéresser ma gloire en ce fatal amour.
Mais, madame, aujourd'hui plus sensible à ma flamme,
L'amour, de son côté, vient entraîner mon âme.
Je n'examine point ici qui de nous deux
Hasarde plus sa gloire un jour chez nos neveux :
Quoi qu'il en soit enfin, quoi qu'on en puisse dire,

Je le veux, je l'ordonne, et cela doit suffire ;
Dussé-je me couvrir d'un affront éternel,
Je conduis dans ce jour votre fille à l'autel.
(A Ismène.)
Vous, madame, arrêtez l'effet de ma puissance ;
Mon amour est encor plus fort que ma vengeance.
Tenez votre promesse : ici tout m'obéit ;
Ces murs me rediront ce que vous aurez dit.

SCÈNE V.
ZÉNOBIE, ISMÈNE, THÉONE.

ZÉNOBIE.
Enfin voilà l'abîme où j'étais attendue !
Dieux cruels, voyez-moi, suis-je assez confondue ?
Je verrai donc ma fille, amenée aux autels,
Avouer sa faiblesse aux pieds des immortels !
Mes yeux seront témoins...

ISMÈNE.
Ah ! de grâce, madame,
De reproches affreux n'accablez point mon âme ;
Victime infortunée, un destin malheureux,
M'entraînant à l'autel, triomphe de mes vœux :
Plaignez plutôt mon sort ; pour sauver ce que j'aime,
J'immole mon amour, je m'immole moi-même ;
Sans ce dur sacrifice et cet hymen, hélas !
Ce jour est pour Sapor celui de son trépas.

ZÉNOBIE.
Le jour de son trépas ! dieux ! quelle tyrannie !

ISMÈNE.
Aux dépens de l'amour, il faut sauver sa vie.

ZÉNOBIE.
Le barbare !

ISMÈNE.
Ah ! madame, arrêtons son courroux.

ZÉNOBIE.
Ah ! périssons, ma fille, et Sapor avec nous.
D'un indigne attentat sauvons notre mémoire ;
Nous ne vivons que trop déjà pour notre gloire [1].

[1] Ce vers est conforme à l'édition de 1731. Dans les autres éditions, on lit :
Nous ne vivons déjà que trop pour notre gloire.

Tout est ici soumis à la loi du trépas :
Nous vivons pour mourir, mais nous ne naissons pas
Avec un cœur exempt et de tache et d'offense,
Pour en trahir jamais la sévère innocence :
C'est pour tous les mortels un dépôt précieux,
Qu'ils doivent rendre tel qu'ils l'ont reçu des dieux.
ISMÈNE.
Quels combats !

SCÈNE VI.

ZÉNOBIE, SABINUS, ISMÈNE, THÉONE.

SABINUS, à Zénobie.

Je vous cherche, et ma flamme outragée
Vous promet tout, madame ; oui, vous serez vengée ;
Un mouvement secret dans le fond de mon cœur
Accuse ma faiblesse et blâme ma lenteur :
Je venge mes délais par mon impatience ;
Vos beaux yeux dans mon cœur excitent la vengeance ;
Ce cœur d'aucun remords ne se sent combattu ;
Et vous servir, madame, est servir la vertu.

ZÉNOBIE.

Quel changement soudain ! Qui cause dans votre âme
Ce retour dans mon cœur ?...

SABINUS.

L'ignorez-vous, madame ?
On vous aime, on me tue aujourd'hui dans ces lieux.
J'en frémis ; l'empereur vous épouse à mes yeux ;
Lui-même il m'a chargé de l'éclat de la fête :
Détournons les éclats de ce coup sur sa tête,
Prévenons ses desseins, détruisons ses projets ;
Changeons, par un seul coup, ses lauriers en cyprès ;
Que les flambeaux ardents de cet hymen célèbre
Éclairent les moments de sa pompe funèbre ;
Qu'il périsse à vos yeux.

ZÉNOBIE.

Prince, je vous entends ;
Ce soin de me venger, ces nobles sentiments,
Ces transports, ces fureurs dont votre âme est saisie,
Je les dois à l'amour moins qu'à la jalousie.

SABINUS.

Et qu'importe, madame, à qui vous les deviez,

Pourvu que le tyran tombe mort à vos pieds?
Ce généreux courroux, confondu dans mon âme
Avec l'emportement de l'ardeur qui m'enflamme,
Ne vous marque que trop l'amour que j'ai pour vous :
Mon cœur est amoureux autant qu'il est jaloux.

ZÉNOBIE.

Il faut vous détromper ; l'éclat de cette fête,
L'hymen que dans ces lieux par votre ordre on apprête,
Ces flambeaux dont votre âme a conçu tant d'effroi,
Tout ce que vous voyez, ne se fait pas pour moi.

SABINUS.

Ne se fait pas pour vous? Et pour qui donc, madame?
Quel autre objet ici peut exciter sa flamme?

ZÉNOBIE.

Voilà l'objet fatal, et les coupables yeux
Où l'empereur a pris cet amour odieux ;
Amour, plus que mes fers, dangereux à ma gloire.

SABINUS.

Vous voulez m'abuser ; non, je ne puis vous croire :
Je vous écoute moins que mes transports jaloux ;
Et qui vous voit enfin ne peut aimer que vous.
Quoi qu'il en soit, madame, il faut vous satisfaire ;
Le dessein en est pris, rien ne m'en peut distraire.
Déjà par tout le camp mes fidèles soldats
Sont, au premier signal, prêts à suivre mes pas.
Le bruit de cet hymen, qui vient de se répandre,
Me fait trouver des cœurs prompts à tout entreprendre :
Sévère, Albin, Plautus, pleins d'une noble ardeur,
Des moments retardés accusent la lenteur.
Allons, madame, allons, volons à la vengeance.
Déjà plein des transports de mon impatience,
J'ai couru chez Sapor en venant dans ces lieux ;
Le succès du complot est écrit dans ses yeux.
Je vais tout préparer pour ce grand sacrifice,
Et contraindre le ciel à nous être propice.

ZÉNOBIE.

Ah! suivez les transports dont vous êtes épris,
Et songez que mon cœur en doit être le prix.

FIN DU TROISIÈME ACTE.

ACTE QUATRIÈME.

SCÈNE I.

ISMÈNE, THÉONE.

ISMÈNE.

Où vais-je? où suis-je? Hélas! où courons-nous, Théone?
Ma raison me trahit, ma vertu m'abandonne ;
Mon cœur est dévoré des plus cruels ennuis ;
Je cours dans ce palais sans savoir où je suis ;
Je crains d'y rencontrer un malheureux que j'aime ;
Je me dérobe au jour ; je me cache à moi-même ;
Je me fuis, mais en vain ; et tout ce que je voi
Me reproche mon crime et s'arme contre moi.
De quel front, de Sapor soutiendrai-je la vue,
Si, de ma trahison déjà trop confondue,
Je n'ose regarder ce palais odieux,
Où le sang de mon père est fumant à mes yeux?
Dieux! que deviendra-t-il, quand ma bouche cruelle
Lui marquera l'état de mon cœur infidèle?
Quand il m'entendra dire, interdit et confus,
« Prince, je vous aimais, je ne vous aime plus ;
» Je ne suis plus à vous : à l'autel entraînée,
» Avec votre rival j'unis ma destinée ;
» Cet hymen se célèbre à vos yeux dans ce jour,
» Et je vais vous trahir par un effort d'amour. »
Ah! plutôt que lui faire un aveu si terrible,
Fuyons, fuyons, Théone, au sein d'un antre horrible ;
Cachons-nous dans l'horreur des plus sauvages lieux ;
Renonçons pour jamais à la clarté des cieux :
Viens, Théone, suis-moi. Mais quelle horreur m'emporte !
Ne me souvient-il plus de ces fers que je porte ?
Où puis-je aller, grands dieux? quels chemins sont ouverts?
Hélas! je ne peux plus me cacher qu'aux enfers.

ACTE IV, SCÈNE II.

THÉONE.

Madame, à quelques maux que le destin me livre,
Ordonnez de mon sort, je suis prête à vous suivre :
Prompte à briser mes fers, je marche sur vos pas,
Sous un climat brûlant, ou sous de froids climats ;
Soit qu'en ce jour fatal votre ombre fugitive
Descende pour jamais sur la funeste rive [1],
J'irai...

ISMÈNE.

Non, demeurons. En quel affreux séjour
Ne porterais-je pas ma honte et mon amour,
Après avoir conçu le dessein téméraire
D'épouser en ce jour l'assassin de mon père ?
Il suffit que mon crime étonne l'univers,
Sans en aller sitôt infecter les enfers.

THÉONE.

Madame, jusqu'ici votre innocente vie
D'aucune tache encor ne se trouve ternie ;
Et frustrant l'empereur du don de votre main,
Qui peut vous reprocher...

ISMÈNE.

Quel horrible dessein !
Voilà de tes conseils l'ordinaire injustice.
Et que t'a fait Sapor pour vouloir qu'il périsse ?
Que t'ai-je fait ? grands dieux ! par quel affreux courroux
Veux-tu que contre lui je tourne encor mes coups ?
C'est donc peu contre lui que la rage et l'envie ;
L'amour, pour l'opprimer, se met de la partie.

SCÈNE II.

SAPOR, ISMÈNE, THÉONE.

ISMÈNE.

Mais, dieux ! je l'aperçois ; il tourne ici ses pas.
Dans le trouble où je suis ne m'abandonne pas.

---

[1] Ces quatre vers sont conformes à l'édition de 1750 et à toutes les éditions modernes. Il était impossible de suivre l'édition de 1731, dans laquelle on lit :

> Prompte à briser mes fers, je marche sur vos pas,
> *Soit* un climat brûlant, ou sous de froids climats ;
> *Soit que l'astre du jour* votre ombre fugitive
> Descende pour jamais sur la funeste rive,
> J'irai....

SAPOR.
Enfin le ciel, madame, à mes vœux moins contraire,
Luit d'un rayon plus pur ; il permet que j'espère,
Il va m'ouvrir bientôt, en signalant mes coups,
Le moyen de mourir ou de vivre pour vous.
Sabinus, dans l'armée excitant sa puissance,
Des Romains courroucés irrite la vengeance ;
Tout le camp mutiné s'arme en notre faveur,
Et mon cœur tout entier se livre à la fureur.
Mais que vois-je, grands dieux ! et quel sombre nuage
Vient obscurcir l'éclat de votre beau visage !
Quel changement ! Pourquoi détournez-vous vos yeux ?
Depuis quel temps vous suis-je un objet odieux ?
C'est Sapor qui vous parle. Ah ! ma chère princesse,
Jetez les yeux sur moi. Quel sombre ennui vous presse ?
Vous ne me dites rien ? Ciel ! que je sens d'effroi !
Serais-je donc trahi ? par qui ? comment ? pourquoi ?
L'aurais-je pu penser ? Quel amour ! quelle glace !
Est-ce ainsi que vos yeux enflamment mon audace,
Ces yeux où je venais prendre toute l'ardeur
Qui devait animer et mon bras et mon cœur !
Je vais vous arracher...

ISMÈNE.
Hélas ! qu'allez-vous faire ?

SAPOR.
Pour vous dans les hasards je cours en téméraire ;
Je me livre au destin ; quel que soit le danger,
Sur les pas de la mort je vole vous venger.
Mon courage inquiet depuis longtemps murmure
De n'avoir du destin pu réparer l'injure,
Et je suis criminel aux yeux de l'univers,
De vous avoir laissée un moment dans les fers ;
Cet univers saura que ce temps, ce silence,
Servaient à méditer une illustre vengeance,
Et que tout malheureux et tout abandonné,
J'étais digne du cœur que vous m'avez donné.

ISMÈNE.
Hélas !

SAPOR.
Vous soupirez, je vois couler vos larmes.
Et pourquoi verse-t-on du sang avec ces armes ?

ACTE IV, SCÈNE II.

Cédons à la fureur.
                ISMÈNE.
        Tournez vos premiers coups
Contre ce cœur ingrat qui ne peut être à vous.
                SAPOR.
Qui ne peut être à moi! Ciel! que viens-je d'entendre?
Quelle secrète horreur dans moi va se répandre!
L'ai-je bien entendu, grands dieux? j'en doute encor.
Est-ce Ismène qui parle ou bien suis-je Sapor?
Qui ne peut être à moi! C'en est donc fait, madame?
L'amour, ce tendre amour, est banni de votre âme;
Vos sens d'une autre ardeur sont enfin prévenus;
Vous m'aimiez autrefois, et vous ne m'aimez plus.
Ne craignez point ici que ma bouche rebelle
Vous accable des noms d'ingrate, d'infidèle,
Vous fasse souvenir des serments et des pleurs
Dont il vous plut jadis irriter mes ardeurs :
Non, pour vous reprocher votre injustice extrême,
Je ne veux exciter contre vous que vous-même;
Au lieu de condamner votre esprit inconstant,
Je vous pardonne tout, si j'en puis faire autant.
Vous me quittez, madame, et je me [1] rends justice,
De mes cruels malheurs je suis le seul complice ;
Indigne de vous plaire et de vous posséder,
Méritais-je ce cœur que je n'ai pu garder?
Devais-je me flatter, puisqu'il faut vous le dire,
Que toujours insensible au charme d'un empire,
Votre amour s'irritant au milieu des malheurs,
Vous oublieriez pour moi le trône et ses grandeurs?
Espérais-je en effet que, malgré mille obstacles,
Le ciel en ma faveur prodiguât des miracles?
Croyais-je que toujours... Ah! trop longtemps déçu,
Malheureux que je suis! je ne l'ai que trop cru;
Je me suis trop flatté d'une fausse promesse,
Et du charme imposteur d'une feinte tendresse ;
Ma raison prévenue et mon cœur enchanté...
Non, je n'étais point fait pour tant de cruauté.

[1] J'ai cru devoir conserver la leçon de l'édition de 1731. Dans les autres éditions, on lit :

Vous me quittez, madame, et je vous rends justice.

ISMÈNE.
Étais-je faite aussi pour être si cruelle?
SAPOR.
Vous étiez faite, hélas! pour n'être pas fidèle :
Vous m'avez abusé d'un espoir trop flatteur ;
Je me croyais aimé, j'adorais mon erreur :
Ne pouviez vous encor quelque temps vous contraindre?
ISMÈNE.
Hélas! connaissez mieux en quel temps je veux feindre.
SAPOR.
Je ne veux rien connaître; assuré de mon sort,
Mes vœux les plus ardents m'entraînent à la mort;
J'y vais avec plaisir : il faut du sang, madame,
Pour achever d'éteindre une importune flamme;
J'y cours...
ISMÈNE.
Que dites-vous? Ah! quelle aveugle erreur
Vous fait chercher la mort avec tant de fureur?
Vivez : si vous mourez, il faut que je vous suive.
SAPOR.
Hé! pourquoi voulez-vous maintenant que je vive?
Abandonné, trahi, désespéré, vaincu,
Madame, en cet état j'ai déjà trop vécu.
ISMÈNE.
Quel trouble me saisit! Je tremble, je frissonne.
Ah! Théone, fuyons. La force m'abandonne.
Fuyons...
SAPOR.
Vous me fuyez dans ce moment fatal;
Vous courez vous jeter dans les bras d'un rival!
Est-ce ainsi qu'autrefois, sensible à mes alarmes,
Vous me voyiez courir dans les périls des armes,
Lorsque, nous séparant par de tendres adieux,
Vous me suiviez longtemps et du cœur et des yeux?
Me fuyiez-vous ainsi, quand ma main fortunée
Tenait à mes drapeaux la victoire enchaînée;
Quand, revenant vainqueur, j'étalais à vos pieds
Les débris de l'orgueil des rois humiliés.
Des javelots brisés, des aigles menaçantes,
Du sang des ennemis encore dégouttantes,
Des faisceaux arrachés, mille et mille étendards,

Dignes fruits d'un héros, cueillis au champ de Mars ?
Tout couvert de lauriers, et tout brillant de gloire,
Je ne me réservais, pour prix de la victoire,
Que le plaisir charmant de vous la raconter,
Et vous, madame, et vous, celui de l'écouter.
Pour qui donc ai-je mis tant de villes en cendre ?
Pour qui coulait le sang que l'on m'a vu répandre ?
Vous ne l'ignorez pas, j'allais de vos parents
Apaiser, par mon sang, les mânes murmurants.
Ce n'était pas assez qu'aux plaines de Larisse
Mon bras leur eût offert un sanglant sacrifice,
Et que vous eussiez vu leurs sillons désolés
Blanchir des ossements dont ils étaient comblés :
C'était peu que, traînant les horreurs de la guerre,
De vastes flots de sang j'eusse inondé la terre ;
Il me fallait encor, par de plus grands travaux,
Changer l'ordre du ciel, faire rougir les eaux,
Leur apprendre à couler par des routes nouvelles.
Vous le savez ; vos yeux sont des témoins fidèles :
L'Oronte a vu deux fois ses flots précipités,
De cadavres romains dans leur cours arrêtés,
Remonter vers leur source, et cherchant un passage,
S'égarer dans les champs voisins de son rivage.
Quel fruit de mes travaux, grands dieux ! N'en parlons plus ;
Mes regrets aussi bien seraient-ils superflus.
O ciel ! tu me devais un destin moins barbare.
Mais calmons la fureur qui de mon cœur s'empare.
Oui, madame, trahi, percé de mille traits,
Je sens que je vous aime encor plus que jamais.

ISMÈNE.

Vous m'aimeriez encor ! Non, je suis trop coupable.

SAPOR.

Pour ne me plus aimer, êtes-vous moins aimable ?

ISMÈNE.

Vengez-vous par la haine, armez votre courroux.

SAPOR.

Pour me venger, hélas ! quel chemin m'ouvrez-vous ?

ISMÈNE.

Je le dirai pourtant : du destin poursuivie,
Je devrais être plainte, et non être haïe.
Vous le saurez un jour.

SAPOR.
Ah! dans mon désespoir,
Votre bouche déjà m'en a trop fait savoir ;
Ne m'apprenez plus rien : je n'ai rien à vous dire,
Je ne vous retiens plus, allez chercher l'empire ;
Tandis que d'autre part, en proie à ma fureur,
Je vais, pour me venger, chercher un empereur.
Qu'il me tarde de voir mon bras, de sang avide,
Se perdre dans le sein du traître, du perfide !
Lorsque dans les combats je signalais mes coups,
Je n'étais qu'amoureux, je n'étais point jaloux ;
Par les coups de l'amour j'ai commencé ma vie,
Faisons sentir ici ceux de la jalousie ;
Le champ nous est ouvert, il faut s'y signaler.
Cruel ! tu périras, et ton sang va couler.

ISMÈNE.
Ah dieux ! que dites-vous ?

SAPOR.
En vain votre tendresse,
Tremblante pour ses jours, dans son sort s'intéresse ;
Il mourra de mes coups ; j'irai chercher son cœur.
Mais, hélas ! pardonnez à ma juste fureur,
Si, pressé du transport d'une jalouse rage,
Je ne respecte point votre divine image ;
Si je perce ce cœur pour effacer des traits,
Ailleurs que dans le mien, infidels [1], imparfaits,
Et si, l'amour rendant ma fureur légitime,
J'immole, en me frappant, une double victime.

ISMÈNE.
Sortons d'ici, Théone ; je me sens accabler [2] ;
Je tremble, je chancelle, et je ne puis parler.

SCÈNE III.

SAPOR, seul.

Enfin dépouillons-nous d'une feinte apparence ;
Déchirons maintenant ce voile de constance
Où ma faiblesse a su si longtemps se cacher ;

---

[1] Il fallait *infidèles*.
[2] Ce vers est trop long.

ACTE IV, SCÈNE III.

Il n'est plus de témoins pour nous la reprocher :
Ouvrons enfin la scène, exposons à la vue
Les sentimens secrets d'une âme toute nue.
Éclatez, mes regrets trop longtemps retenus ;
Je vais mourir bientôt, je ne me plaindrai plus.
Voilà pour quel usage on me laissait la vie !
Ciel, tu me réservais à cette perfidie !
Eh bien ! es-tu content ? La fortune et l'amour
M'ont-ils assez joué l'une et l'autre à leur tour ?
O trop flatteur espoir, détruit dans sa naissance !
A quel point se réduit toute mon espérance !
Je vais mourir ; et, pour comble d'horreur, hélas !
Ismène est infidèle et ne me plaindra pas !
Je ne vous verrai plus, ingrate, encore aimable ;
Je ne vous verrai plus ! Quel mot épouvantable !
Je tremble, je frémis, je sens couler mes pleurs !
Ah ! qui peut exciter ces indignes terreurs ?
Est-ce la mort, grands dieux ! qui cause mes alarmes ?
Est-ce l'amour trahi qui m'arrache des larmes ?
Je ne sais : mais, hélas ! renonce-t-on au jour,
Quand on ne peut encor renoncer à l'amour ?
Qui pourra vous aimer autant que je vous aime,
Quand, de vos cruautés m'étant puni moi-même,
Je serai descendu dans l'infernale horreur ?
Mais quel transport jaloux s'élève dans mon cœur ?
Quoi ! l'on vous aimera (j'en frémis quand j'y pense),
Et je ne vivrai plus pour venger cette offense !
Ah ! de quels soins cruels viens-je ici m'affliger ?
Ismène encor vivra, c'est trop pour me venger.
Elle a pu me trahir, l'ingrate ! sera-t-elle
Pour un nouvel amant plus que pour moi fidèle ?
Non, je serai vengé dans le sein du trépas.
Mais, tandis que je vis, vengeons-nous par mon bras.
Quel autre mieux que moi punirait cet outrage ?
Que l'amour dans mon cœur se convertisse en rage :
D'un orgueilleux rival allons percer le flanc,
Et noyons son amour dans les flots de son sang.
Courons, qu'attendons-nous ? qu'il périsse...

SCÈNE IV.

SAPOR, ZÉNOBIE.

SAPOR.

         Ah ! madame,
Venez voir le désordre et l'horreur de mon âme ;
Venez, considérez l'état où l'on m'a mis :
Vous ne direz jamais quels sont mes ennemis.
Le jour m'est à présent une peine cruelle ;
Je suis trahi, madame ; Ismène est infidèle,
Ismène, votre fille ! et dans quel temps, grands dieux !
Lorsque je vais verser tout mon sang à ses yeux ;
Et que mon bras, armé pour se rendre justice,
Des destins ennemis va dompter la malice.
Ah ! que ne suivait-elle encor quelques moments
Le cours toujours trompeur de ses déguisements ?
Par pitié, pour le moins, que ne me laissait-elle
Dans l'erreur où j'étais de la croire fidèle ?
Que ne se faisait-elle encore un peu d'effort ?
Les dieux n'allaient-ils pas ordonner de ma mort ?
J'aurais abandonné ma languissante vie
Avecque plus d'amour et moins d'ignominie.

ZÉNOBIE.

Prince, calmez l'excès de vos ressentiments ;
Le temps attend de vous d'autres emportements.
D'un tyrannique amour déplorable victime,
Ma fille est malheureuse, et voilà tout son crime :
Son infidélité, dans ce jour malheureux,
Bien plus que sa constance a fait briller ses feux.
D'amour et de terreur son âme combattue
A de tendres frayeurs s'est à la fin rendue ;
Une loi trop cruelle arrachait un discours
Qu'elle ne prononçait que pour sauver vos jours.
Non que je veuille ici, trop pleine de tendresse,
Faire grâce à l'amour, et cacher sa faiblesse :
Si de meilleurs conseils avaient été suivis,
Ma fille, vous et moi, nous serions tous péris,
Plutôt qu'un lâche aveu fût sorti de sa bouche ;
Mais enfin, plus sensible à l'ardeur qui la touche,
Ismène a consenti, dans ce funeste jour,

Pour sauver son amant, d'immoler son amour!
SAPOR.
Ah! que me dites-vous? Est-il bien vrai, madame?
A ce flatteur espoir puis-je livrer mon âme?
Quoi! malgré ses froideurs, Ismène, dans son cœur,
Aurait désavoué ce discours imposteur?
Ces sentiments trompeurs, arrachés par la feinte,
N'étaient que des effets d'amour et de contrainte?
Ah! pardonnez, Ismène, à mon aveuglement;
Pardonnez aux transports d'un trop crédule amant;
Je vous crois criminelle, et je suis seul coupable.
Vous ne serez jamais à mes yeux plus aimable,
Maintenant que je sais le prix de vos combats,
Que quand vous me direz que vous ne m'aimez pas.
Mais peut-être, madame, une pitié secrète,
Plus que la vérité, dans mon malheur vous jette :
Car enfin deux amants, en cette extrémité,
De la feinte aisément percent l'obscurité.
Hélas! d'un seul soupir elle eût calmé l'orage,
Dissipé mes frayeurs, rassuré mon courage.
Eh! contrainte à tenir un discours odieux,
Son cœur ne pouvait-il s'exprimer par ses yeux?
ZÉNOBIE.
Tout mentait dans Ismène; et ses regards timides
Craignaient d'en trop apprendre à des témoins perfides :
On l'observait.
SAPOR.
Madame, ah! que m'apprenez-vous?
On l'observait, grands dieux! Ah! courons, hâtons-nous :
Nos projets sont détruits; tout est perdu, madame.
Hélas! dans les transports qui déchiraient mon âme,
Je n'aurai pu me taire; on saura... j'aurai dit...
Je sens que dans mon cœur l'espoir s'évanouit.
Tout est perdu, madame, et je vous ai trahie.
Quel malheur! quel revers! dieux! quelle est donc ma vie?
Tous mes moments ne sont qu'un éternel retour
De la crainte au dépit, de la rage à l'amour.
Allons, courons finir mes jours et ma misère.
Ciel, je ne serai plus l'objet de ta colère :
Il ne te reste plus contre moi qu'un seul trait;
Je l'attends : tonne, frappe, et je suis satisfait.

ZÉNOBIE.

Il n'est plus temps ici de se répandre en plaintes ;
Défendez votre cœur contre ces vaines craintes ;
Que ce nouveau malheur, et peut-être incertain,
Ne serve qu'à hâter les coups de votre main.
Dans mon appartement Sabinus va se rendre ;
De ses soins empressés nous devons tout attendre.
Nous avons des amis touchés de nos malheurs,
Et la pitié n'est pas éteinte en tous les cœurs.
Enflammé par l'amour, animé par la gloire,
Prince, je crois vous voir voler à la victoire.

SAPOR.

Allons, madame, allons ; le succès est certain,
Si je puis seulement avoir le fer en main.

FIN DU QUATRIÈME ACTE.

ACTE CINQUIÈME.

SCÈNE I.

ZÉNOBIE, ISMÈNE, THÉONE.

ZÉNOBIE.

Non, non, vous n'irez point : qu'il vienne ici, s'il l'ose,
Achever cet hymen que son cœur se propose,
Vous arracher des bras d'une mère en fureur.
Il est plus d'un chemin pour aller à son cœur ;
Mon bras, mieux que vos yeux...

ISMÈNE.

L'ardeur de la vengeance
Est un faible secours contre tant de puissance.
Que pourront nos efforts ?

ZÉNOBIE.

Eh bien ! cours à l'autel,
Va verser sur ton front un opprobre éternel ;

Mais, avant de partir, vois ces voûtes sanglantes,
Du meurtre de ton père encor toutes fumantes ;
Vois ce palais rempli du nom de tes aïeux :
Tout reproche ton crime à tes perfides yeux.
Si de ces monuments exposés à ta vue,
Ton âme, en ce moment, n'est assez confondue,
S'il te faut des objets empruntés chez les morts
Pour aller dans ton cœur exciter des remords,
Ombre de mon époux [1]. . . . .
. . . .

SCÈNE II.

ZÉNOBIE, ISMÈNE, SAPOR, THÉONE.

SAPOR.

Je cède enfin, madame, à mon impatience ;
Les moments sont trop lents, je cours à la vengeance.
Sabinus ne vient point, il faut l'aller chercher ;
C'est trop longtemps ici l'attendre et se cacher ;
Il est temps maintenant que le ciel se déclare.
Quel que soit le trépas que le sort me prépare,
Je mourrai satisfait, si d'un coupable cœur,
En versant tout mon sang, je puis laver l'erreur.
Dans le temps que pour moi votre tendresse éclate,
Je vous crois infidèle, et je vous nomme ingrate :
Dans ce moment pourtant, vos yeux en sont témoins,
J'étais plus malheureux, je n'en aimais pas moins ;
Et, n'accusant que moi d'une fausse inconstance,
Je vous gardais toujours un reste d'innocence ;
Non que par ces raisons je veuille m'excuser ;
Peut-être qu'un moment j'ai pu vous accuser ;
Et ce cruel moment, dont le retour m'accable,
A vos yeux pour toujours doit me rendre coupable.
Ah ! périsse un soupçon né de mon désespoir,
Et le crédule cœur qui le peut concevoir !
Je vole l'en punir. Vous m'aimez, je vous aime ;
Rien ne peut mieux venger l'amour que l'amour même :

---

[1] On a cherché vainement dans les ouvages manuscrits de Regnard ce qui manque en cet endroit ; et, ne l'ayant pu recouvrer, on a été obligé de laisser la scène telle qu'elle est.

Je m'arrache à vos yeux, vous ne me reverrez
Que triomphant, ou mort.

ISMÈNE.

Ah! prince, demeurez;
Je tremble pour vos jours. Aux coups de la tempête
Laissez-moi présenter une moins chère tête.
Si je vous exposais aux horreurs du danger,
Ce serait me punir bien plus que me venger;
Et, quoique vos périls m'apportassent[1] des charmes,
Je serais mal payée encor de mes alarmes;
D'autres me vengeront.

SAPOR.

Madame, à cet emploi
Que vous me refusez, qui destinez-vous?

ISMÈNE.

Moi.
Dans les nobles transports du courroux qui m'anime,
Si je vais à l'autel, ce n'est plus en victime;
J'y cours pour immoler un tyran odieux;
Et mon bras va venger le crime de mes yeux.

SAPOR.

Je renonce à ce prix, madame, à la vengeance :
Vous allez à l'autel flatter son espérance;
Ah! quand il y devrait expirer de vos coups,
Mon cœur de son bonheur serait encor jaloux.
Non; laissez-moi, madame, achever mon ouvrage :
Moi seul j'espère tout du feu de mon courage;
Et, si je ne remets l'Orient sous vos lois,
Je dispense les dieux d'appuyer mes exploits.

SCÈNE III.

AURÉLIEN, ZÉNOBIE, ISMÈNE, SAPOR, THÉONE, FIRMIN,
GARDES.

ZÉNOBIE.

Quel coup de foudre affreux! dieux! quel revers funeste!

---

[1] Dans l'édition de 1734, on lit :

Et quoique vos périls m'apportassent de charmes.

En admettant cette leçon, il faudrait préférer *quoi que*, en deux mots,
au commencement du vers.

ISMÈNE.
Ciel! conservez Sapor, j'abandonne le reste.
AURÉLIEN.
Non, prince, il n'est pas temps encore de partir,
Sabinus doit ici vous venir avertir :
Je viens vous en porter les dernières nouvelles;
Son supplice déjà sert d'exemple aux rebelles,
Et le vôtre bientôt instruira l'univers
Qu'il n'est que ce chemin pour sortir de mes fers.
Et vous, madame, et vous, l'objet de ma faiblesse,
Voilà donc de quel prix vous payez ma tendresse!
A cet illustre emploi vous destiniez ses jours,
Quand vos larmes tantôt m'en demandaient le [1] cours.
Ah! c'est trop sous l'amour faire gémir la gloire.
SAPOR.
Par quel aveuglement aurais-tu donc pu croire
Que Sapor pût jamais former d'autre dessein
Que de briser ses fers et te percer le sein?
Je te le dis encor : pour assurer ta vie,
Il faut qu'auparavant la mienne soit ravie.
Quels que soient mes destins, libre ou chargé de fers,
Je prétends te haïr même au fond des enfers.
Que tardes-tu, barbare, à m'y faire descendre?
Tes bourreaux sont-ils prêts? Tu risques trop d'attendre :
Crains, tant que je respire, un coup mal arrêté.
AURÉLIEN.
Ainsi bientôt mes jours seront en sûreté.
SAPOR.
Le plus affreux trépas n'a rien dont je pâlisse.
ISMÈNE.
Et vous pouvez, seigneur, commander qu'il périsse?
Il n'est point criminel, c'est moi qui dois périr.
SAPOR.
Pourquoi m'enviez-vous la gloire de mourir?
Accordez à mes vœux cette grâce, madame;
C'est tout ce que j'attends pour le prix de ma flamme :
En mourant, en ce jour, à vos yeux et pour vous,
Quel autre sort ailleurs pourrait m'être plus doux?
Je triomphe : un rival à mon sort porte envie.

[1] On lit, dans l'édition de 1731 :
Quand vos larmes tantôt m'en demandaient leur cours.

Tout le regret que j'ai d'abandonner la vie
Vient de t'y voir encor : c'est un crime pour moi
D'en sortir sans punir un tyran tel que toi.
AURÉLIEN.
C'est trop d'un orgueilleux suspendre le supplice.
Tes jours sont à leur fin. Gardes, qu'on le saisisse.
Firmin, obéissez.
ISMÈNE.
Ah ! s'il meurt aujourd'hui,
Seigneur, ordonnez donc que je meure avec lui.
Sapor... Mais il me quitte, hélas !
SAPOR.
Vous soupirez !
Vous m'aimez, et je meurs ; je meurs, et vous pleurez.
Trop heureux en mourant de causer vos alarmes !
Et mon sang est cent fois trop payé de vos larmes.
Adieu, belle princesse, adieu.

SCÈNE IV.

AURÉLIEN, ZÉNOBIE, ISMÈNE, THÉONE, SUITE.

ISMÈNE.
Quelle injustice !
Sapor, vous me quittez pour courir au supplice.
Arrête, cher amant, je vole sur tes pas,
M'unir à toi du moins dans le sein du trépas :
Tu ne mourras pas seul. Retirez-vous, perfides ;
Laissez-moi l'arracher à des mains parricides,
Et vous offrir un cœur que vous puissiez percer.
Traîtres, éloignez-vous. Mais je ne puis passer.
Ce n'est donc que pour moi qu'on devient pitoyable :
On punit l'innocent, on pardonne au coupable.
Ah ! seigneur, suspendez un arrêt plein d'horreur :
Ordonnez de ma main, disposez de mon cœur.
Par ces sacrés genoux que je tiens, que j'embrasse,
Détournez sur moi seule un coup qui le menace ;
Au nom de ce qui fut le plus cher à vos yeux,
Au nom de notre hymen, seigneur, au nom des dieux !
ZÉNOBIE.
Finissez un discours dont ma fierté murmure,

Ma fille : une faveur est pour nous une injure,
Lorsque notre ennemi la dispense à nos soins ;
Nous pourrions, vous et moi, l'en haïr un peu moins,
Et les jours de Sapor, quelque amour qui nous presse,
Seraient trop achetés d'une telle faiblesse.
ISMÈNE.
Madame, en ce moment, peut-être ce héros
Rend les derniers soupirs sous le fer des bourreaux.
Ah ! cruels, de quel sang arrosez-vous la terre !
Barbares, redoutez les éclats du tonnerre ;
Suspendez vos couteaux, désarmez vos fureurs.
Ah ! seigneur ! Mais je vois vos secrètes horreurs.
Non, vous ne voulez point que ce héros périsse ;
Votre cœur désavoue une telle injustice :
Je le sais, je le vois. Ah ! partez, courez tous,
Allez vous opposer à ces indignes coups ;
L'empereur vous l'ordonne, allez ; j'y cours moi-même.
Seigneur...

SCÈNE V.

FIRMIN, AURÉLIEN, ZÉNOBIE, ISMÈNE, THÉONE.

ISMÈNE.
Mais, dieux ! Firmin... Mon horreur est extrême.
(A Firmin.)
Ah ! barbare, c'est vous dont les secours trop lents...
C'est vous... Sapor est mort ! O ciel ! il n'est plus temps [1] !
Hélas !
AURÉLIEN.
Quelle raison près de moi te rappelle ?
Le camp a-t-il déjà vu le sang d'un rebelle ?
Sapor vit-il encor ? Quelqu'un m'a-t-il trahi ?
Explique-toi.
FIRMIN.
Seigneur, vous êtes obéi ;
Et sa mort dans ces lieux est déjà répandue.
Sapor s'était soustrait à peine à votre vue,
Que, brûlant d'arriver au lieu de son trépas,

---

[1] Ce vers est conforme à l'édition de 1731. Dans les autres éditions, on lit :

C'est vous... Sapor est mort. Ciel ! il n'en est plus temps !

Son ardeur devant nous précipitait ses pas ;
Quand, bientôt parvenu sous ces pompeux portiques
Où des rois ses aïeux sont les bustes antiques :
« Arrêtons-nous ici, dit-il ; c'est dans ces lieux
» Qu'à ces bustes chéris j'expose mes adieux.
» Vous, héros, qui, couverts d'une éternelle gloire,
» M'avez vu, comme vous, suivi de la victoire ;
» Offert à vos regards, il doit m'être bien doux
» De répandre le sang que j'ai reçu de vous,
» Ne l'ayant pu verser dans le sein de la guerre. »
Aussitôt, d'un effort plus prompt que le tonnerre,
Nous le voyons saisi du fer d'un des soldats.
« Lâches, retirez-vous ; qu'on ne m'approche pas,
» Dit-il ; je veux ici vous épargner un crime,
» Et porter seul des coups dignes de la victime. »
A ces mots se taisant, d'une intrépide main,
Il enfonce le fer promptement dans son sein ;
Il se perce, son sang par deux canaux bouillonne ;
Ce spectacle sanglant n'offre rien qui l'étonne ;
Il sent glisser en lui la mort sans se troubler,
Et lui seul sans effroi voit tout son sang couler :
Mais bientôt, d'un visage où la mort était peinte,
Le regard languissant, et la voix presque éteinte :
« Je meurs, enfin, dit-il, et les dieux l'ont permis ;
» Aurélien peut vivre, il n'a plus d'ennemis.
» Vous, Ismène... » A ce mot, qu'à peine il a pu dire,
Ce prince s'affaiblit, chancelle, tombe, expire :
Je l'ai laissé, seigneur, sans forces étendu,
Parmi les flots de sang qu'il avait répandu ;
Il ne vit plus enfin.

AURÉLIEN.
Le trépas d'un seul homme
Affermit pour jamais la puissance de Rome :
Je n'ai plus rien à craindre enfin ; et, dans ce jour,
J'assure, d'un seul coup, mon trône et mon amour.

ISMÈNE.
Il est mort ; et je vis, et je respire encore !
Et je te vois, cruel ! Tu m'aimes, je t'abhorre.
Ce n'est qu'avec le fer que tu touches un cœur,
Monstre que les enfers ont produit en fureur !
Éloigne-toi, barbare ; évite ma présence ;

ACTE V, SCÈNE V.

Crains que Sapor encor ne vive en ma vengeance [1] :
J'aurais déjà puni tes lâches attentats,
Si de ton sang impur j'osais souiller mon bras :
Dans les frémissements de mon horreur extrême,
Je n'ose t'approcher pour te percer moi-même ;
Je réserve ma main pour un plus noble emploi :
Lâche, voilà le coup que je gardais pour toi.

(Elle se tue.)

ZÉNOBIE.

Que vois-je ? juste ciel !

AURÉLIEN.

Quel spectacle effroyable !

ZÉNOBIE.

L'aurais-je dû penser ? Quel coup épouvantable !

AURÉLIEN.

Ismène, hélas ! Ismène...

ISMÈNE.

Ah ! ne m'approche pas ;
J'irai, sans ton secours, dans la nuit du trépas ;
Je te laisse, en mourant, un noble exemple à suivre.
J'aimais, j'aimais Sapor, je n'ai pu lui survivre :
Si tu m'aimes, suis-moi dans le séjour affreux ;
Viens m'y voir dans les bras de ton rival heureux.
Mais que dis-je ? grands dieux ! égarée, éperdue...
Ah ! n'y suis point mes pas, n'y souille point ma vue ;
Si tu t'y présentais, je voudrais le quitter [2] :
Barbare, je ne meurs qu'afin de t'éviter.

ZÉNOBIE.

Ma fille, vous mourez ! Ce coup est mon ouvrage.
O mort infortunée ! était-ce à cet usage
Que ce fer malheureux dans vos mains était mis [3] ?

---

[1] Ce vers est conforme à l'édition de 1731. Dans les autres éditions, on lit :

Crains que Sapor *ne vive encore* en ma vengeance.

[2] Ce vers est conforme à toutes les éditions modernes. Le pronom *le* se rapporte à *séjour*. Dans l'édition de 1731, et dans celle de 1750, on lit :

Si tu t'y présentais, je voudrais *les* quitter.

En admettant cette leçon, le pronom *les* ne peut se rapporter qu'à *bras*.

[3] Ces deux vers sont conformes à l'édition de 1750 et à toutes les éditions modernes. Dans l'édition de 1731, on lit :

O *mère* infortunée ! était-ce à cet usage
Que ce fer malheureux dans *nos* mains était mis ?

ISMÈNE.

Madame, je fais plus que je n'avais promis.
Je meurs.

AURÉLIEN.

O coup fatal!

ZÉNOBIE.

O ma fille !

THÉONE.

Elle expire.
(Elle emporte Ismène.)

SCÈNE VI.

AURÉLIEN, ZÉNOBIE, FIRMIN.

ZÉNOBIE.

Oui, barbare, à tes yeux, je veux bien te le dire,
C'est moi, c'est ma fureur qui lui mit dans la main
Ce poignard tout sanglant pour t'en percer le sein.
Elle est morte, et son bras a trahi son courage :
Mais je vis, et le mien achèvera l'ouvrage.
Tu m'as ravi, perfide, empire, enfants, époux ;
Mais il me reste un bien, et plus cher et plus doux
Que ne furent jamais époux, enfants, empire :
C'est une horreur de toi que je ne saurais dire.
J'aime mieux voir ma fille, avançant son trépas,
Dans le sein de la mort, cruel ! que dans tes bras.
(Elle sort.)

SCÈNE VII.

AURÉLIEN.

Je saurai prévenir les effets de sa haine ;
Je crains peu son courroux. Firmin, suivez la reine :
Qu'on la garde. Je perds le fruit de mes exploits,
Si Rome ne la voit avec les autres rois ;
C'est le seul prix qui reste à marquer ma victoire.
Un amour outragé rend l'éclat à ma gloire ;
Et l'honneur d'un triomphe offert à mon retour
Me récompense assez des pertes de l'amour.

FIN DE SAPOR.

LE
CARNAVAL DE VENISE

BALLET EN TROIS ACTES

AVEC UN PROLOGUE,

Représenté par l'Académie royale de musique, en mai 1699.

PROLOGUE.

ACTEURS :

UN ORDONNATEUR.
MINERVE.
UN SUIVANT DE LA DANSE.
UN SUIVANT DE LA MUSIQUE.

CHOEUR D'OUVRIERS.
TROUPE DE GÉNIES qui président aux arts.

Le théâtre représente une salle où l'on doit donner un spectacle : tout y est encore en désordre ; le lieu est plein de morceaux de bois et de décorations imparfaites ; et l'on y voit quantité d'ouvriers qui travaillent pour mettre tout en état.

SCÈNE I.

UN ORDONNATEUR, CHOEUR D'OUVRIERS.

L'ORDONNATEUR.
Hâtez-vous, préparez ces lieux ;
Ne perdez pas des moments précieux.
LE CHOEUR.
Hâtons-nous, préparons ces lieux ;
Ne perdons pas des moments précieux.
L'ORDONNATEUR.
Redoublez vos efforts, dépêchez, le temps presse ;
Tout accuse votre lenteur,
On ne peut travailler avec assez d'ardeur,
Quand au plaisir on s'intéresse.

Hâtez-vous, préparez ces lieux :
Ne perdez pas des moments précieux.
LE CHOEUR.
Hâtons-nous, préparons ces lieux ;
Ne perdons pas des moments précieux.
L'ORDONNATEUR.
Quelle divinité s'empresse
A descendre des cieux?
Minerve paraît à nos yeux.

SCÈNE II.

MINERVE, L'ORDONNATEUR, CHOEUR D'OUVRIERS.

MINERVE.
Je quitte sans regret la demeure immortelle,
Pour venir en ce jour,
Dans une aimable cour,
Partager les plaisirs d'une fête nouvelle.

Mais quel désordre affreux règne de toutes parts?
Quelle main téméraire
Ote à ces lieux leur éclat ordinaire?
Est-ce ainsi qu'on prétend mériter mes regards ?
L'ORDONNATEUR.
Par nos soins empressés, par notre diligence,
Nous allons satisfaire à votre impatience.
Hâtez-vous, préparez ces lieux ;
Ne perdez pas des moments précieux.
LE CHOEUR.
Hâtons-nous, préparons ces lieux ;
Ne perdons pas des moments précieux.
MINERVE.
Pour attirer les yeux d'un grand prince que j'aime,
Vos soins me paraissent trop lents.
Retirez-vous, ministres négligents ;
Je prétends m'employer moi-même.

Accourez, dieux des arts; embellissez ces lieux ;
Qu'à ma voix votre ardeur réponde ;
Servez le fils du plus grand roi du monde ;
C'est un emploi digne des dieux.

SCÈNE III.

Les divinités qui président aux arts, la Musique, la Danse, la Peinture, l'Architecture, etc., viennent à la voix de Minerve, avec leurs suivants, et élèvent un théâtre magnifique.

LE CHOEUR.
Servons le fils du plus grand roi du monde ;
C'est un emploi digne des dieux.

(Entrée des Génies qui président aux arts.)

UN SUIVANT de la Musique.
Qu'Amour dans nos fêtes
Fasse des conquêtes ;
Où ce dieu n'est pas
Trouve-t-on des appas ?

Venez, cœurs sensibles,
Dans ces lieux paisibles ;
Il garde pour vous
Les plaisirs les plus doux.

Qu'Amour, etc.

Il cause des larmes,
Des soins, des alarmes,
Mais ses biens parfaits
Nous vengent de ses traits.

Qu'Amour, etc.

L'ORDONNATEUR.
Les dieux seuls en ce jour auront-ils l'avantage
De divertir le maître de ces lieux ?
Entre les mortels et les dieux,
Il faut que ce bien se partage.

L'ORDONNATEUR, UN SUIVANT de la Musique et UN SUIVANT de la Danse, ensemble.
Joignons nos voix, nos jeux et nos désirs ;
Que l'on donne aux mortels le soin de ses plaisirs,
Et dans le temple de Mémoire
Les dieux prendront soin de sa gloire.

(Les Génies des arts recommencent leur danse.)

MINERVE.

Jeunes cœurs, échappés à la fureur de Mars,
    Venez, venez de toutes parts
Faire au champ de l'Amour les moissons les plus belles;
Venez vous délasser de vos travaux guerriers;
    Faites ici des conquêtes nouvelles :
Les myrtes quelquefois valent bien les lauriers.

    Célébrez un roi plein de gloire;
Ses travaux vous ont fait un repos précieux :
Mille exploits éclatants consacrent sa mémoire.
Il sait à ses drapeaux enchaîner la victoire;
    La paix descend pour lui des cieux.

LE CHOEUR.

Célébrons un roi plein de gloire;
Ses travaux nous ont fait un repos précieux :
Mille exploits éclatants consacrent sa mémoire.
Il sait à ses drapeaux enchaîner la victoire;
    La paix descend pour lui des cieux.

MINERVE.

Vous qui suivez mes pas, remplissez mon attente;
Montrez, par les attraits d'un spectacle pompeux,
    Tout ce que Venise a de jeux
    Dans la saison la plus charmante.

FIN DU PROLOGUE.

LE

CARNAVAL DE VENISE

BALLET.

ACTEURS :

LÉANDRE, cavalier français, amoureux d'Isabelle.
ISABELLE, Vénitienne, amante de Léandre.
LÉONORE, Vénitienne, amante de Léandre.
RODOLPHE, noble vénitien, amoureux d'Isabelle.
TROUPE DE BOHÉMIENNES, D'ARMÉNIENS ET D'ESPAGNOLS.
LA FORTUNE.
TROUPE DE JOUEURS de différentes nations, suivants de la Fortune.
TROUPE DE CASTELLANS ET DE BARQUEROLLES.
LE CARNAVAL.
TROUPE DE MASQUES.

ACTE PREMIER.

Le théâtre représente la place Saint-Marc de Venise.

SCÈNE I.

LÉONORE, seule.

J'ai fait l'aveu de l'ardeur qui m'enflamme,
L'Amour a vaincu la fierté ;
Cet aveu, qui m'a tant coûté,
D'un nouveau trouble agite encor mon âme.

Amour, toi qui peux tout charmer,
Pourquoi faut-il, sous ton empire,
Qu'on ait tant de plaisir d'aimer [1],

[1] Forgeot, dans les *Dettes*, a dit :
Si tant de fois, sans le penser,
J'ai pu prononcer : Je vous aime ;
Pourquoi, quand ma flamme est extrême,
Ne puis-je plus le prononcer ?

Et qu'on souffre tant à le dire?

Je cherche en vain de toutes parts,
Léandre ne vient point s'offrir à mes regards.
Depuis qu'il connaît ma faiblesse,
Je ne vois plus le même empressement.
Hélas! ce qui devrait animer un amant,
Fait bien souvent expirer sa tendresse.

Amour, toi qui peux tout charmer,
Pourquoi faut-il, sous ton empire,
Qu'on ait tant de plaisir d'aimer,
Et qu'on risque tant à le dire?

Isabelle paraît; un soudain mouvement
Augmente ma crainte fatale.
Ciel! n'est-ce point une rivale?
Ah! qu'un cœur amoureux est jaloux aisément!

SCÈNE II.

ISABELLE, LÉONORE.

ISABELLE.
Dans ces beaux lieux, où tout enchante,
Je viens donner quelques moments
Aux jeux, aux spectacles charmants
Qu'ici la saison nous présente.

LÉONORE.
Dans ces spectacles, dans les jeux,
Ce n'est point cet éclat pompeux
Qui toujours nous attire;
Sous ce prétexte, dans ces lieux
L'Amour prend soin de nous conduire,
Pour y voir quelque objet qui nous plaît encor mieux.

ISABELLE.
Je ne veux point faire un mystère
De l'amour qui peut m'engager :
J'aime un jeune étranger,
Et je cherche en ces lieux l'objet qui m'a su plaire.

LÉONORE.
A vous faire un pareil aveu

Cette confidence m'engage ;
Et pour un étranger j'ai senti naître un feu
Que son cœur avec moi partage.
De ses tendres regards je me sens enchanter.

ISABELLE.
A ses discours flatteurs je n'ai pu résister.

LÉONORE.
Il m'aime d'une ardeur extrême ;
Il m'a juré de m'aimer constamment.

ISABELLE.
Le tendre amant que j'aime
M'a fait cent fois même serment.

LÉONORE.
Apprenez-moi le nom de cet amant fidèle.

ISABELLE.
Nommez-moi cet objet de votre amour nouvelle.

Ensemble.
C'est Léandre. Qu'entends-je ? ô dieux !

LÉONORE.
Le perfide !

ISABELLE.
L'ingrat !

LÉONORE.
Il faut briser nos nœuds ;
Que mon dépit fasse éclater le vôtre ;
Il nous abuse l'une ou l'autre.

ISABELLE.
Peut-être que l'ingrat nous trompe toutes deux.

LÉONORE.
Il vient ; pénétrons dans son âme
Le secret de sa flamme.

SCÈNE III.

LÉANDRE, ISABELLE, LÉONORE.

ISABELLE, à Léandre.
Puis-je croire que votre cœur
Pour une autre que moi soupire ?

LÉONORE, à Léandre.
Ingrat, ne m'as-tu pas mille fois osé dire
Que tu brûlais pour moi d'une sincère ardeur ?

LÉANDRE.
Quand je vous vois ensemble,
L'Amour, qui dans vos yeux tous ses charmes rassemble,
Est également triomphant;
Entre deux beaux objets, qui tous deux savent plaire,
Le choix est difficile à faire,
Et l'un de l'autre me défend.
LÉONORE, à Léandre.
Explique-toi sans artifice.
ISABELLE, à Léandre.
Il est temps enfin de parler.
LÉONORE, à Léandre.
Il ne faut plus dissimuler.
LÉANDRE.
Quelle contrainte! quel supplice!
De vos tendres regards j'ai senti les attraits;
Je vous aimai, charmante Léonore;
Mais des yeux plus puissants encore
Ont soumis mon cœur à leurs traits;
C'est Isabelle que j'adore;
Pour ne changer jamais.
LÉONORE.
Ciel! que viens-je d'entendre? et que ma peine est rude!
Oses-tu déclarer ton infidélité?
ISABELLE.
En amour bien souvent un peu d'incertitude
Flatte plus que la vérité.
LÉONORE.
Jouis de ta victoire, orgueilleuse rivale;
Insulte encore à mon malheur :
Et toi, perfide amant, crois-tu voir dans mon cœur
Dissiper en regrets ma tendresse fatale?
Non, ingrat! je prétends que mon courroux égale
Et surpasse encor mon ardeur;
Je veux qu'à ma vengeance offert en sacrifice,
L'un ou l'autre périsse;
J'en atteste le ciel, en ce funeste jour
La haine vengera l'amour.
(Elle sort.)

SCÈNE IV.

LÉANDRE, ISABELLE.

LÉANDRE.

Que ces vains projets de vengeance
Ne servent qu'à serrer nos nœuds.

De divers étrangers une troupe s'avance ;
Écoutons leurs concerts, prenons part à leurs jeux.

SCÈNE V.

Une troupe de Bohémiennes, d'Arméniens et d'Esclavons, avec des guitares, vient dans la place St-Marc prendre part aux plaisirs du carnaval.

UNE BOHÉMIENNE.

Amor, amor, te'l giuro a fè,
Tuo crudo stral non fa più per me.

LE CHOEUR répète ces deux vers, et les reprend à chaque couplet.

UN ESCLAVON.

Lungi da me, vaga beltà ;
Non mi giova la crudeltà.
Chi vuol sospirar,
Può s'innamorar :
Amor, non la voglio con te ;
Lascia mio cuore in libertà.

LE CHOEUR.

Amor, etc.

L'ESCLAVON.

Grata merce di costante fè,
Indarno vien a consolar me :
Col fuoco non voglio più scherzar,
Amor per me gioco non è ;
Voglio ridere, non avvampar.

LE CHOEUR.

Amor, etc.

TRADUCTION DES VERS ITALIENS.

UNE BOHÉMIENNE.

Amour, je t'en donne ma foi,
Tes traits ne sont plus faits pour moi.

LE CHOEUR.
Amour, etc.
UN ESCLAVON.
Loin de moi, sévère beauté ;
Je renonce à la cruauté ;
Qui voudra soupirer s'enflamme :
Plus de commerce, Amour ; fuis : laisse dans mon âme
Et le calme et la liberté.
LE CHOEUR.
Amour, etc.
L'ESCLAVON.
En vain, pour me flatter un peu,
La constance me montre un prix que je désire :
L'on ne badine point en vain avec le feu ;
L'amour pour moi n'est pas un jeu ;
Je ne veux point brûler, si je puis ; je veux rire.
LE CHOEUR.
Amour, etc.

La troupe continue les jeux, et danse la villanelle.

UNE MUSICIENNE de la troupe.
Formons, s'il est possible,
Les plus doux concerts ;
Ce séjour est paisible
Dans le sein des mers.

LE CHOEUR répète les quatre vers précédents à chaque couplet.

LA MUSICIENNE.
Neptune, plus tranquille,
Pour flatter nos vœux,
Sert, dans ce doux asile,
De théâtre aux jeux.
LE CHOEUR.
Formons, s'il est possible, etc.
LA MUSICIENNE.
Nous ressentons dans l'onde
Le flambeau d'Amour ;
Il est plus cher au monde
Que celui du jour.
LE CHOEUR.
Formons, s'il est possible, etc.

On recommence la danse.

UNE BOHÉMIENNE.
Tout plaît, tout rit dans ce beau séjour ;
Vénus y tient sa brillante cour.
LE CHOEUR répète ces deux vers à chaque couplet.
UN ARMÉNIEN.
Dans ces beaux lieux remplis d'attraits,
L'Amour n'a que d'aimables traits ;
Tout vient, jeunes cœurs, flatter vos désirs ;
Si l'hiver chasse les zéphirs,
Il vous ramène les doux plaisirs.
LE CHOEUR répète :
Tout plaît, tout rit, etc.
L'ARMÉNIEN.
Malgré la glace et les noirs frimas,
Nous ressentons des feux pleins d'appas,
Et les jeux suivent partout nos pas.
Quel printemps fait de plus beaux jours ?
Au lieu de fleurs il naît des amours.
LE CHOEUR répète :
Tout plaît, tout rit, etc.

SCÈNE VI.

LÉANDRE, ISABELLE.

LÉANDRE.
Vous brillez à mes yeux d'une grâce nouvelle,
Et je brûle pour vous d'une nouvelle ardeur :
La mère des Amours ne fut jamais plus belle ;
Tout le feu de vos yeux a passé dans mon cœur.
ISABELLE.
Je crains une rivale ; et mon ardeur fidèle
Me fait sentir de mortelles terreurs.
LÉANDRE.
Ne craignez rien de ses fureurs.
ISABELLE.
Je crains plus de votre inconstance.
LÉANDRE.
Ah ! que cette crainte m'offense ?
ISABELLE.
Pourquoi vous offenser de la juste frayeur
Dont je sens les atteintes ?

Les troubles et les craintes
Sont les premiers effets d'une naissante ardeur.
LÉANDRE.
De ce tendre discours que mon âme est ravie !
ISABELLE.
D'un jaloux odieux je crains la barbarie :
Si notre amour éclatait à ses yeux,
Rien ne pourrait calmer ses transports furieux.
LÉANDRE.
L'Amour, armé de la constance,
Ne craint ni rivaux, ni jaloux :
Si nos cœurs sont d'intelligence,
Rien n'est à redouter pour nous.
D'un jaloux importun tromper la vigilance,
C'est goûter par avance,
Ce que l'amour a de plus doux.
ISABELLE.
Brûlerez-vous pour moi d'une flamme sincère ?
LÉANDRE.
Pouvez-vous vous connaître, et me le demander ?
ISABELLE.
La conquête d'un cœur est plus aisée à faire,
Qu'elle n'est facile à garder.
LÉANDRE.
Bannissez ces alarmes,
Rendez le calme à votre cœur ;
Vos beaux yeux et vos charmes
Vous répondront de mon ardeur.
Ensemble.
Goûtons, sans nous contraindre,
Les plaisirs les plus doux.
Ah ! que pouvons-nous craindre,
Si l'Amour est pour nous ?

FIN DU PREMIER ACTE.

ACTE SECOND.

Le théâtre représente la salle des Réduits de Venise, qui est un lieu destiné pour le jeu pendant le carnaval.

SCÈNE I.

RODOLPHE, seul.

Vous qui ne souffrez point les peines
Qui déchirent les cœurs jaloux,
Quel que soit le poids de vos chaînes,
Amants, que votre sort est doux !

Deux tyrans dans mon cœur exercent leur furie ;
L'amour, le tendre amour
Y fait naître la jalousie ;
Et mes jaloux transports, par un cruel retour,
Y font mourir l'amour qui leur donna la vie.

Vous qui ne souffrez point les peines
Qui déchirent les cœurs jaloux,
Quel que soit le poids de vos chaînes,
Amants, que votre sort est doux !

SCÈNE II.

LÉONORE, RODOLPHE.

LÉONORE.
Malgré toute l'ardeur qui règne dans votre âme,
On vous séduit, on trahit votre flamme.
RODOLPHE.
Ah ! je m'en doutais bien ; et mes soupçons jaloux
M'en avaient instruit avant vous.
LÉONORE.
Un autre amant, sans résistance,

Remporte le prix le plus doux
Que méritait votre constance.
RODOLPHE.
Nommez-moi seulement le rival qui m'offense,
Et laissez agir mon courroux.
LÉONORE.
L'affront est égal entre nous,
Je veux partager la vengeance.

Un ingrat me jurait de vivre sous mes lois ·
Je me flattais de ce bonheur extrême ;
On se laisse aisément tromper par ce qu'on aime,
Lorsque l'on est trompé pour la première fois.

A ce perfide amant Isabelle a su plaire,
Et Léandre à ses yeux...
RODOLPHE.
O ciel ! que dites-vous ?
Ensemble.
Que l'amour dans nos cœurs se transforme en colère.
Vengeons-nous, hâtons nos coups ;
La vengeance qu'on diffère,
Perd ce qu'elle a de plus doux.
LÉONORE, à part.
Et toi, sors de mon cœur, indigne et faible reste
D'une impuissante ardeur ;
Ne me parle plus en faveur
D'un perfide que je déteste.
RODOLPHE, à part.
J'étoufferai la voix d'une pitié funeste
Qui crie en vain dans le fond de mon cœur.
Ensemble.
Que l'amour dans nos cœurs se transforme en colère :
Vengeons-nous, hâtons nos coups ;
La vengeance qu'on diffère,
Perd ce qu'elle a de plus doux.
RODOLPHE.
Rien ne peut s'opposer à mon impatience ;
Allons, courons à la vengeance.

SCÈNE III.

LA FORTUNE paraît suivie d'une troupe de Joueurs de toutes nations.

CHOEUR de suivants de la Fortune.
Suivons tous, d'une ardeur fidèle :
C'est la Fortune ici qui nous appelle ;
Son pouvoir peut combler nos vœux.
Tous les biens volent autour d'elle ;
C'est elle qui nous rend heureux.

LA FORTUNE.
Je suis fille du sort, inconstante et légère,
Tout fléchit sous ma loi.
De tous les dieux que le monde révère,
Quel autre a plus d'encens que moi ?

Je traîne à mon char la victoire ;
Je brise, quand je veux, des trônes éclatants ;
Et je puis, à tous les instants,
Par quelque événement éterniser ma gloire.

Venez implorer mon secours,
Amants qu'un triste sort accable ;
Je fais naître à mon gré le moment favorable
Que, sans moi, l'on attend toujours.

(Entrée de suivants de la Fortune.)

UN MASQUE.
De tes rigueurs,
Ni de tes faveurs,
Fortune inconstante,
Je ne crains rien, rien ne me tente ;
Tout ton pouvoir
Ne fait ni ma crainte, ni mon espoir.

Le bien qui peut enchanter mon âme,
Est de brûler d'une constante flamme,
Et d'allumer de semblables feux.
Deux yeux
Touchants,
Charmants,
Élèvent mon sort aux cieux ;

Sans cesse je les implore,
Je les adore;
Ce sont mes rois, ma fortune, et mes dieux.

SCÈNE IV.

Le théâtre change, et représente une vue de plusieurs palais ou balcons. Le reste de l'acte se passe pendant la nuit.

RODOLPHE, seul.

De ses voiles épais la nuit couvre les cieux.
Je sais que mon rival, dans l'ardeur qui le presse,
Doit ici, par ses chants, exprimer sa tendresse ;
Pour l'observer, cachons-nous en ces lieux.
(Il se retire dans un coin du théâtre.)

SCÈNE V.

LÉANDRE conduit une troupe de musiciens, pour donner une sérénade à Isabelle.

LÉANDRE.

Doux charme des ennuis et des peines pressantes,
Favorable divinité,
Sommeil, qui, dans la fausseté
De tes illusions charmantes,
Nous fait goûter la vérité
De cent douceurs des plus touchantes,
Viens verser sur cette beauté
De tes pavots les vapeurs les plus lentes ;
Et fais que son cœur enchanté
Jouisse du repos que ses yeux m'ont ôté.

(Les musiciens se joignent à Léandre, et chantent le trio italien qui suit.)

TRIO ITALIEN.

Luci belle, dormite ;
Deh ! per pietà, un momento cessate,
Con i dardi
De' vostri sguardi,
Di rinnovar al cuor le mie ferite.

TRADUCTION DU TRIO ITALIEN.

Dormez, beaux yeux, dormez sans craintes ;
Et cessez un moment, avec vos traits vainqueurs,

De renouveler les atteintes
Dont vous percez les cœurs.
LÉANDRE, apercevant quelqu'un au balcon d'Isabelle.
L'Amour me favorise, et je vois dans ces lieux
Une clarté nouvelle;
N'en doutez point, mes yeux,
C'est l'aurore, ou c'est Isabelle.

SCÈNE VI.

ISABELLE, sur le balcon.

Mi dice la speranza
Ch' il tormento
In contento
Si cangerà.
Tra le spine nascosa
Si ritrova la rosa ;
E fra le pene amor trionferà.

TRADUCTION DE L'AIR ITALIEN.

L'espérance me dit que nos peines mortelles
Se changeront en des plaisirs charmants.
Parmi les épines cruelles
On voit les roses les plus belles ;
L'Amour doit triompher au milieu des tourments.

LÉANDRE.
Quelle félicité peut égaler la mienne?

Il faut quitter ce lieu charmant;
Un jaloux s'endort avec peine,
Mais il se réveille aisément.

SCÈNE VII.

RODOLPHE, sortant du lieu où il était caché.

Je me suis fait trop longtemps violence,
Je ne puis plus cacher mes transports furieux.
Où donc est cet audacieux?
Mais il fuit en vain ma présence ;
Avant que le soleil paraisse dans ces lieux,
Les ministres de ma vengeance
Éteindront dans son sang des feux injurieux.

SCÈNE VIII.

ISABELLE, RODOLPHE.

ISABELLE, croyant parler à Léandre.
Je cède à mon impatience ;
Et, tandis que la nuit triomphe encor du jour,
Cher Léandre, je viens, conduite par l'amour,
Vous dire de mes feux toute la violence.

Quel plaisir de tromper et les soins et les yeux
D'un jaloux importun qui m'obsède et tous lieux !

Que je le hais ! que son amour me gêne !
Rien n'est comparable à la haine
Que je ressens pour ce jaloux,
Que l'amour violent dont je brûle pour vous.
RODOLPHE.
Ingrate !
ISABELLE.
Ah ciel !
RODOLPHE.
Ma voix t'étonne.
Je sais les trahisons où ton cœur s'abandonne.
ISABELLE.
Si le sort trahit votre espoir,
C'est à vous qu'il faut vous en prendre ;
Pourquoi cherchez-vous à savoir [1]
Ce qu'on ne veut pas vous apprendre ?
RODOLPHE.
O dieux !
ISABELLE.
Ne m'aimez plus ; rompez, rompez des nœuds
Qui ne sauraient vous rendre heureux.
RODOLPHE.
Puis-je briser la chaîne qui m'accable ?
Mon cœur par vos attraits s'est trop laissé charmer ;
Si vous ne voulez pas m'aimer,
Souffrez du moins que je vous trouve aimable

---

[1] Dans *Amphitryon* :
La faiblesse est d'avoir
La curiosité d'apprendre
Ce qu'on ne voudrait pas savoir.

Je veux vous adorer malgré moi, malgré vous ;
J'espère que le temps rendra mon sort plus doux.
ISABELLE.
Dans mes yeux vous avez pu lire
Le sort que vous gardait mon cœur :
Jamais d'aucun regard flatteur
Ai-je entrepris de vous séduire?
Ah! quand on ressent quelque ardeur,
Les yeux sont-ils si longtemps à le dire?
RODOLPHE.
Pour rendre le calme à mes sens,
Et pour payer l'amour dont mon âme est atteinte,
Dites que vous m'aimez, trompez-moi, j'y consens ;
Cette fausse pitié, cette cruelle feinte
Peut-être calmeront les douleurs que je sens.
ISABELLE.
C'est une peine, quand on aime,
D'avouer un penchant qu'on trouve plein d'appas ;
Ce serait un supplice extrême
De déclarer des feux que l'on ne ressent pas.
RODOLPHE.
Mon tendre amour, de votre haine
Ne sera-t-il jamais victorieux?
Vous gardez le silence ; insensible! inhumaine !
ISABELLE.
L'aurore va paraître, il faut quitter ces lieux.

SCÈNE IX.

RODOLPHE, seul.

Pour trouver un amant qu'en vain ton cœur adore,
La nuit n'a point d'horreur pour toi ;
Et tu crains avec moi
Le retour de l'aurore !
Va, cours chercher ce rival odieux
Qui de ton cœur s'est rendu maître ;
Tes mépris trop injurieux
Étouffent tout l'amour que j'ai pris dans tes yeux !
Mais mon juste dépit te fera bien connaître
Que, si je sais aimer, je hais encore mieux.

FIN DU SECOND ACTE.

ACTE TROISIÈME.

Le théâtre représente une place de Venise, environnée de palais magnifiques, où se rendent quantité de canaux couverts de gondoles.

SCÈNE I.

LÉONORE, seule.

Transports de vengeance et de haine,
Succédez à l'amour qui régnait dans mon cœur ;
Mon ingrat va périr, et sa mort est certaine ;
Peut-être en ce moment une main inhumaine...
　　Je tremble... je frémis d'horreur.
Barbares... arrêtez... votre fureur est vaine ;
L'ingrat que vous percez cause encor ma langueur.
　　Transports de vengeance et de haine,
Ne chassez point l'amour qui flatte encor mon cœur.

Mais il vit pour une autre ! Une pitié soudaine
Doit-elle s'opposer à mon dépit vengeur ?
Ministres, qui servez le courroux qui m'entraîne,
Frappez... et qu'en mourant cet infidèle apprenne
　　Que je l'immole à ma fureur.

Transports de vengeance et de haine,
Succédez à l'amour qui régnait dans mon cœur.

SCÈNE II.

RODOLPHE, LÉONORE.

RODOLPHE.

A la fin vous êtes vengée :
J'ai servi le juste transport
De notre tendresse outragée :

Votre ingrat ne vit plus, et mon rival est mort.
LÉONORE.
Il est mort, justes dieux! ma bouche impitoyable
A prononcé l'arrêt de son trépas.
Qu'ai-je fait, malheureuse? hélas!
RODOLPHE.
Il ne vit plus; et le ciel redoutable,
S'il respirait encor, ne le sauverait pas.
LÉONORE.
Tu l'as souffert, ô ciel! et ta main équitable
Ne punit point ces attentats!
Que fais-tu? qui retient ton bras?
Lance ta foudre épouvantable;
Sur ce traître ou sur moi fais voler ses éclats,
Tu ne saurais manquer de frapper un coupable.
Ensemble.
LÉONORE. C'est toi qui lui perces le cœur.
RODOLPHE. C'est vous qui lui percez le cœur.
LÉONORE.
Cruel, dis-moi quel est son crime.
RODOLPHE.
Vous demandiez une victime.
Ensemble.
LÉONORE. Devais-tu croire mon ardeur?
RODOLPHE. Deviez-vous armer ma fureur?
LÉONORE. C'est toi qui lui perces le cœur.
RODOLPHE. C'est vous qui lui percez le cœur.
RODOLPHE.
Calmez les déplaisirs dont votre âme est saisie.
Pour oublier leur perfidie,
Aimons-nous, unissons nos cœurs;
Et qu'un amour formé de nos communs malheurs
Soit le fruit de la jalousie.
LÉONORE.
Que je m'unisse à toi,
Monstre sorti de l'infernal empire!
Va... fuis... je frémis d'effroi,
Que le jour que je voi,
Que l'air que je respire
Me soient communs avec toi.

SCÈNE III.

RODOLPHE, seul.

Laissons de ses regrets calmer la violence.
(On entend un bruit de réjouissances.)
Mais le parti victorieux
Du combat que le peuple a donné dans ces lieux,
Vient montrer sa réjouissance.

Allons faire savoir à l'objet qui m'offense
Un trépas dont son cœur sera saisi d'effroi ;
Je perds le prix de ma vengeance,
Si l'ingrate l'apprend d'un autre que de moi.

SCÈNE IV.

Divertissement de Castellans et de Barquerolles, avec le fifre et le tambourin.

Les Castellans et les Nicolotes sont deux partis opposés dans Venise, qui donnent pendant le carnaval, pour divertir le peuple, un combat à coups de poing pour se rendre maîtres d'un pont. Le parti victorieux se promène dans toute la ville, avec des cris de joie et des acclamations publiques.

UN CHEF DE CASTELLANS.

Nous triomphons sur les eaux, sur la terre ;
Nous mêlons dans nos jeux l'image de la guerre :
Mêlons aussi dans ce beau jour
Qui nous comble de gloire,
Des chansons d'amour
Aux chants de victoire,
Des chansons d'amour
Au son du tambour.

LE CHOEUR.

Nous triomphons sur les eaux, sur la terre ;
Nous mêlons dans nos jeux l'image de la guerre :
Mêlons aussi dans ce beau jour
Qui nous comble de gloire,
Des chansons d'amour
Aux chants de victoire,
Des chansons d'amour
Au son du tambour.

Des Castellans et des Castellanes témoignent, par leur danse, la joie qu'ils ont de leur victoire.

ACTE III, SCÈNE V.

UNE CASTELLANE.

Entre la crainte et l'espérance,
Sur le sein de Neptune, on est à tous moments;
L'empire de l'Amour n'a pas plus de constance,
Et l'on y voit flotter sans cesse les amants
Entre la crainte et l'espérance.

Le parti victorieux recommence la danse.

UN BARQUEROLLE.

Embarquez-vous,
Amants, sans faire résistance,
Embarquez-vous,
L'empire de l'Amour est doux.
C'est une mer toujours sujette à l'inconstance,
Que quelque orage à tout moment vient agiter;
Malgré ces maux, le calme de l'indifférence
Est encor plus cent fois à redouter.

Entrée de gondoliers et de gondolières.

LE CHOEUR.

Tout rit à nos désirs,
Ne songeons qu'aux plaisirs;
Que le vent gronde,
Que la mer soulève les flots,
Que le ciel en feu leur réponde,
Nous goûtons ici le repos.

SCÈNE V.

ISABELLE, seule.

Mes yeux, fermez-vous à jamais,
Ou ne vous ouvrez plus que pour verser des larmes.

Le jour est pour moi désormais
Un sujet de peine et d'alarmes.

Mes yeux, fermez-vous à jamais,
Ou ne vous ouvrez plus que pour verser des larmes.

Je suis coupable de vos charmes,
J'ai trop fait briller vos attraits;

Et je veux, par les mêmes armes,
Me punir des maux que j'ai faits.

Mes yeux, fermez-vous à jamais,
Ou ne vous ouvrez plus que pour verser des larmes.

Mais que servent, hélas! ces regrets superflus?
Cher Léandre, tu ne vis plus.
Quand tu descends pour moi dans la nuit éternelle,
Doit-il m'être permis de voir encor le jour?
Non, non : pour me rejoindre à cet amant fidèle,
La plus affreuse mort me paraîtra trop belle,
Et ce fer doit ouvrir un chemin à l'amour.

(Elle tire son stylet pour s'en frapper.)

SCÈNE VI.

LÉANDRE, ISABELLE.

LÉANDRE, lui arrêtant le bras.
Ciel! que voulez-vous entreprendre?

ISABELLE.
Dois-je en croire mes yeux? est-ce vous, cher Léandre?

LÉANDRE.
Quelle aveugle fureur vous arrache le jour?

ISABELLE.
Le bruit de votre mort causait seul mes alarmes,
Mon sang versé, mieux que mes larmes,
Vous allait prouver mon amour.

LÉANDRE.
Quoi! vous mouriez pour moi! dieux! quelle barbarie
De votre sort hâtait le cours?
Hélas! toute ma vie
Ne vaut pas un seul de vos jours.
Un jaloux, que la rage anime,
Vient de faire éclater son barbare courroux;
Il a porté les mains sur une autre victime,
Et la nuit et l'Amour m'ont sauvé de ses coups.

ISABELLE.
Je revois enfin ce que j'aime;
L'excès de mon bonheur peut-il se concevoir?
Je crains que le plaisir extrême
Que je sens à vous voir
Ne fasse sur mes jours l'effet du désespoir.

ACTE III, SCÈNE VI.

LÉANDRE.
Vivons pour nous aimer [1], vivons, malgré l'envie ;
Nous triomphons des jaloux et du sort.
Que notre crainte soit suivie
Du plus tendre transport.
Aimez-moi, tout vous y convie :
Si vous vouliez donner votre sang à ma mort,
Hélas ! que pourriez-vous refuser à ma vie ?

Ensemble.
Suivons nos doux emportements,
Aimons-nous d'une ardeur nouvelle ;
Quand l'Amour au jour nous rappelle,
Nous lui devons tous nos moments.

LÉANDRE.
Fuyons un lieu funeste à de tendres amants.

ISABELLE.
Je fais mon bonheur de vous suivre.
Je vous allais chercher dans le sein du trépas ;
Lorsque pour moi l'Amour vous fait revivre,
Qui pourrait m'empêcher de voler sur vos pas ?

LÉANDRE.
On doit donner au peuple, en ce jour favorable,
Un spectacle où d'Orphée on retrace la fable ;
Un bal pompeux doit suivre ces plaisirs ;
Le tumulte et la nuit serviront nos désirs.
Je vais en ce lieu vous attendre :
Un vaisseau par mes soins dans le port va se rendre,
Pour nous porter en des climats plus doux,
Où nous pourrons braver la fureur des jaloux,
Et goûter les douceurs de l'hymen le plus tendre.

(Pendant que les violons jouent l'entr'acte, on voit descendre un théâtre fermé d'une toile, qui occupe toute l'étendue du premier. Ce qui reste d'espace jusqu'à l'orchestre, contient plusieurs rangs de loges pleines de différentes personnes placées pour voir un opéra.)

[1] Vivamus, mea Lesbia, atque amemus.

FIN DU TROISIÈME ACTE.

ORFEO
NELL' INFERNO

OPERA.

PERSONAGGI:

PLUTONE.
ORFEO.
EURIDICE.

UN' OMBRA.
CORO DI NUMI INFERNALI.
CORO DI FOLETTI.

Il teatro rappresenta la reggia di Plutone.

SCENA I.

PLUTONE, fra numi infernali.

Tartarei numi, all' armi!
            CORO.
All' armi! all' armi!
            PLUTONE.
Un mortal insolente,
Al dispetto della sorte,
Passa vivo nel regno della Morte,
Per turbarmi.
    All' armi!

Freme il Tartaro,
Geme l' Erebo,
Stride Cerbero.
Tartarei numi,
    All' armi!
            CORO.
All' armi! all armi!
    (Si sente sinfonia pianissima.)
            PLUTONE.
Ma qual nuova armonia!

ORPHÉE
AUX ENFERS
OPÉRA.

ACTEURS :

PLUTON.
ORPHÉE.
EURYDICE.

UNE OMBRE.
TROUPE DE DIVINITÉS INFERNALES.
TROUPE D'ESPRITS FOLLETS.

Le théâtre représente le palais de Pluton.

SCÈNE I.

PLUTON, au milieu d'une troupe de divinités infernales.

Dieux des enfers, aux armes!
LE CHOEUR.
Aux armes! aux armes!
PLUTON.
Un mortel insolent, malgré la loi du sort,
Dans les royaumes de la mort
Descend encor vivant, et cause mes alarmes.
Aux armes! aux armes!

Le Tartare frémit,
L'Érèbe gémit;
Cerbère mugit;
Dieux des enfers, aux armes!

LE CHOEUR.
Aux armes! aux armes!
(On entend une symphonie très-douce.)
PLUTON.
Mais quels chants remplis de douceur!

Qual soave sinfonia
Dal cuor di Plutone
L' ira depone!

SCENA II.

ORFEO, PLUTONE.

ORFEO.

Dominator dell' Ombre,
Al tuo soglio Amor m' invita :
Euridice è morta,
Ahi! dure pene!
O toglimi la vita,
O rendimi il mio bene.

PLUTONE.

Troppo da te si prega;
Ma, se Amore le vuol, Pluto nol nega.
Parti, ma con tal patto,
Che non miri Euridice,
Sin ch' al regno del giorno
Il varco ti sia fatto.

SCENA III.

ORFEO.

Vittoria, mio cuore :
Ha vinto Amore.

Il riso, il canto,
Al duol succede :
Al dolce incanto
D' un vago ciglio l' Inferno cede.
(Segue il ballo de' numi infernali e spiriti folletti.)

SCENA IV.

UN' OMBRA fortunata.

Al lampo
D' un bel volto resista chi può ;
Penetra il ciel un vago sembiante,
E dell' inferno stesso apre le porte.
(Si ricomincia il ballo.)

Quelle douce harmonie
Chasse la barbarie
D'un cœur comme le mien, ouvert à la fureur !

SCÈNE II.

ORPHÉE, PLUTON.

ORPHÉE.

Puissant maître des Ombres,
A ton trône enflammé l'Amour conduit mes pas :
La charmante Eurydice, hélas !
A passé les rivages sombres ;
Rends-moi cet objet plein d'appas,
Ou, par pitié, donne-moi le trépas.

PLUTON.

Plus loin que ton espoir tu portes ta demande ;
Mais Pluton y consent, si l'Amour le commande.
Pars ; sors du ténébreux séjour :
Mais je prétends qu'une loi s'accomplisse ;
Ne regarde point Eurydice,
Que tu ne sois rendu dans l'empire du jour.

SCÈNE III.

ORPHÉE.

Mon cœur, chantez votre victoire,
L'Amour est couronné de gloire.

Les ris et les chants
A la douleur succèdent,
Les enfers cèdent
Aux charmes de deux yeux touchants.

(Entrée de divinités infernales et d'esprits follets.)

SCÈNE IV.

UNE OMBRE heureuse.

Soutienne qui pourra les traits et les éclairs
Qu'on voit partir d'un beau visage ;
La beauté dans les cieux trouve un aisé passage,
Et se fait même ouvrir les portes des enfers.

(On recommence la danse.)

SCENA V.

EURIDICE.

Per piacer al mio ben,
Amori, volatemi in sen,
Fugite, martiri;
Fugite, sospiri;
Non turbate dell' alma il bel seren.

(Da capo.)

SCENA VI.

ORFEO, EURIDICE.

Orfeo passa senza mirar Euridice.

EURIDICE.
Deh! per pietà, mira, Orfeo, chi t' adora.
ORFEO, riguardando Euridice.
Euridice, mio ben, ti vedo ancora.

SCENA VII.

PLUTONE, ORFEO, EURIDICE.

PLUTONE.
Fuggi temerario,
Giache del decreto mio
Violasti la fé;
Qui rimanga Euridice.

ORFEO.
O dio!
PLUTONE.
Su, ch' un diligente stuol
Porti quel perfido
A riveder il suol;
Cosi Pluto lo vuol.
ORFEO.
O rigor! o crudeltà!
EURIDICE.
Colpa d' amore merta pietà.

(I demoni portano Orfeo.)

SCÈNE V.

EURYDICE, seule.

Pour plaire à l'objet qui m'enflamme,
Amours, volez tous dans mon âme ;
Fuyez, peines, soupirs, ne revenez jamais
De mon cœur amoureux interrompre la paix.
(On recommence.)

SCÈNE VI.

ORPHÉE, EURYDICE.

Orphée passe sans regarder Eurydice.

EURYDICE.
Jette, Orphée, un regard sur celle qui t'adore.
ORPHÉE, regardant Eurydice.
Chère Eurydice, enfin je vous revois encore !

SCÈNE VII.

PLUTON, ORPHÉE, EURYDICE.

PLUTON.
Va, fuis loin de mes yeux,
Mortel trop téméraire,
Puisque des dieux
Tu violes l'arrêt sévère ;
Qu'Eurydice reste en ces lieux.
ORPHÉE.
O dieux !
PLUTON.
Qu'une troupe rapide
De démons empressés
Dans l'empire des airs reporte ce perfide.
Pluton commande, obéissez.
ORPHÉE.
Quelle rigueur impitoyable !
EURYDICE.
Un crime de l'amour n'est-il point pardonnable ?
(Les démons enlèvent Orphée.)

SCENA VIII.

PLUTONE.

Voi, per fugar sua noja,
Spirti d' Averno, mostrate la gioja.
Si canti, si goda,
Si balli, si rida;
Non si parli di dolor
Dove splende la face d'Amor.

CORO.

Si canti, si goda,
Si balli, si rida;
Non si parli di dolor
Dove splende la face d' Amor.

SCÈNE VIII.

PLUTON.

Esprits infernaux, en ce jour,
Pour chasser le chagrin qui la presse,
Riez, chantez, dansez, montrez votre allégresse ;
Qu'on ne parle plus de tristesse
Où brille le flambeau d'Amour.

LE CHOEUR.

Rions, chantons, dansons, montrons notre allégresse ;
Qu'on ne parle plus de tristesse
Où brille le flambeau d'Amour.

SCÈNE IX.

LÉANDRE, ISABELLE.

LÉANDRE.

Il est temps de partir, l'occasion est belle ;
Tout conspire pour nous, et la mer, et les vents ;
Profitons bien de ces heureux moments,
Allons où l'Amour nous appelle.

LE BAL

DERNIER DIVERTISSEMENT.

Le théâtre représente une salle magnifique, préparée pour donner le bal.

LE CARNAVAL paraît, conduisant avec lui une troupe de masques de différentes nations.

LE CARNAVAL.

L'hiver a beau s'armer d'aquilons furieux,
Et fixer des torrents la course vagabonde ;
En vain ses noirs frimas, pour attrister le monde,

Dérobent le flambeau qui brille dans les cieux :
Sitôt que je parais, je bannis la tristesse ;
J'ouvre la porte aux jeux, aux festins, à l'amour :
    A mon départ le plaisir cesse ;
Et, pour mieux s'y livrer, on attend mon retour.

Vous qui m'accompagnez, montrez votre allégresse ;
Par vos jeux, par vos chants, célébrez ce beau jour.

(Les masques commencent un bal sérieux.)

LE CARNAVAL.

Je veux joindre à ces jeux une nouvelle danse ;
    Venez, aimables enjouements ;
Redoublez en ces lieux notre réjouissance
    Par de nouveaux déguisements.
En ce temps de plaisir le plus sage s'oublie,
    Et permet un peu de folie.

(On tire un rideau, et l'on voit arriver du fond du théâtre un char magnifique traîné par des masques comiques, et rempli de figures de même caractère, qui se mêlent en dansant avec les masques sérieux.)

LE CARNAVAL.

Chantez, dansez, profitez des beaux jours ;
L'heureux temps des plaisirs ne dure pas toujours.

LE CHOEUR.

Chantons, dansons, profitons des beaux jours ;
L'heureux temps des plaisirs ne dure pas toujours.

LE CARNAVAL.

La raison vainement voudrait vous interdire
    Des passe-temps si doux ;
    Les moments que l'on passe à rire
    Sont les mieux employés de tous.

LE CHOEUR.

    Les moments que l'on passe à rire
    Sont les mieux employés de tous.

FIN DU CARNAVAL DE VENISE.

POÉSIES DIVERSES.

ÉPITRE I [1].

A M. LE MARQUIS DE.....

Ariste, en vains discours tu t'échauffes la bile ;
Réserve tes conseils pour un cœur plus docile :
Tes avis sont fort bons, on en doit faire cas ;
Mais, pour t'en parler net, je ne les suivrai pas.
Tel qu'un marchand avide, arraché du naufrage,
Des périls échappés je perds toute l'image ;
Un fier démon m'agite et m'oblige à souffrir.
Ce démon, quel est-il? C'est l'ardeur de courir.
Trop gras d'un plein repos, je pars pour l'Italie.
Je suis fou, diras-tu. Qui n'a pas sa folie?
La nature en naissant, jalouse de son droit,
Marque l'homme à son coin par quelque faible endroit.
Souvent notre bon sens malgré nous s'évapore,
Et nous aurions besoin tous d'un peu d'ellébore.
Pour surcroît de malheur, prévenus follement,
Nous nous applaudissons dans notre égarement.
Moi, vous dira **, que, d'une main profane,
Pour trois fois mille écus je vende mon Albane !
J'aurais perdu l'esprit ; non, je n'en ferai rien.
Mais, monsieur... Non, vous dis-je... Il est beau, j'en convien;
Jamais l'art triomphant, avec tant de noblesse,
N'insulta la nature et montra sa faiblesse :
Mais, s'il vous en souvient, depuis un lustre entier,
En cuillères d'étain, en fourchettes d'acier,
Vous mangez, le dimanche, une fort maigre soupe,

[1] Cette pièce est autant une satire qu'une épître. Elle est sur le même sujet que la satire IV de Boileau (1664) adressée à l'abbé Le Vayer.

Un pot cassé vous sert de bouteille et de coupe,
Et vous, et votre sœur, sans habits et sans bois,
Ne vous chauffez l'hiver qu'en soufflant dans vos doigts.
Voilà d'un fou parfait la parlante peinture,
Dit aussitôt André, qui, docteur en usure,
Compte déjà combien neuf mille francs par mois,
Placés modestement, rendent au denier trois.
Il est fou. Qui le nie? Êtes-vous donc plus sage,
O vous qui, possédant tous les trésors du Tage,
Vous laissez consumer et de soif et de faim,
Plutôt que d'y porter une coupable main?
Oronte [1], pâle, étique, et presque diaphane
Par les jeûnes cruels auxquels il se condamne [2],
Tombe malade enfin; déjà de toutes parts
Le joyeux héritier promène ses regards,
D'un ample coffre-fort contemple la figure,
En perce de ses yeux les ais et la serrure.
Un nouvel Esculape en cette extrémité,
Au malade aux abois assure la santé,
S'il veut prendre un sirop que dans sa main il porte.
Que coûte-t-il? lui dit l'agonisant. — Qu'importe?
— Qu'importe, dites-vous? Je veux savoir combien.
Peu d'argent, lui dit-il. — Mais encor? — Presque rien,
Quinze sous. — Juste ciel! quel brigandage extrême,
On me tue, on me vole : et n'est-ce pas le même,
De mourir par la fièvre, ou par la pauvreté?
Non, je n'achète point à ce prix la santé.
Damon est agité d'une fureur contraire;
Et, dissipant tout l'or qui fit damner son père,
Il fait, en moins d'un an, passer par un cornet
Cinquante mille écus d'un bien et quitte [3] et net.
Qui des deux est plus fou, le prodigue, ou l'avare?
Tous deux de leurs erreurs sont le jouet bizarre.
Que sert donc aux mortels cette droite raison
Que le ciel leur donna comme un sûr cavesson,
Si rien ne peut brider leur fougue et leur audace?

---

[1] Imitation d'Horace, livre II, satire III, v. 142 et suiv. :
Pauper opinius, etc.

[2] Voyez page 357.

[3] On lit, dans l'édition de 1731 :
Cinquante mille écus d'un bien *acquis* et net.

ÉPITRE I.

Toujours dans les excès nous donnons tête basse ;
Le mal est qu'habillant nos vices en vertus,
Notre erreur est toujours ce qui nous plaît le plus.
En dépit d'Apollon D...... [1] veut écrire :
Son frère en vain l'exhorte à quitter la satire,
Il ne veut point changer de style ni de ton ;
Il sait que, bien payé de vingt coups de bâton,
Il gagna plus cent fois, en dépit de l'envie,
Qu'il n'a fait tout l'hiver avec sa comédie.
Laissons donc cet auteur, qui met tout à profit,
Aux dépens de son corps égayer son esprit.
Gillot, depuis vingt ans, à plaider se tourmente ;
De trente-neuf procès il en perdrait quarante [2] ;
Tout maigre et gueux qu'il est, il veut encor plaider ;
L'exemple de Dandin ne saurait le brider.
Voici le fait. Dandin, pour partager sa vie,
Avait pris femme laide et servante jolie :
Conduite par l'esprit du démon du palais,
Chacune un beau matin lui suscite un procès :
La femme demandait que, pour fait d'impuissance,
De permuter d'époux on lui donnât licence ;
La servante voulait que Dandin fût tenu
D'alimenter l'enfant qu'elle avait de son cru.
Dandin prenait en paix la bizarre aventure,
Et se flattait du moins, dans cette procédure,
Malgré tous les détours d'un Maurice importun,
Que de ces deux procès il en gagnerait un :
Il les perdit tous deux ; et, dans la même affaire,
Par un arrêt nouveau, fut impuissant et père.
Il n'est point de cerveau qui n'ait quelque travers.
Saint-Jean [3] ne sait pas lire, et veut faire des vers.
Sur un patin de liége élevant sa chaussure,
Lise veut être grande en dépit de nature.
Damis avait pour vivre huit mille écus par an,

---

[1] Despréaux.

[2] Ce vers prouve que Regnard a pu construire comme je l'ai rapporté le vers suivant :
> Qui de vingt-cinq procès en perd trente par an.
> *Le Légataire*, acte II, scène VIII.

[3] Saint-Jean, auteur de l'opéra d'*Ariadne et Bacchus*, joué en 1696, le 8 mars, musique de Marius, avait été dans les affaires du roi. Sur la fin de ses jours, il se retira et mourut à Perpignan.

Hors la main du ministre ; il se fait partisan.
Enfin, chaque homme est fou, tout m'oblige à le dire ;
Et, si ce n'est assez, je veux encor l'écrire.
Tout beau, me diras-tu, prédicateur en vers ;
Pour trois ou quatre esprits mal timbrés, de travers,
N'allez pas, emporté d'une critique vaine,
Faire ici le procès à la nature humaine.
Je sais bien, cher marquis, que tu n'as aucun trait
De ces fous dont ma plume a tracé le portrait :
Mais toi, qui fais ici le sage de la Grèce,
Ton cœur n'a-t-il jamais ressenti de faiblesse ?
Ce fier tyran de l'âme, Amour, ce doux poison,
Dis-moi, n'a-t-il jamais attaqué ta raison ?
Si l'on me voit encore aux pieds de la cruelle,
Dit un amant piqué des rigueurs d'une belle [1],
Que l'enfer... Doucement... Que la foudre... Eh ! de grâce,
Suspendez vos serments. Le premier jour se passe ;
L'amant, comme un reclus, s'enferme en son logis ;
Il sort, le jour suivant, malgré tous ses dépits ;
Il va, revient, s'approche, observe la fenêtre
Où sa maîtresse exprès affecte de paraître.
Qu'arrive-t-il enfin ? Deux mots dans un billet
Rengagent de nouveau l'oiseau dans le filet.
Plein des nouveaux transports de son amour sincère,
En cent mille façons il s'efforce de plaire :
Malgré son aigre voix, qui fait grincer les dents,
Il apprend de Lambert [2] les airs les plus touchants :
Quoique d'un âge mûr, tourné vers les cinquante,
Pécourt [3] tous les matins lui montre la courante :
Il use chaque jour de parfums sur son corps
Autant qu'il en faudrait pour embaumer deux morts :
Martyr des nouveautés, pour plaire à sa maîtresse,
Des marchands du Palais il épuise l'adresse ;
Changeant, à ses genoux, de geste et de maintien,
Cent fois plus que Baron il est comédien.

[1] Il manque ici au moins deux vers.
[2] Michel Lambert, musicien renommé en son temps, le même dont Boileau parle dans sa satire III, vers 25 à 34. C'était l'homme de Paris qui chantait le mieux. Il mourut en juin 1696.
[3] Pécourt, célèbre danseur, eut la direction des ballets de l'Opéra. Il se retira vers 1700, et mourut le 11 avril 1729, à 78 ans.

ÉPITRE 1.

Si Célimène rit, à rire il s'évertue ;
Est-elle triste, il pleure ; a-t-elle chaud, il sue ;
Se plaint-elle du froid dans le cœur du mois d'août,
Ce Protée aussitôt s'affuble d'un surtout.
Ce procédé, marquis, te paraît-il bien sage?
De l'homme cependant voilà la vive image.
Mais je te veux prouver que l'homme est mille fois
Plus dépourvu de sens que les hôtes des bois.
Est-il rien, réponds-moi, de plus cher que la vie?
Dans chaque être ici-bas cette ardeur réunie
Nous apprend qu'il n'est point de bien plus précieux ;
Cependant l'homme seul, bravant ce don des cieux,
A ses jours tant chéris fait sans cesse la guerre ;
Il cherche à se détruire ; et, craignant que sur terre
Il ne manquât de place à creuser des tombeaux,
Il va, bravant Neptune, en chercher sur les eaux.
Ce débauché, fumant de vin et de crapule,
Met lui-même en son sein le poison qui le brûle.
Ceux que la gloire enchaîne à son char éclatant,
Séduits du faux appât d'un espoir décevant,
Les guerriers si hardis, vrais enfants d'Alexandre,
Qu'un point d'honneur expose et ne saurait défendre,
Combien de fois le jour, pleins d'un noble transport,
Pour vivre en l'avenir, courent-ils à la mort !
Tant qu'à la fin d'un plomb la blessure soudaine
D'une confession leur épargne la peine,
Et paie un créancier par un trépas d'éclat,
Aussi bien que ** par des lettres d'état.
O siècles fortunés, où la forge innocente,
Ne brûlant que pour rendre une moisson moins lente,
Enfantait seulement des socs et des râteaux !
Elle ne creusait point ces terribles métaux
Dont on voit les mortels, insultant à la foudre,
Faire voler la mort avec trois grains de poudre.
On ne faisait amas que de blés et de vins ;
Mars n'avait point encor bâti ses magasins,
Ces affreux arsenaux, réservoirs de la guerre,
D'où l'enfer entretient commerce avec la terre.
Voilà l'homme pourtant : et ces folles erreurs
Sont les égarements dignes des plus grands cœurs.
Et tu veux, cher marquis, que je sois le seul sage,

Que je me sauve seul dans un commun naufrage?
Non, non; conviens plutôt que par mille raisons [1],
Tous les fous ne sont pas aux Petites-Maisons.
Je m'appliquerais mieux aux soins de la sagesse,
S'il se trouvait encor un seul sage en la Grèce.
Mais enfin, puisqu'ici tous les hommes sont fous,
Ce n'est pas un grand mal; hurlons avec les loups.

ÉPITRE II.

A M. L'ABBÉ DE BENTIVOGLIO [2].

Favori d'Apollon, toi qui sur le Parnasse,
D'un vol rapide et fier, suis de si près le Tasse;
Toi, dont les vers galants [3] et libres dans leur cours,
Semblent être en tout temps dictés par les Amours,
A qui, dans mes transports, je fais gloire de plaire;
Cher Abbé, j'ai besoin d'un conseil salutaire.
Je sais que je ne puis mieux m'adresser qu'à toi.
Voici quel est le [4] fait : de grâce, écoute-moi.
Un démon, ennemi du repos de ma vie,
De rimer, en naissant, m'inspira la folie;
Et je n'eus pas encore assemblé douze hivers,
Qu'errant sur l'Hélicon, je composai des vers.
Depuis ce temps fatal, ma vie infortunée,
Aux fureurs d'Apollon fut toujours condamnée.

---

[1] Boileau, satire IV, vers 3 et 4, a dit :
Il n'est point de fou qui, pour de bonnes raisons,
Ne loge son voisin aux Petites-Maisons.

[2] Probablement Cornélis Bentivoglio, si toutefois ce personnage vint à Paris avant sa nonciature, qui est de 1712, trois ans après la mort de Regnard.

[3] *Galants* est conforme à l'édition de 1731 et à celle de 1750. Dans les éditions modernes, on lit, *coulants*.

[4] Dans les éditions autres que les deux citées ci-dessus, on lit : Voici quel est *mon* fait.

Le fantasque qu'il est m'agite à tout propos,
Et se fait un plaisir de troubler mon repos.
Quand, retiré chez moi, que, d'un sommeil tranquille,
Je devrais à mon aise, ainsi que Gémonville,
Entre deux draps bien blancs, jusqu'à midi ronflant,
Attendre le retour d'un dîner succulent;
Bientôt ce dieu fougueux, me tirant par l'oreille,
S'empare de mes sens, me travaille, m'éveille,
M'arrache de mon lit, et fait tant qu'il m'assied,
Ainsi qu'un criminel, sur le sacré trépied.
Avec l'aide d'un fer le caillou [1] étincelle,
Le feu prend; j'entrevois, j'allume ma chandelle;
Je prends la plume en main; j'écris, et quelquefois,
Pour faire quatre vers, je me mange trois doigts:
Je monte, je descends; sur le bruit que je mène,
On croit, dans la maison, que c'est une âme en peine;
La servante, en frayeur, se jette à bas du lit,
Et pour le lendemain me promet un obit,
Avec des oraisons de cent ans d'indulgence :
Mais déjà pour un temps ma pauvre âme en élance
Cherche, travaille, sue; efface, ajoute, écrit,
A la torture met son corps et son esprit.
Encor si quelquefois mon indulgente veine,
De mes premiers efforts se contentant sans peine,
A quelque faible endroit voulait faire quartier,
Je pourrais aisément, comme l'abbé Gontier,
Seul content des transports de ma veine facile,
Fatiguer de mes vers et la cour et la ville :
Mais, hélas ! par malheur, Abbé, le croiras-tu?
Je ne te dirai point si c'est vice ou vertu,
Il me semble toujours, lorsque je viens d'écrire,
Que tout ce que j'ai dit on le pourrait mieux dire ;
Qu'un tel vers, à mon sens, est languissant et froid;
Que ce mot n'est pas bien placé dans son endroit;
Là, que le bon sens souffre, et qu'ici la pensée
De ténèbres encor se trouve embarrassée.
Ainsi toujours chagrin, agité de remords,
Si j'en croyais la voix de mes justes transports,

---

[1] Dans quelques éditions, pour éviter cet hiatus, on a écrit : *le cailloux*.
L'abbé Delille a dit aussi *le cailloux* étincelle.

Je cacherais bientôt sous de sages ratures,
De mes vers mal polis les honteuses mesures;
Ou bien, écoutant mieux la voix de la raison,
Le feu me vengerait des froideurs d'Apollon.
Mais, malgré tous les maux où ma verve m'engage,
Abbé, vois, je te prie, à quel point va ma rage;
Comme si de ce dieu tous les trésors divers
Ne s'ouvraient que pour moi, je veux faire des vers.
J'ai beau, dans mon bon sens blâmant mon imprudence,
De mes astres malins accuser l'influence;
Sitôt que mon démon vient m'offrir son secours,
Il faut, comme un torrent, que ma veine ait son cours.
Je me rejette en mer sans crainte de l'orage ;
Et, tout humide encor de mon dernier naufrage,
J'aime mieux mille fois m'abandonner aux flots,
Qu'aux charmes indolents d'un ennuyeux repos..
Je serais trop heureux si d'une autre manie
Le ciel ne prenait soin de traverser ma vie;
Je ne me trouverais à plaindre qu'à demi,
Si je n'avais, Abbé, que ce seul ennemi :
De quelque adroit poison dont il vînt me surprendre,
Je crois que je pourrais quelquefois m'en défendre :
Mais un dieu plein de haine est venu dans un jour
Souffler dedans mon cœur tous les feux de l'amour.
Depuis le triste instant qui vit finir ma joie,
Mon cœur de deux bourreaux est devenu la proie ;
Et l'un n'a pas plutôt suspendu sa fureur,
Que l'autre arme sa rage et déchire mon cœur :
Car, sitôt qu'Apollon souffre que je respire,
L'Amour vient sur ses pas exercer son empire,
Et m'offrir un objet qui fut fait par les dieux
Pour le tourment des cœurs et le plaisir des yeux.
Que ce plaisir fatal m'a fait verser de larmes !
Qu'il en coûte à mon cœur d'avoir vu tant de charmes !
Et qu'il s'en faut, grands dieux ! dans cet engagement,
Que le plaisir, hélas! égale le tourment !
Je veux à chaque instant m'échapper de ma chaîne ;
J'appelle à mon secours le dépit et la haine,
La raison, ses froideurs, les maux que j'ai soufferts :
Mais, toujours malgré moi retenu dans mes fers,
Plus je forme d'efforts, plus ma rebelle flamme,

ÉPITRE II.

S'irritant par mes soins, s'allume dans mon âme.
Trop heureux Q... qui peux en un seul jour
Changer trois fois d'habit, de cheval, et d'amour ;
Qui peux facilement, d'une flamme légère [1],
Passer du blond au brun, de la fille à la mère !
Pour le premier objet ton cœur est toujours prêt :
Tes plaisirs, il est vrai, sont sans goût, sans attraits ;
Mais tu fais cependant, quoiqu'on en veuille rire,
L'amour sans rien souffrir, et même sans rien dire.
Que je serais heureux, si le ciel, en naissant,
M'eût donné, comme à toi, ce vertueux talent !
Ou, comme à Robineau, qu'il eût mis dans ma bouche
Ces accents doucereux, ce langage qui touche,
Cet air tendre et flatteur, et ce discours concis
Qui fait qu'avec deux mots un cœur se trouve pris !
Mais, hélas ! je n'ai rien de ce qu'il faut pour plaire ;
Je ne puis bien parler, et ne saurais me taire.
Je me consolerais, si, comme au siècle d'or,
Les amants d'aujourd'hui faisaient l'amour encor.
La bouche était du cœur la fidèle interprète :
On n'appréhendait point alors qu'une coquette
Apprît à ses soupirs quand ils devaient sortir,
Et que même les fleurs servissent [2] à mentir ;
Qu'une fausse bonté, succédant à la haine,
Vînt arrêter un cœur prêt à rompre sa chaîne :
On ignorait encor l'art de dissimuler ;
Qui plus avait d'amour, mieux en savait parler ;
Dès que l'on aimait bien, on était sûr de plaire :
Aussi, par un retour et juste et nécessaire,
Il arrivait toujours que le plus amoureux,
Malgré tous ses rivaux, était le plus heureux.
Ce beau temps est passé ; tout a changé de face ;
Et l'amour aujourd'hui ne se fait qu'en grimace.
Il faut être bourru, chagrin, fâcheux, jaloux,
Et plus prompt que Rodrigue [3] à se mettre en courroux.

[1] Boileau.
[2] Ce vers est conforme à l'édition de 1750 et à toutes les éditions modernes. Dans l'édition de 1731, on lit :
> Et même que les fleurs *fussent faits* à mentir.

Faits, masculin, ne peut se rapporter à fleurs, et *faites* donnerait une syllabe de trop.
[3] Rodrigue, personnage de la tragédie du *Cid*.

Moi-même le premier je sens cette faiblesse :
Qu'une mouche bourdonne autour de ma maîtresse,
Et vienne impudemment sur ses lèvres s'asseoir,
Ou qu'un zéphyr fripon lui lève son mouchoir,
Soudain j'entre en fureur, je pâlis, je frissonne,
Et je crois avoir vu mon rival en personne :
Je languis, je me plains, quand je vois ses appas ;
Je ne souffre pas moins quand je ne les vois pas.
Ainsi, toujours fâcheux, odieux à moi-même,
Je passe tous mes jours dans une horreur extrême ;
Je m'ennuie étant seul, le monde me déplaît,
Et ne puis dire enfin si j'aime ou si je hais [1].
Voilà depuis cinq ans la vie que je mène :
Mais enfin il est temps que je sorte de peine ;
Et je viens dans ces vers, Abbé, te consulter.
De deux rudes métiers lequel dois-je quitter ?
Cesserai-je d'aimer, ou bien d'être poète ?
Tu vas me conseiller, en personne discrète,
De laisser l'un et l'autre, et les vers et l'amour.
Il est vrai : mais c'est trop entreprendre en un jour.
Et tu seras encore un saint d'un grand mérite,
Si tu peux, par conseils, par art, par eau bénite,
Exorciser en moi l'un de ces deux démons :
Abbé, je t'en conjure ; et si par tes sermons
Apollon et l'Amour peuvent quitter la place,
S'il en rentre en mon cœur jamais la moindre trace,
Je consens que mon bras, chargé de nouveaux fers,
De l'Ottoman encor fasse écumer les mers ;
De n'aller qu'en béquille, ou sur une civière ;
De ne faire concert qu'avecque Goupillière ;
Et, pour comble à la fin d'ennuis et de tourment,
De ne voir de trois mois la belle Lallemant.

---

[1] Ce vers est conforme à l'édition de 1731, et il est probable que Regnard l'a fait ainsi, comme dans *Sapor*, acte I, scène I, il a fait rimer *consentit* avec *fils*. Dans l'édition de 1750, et dans toutes les éditions modernes, on lit :

>Je m'ennuie étant seul, le monde me déplaît,
>Et ne puis dire enfin si *mon cœur aime ou hait*.

ÉPITRE III.

A M. QUINAULT,

Auditeur en la chambre des comptes, l'un des quarante de l'Académie française, et de celle des inscriptions et belles-lettres.

Favori des neuf Sœurs [1], toi que l'Amour fit naître
Pour être en l'art d'aimer et le guide et le maître,
Et dont les vers galants, libres et pleins d'attraits,
Fournissent à ce dieu les plus sûrs de ses traits ;
Toi qui connais si bien le cœur et la tendresse,
QUINAULT, souffre aujourd'hui qu'à toi seul je m'adresse
Pour châtier des vers, enfants d'un noble feu
Qui n'avait d'Apollon peut-être aucun aveu :
Juge juste et sévère, ajoute, change, efface ;
Viens des vers trop pompeux humilier l'audace ;
Fais à de languissants prendre un plus noble essor ;
Sous tes critiques mains tout va devenir or.
Si mon faible travail s'attire quelque gloire,
Je te la devrai plus qu'aux filles de Mémoire ;
Et pour élève enfin si tu veux m'avouer [2],
C'est par cet endroit seul qu'il faudra me louer :
Car enfin, de tes traits admirateur fidèle,
Où trouverai-je ailleurs un plus parfait modèle,
Soit que ma muse un jour donne à Lulli des vers,
Soupire d'un cœur tendre et digne de ses airs ;
Soit que je veuille encor, d'une plus forte haleine,
Pour le cothurne altier faire couler ma veine ;
Ou qu'un plus noble feu m'emportant vers les cieux,
Je chante d'un héros les exploits glorieux ?
En effet, qui sait mieux dans les plus froides âmes

[1] Il adressa le même hémistiche à Boileau en lui dédiant les *Ménechmes*, page 9 de ce volume.
[2] Ce vers et le suivant terminent aussi la dédicace des *Ménechmes*.

Allumer les brasiers des amoureuses flammes ?
On dirait que l'Amour t'a remis son carquois,
Qu'il frappe par tes coups et touche par ta voix.
Si tu chantes Louis, que l'univers révère,
Tu cesses d'être Ovide, et prends le ton d'Homère.
Quelle gloire pour toi que tes illustres vers
Aient donné matière à ces nobles concerts
Qui vont porter son nom du midi jusqu'à l'Ourse,
Et du couchant aux lieux où le jour prend sa source !
A l'ombre de ce nom, cher QUINAULT, ne crains pas
D'être soumis aux lois d'un injuste trépas :
A l'injure des ans ta gloire est arrachée,
Puisqu'elle est pour jamais à Louis attachée.
Heureux, si, comme toi, plein de divins transports,
Je lui pouvais un jour consacrer mes efforts !
Mais faible et vain désir ! Quelle muse assez fière
Osera maintenant entrer dans la carrière ?
Campistron m'apprend trop, dans de pareils combats,
Les dangers que l'on court en marchant sur ses pas.
Je repousse bien loin de flatteuses amorces,
Et sais mieux mesurer mes desseins à mes forces.
Que d'autres, plus hardis, dans ces nobles travaux,
S'efforcent d'imiter Racine et Despréaux;
Mais moi, je n'irai point, trop altéré de gloire,
Honorer le triomphe acquis à leur victoire;
Content de t'admirer dans un vol glorieux,
Je te suivrai, QUINAULT, et du cœur et des yeux.

ÉPITRE IV.

A M. DU VAULX.

Toi que, pour un faux pas, un sort trop inhumain,
Attache sur un lit avec des clous d'airain,
Quel que soit le chagrin dont ton âme est saisie,

ÉPITRE IV.

Du Vaulx, le croirais-tu ? ton sort me fait envie :
Non que j'ignore à quoi doivent aller tes maux ;
De longs frémissements troubleront ton repos ;
Une maligne humeur sur ta jambe épandue
Par cent élancements cherchera son issue :
Je sais que trente fois, dans son char radieux,
Le soleil fournira la carrière des cieux,
Avant que, pleinement remis de ta disgrâce,
Ton pied dans tes vergers laisse après toi sa trace,
Ou que, voulant tromper les hivers et les vents,
Tes chevaux à Paris te mènent à pas lents.
Si cet éloignement, à ton humeur trop rude,
Des maux que tu ressens aigrit l'inquiétude,
Que dans nos sentiments nous différons tous deux !
Car c'est par cet endroit que je te trouve heureux.
Tu vis tranquille aux champs, tandis qu'en cette ville
Rien ne s'offre à mes yeux qui n'échauffe ma bile.
Pendant un mois au moins les tiens ne verront pas
Mille objets de chagrin qu'on trouve à chaque pas.
Un ** embrassant l'une et l'autre portière
Du char dont autrefois il ornait le derrière,
Traîné par des coursiers qui, d'un pas menaçant,
Font trembler les pavés, et gronder le passant.
Tu n'es point obligé, tout dégouttant de boue,
De serrer les maisons de peur qu'on ne te roue,
Et demeurant longtemps contre le mur collé,
De voir encor passer le train de Champmêlé.
Tu ne crains point, du Vaulx, qu'au détour d'une rue,
Dainville vienne à toi, malgré sa courte vue,
Et, vomissant des vers fades et mal tournés,
N'infecte ton esprit encor plus que ton nez.
Tu ne vois point d'un fat l'ennuyeuse figure,
Bouffi du vain orgueil de sa magistrature,
Insulter au bon sens, et n'offrir, pour vertus,
Que trois laquais en jaune, et cent fois mille écus.
Pour moi, qui cède au cours d'une humeur incertaine,
Et qui vais jour et nuit où le plaisir m'entraîne,
Quelque soin que je prenne à détourner mes yeux,
Les sots et les fripons me cherchent en tous lieux.
Je rencontre Alidor, dont la haute impudence,
Croit duper jusqu'à Dieu par sa sainte apparence,

Et qui, sous un dehors charitable et pieux,
Cache un franc usurier : Bernard, Portail, Brieux,
Ont gémi sous le poids des intérêts qu'il tire ;
Et c'est le.... enfin, puisqu'il faut te le dire.
Le.... me diras-tu ! parlez mieux, s'il vous plaît ;
Le.... est honnête homme. Il est vrai qu'il connaît
Combien sur un billet par mois on doit rabattre,
Et ce que cent écus rendent au denier quatre.
Mais du pauvre en revanche il fournit aux besoins,
Et l'on voit l'Hôtel-Dieu prospérer par ses soins.
Je me tais : car enfin je vois, plus j'examine,
Qu'être honnête homme ici c'est en avoir la mine.
Damon, midi sonnant, vêtu d'un habit noir,
Un dimanche, dans l'œuvre, au sermon vient s'asseoir ;
D'un gros livre, à l'instant, que son bras porte à peine,
Il parcourt les feuillets, et les lit d'une haleine.
Tu croirais, à le voir, que le ciel en courroux
Suspend, en sa faveur, tous ses carreaux sur nous.
Mais prends garde à ce fourbe ; et, par trop d'imprudence,
Ne va pas d'un dépôt charger sa conscience ;
Tu le verrais bientôt, avec un front d'airain,
Nier d'avoir reçu ce qu'il prit de ta main ;
Et, par mille serments, au mépris du tonnerre,
Attester hautement et le ciel et la terre.
Mais je t'entends déjà, d'un ton de défenseur,
Blâmer les traits aigus de mon esprit censeur ;
Et, lâche adulateur, t'élever, et me dire
Que ces emportements sont bons pour la satire ;
Qu'on peut trouver encor quelque honnête homme ici,
Et que tous ne sont pas faits comme...
Ariste, diras-tu, n'est-il pas un modèle
D'un homme plein d'honneur, et d'un ami fidèle ?
N'est-il pas doux, sincère, obligeant, généreux ?
D'accord : mais, entre nous, il n'est pas malheureux
D'avoir pu se purger, quoi que dans lui l'on vante,
De maints fâcheux griefs sus dans la chambre ardente.
Tout mortel porte un fonds corrompu, vicieux ;
Le plus saint est celui qui le cache le mieux :
Et la vertu qu'on voit, si l'on en voit quelqu'une,
N'est qu'un effet de l'art ou bien de la fortune.

ÉPITRE IV. 333

D'un intrépide cœur Crispin, plus de vingt fois,
A frustré, dans Paris, le gibet de ses droits :
Cependant aujourd'hui le premier à l'église,
Le ciel ne fait de bien que par son entremise ;
Il est dévot, pieux ; et, pour n'en dire rien,
C'est qu'il a pris assez pour être homme de bien ;
Que de mille orphelins il a fait des victimes,
Et ses vertus ne sont que le fruit de ses crimes.
Sans les coups imprévus d'un outrageant cornet,
Ou les revers affreux d'un maudit lansquenet,
Verrait-on d'O... plein d'une ardeur nouvelle,
Servir les hôpitaux, prier Dieu d'un grand zèle?
Non ; autour d'une table, assis en quelque lieu,
De toute autre manière il parlerait à Dieu.
Mais je m'emporte trop, et ma mordante veine
Des esprits mal tournés va m'attirer la haine.
Et que veux-je de plus? Si tu m'aimes, DU VAULX,
Je suis assez vengé de la haine des sots.
Démocrite, après tout, l'estima-t-on moins sage,
Lorsque d'un ris moqueur il châtiait son âge,
Et que, las des Lombards qu'il trouvait en tous lieux,
Pour n'en plus voir enfin il se creva les yeux?

Cependant, de son temps, voyait-on dans Abdère
Un Pécourt de ses airs insulter le parterre?
Voyait-on la... sous un dais de velours?
La... d'un duc devenir les amours,
Après que chacun sait qu'autrefois de chez elle
On ne faisait qu'un saut chez Bessière ou Morelle?
Il ne rencontrait point alors en son chemin
Une mule à pas lents traînant un médecin,
Et n'aurait jamais cru qu'en ce temps où nous sommes,
On eût mis à profit l'art de tuer les hommes.
Que dirait-il, grands dieux ! si, sur les fleurs de lis,
Il voyait au palais un magistrat assis,
Qui, malgré les clameurs de Maurice en furie,
Se dédommage à fond d'une longue insomnie,
Et, n'ayant pas du fait entendu quatre mots,
Pour donner un arrêt, se réveille en sursaut ;
S'il voyait des repas dont la folle dépense
Des eaux et des forêts épuise l'abondance ;

S'il voyait un sénat de cuisiniers fameux
Pour quelque nouveau mets tenir conseil entre eux,
Donner des lois au goût, et, pour le satisfaire,
Y décider en chef des points de bonne chère?

Mais voilà bien prêcher, me dira Daigremont,
Qui, comme moi, souvent bâille et dort au sermon.
A quoi bon ces chagrins? quel démon vous agite?
En vain contre les mœurs la raison vous irrite;
Par quatre méchants vers, peut-être déjà dits,
Croyez-vous changer l'homme et redresser Paris?
Non; je sais que vouloir réformer cette ville,
C'est tracer sur le sable un sillon inutile;
Que Bourdaloue et moi, nous prêcherions mille ans,
Avant que la Dussé se passât de galants.
Je sais que Saint-O.... quoi qu'on fasse et qu'on die,
Sera fripon au jeu tout le temps de sa vie.
Mais du moins je fais voir que, marchant loin des sots,
Je sépare souvent le vrai d'avec le faux.
Je distingue... d'avec un homme sage,
Et ne suis point enfin la dupe de mon âge.

ÉPITRE V.

Quoi! toujours prévenu des sentiments vulgaires,
Ne sortiras-tu point des routes ordinaires?
Et veux-tu, te laissant entraîner au torrent,
Toujours dans tes erreurs suivre un peuple ignorant?
Ne pourrai-je à la fin te mettre dans la tête
Que ces opinions où le peuple s'arrête
Sont ces faux loups-garous, ces masques effrayants,
Ces spectres dont ici l'on fait peur aux enfants?
Ne sais-tu point encor, par ton expérience,
Que tout ce qu'ici-bas on appelle science,
N'est qu'un abîme obscur, où nous trouvons enfin
Qu'il n'est rien de si sûr que tout est incertain;
Qu'une femme en sait plus que...

ÉPITRE V.

Tu ris ! Qu'a donc, dis-moi, ce discours qui t'étonne?
Je ne veux que deux mots pour te pousser à bout.
Qu'est-ce que le savoir? L'art de douter de tout.
Ignorer ou douter étant la même chose,
Un simple esprit, certain de ce qu'on lui propose,
N'est-il pas, réponds-moi, mille fois plus savant
Dans ses égarements, que ce docte ignorant,
Lequel, interrogé si le soleil éclaire,
Répond : Je n'en sais rien ; j'en doute ; il se peut faire.
Mais il faut s'égayer ; et, sur le même ton,
Après t'avoir prouvé par plus d'une raison
Que l'homme ne sait rien qu'à force d'ignorance,
Sceptique dangereux, je dis plus, et j'avance
Que le bien et le mal n'est qu'en opinion ;
Que faire l'un ou l'autre est faire une action
Que la loi seulement défend, ou rend licite,
Et qui ne porte en soi ni crime ni mérite ;
Que l'un dans l'autre enfin est si fort confondu,
Que le bien est un mal, le crime une vertu.
Ma doctrine n'est pas tout à fait orthodoxe,
J'en conviens, et je sais qu'un pareil paradoxe
Du portique incertain a toujours pris l'essor.
Mais il faut le prouver comme l'autre : d'accord.
Le bien dont nous parlons n'est-il pas d'une essence
Qui ne prend que de soi toute son excellence ;
Qui, recherché de tous, et toujours précieux,
N'emprunte sa valeur ni du temps ni des lieux ?
Le mal est, d'autre part, ce qu'une voix tacite
Nous dit être mauvais, et que chacun évite.
Or, dis-moi, quelle chose est d'un goût général
Ici-bas reconnue, ou pour bien ou pour mal ?
Chaque peuple, à son gré, conduit par ses caprices,
N'a-t-il pas ordonné des vertus et des vices?
Et, sans de la raison écouter trop la voix,
Ce qui fut mal en soi fut fait bien par les lois.
Chacun, dans ses erreurs, ou fâcheux, ou commode,
S'établit une loi purement à sa mode.
Ainsi l'on vit du Nil les brûlés habitants
Peindre les anges noirs, comme les démons blancs.
Le porc est chez l'hébreu le morceau détestable ;
Le porc, chez les chrétiens, est l'honneur de la table ;

Et sur le même mets nous voyons attaché,
Pour les uns du plaisir, pour d'autres du péché.
L'Ottoman ne saurait boire du vin sans crime ;
Le Germain, s'il n'en boit, ne peut être en estime ;
Et c'est une vertu, sur les rives du Rhin,
De perdre la raison pour faire honneur au vin.
On a, dans mille lieux, vingt femmes de réserve
Deux suffisent ici pour aller droit en Grève ;
Même les plus sensés, craignant le nom de sot,
Ont jugé sainement qu'une était encor trop.
Un mari, redoutant les coups de la tempête
Dont le musqué blondin vient menacer sa tête,
Croit qu'il n'est point au monde un plus sensible affront
Que celui qui, sans bruit, le peut marquer au front,
Et qu'il n'est devant Dieu d'actions plus énormes
Que ces crimes féconds qui font pousser les cornes.
Il n'en est pas de même en ces tristes pays
Que sous d'âpres glaçons l'Aquilon tient transis.
Qui le sait mieux que moi ? La froide Laponie
De ces sottes erreurs ignore la manie :
Pour honorer son hôte, il faut (me croiras-tu?)
Prendre le soin fâcheux de le faire cocu.
Cocu ! Vous vous moquez. Bon ! il n'est pas possible.
Et pourquoi non? Qu'a donc ce mot de si terrible?
Les femmes n'en ont pas, comme toi, tant de peur.
Cela fut bon jadis. Voyez le grand malheur,
Quand ton nom des cocus grossira le volume,
Si ton front à la chose aisément s'accoutume !
Eh ! pourquoi, sans raison, du seul mot s'effrayer?
Je le dis entre nous, il faut que ce métier
Ne soit pas, après tout, un si rude exercice,
Puisqu'on voit tous les jours dedans cette milice
Des flots d'honnêtes gens venir prendre parti.
Mais je reviens au point duquel je suis sorti ;
Et je dis qu'il n'est point de vertu ni de vice
Qui ne change de nom suivant notre caprice,
Et que tout ici-bas est diversement pris
Par les gens plus sensés [1] et les plus beaux esprits.

[1] Ce vers est conforme à l'édition de 1734. Dans l'édition de 1750 et dans les éditions modernes, on lit :
Par gens les plus sensés et les plus beaux esprits.

Ces lieux si décriés, que ces femmes humaines
Tiennent pour soulager les amoureuses peines,
Ces temples de Vénus, où l'on voit si souvent
Le commissaire en robe appuyé du sergent ;
Ces lieux contre lesquels le dévot voisinage
Va déchaîner son zèle et déployer sa rage,
Sont détestés en France, et bénis au Levant,
Où l'on voit tous les jours le pieux musulman
Fonder sur les chemins, par un excès de zèle,
Ainsi qu'un hôpital ou bien une chapelle,
De ces lieux que l'on trouve ici si dangereux,
Pour les pressants besoins du passant amoureux.
Cépendant, à nous voir, nous sommes les seuls sages ;
Rien ne fut mieux conçu que nos lois, nos usages.
Il est vrai : mais bientôt, par de bonnes raisons [1],
L'Indien va nous placer aux Petites-Maisons.
En effet, dira-t-il, quelle fureur extrême
De mettre en terre un corps qu'on chérit, que l'on aime,
Pour être indignement la pâture des vers?
Qu'avec plus de raison, en cent ragoûts divers,
Le fils mangeant le père, il lui rend en partie
Ce qu'il reçut de lui quand il vint à la vie ;
Et, ranimant sa chair et réchauffant son sang,
Il lui fait de son corps un sépulcre vivant!
Quelle horreur ne font pas ces sentiments bizarres !
Mais pourtant dans ces lieux si cruels, si barbares,
Nous-mêmes nous passons pour des gens sans amour,
Ingrats, dénaturés, et peu dignes du jour.
Non, non, je le dirai, il n'est point de folie [2]
Qui ne soit ici-bas en sagesse établie,
Point de mal qui par bien ne puisse être reçu,
Et point de crime enfin qu'on n'habille en vertu.
Un voleur, par la ville, en pompeuse ordonnance,
Est du fond d'un cachot conduit à la potence :
La raison, l'équité, la coutume, les lois,
Pour demander sa mort tout élève sa voix.

[1] Boileau, satire IV, voir ci-dessus, page 324, note 1re.
[2] Ce vers est conforme à l'édition de 1734. Dans la plupart des autres éditions, on lit:
<blockquote>Je le dirai ; non, non, il n'est point de folie.</blockquote>
On aura probablement fait cette correction pour sauver l'hiatus *dirai, il*.

En jugiez-vous ainsi jadis, Lacédémone,
Quand, par votre ordre exprès, une illustre couronne
Venait ceindre le front du plus adroit voleur,
Qu'on renvoyait comblé de présents et d'honneur?
Cependant les décrets que vous sûtes écrire
Furent reçus dans Rome, et ce fameux empire,
Qui prescrivait des lois à l'univers jaloux,
Se fit toujours honneur d'en recevoir de vous.
Mais pourquoi s'étonner que des lois étrangères
Soient, suivant le caprice, aux nôtres si contraires?
Nous-mêmes, sans raison, à nous-même opposés,
Nous punissons des faits par nous-même encensés;
Et, sans avoir pour nous des raisons légitimes,
Le succès fait toujours nos vertus ou [1] nos crimes.
Il est vrai, j'en conviens, nous voyons parmi nous
Les suivants de Thémis, de leur pouvoir jaloux,
Contre des malheureux déchaîner leur colère.
Mais ces voleurs fameux de la première sphère,
Ces riches partisans, ces heureux scélérats,
Malgré tous leurs forfaits, ne les voyons-nous pas,
A force d'entasser injustices sur crimes,
Se tracer une route aux rangs les plus sublimes?
Voler au coin d'un bois pour éviter la faim,
C'en est trop pour mourir d'un supplice inhumain;
Mais, sous le faux semblant de l'intérêt du prince,
Désoler en un an la plus riche province,
Faire gémir le peuple, accabler l'équité,
Se faire une vertu de son iniquité,
Immoler tous les jours d'innocentes victimes,
Et remporter enfin, pour le fruit de ses crimes,
Le repos malheureux de n'en connaître plus;
Voilà, voilà des faits dont se sont prévalus
Ceux qu'on a vus par là mériter l'alliance
D'un duc et pair, ou bien d'un maréchal de France.
Par cent bouches d'airain mettre une ville à bas,
Ravir une province, enlever des États,
Déposséder des rois affermis sur le trône,
Leur ôter en un jour la vie et la couronne,
Précipiter enfin cent peuples dans les fers,

---

[1] On lit *et* au lieu de *ou* dans toutes les éditions modernes.

Et porter l'épouvante aux coins de l'univers ;
N'est-ce pas là courir de victoire en victoire,
Et faire des exploits d'éternelle mémoire ?
Répandre un peu de sang, c'est être un assassin,
C'est être d'un gibet l'honneur et le butin :
Mais de ruisseaux de sang inonder les campagnes,
De morts et de mourants élever des montagnes,
Immoler l'univers à toute sa fureur ;
A force de trépas, de carnage et d'horreur,
Obliger le soleil à rebrousser sa course,
Et révolter les eaux contre leur propre source :
Que fîtes-vous jamais, illustres conquérants,
Pour mériter le nom d'invincibles, de grands,
Que ces fameux forfaits que l'univers admire?
N'est-ce pas à ce prix qu'on achète un empire ?
Et vous eût-on jamais élevé des autels,
Si vous n'eussiez été qu'à demi criminels ?
Pourquoi commandes-tu que je perde la vie,
Dit ce corsaire un jour au vainqueur de l'Asie ?
Ce fut toi qui m'appris, en pillant l'univers,
Le métier malheureux de voler sur les mers :
Nous exerçons tous deux le même art de pirate ;
En cela différents, que toi dessus l'Euphrate
Tu ravis tous les jours des empires nouveaux,
Et que moi je ne prends sur mer que des vaisseaux.
N'avait-il pas raison ? Car si, pour le bien prendre,
Le corsaire eût été plus voleur qu'Alexandre,
Par un fâcheux revers alors on aurait vu
Le premier sur le trône, et le second pendu.

La plus belle action n'est bien souvent qu'un vice.
Romains, vous l'enseigniez, quand du dernier supplice
Vous punissiez vos fils en criminels d'État,
Quand ils avaient vaincu sans l'ordre du sénat.
De si hautes vertus, de si rares maximes,
Par leur trop de hauteur dégénèrent en crimes ;
Et le crime élevé, et d'éclat revêtu [1],
Perd son nom dans son vol, et se change en vertu.

[1] Dans les éditions faites depuis celle de 1731, pour sauver l'hiatus, *élevé, et,* on a corrigé ainsi :
> Et le crime élevé, *de gloire* revêtu.

Que je te plains, hélas ! malheureuse duchesse,
D'être du campagnard et du clerc la maîtresse !
Tu vois depuis quinze ans, dans ton indigne emploi,
Ta honte tous les jours s'élever contre toi :
Si, comme une Laïs, ou comme une Faustère,
Tu pouvais captiver les maîtres de la terre,
Et t'élevant enfin par quelque coup d'éclat,
Devenir les amours d'un ministre d'État ;
Alors certes, alors, ennoblie, estimée,
Tu verrais de ton sort changer la renommée ;
Tu verrais dans l'État tout soumis à tes lois ;
Seule tu donnerais les charges, les emplois,
Qui tu voudrais irait par la ville en carrosse ;
Tu verrais à tes pieds et l'épée et la crosse ;
Et la France viendrait, ne jurant que par toi,
T'implorer, comme on fait le tout-puissant Louvois.
Plutôt que d'épuiser une telle matière,
Je compterais vingt fois combien au cimetière
Pilon, l'homme aux pardons, a fait porter de corps,
Combien au jeu Robert a perdu de trésors,
Et combien la Milieu, la beauté de notre âge [1],
A de fois en un an recrépi son visage.

ÉPITRE VI.

A M. ***.

Si tu peux te résoudre à quitter ton logis,
Où l'or et l'outremer brillent sur les lambris,
Et laisser cette table avec ordre servie,
Viens, pourvu que l'amour ailleurs ne te convie,
Prendre un repas chez moi demain, dernier janvier,
Dont le seul appétit sera le cuisinier.

---

[1] Boileau a dit :
   Et combien la Neveu, devant son mariage,
   A, de fois, au public vendu son pucelage !

ÉPITRE VI.

Je te garde avec soin, mieux que mon patrimoine,
D'un vin exquis, sorti des pressoirs de ce moine
Fameux dans Ovilé, plus que ne fut jamais
Le défenseur du clos vanté par Rabelais.
Trois convives connus, sans amour, sans affaires,
Discrets, qui n'iront point révéler nos mystères,
Seront par moi choisis pour orner le festin.
Là, par cent mots piquants, enfants nés dans le vin,
Nous donnerons l'essor à cette noble audace
Qui fait sortir la joie, et qu'avouerait Horace.

Peut-être ignores-tu dans quel coin reculé
J'habite dans Paris, citoyen exilé,
Et me cache aux regards du profane vulgaire?
Si tu le veux savoir, je vais te satisfaire.
Au bout de cette rue où ce grand cardinal,
Ce prêtre conquérant, ce prélat amiral,
Laissa pour monument une triste fontaine,
Qui fait dire au passant que cet homme, en sa haine,
Qui du trône ébranlé soutint tout le fardeau,
Sut répandre le sang plus largement que l'eau,
S'élève une maison modeste et retirée,
Dont le chagrin surtout ne connaît point l'entrée :
L'œil voit d'abord ce mont dont les antres profonds
Fournissent à Paris l'honneur de ses plafonds ;
Où de trente moulins les ailes étendues
M'apprennent chaque jour quel vent chasse les nues :
Le jardin est étroit ; mais les yeux satisfaits
S'y promènent au loin sur de vastes marais.
C'est là qu'en mille endroits laissant errer ma vue,
Je vois croître à plaisir l'oseille et la laitue ;
C'est là que, dans son temps, des moissons d'artichauts
Du jardinier actif secondent les travaux,
Et que de champignons une couche voisine
Ne fait, quand il me plaît, qu'un saut dans ma cuisine :
Là, de Vertumne enfin les trésors précieux
Charment également et le goût et les yeux.
Dans le sein fortuné de ce réduit tranquille,
Je ne veux point savoir ce qu'on fait dans la ville ;
J'ignore si Paris fait des feux pour la paix ;
Mes yeux n'y voyent point un maudit Bourvalais

Dans un char surdoré jouir avec audace
Des indignes regards dont chacun le menace ;
Je n'entends point crier tant de nouveaux....
De l'avare cerveau de.... sortis.
Libre d'ambition, d'amour, de jalousie,
Cynique mitigé, je jouis de la vie ;
Et, pour comble de biens, dans ce lieu retiré,
Je n'y connus jamais ni M.... ni G....

Dans ce logis pourtant, humble, et dont les tentures
Dans l'eau des Gobelins n'ont point pris leurs teintures,
Où Mansart de son art ne donna point les lois,
Sais-tu quel hôte, ami, j'ai reçu quelquefois?
Enghien, qui, ne suivant que la gloire pour guide,
Vers l'immortalité prend un vol si rapide,
Et que Nerwinde a vu, par des faits inouïs,
Enchaîner la victoire aux drapeaux de Louis.
Ce prince respecté, moins par son rang suprême
Que par tant de vertus qu'il ne doit qu'à lui-même,
A fait plus d'une fois, fatigué de Marly,
De ce simple séjour un autre Chantilly.
Conti, le grand Conti, que la gloire environne,
Plus orné par son nom que par une couronne,
Qui voit, de tous côtés, du peuple et des soldats
Et les cœurs et les yeux voler devant ses pas ;
A qui Mars et l'Amour donnent, quand il commande,
De myrte et de laurier une double guirlande ;
Dont l'esprit pénétrant, vif et plein de clarté,
Est un rayon sorti de la Divinité,
A daigné quelquefois, sans bruit, dans le silence,
Honorer ce réduit de sa noble présence.
Ces héros, méprisant tout l'or de leurs buffets,
Contents d'un linge blanc et de verres bien nets,
Qui ne recevaient point la liqueur infidèle
Que Rousseau [1] fit chez lui d'une main criminelle,
Ont souffert un repas simple et non préparé,
Où l'art des cuisiniers, sainement ignoré,
N'étalait point au goût la funeste élégance
De cent ragoûts divers que produit l'abondance,

---

[1] Marchand de vin.

Mais où le sel attique, à propos répandu,
Dédommageait assez d'un entremets perdu.

C'est à de tels repas que je te sollicite ;
C'est dans cette maison où ma lettre t'invite.
Ma servante déjà, dans ses nobles transports,
A fait à deux chapons passer les sombres bords.
Ami, viens donc demain, avant qu'il soit une heure.
Si le hasard te fait oublier ma demeure,
Ne va pas t'aviser, pour trouver ma maison,
Aux gens des environs d'aller nommer mon nom ;
Depuis trois ans et plus, dans tout le voisinage,
On ignore, grâce au ciel, mon nom et mon visage [1] :
Mais demande d'abord où loge dans ces lieux
Un homme qui, poussé d'un désir curieux,
Dès ses plus jeunes ans sut percer où l'Aurore
Voit de ses premiers feux les peuples du Bosphore ;
Qui, parcourant le sein des infidèles mers,
Par le fier Ottoman se vit chargé de fers ;
Qui prit, rompant sa chaîne, une nouvelle course
Vers les tristes Lapons que gèle et transit l'Ourse,
Et s'ouvrit un chemin jusqu'aux bords retirés
Où les feux du soleil sont six mois ignorés.
Mes voisins ont appris l'histoire de ma vie,
Dont mon valet causeur souvent les désennuie.
Demande-leur encore où loge en ces marais
Un magistrat qu'on voit rarement au palais ;
Qui, revenant chez lui lorsque chacun sommeille,
Du bruit de ses chevaux bien souvent les réveille ;
Chez qui l'on voit entrer, pour orner ses celliers,
Force quartauts de vin, et point de créanciers.
Si tu veux, cher ami, leur parler de la sorte,
Aucun ne manquera de te montrer ma porte.
C'est là qu'au premier coup tu verras accourir
Un valet diligent qui viendra pour t'ouvrir :
Tu seras aussitôt conduit dans une chambre

---

[1] Ce vers est conforme à l'édition de 1731. Mais, comme il y a une syllabe de trop, on l'a corrigé ainsi dans la plupart des éditions faites depuis :

<pre>On ne sait, grâce au ciel, mon nom ni mon visage.</pre>

Où l'on brave à loisir les fureurs de décembre.
Déjà le feu, dressé d'une prodigue main,
S'allume en pétillant. Adieu jusqu'à demain.

SUR LE MARIAGE.

STANCES [1].

En ce temps malheureux, où tout le genre humain,
  La flamme et le fer à la main,
  Ne travaille qu'à se défaire,
  On ne saurait trop honorer
  Ceux qui, d'humeur plus débonnaire,
  Ne cherchent qu'à le réparer.

  L'hymen, pour repeupler la terre,
Au lieu d'un vain honneur que vous offre la guerre,
  Vous donnera de vrais plaisirs.
On ne trouvera point votre nom dans l'histoire :
  Mais vivre au gré de ses désirs
Vaut bien mieux qu'une mort avec un peu de gloire.

  Ne divertissez point les fonds
Destinés pour la paix de votre mariage :
Encore aurez-vous peine, usant de ce ménage,
  A payer toutes les façons
  Que demande un si grand ouvrage.

Pour être heureux époux, soyez toujours amant ;
  Que, bien plus que le sacrement,
  L'amour à jamais vous unisse ;
Et pour faire durer le plaisir entre vous,
  Que ce soit l'amant qui jouisse
  De tout ce qu'on doit à l'époux.

[1] Quoique ces stances soient imprimées dans les quatre différentes éditions des Poésies de M. Pavillon, de l'Académie française, on ne pense pas contredire les éditeurs, en attribuant à M. Regnard des vers qu'il a mis au rang de ceux dont il se dit l'auteur.

Pour vivre sans débat dans votre domestique,
    Vous n'avez qu'un moyen unique ;
    Et je vais vous le découvrir.
Ne vous entêtez point d'être chez vous le maître ;
    Mais, si l'on veut bien le souffrir,
    Contentez-vous de le paraître.

    Quoi qu'on vous vienne débiter,
    Que rien ne vous fasse douter
    Que votre épouse est toujours sage ;
    Car, sans cet article de foi,
Qu'on doit croire toujours, et souvent malgré soi,
    Point de salut en mariage.

SONNET.

Jardin délicieux, que l'art et la nature
S'efforcent d'enrichir par un concours égal,
Où cent jets d'eau divers, élançant leur cristal,
Des couleurs de l'iris retracent la peinture :

Cabinets toujours verts, rustique architecture,
A qui jamais l'hiver ne put faire de mal,
Qui, bordant à l'envi les rives d'un canal,
Répètent dans les eaux leur charmante figure :

Parterres enchantés, lauriers, myrtes, jasmins,
Que Flore prit plaisir de planter de ses mains,
Et qui font l'ornement de la saison nouvelle :

Dans le charmant réduit de tant d'aimables lieux,
Moins faits pour les mortels qu'ils ne sont pour les dieux,
Qu'il est doux à loisir de pousser une selle !

DIVERTISSEMENT

A METTRE EN MUSIQUE.

Une troupe de joueurs, dont douze habillés comme les figures des cartes, rois, dames et valets, conduits par la Fortune.

MARCHE POUR LES JOUEURS.

LA FORTUNE.

Je suis fille du Sort, inconstante et légère ;
Tout fléchit sous ma loi :
De tous les dieux que l'univers révère,
Aucun n'a plus d'autels ni plus de vœux que moi.

Je donne à mon gré les richesses ;
Tout mortel à me suivre employe tous ses soins :
Je comble souvent de caresses
Ceux qui les attendent le moins.

Vous, qu'une ardeur fidèle
Attache à mes pas chaque jour,
Faites voir ici votre zèle ;
Méritez les faveurs qu'on espère à ma cour.

AIR pour les suivants de la Fortune et pour les cartes.

LE CHOEUR.

Nous tous, qu'un soin fidèle
Attache à ses pas chaque jour,
Faisons voir ici notre zèle ;
Méritons les faveurs qu'on espère à sa cour.

AIRS pour les suivants de la Fortune, et pour les joueurs, travestis en figures de cartes.

UN JOUEUR, UN AMANT.

LE JOUEUR.

Vous qui suivez l'Amour, votre [1] joie est commune ;

[1] Quoique je n'aie trouvé *votre* que dans l'édition de 1731, et que toutes les autres éditions que j'ai consultées portent *notre*, j'ai cru devoir

Le jeu seul peut nous rendre heureux.
L'AMANT.
Infortunés Joueurs, qui suivez la Fortune,
L'Amour seul fait qu'un cœur n'est jamais malheureux.
LE JOUEUR.
Quel plaisir de languir auprès d'une cruelle
Qui vous vend bien cher ses rigueurs?
L'AMANT.
Quel plaisir de languir auprès d'une infidèle
Dont on doit craindre les faveurs?
LE JOUEUR.
La Fortune et ses biens flattent notre espérance,
Et peuvent combler nos désirs.
L'AMANT.
L'Amour et ses douceurs auront la préférence;
Même dans ses chagrins on trouve des plaisirs.
LE JOUEUR.
C'est la Fortune qu'il faut suivre;
Tôt ou tard elle rend contents.
L'Amour à mille maux nous livre,
Et ses biens trop tardifs s'attendent trop longtemps.
L'AMANT.
C'est l'Amour qu'il faut suivre;
Tôt ou tard il nous rend contents.
LA FORTUNE.
Votre querelle m'importune ;
La Fortune et l'Amour sont unis dans ce jour :
Rarement on est bien avec l'Amour,
Quand on est mal avec la Fortune.
(On recommence l'air des joueurs déguisés.)
LA FORTUNE.
Vos jeux ont eu pour moi de sensibles appas :
Je reconnaîtrai votre zèle.
Venez, suivez mes pas
Où [1] la Fortune vous appelle.
LE CHOEUR.
Allons, suivons ses pas ;
La Fortune nous appelle [2].

conserver la première leçon : il me semble même que *notre* fait un contre-sens.

[1] Je n'ai trouvé ce mot *où* que dans l'édition de 1731.
[2] Le surplus de ce divertissement ne s'est pas trouvé parmi les papiers de M. Regnard après son décès.

POUR Mlle L ***.

AIR.

Vainement je cherche quel crime
Rend votre courroux légitime ;
L'Amour contre vous me défend.
Qu'ai-je dit, ou qu'ai-je pu faire ?
Mais je ne puis être innocent,
Puisqu'enfin j'ai su vous déplaire.

En vain l'Amour me justifie ;
Je traîne une odieuse vie :
Heureux si je perdais le jour !
Que me sert-il, dans ma tristesse,
D'être si bien avec l'Amour
Et si mal avec ma maîtresse ?

POUR LA MÊME, SUR SA MALADIE.

Elle est en proie à mille peines ;
Un feu dévorant dans ses veines
Chaque jour vient s'y receler :
Une fièvre ardente consume
Celle qui ne devrait brûler
Que des feux que l'Amour allume.

CHANSON

Pour Mesdemoiselles LOYSON [1], en 1702.

Pour la Doguine
Qu'un autre se laisse enflammer :

---

[1] Dans leur société, l'aînée s'appelait Doguine ; la cadette, Tontine.
Mlles Loyson ont fait beaucoup de bruit dans le monde par les grâces

Si je n'avais point vu Tontine,
Je pourrais me laisser charmer
Par la Doguine.

Ou brune ou blonde,
Tontine charme également ;
Et, pour contenter tout le monde,
Elle est alternativement
Ou brune ou blonde.

Sur son visage
Mille petits trous pleins d'appas
Des Amours sont le tendre ouvrage ;
Sans compter ceux qu'on ne voit pas
Sur son visage.

Sa belle bouche
Est pleine de ris et d'attraits ;
Elle ne dit rien qui ne touche :
L'Amour a choisi pour palais
Sa belle bouche.

Sa gorge ronde
Est de marbre, à ce que je croi ;
Car mortel encor dans le monde
N'a vu que des yeux de la foi
Sa gorge ronde.

Qu'elle est charmante
Avec les accents de sa voix [1] !
Ou quand une corde touchante
Parle tendrement sous ses doigts,
Qu'elle est charmante !

De la Doguine
Je veux célébrer les attraits :

de leur personne et les agréments de leur esprit. (Voy. Opuscules de Fréron, t. II, p. 34.) Tontine vivait encore en 1745, lorsque l'on publia pour la première fois cette chanson. Regnard en avait été éperdument amoureux et voulait l'épouser. La mère de Mlle Loyson ne voulut pas y consentir.

[1] Mlle Tontine était grande musicienne ; elle chantait bien et jouait du clavecin parfaitement.

Elle est digne sœur de Tontine :
Ami, verse-moi du vin frais
   Pour la Doguine.

   Qu'elle est aimable,
Quand Bacchus la tient sous ses lois !
Mais bien qu'elle triomphe à table,
L'Amour ne perd rien de ses droits.
   Qu'elle est aimable !

   Tous, à la ronde,
Vidons ce verre que voilà ;
C'est à cette charmante blonde [1] :
Peut-être elle nous aimera
   Tous, à la ronde.

AUTRE COUPLET

POUR LES DEUX SOEURS, EN 1702.

Sur l'air de *Joconde*.

Chez vous, pour vous faire la cour,
   Prince et marquis se range ;
N'y pourrai-je point quelque jour
   Voir le prince d'Orange ?
Le roi, pour finir nos malheurs,
   Met la taxe par tête ;
Mais vous la mettez sur les cœurs :
   L'impôt est plus honnête.

CHANSON

FAITE A GRILLON

POUR MESDEMOISELLES LOYSON, EN 1703.

Pour passer doucement la vie
   Avec mes petits revenus,

---

[1] L'aînée était blonde, la cadette était brune.

Ici je fonde une abbaye,
Et je la consacre à Bacchus.

Je veux qu'en ce lieu chaque moine
Qui viendra pour prendre l'habit,
Apporte pour tout patrimoine,
Grande soif et bon appétit.

Les vœux qu'en ce temple on doit faire
Ne peuvent point nous alarmer :
Long repas et courte prière,
Chanter, dormir, et bien aimer.

Renaud nous chantera matine,
Très-courte, de peur d'ennuyer :
Je donne à Duché [1] la cuisine;
D'Avaux prendra soin du cellier.

Pour empêcher que les richesses
Ne tentent le cœur de quelqu'un,
L'argent, le vin et les maîtresses,
Tous les biens seront en commun.

Chacun aura sa pénitente,
Conforme à ses pieux desseins;
Et, telle qu'une jeune plante,
La cultivera de ses mains.

Si la belle a quelque scrupule,
Le sage directeur pourra
La mener seule en sa cellule,
Lui lever les doutes qu'elle a.

Afin qu'aucun frère n'en sorte,
Et fasse sans peine ses vœux,
Il sera gravé sur la porte :
ICI L'ON FAIT CE QUE L'ON VEUT [2].

L'Amour, jaloux de la victoire

---

[1] M. Duché, auteur d'*Absalon*, mort en 1704.
[2] C'est la devise de l'abbaye de Thélème, dans Rabelais.

Que Bacchus remporte en ce jour,
Veut aussi partager sa gloire,
Et fonder un temple à son tour.

Pour abbesse il vous a choisie [1] ;
La lettre est écrite en vos yeux :
Pour être avec plaisir suivie :
Pouvait-il jamais choisir mieux ?

Si nous recevons dans la troupe
D'aussi belles sœurs [2] désormais,
Je jure, en vidant cette coupe,
L'ordre ne finira jamais.

Vous, ma sœur [3], qui, pleine de zèle,
Parmi nous voulez bien venir,
L'Amour en ce lieu vous appelle :
L'Amour vous y doit retenir.

En regardant ce beau visage,
Qui comme une fleur doit passer,
N'en présumez pas davantage ;
Songez seulement d'en user.

On reçoit ici la licence
De donner tout à ses désirs ;
Et l'on n'y fait d'autre abstinence
Que de chagrins et de soupirs.

Aimer, boire, point de contraintes,
Chérir ses frères comme soi ;
Voilà nos maximes succinctes,
Nos prophètes et notre loi.

---

[1] Mademoiselle Loyson l'aînée, née à Paris en 1667, morte en novembre 1717, âgée de cinquante ans.
[2] Les deux demoiselles Loyson.
[3] Mademoiselle Loyson la cadette, née à Paris en 1668, morte en mars 1757, âgée de quatre-vingt-dix ans.

ÉPIGRAMME [1]

SUR UN AUTEUR DONT QUELQUES OUVRAGES POSTHUMES ÉTAIENT FORT PIQUANTS ET FORT SATIRIQUES.

Dans ces vers beaux à merveille,
Qui semblent venir du ciel ;
On sent la douceur du miel
Et l'aiguillon de l'abeille ;
Mais si l'abeille toujours
Trouve la fin de ses jours
Dans sa piqûre caustique,
Damon, dis-moi par quel sort
Ici ton aiguillon pique
Seulement après ta mort?

[1] Supplément aux poésies fugitives de Regnard.
Ces vers, attribués à Regnard, insérés sous son nom dans un recueil de poésies, en deux volumes in-12, imprimé à la Haye, chez Henri van Bulderen, en 1715, page 198, tome II, ne se trouvent pas dans la dernière édition de ses œuvres.

SATIRE
CONTRE LES MARIS[1].
1654.

PRÉFACE.

Quelque chose que je dise contre le mariage, mon dessein n'est pas d'en détourner ceux qui y sont portés par une inclination naturelle, mais seulement de faire voir que les dégoûts et les chagrins qui en sont presque inséparables viennent pour l'ordinaire plutôt du côté des maris que de celui des femmes, contre le sentiment de M. Despréaux. J'espère qu'en faveur de la cause que j'entreprends on excusera les défauts qui se trouveront dans cette satire : je me flatte du moins que les dames seront pour moi ; et, à l'abri d'une si illustre protection, je ne crains point les traits de la critique la plus envenimée.

Non, chère Eudoxe, non, je ne puis plus me taire ;
Je veux te détourner d'un hymen téméraire :
D'autres filles, sans toi, vendant leur liberté,
Se chargeront du soin de la postérité ;
D'autres s'embarqueront sans crainte du naufrage :
Mais toi, voyant l'écueil, sans quitter le rivage,
Tu n'iras point, esclave asservie à l'amour,
Sous le joug d'un époux t'engager sans retour,
Ni, d'un servile usage approuvant l'injustice,
De tes biens, de ton cœur lui faire un sacrifice ;
Abandonner ton âme à mille soins divers,
Et toi-même, à jamais, forger tes propres fers.

Ne t'imagine pas que l'ardeur de médire
Arme aujourd'hui ma main des traits de la satire,
Ni que par un censeur le beau sexe outragé

[1] La pièce de Regnard est la contre-partie de la satire X de Boileau, qui fut publiée en 1694. L'édition originale de l'ouvrage de Regnard ne porte que les initiales R. T. D. F. (Regnard, trésorier de France.)

Ait besoin de mes vers pour en être vengé :
Ce sexe plein d'attraits, sans secours et sans armes,
Peut assez se défendre avec ses propres charmes ;
Et les traits d'un critique affaibli par les ans
Sont tombés de ses mains sans force et languissants.
Mon esprit autrefois, enchanté de ses rimes,
Lui comptait pour vertus ses satiriques crimes,
Et livrait avec joie à ses nobles fureurs
Un tas infortuné d'insipides auteurs ;
Mais je n'ai pu souffrir qu'une indiscrète veine
Le forçât, vieux athlète, à rentrer dans l'arène ;
Et que, laissant en paix tant de mauvais écrits,
Nouveau prédicateur, il vînt, en cheveux gris,
D'un esprit peu chrétien blâmer de chastes flammes,
Et, par des vers malins, nous faire horreur des femmes.
Si l'hymen après soi traîne tant de dégoûts,
On n'en doit imputer la faute qu'aux époux ;
Les femmes sont toujours d'innocentes victimes,
Que des lois d'intérêt, que de fausses maximes
Immolent lâchement à des maris trompeurs.
On ne s'informe plus ni du sang ni des mœurs.

Crispin, roux et Manceau, vient d'épouser *Julie* ;
Il est du genre humain et l'opprobre et la lie :
On trouverait encore, à quelque vieux pilier,
Son dernier habit vert pendu chez le fripier.
Par ses concussions, fatales à la France,
Il a déjà vingt fois affronté la potence ;
Mais cent vases d'argent parent ses longs buffets ;
Avec peine un milan traverse ses guérets :
Que faut-il davantage ? Aujourd'hui la richesse
Ne tient-elle pas lieu de vertu, de noblesse ;
Et, pour faire un époux, que voudrait-on de plus
Que dix terres en Beauce, avec cent mille écus ?

Regarde *Dorilas*, cet échappé d'Esope,
Qu'on ne peut discerner qu'avec un microscope,
Dont le corps de travers et l'esprit plus mal fait,
D'un Thersite à nos yeux retracent le portrait :
Que t'en semble, dis-moi ? Penses-tu qu'une fille
Qui n'a vu cet amant qu'à travers une grille,

Et qui, depuis dix ans, nourrie à Port-Royal,
A passé du parloir dans le lit nuptial,
Puisse garder longtemps une forte tendresse
En faveur d'un mari d'une si rare espèce,
Quand la ville et la cour présentent à ses yeux
Des flots d'adorateurs qui la méritaient mieux?

Mais je veux que du ciel une heureuse influence
Rassemble en ton époux et mérite et naissance :
Infortuné joueur, il perdra tous tes biens,
Qu'un contrat malheureux confond avec les siens.

Entrons dans ce brelan, où s'arrête à la porte
Des laquais mal payés la maligne cohorte.
Vois les cornets en l'air jetés avec transport,
Qu'on veut rendre garants des caprices du sort ;
Vois ces pâles joueurs, qui, pleins d'extravagance,
D'un destin insolent affrontent l'inconstance,
Et sur trois dés maudits lisent l'arrêt fatal
Qui les condamne enfin d'aller à l'hôpital.
Pénétrons plus avant. Vois cette table ronde,
Autel que l'avarice éleva dans le monde,
Où tous ces forcenés semblent avoir fait vœu
De se sacrifier au noir démon du jeu.
Vois-tu sur cette carte un contrat disparaître ?
Sur cette autre un château prêt à changer de maître?
Quel soudain désespoir saisit ce malheureux
Que vient d'assassiner un coupe-gorge affreux?
Mais fuyons : sous ses pieds tous les parquets gémissent ;
De serments tout nouveaux les plafonds retentissent ;
Et, par le sort cruel d'une fatale nuit,
Je vois enfin *Galet* à l'aumône réduit.
Sa femme cependant, de cent frayeurs atteinte,
Boit chez elle à longs traits et le fiel et l'absinthe,
Ou, traînant après soi d'infortunés enfants,
Va chercher un asile auprès de ses parents.

Harpagon est atteint de toute autre folie.
Le ciel l'avantagea d'une femme accomplie :
Il reçut pour sa dot plus d'écus à la fois
Qu'un balancier n'en peut réformer en six mois.

Sa femme se flattait de la douce espérance
De voir fleurir chez elle une heureuse abondance :
Elle croyait au moins que deux ou trois amis
Pourraient, soir et matin, à sa table être admis;
Mais *Harpagon,* aride, et presque diaphane [1]
Par les jeûnes cruels auxquels il se condamne,
Ne reçoit point d'amis aux dépens de son pain :
Tout se ressent chez lui des langueurs de la faim.
Si, pour fournir aux frais d'un habit nécessaire,
Sa femme lui demande une somme légère,
Son visage soudain prend une autre couleur ;
Ses valets sont en butte à sa mauvaise humeur :
L'avarice bientôt, au teint livide et blême,
Sur son coffre de fer va s'asseoir elle-même.
Pour ne le point ouvrir il abonde en raisons :
Ses hôtes, sans payer, ont vidé ses maisons;
D'un vent venu du Nord la maligne influence
A moissonné ses fruits avec son espérance;
Ou de fougueux torrents, inondant ses vallons,
Ont noyé, sans pitié, l'honneur de ses sillons.
Ainsi, toujours rétif, rien ne fléchit son âme.
Pour avoir un habit, il faudra que sa femme
Attende que la mort, le mettant au cercueil,
Lui fasse enfin porter un salutaire deuil.

Mais pourquoi, diras-tu, cette injuste querelle?
Les époux sont-ils faits sur le même modèle?
Alcipe n'est-il pas exempt de ces défauts
Que tu viens de tracer dans tes piquants tableaux?
D'accord : il est bien fait, généreux, noble et sage;
Mais à se ruiner son propre honneur l'engage.

Sitôt que la victoire, un laurier à la main,
Appellera Louis sur les rives du Rhin;
Que des zéphyrs nouveaux les fécondes haleines
Feront verdir nos bois, et refleurir nos plaines,
Ses mulets importuns, bizarrement ornés,
Et d'un airain bruyant partout environnés,
Sous des tapis brodés se suivant à la file,

---

[1] Ce dernier hémistiche et le vers suivant se trouvent déjà ci-dessus, p. 320.

A pas majestueux traverseront la ville.
Tout le peuple, attentif au bruit de ces mulets,
Verra passer au loin surtout, fourgons, valets,
Chevaux de main fringants, insultant à la terre,
Pompe digne en effet des enfants de la guerre !
Mais, pour donner l'essor à ce noble embarras,
Combien chez le notaire a-t-il fait de contrats?
Les joyaux de sa femme ont été mis en gage ;
D'un somptueux buffet le pompeux étalage,
Que du débris commun il n'a pu garantir,
Rentre chez le marchand d'où l'on l'a vu sortir.
Pour assembler un fonds de deux mille pistoles ;
Combien, nouveau Protée, a-t-il joué de rôles !
Combien a-t-il fait voir que le plus fier guerrier
Est bien humble aujourd'hui devant un usurier !
Il part enfin, et mène avec lui l'abondance ;
Tout le camp se ressent de sa noble dépense :
Des cuisiniers fameux, pour lui fournir des mets,
Épuisent chaque jour les mers et les forêts.

Que fait sa femme alors? Dans le fond d'un village
Elle va, sans argent, déplorer son veuvage,
Dans ses jardins déserts promener sa douleur,
Et des champs paresseux exciter la lenteur.
On voit, six mois après, tout ce train magnifique,
Réduit à la moitié, revenir faible, étique ;
On voit sur les chemins l'équipage en lambeaux,
Des mulets décharnés, des ombres de chevaux,
Qui, dans ce triste état n'osant presque paraître,
S'en vont droit au marché chercher un nouveau maître.
Cependant au printemps il faut recommencer ;
Il faut sur nouveaux frais emprunter, dépenser.
Mais nous verrons bientôt une liste cruelle
Du trépas de l'époux apporter la nouvelle :
Et, pour payer enfin de tristes créanciers,
Il ne laisse après lui qu'un tas de vains lauriers.

Il est d'autres maris volages, infidèles,
Fatigants damerets, tyrans nés des ruelles,
Qu'on voit, malgré l'hymen et ses sacrés flambeaux,
S'enrôler chaque jour sous de nouveaux drapeaux ;

Qui, d'un cœur plein de feux à leur devoir contraires,
Encensent follement des beautés étrangères :
Le soin toujours pressant de leurs galants exploits,
En vingt lieux différents les appelle à la fois.

Agathon dans Paris court à bride abattue :
Malheur à qui pour lors est à pied dans la rue !
D'un et d'autre côté ses chevaux bondissants
D'un déluge de boue inondent les passants ;
Tout fuit aux environs, chacun cherche un asile ;
Avec plus de vitesse il traverse la ville
Que ces courriers poudreux que l'on vit les premiers
Du combat de Nerwinde apporter les lauriers,
Et qui de la victoire empruntèrent les ailes,
Pour en donner au roi les premières nouvelles.
De cet empressement le sujet inconnu
Quel est-il en effet ? Eh quoi ! l'ignores-tu ?
Il va, fade amoureux, de théâtre en théâtre,
Exposer un habit dont il est idolâtre :
Dans le même moment on le retrouve au Cours ;
Hors la file, au grand trot, il y fait plusieurs tours.
Tout hors d'haleine enfin il entre aux Tuileries,
Cherchant partout matière à ses galanteries.
Il reçoit tous les jours mille tendres billets ;
Ses bras sont jusqu'au coude entourés de portraits ;
On voit briller dans l'or des blondes et des brunes,
Qu'il porte pour garants de ses bonnes fortunes :
Aux yeux de son épouse il en fait vanité.
Il prétend qu'en dépit des lois de l'équité,
Sa femme lui conserve une amour éternelle,
Tandis qu'il aime ailleurs, et court de belle en belle.
D'autres amours encor... Mais non, d'un tel discours
Il ne m'est pas permis de prolonger le cours :
Ma plume se refuse à ma timide veine.
Eût-on cru que le Tibre eût coulé dans la Seine,
Et qu'il eût corrompu les mœurs de nos Français,
Pour consoler le Rhin de leurs fameux exploits ?

Je voudrais bien, Eudoxe, abrégeant la matière,
Calmer ici ma bile, et finir ma carrière ;
Mais puis-je supprimer le portrait d'un époux

Qui, sans cesse agité de mouvements jaloux,
Et paré des dehors d'une tendresse vaine,
Aime, mais d'un amour qui ressemble à la haine.

Alidor vient ici s'offrir à mon pinceau :
Il est de sa moitié l'amant et le bourreau ;
Partout il la poursuit ; sans cesse il la querelle ;
Il ne peut la quitter ni demeurer près d'elle.
L'erreur au double front, le dévorant ennui,
Les funestes soupçons volent autour de lui ;
Un geste indifférent, un regard sans étude,
Va de son cœur jaloux aigrir l'inquiétude.
Sans cesse il se consume en projets superflus ;
Il voit, il entend tout, il en croit encor plus ;
Il est, malgré ses soins et ses constantes veilles,
Aveugle avec cent yeux, sourd avec cent oreilles.
Chaque objet de son cœur vient arracher la paix ;
Marbres, bronzes, tableaux, portiers, cochers, laquais,
Ceux même qu'aux déserts de l'ardente Guinée
Le soleil a couverts d'une peau basanée,
Tout lui paraît amant fatal à son honneur ;
Il craint des héritiers de plus d'une couleur.
Qu'un folâtre zéphyr, avec trop de licence,
Des cheveux de sa femme ait détruit l'ordonnance,
Sa main s'arme aussitôt du fer ou du poison ;
D'un prétendu rival il veut tirer raison.
Si la crainte des lois suspend sa frénésie,
Pour l'immoler cent fois il lui laisse la vie :
Dans quelque affreux château retraite des hiboux,
Dont quelque jour peut-être il deviendra jaloux,
Il la traîne en exil comme une criminelle ;
Et pour la tourmenter il s'enferme avec elle.
Dans ce sauvage lieu, des vivants ignoré,
D'un fossé large et creux doublement entouré,
Cette triste victime, affligée, éperdue,
Sur les funestes bords croit être descendue,
Lorsque la Parque enfin, répondant à ses vœux,
Vient terminer le cours de ses jours malheureux.

Nomme-moi, si tu peux, quelque mari sans vice,
Ma muse est toute prête à lui rendre justice.

Sera-ce *Licidas*, qui met, avec éclat,
Sa femme en un couvent, par arrêt du sénat,
Et qui, trois mois après devenu doux et sage,
Célèbre en un parloir un second mariage?
Sera-ce *Lisimon*, qui, toujours entêté,
Convoque avec grand bruit toute la Faculté ;
Et sur son sort douteux consultant Hippocrate,
Fait qu'aux yeux du public son déshonneur éclate?
Quel champ, si je parlais d'un époux furieux,
Qui, profanant sans cesse un chef-d'œuvre des dieux,
Ose, dans les transports de sa rage cruelle,
Porter sur son épouse une main criminelle !

Mais je te veux encore ébaucher un tableau.
Remontons sur la scène, et tirons ce rideau.
Dieux! que vois-je? En dépit d'une épaisse fumée,
Que répand dans les airs mainte pipe enflammée,
Parmi des flots de vin en tous lieux répandu,
J'aperçois *Trasimon* sur le ventre étendu,
Qui, tout pâle et défait, rejette sous la table
Les rebuts [1] odieux d'un repas qui l'accable.
Il fait, pour se lever, des efforts violents ;
La terre se dérobe à ses pas chancelants ;
De mortelles vapeurs sa tête encore pleine
Sous de honteux débris de nouveau le rentraîne ;
Il retombe, et bientôt l'aurore en ce réduit
Viendra nous découvrir les excès de la nuit :
Bientôt avec le jour nous allons voir paraître
Quatre insolents laquais, aussi soûls que leur maître,
Qui, charmés dans leur cœur de ce honteux fracas,
Près de sa femme, au lit, le portent sous les bras.
Quel charme, quel plaisir pour cette triste femme
De se voir le témoin de ce spectacle infâme,
De sentir des vapeurs de vin et de tabac,
Qu'exhale à ses côtés un perfide estomac !
Tu frémis : toutefois, dans le siècle où nous sommes,
Chère Eudoxe, voilà comme sont faits les hommes.

Quel mérite, après tout, quels titres souverains

---

[1] *Rebuts* est conforme à l'édition de 1731. Dans toutes les autres que j'ai pu consulter, j'ai trouvé *débris*.

Rendent donc les maris et si fiers et si vains?
Osent-ils se flatter qu'un contrat authentique
Leur donne sur les cœurs un pouvoir tyrannique?
Pensent-ils que, brutaux, peu complaisants, fâcheux,
Avares, négligés, débauchés, ombrageux,
Parés du nom d'époux, ils seront sûrs de plaire
Au mépris d'un amant soumis, tendre, sincère,
Complaisant, libéral, qui se fait nuit et jour
Un soin toujours nouveau de prouver son amour?
Non, non; c'est se flatter d'une erreur condamnable;
Et, pour se faire aimer, il faut se rendre aimable.

Après tous ces portraits, bien ou mal ébauchés,
Et tant d'autres encor que je n'ai pas touchés,
Iras-tu, me traitant d'ennuyeux pédagogue,
Des martyrs de l'hymen grossir le catalogue?
Non; dans un plein repos arrête ton destin :
C'est le premier des biens de vivre sans chagrin.
Si, dans des vers piquants, Juvénal en furie
A fait passer pour fou celui qui se marie,
D'un esprit plus sensé concluons aujourd'hui
Que celle qui l'épouse est plus folle que lui.

LE TOMBEAU DE M. B*** D*** [1].

SATIRE [2].

Quelle sombre tristesse attaque tes esprits?
Le chagrin sur ton front est gravé par replis.
Qu'as-tu fait de ce teint où la jeunesse brille?
Je te vois plus rêveur qu'un enfant de famille,
Qui, courant vainement, cherche depuis un mois
Quelque honnête usurier qui prête au denier trois;
Ou qu'un auteur tremblant qui voit lever les lustres
Pour éclairer bientôt ses sottises illustres,
Quand le parterre en main tient le sifflet tout prêt
Et lui va, sans appel, prononcer son arrêt.

Ma douleur, cher ami, paraît avec justice,
Et n'est point en ce jour un effet du caprice.
Le pompeux attirail d'un funeste convoi
Vient de saisir mon cœur de douleur et d'effroi.
Mes yeux ont vu passer dans la place prochaine
Des menins de la mort une bande inhumaine;
De pédants mal peignés un bataillon crotté
Descendait à pas lents de l'Université :
Leurs longs manteaux de deuil traînaient jusques à terre;
A leurs crêpes flottants les vents faisaient la guerre;
Et chacun à la main avait pris pour flambeau
Un laurier jadis vert pour orner un tombeau.
J'ai vu parmi les rangs, malgré la foule extrême,
De maint auteur dolent la face sèche et blême :
Deux Grecs et deux Latins escortaient le cercueil,
Et, le mouchoir en main, Barbin menait le deuil.
Pour qui crois-tu que marche une telle ordonnance,
Ce lugubre appareil, cette noire affluence?
D'un poète défunt plains le funeste sort :

[1] Boileau Despréaux.
[2] Cette pièce est de 1693 à 1698.

L'Université pleure, et D.... est mort.
Il est mort. C'en est fait ; sa satire nouvelle,
Enfant infortuné d'une plume infidèle,
Dont la ville et la cour ont fait si peu de cas,
L'avait déjà conduit aux portes du trépas,
Quand les cruels effets d'une jalouse rage
L'ont fait enfin partir pour ce dernier voyage.
Il croyait qu'Hippocrène et son plus pur cristal
Ne devaient que pour lui couler à plein canal ;
Mais apprenant qu'un autre, animé par la gloire,
Avait heureusement dans sa source osé boire,
Il frémit, et, percé du plus cruel dépit,
Par l'ordre d'Apollon il va se mettre au lit.
Tu ris ! De tous les maux déchaînés sur la terre
Pour livrer aux auteurs une cruelle guerre
Sais-tu bien que l'envie est le plus dangereux ?
Ils n'ont point d'antidote à ce poison affreux.
Un poète aisément, aidé par la nature,
Souffre la faim, la soif, le soleil, la froidure,
Porte sans murmurer dix ans le même habit,
N'a que les quatre murs, l'hiver, pour tour de lit.
D'un grand qui le nourrit il souffre les saccades ;
Son dos même endurci se fait aux bastonnades :
Mais voit-il sur les rangs quelqu'un se présenter,
Et cueillir des lauriers qu'il croit seul mériter,
Au bon goût à venir soudain il en appelle ;
Au siècle perverti sa muse fait querelle ;
A chaque coin de rue il crie : O temps ! ô mœurs !
Le poison cependant augmente ses ardeurs ;
Et les dépits cruels, les noires jalousies,
Font à la fin l'effet de vingt apoplexies.
Ainsi finit ses jours le classique héros
Dont un triste cercueil garde à présent les os.
Mais se sentant voisin de l'infernale rive,
Et tout près d'exhaler son âme fugitive,
Il demanda par grâce, et d'une faible voix,
D'embrasser ses enfants pour la dernière fois.
Deux valets aussitôt, ses dignes secrétaires,
Apportent près de lui des milliers d'exemplaires.
Le lit par trop chargé gémit sous les paquets,
Et l'auteur moribond dit ces mots par hoquets :

« O vous, mes tristes vers, noble objet de l'envie ;
» Vous dont j'attends l'honneur d'une seconde vie,
» Puissiez-vous échapper au naufrage des ans,
» Et braver à jamais l'ignorance et le temps !
» Je ne vous verrai plus ; déjà la mort hideuse
» Autour de mon chevet étend une aile affreuse [1] :
» Mais je meurs sans regret dans un temps dépravé
» Où le mauvais goût règne et va le front levé ;
» Où le public, ingrat, infidèle, perfide,
» Trouve ma veine usée, et mon style insipide.
» Moi, qui me crus jadis à Regnier préféré,
» Que diront nos neveux ? R.... [2] m'est comparé !
» Lui qui, pendant dix ans, du couchant à l'aurore,
» Erra chez le Lapon ou rama sous le Maure !
» Lui qui ne sut jamais ni le grec, ni l'hébreu,
» Qui joua jour et nuit, fit grand'chère et bon feu !
» Est-ce ainsi qu'autrefois, dans ma noire soupente,
» A la sombre lueur d'une lampe puante,
» Feuilletant les replis de cent bouquins divers,
» J'appris, pour mes péchés l'art de forger des vers ?
» N'est-ce donc qu'en buvant que l'on imite Horace ?
» Par des sentiers de fleurs monte-t-on au Parnasse ?
» Et R.... cependant voit éclater ses traits,
» Quand mes derniers écrits sont en proie aux laquais !
» O rage ! ô désespoir ! ô vieillesse ennemie !
« Après tant de travaux, sur la fin de ma vie,
» Par un nouvel athlète on me verra vaincu !
» Et je vis ! Non, je meurs ; j'ai déjà trop vécu. »
A ces mots bégayés, que la fureur inspire,
B.... ferme les yeux, penche la tête, expire.
Le bruit de cette mort dans le pays latin
Se répand aussitôt et vole chez Barbin.
Là, dans l'enfoncement d'une arrière-boutique,
Sa femme étale en vain un embonpoint antique,
Et, faisant le débit de cent livres mauvais,
Amuse un cercle entier des oisifs du Palais ;
Là, le vieux nouvelliste a toujours ses séances :

[1] Dans la plupart des éditions, on lit :
  Je ne vous verrai plus : déjà la mort *affreuse*
  Autour de mon chevet étend une aile *hideuse*.
[2] Regnard.

Là, le jeune avocat vient prendre ses licences :
Et le blond sénateur, en quittant le barreau,
Vient peigner sa perruque et prendre son chapeau.
C'est là que le chanoine, au sortir du service,
Vient en aumusse encore achever son office,
Et qu'on voit à midi maint auteur demi-nu,
Sur le projet d'un livre emprunter un écu.
Dans ce lycée enfin cette mort imprévue
Fut par les assistants diversement reçue.
Acaste en soupira, le libraire en frémit,
Crispe en eut l'œil humide, et Perrault en sourit.
Pendant qu'on doute encor de la triste nouvelle,
Ariste arrive en pleurs, et, sur une escabelle,
Au milieu du perron se plaçant tristement,
Lut au cercle, en ces mots, l'extrait du testament :
« En l'honneur d'Apollon, à jamais je souhaite
» Aux yeux de l'univers vivre et mourir poète ;
» J'en eus toute ma vie et l'air et le maintien :
» Mais désirant mourir en poète-chrétien,
» Je déclare en public que je veux que l'on rende
» Ce qu'à bon droit sur moi Juvénal redemande :
» Quand mon livre en serait réduit à dix feuillets,
» Je veux restituer les larcins que j'ai faits ;
» Si de ces vols honteux l'audace était punie,
» Une rame à la main j'aurais fini ma vie.
» Las d'être un simple auteur entêté du latin,
» Pour imposer aux sots, je traduisis Longin ;
» Mais j'avoue, en mourant, que je l'ai mis en masque,
» Et que j'entends le grec aussi peu que le basque.
» Surtout de noirs remords mon esprit agité
» Fait amende honorable au beau sexe irrité :
» Au milieu des pédants nourri toute ma vie,
» J'ignorais le beau monde et la galanterie ;
» Et le cœur d'une Iris pleine de mille attraits
» Est une terre australe où je n'allai jamais.
» Je laisse à mon valet de quoi lever boutique
» Des restes méprisés d'une ode pindarique
» Qu'on vit dans sa naissance expirer dans Paris ;
» On le verrait bientôt rouler en chevaux gris,
» Si le langage obscur employé dans cette ode [1],

[1] Regnard, comme on voit, ne loue pas l'ode sur la prise de Namur.

» Pouvait un jour enfin devenir à la mode.
« *Item*... » Mais à ce mot, chez l'horloger Le Roux
La pendule se meut, sonne, et frappe dix coups.
Alidor aussitôt, rempli d'impatience,
D'un délai criminel accuse l'assistance ;
Fait voir que le temps presse, et qu'il faut en grand deuil,
Dans une heure au plus tard escorter le cercueil.
Il dit ; et dans l'instant on vit la compagnie
Se lever brusquement pour la cérémonie.
L'un court chez un ami, l'autre chez un fripier,
Endosser l'attirail d'un nouvel héritier.
Perrin, d'un vieux bahut où pend une serrure,
Tira son justaucorps, fait au deuil de Voiture,
Dont le coude entr'ouvert reçut plus d'un échec,
Et d'un crêpe reteint orna son caudebec.
Pradon, le seul Pradon, eut assez de courage
D'entrer chez un drapier, et d'un humble langage,
Pour quatre aunes de drap estimé vingt écus,
Proposer un billet signé *Germanicus*.
Enfin, midi sonnant, cette lugubre escorte
S'est saisie aujourd'hui du défunt sur sa porte ;
Et, promenant ses os de quartier en quartier,
Le conduit au Parnasse à son gîte dernier.
C'est là qu'on va porter ses funèbres reliques,
Dans la cave marquée aux auteurs satiriques.
Là, sur un marbre offert aux yeux de l'univers,
En caractères d'or on gravera ces vers :

    Ci-gît maître B...... qui vécut de médire,
    Et qui mourut aussi par un trait de satire :
    Le coup dont il frappa lui fut enfin rendu.
    Si par malheur un jour son livre était perdu,
    A le chercher bien loin, passant, ne t'embarrasse ;
    Tu le retrouveras tout entier dans Horace.

FIN DES POÉSIES DIVERSES.

PRÉFACE.

Cette édition contient les comédies que Regnard a composées pour l'ancien Théâtre italien; on ne les trouve que dans peu d'éditions; sans doute parce qu'on les a jugées fort inférieures aux pièces que Regnard a composées pour le Théâtre français. Elles le sont en effet; cependant il y aurait de l'injustice à leur refuser toute espèce de mérite, et nous ne pouvons les croire indignes de figurer à côté des chefs-d'œuvre de leur auteur.

Les défauts qu'on peut leur reprocher tiennent à la scène pour laquelle elles étaient destinées. En général, les comédies de l'ancien Théâtre italien étaient faites avec irrégularité; on peut même dire avec licence; c'étaient, pour la plupart, des intrigues communes, mal tissues, et vides d'action : on suppléait à ces défauts par des scènes épisodiques.

Tout informes qu'elles étaient, ces comédies plaisaient cependant au public, et à un public éclairé, qui, en sortant d'applaudir aux grandes pièces de notre scène française, ne dédaignait pas d'aller sourire aux bouffonneries de la Comédie italienne; et non seulement elles ont été accueillies favorablement à la représentation, mais elles se sont soutenues à l'impression; elles ont plu sans le secours des autres pièces du même poète : nous disons plus, elles ont servi à en soutenir d'autres, et l'on peut même assurer que c'est aux pièces de Regnard que le recueil de Ghérardi a dû la plus grande partie de son succès. Ainsi, en joignant ces comédies aux autres œuvres de Regnard, nous n'avons pas à craindre qu'on nous fasse le reproche d'avoir grossi notre édition de pièces indignes de leur auteur.

Il est de notre objet, en donnant ces comédies, de dire un mot du Théâtre italien, pour lequel elles ont été composées.

On ne donnait d'abord à ce théâtre que des canevas; les acteurs les remplissaient : le jeu de ces acteurs et le goût que le public prit pour la langue italienne soutinrent pendant quelque temps ce genre de spectacle ; mais ce goût ayant cessé, le jeu des acteurs fut insuffisant, et la salle devint déserte.

Quelques acteurs imaginèrent de parler français, et par là ils ramenèrent le public. Dominique, ce fameux arlequin, dont le nom est toujours cher aux amateurs du spectacle italien, se permit le premier, dit-on, de parler la langue nationale, jusqu'alors étrangère à son théâtre. Cette nouveauté éprouva des contradictions ; Dominique les surmonta, comme tout le monde sait ; et depuis ce temps les principaux intrigants de la scène italienne, l'Arlequin, le Mezzetin, le Scapin, etc., sont demeurés en possession de parler français.

Insensiblement les autres acteurs les ont imités. On a hasardé des pièces presque entièrement françaises ; quelques scènes italiennes courtes, et confiées aux acteurs les moins goûtés du public, ont été les seuls vestiges que l'on ait conservés de l'ancien établissement. On peut fixer l'époque de ce changement à l'année 1687 ou 1688, et il a duré jusqu'à la suppression de la troupe en 1697.

Quand on commença à parler français au Théâtre italien, de jeunes auteurs composèrent des scènes pour les acteurs qui avaient obtenu ce privilége, mais ils s'asservirent peu à l'intrigue principale de la pièce ; ils ne songèrent qu'à donner des morceaux d'un comique chargé et propre à faire ressortir le jeu de ceux pour qui ils travaillaient.

Quelques auteurs se sont entièrement consacrés à ce théâtre ; tels ont été Fatouville et Montchesnay : nous croyons pourtant qu'ils auraient pu se promettre quelque succès sur un autre théâtre, et peut-être la scène française a-t-elle à regretter qu'ils ne lui aient pas donné quelques instants.

D'autres se sont contentés d'y faire l'essai de leurs talents. Regnard et Dufresny sont de ce nombre. C'est sur le Théâtre italien que se sont d'abord exercées les plumes qui nous ont donné LE JOUEUR, LE LÉGATAIRE, LES MÉNECHMES, LE DOUBLE VEUVAGE, LE DÉDIT, etc.

Ce n'est pas cependant que ces deux auteurs aient regardé la scène italienne comme une école qui ne dût être fréquentée que par les commençants ; ils n'ont pas dédaigné d'y travailler dans le temps même qu'ils jouissaient de toute leur gloire, et nous voyons qu'ils donnèrent ensemble aux Italiens leur comédie de la Foire Saint-Germain, dans la même année qu'ils ont donné aux Français la pièce du Joueur, l'un des principaux fondements de leur réputation.

Les comédies de Regnard, destinées au Théâtre italien, ont toutes été données dans l'intervalle dont nous avons parlé, de 1687 à 1697.

Nous croyons encore devoir donner quelques éclaircissements sur les acteurs qui ont joué dans les pièces que contient ce recueil.

Les personnages n'avaient pas, à la Comédie italienne, des noms purement arbitraires; un acteur choisissait un caractère qui lui restait propre; il imaginait pour ce caractère un habillement particulier qu'il ne changeait plus, et un nom sous lequel il était connu du public.

Ainsi, les acteurs italiens n'étaient jamais étrangers à leurs rôles, comme le sont les acteurs des autres spectacles. Dans les pièces françaises, par exemple, le poëte ne s'occupe que du personnage; il force l'acteur d'en prendre le caractère et le ton. Dans les pièces italiennes, au contraire, l'acteur était le modèle; et le caractère théâtral qu'il s'était donné faisait la loi à l'auteur qui l'employait: on savait d'avance comment devaient agir et parler le Docteur, Arlequin, Pierrot, etc. On jugeait la pièce sur le rapport qu'elle avait avec la conduite et le langage qu'on supposait à ceux qui portaient tel nom et tel habit.

Ce n'était pas encore là la plus grande influence des acteurs italiens sur les pièces qu'ils avaient à jouer: quand l'auteur ne donnait qu'un canevas, les acteurs qui le remplissaient devenaient auteurs eux-mêmes; ils contribuaient essentiellement au succès, bon ou mauvais, de la pièce.

On peut juger de là qu'il n'est pas inutile, en donnant au public des pièces du Théâtre italien, de donner en même temps la notice des acteurs qui en ont été chargés; non-seulement ils les faisaient valoir par leurs talents, mais encore ils servaient de guides à ceux qui les composaient.

Regnard est, à la vérité, celui qui leur doit le moins; il a peu de canevas, et d'ailleurs les scènes épisodiques qu'il y cousait, de même que les pièces qu'il composait en entier, se soutenaient par elles-mêmes; mais il lui a fallu se conformer à l'usage, et donner à ses personnages les noms et les caractères qu'avaient pris les acteurs de son temps.

NOTICES

SUR LES ACTEURS DE L'ANCIENNE TROUPE ITALIENNE QUI ONT JOUÉ DANS LES PIÈCES DE REGNARD.

Aurélio. Bartholoméo Raniéri a joué les amoureux après la retraite de Zanotti, dit le vieil Octave : il a débuté en 1685, et a joué jusqu'en 1689. Cet acteur a rempli le rôle d'Aurélio dans la comédie du Divorce. On faisait peu de cas de son talent dramatique. On sait qu'il a été obligé de se retirer par ordre de la cour.

Cinthio. L'acteur qui a pris ce nom au théâtre est connu comme auteur et comme acteur : il a débuté en 1667. Son emploi était celui des seconds amoureux; il se nommait Marc-Antoine Romagnési [1].

En 1694, à la mort de Lolli, connu au théâtre sous le nom du docteur Balouard, Romagnési prit son habit et son emploi, et joua ce rôle jusqu'à la suppression.

Romagnési était essentiel à la troupe de plusieurs manières; indépendamment de son jeu sage et vrai, il a donné plusieurs canevas italiens, mêlés de scènes françaises, dont il nous reste quelques fragments, d'après lesquels il serait trop rigoureux de les juger; on se contentera d'observer qu'on les voyait alors avec plaisir.

Octave. C'est le nom qu'a pris Jean-Baptiste Constantini, qui a succédé à Raniéri dans l'emploi des amoureux. Cet acteur a paru, pour la première fois, dans la pièce intitulée : les Folies d'Octave, composée pour ses débuts, en 1688; et il a joué jusqu'à la suppression.

Depuis ce temps, au lieu de retourner en Italie, comme la plupart de ses camarades, il est resté à Paris, et a entrepris des spectacles forains.

Octave était bel homme, mais acteur médiocre. La pièce dans laquelle il plaisait le plus était les Folies d'Octave; mais il en était moins redevable à son jeu qu'à ses talents pour la musique et la danse. On remarque qu'il y jouait de huit instruments différents [2].

---

[1] Cet acteur était aïeul d'Antoine Romagnési, comédien de la nouvelle troupe italienne, connu par les agréables parodies qu'il a faites en société avec Dominique.

[2] Le 2 novembre 1688, les comédiens italiens ont joué, pour la première fois, une comédie italienne intitulée : LES FOLIES D'OCTAVIO. Celui qui représente Octavio est un jeune homme qui fait le personnage d'amant; il est fils de Gradelin et frère de Mezzetin. Il fut applaudi de toute l'assemblée : il joua de sept sortes d'instruments, savoir : la flûte, le téorbe, la harpe, le psaltérion, la cymbale, la guitare et le hautbois; et le lendemain il y ajouta l'orgue. Il ne chante pas mal, et danse fort bien; il est bien fait de sa personne.

(Note manuscrite de M. de Tralage.)

LE DOCTEUR. Deux acteurs ont rempli ce rôle.

Le premier, Constantin Lolli, a joué depuis 1653 jusqu'à sa mort, arrivée en 1694. Cet acteur, connu au théâtre sous le nom du doct ur Gratien Balouard, a joui de la plus grande réputation : il a donné à ce personnage un caractère de caricature italienne dont ses successeurs n'ont été que de faibles imitateurs.

Le second, Marc-Antoine Romagnési, avait joué jusqu'alors les amoureux, sous le nom de Cinthio, comme nous l'avons vu à son article. Il a remplacé Lolli jusqu'à la suppression de la troupe. Son jeu était plus sage et moins chargé que celui de son prédécesseur, et par là moins agréable au public. Romagnési est mort à Paris en 1706.

ARLEQUIN. L'ancienne troupe a eu deux acteurs de ce nom.

Le premier, qui était le fameux Dominique, n'a figuré que dans une des comédies de Regnard, *le Divorce*; encore une note de Ghérardi nous apprend-elle que cette pièce ne réussit point entre ses mains.

La grande réputation de cet acteur ne nous permet pas de le passer sous silence. Il se nommait Joseph Dominique Biancolelli [1] : il a remplacé Locatelli, qui, sous le nom de Trivelin, jouait les mêmes rôles que Dominique a joués depuis sous le nom d'Arlequin. Il a conservé l'habit et le masque de son prédécesseur, et a seulement ajouté la batte ou sabre de bois, que ne portait point Trivelin.

Personne n'ignore à quel point de perfection Dominique a porté le rôle dont il a été chargé, et la grande sensation qu'il a faite. Sa mémoire sera toujours chère aux amateurs de la Comédie italienne.

On ne peut trop s'étonner, d'après cela, que la comédie du *Divorce* ait échoué entre les mains de cet acteur, pour avoir ensuite un succès complet, lorsque le rôle d'Arlequin a été rempli par Ghérardi, qui lui était très-inférieur. Pour n'être pas obligés de douter de la sincérité de Ghérardi, qui nous transmet cette anecdote, nous observons qu'il est possible que le jeu de Dominique se soit trouvé gêné dans une comédie écrite en entier, et qu'il ait eu besoin, pour le faire paraître dans sa perfection, de la liberté que lui donnaient les canevas italiens.

Dominique a débuté en 1660; il a joué jusqu'à sa mort, arrivée en 1688.

Sa perte consterna ses camarades : ils restèrent un mois sans jouer; au bout de ce temps, voici l'affiche qu'ils firent poser :

« Nous avons longtemps marqué notre déplaisir par notre silence, et
» nous le prolongerions encore, si l'appréhension de vous déplaire ne
» l'emportait sur une douleur si légitime. Nous rouvrirons notre théâtre
» mercredi prochain, premier septembre 1688. Dans l'impossibilité de
» réparer la perte que nous avons faite, nous vous offrirons tout ce que
» notre application et nos soins ont pu fournir de meilleur. Apportez
» un peu d'indulgence, et soyez persuadés que nous n'omettrons rien
» de tout ce qui peut contribuer à votre plaisir. »

Le second Arlequin de l'ancienne troupe a été Évariste Ghérardi.

---

[1] Pierre-François Biancolelli, surnommé aussi Dominique, l'un de ses fils, a joué dans la nouvelle troupe les rôles de Trivelin ; il est connu plus avantageusement par les parodies qu'il a composées pour ce théâtre en société avec Romagnési.

Malgré les éloges que cet acteur se donne, on a peine à croire qu'il fût comparable à Dominique. Les auteurs contemporains ne font ni l'éloge ni la critique de son talent théâtral ; c'était beaucoup qu'on le supportât après l'acteur inimitable qu'il remplaçait. Cela suffit pour nous persuader qu'il avait du talent.

Ghérardi a plus de droit à notre estime, par le recueil qu'il a donné des pièces françaises de son théâtre. C'est à ce recueil, fait avec soin et intelligence, que nous sommes redevables de la conservation de plusieurs pièces très-agréables.

Nous avons déjà parlé de l'accueil que le public a fait à cette entreprise. Ghérardi n'avait d'abord hasardé que quelques scènes des plus saillantes, et qui avaient excité au théâtre le plus d'applaudissements. Son premier recueil a paru en 1696.

Après la suppression de la troupe, Ghérardi, encouragé par le succès de sa première tentative, a donné, en leur entier, les pièces dont il n'avait d'abord présenté que des fragments ; et l'on a reçu avec avidité ce qui rappelait le souvenir d'un spectacle que l'on regrettait.

Ghérardi avait épousé Élisabeth Daneret, actrice de sa troupe, sous le nom de la Chanteuse. Il est mort subitement en août 1700.

Mezzetin. Ce rôle a été imaginé à Paris par Angelo Constantini.

Cet acteur avait d'abord débuté sous le nom et l'habit d'Arlequin. Il plaisait peu : cela le détermina à quitter le masque, et à jouer les seconds intrigants, sous l'habit de Mezzetin, qui est de son invention. De cette manière, il se rendit supportable, et continua de doubler Dominique. Après la mort de cet acteur, Mezzetin reprit le masque et l'habit d'Arlequin, et voulut prendre les emplois de Dominique, en conservant toutefois le nom de Mezzetin ; mais il ne fut point goûté : on lui conseilla de quitter une seconde fois le masque. Dans ce temps, Ghérardi débuta et fut reçu pour jouer le rôle d'Arlequin et remplacer Dominique ; Mezzetin continua de le seconder.

Il serait difficile de bien juger des talents de cet acteur, trop exalté par les uns, et trop déprimé par les autres. On sait qu'il était d'une figure très-agréable, et qu'il plaisait beaucoup plus à visage découvert que sous le masque.

Pour donner une idée de la diversité des opinions sur son compte, nous rapporterons des vers faits par la Fontaine pour être mis au bas de son portrait, et la critique qu'en a faite le poète Gacon.

Voici les vers de la Fontaine :

> Ici de Mezzetin, rare et nouveau Protée,
> La figure est représentée :
> La nature l'ayant pourvu
> Des dons de la métamorphose
> Qui ne le voit pas, n'a rien vu ;
> Qui le voit, a vu toute chose.

ÉPIGRAMME DE GACON.

> Pour le portrait de Mezzetin
> La Fontaine a fait un sixain,
> Où l'on voit cet acteur traité d'incomparable.
> Si la Fontaine a cru la chose véritable,

> Je n'oserais le garantir ;
> Mais je sais bien qu'étant fort porté pour la fable,
> Il n'enrage pas pour mentir.

Nous n'entrerons pas dans le détail des aventures de Mezzetin, après la suppression de la troupe italienne : elles sont bizarres et romanesques, mais trop étrangères à son talent théâtral, qui est seul de notre objet. Nous nous contenterons de dire qu'il est revenu à Paris en 1727; qu'il a paru sous son habit de Mezzetin, dans la pièce de Regnard intitulée : *la Foire Saint-Germain;* mais que n'ayant pas eu le succès qu'il espérait, il est retourné à Vérone, sa patrie, et y est mort dans la même année.

Cette dernière anecdote ne dirait rien contre le talent de cet acteur. Mezzetin avait alors plus de soixante-dix ans, et en avait passé près de vingt dans les prisons du château de Konigstein, en Pologne.

SCARAMOUCHE. Tiberio Fiurilli, né à Naples en 1608, a rendu fameux ce rôle, dont on le croit l'inventeur.

Scaramouche était un des plus anciens acteurs de la troupe italienne. Il fit d'abord de fréquents voyages en Italie. Ce fut en 1670 qu'il se fixa à Paris, et il joua jusqu'en 1691. Il se retira alors : il était âgé de 83 ans, et, malgré son grand âge, sa retraite fut une perte pour le théâtre. Il est mort à Paris en 1696.

Peu d'acteurs se sont acquis autant de réputation que Scaramouche. Il passait pour le plus grand pantomime de son temps. Nous ne croyons pas que cette réputation ait été usurpée, et nous ne pensons pas comme un de nos auteurs modernes, qui le relègue dans la classe des voltigeurs et des saltimbanques, en disant que son plus grand mérite consistait à donner un soufflet avec le pied. Il est vrai que Scaramouche était d'une agilité étonnante, et qu'à l'âge de quatre-vingts ans, il avait toute la souplesse d'un jeune homme. Mais ce fait, que rapportent les acteurs contemporains, ne tend qu'à nous transmettre une chose extraordinaire, et nullement à nous donner une idée de ses talents.

Nous allons rapporter ce que dit un de ses camarades, qui, ayant lui-même de grandes prétentions à la réputation d'acteur distingué, n'a pas dû donner à Scaramouche plus d'éloges qu'il n'en méritait.

A l'acte II, scène VII de la comédie de *Colombine avocat pour et contre,* Ghérardi ajoute la note suivante : « Scaramouche, après avoir raccom-
» modé tout ce qu'il y a dans la chambre, prend sa guitare, s'assied sur
» un fauteuil, et joue en attendant que son maître arrive. Pasquariel
» vient doucement derrière lui, et par-dessus ses épaules, bat la mesure;
» ce qui épouvante terriblement Scaramouche; en un mot, c'est ici où
» cet incomparable Scaramouche, qui a été l'ornement du théâtre et
» le modèle des plus illustres comédiens de son temps, qui avaient
» appris de lui cet art si difficile et si nécessaire aux personnes de
» leur caractère, de remuer les passions, et de les savoir bien peindre
» sur le visage; c'est, dis-je, où il faisait pâmer de rire pendant un
» gros quart d'heure, dans une scène d'épouvante, où il ne proférait pas
» un seul mot. Il faut convenir aussi que cet excellent acteur possédait
» à un si haut degré de perfection ce merveilleux talent, qu'il touchait
» plus de cœurs par les seules simplicités d'une pure nature, que n'en

» touchent d'ordinaire les orateurs les plus habiles par les charmes de
» la rhétorique la plus persuasive. Ce qui fit dire un jour à un grand
» prince qui le voyait jouer à Rome : *Scaramouche ne parle point, et il*
» *dit les plus belles choses du monde....* Il a toujours été les délices de
» tous les princes qui l'ont connu, et notre invincible monarque ne s'est
» jamais lassé de lui faire quelques grâces; j'ose même persuader que
» s'il n'était pas mort, la troupe serait encore sur pied, etc. » (Théâtre
italien de Ghérardi, édition de 1700, tome I, page 294.)

PIERROT. Ce rôle est encore d'invention moderne. L'acteur à qui nous le devons se nommait Joseph Giaraton (que l'on prononçait Gératon) : il était né à Ferrare, et il avait d'abord joué sur le Théâtre italien en qualité de gagiste.

Ce fut en 1673 qu'il parut pour la première fois, sous le nom et l'habit de Pierrot, dans la pièce de la *Suite du Festin de Pierre :* il y fit plaisir; cependant il ne fut reçu au nombre des acteurs qu'en 1684, et conserva l'habit et le rôle qu'il avait inventés jusqu'à la suppression, en 1697.

On croit que le changement que fit Dominique dans le caractère de l'Arlequin donna lieu à l'introduction de ce nouveau personnage. Jusqu'alors l'Arlequin avait été un valet sot et balourd ; Dominique en fit un intrigant fin et rusé ; Gératon nous a rendu ce caractère de l'ancien Arlequin, et l'a remplacé au théâtre sous le nouvel habit de Pierrot.

Quoi qu'il en soit, Gératon remplit ce rôle d'original, et d'une manière inimitable : il parlait toujours français, et son succès fut complet, lorsque les pièces françaises furent introduites sur son théâtre ; jusque-là il n'avait plu que médiocrement.

Depuis la suppression, ce caractère s'est reproduit sur les théâtres des foires. Quelques acteurs ont imité la naïveté de l'ancien Pierrot, avec assez de succès pour fixer l'attention du public plus particulièrement que leurs camarades. Ce rôle est devenu le plus important de nos anciens opéras-comiques, et on lui doit les premiers progrès de ce genre de spectacle.

Quant à Gératon, il a abandonné le théâtre après la suppression de sa troupe : il a épousé une femme riche et sur le retour, avec laquelle il s'est retiré dans une terre à quelques lieues de Paris; il y est mort, mais on ignore en quelle année.

PASQUARIEL. Nous dirons peu de chose sur l'acteur qui a joué ce rôle : il se nommait Joseph Tortoriti, et il était de Messine. Sa souplesse et son agilité faisaient la plus grande partie de son mérite ; aussi ne fit-il quelque plaisir que dans ses débuts : ses tours de force étonnèrent, mais ils ne firent pas prendre le change sur les talents qui lui manquaient.

Tortoriti a débuté en 1685 : il ne remplissait, dans les pièces françaises, que de petits rôles. En 1694, il prit l'habit de Scaramouche : il ne fut supporté dans ce dernier rôle qu'à cause de la faveur qu'avaient prise les pièces françaises, dans lesquelles le rôle de Scaramouche était peu important.

Après la suppression, Pasquariel courut les provinces avec une troupe de comédiens; mais il ne réussit point, et mourut dans la misère.

LÉANDRE. C'est le nom de théâtre de Charles-Vigile Romagnési de

Belmont, l'un des fils de Cinthio. Cet acteur débuta en 1694; il jouait les amoureux et doublait Octave.

On ne peut rien dire des talents de cet acteur; ses débuts n'ont précédé que d'environ deux ans la suppression de la troupe. On sait seulement qu'il était d'une très-jolie figure.

ISABELLE. Françoise-Marie-Apolline Biancolelli, fille du fameux Dominique, a débuté sous ce nom en 1683 : elle remplissait les rôles d'amoureuse, et s'en est acquittée jusqu'à sa retraite.

En 1691, M. de Turgis, officier aux gardes, devint amoureux d'Isabelle, et l'épousa le 2 avril; cependant cette actrice ne quitta le théâtre qu'en 1695.

Isabelle était d'une figure très-agréable : elle était très-bien faite et d'une physionomie douce et prévenante. Quoiqu'elle ait été chargée seule d'un emploi important, il ne paraît pas néanmoins que l'on ait beaucoup prisé son talent théâtral.

Après la retraite d'Isabelle, on croit que ses rôles furent remplis par Angélique Toscano, dont nous parlerons plus bas.

COLOMBINE. L'inimitable actrice qui a joué ce rôle était sœur cadette d'Isabelle, et a débuté avec elle en 1683; elle se nommait Catherine Biancolelli.

Le rôle de soubrette a été porté par cette actrice au plus haut point de perfection : elle a joué jusqu'à la suppression de la troupe.

Depuis, Colombine n'a plus voulu monter sur aucun théâtre : elle avait épousé Le Noir, dit la Thorillière, excellent acteur du Théâtre français.

MARINETTE. Angélique Toscano, femme de Pasquariel, a doublé sous ce nom Colombine, jusqu'en 1695 : à cette époque, elle prit le nom d'Angélique, joua les rôles d'amoureuse, et remplaça Isabelle.

Marinette était une actrice médiocre dans l'un et l'autre emploi. Après la suppression, elle a suivi le sort de Pasquariel, son mari; et l'on croit que sa fin n'a pas été plus heureuse.

LA CHANTEUSE. Élisabeth Daneret a débuté le même jour que Léandre, dans la pièce intitulée : le Départ des Comédiens, à titre de chanteuse dans les divertissements. Après la suppression de la troupe, elle entra à l'Opéra. On ignore l'année de sa mort.

AVERTISSEMENT

SUR

LE DIVORCE.

Cette comédie a été représentée, pour la première fois, sur le théâtre de l'hôtel de Bourgogne, le 17 mars 1688.

Une note de Ghérardi, imprimée à la suite de cette pièce, volume II de son recueil, édition de 1717, nous apprend qu'elle n'eut aucun succès dans l'origine, mais qu'elle fut reprise le 1er octobre 1689, et qu'alors elle plut universellement. C'est à son talent que Ghérardi attribue uniquement cette réussite.

Voici cette note telle qu'il la rapporte : « Cette comédie n'avait
» point réussi entre les mains de feu M. Dominique; on l'avait
» rayée du catalogue des pièces qu'on reprenait de temps en
» temps, et les rôles en avaient été brûlés. Cependant, moi (qui
» de ma vie n'avais monté sur le théâtre, et qui sortais du
» collége de la Marche, où je venais d'achever mon cours de
» philosophie sous le docte M. Ballé), je l'ai choisie pour mon
» coup d'essai, qui arriva le 1er octobre 1689, lorsque je parus
» pour la première fois, d'ordre du roi et de Monseigneur; et elle
» eut tant de bonheur entre mes mains, qu'elle plut générale-
» ment à tout le monde, fut extraordinairement suivie, et par
» conséquent valut beaucoup d'argent aux comédiens.

» Si j'étais homme à tirer vanité des talents que la nature m'a
» donnés pour le théâtre, soit à visage découvert[1] ou à visage

---

[1] Ghérardi était d'une figure très-agréable; il a été le premier Arlequin qui ait hasardé de quitter son masque dans certains rôles, et de jouer à visage découvert. Il jouait ainsi le rôle d'Arlequin précepteur d'amour, dans *la Fille savante*.

» masqué, dans les principaux rôles sérieux et comiques, où l'on
» m'a vu briller avec applaudissement aux yeux de la plus polie
» et la plus connaisseuse nation de la terre, j'aurais ici un fort
» beau champ à satisfaire mon amour-propre ; je dirais que j'ai
» plus fait en commençant et dans mes plus tendres années,
» que les plus illustres acteurs n'ont su faire après vingt années
» d'exercice et dans la force de leur âge. Mais je proteste que,
» bien loin de m'être jamais enorgueilli de ces rares avantages, je
» les ai toujours regardés comme des effets de mon bonheur, et
» non pas comme des conséquences de mon mérite, et si quel-
» que chose a su flatter mon âme dans ces rencontres, ce n'a été
» que le plaisir de me voir universellement applaudi après l'ini-
» mitable M. Dominique, qui a porté si loin l'excellence du naïf
» du caractère d'Arlequin, que les Italiens appellent Goffagine,
» que quiconque l'a vu jouer trouvera toujours quelque chose à
» redire aux plus habiles et aux plus fameux Arlequins de son
» temps. »

Il nous semble que les éloges que se donne Ghérardi, avec aussi peu de ménagement, doivent rendre suspecte l'anecdote qu'il nous présente, et que les talents de l'auteur ont autant contribué au succès de cette comédie que ceux de l'acteur.

La comédie du DIVORCE est le coup d'essai de Regnard dans la carrière dramatique ; il n'avait guère plus de trente ans lorsqu'il l'a donnée au théâtre, et nous croyons qu'elle n'est pas indigne de la réputation de son auteur, et que l'on y découvre le germe des talents qui depuis ont honoré la scène française.

Cette pièce n'est, ainsi que toutes celles que l'on jouait alors sur le Théâtre italien, qu'une vraie farce, dont tout le mérite consiste dans la vivacité, la gaieté du dialogue, et dans le ton de vrai comique répandu dans les scènes qui la composent.

Il n'était pas possible que le plus gai de nos poëtes ne réussît dans un genre auquel il était si parfaitement propre : aussi n'est-il rien de plus plaisant que les différents personnages qu'il introduit sur la scène.

L'élégante frivolité de nos maîtres à danser est très-agréablement rendue dans la scène de Trotenville ; sa dispute ridicule avec le maître à chanter est du meilleur comique.

Le chevalier de Fondsec est aussi très-plaisant ; et quoique l'auteur ait quelquefois sacrifié au goût de son siècle pour la charge un peu outrée, nous trouvons dans cette scène des morceaux d'un comique excellent et vraiment neuf : telle est, par exemple, la lecture des tablettes, où le chevalier d'industrie tient registre, heure par heure, de l'emploi de son temps et de ses visites de femmes.

Quant aux principaux caractères, la coquette est peinte avec beaucoup de vérité. Son mari ne joue pas un personnage bien important; mais il y a une sorte d'art d'avoir négligé ce caractère, trop méprisable pour être intéressant, et que l'auteur n'aurait pu rendre plaisant qu'en outrageant trop ouvertement la décence.

Cette pièce n'a point été reprise depuis le rétablissement de la troupe italienne en 1716; nous croyons même qu'on la supporterait difficilement au théâtre : les agréments des scènes épisodiques ne feraient pas pardonner le vice du sujet.

LE DIVORCE

COMÉDIE EN TROIS ACTES.

PROLOGUE.

ACTEURS :

JUPITER. *Pierrot.*
MERCURE. *Mezzetin.*
ARLEQUIN.

SCÈNE I.

ARLEQUIN, seul, sortant en colère.

Hé ! que diable, messieurs, ne sauriez-vous mieux prendre votre temps pour être malades? Cela est de la dernière impertinence, de se trouver mal quand il faut gagner de l'argent. Que voulez-vous que je fasse de tout ce monde-là? (Aux auditeurs.) Messieurs, ce que je vais vous dire vous déplaira peut-être ; mais, en vérité, j'en suis plus fâché que vous, et personne n'y perd tant que moi. Nous ne pouvons pas jouer la comédie aujourd'hui ; voilà notre portier qui vient de se trouver mal, et Pantalon, qui devait faire un rôle de Patrocle, est indisposé. On va vous rendre votre argent à la porte. Vous voyez, messieurs, que nous ne suivons pas les mauvais exemples, et que nous rendons l'argent, quoique la comédie soit commencée.

SCÈNE II.

MERCURE, ARLEQUIN.

MERCURE chante.

Terminez vos regrets, que votre douleur cesse ;

Dans votre sort Jupiter s'intéresse,
Et vient pour empêcher que tu rendes l'argent.

SCÈNE III.

JUPITER, MERCURE, ARLEQUIN.

MERCURE continue de chanter.
Je le vois qui descend.
(Jupiter descend, monté sur un dindon.)
Qu'un changement favorable
Nous arrête dans ces lieux,
Pour voir un spectacle aimable;
C'est l'ordre irrévocable
Du souverain des dieux.

JUPITER.

Arlequin.

ARLEQUIN.

Jupiter.

JUPITER.

Je descends exprès des cieux pour voir une répétition de la pièce nouvelle qu'il y a si longtemps que tu promets. On dit que l'on y sépare un mari d'avec sa femme; et comme Junon est une carogne qui me fait enrager, je pourrai bien en faire venir la mode là-haut.

ARLEQUIN.

Mais, monsieur Jupiter, quelle apparence? Nous ne la savons pas encore : il va venir un débordement de sifflets de tous les diables.

JUPITER.

Ne te mets pas en peine ; j'ai fait provision de quantité de foudres de poche ; et le premier siffleur qui branlera, par la mort! je lui brûlerai la moustache.

ARLEQUIN.

Oh! tout doucement, monsieur Jupiter; ne choquons point le parterre, s'il vous plaît; nous en avons besoin : cela ne se gouverne pas comme votre tête. (Au parterre.) Messieurs, puisque Jupiter l'ordonne, et que d'ailleurs..... l'occasion..... de la faveur.... votre bonté..... votre argent..... qu'on a de la peine à rendre;.... vous voyez bien, messieurs, que nous vous allons donner le Divorce.

JUPITER.

Je vais me placer aux troisièmes loges pour mieux voir.

ARLEQUIN.

Ah! monsieur Jupiter, un gentilhomme comme vous aux troisièmes loges?

JUPITER.

Je me suis amusé, en venant, à jouer à la boule aux Petits-Carreaux, contre quatre procureurs qui ne m'ont laissé que trente sous.

ARLEQUIN.

Où diable vous êtes-vous fourré là? Ces messieurs-là savent aussi bien rouler le bois que ruiner une famille. (Jupiter remonte en l'air, et Arlequin le rappelle.) Monsieur Jupiter, si vous vouliez me laisser votre monture, je la ferais mettre à la daube : aussi bien les dieux de l'Opéra, qui sont bien montés quand ils viennent, s'en retournent toujours à pied.

MERCURE.

O déplorable coup du sort!
O malheur!

ARLEQUIN.

Je frémis; parle.

MERCURE.

Patrocle est mort.

FIN DU PROLOGUE.

LE DIVORCE

COMÉDIE.

ACTEURS :

SOTINET, vieillard, mari d'Isabelle. *Le Docteur*.
ISABELLE, femme de Sotinet.
AURÉLIO, frère d'Isabelle.
ARLEQUIN, intrigant.
COLOMBINE, suivante d'Isabelle.
MEZZETIN \
PIERROT } valets de Sotinet.
PASQUARIEL /

M. DE TROTENVILLE, maître à danser. *Arlequin*.
M. AMILARÉ, maître à chanter. *Mezzetin*.
LE CHEVALIER DE FONDSEC, Gascon. *Arlequin*.
LAQUAIS.

La scène est à Paris.

ACTE PREMIER.

SCÈNE I (ITALIENNE).

AURÉLIO, MEZZETIN.

(Aurélio fait part à Mezzetin du chagrin que lui cause l'union mal assortie de sa sœur avec Sotinet, et lui dit qu'il vient à Paris dans le dessein de prendre des mesures pour opérer leur séparation. Mezzetin offre de seconder ses vues, avec d'autant plus de plaisir qu'il en veut à Sotinet, parce qu'il l'a surpris dans sa cave avec la servante du logis, et lui a donné des coups de bâton. Mezzetin regrette d'avoir perdu son ami Arlequin, dont le génie intrigant lui aurait été d'un grand secours; mais le pauvre garçon s'est avisé de se faire pendre...)

SCÈNE II.

ARLEQUIN, MEZZETIN.

ARLEQUIN en habit de voyage, avec une méchante soubreveste, un chapeau de paille, des bottes, et un bâton à la main. Vers la cantonnade.

Oui, messieurs, étranger, étranger arrivé tout à l'heure

dans cette ville. Le diable emporte toute la race badaudique! Je n'ai jamais vu de gens plus curieux, ni plus insolents ; ils crient après moi : Il a chié au lit, il a chié au lit, comme si j'étais un masque. Mais...

(Il aperçoit Mezzetin.)

MEZZETIN, regardant Arlequin.

Je crois...

ARLEQUIN.

Il me semble...

MEZZETIN.

Que j'ai vu cet homme-là pendu quelque part.

ARLEQUIN.

D'avoir vu cette tête-là sur un autre corps.

MEZZETIN.

Arl...

ARLEQUIN.

Mez...

MEZZETIN.

Arlequin.

ARLEQUIN.

Mezzetin.

(Ensemble.)

Ah ! parente ! parente !

(Ils s'approchent. Mezzetin, levant les bras pour embrasser Arlequin, laisse tomber son manteau; Arlequin, qui fait semblant d'embrasser Mezzetin, passe sous son bras, ramasse le manteau, et s'en va.)

MEZZETIN, l'arrêtant.

Mais ce manteau-là m'appartient.

ARLEQUIN.

Je l'ai trouvé à terre.

MEZZETIN.

En vérité, je suis ravi de te voir. Je parlais tout à l'heure de toi. Tu arrives fort à propos pour rendre service à monsieur Aurélio, dans une affaire de conséquence.

ARLEQUIN.

Qui? monsieur Aurélio, mon ancien maître? celui qui a tant de noblesse, et qui n'a jamais le sou?

MEZZETIN.

Lui-même : il est aussi gueux à présent comme il était du temps que tu le servais.

ARLEQUIN.

Tant pis ; car je ne suis pas aussi sot que je l'ai été, moi ;

et je ne m'emploierai jamais pour qui que ce soit, qu'auparavant je ne sois assuré de la récompense.

MEZZETIN.

Va, va, le seigneur Aurélio est honnête homme. Sers-le bien, et ne te mets point en peine; tes gages te seront bien payés; et si l'affaire que j'ai en tête réussit, je te réponds d'une bonne récompense. Mais tire-moi d'un doute : il a couru un bruit que tu avais été pendu, et je te croyais déjà bien sec.

ARLEQUIN.

Eh! point du tout; je me porte le mieux du monde : il est vrai que j'ai eu quelque petite indisposition, et que j'ai été sur le point de mourir de la courte haleine; mais je m'en suis bien guéri.

MEZZETIN.

Conte-moi donc ta maladie.

ARLEQUIN.

Oui-dà. Tu sais bien que j'ai toujours aimé les grandes choses : dès le temps même que nous avions l'honneur de servir ensemble le roi sur ses galères...

MEZZETIN.

Ne parlons point de cela; je sais que tu as toujours été homme d'esprit.

ARLEQUIN.

Je n'eus pas plus tôt quitté la rame, que je me jetai malheureusement dans les médailles.

MEZZETIN.

Comment, dans les médailles? dans les antiques?

ARLEQUIN.

Non, dans les médailles; c'est-à-dire que quand je n'avais rien à faire, pour me désennuyer, je m'amusais à mettre le portrait du roi sur des pièces de cuivre, que je couvrais d'argent, et que je donnais à mes amis pour du pain, du vin, de la viande, et autres choses nécessaires : mais comme il y a toujours des envieux dans le monde (voyez, je vous prie, comme on empoisonne les plus belles actions de la vie!), on fut dire à la justice que je me mêlais de faire de la fausse monnaie.

MEZZETIN.

Quelle apparence?

ARLEQUIN.

D'abord la justice m'envoya prier de lui aller parler.

MEZZETIN.

Qui envoya-t-elle? des pages?

ARLEQUIN.

Nenni, diable! c'étaient tous gens de distinction et qualifiés. Ils avaient des épées, des plumets bleus, des mousquetons.

MEZZETIN.

Je vous entends; poursuivez.

ARLEQUIN.

Ces messieurs montèrent donc dans ma chambre, et, le plus honnêtement du monde, me prièrent, de la part de la justice, de lui aller parler tout à l'heure; qu'il y avait un carrosse à la porte, qui m'attendait.

MEZZETIN.

Et vous?

ARLEQUIN.

Et moi, j'eus beau dire que j'avais affaire, que je ne pouvais pas sortir, que j'irais une autre fois, il me fut impossible de résister aux honnêtetés et aux empressements de ces messieurs-là.

MEZZETIN, à part.

Aux honnêtetés des pousse-culs.

ARLEQUIN.

Oh! pour cela, rien n'est plus vrai; je n'ai jamais vu de gens plus honnêtes. L'un m'avait pris par un bras, aussi m'avait fait l'autre, en me disant le plus obligeamment du monde : Oh! puisque nous avons été assez heureux que de vous trouver, vous ne nous échapperez pas, et nous aurons le plaisir de vous emmener avec nous; et à force de civilités, ils m'entraînèrent dans leur carrosse, et me conduisirent à la justice. D'abord que je fus arrivé, on me présenta à cinq ou six visages vénérables, qui étaient assis sur des fleurs de lis.

MEZZETIN.

Fort bien! et ces messieurs ne vous prièrent-ils point de vous asseoir?

ARLEQUIN.

Assurément. Celui qui était au milieu d'eux me dit : N'est-ce point vous, monsieur, qui vous mêlez de médailles? A quoi je répondis fort modestement : Oui, monsieur, pour vous rendre mes très-humbles services. Vous êtes un honnête homme, ajouta-t-il ; tout à l'heure nous allons parler à vous ; asseyez-vous toujours en attendant.

MEZZETIN.

Et où t'asseoir ? dans un fauteuil ?

ARLEQUIN.

Bon ! sur une petite chaise de bois qu'on avait mise à côté de moi. Ces messieurs donc, après s'être parlé à l'oreille, me demandèrent encore si véritablement c'était moi qui avais cet heureux talent ? Je leur répliquai qu'oui, que je leur demandais excuse si je ne faisais pas aussi bien que je l'aurais souhaité ; mais que j'avais grande envie de travailler, et qu'avec le temps, j'espérais devenir plus habile.

MEZZETIN.

Fort bien. Et eux parurent fort contents de votre déclaration ?

ARLEQUIN.

Vous l'avez dit. Je remarquai que mon discours les avait réjouis ; mais cela n'empêcha pas qu'ils ne me condamnassent sur l'heure à être pendu et étranglé à la Croix du Trahoir.

MEZZETIN.

Quel malheur !

ARLEQUIN.

Quand j'entendis qu'on m'allait pendre, je commençai à crier : Mais, messieurs, vous n'y pensez pas. Me pendre, moi ! je ne suis qu'un jeune homme qui ne fais que d'entrer dans le monde ; et d'ailleurs, je n'ai pas l'âge compétent pour être pendu.

MEZZETIN.

C'était une bonne raison celle-là.

ARLEQUIN.

Aussi y eurent-ils beaucoup d'égard ; et, pour faire les choses dans l'ordre, ils me firent expédier une dispense d'âge. Me voilà donc dans la charrette. Je ne disais mot, mais j'enrageais comme tous les diables. Nous arrivons enfin à la Croix du Trahoir, au pied de cette fatale colonne qui devait être le *non plus ultrà* de ma vie, et qu'on appelle vulgairement la potence. Comme j'étais fort fatigué du voyage, j'avais soif, je demandai à boire : on me proposa si je voulais de la bière. Je dis que non, et que cela pourrait par la suite me donner la gravelle; je priai seulement les archers de me laisser boire à la fontaine. On se range en haie; je m'approche de la fontaine; je donne un coup d'œil autour de moi, et zest, je m'élance la tête en avant dans le robinet de la fontaine. Les archers, surpris, courent à moi, et me tirent par les pieds; et moi je m'enfonce toujours avec les mains, de manière que j'entrai tout entier dans le tuyau de la fontaine, et il ne resta aux archers que mes souliers pour les pendre. Du robinet de la fontaine, je descendis dans la Seine; de là, je fus à la nage jusqu'au Havre-de-Grace; au Havre-de-Grace, je m'embarquai pour les Indes, d'où me voilà présentement de retour; et voici mon histoire achevée.

MEZZETIN.

Il ne me reste qu'une difficulté, qui est de savoir comment, gros comme tu es, tu as pu te fourrer dans le robinet de la fontaine.

ARLEQUIN.

Va, va, mon ami, quand on est près d'être pendu, on est diablement mince.

MEZZETIN.

Tu as, ma foi, raison. Va m'attendre au Petit Trianon; dans un moment je suis à toi, et je te mènerai chez M. Aurélio. Mais d'où vient que tu n'enfonces point tes pieds jusqu'au fond de tes bottes, et que tu marches sur la tige?

ARLEQUIN.

Je le fais exprès pour épargner les semelles.

(Il s'en va.)

SCÈNE III.

MEZZETIN, seul.

Je tire bon augure de l'affaire de monsieur Aurélio, et la fortune ne nous a pas renvoyé Arlequin pour rien. Mon maître m'a ordonné tantôt de lui amener un barbier: il ne faut pas manquer cette occasion pour lui voler sa bourse; elle servira à mettre nos affaires en train. Allons trouver Arlequin.

SCÈNE IV.

Le théâtre représente l'appartement de M. Sotinet.

SOTINET, PIERROT.

SOTINET.
Entends-tu bien ce que je te dis?
PIERROT.
Oui, monsieur; vous me dites d'empêcher que madame n'entre dans la maison, et de lui fermer la porte au nez.
SOTINET.
Animal, c'est tout le contraire : je te dis de ne laisser entrer personne pour voir ma femme, et de fermer la porte au nez de tous ceux qui se présenteront.
PIERROT.
Eh bien! monsieur, n'est-ce pas ce que je dis? Mais à propos, vous êtes donc jaloux?
SOTINET.
C ne sont pas là tes affaires.
PIERROT.
Ah, ah, ah! cela est plaisant! De quoi diable vous êtes-vous avisé de vous marier à l'âge que vous avez. Ne savez-vous pas bien qu'un vieux mari est comme ces arbres qui ne portent point de bons fruits, et qui ne servent que d'ombre?
SOTINET.
Impertinent, tes épaules te démangent bien.
PIERROT.
Il y a là-dedans un barbier.
SOTINET.
Fais-le entrer.

SCÈNE V.

SOTINET, ARLEQUIN, en barbier; MEZZETIN, en maître Jacques.

ARLEQUIN, à Sotinet.
On m'a dit, monsieur, que vous aviez besoin d'un homme de ma profession; je viens vous offrir mes services.
SOTINET.
Ah! monsieur, je suis ravi de vous voir; faites-moi

s'il vous plaît, la barbe, le plus promptement que vous pourrez.
ARLEQUIN.
Ne vous mettez pas en peine, monsieur; dans deux petites heures votre affaire sera faite.
SOTINET.
Comment, dans deux heures! Je crois que vous vous moquez.
ARLEQUIN.
Oh! que cela ne vous étonne pas : j'ai bien été trois mois entiers après une barbe, et tandis que je rasais d'un côté, le poil revenait de l'autre : mais présentement je suis plus habile ; vous allez voir.
(Il déploie ses outils, ôte son manteau, et le met au cou de Sotinet, au lieu de linge à barbe.)
SOTINET.
Mais qu'est-ce donc que vous m'avez mis au cou?
ARLEQUIN.
Ah! ma foi, je vous demande pardon : l'empressement de vous raser m'a fait prendre mon manteau pour votre linge à barbe. Allons, toi, donne-moi le linge, vite.
(Mezzetin lui donne le linge.)
SOTINET, regardant Mezzetin.
Qui est cet homme-là ?
ARLEQUIN.
C'est maître Jacques, celui qui accommode mes outils. Venez, maître Jacques, repassez-moi ce rasoir pour faire la barbe à monsieur.
MEZZETIN prend le rasoir, et contrefaisant le rémouleur, d'une jambe figure la roue de la meule, et avec la bouche, il contrefait le bruit que fait le rasoir quand on le pose sur la meule pour le repasser, et celui que font les gouttes d'eau qui tombent sur la roue pendant qu'on repasse ; ce qu'Arlequin explique à mesure à Sotinet. A la fin, après plusieurs lazzis de cette nature, Mezzetin chante un air italien ; puis, donnant le rasoir à Arlequin, lui dit :
La bourse est de ce côté-ci ; ne la manque pas.
(Il s'en va.)
SOTINET.
Voilà un plaisant homme !
ARLEQUIN.
Allons, allons, monsieur, je n'ai point de temps à perdre. Mettez-vous là.
(Il le pousse rudement dans un fauteuil, et lui prenant le nez, lui met des morailles.)

ACTE I, SCÈNE V.

SOTINET, criant.

Hai, hai, hai! (Il arrache les morailles, et les jette par terre.) Eh! que diable faites-vous là? Me prenez-vous pour un cheval?

ARLEQUIN.

Point du tout, monsieur; mais c'est qu'il y a des gens qui sont terriblement rétifs sous le fer, et avec cet instrument-là, on leur couperait la gorge, qu'ils ne diraient mot.

SOTINET.

Vraiment, je le crois bien.

ARLEQUIN prend un bassin fait en forme de pot de chambre, et le met sous le nez de Sotinet pour le raser.

SOTINET, prenant le bassin.

Qu'est-ce que cela?

ARLEQUIN.

C'est un bassin à deux mains.

(Arlequin le lave, en lui donnant de temps en temps des soufflets; puis il tire une grosse boule, dont il se sert pour savonnette, et après en avoir bien frotté le visage de Sotinet, il la lui laisse tomber sur un pied.)

SOTINET.

Qu'est-ce donc que cela signifie? Avez-vous entrepris de m'estropier?

(Il se lève.)

ARLEQUIN, repoussant violemment Sotinet sur le fauteuil.

Que de babil! Tenez-vous donc, si vous voulez; croyez-vous que je n'aie que vous à raser?

(Il le rase avec un rasoir d'une grandeur à faire peur [1].)

SOTINET.

Allez tout doucement; vous m'écorchez tout vif.

ARLEQUIN.

C'est que vous avez le cuir si dur, que vous ébréchez tous mes rasoirs.

(Il prend le cuir à repasser, et l'accroche par un bout au cou de Sotinet, tenant l'autre bout de la main gauche; et pour avoir plus de force à repasser son rasoir qu'il tient de la main droite, il lève un de ses pieds et l'appuie rudement sur l'estomac de Sotinet; puis tirant le bout du cuir de toute sa force, il repasse dessus son rasoir, de manière qu'il étrangle Sotinet, qui à peine peut crier.)

---

[1] On a reproduit sur la scène ce jeu de théâtre dans la pièce intitulée: *Arlequin barbier paralytique*, représentée le 2 janvier 1740.

SOTINET.

Miséricorde! je suis mort! au secours! on m'étrangle!
(Il se lève pour appeler du monde.)
ARLEQUIN, le prenant et l'obligeant de nouveau à se rasseoir dans le fauteuil.

La peste m'étouffe, si vous branlez, je vous coupe la gorge. Quel homme êtes-vous donc?

SOTINET, bas.

Il faut filer doux; ce coquin-là le ferait comme il le dit : il a une mauvaise physionomie. (Haut, pendant qu'Arlequin le rase.) Dis-moi, mon ami, de quel pays es-tu?

ARLEQUIN.

Limousin, monsieur, pour vous rendre service.

SOTINET.

Limousin! Et y a-t-il des barbiers de ce pays-là? Je croyais qu'il n'y en avait que de gascons.

ARLEQUIN.

Je crois aussi être le premier de mon pays qui ait embrassé le parti de la savonnette. J'étais auparavant tailleur de pierres; et comme on disait que j'avais beaucoup de légèreté dans la main, je crus que je serais plus propre à ce métier-ci (Il lui met la main dans la poche); et de tailleur de pierres, je me suis fait tailleur de barbes.

SOTINET, lui surprenant la main dans sa poche.

Il me semble que vous avez la main gauche bien plus légère que la droite.

ARLEQUIN.

Ah! monsieur, vous vous moquez! Ce sont de petits talents qu'on reçoit de la nature, et dont un honnête homme ne doit pas se glorifier.

SOTINET.

Avez-vous bien des pratiques?

ARLEQUIN.

Tant, que je n'y saurais suffire. C'est moi qui fais la barbe et les cheveux à tous les Limousins qui viennent ici travailler, et j'ai une pension de la ville pour faire tous les quinze jours le crin au cheval de bronze. (Il lui vole sa bourse sans qu'il s'en aperçoive, et cesse de le raser en criant :) Haï! haï!

SOTINET.

Qu'avez-vous? vous trouvez-vous mal?

LE DIVORCE.

La peste m'étouffe, si vous branlez, je vous coupe la gorge.

Acte I. Sc. V.

A Paris, chez P. Dufart, Quai Voltaire, N.° 19.

ARLEQUIN.
Point, point; voilà qui est passé. (Il le rase, puis se met à crier :) Hai! hai!
SOTINET.
Comment donc? Mais vous avez quelque chose?
ARLEQUIN.
Oh! pour le coup, je n'y puis plus tenir. Hai! hai! hai! Une colique épouvantable qui me prend... Je suis à vous tout à l'heure. Hai! hai! hai!

(Il s'en va, et revient sur ses pas.)

SOTINET.
Je n'ai jamais vu un pareil original... Mais vous voilà? Avez-vous déjà été à la garde-robe?
ARLEQUIN.
Point du tout, monsieur ; cela n'en valait pas la peine : j'ai changé d'avis, et j'ai mieux aimé insulter la doublure de ma culotte que de vous faire attendre plus longtemps.
SOTINET, portant sa main devant son nez.
Comment, impudent! je vous trouve bien hardi de vous approcher de moi en l'état où vous êtes.
ARLEQUIN.
Qu'appelez-vous, monsieur, s'il vous plaît? Chacun ne fait-il pas de sa culotte ce qu'il lui plaît?
SOTINET.
Sortez, insolent! si je faisais bien, je vous ferais jeter par les fenêtres.
ARLEQUIN.
Comment, mardi, par les fenêtres! Est-ce ainsi qu'on insulte un officier public?

(Il s'approche de Sotinet, qui veut le battre, et lui fait un collier de son bassin, qu'il lui casse sur la tête, et s'enfuit.)

SOTINET court après, en criant :
Arrête! arrête! arrête!

SCÈNE VI.

Le théâtre représente l'appartement d'Isabelle.

ISABELLE, COLOMBINE.

ISABELLE.
Ah! Colombine, quel bruit épouvantable! quelle rumeur! Mais il faut qu'on ait perdu l'esprit, de faire un tintamarre

semblable dans mon antichambre! Quelle brutalité de m'éveiller à l'heure qu'il est! Non, je ne crois pas qu'il soit encore midi ; il n'y a pas trois heures que je suis rentrée. Je crois, Colombine, que je suis faite d'une jolie manière. (Elle se regarde dans un miroir.) Ah! l'horreur! quelle extinction de teint!

COLOMBINE.

Eh! là, là; consolez-vous, madame; vous avez des yeux à défrayer tout un visage. Et de quoi vous embarrassez-vous de votre teint? il ne tiendra qu'à vous de l'avoir comme il vous plaira. Que ne me laissez-vous faire? Je ne veux qu'une petite couche de rouge pour réparer de trente méchantes nuits la plus obstinée.

ISABELLE.

Ah! fi, Colombine, avec ton rouge ! tu me mets au désespoir. Crois-tu que je puisse me résoudre à donner tous les jours un habit neuf à mes appas? J'ai une conscience si délicate, que je me reprocherais les conquêtes qui ne se seraient pas faites de bonne guerre, et je crois que je mourrais de honte d'avoir dix années de plus que mon visage.

COLOMBINE.

Bon, bon, mademoiselle, vous avez là un plaisant scrupule ; la beauté que l'on achète n'est-elle pas à soi? Qu'importe que vos joues portent les couleurs d'un marchand ou les vôtres, pourvu que cela vous fasse honneur? Pour moi, je trouve quelques femmes d'aujourd'hui d'un parfaitement bon goût; de toute l'année elles en ont fait un carnaval perpétuel; elles peuvent aller au bal à coup sûr, sans crainte d'être connues.

ISABELLE.

Mon dieu! les femmes ne sont-elles pas assez déguisées sans se masquer encore? Et pourquoi veulent-elles peindre leur peu de sincérité jusque sur leur visage? Pour moi, je ne suis point de ce nombre-là ; j'aime mieux qu'on me trouve un peu moins jolie, et être un peu plus vraie.

COLOMBINE.

Ho! par ma foi, voilà une belle délicatesse de sentiments. Il n'y a plus que le rouge qui se met à la toilette qui marque la pudeur des femmes d'aujourd'hui; elles ne rougiraient jamais sans cela. Et que serait-ce donc, madame, s'il vous fallait peler avec de certaines eaux, comme la dernière

maîtresse que je servais, qui changeait tous les six mois de peau.
ISABELLE
Bon! tu te moques, Colombine : est-ce que tu as vu cela?
COLOMBINE.
Si je l'ai vu? C'était moi qui faisais l'opération ; elle me faisait prendre la peau de son front, que je tirais de toute ma force ; elle criait comme un beau diable, et moi je riais comme une folle ; il me semblait habiller un levraut : mais ce qui est de meilleur, c'est qu'elle portait toujours sur elle, dans une boîte, la peau de son dernier visage calcinée, et disait qu'il n'y avait rien de si bon pour les élevures et les bourgeons.
ISABELLE.
Tu veux t'égayer, Colombine.
UN LAQUAIS.
Mademoiselle, voilà un homme qui demande à vous parler.
ISABELLE.
Qu'on le fasse entrer.

SCÈNE VII.

ISABELLE, COLOMBINE ; M. DE TROTENVILLE, maître à danser, sur un petit cheval.

TROTENVILLE.
Je crois, mademoiselle, que vous n'avez pas l'honneur de me connaître ; mais quand vous saurez que je m'appelle monsieur de la Gavotte, sieur de Trotenville, vous devinerez aisément que je suis maître à danser.
ISABELLE.
Votre nom, monsieur, est assez connu dans Paris ; et j'espère devenir une bonne écolière, ayant pour maître le plus habile homme du métier.
TROTENVILLE.
Ah! madame! vous mettez ma modestie hors de cadence : et quand on n'a, comme moi, qu'un mérite léger et cabriolant, pour peu qu'on l'élève par des louanges un peu fortes, il court risque, en tombant, de se casser le cou.
COLOMBINE.
Miséricorde! que monsieur de Trotenville a d'esprit!

ISABELLE.

Il est vrai que voilà une pensée qui est tout à fait bien mise en œuvre ; c'est un brillant.

TROTENVILLE.

Pour de l'esprit, mademoiselle, les gens de notre profession en regorgent. Eh ! qui en aurait, si nous n'en avions pas ? Nous sommes tous les jours parmi tout ce qu'il y a de gens de qualité. Je sors présentement de chez la femme d'un élu, où je me suis fait admirer par mon esprit ; j'ai deviné une énigme du Mercure galant. Vous savez, madame, que c'est là présentement la pierre de touche du bel-esprit.

COLOMBINE.

Ah ! par ma foi, les beaux esprits sont donc bien communs ? car la moitié du Mercure n'est remplie que des noms de ceux qui les devinent. Pour vous, monsieur, vous n'avez pas besoin que l'on imprime le vôtre, pour faire connaître votre mérite au public ; on sait assez que vous êtes l'honneur de l'escarpin. Mais je vous prie de me dire pourquoi vous avez un si petit cheval.

TROTENVILLE.

J'avais autrefois un carrosse à un cheval ; mais mes amis m'ont conseillé de changer de voiture, afin de ne pas causer une erreur dans le public, qui prend souvent, dans cet équipage-là, un maître à danser pour un lévrier d'Hippocrate.

COLOMBINE.

Vous devriez bien avoir un carrosse à deux chevaux : depuis que l'on ne joue plus, il y a tant de chevaliers qui en ont à vendre.

TROTENVILLE.

Je ne donnerais pas ce petit cheval-là pour les deux meilleurs chevaux de Paris ; c'est un diable pour aller. Toutes les fois que je veux aller à la Bastille, il m'emmène à Vincennes. Nous appelons ces petits animaux-là, parmi nous, *un tendre engagement*.

COLOMBINE.

Comment donc ! qu'est-ce que cela veut dire, un tendre engagement ?

TROTENVILLE.

Vraiment oui. Est-ce que vous ne savez pas « qu'un tendre engagement va plus loin qu'on ne pense ? »

(Il chante ces derniers mots.)

ACTE I, SCÈNE VII.

COLOMBINE.

Ah, ah! on voit bien que monsieur sait son opéra, et qu'il en est.

TROTENVILLE.

Moi, de l'Opéra? moi? Fi ! fi!

COLOMBINE.

Comment donc, fi, fi!

TROTENVILLE.

Hé fi! vous dis-je : j'en ai été autrefois; mais il m'a fallu plus de vingt lavements et autant de médecines pour me purifier du mauvais air que j'y avais respiré.

ISABELLE.

Vous me surprenez, monsieur : j'avais toujours cru que l'Opéra était le lieu du monde où l'on prenait le meilleur air.

COLOMBINE.

Bon, bon! monsieur de Trotenville a beau dire, il voudrait y être rentré, comme tous ceux qui en sont sortis : c'est un Pérou; il n'y a pas jusqu'aux violons qui n'aient des justaucorps bleus galonnés.

TROTENVILLE.

Je veux que le premier entrechat que je ferai me coupe le cou, si jamais j'y mets le pied! Vous moquez-vous de moi? Quand on me donnerait un tiers dans l'Opéra, je n'y rentrerais pas. Pour quelques... quelques femmes, que l'on achète bien, de par tous les diables! j'irais prostituer ma gloire, et figurer avec le premier venu! Nous sommes glorieux comme tous les diables dans notre profession. Voulez-vous que je vous parle franchement? L'Opéra n'est plus bon que pour les filles. Il n'y a pas aussi une meilleure condition au monde. Je ne conçois pas l'entêtement des jeunes gens. C'est une fureur, mademoiselle, et toutes les coquettes s'en plaignent hautement, et disent que l'Opéra leur enlève les meilleures pratiques, et qu'elles sont ruinées de fond en comble.

COLOMBINE.

Je le crois bien : ces personnes-là ont grande raison; et si j'étais d'elles, je leur ferais rendre jusqu'à la moindre petite faveur qu'elles auraient reçue.

TROTENVILLE.

Eh! là, là, donnez-vous patience; on leur fera peut-être tout rendre : mais cependant elles usent en toute rigueur de leurs priviléges; et un amant qui n'exprime son amour qu'avec des fontanges et des bas de soie, se morfond dix ans derrière leur porte.

ISABELLE, regardant l'habit de Trotenville.

Mon dieu, que voilà un joli habit! Je vous trouve un fonds de bon air que vous répandez sur tout.

TROTENVILLE.

Fi, madame! vous vous moquez; c'est une guenille. Que peut-on avoir pour cinquante ou soixante pistoles? je voudrais que vous vissiez ma garde-robe; elle est des plus magnifiques; et si, sans vanité, elle ne me coûte guère.

COLOMBINE.

Ho bien, monsieur, nous la verrons une autre fois; mais présentement je vous prie de danser un menuet avec moi.

TROTENVILLE.

Oui-dà, très-volontiers : allons.

COLOMBINE.

Qui est cet homme-là qui est avec vous?

TROTENVILLE.

C'est ma poche. Tel que vous le voyez, il n'y a point d'homme au monde qui gourmande une chanterelle comme lui; il ferait danser, s'il l'avait entrepris, tous les invalides et leur hôtel. Vous allez voir. (L'homme prend la poche dans la queue du cheval, et en joue; Colombine et Trotenville dansent.) Eh bien, madame! que dites-vous de ma danse?

ISABELLE.

J'en suis charmée.

TROTENVILLE.

Ne voulez-vous point que j'aie l'honneur de danser avec vous?

ISABELLE.

Pour aujourd'hui, monsieur, il n'y a pas moyen : je suis d'une fatigue, cela ne se conçoit pas. Mais avant que de me quitter, je vous prie de me dire combien vous prenez par mois.

TROTENVILLE.

Par mois, madame! c'est bon pour les maîtres à danser fantassins. On me donne une marque chaque visite; et je veux vous montrer quel a été le travail de cette semaine.

Hé! qu'on m'apporte ma valise. Vous allez voir. Allez donc.
(On détache une valise, que l'on apporte pleine de marques faites de cartes.)

COLOMBINE.

Ah, mon Dieu! vous avez été plus de vingt ans à faire toutes ces leçons-là.

TROTENVILLE.

Bon, bon! c'est le travail d'une semaine; et si, ce que je vous montre là, c'est de l'argent comptant. Je n'ai qu'à aller chez le premier banquier, je suis sûr de toucher un demi-louis d'or de chaque billet.

COLOMBINE.

Un demi-louis d'or pour une leçon! On ne donnait autrefois aux meilleurs maîtres qu'un écu par mois.

TROTENVILLE.

Il est vrai; mais dans ce temps-là les maîtres à danser n'étaient pas obligés d'être dorés dessus et dessous, comme à présent, et une paire de galoches était la voiture qui les menait par toute la ville. Mais présentement on ne nous regarde pas, si nous n'avons le cheval et le laquais.

COLOMBINE.

Ah! mademoiselle, voilà votre maître à chanter, M. Amilaré-Bécarre.

ISABELLE, à Trotenville.

Ne vous en allez pas, monsieur, je vous prie. Je veux que vous entendiez chanter cet homme-là; c'est un Italien.

TROTENVILLE.

Très-volontiers, madame; cela me fera bien du plaisir : car tel que vous me voyez, je suis à deux mains, et je chante aussi bien que je danse.

SCÈNE VIII.

ISABELLE, COLOMBINE, M. DE TROTENVILLE,
M. AMILARÉ.

TROTENVILLE, après avoir examiné Amilaré.

Voilà un visage bien baroque! Les musiciens italiens sont de plaisants originaux. Ne dirait-on pas que ce serait là un Siamois échappé d'un écran? Comment vous appelez-vous, monsieur? (Amilaré répète une douzaine de noms.)

Voilà bien des noms : il faut, monsieur, que vous ayez bien des pères. C'est un calendrier que cet homme-là.

ISABELLE.

Je suis ravie, messieurs, que vous vous trouviez ensemble. L'on n'est pas malheureux quand on peut unir deux illustres. (Au maître à danser.) Je vous prie, monsieur, de vouloir bien chanter un air.

AMILARÉ, bégayant.

Je, je, je, je, le, le veux bien.

TROTENVILLE.

Quoi! c'est là un maître à chanter? Miséricorde!

(Amilaré chante.)

ISABELLE, après qu'il a chanté.

Eh bien! monsieur, que dites-vous de ce chant-là?

TROTENVILLE.

Ah! ah! voilà une voix d'un assez beau métal; cela n'est pas mal.

COLOMBINE.

Comment, pas mal? il faut se jeter par les fenêtres, quand on a entendu chanter ainsi.

TROTENVILLE.

Ho! tout doucement, s'il vous plaît; je ne sais point faire de ces cabrioles-là. Voyez-vous, mademoiselle, je ne suis point de ces gens qui louent à plein tuyau. Un homme comme moi, qui a été toute sa vie nourri de dièses et de bémols, est diablement délicat en musique.

AMILARÉ, bégayant.

Monsieur apparemment n'aime pas l'italien; mais j'ai fait depuis peu un petit duo en français, que je veux chanter avec lui, et je suis sûr qu'il ne lui déplaira pas.

(Il lui présente un papier de musique.)

TROTENVILLE.

Voyons. Qu'est-ce donc, s'il vous plaît, que tous ces pieds de mouche qui sont au commencement des lignes?

AMILARÉ.

Ce sont des dièses, pour montrer que c'est un a mi la ré bécarre. Je ne compose jamais que sur ce ton, et c'est pour cela que j'en porte le nom.

TROTENVILLE.

Ah, ah! vous composez donc toujours sur ce ton-là?

AMILARÉ.

Oui, monsieur.

ACTE I, SCÈNE VIII.

TROTENVILLE, rendant le papier.
Et moi, monsieur, je n'y chante jamais.
AMILARÉ.
Eh bien ! monsieur, voilà un autre air en d la ré sol.
TROTENVILLE.
La Rissole vous-même. Je vous trouve bien admirable de me donner des sobriquets.
AMILARÉ.
Voilà un homme qui est bien fâcheux ! Je vous dis, monsieur, que cet air-là est en d la ré sol, et qu'il n'est pas si difficile que l'autre.
TROTENVILLE.
Qui n'est pas si difficile que l'autre ! Croyez-vous, mon ami, que la musique m'embarrasse ? Je vous trouve plaisant.
AMILARÉ.
Je ne dis pas cela... Allons.
(Ils chantent ensemble.)
Cupidon ne sait plus de quel bois faire flèche.
Cela ne vaut pas le diable. (Bégayant.) Cu, cu, cu.
TROTENVILLE.
Cu, cu, cu... Voilà un air bien puant.
AMILARÉ.
Allons, monsieur, tout de bon : Cu, cu, cu... Chantez donc juste si vous voulez.
TROTENVILLE, lui jetant le papier au nez.
Oh ! chantez juste vous-même ; je sais bien ce que je dis. Est-ce que je ne vois pas bien qu'il faut marquer là une dissonnance, et que l'octave s'entre-choquant avec l'unisson, vient à former un dièse bémol. Mais, voyez cet ignorant !
AMILARÉ.
Monsieur, avec votre permission, si les musiciens n'en savent pas plus que vous, ce sont de grands ânes.
TROTENVILLE.
Plaît-il, mon ami ? Savez-vous que vous êtes un sot par nature, par bémol et par bécarre ? Je vous apprendrai à insulter ainsi la croche française.
AMILARÉ.
Un sot ! à moi !
(Il donne de son chapeau dans le visage de Trotenville.)
TROTENVILLE, mettant la main sur son épée.
Par la mort ! par le sang !... Mesdames, je vous donne le bonsoir.
(Il s'en va d'un côté et Amilaré de l'autre.)

SCÈNE IX.

COLOMBINE, seule, riant.

Ah! ah! ah! de la manière qu'il s'y prenait, je croyais qu'il allait tout tuer.

FIN DU PREMIER ACTE.

ACTE SECOND.

Le théâtre représente une place publique.

SCÈNE I.

ARLEQUIN, MEZZETIN.

ARLEQUIN.

Oh çà! je vous dis encore une fois que nous nous brouillerons, si vous ne me tenez parole. J'ai fait le barbier; j'ai volé la bourse; il y avait cent louis d'or dedans; vous m'en avez promis dix : je prétends les avoir, ou je ne me mêle plus de rien.

MEZZETIN.

Que tu es impatient! Je te les ai promis, et tu les auras; et de plus, je te promets de te faire épouser Colombine; mais il faut faire encore une petite fourberie.

ARLEQUIN.

Pour épouser Colombine, j'en ferais cinquante, des fourberies.

MEZZETIN.

Oh çà! tiens-toi un peu en repos, et laisse-moi rêver au moyen de t'introduire chez monsieur Sotinet, pour rendre cette lettre à Isabelle.

ARLEQUIN, pendant que Mezzetin rêve.

J'aurai Colombine, au moins.

MEZZETIN.

Oui, vous dis-je, vous l'aurez.

(Il rêve.)

ACTE II, SCÈNE 1.

ARLEQUIN.
Et Colombine m'aura-t-elle aussi?
MEZZETTIN.
Eh morbleu, oui! vous l'aurez, et elle vous aura. Laissez-moi en repos.
(Il rêve.)
ARLEQUIN, comptant les boutons de son justaucorps.
Je l'aurai, je ne l'aurai pas; je l'aurai, je ne l'aurai pas; je l'aurai, je ne l'aurai pas : je ne l'aurai pas.
(Il pleure.)
MEZZETIN.
Qu'est-ce? qu'avez-vous? pourquoi pleurez-vous?
ARLEQUIN.
Je n'aurai pas Colombine : hi, hi, hi!
MEZZETIN.
Qui est-ce qui vous a dit cela?
ARLEQUIN, montrant ses boutons.
C'est la boutonomancie.
MEZZETIN.
Que le diable t'emporte, toi et la boutonomancie! Laisse-moi songer en repos. Je t'assure, encore une fois, que tu auras Colombine, le colombier, les pigeons, et tout ce qui a relation à elle. Console-toi donc, et ne m'interromps pas davantage.
(Il rêve.)
ARLEQUIN.
Voilà Colombine (il montre le doigt index de sa main droite), et voici Arlequin (il montre le doigt index de sa main gauche). Arlequin dit : Bonjour, ma colombelle. Colombine répond : Bonjour, mon pigeonneau... Adieu, ma belle... Adieu, mon...
MEZZETIN, lui donnant un coup de pied au cul.
Adieu, vilain magot. Tu ne veux donc pas te tenir un moment en repos?
ARLEQUIN.
Je répétais le compliment de noce.
MEZZETIN.
Pour vous empêcher de complimenter davantage, venez çà (il lui prend les mains, et les lui fourre dans sa ceinture). Si vous ôtez vos mains de là, vous n'épouserez point Colombine.
(Il rêve.)

ARLEQUIN, les mains dans sa ceinture.

Mezzetin !

MEZZETIN.

Que vous plaît-il ?

ARLEQUIN.

Y aura-t-il des violons à ma noce ?

MEZZETIN.

Oui, il y aura des violons, des vielles et de toutes sortes d'instruments.

(Il rêve.)

ARLEQUIN.

Mezzetin !

MEZZETIN.

J'enrage ! Que vous plaît-il ?

ARLEQUIN.

Et y dansera-t-on, à la noce ?

MEZZETIN.

On y dansera ; oui, bourreau. Ne te tairas-tu jamais ?

(Il rêve.)

ARLEQUIN.

On dansera à ma noce, et je danserai avec Colombine ! Ah ! quel plaisir !

(Il danse.)

MEZZETIN.

Oh ! pour le coup, c'en est trop. Couchez-vous vite. (Arlequin se couche par terre.) Nous verrons un peu à présent si vous vous tiendrez en repos. Imaginez-vous que vous êtes dans un lit, et que vous dormez.

ARLEQUIN.

Je suis dans un lit ?

MEZZETIN.

Oui, dans un lit, et Colombine est couchée avec vous.

(Il rêve.)

ARLEQUIN.

Mezzetin !

MEZZETIN.

A la fin, il faudra que je change de nom. Que voulez-vous ?

ARLEQUIN.

Fermez les rideaux du lit, de peur du vent.

MEZZETIN, faisant semblant de tirer les rideaux du lit.

Quelle patience !

(Il rêve.)

Mezzetin!
ARLEQUIN.

MEZZETIN.
Encore! qu'est-ce qu'il y a, double enragé chien?
ARLEQUIN.
Donnez-moi le pot de chambre.

MEZZETIN prend son bonnet et le met auprès de la tête d'Arlequin.
Tiens, voilà le pot de chambre; puisses-tu pisser la parole!
ARLEQUIN.
Ah! ma chère Colombine, que je t'embrasse, mon petit cœur, m'amour.
(Il se roule sur le théâtre.)
MEZZETIN.
Tenez, tenez! si je prends un bâton, je te romprai bras et jambes à la fin. Veux-tu t'arrêter? Lève tes pieds. (Il lui fait lever les pieds, et s'assied sur ses genoux, un bâton à la main.) Si tu remues à présent, ou que tu parles, nous allons voir beau jeu. (Après avoir rêvé, il dit à lui-même :) J'habillerai Arlequin en chevalier; il ira heurter à la porte de Sotinet : d'abord, voilà Colombine.
ARLEQUIN.
Colombine! et où est-ce qu'elle est?
(Il ouvre ses genoux, et se lève pour voir Colombine. Mezzetin tombe, se relève et court après Arlequin pour le frapper.)

SCÈNE II.

Le théâtre représente l'appartement d'Isabelle.

M. SOTINET, ISABELLE, COLOMBINE.

SOTINET.
Madame, je vous déclare, pour la dernière fois, que je ne veux plus voir tout ce train-là dans ma maison. Je ne sais plus qui y est maître. Que ne payez-vous les gens à qui vous devez? et pourquoi faut-il que j'aie tous les jours la tête rompue de vos folles dépenses, qui me mènent à l'hôpital? Je ne vois ici que des marchands qui apportent des parties, ou des maîtres qui demandent des mois.
ISABELLE.
Ah! vraiment, je vous trouve plaisant! J'aime assez vos airs de reproches! Et depuis quand les maris prennent-ils

ces hauteurs-là avec leurs femmes? Sachez, s'il vous plaît, monsieur, qu'un homme comme vous, qui a épousé une fille de qualité comme moi, est trop heureux quand elle veut bien s'abaisser à porter son nom. Mon mérite n'est-il pas bien soutenu d'avoir pour piédestal le nom de monsieur Sotinet! Madame Sotinet! ah! quelle mortification! Je sens un soulèvement de cœur quand j'entends seulement prononcer le nom de monsieur Sotinet.

COLOMBINE.

Et que n'en changez-vous, madame? n'est-ce pas la mode? Je connais un homme qui s'appelle monsieur Josset, et sa femme se fait appeler la marquise de Bas-Aloi.

SOTINET.

Taisez-vous, impertinente; on ne vous parle pas. Est-ce à vous à mettre là votre nez? Vous n'êtes pas plus sage que votre maîtresse.

ISABELLE.

Pourquoi voulez-vous qu'elle se taise quand elle a raison? Ne sait-on pas assez dans le monde l'honneur que je vous ai fait quand je vous ai épousé? Mais vous devez vous mettre en tête que je vous ai plutôt pris pour mon homme d'affaires que pour mon mari; et je vous prie de ne plus vous mêler de ma conduite.

COLOMBINE.

Madame parle comme un oracle; toutes les paroles qu'elle dit sont des sentences que toutes les femmes devraient apprendre par cœur.

SOTINET.

Vous devriez mourir de honte de la vie que vous menez. On n'entend parler d'autre chose que de votre jeu et de vos dépenses. Nous demeurons dans la même maison, et il y a huit jours que je ne vous ai rencontrée. Vous vous allez promener quand je me couche, et vous ne vous couchez que quand je me lève.

ISABELLE.

Ah! Colombine, ne te souviens-tu point de ce petit air que m'apprit hier monsieur le marquis? Je l'ai oublié.

COLOMBINE.

Non, madame; mais si vous voulez, je vais vous en chanter un que je viens d'apprendre. La, la, la.

SOTINET.

Te tairas-tu donc, coquine? Il y a longtemps que je suis

las de tes impertinences. C'est toi qui me la gâtes, et un grand traîneur d'épée qui ne bouge d'ici. Mais j'empêcherai bien que cela ne dure, et je veux que tu sortes tout présentement de chez moi. Allons, qu'on déniche tout à l'heure.

COLOMBINE.

Moi? je n'en ferai rien.

SOTINET.

Tu n'en sortiras pas?

COLOMBINE.

Non, je n'en sortirai pas.

SOTINET.

Comment donc? est-ce que je ne suis pas le maître ici?

COLOMBINE.

Pardonnez-moi.

SOTINET.

Je ne pourrai pas mettre dehors une coquine de servante quand il me plaira?

COLOMBINE.

Je ne dis pas cela.

SOTINET.

Eh! pourquoi dis-tu donc que tu ne sortiras pas?

COLOMBINE.

C'est que je vous aime trop [1].

SOTINET.

Je ne veux pas que tu m'aimes, moi; je veux que tu me haïsses.

COLOMBINE.

Il m'est impossible; je sens pour vous une tendresse..... Allez, cela n'est guère bien de n'avoir pas plus de naturel pour des gens qui vous affectionnent.

(Elle pleure.)

SOTINET.

Oh! la bonne bête!

ISABELLE.

Eh bien! monsieur, aurez-vous bientôt fait? Savez-vous que je ne m'accommode point de tous vos dialogues. Je vous prie, monsieur, de vous en aller dans votre appartement, et de me laisser en repos dans le mien. Sitôt que je suis un

---

[1] Imité de Molière, *Tartuffe*, II, II.

moment avec vous, mes vapeurs me prennent d'une violence épouvantable.

SOTINET.

Je m'ennuie bien aussi d'y être, madame, et je voudrais.....

ISABELLE.

Ah! Colombine, je n'en puis plus. Soutiens-moi. De l'eau de la reine d'Hongrie. Hai!

COLOMBINE.

Hé! monsieur, retirez-vous; voilà madame qui trépasse, et je la garantis morte, si vous ne décampez tout à l'heure.

SCÈNE III.

ISABELLE, COLOMBINE.

COLOMBINE.

Là, là, revenez; il est parti : cela vaut bien mieux qu'une bouteille d'eau de la reine d'Hongrie. Ma foi! madame, je ne sais pas ce que vous faites de cet homme-là; mais je sais bien, moi, ce que j'en ferais si j'étais à votre place. Quel moyen de vivre avec lui? Il a toute la journée le gosier ouvert pour faire enrager tout le monde.

ISABELLE.

A te dire vrai, Colombine, je suis bien lasse de la vie que je mène. C'est un homme qui n'est jamais dans la route de la raison; il a des travers d'esprit qui me désolent. Mais que veux-tu? Je suis mariée; c'est un mal sans remède. Toute ma consolation est que nous nous ferons bien enrager tous deux.

COLOMBINE.

Mariée! voilà une belle affaire! est-ce là ce qui vous embarrasse? Bon, bon! on se démarie aussi facilement qu'on se marie; et je savais toujours bien, moi, que tôt ou tard il en fallait venir là; il n'y avait pas de raison autrement. Il ne tiendra donc qu'à faire impunément enrager les femmes, sous prétexte qu'elles sont douces et qu'elles n'aiment pas le bruit! Oh! vous en aurez menti, messieurs les maris; et quand il n'y aurait que moi, j'y brûlerai mes livres, ou cela sera autrement. Donnez-moi la conduite de cette affaire-là; vous verrez comme je m'y prendrai.

ISABELLE.

Mon Dieu! Colombine, je voudrais bien n'en point venir

là : je fais même tout ce que je puis pour avoir quelque estime pour monsieur Sotinet ; mais je ne saurais en venir à bout. Je voudrais, Colombine, que tu fusses mariée ; tu verrais si c'est une chose si aisée que d'aimer un mari.
COLOMBINE.
Bon ! est-ce que je ne le sais pas bien ? N'allez pas aussi vous mettre en tête de le vouloir faire ; vous y perdriez vos peines et votre temps.
ISABELLE.
Et va, va ; je n'y tâche que de bonne sorte. Mais nous perdons bien du temps. Je dois aller passer l'après-dînée chez la marquise : viens achever de m'habiller dans mon cabinet.
COLOMBINE.
Mais, madame, qui est-ce qui entre là ?

SCÈNE IV.

ISABELLE, COLOMBINE, LE CHEVALIER DE FONDSEC [1].

LE CHEVALIER.
Un dévoiement, madame, causé à ma bourse par les fréquentes crudités d'une fortune indigeste, m'a obligé d'avoir recours au remède astringent d'un petit billet payable au porteur, que j'apportais à monsieur votre époux ; mais n'y étant pas, j'ai cru qu'un homme de ma qualité pouvait entrer de volée chez les dames, et que vous ne seriez pas fâchée de connaître le chevalier de Fondsec.
(Tout ce rôle du chevalier se prononce en gascon.)
ISABELLE.
Je suis ravie, monsieur, de l'honneur que je reçois ; mais je voudrais que ce ne fût pas une suite de votre malheur, et devoir à ma bonne fortune, et non pas à votre mauvaise, la visite que je reçois : mais il faut espérer que vous serez plus heureux.
LE CHEVALIER.
Comment voulez-vous, madame ? Pour être heureux, il faut jouer ; pour jouer, il faut avoir de l'argent ; et pour avoir de l'argent, que diable faut-il faire ? Car nous autres chevaliers de Gascogne, nous n'avons jamais connu ni patrimoine, ni revenu.

[1] Ce rôle était joué par Arlequin.

COLOMBINE.

Il est vrai que de mémoire d'homme on n'a jamais vu venir une lettre de change de ce pays-là.

ISABELLE.

Monsieur le chevalier voudra bien passer toute l'après-dînée avec nous?

LE CHEVALIER.

Ma foi, madame, je ne sais pas si je pourrai me prostituer à votre visite; car c'est aujourd'hui mon grand jour de femmes. Je m'en vais voir sur mes tablettes. (Il tire ses tablettes et lit.) Le mercredi, à cinq heures, chez Dorimène. Oh! ma foi, il est trop tard. A cinq heures et un quart, chez la comtesse qui m'a envoyé cette épée d'or : (En riant.) Ah! ah! la sotte prétention! Vouloir que je rende une visite pour une épée qui ne pèse que soixante louis! Non, madame, je n'irai pas, vous dis-je; j'y perdrais. A six heures et demie, promis à Toinon, au troisième étage, rue Tireboudin. Oh! ma foi, cette visite-là se peut remettre. Allons, madame, je suis à vous pendant toute l'après-dînée, et pendant toute la nuit, si vous voulez : il en coûtera la vie à trois ou quatre femmes; mais qu'y faire? le moyen d'être partout?

SCÈNE V.

ISABELLE, COLOMBINE, LE CHEVALIER, UN LAQUAIS.

LE LAQUAIS.

Monsieur, vos laquais sont là-bas, qui demandent à vous parler.

LE CHEVALIER.

Dis-leur que je n'ai rien à leur dire.

LE LAQUAIS.

Ils font un bruit de diable; ils disent qu'il y a trois jours qu'ils n'ont mangé.

LE CHEVALIER.

Voilà de plaisants marauds; est-ce à faire à ces coquins-là à manger? Et que feront donc les maîtres? (Vers Isabelle.) Madame, voyez là-bas s'il y a quelque chose de reste, et qu'on leur donne seulement pour les empêcher de crier.

ISABELLE, au laquais.

Dites là-bas qu'on leur donne à manger.

SCÈNE VI.

ISABELLE, COLOMBINE, LE CHEVALIER.

COLOMBINE.

Il faut dire la vérité; monsieur le chevalier est d'un bon naturel : il ôterait volontiers le morceau de sa bouche pour le donner à ses gens.

LE CHEVALIER.

Ces gueux-là sont trop heureux avec moi. C'est une commission que de me servir.

COLOMBINE.

Ils sont quelquefois trois jours sans manger ; mais aussi je crois que vous leur donnez de gros gages.

LE CHEVALIER.

Je le crois, vraiment; au bout de trois ans je leur donne congé pour récompense.

COLOMBINE.

Ils ne sont pas malheureux. Voilà le meilleur de votre condition.

ISABELLE.

Oh çà! monsieur le chevalier, voilà un chagrin qui me saisit. Que ferons-nous après la collation? Quand je n'ai plus que deux ou trois plaisirs à prendre dans le reste du jour, je suis dans une langueur mortelle; et je m'ennuie presque toujours, dans la crainte que j'ai de m'ennuyer bientôt. Il faut envoyer voir ce que l'on joue aux Italiens. Broquette, Broquette!

SCÈNE VII.

ISABELLE, COLOMBINE, LE CHEVALIER, UN LAQUAIS.

LE LAQUAIS.

Madame?

ISABELLE.

Allez voir ce que l'on joue aujourd'hui à l'hôtel de Bourgogne.

SCÈNE VIII.

ISABELLE, COLOMBINE, LE CHEVALIER.

COLOMBINE.

Je ne sais, madame, ce que vous voulez faire ; mais je

vous avertis que monsieur a enfermé une roue du carrosse dans son cabinet, pour vous empêcher de sortir.
ISABELLE.
Qu'importe? nous irons dans le carrosse de monsieur le chevalier.
LE CHEVALIER.
Cela ne se peut pas, madame; mon cocher s'en sert : c'est que je lui donne mon carrosse un jour la semaine pour ses gages; c'est aujourd'hui son jour, et il l'a loué à des dames qui sont allées au bois de Boulogne.
COLOMBINE.
Cela ne doit pas nous arrêter. Si madame veut aller à l'Opéra, je trouverai bien un carrosse.
ISABELLE.
Ah! fi, Colombine, avec ton Opéra. Peut-on revenir à la demi-Hollande, quand on s'est si longtemps servi de batiste? J'y allai dès deux heures à la première représentation; j'eus tout le temps de m'ennuyer avant que l'on commençât, mais ce fut bien pis quand on eut une fois commencé.
COLOMBINE.
Je ne conçois pas comment on peut s'ennuyer à l'Opéra ; les habits y sont si beaux !
ISABELLE.
Je vois bien que nous ne sommes pas engouées de musique aujourd'hui, et qu'il faudra nous en tenir à la comédie italienne.
LE CHEVALIER.
En vérité, madame, je ne sais pas quel plaisir vous trouvez à vos comédies italiennes ; les acteurs y sont détestables. Est-ce qu'Arlequin vous divertit? C'est une pitié. Excepté cet homme qui parle normand dans l'Empereur de la Lune, tout le reste ne vaut pas le diable. J'étais dernièrement à une pièce nouvelle; elle n'était pas encore commencée, que j'entendis accorder les sifflets au parterre, comme on fait les violons à l'Opéra. Je m'en allai aussitôt, pestant comme un diable contre ces nigauds-là, et je n'en voulus pas voir davantage.
ISABELLE.
Vous n'attendîtes donc pas que la toile fût levée?
LE CHEVALIER.
Hé ! vraiment non. Ne voit-on pas bien d'abord à ces indices-là qu'une pièce ne vaut rien ?

SCÈNE IX.

ISABELLE, COLOMBINE, LE CHEVALIER, UN LAQUAIS.

ISABELLE, au laquais.
Approchez, petit garçon. Eh bien! quelle pièce joue-t-on?
LE LAQUAIS.
Madame, on joue le Sirop pour purger.
LE CHEVALIER.
Ne vous l'avais-je pas bien dit, madame? Ces gens-là ne jouent que de vilaines choses.
LE LAQUAIS.
Madame, combien mettra-t-on de couverts?
ISABELLE.
Deux : un pour monsieur le chevalier, et l'autre pour moi.
LE LAQUAIS.
N'en mettra-t-on pas aussi un pour monsieur?
ISABELLE.
Non. Ne savez-vous pas bien que monsieur ne mange point à table quand il y a compagnie?
LE CHEVALIER, au laquais.
Parle, mon ami; mets deux couverts pour moi; je mangerai bien pour deux personnes.

FIN DU SECOND ACTE.

Nota. On a supprimé ici trois scènes qui ne consistent qu'en jeux italiens, et ne servent qu'à amener un divertissement tout à fait étranger à la pièce, et qui termine le second acte.

ACTE TROISIÈME.

SCÈNE I (ITALIENNE).

(Aurélio dit à Mezzetin que sa sœur Isabelle est presque déterminée à souffrir qu'on la sépare d'avec son mari; que Colombine, qui travaille de concert avec lui, est après elle pour la déterminer entièrement; qu'on plaidera devant le dieu d'Hymen, et que lui-même sera la divinité qui prononcera l'arrêt. Mezzetin s'en réjouit, et dit qu'il cherchera un avocat pour plaider en faveur d'Isabelle : après quoi ils s'en vont.)

SCÈNE II.

ISABELLE, COLOMBINE.

COLOMBINE.

Dieu merci, madame, ce que je demandais est enfin arrivé : nous plaiderons, morbleu! nous plaiderons! la gueule du juge en pétera, et je ne souffrirai pas que vous soyez plus longtemps le rendez-vous des violences de monsieur Sotinet. Vous ne serez plus madame Sotinet, ou j'y perdrai mon latin. Je viens de consulter un avocat de mes amis sur votre affaire. Bon ! il dit que cela ira son grand chemin, et qu'il y aurait là de quoi faire casser aujourd'hui vingt mariages.

ISABELLE.

En vérité, Colombine, j'ai eu bien de la peine à me résoudre à ce que tu as voulu. On va me tympaniser par la ville, et je vais donner la comédie à tout Paris.

COLOMBINE.

Ah! vraiment, nous y voilà! on va vous tympaniser! Eh! mort non pas de ma vie, madame, c'est vous éterniser, que de faire un coup d'éclat comme celui-là ! Dites-moi, je vous prie, aurait-on tant d'empressement à lire l'histoire galante de certaines femmes, si une séparation ne les avait rendues célèbres? Saurait-on la magnificence de madame Lycidas, en justaucorps de soixante pistoles, les discrétions qu'elle perd avec son galant, si elle n'avait pas plaidé contre son mari? et l'on n'aurait jamais connu tout l'esprit d'Artémise, sans ses lettres, qui ont été produites à l'audience. Je vous le dis, madame, il n'y a rien de tel que de bien débuter dans le monde, et voilà le plus court chemin. On avance plus par là en un jour d'audience qu'en vingt années de galanterie; et vous me remercierez dans peu des bons avis que je vous donne.

ISABELLE.

Il fallait donc, Colombine, que j'apprisse de longue main à mépriser, comme ces femmes dont tu me parles, les chimères et les fantômes de réputation et d'honneur qui font peur aux esprits simples comme le mien. Je conviens, avec

toi, qu'il y a beaucoup d'honnêtes femmes qui sont lasses de leur métier et de leur mari ; mais du moins elles n'en instruisent pas la ville par la bouche d'un avocat, et ne se font point déclarer fieffées coquettes par arrêt de la cour.
COLOMBINE.
C'est qu'elles n'ont pas un mari aussi bourru que vous en avez un. Vous êtes trop bonne, et vous gâtez les maris. Une bonne séparation, madame, une bonne séparation ; et le plus tôt, c'est le meilleur. Il y a déjà près de deux ans que vous êtes femme de monsieur Sotinet ; et quand ce serait le meilleur mari du monde, il serait gâté depuis le temps.
ISABELLE.
Fais donc tout ce que tu voudras. Mais faudra-t-il que j'aille solliciter toutes ces jeunes barbes de juges, qui me riront au nez, et qui sont ravis d'avoir des affaires de cette nature-là ?
COLOMBINE.
Oh ! madame, ne vous mettez point en peine, vous n'irez point aux juridictions ordinaires : le dieu d'Hymen est arrivé depuis quelque temps en cette ville, pour démarier toutes les personnes qui sont lasses du mariage. Il aura de la pratique, comme vous pouvez juger. Je veux qu'il commence par vous. Laissez-moi faire ; j'ai une peste de tête...

SCÈNE III.
ARLEQUIN, ISABELLE, COLOMBINE.
COLOMBINE.
Ah ! mon pauvre Arlequin, tu viens ici bien à propos. (A Isabelle.) Tenez, madame, voilà l'avocat que je vous veux donner. (A Arlequin.) Viens çà, sais-tu plaider ?
ARLEQUIN.
Si je sais plaider? J'ai été quatre ans cocher du plus fameux avocat de Paris. Il me fit une fois plaider en sa place pour un homme qui avait fait quelque petite friponnerie. Il devait naturellement, et suivant toutes les règles de la justice, aller droit aux galères : je lui épargnai la fatigue du chemin : je fis tant qu'il n'alla qu'à la Grève. Je criai comme un diable.
COLOMBINE.
Tu plaides donc bien. Il n'en faut pas davantage pour gagner le procès le plus désespéré. Allons, viens ; suis-moi : je te dirai ce qu'il faut que tu fasses.

ISABELLE.

Je ne sais pas, Colombine, dans quelle affaire tu m'embarques-là.

COLOMBINE.

Ne vous mettez pas en peine, madame; je vous en tirerai. Je ne vous dis pas ce que j'ai envie de faire.

SCÈNE IV.

ARLEQUIN, MEZZETIN.

MEZZETIN.

Je te cherchais. Colombine m'a dit que tu avais servi chez un avocat.

ARLEQUIN.

Cela est vrai.

MEZZETIN.

Étais-tu clerc ?

ARLEQUIN.

Non. C'était moi qui recousais les sacs et les étiquettes.

MEZZETIN.

J'ai besoin de toi. Voici la dernière fourberie que tu feras : il faut que tu plaides la cause de mademoiselle Isabelle devant le dieu de l'Hyménée.

ARLEQUIN.

Et comment m'y prendre ? la profession d'avocat n'est pas si aisée.

MEZZETIN.

Bon ! il n'y a rien au monde de si aisé. (A part.) Il le faut prendre par la gueule. (Haut.) Un avocat va le matin en robe au palais. Dès qu'il y est, il entre à la buvette, où il mange des saucisses, des rognons, des langues, et boit du meilleur.

ARLEQUIN.

Un avocat mange des saucisses ? Oh ! si cela est, je serai avocat, et bon avocat ; car je mangerai plus de saucisses qu'un autre : je les aime à la folie.

MEZZETIN.

D'abord, tu commenceras ton plaidoyer en disant : Messieurs, je parle pour mademoiselle Isabelle, contre son mari, qui est un débauché, un puant, un fou, et autres choses semblables.

ARLEQUIN.

Laisse-moi faire, pourvu que les saucisses marchent...

MEZZETIN.

Oh! cela s'en va sans dire. Oh! çà, prends que je sois le juge; commence par plaider.

ARLEQUIN.

Je ne puis pas.

MEZZETIN.

Et d'où vient?

ARLEQUIN.

C'est que je n'ai pas encore été à la buvette.

MEZZETIN.

Nous irons après : répétons toujours auparavant.

ARLEQUIN.

Mais répétons donc aussi la buvette.

MEZZETIN.

Voilà une buvette qui te tient bien au cœur! Tiens, prends que je sois le juge. (Il fait semblant de s'asseoir dans un fauteuil, puis dit :) Avocat, plaidez.

ARLEQUIN.

Messieurs...

MEZZETIN.

Fort bien.

ARLEQUIN.

Messieurs... Messieurs... Messieurs, je conclus...

MEZZETIN.

A quoi concluez-vous?

ARLEQUIN.

Je conclus à ce que nous allions manger les saucisses avant qu'elles refroidissent.

(Il s'en va, Mezzetin court après.)

SCÈNE V.

M. SOTINET, PIERROT.

SOTINET.

Eh bien! que t'a dit monsieur de la Griffe, mon avocat? Viendra-t-il bientôt?

PIERROT.

Monsieur, il est bien malade ; il ne pourra pas venir : en taillant sa plume, il s'est coupé un peu le doigt ; il dit qu'il ne pourra pas plaider dans l'état où il est.

SOTINET.

Comment! est-il fou?

PIERROT.

Il m'a dit qu'il allait envoyer un jeune homme en sa place, qui plaide comme un diable, et qui vous fera aussi bien perdre votre procès que lui-même.

SOTINET.

Cette affaire-là me fera mourir; je n'en sortirai jamais à mon honneur. Ma femme m'a fait assigner devant le dieu d'Hymen; on n'est guère favorable aux maris à ce tribunal-là. Ce qui me fâche le plus, c'est que l'on me fera rendre vingt mille écus que je n'ai point reçus. Allons.

PIERROT.

Hé! monsieur, consolez-vous : il y a bien des gens qui voudraient être quittes de leurs femmes à ce prix-là.

SCÈNE VI.

Le théâtre représente le temple de l'Hyménée, au milieu duquel est un tribunal soutenu de bois de cerfs et de cornes d'abondance. Le dieu de l'Hymen, vêtu de jaune, avec une très-grande mante, doublée de souci et parsemée de petits croissants, sort au son des instruments. Il est précédé de la Joie et des Plaisirs, et suivi du Chagrin et de la Tristesse. Après qu'il a fait le tour du théâtre, il va se mettre sur son tribunal, qui est entouré tout aussitôt par une infinité d'enfants et de nourrices, qui tiennent des berceaux, des poêlons, des langes et autres ustensiles qui servent à élever les petits enfants.

AURÉLIO, en dieu de l'Hymen; COLOMBINE, en avocat, sous le nom de BRAILLARDET; ARLEQUIN, en avocat, sous le nom de CORNICHON; M. SOTINET, ISABELLE, plusieurs assistants.

BRAILLARDET, plaidant.

Pour messire Mathurin-Blaise Sotinet, sous-fermier, contre la dame Sotinet, sa femme, demanderesse en séparation.

Je ne suis pas surpris, messieurs, de voir à ce nouveau tribunal une femme qui veut secouer le joug d'un mari; mais je m'étonne de n'y pas voir avec elle la moitié des femmes de Paris.

CORNICHON.

Donnez-vous un peu de patience; nous n'aurons pas plus tôt démarié la première, qu'elles y viendront toutes les unes après les autres.

BRAILLARDET.

En effet, messieurs, une femme qui épouse un vieillard,

dans l'espérance de l'enterrer six mois après, n'est-elle pas en droit de lui demander raison de son retardement; et n'est-elle pas bien fondée à faire rompre son mariage, puisque son mari n'a pas satisfait à l'article le plus essentiel du contrat, par lequel il s'est obligé tacitement à ne pas passer l'année? Celui pour qui je parle, après avoir longtemps contemplé du port les naufrages de tant de malheureux époux, s'embarqua enfin sur la mer orageuse du mariage; et quand il fit ce solécisme en conduite, qu'il souffrit cette léthargie de bon sens, cette éclipse de raison, s'il se fût mis une corde au cou, ou qu'il se fût jeté dans la rivière, il n'aurait jamais tant gagné en un jour.

CORNICHON.

Ni sa femme aussi.

BRAILLARDET.

Il fit ce qu'ont accoutumé de faire les gens sur le retour, quand ils épousent de jeunes filles, c'est-à-dire qu'il confessa avoir reçu vingt mille écus, quoiqu'elle ne lui eût jamais apporté en mariage qu'un fonds de galanterie outrée, et une fureur effrénée pour le jeu : voilà la dot de la dame Sotinet.

CORNICHON.

Avec votre permission, maître Braillardet, vous ne vous tiendrez pas pour interrompu si je vous dis que vous en avez menti : il a reçu vingt mille bons écus.

BRAILLARDET.

Des démentis, messieurs, des démentis! il est vrai que voilà le style ordinaire de maître Cornichon.

CORNICHON.

Eh! allez, allez votre chemin : je vous vois venir avec vos suppositions. Une fureur pour le jeu! une femme qui n'a pas vingt ans, une fureur pour le jeu!

BRAILLARDET.

Oui, oui, messieurs, quand je dis que voilà la dot de la dame Sotinet, je n'avance rien que de véritable; mais ne croyez pas que, parce qu'elle n'a rien eu en mariage, elle en dépense moins en se mariant. Les jeunes filles qui se vendent à des vieillards achètent en même temps le droit de les envoyer à l'hôpital promptement, par leurs dépenses extravagantes : c'est ce qu'a presque fait la dame Sotinet; car enfin le pauvre homme ne fut pas plus tôt marié, qu'il vit bien (comme presque tous les autres qui s'enrôlent dans cette milice) qu'il avait fait une sottise ; que le mariage est une affaire à laquelle il faut songer toute sa vie ; qu'un bon singe et la meilleure femme sont souvent deux méchants animaux ; et que ce grand philosophe avait bien raison de s'écrier, en voyant trois ou quatre femmes pendues à un arbre : Que les hommes seraient heureux si tous les arbres portaient de semblables fruits !

CORNICHON.

Ce fruit-là serait diablement âcre, et il ne serait bon, tout au plus, qu'en compote.

BRAILLARDET.

Il vit, dès le jour même de son mariage, introduire chez lui l'usage des deux lits, usage condamné par nos pères, inventé par la discorde, et fomenté par le libertinage ; usage que je puis nommer ici la perte du ménage, l'ennemi mortel de la réconciliation, et le couteau fatal dont on égorge sa postérité.

CORNICHON.

Est-ce que l'on se marie pour coucher avec sa femme ? fi ! cela est du dernier bourgeois.

BRAILLARDET.

Il vit fondre chez lui, dès le lendemain, tous les fainéants de la ville, chevaliers sans ordre, beaux esprits sans aveu ; cent petits poètes crottés, vrais chardons du Parnasse ; de ces fades blondins, minces colifichets de ruelles ; en un mot, il vit faire de sa maison une académie de jeux défendus, et fut obligé de payer une grosse amende, à quoi il fut condamné. Oui, oui, messieurs, je n'avance rien que de véritable ; et, malgré toutes les précautions, il n'a pas laissé de la payer cette amende, dont voici la quittance signée Pallot. Mais qui fut le dénonciateur ? Vous croyez peut-être que ce fut, comme d'ordinaire, quelque fripon de laquais, enragé d'avoir été chassé de la maison ; ou quelque joueur, outré d'avoir perdu son argent ? Non, messieurs, non ; ce fut la dame Sotinet. La dame Sotinet ! oui, messieurs, ce fut elle qui, ne sachant plus où trouver de l'argent pour jouer, alla dénoncer elle-même que l'on jouait chez elle : elle fut condamnée à trois mille livres d'amende. Son mari les paya ; elle reçut son tiers comme dénonciatrice. Que direz-vous, races futures, d'un pareil brigandage ?

Quid non muliebria pectora cogis,
Auri sacra fames?

CORNICHON.

Vous devriez garder vos passages pour une meilleure cause. Voilà bien du latin de perdu. S'il ne tient qu'à parler latin....

BRAILLARDET.

Hé! je parle bon français, maître Cornichon; on m'entend bien. Mais ce n'était là qu'un prélude des pièces qu'elle devait faire par la suite à son mari. Les pierreries engagées; la vaisselle d'argent vendue; des tableaux d'un prix extraordinaire enlevés : car le sieur Sotinet a toujours été extrêmement curieux d'originaux, et se connaissait parfaitement en peinture.

CORNICHON.

Je le crois bien : il a porté les couleurs assez longtemps pour s'y connaître....

BRAILLARDET.

Cela est faux : il n'a jamais porté que du gris chez un homme d'affaires, et cela s'appelle apprenti sous-fermier, et non pas laquais, maître Cornichon, et non pas laquais. Mais, messieurs, s'il n'y avait que de la dissipation dans la conduite de la dame Sotinet, vous n'entendriez pas retentir votre tribunal des plaintes de son mari; mais puisqu'il est aujourd'hui obligé d'avouer sa honte et son malheur, approchez, financiers, plumets, chevaliers, et vous, godelureaux les plus déterminés; paraissez sur la scène. Oui, oui, messieurs, nous trouverons de tous ces gens-là dans l'équipage de la dame Sotinet, équipage qu'elle promène scandaleusement par toute la ville, et la nuit et le jour. Mais, que dis-je, le jour! non, ce n'est point pour elle que le soleil éclaire, elle méprise cette clarté bourgeoise; elle ne sort de chez elle qu'avec les oublieurs, et n'y rentre qu'à la faveur des crieurs d'eau-de-vie.

CORNICHON.

La pauvre femme y est bien obligée. Son mari a la cruauté de lui refuser un flambeau; il faut bien qu'elle attende le jour pour s'en retourner chez elle.

BRAILLARDET.

On ne manquera pas de vous dire que celui pour qui je suis est un brutal; j'en tombe d'accord : un ivrogne; je le veux : un débauché ; j'y consens : un homme même qui est quelquefois attaqué de vertiges ; cela est vrai : mais, messieurs....

SOTINET.

Mais, monsieur l'avocat, qui vous a donné charge de dire tout cela ?

BRAILLARDET.

Hé ! taisez-vous, ignorant : ce sont des figures de rhétorique qui persuadent. (Aux juges.) Quand tout cela serait, dis-je, messieurs, sont-ce des raisons pour faire rompre un mariage ? Si je vous parlais des intrigues de la dame Sotinet, de ses aventures galantes, de ses subtilités pour tromper son mari ; mais.....

Ante diem clauso componet vesper olympo.

Vous rougiriez, illustres et vieilles coquettes de notre temps, de voir qu'une femme de dix-huit ans vous a laissées bien loin après elle dans la carrière de la galanterie, et j'apprendrais aux femmes qui m'écoutent de nouveaux tours de souplesse (elles n'en savent déjà que trop). Et après cela, messieurs, une femme, qui est le précis, l'élixir, la mèregoutte de la transcendante coquetterie, viendra vous demander une séparation ! Ne tiendra-t-il qu'à donner de pareilles détorses à l'Hymen ? Ordonnerez-vous qu'un mari soit déclaré veuf, avant que d'avoir eu le plaisir d'enterrer sa femme? Non, non, vous n'autoriserez point une telle injustice. Nous espérons, au contraire, que vous obligerez la dame Sotinet à retourner avec son mari, pour mieux vivre avec lui, s'il est possible. C'est à quoi je conclus.

CORNICHON.

Voilà une belle conclusion. Oh ! çà, çà, nous allons voir.

(Il plaide.)

Messieurs, je parle pour damoiselle Zorobabel de Roqueventrousse, demanderesse en séparation, contre Mathurin-Blaise Sotinet, sous-fermier, ci-devant laquais, et défendeur.

L'aspect de ce sénat cornu, pompe digne de l'Hymen ; cet attirail funeste et menaçant, tout cela, je l'avoue, m'inspire quelque terreur : mais, d'un autre côté, l'équité de ma cause *me recreat et reficit ;* puisque je parle ici pour quantité de femmes, qui vous disent par ma bouche qu'un mari est à présent un meuble fort inutile ; et que, quand il n'y en aurait point, le monde ne finirait pas pour cela.

Le mois de mars 87, Mathurin-Blaise Sotinet, âgé de soixante-dix ans, sentit un prurit pour la noce, une démangeaison pour le mariage ; cette vieille rosse, refaite et maquignonnée, cette mèche sèche et ridée, prit feu aux étincelles des yeux de celle pour qui je parle. Il l'épousa, et il ne tint qu'à lui de voir qu'il avait mis dans sa maison un trésor de sagesse et de prudence, puisqu'elle ne dépensa, en se mariant, que les vingt mille écus qu'elle avait eus en mariage. Rare exemple de modération pour les femmes d'aujourd'hui, qui montent insolemment sur une grosse dot, pour insulter à l'économie de leurs maris.

BRAILLARDET, en riant.

Ah, ah, ah ! l'économie de la dame Sotinet ! J'avais oublié de vous dire, messieurs, que le mariage fut presque rompu, parce que le futur n'avait envoyé qu'un carreau de cinq cents écus.

CORNICHON.

Je le crois bien : je connais la fille d'un drapier qui en a renvoyé un de deux mille livres ; et si, dans ce temps-là, les drapiers n'avaient pas gagné leur procès contre les marchands de soie.

BRAILLARDET.

La femme d'un sous-fermier, un carreau de cinq cents écus !

CORNICHON.

Oh ! taisez-vous donc, si vous pouvez. Si on n'impose silence à maître Braillardet, je n'achèverai jamais ma plaidoirie. C'est une femme que cet homme-là : il ne débabille pas.

Vous la voyez, messieurs, à votre tribunal, cette innocente opprimée, cette femme qui engage ses pierreries, vend sa vaisselle d'argent. Mais pourquoi fait-elle tout cela ? Pour tirer son mari de prison.

Le sieur Sotinet était entré malheureusement dans l'affaire du bois carré. Tous ses associés sont en fuite. On l'appréhende au corps ; on l'entraîne au For-l'Évêque. Cette chaste tourterelle, privée de son tourtereau, que d'impitoyables sergents lui ont enlevé, va, court, engage tout. Mais pourquoi, messieurs? pourquoi encore une fois? Pour tirer son mari d'un cul de basse fosse.

BRAILLARDET.

En vérité, messieurs, voilà une calomnie atroce. Le sieur Sotinet n'a jamais été en prison. Je demande réparation.

CORNICHON.

Un sous-fermier, jamais en prison! eh bien! donnez-vous un peu de patience, nous l'y ferons bientôt aller.

Mais que dirons-nous, messieurs, de ses débauches, ou, pour mieux dire, que n'en dirons-nous pas? Car, jusques à quel excès de crapule cet homme-là ne s'est-il point laissé emporter? Mais, que dis-je, un homme? non, messieurs, c'est plutôt une futaille, ou, pour mieux dire, un rapé qui ne fait que se remplir et se vider à tous moments. C'est un bouchon ambulant ; c'est une éponge toute dégouttante de vin, dont les vapeurs obscurcissent et soufflent enfin la chandelle de sa raison.

BRAILLARDET.

Je vous arrête là. C'est une calomnie diabolique... Le sieur Sotinet ne boit que de l'eau ; cela est de notoriété publique.

CORNICHON.

Un homme qui a été toute sa vie dans les aides ne boit que de l'eau! N'avait-il bu que l'eau, maître Braillardet, quand, sortant tout chancelant d'un cabaret, pour assister à l'enterrement d'un de ses meilleurs amis, il se laissa tomber dans la fosse, où il serait encore, si, par malheur pour sa femme, on ne l'en eût retiré? N'a-t-il bu que de l'eau, quand il revient chez lui le soir, amenant avec soi des femmes d'une vertu délabrée, et qu'il maltraite celle pour qui je suis de paroles et de coups?

BRAILLARDET.

Des coups! Ah! messieurs, on ne sait que trop que c'est le pauvre homme qui les a reçus. Il a porté plus de trois mois un emplâtre sur le nez, d'un coup de chandelier que sa femme lui a donné.

SOTINET, en pleurant.

Cela est vrai. Je ne saurais m'empêcher de pleurer toutes les fois que j'y songe.

CORNICHON.

Vous êtes sous-fermier, monsieur, et vous pleurez! Mais,

ACTE III, SCÈNE VI.

s'il n'y avait que des coups à essuyer, je ne m'en plaindrais pas; car on sait bien qu'une femme veut être un peu pansée de la main ; mais de se voir, à tous moments, exposée aux extravagances d'un fou !

SOTINET.

Moi, fou !

CORNICHON.

Oui, messieurs, je vous le garantis tel, et des plus fous qui se fassent. On n'a qu'à lire les dépositions des témoins, on verra qu'on l'a encore vu aujourd'hui courir les rues à pied, la barbe faite d'un côté, et le bassin passé à son cou.

SOTINET.

Je n'ai jamais fait d'autre folie que celle de prendre ma femme. Hé! morbleu, plaidez votre cause si vous voulez.

(Il lève sa canne, et en menace Cornichon.)

CORNICHON.

Vous voyez, messieurs, que votre présence ne saurait servir de gourmette à ce furieux. Que serait-ce si cette pauvre innocente se trouvait toute seule avec lui ? Approchez, malheureuse opprimée ; venez, épouse infortunée : c'est à l'ombre de ce tribunal que vous trouverez un asile assuré contre la pétulance de votre persécuteur. Souffrirez-vous, messieurs, qu'une femme qui (comme dit fort élégamment un savant philosophe) doit être *vas dignitatis, non voluptatis*, devienne un grenier à coups de poing? qu'une femme, qui doit être la soucoupe des plaisirs d'un mari, soit le ballon de ses emportements ? Non, messieurs, vous ne souffrirez pas que ces innocentes brebis soient si cruellement égorgées par ces loups ravissants ! Eh ! qui voudrait dorénavant se mettre en ménage, si vous fermiez la porte aux séparations ?

Le divorce ayant été de tout temps tout ce qu'il y a de plus piquant dans le mariage, ce ragoût de veuvage anticipé, cette viduité prématurée que vous allez servir à la dame Sotinet, va faire venir l'eau à la bouche à quantité de femmes de Paris : elles en voudront tâter. Songez, messieurs, aux honneurs que vous allez recevoir ! *cornuum quanta seges!* Vous aurez plus d'affaires que toutes les juridictions de la France. L'hôtel de Bourgogne crèvera de monde : vous en aurez toute la gloire, et les comédiens italiens tout le profit. *Dixi.*

(Pendant que le dieu de l'Hymen va aux opinions, les avocats parlent tous deux à la fois.)

BRAILLARDET.

Quand il y aurait quelque petit grain de folie, il y a des intervalles...

CORNICHON.

Ah ! taisez-vous, taisez-vous.

(Cela se dit à haute voix.)

JUGEMENT.

LE DIEU DE L'HYMEN.

Ayant aucunement égard à la requête de la partie de maître Cornichon, le dieu de l'Hymen a ordonné que la dame Sotinet demeurera séparée de corps et de biens d'avec son mari ; qu'elle reprendra les vingt mille écus qu'elle a apportés en mariage ; qu'elle jouira, dès à présent, de son douaire, étant réputée veuve, et d'une pension de trois mille livres ; et attendu la démence avérée du sieur Sotinet, nous avons ordonné qu'à la diligence de sa femme, il sera incessamment enfermé aux Petites-Maisons, ou à Saint-Lazare.

SOTINET.

Moi, enfermé ! moi, à Saint-Lazare !

CORNICHON.

Bon ! il y a dix ans que vous devriez y être.

(On emmène le sieur Sotinet. Aurélio se découvre à Isabelle.)

ARLEQUIN.

Monsieur l'Hyménée, ce n'est pas tout : vous venez de défaire un mariage, mais il s'agit d'en refaire un autre entre Colombine et moi.

COLOMBINE.

Ah ! très-volontiers, à condition que l'on nous démariera au bout de l'an.

ARLEQUIN.

Je le veux bien ; car j'ai toujours ouï dire qu'une femme et un almanach sont deux choses qui ne sont bonnes tout au plus que pour une année.

FIN DU DIVORCE.

AVERTISSEMENT

SUR

LA DESCENTE D'ARLEQUIN AUX ENFERS.

La Descente d'Arlequin aux Enfers, comédie italienne, mêlée de scènes françaises, en trois actes et en prose, a été représentée, pour la première fois, sur le théâtre de l'hôtel de Bourgogne, le 5 mars 1689, sous le titre de la Descente de Mezzetin aux Enfers.

Il n'y avait point d'Arlequin alors; Mezzetin en avait pris l'habit et les rôles, en conservant toutefois son nom de Mezzetin [1]; mais après les débuts de Ghérardi, ces rôles ont été rendus à l'Arlequin, et il les a conservés jusqu'à la suppression de la troupe.

---

[1] La mort de Dominique ayant obligé ses camarades à cesser leur spectacle, ce temps fut employé à chercher des moyens pour remplacer le vide que cet excellent acteur faisait à la troupe. Enfin, le mercredi 1er septembre 1688, les comédiens italiens rouvrirent leur théâtre; et Angelo Constantini, dans une scène préparée, reçut de Colombine l'habillement et le masque d'Arlequin, caractère qu'il joua sous le nom de Mezzetin. Comme il était, quoique très-brun, d'une figure gracieuse, et qu'il avait plu infiniment jusqu'alors à visage découvert, le public lui marqua que, s'il continuait à porter le masque d'Arlequin, on perdrait en lui un acteur très-varié, en un mot, une espèce de Protée. Angelo Constantini continua cependant de remplir l'emploi qu'il avait pris après la mort de Dominique, et ne le quitta que lorsque Ghérardi (fils de Flautin) eut joué le rôle d'Arlequin, et que cet acteur fut agréé du public : alors il ne joua plus qu'à visage découvert, ce qu'il continua jusqu'à la suppression de ce théâtre, en 1697. (Histoire de l'ancien Théâtre italien, page 84.)

AVERTISSEMENT.

Cette pièce est la plus informe de toutes celles qui composent le théâtre italien de Regnard; les scènes n'ont entre elles aucune liaison, et l'on a beaucoup de peine à démêler l'intrigue principale. Il paraît cependant que le poète a travesti Orphée et Amphion en deux musiciens de l'Opéra, qui descendent aux enfers pour redemander leurs femmes.

Nous aurions désiré pouvoir nous procurer le canevas italien de cette comédie; mais nos recherches à cet égard ont été infructueuses.

La Descente d'Arlequin aux Enfers n'a point été remise au théâtre depuis le rétablissement de la troupe, en 1716.

LA

DESCENTE D'ARLEQUIN
AUX ENFERS.
COMÉDIE.

ACTEURS
DES SCÈNES FRANÇAISES.

ARLEQUIN.
COLOMBINE, femme d'Arlequin.
PIERROT, valet d'Arlequin.
ORPHÉE. *Aurélio.*
ISABELLE.

UN VENDEUR DE TISANE. *Pierrot.*
UN AUTEUR. *Colombine.*
PLUTON.
PROSERPINE.
CARON.

Extrait des principales scènes françaises de LA DESCENTE D'ARLEQUIN AUX ENFERS.

Le théâtre représente les côtes de Thrace, et la mer dans l'éloignement.

SCÈNE I.
ARLEQUIN, COLOMBINE, PIERROT.

(Arlequin paraît le premier sur la scène; il sort du ventre d'une baleine : sa femme Colombine vient ensuite : elle est portée par un gros poisson; Pierrot est en croupe derrière elle; ils descendent tous les deux sur les côtes de Thrace. Arlequin apprend à sa femme qu'il vient pour disputer à Orphée le prix de la musique, et il lui lit un cartel burlesque qu'il lui a envoyé; ils paraissent embarrassés tous les deux sur la manière dont ils se tireront dans le pays où ils viennent d'aborder. Pierrot s'en va, et mène en laisse le poisson qui a amené Colombine.)

SCÈNE II.
ARLEQUIN, COLOMBINE.
COLOMBINE.

De quoi vivrons-nous en ce pays-ci, car nous n'avons point d'argent?

ARLEQUIN.

Cela m'embarrasse un peu, car ce diable d'argent, c'est la cheville ouvrière d'un ménage.

COLOMBINE.

Si tu voulais me laisser faire, je ferais de belles connaissances, et nous n'en serions pas plus mal. Autrefois, quand tu étais absent, je ne manquais de rien.

ARLEQUIN.

Tant pis, morbleu, tant pis! Je me défie diablement de ces femmes qui battent monnaie en l'absence de leurs maris.

COLOMBINE.

Ne voilà-t-il pas? Ces maris se mettent toujours cent choses dans la tête. C'est bien cela! J'ai des secrets merveilleux, qui m'ont été donnés par un chimiste qui m'aimait autrefois; je compose une huile, que j'appelle élixir de patience, dont une goutte, appliquée sur le front d'un mari, le délivre pour jamais du mal de tête.

ARLEQUIN.

Diable! voilà qui est beau! Mais je crois que tu gagnerais bien davantage si ton secret le délivrait de sa femme.

COLOMBINE.

J'en ai un autre plus beau encore pour les femmes d'aujourd'hui : je compose la poudre de bonne réputation.

ARLEQUIN.

Oh! oh! je crois qu'elle est diablement difficile à faire.

COLOMBINE.

Qu'une coquette soit décriée, que sa conduite soit la plus raboteuse du monde; elle n'a qu'à changer de quartier, ne plus voir d'hommes, et prendre une pincée de ma poudre dans un bouillon, en trois mois elle fera assaut de vertu avec les plus vestales.

ARLEQUIN.

Voilà le plus beau secret du monde. Peux-tu faire assez de cette poudre-là? J'en ai un pour le moins aussi beau. Qu'un homme ait une colique enragée, en un moment je la lui fais passer; je le couche par terre, je fais chauffer une meule de moulin et je la lui applique sur l'estomac : n'ayez pas peur qu'il ait jamais la colique.

COLOMBINE.

Ni colique, ni autre mal.

ARLEQUIN.

Le malade meurt ordinairement; mais s'il ne mourait

pas, ce serait le plus beau secret du monde. J'ai encore un autre moyen pour gagner de l'argent. Tu sais bien que, quand je joue de ma lyre, je fais tout venir à moi. Je n'ai qu'à aller aux Invalides, je servirai de grue pour monter les pierres, et on me paiera comme trente manœuvres ensemble.

COLOMBINE.

Fi! voilà un vilain métier! Je ne veux point d'un mari grue. Fais-toi plutôt maître à chanter; on te donnera deux louis d'or par mois, et tu trouveras peut-être quelque écolière à qui tu ne déplairas pas; car voilà la grippe des femmes d'aujourd'hui.

ARLEQUIN.

Quoi! est-ce un si bon métier?

COLOMBINE.

Je te dis qu'il n'y a pas une plus jolie vacation au monde; on est de tous les bons repas; jamais de promenades sans le maître à chanter : on se donne des airs de familiarité avec l'écolière; on lui prend la main pour lui faire battre la mesure : le mari passe tout sur la foi de la musique, et il ne se doute pas bien souvent de la partie qu'on fait chanter à sa femme.

ARLEQUIN.

Voilà mon affaire : il n'y a qu'une chose qui m'embarrasse; il me semble que je ne suis pas assez bien habillé.

COLOMBINE.

Ne ne mets pas en peine; tu n'auras pas montré trois mois, que tu seras aussi doré que les maîtres à danser. Bon! une écolière, en levant une jupe chez un marchand, ne lève-t-elle pas aussi une veste pour son maître de musique? Qu'est-ce que cela lui coûte? c'est le mari qui paie.

ARLEQUIN.

Voilà de jolis profits; mais aussi on a bien de la peine; c'est un rude métier : il faut quelquefois chanter quand on a envie de boire. Mais n'importe, voilà qui est fait; quand l'argent me manquera, je me jette dans la musique. Adieu; je m'en vais chercher Orphée; il n'a qu'à se bien tenir; je lui ferai manger son violon jusqu'au manche.

COLOMBINE.

Et moi, je vais travailler à ma poudre de bonne réputation.

ARLEQUIN.

Ne manque pas d'en garder pour toi. A propos, qu'as-tu fait de nos enfants?

COLOMBINE.

Pour les cacher à cette âme damnée de Jupiter, qui nous en a tué déjà deux, j'en ai fait un ballot que j'ai porté à la douane; et je vais voir s'il est arrivé, pour en payer les droits.

ARLEQUIN.

Cette marchandise-là ne devrait pas beaucoup payer d'entrée; elle paie assez à la sortie.

SCÈNE III.

ARLEQUIN, ISABELLE.

(Arlequin fait une déclaration d'amour à Isabelle, et, pour la persuader, il entre dans le détail de ses bonnes qualités.)

ARLEQUIN.

Je suis doux, pacifique, aisé à vivre, l'humeur satinée, veloutée : j'ai vécu six ans avec ma première femme, sans avoir le moindre petit démêlé.

ISABELLE.

Cela est assez extraordinaire.

ARLEQUIN.

Une fois seulement, après avoir pris du tabac, je voulais éternuer, elle me fit manquer mon coup : de dépit, je pris un chandelier, je lui cassai la tête, et elle mourut un quart d'heure après.

ISABELLE.

Ah ciel! est-il possible!

ARLEQUIN.

Voilà le seul différend que nous ayons eu ensemble, et qui ne dura pas longtemps, comme vous voyez.

ISABELLE.

Cela est fort expéditif, je vous l'avoue.

ARLEQUIN.

Quand une femme doit mourir, il vaut bien mieux que ce soit de la main de son mari que de celle d'un médecin, qu'il faut bien payer, et qui vous la traînera six mois ou un an. Je n'aime point à voir languir le monde; et puis l'on gagne son argent par ses mains.

SCÈNE III.

ISABELLE.

Et vous n'avez point d'horreur d'avoir commis un crime aussi noir que celui-là?

ARLEQUIN.

Moi? point du tout : je suis accoutumé au sang. Mon père a fait mille combats en sa vie, où il a toujours tué son homme. Il a servi le roi trente-deux années.

ISABELLE.

Sur terre, ou sur mer?

ARLEQUIN.

En l'air.

ISABELLE.

Comment, en l'air? je n'ai jamais ouï parler de ces officiers-là.

ARLEQUIN.

C'est que, comme il était fort charitable, lorsqu'il rencontrait quelque agonisant que l'on menait à la Grève, il se mettait avec lui dans la charrette, et l'aidait à mourir du mieux qu'il pouvait.

ISABELLE.

Ah l'horreur!

ARLEQUIN.

Tous ses confrères les médecins (car il avait pris ses licences dans leur école) disaient qu'il n'y avait jamais eu un homme aussi adroit, et qu'on ne voyait point de besogne faite comme la sienne ; aussi l'avaient-ils fait recteur de la faculté.

ISABELLE.

Voilà, je vous assure, des talents bien merveilleux ; mais comme ce sont, sans doute, des talents de famille, vous deviez prendre la charge de monsieur votre père.

ARLEQUIN.

Je m'y sentais assez d'inclination ; mais vous savez qu'il faut qu'un gentilhomme voie le pays : j'ai couru par toutes les sept parties du monde, et me voilà enfin à vos pieds, divine princesse, pour vous dire que je me pendrai assurément, si vous n'êtes unie avec moi par le lien conjugal.

SCÈNE IV.

ARLEQUIN, ISABELLE, COLOMBINE, qui survient et écoute sans être vue.

ISABELLE.

Je ne trouve qu'une petite difficulté à notre mariage ; c'est que je suis déjà mariée.

ARLEQUIN.

Mariée ! bon, voilà une belle affaire ! Est-ce cela qui vous embarrasse ? Je le suis aussi ; mais il n'y a rien de si aisé que d'être veuf : cinq sous de mort aux rats en font l'affaire.

ISABELLE.

C'est-à-dire que voilà la manière dont vous traitez vos femmes, quand vous voulez les régaler : je suis votre très-humble servante ; je n'aime point la mort aux rats.

ARLEQUIN, l'arrêtant.

Vous me fuyez ! Oui, si vous voulez me promettre de m'épouser, je vous promets, moi, de la faire crever dans deux jours comme un vieux mousquet. Arrêtez donc, beauté léoparde.

COLOMBINE, le prend par le bras.

Comme un vieux mousquet !

(Isabelle s'en va.)

SCÈNE V.

ARLEQUIN, COLOMBINE.

ARLEQUIN.

Ah ! ma petite femme, te voilà ? Hé ! que j'ai de plaisir de te voir ! mon petit bouchon.

COLOMBINE.

Ah ! scélérat, voilà donc les transports de ton amour ! Je vous promets de la faire crever dans deux jours !

ARLEQUIN.

Hé ! ne vois-tu pas bien que je disais cela pour rire ? Il faut bien plus de temps pour faire crever une femme.

COLOMBINE.

Ah ! malheureux, il faut que je te dévisage.

ARLEQUIN.

C'est elle qui voulait me mettre à mal.

COLOMBINE.

Non, je ne serai pas contente que je ne t'aie étranglé de mes propres mains.

(Elle se jette sur lui et le bat.)

SCÈNE VI.

ARLEQUIN, COLOMBINE, UN VENDEUR DE TISANE.

ARLEQUIN.

Au meurtre! au guet, au guet! on égorge un bourgeois.

LE VENDEUR DE TISANE.

Chalands, chalands, qui est-ce qui veut boire?

COLOMBINE, se met à pleurer aussitôt qu'elle voit le vendeur de tisane.

Ah! ah! ah!

LE VENDEUR DE TISANE.

Quel vacarme faites-vous donc là? fi donc! quelle honte d'estropier une pauvre femme!

ARLEQUIN.

C'est ma femme : de quoi vous mêlez-vous?

COLOMBINE.

Ah! ah! ah! ah!

LE VENDEUR DE TISANE.

Le sac à vin!

COLOMBINE, toujours pleurant.

Je suis... hi! hi!

ARLEQUIN.

Par ma foi, voilà une méchante carogne.

LE VENDEUR DE TISANE, à Arlequin.

Ce n'est morgué pas bien, tout franc.

COLOMBINE.

Je suis toute brisée! hé! hé! hé! hé!

ARLEQUIN.

Là, là, là, ma petite femme, ce ne sera rien ; cela ne m'arrivera plus.

LE VENDEUR DE TISANE.

Le brutal! Quand vous voulez battre une femme, que ne lui sanglez-vous un bon coup de bâton sur la tête, sans vous amuser à la faire crier deux heures? (A Colombine.) Qu'est-ce donc qu'il vous a fait?

COLOMBINE.

Il m'a..., il m'a... Ah! je ne saurais parler, er, er, er.

ARLEQUIN.

Par ma foi, je commence à croire que c'est moi qui l'ai battue.

LE VENDEUR DE TISANE.

Allons, je veux faire la paix : je n'aime pas à voir de noise dans un ménage ; je veux vous raccommoder : venez çà.

COLOMBINE.

Non, je ne lui pardonnerai jamais.

LE VENDEUR DE TISANE donne un bâton à Colombine qui en frappe Arlequin.

Allons, vous voilà quittes.

ARLEQUIN.

Oui, tout d'un côté et rien de l'autre.

LE VENDEUR DE TISANE.

Sans moi, vous vous seriez battus, et vous voilà les meilleurs amis du monde. A la fraîche, à la fraîche ; qui est-ce qui veut boire?

SCÈNE VII.

ARLEQUIN, UN AUTEUR.

ARLEQUIN, apercevant l'auteur qui gesticule beaucoup sans rien dire.

Voilà un sac à charbon de l'enfer qui va à la promenade. Monsieur ou madame, car je ne sais si vous êtes mâle ou femelle, je ne vous vois que par derrière...

L'AUTEUR.

Vade retrò, profane. Qui t'a fait si téméraire que de m'interrompre ?

ARLEQUIN.

Je vous demande pardon.

L'AUTEUR.

Une personne de mon savoir...

ARLEQUIN.

Je n'y tâchais pas.

L'AUTEUR.

Qui fait les madrigaux de Proserpine.

ARLEQUIN.

Je ne le ferai plus.

L'AUTEUR.

Et qui est le premier consignant pour entrer ici-bas à l'académie.

SCÈNE VII.

ARLEQUIN.

A l'académie? quoi! il y en a une ici? C'est donc une académie de malins esprits?

L'AUTEUR.

Je me promenais sur les bords du Cocyte, pour travailler plus en repos à ma harangue, et tu viens te jeter au travers de mes conceptions.

ARLEQUIN.

Comment donc, est-ce que vous faites vos harangues vous-même?

L'AUTEUR.

Je sais bien que la plupart des académiciens, là-haut, ne se donnent pas cette peine, et que, pourvu qu'ils la sachent lire, on les reçoit tout d'une voix: mais ce n'est pas de même ici; et il ne suffit pas de savoir faire l'anatomie d'un mot, pour être l'interprète des mystères de notre diabolique académie.

ARLEQUIN.

Apparemment que vous en étiez là-haut?

L'AUTEUR.

Que j'en étais là-haut! que j'en étais! Est-ce qu'on me recevrait ici, si j'en avais été? Ce n'est pas que je n'aie cent fois plus de mérite qu'il n'en faut pour en être. J'ai été le plus bel esprit de mon temps, et j'ai fait en ma vie plus de cent comédies.

ARLEQUIN.

Plus de cent comédies!

L'AUTEUR.

Oui, cent; peut-être cent cinquante, si vous me fâchez. Il n'y eut jamais un meilleur naturel que le mien; je rendais une comédie aussi facilement qu'un autre rend un lavement. C'est moi qui ai enrichi les comédiens français; et il n'y avait point d'hiver que je ne leur donnasse sept ou huit pièces, tant sérieuses que comiques.

ARLEQUIN.

Et les jouait-on longtemps?

L'AUTEUR.

Jamais qu'une fois; mais aussi tout Paris venait se crever à la première représentation; car personne ne voulait attendre la seconde, de peur de ne la point voir.

ARLEQUIN.

J'aurais cru que c'eût été là le moyen d'envoyer les comédiens à l'hôpital.

L'AUTEUR.

C'est ce qui vous trompe. Une comédie nouvelle, pour être bonne, ne doit se jouer qu'une fois : quand elle va jusqu'à deux, ma foi, on s'ennuie. J'ai mis le siècle dans ce goût-là ; et si vous y prenez garde, depuis moi, tous les auteurs donnent là-dedans. Ils ont raison, au bout du compte ; car, comme les bonnes choses aujourd'hui n'ont point de cours, pour peu qu'une méchante pièce puisse être représentée une fois, voilà les comédiens riches.

ARLEQUIN.

Les vôtres étaient donc sur ce pied-là?

L'AUTEUR.

Vous pouvez croire que je me suis mis à la mode tout des premiers. De plus, je n'ai jamais voulu ôter au public l'usage récréatif des sifflets. Tout au contraire, je marquai, dans mes pièces, les endroits où l'on devait siffler, afin que l'acteur se reposât et qu'il reprît haleine. C'est le jugement qui conduit tout cela.

ARLEQUIN.

Et moi je voudrais que les sifflets fussent au diable. Quand cette quinte-là prend au parterre, il démonterait Titus et Bérénice.

L'AUTEUR.

De mon vivant, je m'étais abonné avec un marchand de sifflets, qui était, dans son métier, le premier homme du monde.

ARLEQUIN.

Les comédiens vous ont bien de l'obligation.

L'AUTEUR.

Il en faisait pour la prose, pour les vers, pour les français, pour les italiens ; mais, ma foi, où il triomphait, c'était pour l'Opéra. Pour le mettre en crédit, j'avais fait un opéra, moi, qu'on allait jouer quand je mourus. Ce devait être la plus belle chose qu'on eût jamais vue sur le théâtre. Je ne l'avais pas pris de la métamorphose, comme ces chardons du Parnasse ; fi ! cela sent le collège : je l'avais tiré tout entier de l'histoire de France ; il portait pour titre : *les Aventures du Pont-Neuf*. La fable n'a rien de si magnifique.

ARLEQUIN.

Les Aventures du Pont-Neuf! un sujet tiré de l'histoire de France ! (A part.) Voilà un auteur échappé des Petites-Maisons des enfers.

SCÈNE VII.

L'AUTEUR.

Comment donc! est-ce que je dis des impertinences? Paris n'est-il pas la plus belle ville de France? Le Pont-Neuf n'est-il pas le plus bel endroit de Paris? *Ergo,* les aventures du Pont-Neuf sont les plus beaux traits de l'histoire de France. C'est une figure, ignorant, que nous appelons en latin, *pars pro toto;* et en grec, *synecdoche....* Mais vous me faites perdre bien du temps. Que voulez-vous de moi?

ARLEQUIN.

Je veux apprendre le chemin des enfers; et j'y vais chercher ma femme.

L'AUTEUR.

Vous allez chercher votre femme? Ah! ah!

(Il se touche le front du bout du doigt.)

ARLEQUIN.

Comment donc! est-ce que je suis barbouillé?

L'AUTEUR.

Chercher sa femme! il vous faut cinq ou six grains d'ellébore.

ARLEQUIN.

Le diable m'emporte si je ne vais la chercher. Je ne me moque point.

L'AUTEUR.

Ah! pour la rareté du fait, je veux vous y mener. Suivez-moi : je veux entendre ce compliment-là.

ARLEQUIN.

Avant que d'aller plus avant, je voudrais bien savoir une chose de vous; car on dit que l'on est si savant quand on est mort! Ma femme a toujours été diablement coquette : dites-moi, je vous prie, si je ne suis point... là... là... vous m'entendez bien?

L'AUTEUR.

Oui-dà, cela est bien aisé. Voyons : là, levez le nez, l'œil fixe, le corps ferme, la tête droite; montrez la langue.

ARLEQUIN.

Ah! je tremble.

L'AUTEUR.

Montrez-moi votre main. Ah! ah! tirez la langue. Eh! eh! (Il lui tâte le pouls.) Oh! oh! (Il lui touche le front.) Hu! hu!

ARLEQUIN.

Ah! la carogne!

L'AUTEUR.

Que cela ne vous fasse point de peine : c'est un mal de famille. Votre père l'était, votre grand-père l'était, votre bisaïeul l'était.

ARLEQUIN.

Je vous remercie : quand on fera des chevaliers de cet ordre, je vous prierai de faire mes preuves.

SCÈNE VIII.

PLUTON, PROSERPINE, assis sur un trône de flamme, au milieu de leur cour.

PLUTON.

C'est une chose étonnante, phlégétontique assemblée, que de voir l'affluence d'âmes qui tombent journellement par vos soins dans mon royaume : il faut désormais refuser l'entrée aux survenants, ou faire bâtir des appartements nouveaux ; et, pour cela, je crois qu'il sera bon de lever un droit sur le bois et le charbon qui se brûlent ici-bas : voilà le sujet pour lequel je vous assemble.

PROSERPINE.

Ah! fi, m'amour! ne parlons point d'impôt : c'est quelque nouveau venu de maltôtier qui vous a soufflé cet avis-là.

PLUTON.

J'ai vu autrefois le temps si misérable, qu'il ne venait pas ici le moindre petit griffonneur de sergent, qu'il ne fallût députer un diable exprès pour aller le quérir ; et présentement, nous ne sommes employés qu'à les chasser : il faut que les greffiers attendent des années entières à la porte, parce qu'ils ne veulent pas passer devant les conseillers, qui pleuvent ici de toutes parts.

PROSERPINE.

Il ne faut plus recevoir de gens de robe; l'enfer est déjà assez lugubre; et surtout, point de greffiers, car ces gens-là mettent l'enfer en mauvais prédicament.

PLUTON.

Oui, mais vous ne savez pas que, moi qui suis Pluton, je n'ai pas plus de droit en enfer que ces messieurs-là. Bienheureux si, quelque jour, ils ne m'en chassent pas Je suis si soûl de ces gens de chicane, que dernièrement je fis une querelle d'Allemand à un diable de qualité qui revenait de Paris, et je lui fis fermer la porte, parce qu'il avait hanté mauvaise compagnie là-haut, et qu'il sortait du corps d'un procureur.

PROSERPINE.

Vous avez eu raison; ce serait le moyen de gâter tout ici.

PLUTON.

Je veux que vous soyez témoin de ce que je dis, et que Caron apporte devant vous le livre journal des âmes qu'il a passées aujourd'hui.

SCÈNE IX.

PLUTON, PROSERPINE, CARON, SUITE DE PLUTON.

(Deux diables apportent un gros livre sur leur dos; Caron le feuillette et lit.)

CARON, lisant.

Du 17, passé deux mille sept cent treize médecins.

PLUTON.

Ces messieurs-là font mieux nos affaires là-haut : il faut les renvoyer. Je ne veux plus qu'on en reçoive aucun à l'avenir qu'il n'ait une attestation de service et un certificat des fossoyeurs, comme il a bien et fidèlement exercé sa charge de médecin, et tué pour le moins dix mille personnes à sa part.

CARON, toujours lisant.

Dudit jour, cinquante-sept mille deux cent dix-sept, tant fermiers, sous-fermiers, que commis et rats de cave.

PLUTON.

Il est vrai qu'il en est tombé ce matin une bruine; on ne se voyait pas en enfer.

CARON.

Pour les fermiers, tout franc, il n'y a plus moyen de les passer; ils sont si gros et si gras, que ma barque enfonce.

PLUTON.

Comment voulez-vous faire? nous ne pouvons pas les refuser; c'est ici leur apanage.

CARON.

Plus, quinze mille sept cents, tant clercs, que procureurs.

PLUTON,

Pour ceux-là, il faut en faire provision; c'est le bois d'andelle de l'enfer; et je ne veux pas que l'on brûle autre chose dans mon cabinet.

CARON, lisant.

Item. Passé, en corps et en âme, deux carabins de symphonie, soi-disant musiciens de l'Opéra, qui viennent redemander leurs femmes.

PLUTON.

Ils sont donc fous? Qu'on les fasse venir au plus vite, je veux les voir; voilà du fruit nouveau.

SCÈNE X.

PLUTON, PROSERPINE, ORPHÉE, ISABELLE, femme d'Orphée, ARLEQUIN, COLOMBINE.

PLUTON, à Orphée, montrant Isabelle.

Est-ce là votre femme? elle valait bien la peine de faire le voyage.

(Orphée fait un compliment à Pluton en italien, ensuite il chante un air pour redemander sa femme.)

ARLEQUIN.

S'il ne tient qu'à une chanson pour avoir sa femme, je vais en dire une nouvelle.

(Il chante sur l'air : Dupont mon ami.)

>Pluton, mon ami,
>J'ai fait ce voyage
>Pour tirer d'ici
>Celle qui m'engage :
>Si tu ne veux me la donner,
>Il faudra bien s'en consoler.

ISABELLE.

S'il est étonnant de voir un mari chercher sa femme jusqu'aux enfers, il ne l'est pas moins de voir une femme souhaiter avec empressement de retourner avec son mari, quand une fois elle en a été séparée.

PLUTON.

Voilà un petit début qui n'est point sot.

ARLEQUIN.

Ni la débuteuse non plus.

ISABELLE.

Pour moi, je ne suis point de celles qui regardent la

séparation d'avec un mari comme la porte de leur félicité ; et j'avoue franchement que je suis d'assez mauvais goût pour trouver qu'il n'y a point de bonheur égal à celui de vivre avec un époux que l'on aime et dont on est tendrement aimée.
ARLEQUIN.
Eh ! fi donc ! faites-la taire : elle prêche là une nouvelle doctrine.
ISABELLE.
C'est pourquoi je viens me jeter à vos pieds pour vous prier, par tout ce que vous avez de plus cher, au nom de l'amour que vous vous êtes porté l'un et l'autre, de m'accorder la grâce que je vous demande, de me rendre un mari que je chéris plus que toute chose au monde ; et je ferai des vœux pour la santé et prospérité de vos majestés diaboliques.
ARLEQUIN.
Malepeste ! voilà du plus beau récitatif.
COLOMBINE, déclamant.
Les femmes d'aujourd'hui sont si malheureuses, et l'empire des maris si absolu, que je ne m'étonne plus qu'il y ait tant de filles à marier, et qui regardent le mariage comme l'écueil de leurs plaisirs et le tombeau de leur liberté. En effet, n'est-ce pas une chose qui crie vengeance, de voir l'inhumanité avec laquelle les pauvres femmes, ces moutons d'amour, sont traitées par ces loups dévorants? (Elle crie.) Ne dirait-on pas...
ARLEQUIN.
Oh ! je vois bien que nous sommes ici sur le patrimoine des avocats. Comme elle a appris à crier !
COLOMBINE.
Ne dirait-on pas, dis-je, que le mariage, qui devrait être l'union, le nœud et la soudure des volontés, soit présentement un champ de bataille, où le mari s'exerce à chagriner sa femme, et où la femme est toujours la malheureuse exposée aux insultes, et bien souvent aux coups de celui qui devrait être le rempart de sa faiblesse? Pour moi, je vous déclare que, si heureusement mon mari était mort le premier, j'aurais pleuré, crié ; je me serais couverte, jusqu'au bout des ongles, d'un deuil où le cœur n'aurait pas eu grande part : mais, loin de le venir trouver aux enfers, je me serais bien donné de garde de le chercher.

ARLEQUIN.

Oh ! ma petite femme, je n'ai jamais douté de votre affection.

COLOMBINE.

Ainsi, puisqu'il vient me chercher de si loin, c'est une marque qu'il ne saurait se passer de moi ; mais il ne m'aura que par le bon bout : je prétends avoir des conditions si avantageuses, qu'on ne puisse pas me reprocher d'avoir gâté le métier... Comme c'est une chose qui crie vengeance, de voir le peu de dépenses que les femmes font aujourd'hui, je veux avoir plus d'argent que par le passé, et que chacun ait, sa semaine, la clef du coffre-fort.

ARLEQUIN.

Si vous l'aviez une semaine, je courrais grand risque la suivante de ne pas entrer en exercice.

COLOMBINE.

Item. Oh ! voilà un grand *item* celui-ci : point de jolies femmes de chambre ; c'est-à-dire que je les choisirai moi-même, les plus laides que faire se pourra, et qui auront au moins quarante-cinq ans.

ARLEQUIN.

Fi ! on n'est jamais bien servi par ces vieilles-là. Il faut donc que vous retranchiez aussi les grands laquais.

PLUTON.

Tudieu ! cet oiseau-ci sait bien sa leçon. Voilà une pèlerine qui a diablement d'esprit.

ARLEQUIN.

Elle a encore six fois plus de tête. Là, là, voyons : j'ai aussi à proposer mes conditions, moi ; et voilà des articles que nous ferons signer par des notaires de ce pays-ci ; car je crois qu'il n'y en manque pas.

COLOMBINE.

Oui, tu le prends comme cela? et moi je ne veux pas sortir. Une jolie femme comme moi, en tout pays, ne manque point de mari.

ARLEQUIN.

Oh ! je sais bien qu'il y a partout assez de gens qui se mêlent de ces emplois-là. *Primò*. Puisque je ne profite pas de votre mort, je prétends que vous me rendiez les frais du deuil et de l'enterrement que j'ai payés au crieur.

SCÈNE X.

PLUTON.

Cela est juste ; mais il n'en coûte pas grand'chose pour faire enterrer une petite femme.

ARLEQUIN.

Ah! ces diables de corbeaux-là ne les mesurent pas à la toise, et ils rançonnent tellement un pauvre mari, que souvent il aimerait presque autant que sa femme ne mourût pas.

PLUTON.

Ils gagnent assez d'ailleurs.

ARLEQUIN.

Je prétends à l'avenir que vous baissiez votre rayon d'un grand demi-pied au moins.

COLOMBINE.

D'un demi-pied! je me ferais plutôt couper la tête. Non, non, je demeurerai ici.

ARLEQUIN.

Il vous en restera encore plus d'un grand pied ; et un grand pied de rayon doit suffire à la femme d'un musicien.

PROSERPINE.

Oh! oh! je le crois bien ; je m'en contenterais bien, moi qui suis Proserpine.

ARLEQUIN.

Je veux que vous soyez beaucoup plus sage que par le passé, et que vous promettiez de n'aimer désormais que moi.

COLOMBINE.

Oh! pour cet article-là, néant. Je ne veux point engager ma conscience. Dans le temps où nous sommes, il n'y a point de femmes qui puissent promettre cela.

ARLEQUIN.

Je veux que les enfants que j'aurai dans la suite soient élevés à ma fantaisie, et j'en disposerai comme de chose à moi appartenante.

COLOMBINE.

Cela s'en va sans dire.

PLUTON.

Eh! de quoi vous embarrassez-vous? Puisqu'elle est votre femme, tous les enfants qu'elle aura ne seront-ils pas les vôtres?

ARLEQUIN.

Nego consequentiam. Vous ne savez pas tout le manége de là-haut, monsieur Pluton : il y a tant de pères qui n'ont jamais eu d'enfants !

PLUTON.

Après avoir entendu les raisons des uns et des autres, pour vous défrayer de votre voyage, moi Pluton, prince des ténèbres, souverain du Styx et du Phlégéton, gouverneur des Pays-Bas, président du sabbat, et correcteur-né des arts, métiers et professions, je vous permets, non-seulement d'emmener chacun votre femme, mais toutes celles qui sont en enfer, sans même en excepter Proserpine.

ARLEQUIN.

Pour moi, je n'en ai que trop de celle-ci ; mais il y a bien des gens qui ne demanderaient pas mieux que de troquer avec vous.

FIN DE LA DESCENTE D'ARLEQUIN AUX ENFERS.

AVERTISSEMENT

SUR

L'HOMME A BONNES FORTUNES.

Cette pièce a été jouée, pour la première fois, le 10 janvier 1690.

On a dit qu'elle avait été faite pour être opposée à celle que Baron donnait dans le même temps au Théâtre français ; mais cela n'est point vraisemblable : il s'en faut bien que les deux pièces soient du même temps ; il y avait quatre ans qu'on ne jouait plus celle de Baron quand Regnard a donné la sienne [1].

D'ailleurs l'HOMME A BONNES FORTUNES de Regnard n'est ni une parodie, ni une copie de celui de Baron. Moncade, dans Baron, est un homme aimable et poli, habile dans l'art de séduire les femmes, et fait pour leur inspirer de l'intérêt. Arlequin, dans Regnard, est un laquais déguisé tantôt en vicomte, tantôt en prince étranger, qui ne sait que voler et escroquer, et qui se conduit auprès des femmes précisément comme il faut pour ne pas réussir : quand il leur parle, il leur dit des injures ; quand il leur écrit, c'est dans le style des corps de garde ; quand il les instruit, c'est à la manière d'*Arnolphe* dans l'ÉCOLE DES FEMMES. Assurément on a peu de bonnes fortunes par de pareils moyens.

Cependant la pièce de Regnard n'est pas sans mérite, mais ce n'est pas dans la partie qui répond au titre : il y a une intrigue

---

[1] L'HOMME A BONNES FORTUNES, comédie en cinq actes et en prose, de Baron, a eu de suite vingt-trois représentations, dont la dernière fut donnée le vendredi 5 avril 1686, veille de la clôture du théâtre. (Voyez l'Histoire du Théâtre français, tome XIII, page 6.)

dans laquelle l'*Homme à bonnes fortunes* n'est pour rien ; et cette intrigue est une des mieux suivies du Théâtre italien.

Brocantin est veuf, et a deux filles, qui ont la plus grande envie d'être mariées. L'aînée veut en détourner la cadette : c'est la première scène de l'intrigue ; elle paraît avoir quelque rapport avec celle d'*Armande* et *Henriette* dans les FEMMES SAVANTES. Cette scène est très-bien dialoguée, ainsi que la suivante, où Pierrot survient ; mais elles sont toutes deux très-libres. C'est un reproche à faire trop souvent au Théâtre italien.

Le père vient ensuite annoncer à *Isabelle*, l'aînée de ses filles, qu'il a dessein de la marier à un médecin. Isabelle, éprise d'Octave, refuse le docteur ; propose Colombine sa sœur cadette, à qui elle aime mieux céder ses droits d'aînesse. Colombine, de son côté, refuse, parce qu'elle est la cadette : d'ailleurs elle se croit aimée du vicomte ; et elle lui a écrit de la venir voir.

Ce vicomte est l'*Homme à bonnes fortunes*, qui arrive en se querellant avec un fiacre, qu'il ne veut pas payer. On reconnaît là le marquis de Mascarille des PRÉCIEUSES qui refuse de payer ses porteurs. La scène ne finit pas précisément de même : Mascarille paie enfin, mais Arlequin fait payer par sa maîtresse. Après avoir conversé avec Colombine, qu'il traite fort insolemment, il la fait chanter. Bientôt on vient lui dire que des sergents l'attendent à la porte pour le mettre en prison. Cette circonstance fait qu'il avoue à Colombine que, pour avoir de l'argent, il a fait un faux billet, et que celui dont il a pris le nom ne voulant pas payer, on le poursuit. Colombine lui donne tout ce qu'elle a de diamants et de bijoux, et il les emporte avec un dédain assez grossier. Voilà un échantillon des bonnes fortunes du vicomte.

Isabelle, pour rebuter le médecin, se déguise en militaire qui paraît attendre Isabelle elle-même dans son appartement. Le médecin parle au militaire de ses prétentions : celui-ci lui rit au nez, le plaisante, lui dépeint Isabelle comme une fille dont il connaît toute la personne, et sur laquelle la malignité publique s'exerce continuellement. Il avoue qu'il passe toutes les nuits dans sa chambre, et qu'elle ne saurait se coucher sans lui.

Cette scène, qui paraît neuve, est très-plaisante, et les spectateurs ne peuvent s'en offenser, parce qu'ils sont prévenus du déguisement.

Mais ce n'est pas assez d'avoir dégoûté le médecin, on veut encore faire revenir le père d'Isabelle. Arlequin, ci-devant vicomte, paraît en *prince Tonquin des Curieux*, qui veut épouser Colombine; et quand il sait que le médecin veut épouser Isabelle, il lui arrache quelques poils de sa moustache, pour faire voir qu'il a une barbe postiche, et prédit qu'il sera pendu dans vingt-quatre heures. C'en est assez pour que Brocantin le congédie, et aussitôt le prince propose Octave comme un grand seigneur de sa cour; et lui-même, gardant toujours son rôle de prince, épouse Colombine.

Cette supercherie, qui a son modèle dans *le Bourgeois gentilhomme*, avait déjà été présentée au Théâtre italien dans la comédie intitulée *Arlequin Empereur dans la lune*, et dans *Mezzetin, grand Sophi de Perse*; et il faut avouer qu'elle y convenait mieux.

La suite du prince des Curieux, composée de perroquets, de singes, etc., a dû faire beaucoup de spectacle; et le déguisement d'un homme en perroquet, tout monstrueux qu'il est, a dû plaire sur un théâtre où le ridicule et l'extravagance attiraient une foule immense de spectateurs.

Quoique la comédie de l'HOMME A BONNES FORTUNES ait eu le plus grand succès, il ne paraît pas cependant qu'elle ait été reprise par la nouvelle troupe.

Cette comédie est une vraie caricature italienne, où toutes les règles de la vraisemblance, et souvent même de la décence, sont sacrifiées à une gaieté folle et à des portraits excessivement chargés.

Le vicomte de Bergamotte est un intrigant de la plus basse classe, qui joue ridiculement l'homme de qualité.

Colombine, sa maîtresse, est une jeune innocente abandonnée à elle-même, et que sa mauvaise éducation rend disposée, dans l'âge le plus tendre, à donner dans les plus grands travers.

Sa sœur Isabelle est un ambigu plaisant de coquette et de précieuse.

Brocantin, leur père, dont le nom indique la profession, est un homme grossier et épais; un lourd bourgeois qui ne connaît que son commerce, et qui donne facilement dans les piéges qu'on lui tend.

Je ne parlerai pas du docteur Bassinet et des autres personnages de la pièce qui y jouent des rôles moins importants, mais qui tous sont assortis aux caractères principaux.

Tels sont les portraits que Regnard a mis sur la scène. Il ne faut chercher ni raison ni vérité; mais une foule de traits plaisants et des scènes d'un excellent comique, quoique chargé.

On trouve dans un recueil intitulé *Supplément au Théâtre ita-*

lien, ou *Recueil des scènes françaises* qui ont été représentées sur le théâtre de l'hôtel de Bourgogne, et qui n'ont pas été imprimées, imprimé à Bruxelles en 1697, deux scènes que l'éditeur attribue à l'Homme a bonnes fortunes. Comme elles sont totalement étrangères à l'intrigue de la pièce, et que Ghérardi ne les a pas insérées dans son recueil, nous nous contenterons d'en donner ici l'extrait.

Dans l'une de ces scènes, Pasquariel demande à Arlequin comment il est parvenu à se guérir de la fièvre.

ARLEQUIN.

Vous saurez que cette chienne de fièvre venait me trouver tous les jours, sans manquer, à trois heures; quand je vis cela, je délogeai de la maison. Bon! elle vint me trouver dans mon nouveau gîte, le lendemain juste à trois heures. Je m'imaginai que quelqu'un lui avait dit que j'étais délogé, et lui avait enseigné où je demeurais. Je m'avisai d'aller à Vaugirard, sans en rien dire à personne : quand je fus là, à deux heures et demie, je me cachai dans une cave; à trois heures, voilà cette diable de fièvre qui me vient trouver. J'enrageais. Pourtant le lendemain, sur les deux heures, il me prit fantaisie de passer l'eau, et d'aller à Chaillot, je dis : La fièvre n'aura point d'argent, il faudra qu'elle fasse le grand tour pour passer le pont, et elle ne pourra jamais arriver à temps. A trois heures précises, voilà cette peste de fièvre qui me prend. Moi, ne sachant plus que faire, je dis : Il faut que je me fasse mettre en prison; la fièvre aura peur, et ne voudra pas y venir. Je m'en allai à Paris dans le marché; je fouillai dans la poche d'un homme bien mis, et je lui pris sa bourse. Aussitôt il crie au voleur : il vient cinq ou six archers qui m'arrêtent et me demandent où j'ai pris cette bourse : je leur dis que je l'avais trouvée dans la poche d'un homme : et tout de suite ils me mènent en prison. J'étais bien aise d'être prisonnier; il n'était que midi; je me dis : Bon! la fièvre ne viendra pas ici : mais à trois heures, cette enragée vient me visiter, et s'empare de moi sans craindre la prison. Il vint alors un drille qui me dit : Allons, bon vivant, suivez-moi. Il avait un gros paquet de clefs : je crus qu'il voulait renfermer la fièvre dans un endroit et me laisser dans un autre ; mais il me conduisit dans une chambre où étaient des gens vêtus de noir, portant des bonnets carrés, qui me firent mettre sur une petite sellette de bois pour examiner ma maladie. Après qu'ils eurent bien consulté, il y en eut un qui se leva et qui me dit : Qu'avez-vous, mon ami, à trembler? Je lui répondis : Monsieur, c'est que j'ai la fièvre. Oh bien! dit-il, il faut vous en guérir. Il donna un morceau de papier sur lequel était écrite l'ordonnance du remède, puis il me mit entre les mains de celui qui fait prendre tous les remèdes qu'il ordonne. C'est un homme gros et gras, qui a une belle moustache, le visage un peu gravé; beaucoup de gens dans Paris ont eu affaire à lui et ne s'en vantent pas. Eh bien! mon ami, me dit-il, où la fièvre te prend-elle? Partout, dans le dos, lui dis-je. Il me mena avec lui, m'attacha derrière une charrette; et depuis deux heures jusqu'à trois heures et demie, il me fit promener en me fouettant le dos d'une belle manière. Quand madame la fièvre se sentit houspiller ainsi, elle s'en alla: et voilà comment j'ai été guéri. Vous pourrez vous servir de ce remède quand vous voudrez; il est fort bon.

PASQUARIEL.

Va-t'en au diable, toi et ton remède; que la peste te crève! le remède est pire que le mal.

La seconde scène est intitulée Scène du Scorpion, entre un vieillard, Arlequin et Mezzetin. Mezzetin jette de grands cris, et appelle du secours pour son frère qui vient d'être mordu d'un scorpion. Il aborde le vieillard, que ses cris ont alarmé, et lui dit : Monsieur, attendez; qu'est-ce que je vois là? c'est un scorpion.

LE VIEILLARD.

Et où?

MEZZETIN.

Le voilà sur votre chapeau.

LE VIEILLARD.

Ote-le, je te prie, et prends garde à moi.

(Arlequin emporte le chapeau.)

MEZZETIN.

Hélas! monsieur, il n'est plus là; le voilà qui entre dans le collet de votre pourpoint.

LE VIEILLARD.

Ote-le vite; dépêche-toi.

(Mezzetin lui ôte son pourpoint, et le donne à Arlequin qui l'emporte.)

MEZZETIN.

Ah! monsieur, le voilà qui entre dans la ceinture de votre culotte.

LE VIEILLARD.

Défais-la vite.

MEZZETIN.

Y a-t-il de l'argent?

LE VIEILLARD.

Il y a cinquante louis d'or.

MEZZETIN.

La malepeste! comme les scorpions aiment l'argent! (Arlequin prend la bourse que lui donne Mezzetin et s'en va. Mezzetin fait tourner le dos au vieillard.) Prenez garde, monsieur, le voilà sur votre dos : ne remuez pas; je m'en vais le prendre. Tenez-vous bien.

(Pendant que le vieillard demeure immobile, le dos tourné, Mezzetin s'en va.)

LE VIEILLARD.

Eh bien! mon ami, l'as-tu? parle. Hélas! est-il attrapé?

(Le vieillard se retourne, et ne voyant plus personne, il crie au voleur.)

Le style de ces scènes ne nous permet pas de les attribuer à Regnard; et si elles appartiennent à la comédie de l'HOMME A BONNES FORTUNES, nous croyons qu'elles y ont été ajoutées après coup, suivant l'usage des acteurs italiens : on sait qu'ils avaient coutume de changer leurs rôles, et d'y ajouter des lazzis et des plaisanteries.

L'HOMME
A BONNES FORTUNES
COMÉDIE EN TROIS ACTES.

ACTEURS :

LE VICOMTE DE BERGAMOTTE. *Arlequin.*
MEZZETIN, valet du vicomte.
BROCANTIN.
ISABELLE) filles de
COLOMBINE, petite fille (Brocantin
PIERROT, valet de Brocantin.
M. BASSINET, médecin. *Le Docteur.*
OCTAVE, amant d'Isabelle.
UNE VEUVE DE PROCUREUR. *Pierrot.*
PASQUARIEL.
UN FIACRE.
LAQUAIS.
SUIVANTS DU PRINCE DES CURIEUX.

Le théâtre représente une chambre avec un lit.

SCÈNES FRANÇAISES
DU PREMIER ACTE.

SCÈNE I.

LE VICOMTE, MEZZETIN dans le même lit, l'un au chevet, et l'autre aux pieds.

LE VICOMTE.

Holà, quelqu'un de me gens! Champagne! Picard! la Violette! Tortillon! Basque! mes pantoufles, ma robe de chambre, mon carrosse, à dîner, un bouillon. (Il sort du lit avec une robe d'aveugle des Quinze-Vingts.) Ne suis-je pas bien malheureux qu'un homme de ma qualité soit obligé d'éveiller ses gens lui-même? Où sont donc ces marauds-là? Ouais! (à Mezzetin.) Et toi, ne te lèveras-tu point? (Il donne un coup de pied à Mezzetin, qui est encore couché; Mezzetin, s'éveillant en sursaut, bâille et se lève.) Si je prends un bâton, maraud, je te ferai bien lever. (A part.) C'est un trésor en hiver, qu'un laquais au pied d'un lit; son ventre sert de bassinoire.

MEZZETIN.

Vous faites l'entendu, parce que les bonnes fortunes vous suivent partout; mais souvenez-vous que nous sommes deux laquais, et qu'il n'y a point d'autre différence entre nous que celle que j'y veux bien mettre : ainsi, un peu plus de douceur, s'il vous plaît, et un peu moins d'emportement avec votre camarade.

LE VICOMTE.

Ce n'est point pour te quereller, Mezzetin, que je t'éveille de si bon matin ; c'est seulement pour te dire que toutes ces bonnes fortunes me donnent fort à penser. A l'égard de celles qui me viennent par les présents que l'on m'envoie de toutes parts, passe; mais pour celles que nous faisons en volant des montres, en enfonçant des boutiques, et en coupant des bourses, ma foi, j'ai peur que toutes ces bonnes fortunes-là ne nous fassent faire notre mauvaise fortune à la Grève.

MEZZETIN.

Hé! nous travaillons pour cela.

LE VICOMTE.

Voilà une méchante besogne.

MEZZETIN.

Tenez, voilà-t-il pas encore la robe que vous volâtes à cet aveugle des Quinze-Vingts, qui vous sert de robe de chambre?

LE VICOMTE.

Il y a longtemps qu'elle était neuve. J'ai déjà dit à trois ou quatre femmes que j'avais besoin d'un surtout de toilette : il y a bien du relâchement dans la galanterie; et les femmes commencent à se décrier furieusement dans mon esprit. Oh! nous ne vivrons pas longtemps bien ensemble.

MEZZETIN.

A propos de robe de chambre, tandis que vous dormiez, madame la marquise de Noirchignon vous en a envoyé une.

LE VICOMTE.

Voyons-la. (Mezzetin va prendre une robe sur la toilette, et la déploie. Le vicomte la regarde, et dit :) Passe. La

454 L'HOMME A BONNES FORTUNES.

pauvre créature fait tout ce qu'elle peut pour m'égratigner le cœur.

MEZZETIN.

Il est aussi venu un laquais de la part de madame la comtesse de Charbonglacé, qui a laissé un paquet dans une toilette.

(Il tire une toilette où est encore une robe de chambre.)

LE VICOMTE.

Diable! celle-ci est bien mieux étoffée que l'autre. La comtesse pourrait bien me faire faire la sottise de l'aimer. Mais il ne fait pas si cher vivre à Paris; tout s'y donne.

(On frappe rudement à la porte.)

MEZZETIN, allant ouvrir.

Monsieur, c'est le laquais de la veuve de ce procureur.

LE VICOMTE.

Laisse-le entrer.

SCÈNE II.

LE VICOMTE, MEZZETIN, UN LAQUAIS.

LE VICOMTE.

Que diable me veut-elle?

LE LAQUAIS.

Monsieur, voilà ce que madame vous envoie : elle dit comme ça que vous aurez l'honneur de la voir bientôt.

LE VICOMTE.

Mon enfant, dis-lui qu'elle ne s'en donne pas la peine. Je vais prendre un remède pour me débrouiller le teint.

(Le laquais sort.)

SCÈNE III.

LE VICOMTE, MEZZETIN.

LE VICOMTE, déployant ce que le laquais a apporté.

Comment! encore une robe de chambre! Il faut avouer que les femmes nous aiment bien en déshabillé.

(On frappe à la porte.)

MEZZETIN.

Monsieur, c'est la marquise.

LE VICOMTE.

Donne-moi vite la robe de chambre de la marquise.

(Mezzetin prend la robe de chambre de la marquise, et le vicomte la met par-dessus la sienne. On refrappe à la porte.)

ACTE I, SCÈNE IV.

MEZZETIN.

Ce n'est pas la marquise, monsieur, c'est la comtesse.

(Il faut remarquer qu'à chaque fois que l'on heurte, Mezzetin va voir à la porte, et revient sur-le-champ.)

LE VICOMTE.

Et vite, la robe de chambre de la comtesse! Tout serait perdu, si elle me trouvait sans cela.

(Il met encore cette robe de chambre sur les deux autres. On continue de frapper.)

MEZZETIN.

Oh! monsieur, c'est la veuve du procureur.

LE VICOMTE.

Que le diable l'emporte! Ne saurait-elle donner une robe de chambre sans venir l'essayer? Donne.

(Il met la troisième robe de chambre avec beaucoup de peine, ne pouvant presque pas se remuer à cause des trois autres qu'il a déjà sur lui ; à la fin, après plusieurs lazzis, il tombe, et à peine est-il relevé que la veuve entre.)

SCÈNE IV.

LE VICOMTE, LA VEUVE DU PROCUREUR.

LE VICOMTE, d'un ton de colère.

Hé! morbleu, madame, ne vous avais-je pas fait dire que je n'étais pas visible aujourd'hui? Et, ventrebleu, ne saurait-on rendre un lavement sans femme?

LA VEUVE.

Pour vous trouver, monsieur, il faut vous prendre au saut du lit; le reste du jour, vous êtes inabordable.

LE VICOMTE.

Il est vrai que je n'ai pas une heure à moi. Je suis si courbattu de ces aventures que le vulgaire appelle bonnes fortunes, que mon superflu suffirait à vingt fainéants de la cour.

LA VEUVE.

Je crois, monsieur, que c'est aujourd'hui un de vos jours de conquête ; vous voilà fleuri comme un petit Cupidon.

LE VICOMTE.

Je n'ai pourtant encore fait conquête que d'un bouillon postérieur qui me cause des épreintes horribles : il faut que ma femme de chambre ne me l'ait pas donné de droit fil.

LA VEUVE.

J'ai été aussi incommodée toute la nuit de tranchées ; je suis aujourd'hui à faire peur.

LE VICOMTE, après l'avoir regardée.

En vérité, madame, cela est vrai : il y a aujourd'hui bien des erreurs à votre teint ; mais il est resté là-bas un peu de décoction, ne vous en faites point de nécessité.

LA VEUVE.

Ce n'est pas avec des simples que l'âcreté de mon mal peut se guérir : ma maladie est là.

(Elle se touche au cœur.)

LE VICOMTE.

On sait bien qu'une femme grosse a toujours de petits maux de cœur.

LA VEUVE.

Moi, grosse ! moi ! Ah ! quelle ordure ! Il y a trois ans que M. Gratefeuille, mon mari, est mort. Grosse ! quelle obscénité !

LE VICOMTE.

Ah ! madame, je vous demande pardon ; je vous croyais fille. On s'y trompe quelquefois.

LA VEUVE.

Mais, monsieur, je vous trouve bien gros : qu'avez-vous ?

LE VICOMTE.

Je n'ai rien ; c'est que je soupai furieusement hier au soir.

LA VEUVE.

Il faut qu'il y ait autre chose : n'êtes-vous point hydropique ?

LE VICOMTE.

J'en serais bien fâché.

LA VEUVE.

Voyons...

(Elle lui lève ses robes de chambre l'une après l'autre.)

LE VICOMTE, en se défendant.

Hé ! fi, madame, que faites-vous-là ? cela n'est point honnête.

LA VEUVE.

Une, deux, trois robes de chambre ; c'est-à-dire trois maîtresses. Ah, traître ! c'est donc ainsi que tu me joues ? Tu dis que tu n'aimes que moi.

LE VICOMTE, faisant semblant de vouloir aller à la garde-robe.
Madame, je n'en puis plus.
LA VEUVE.
Voilà l'effet de tes serments!...
LE VICOMTE.
Madame, je vais tout rendre, si je ne sors.
LA VEUVE.
Scélérat!
LE VICOMTE.
Madame, je ne réponds plus de la discrétion de mon derrière.
LA VEUVE.
N'as-tu point de honte?...
LE VICOMTE.
Il ne tient plus qu'à un petit filet.
LA VEUVE.
Non, je ne veux plus de commerce avec toi; rends-moi ma robe de chambre.

(Elle lui veut arracher sa robe de chambre : ils se battent; le vicomte la décoiffe; une de ses jupes tombe; et elle s'en va.)

SCÈNE V.

ISABELLE, COLOMBINE, petite fille, parlant d'un air niais.

ISABELLE.

En vérité, vous êtes bien folle de farcir votre tête de vos sottes imaginations d'amour et de mariage. Est-ce là le parti que doit prendre une cadette? et ne devriez-vous pas avoir renoncé au monde?

COLOMBINE.

Mon Dieu! ma sœur, cela est bien aisé à dire; mais vous ne parleriez pas comme vous faites, si vous sentiez ce que je sens.

ISABELLE.

Et que sentez-vous donc, s'il vous plaît? Vraiment, je vous trouve une jolie mignonne, pour sentir quelque chose! Et que sentirai-je donc, moi qui suis votre aînée? Est-ce que l'on m'entend plaindre des envies que cause l'état de fille? Vous êtes encore une plaisante morveuse!

COLOMBINE.

Plaisante morveuse! Mon Dieu! je ne suis pas si morveuse que je le parais, et il y aurait déjà longtemps que je serais femme, si mon père avait voulu ; car on m'a dit qu'on pouvait l'être à douze ans.

ISABELLE.

Mais savez-vous bien ce que c'est qu'un mari, pour parler comme vous faites?

COLOMBINE.

Bon ! si je ne le savais pas, est-ce que j'en voudrais avoir un?

ISABELLE.

Hé ! qui vous a donc appris de si belles choses?

COLOMBINE.

Cela ne s'apprend-il pas tout seul? Quand je songe que je serai mariée, je suis si aise, si aise ! oh ! il faut que ce soit quelque chose de fort joli que le mariage, puisque la pensée seule fait tant de plaisir.

ISABELLE.

Vous vous trompez fort à votre calcul, si vous vous figurez tant de plaisir dans le mariage. Le beau régal qu'un mari qui gronde toujours ! le soin des domestiques, l'incommodité d'une grossesse : non, quand il n'y aurait que la peur d'avoir des enfants, je renoncerais au mariage pour toute ma vie.

COLOMBINE.

La peur d'avoir des enfants ! bon ! on dit que c'est pour cela qu'il faut se marier.

ISABELLE.

Bon Dieu ! quelle petitesse de raisonnement ! que votre esprit est à rez-de-chaussée !

COLOMBINE.

Mais vous, ma sœur, qui êtes si raisonnable, est-ce que vous ne voulez pas vous marier?

ISABELLE.

Oh ! ce n'est pas de même, moi ; je suis votre aînée, et la raison, qui veut que vous ne vous mariiez pas veut que je me marie. Vous n'êtes point propre au mariage ; ce n'est point un jeu d'enfant.

COLOMBINE.

Et moi, je vous dis que j'y suis aussi propre que vous. Je supporterai fort bien toutes les fatigues du ménage ; et quoique je sois jeune, si j'étais mariée présentement, je suis sûre que je n'en mourrais pas.

ACTE I, SCÈNE V.

ISABELLE.

En vérité, il faut que j'aie bien de la bonté, de souffrir tous les travers de votre esprit. Tout ce que je puis faire encore pour vous, c'est de vous conseiller de bannir de votre cerveau toutes vos idées matrimoniales, et de croire qu'il n'y a personne assez dépourvu de bon sens pour vouloir se charger de votre peau.

COLOMBINE.

Hé! là, là, cette charge-là n'est pas si pesante et ne fait pas peur à tout le monde : il n'y a pas encore huit jours que je trouvai dans une boutique, au Palais, un monsieur de condition, qui me dit que j'étais bien à son gré, et qu'il serait bien aise de m'épouser.

ISABELLE.

Et que lui répondîtes-vous ?

COLOMBINE.

Je lui dis que j'étais encore bien petite pour cela ; mais que l'année qui vient j'espérais d'être plus grande.

ISABELLE.

Vous serez plus grande et plus folle. Vous ne voyez donc pas qu'il se moquait de vous, et que vous vous donnez un ridicule dans le monde? Allez, vous devriez mourir de honte.

COLOMBINE, en pleurant.

Ne voilà-t-il pas? vous me grondez toujours. Vous voulez bien vous marier, vous, et vous ne voulez pas que je me marie. Est-ce que je ne suis pas fille comme vous?

ISABELLE.

Une petite fille qui n'a pas quinze ans, donner à corps perdu au travers du mariage !

COLOMBINE.

Mon Dieu! je vous dis, encore une fois, que j'ai plus d'âge qu'il ne faut; mais puisque vous me trouvez trop jeune, faisons une chose; vous avez quatre années plus que moi, donnez-m'en deux; cela ne gâtera rien ni pour l'une ni pour l'autre.

ISABELLE.

Allez, allez; vous ne savez ce que vous dites. Vous me croyez bien embarrassée de trois ou quatre années que j'ai plus que vous ; mais je veux bien que vous sachiez que pour dix ans de moins je ne voudrais pas être faite comme vous, ni de corps, ni d'esprit.

SCÈNE V.

ISABELLE, COLOMBINE, PIERROT.

PIERROT.

Qu'est-ce donc, mesdemoiselles? voilà bien du bruit; il me semble que vous vous flattez comme chiens et chats. Est-ce que vous ne sauriez vous égratigner plus doucement?

COLOMBINE.

Pierrot, c'est ma sœur qui se fâche : elle veut qu'il n'y ait de mari que pour elle.

PIERROT.

Oh! la goulue!

ISABELLE.

Viens çà, Pierrot; toi qui es un homme d'esprit, et qui sais le monde, n'est-il pas du dernier bourgeois de marier plus d'une fille dans une maison? et ne devrais-je pas déjà l'être?

PIERROT.

Cela est vrai, et je dis tous les jours à votre père que, s'il ne vous marie au plus tôt, vous lui ferez quelque stratagème.

COLOMBINE.

Mon pauvre Pierrot, toi qui es si joli, est-ce qu'il faut que je demeure toute ma vie fille?

PIERROT.

Bon! est-ce que cela se peut? (A Isabelle.) Voyez-vous, mademoiselle, il faut marier les filles quand elles sont jeunes. Ce gibier-là ne se garde pas : la mouche s'y met.

ISABELLE.

Mais aussi, est-il juste que je cède mes droits à ma cadette?

PIERROT, à Colombine.

Il est vrai que vous n'êtes encore qu'un embryon, et j'en ai vu dans des bouteilles de bien plus grandes que vous.

COLOMBINE.

Je conviens, Pierrot, que je suis encore petite; mais si tu savais ce que j'ai déjà.

ISABELLE.

Petite fille, vous plaît-il de vous taire?

PIERROT.

Hé! pardi, laissez-la dire. (A Colombine.) Eh bien donc! qu'avez-vous?

COLOMBINE.
J'ai... mais je n'oserais le dire.
ISABELLE, à Colombine.
Vous avez raison, car vous allez dire une sottise.
PIERROT, à Isabelle.
Eh! palsangué, laissez-la donc parler : vous lui rembourrez les paroles dans le ventre.
COLOMBINE.
Ne te moqueras-tu point de moi?
PIERROT.
Eh! non, non : dites.
COLOMBINE.
J'ai de la gorge, Pierrot, puisque tu le veux savoir.
PIERROT.
Oh! voyons cela, voyons.
COLOMBINE.
Oh, nenni, nenni; je ne la montre pas encore : j'attends qu'elle soit plus venue.
ISABELLE.
Il n'y a plus moyen de tenir à vos impertinences; je vous laisse; et si je faisais bien, j'avertirais mon père de mettre ordre à votre conduite.

SCÈNE VII.

COLOMBINE, PIERROT.

PIERROT.
Elle est bien rudanière.
COLOMBINE.
Oh! va, va, je ne m'en soucie pas. Elle veut faire la madame, et me traiter comme une petite fille; mais nous verrons. Oh! çà, çà, Pierrot, il faut que tu me fasses un plaisir.
PIERROT.
Je ne demande pas mieux. Ne suis-je pas fait pour faire plaisir aux filles?
COLOMBINE.
Il faut que tu me portes cette lettre à ce monsieur que je trouvai dernièrement au Palais.
PIERROT.
Une lettre!

COLOMBINE.

Oui. Est-ce qu'il y a du mal à cela? Puisque je sais écrire, pourquoi n'écrirais-je pas?

PIERROT.

Ah! vous avez raison.

COLOMBINE.

C'est un homme de grande condition, et on l'appelle monsieur le vicomte.

PIERROT.

Oh! si c'est un vicomte, je ne dis plus rien.

COLOMBINE.

Tu lui diras que je m'ennuie bien fort de ne pas le voir, et qu'il ne manque pas de me venir trouver aujourd'hui. M'entends-tu?

SCÈNE VIII.

PIERROT, seul.

Hé! oui, oui, j'entends bien, je ne suis pas sourd. La petite masque! c'est une belle chose que la nature! cela songe au mariage dès la coquille.

(Il y a ici plusieurs scènes italiennes.)

FIN DU PREMIER ACTE.

SCÈNES FRANÇAISES

DU SECOND ACTE.

SCÈNE I.

BROCANTIN, ISABELLE, COLOMBINE.

BROCANTIN.

Quel ouvrage faites-vous là, vous?

COLOMBINE.

C'est une pente de mon lit : mais je crains de la faire trop petite; on n'y pourra jamais coucher deux.

ACTE II, SCÈNE I.

BROCANTIN.

Est-il besoin, s'il vous plaît, que vous couchiez avec quelqu'un?

COLOMBINE.

Non; mais si, par bonheur, je venais à être mariée...

BROCANTIN, en colère.

Si, par bonheur, ou par malheur, vous veniez à être mariée, vous vous presseriez. Hé! je sais de vos fredaines; vous n'avez pas toujours une aiguille et de la tapisserie entre les mains, et vous commencez à escrimer de la plume. Mais ce n'est pas pour cela que nous sommes ici. Laissez là votre ouvrage et m'écoutez. (Ils prennent des siéges.) Le mariage... (à Colombine.) Oh! oh! vous riez déjà! Tuchou! il ne faut que vous hocher la bride... Le mariage, dis-je, étant un usage aussi ancien que le monde; car on s'est marié avant vous, et on se mariera encore après...

COLOMBINE.

Je le sais bien, mon papa; il y a longtemps qu'on me dit cela.

BROCANTIN.

J'ai résolu, pour éterniser la famille Brocantine... Vous voyez où j'en veux venir. J'ai donc résolu de me marier.

ISABELLE et COLOMBINE, ensemble.

Ah! mon père!

BROCANTIN.

Ah! mes filles! vous voilà bien ébaubies. Est-ce que je ne me porte pas encore assez bien? Regardez cet air, cette taille, cette légèreté. (Il saute, et fait un faux pas.)

ISABELLE.

Vous vous mariez donc, mon père?

BROCANTIN.

Oui, si vous le trouvez bon, ma fille.

COLOMBINE.

A une femme?

BROCANTIN.

Non, c'est à un tuyau d'orgue. Voyez, je vous prie, la belle demande!

ISABELLE.

Vous l'épouserez?

BROCANTIN.

Mais je crois que vous avez toutes deux l'esprit en

écharpe. Est-ce que je suis hors d'âge d'avoir lignée? Savez-vous bien que l'on n'a que l'âge que l'on paraît; et monsieur Visautrou, mon apothicaire, me disait encore ce matin, en me donnant un remède, que je ne paraissais pas quarante-cinq ans.

COLOMBINE.

Oh! mon papa, c'est qu'il ne vous voyait pas au visage [1].

BROCANTIN.

J'ai ce que j'ai; mais je sais bien que j'ai besoin d'une femme. Je crève de santé, et j'ai trouvé une fille comme je la souhaite, belle, jeune, sage, riche; enfin, une fille de hasard.

ISABELLE.

Une autre fille que moi, qui ne saurait pas vivre, vous dirait, mon père, que vous risquez beaucoup en vous mariant; qu'il faut avoir perdu l'esprit pour songer, à votre âge, à un engagement, et que l'on renferme tous les jours des gens aux Petites-Maisons pour de moindres sujets : mais moi, qui sais le respect que je vous dois, sans me prévaloir des raisons que les enfants ont d'appréhender un second mariage, je vous dirai que, puisque vous crevez de santé, vous faites parfaitement bien de prendre une femme.

COLOMBINE.

Pour moi, je vous le conseille; car je voudrais que tout le monde fût marié.

BROCANTIN.

Oh! vous prenez la chose du bon biais. Puisque vous êtes si raisonnables, apprenez donc que je suis en pourparler de mariage; mais c'est pour vous.

ISABELLE et COLOMBINE, ensemble.

Ah! mon père!

BROCANTIN.

Ah! mes filles!

ISABELLE.

Je vous ai des obligations que je n'oublierai jamais.

COLOMBINE, se jetant au cou de Brocantin.

Ah! mon petit papa, que je vous aime!

BROCANTIN.

Je savais bien que cela te ferait plaisir, et que tu n'aurais point de chagrin de voir marier ta sœur avant toi.

---

[1] Molière a dit dans le *Malade imaginaire*, acte III, scène IV : « On voit » bien que vous n'avez pas accoutumé de parler à des visages. »

COLOMBINE.

Quoi! mon père, ce n'est pas moi que vous voulez marier?

ISABELLE.

Non ; on ferait bien mieux de vous faire passer la première, et d'attendre à me marier que vous eussiez trois ou quatre enfants! Pour moi, je ne conçois pas cette petite fille-là.

COLOMBINE.

Si vous ne me mariez, je sais bien ce que je ferai, moi.

BROCANTIN, à Colombine.

Il faut bien qu'elle passe avant toi, elle est ton aînée; et afin de te mettre en état d'être bientôt mariée, elle épousera un honnête homme [1].

ISABELLE.

Je le connais bien.

BROCANTIN.

Bien fait.

ISABELLE.

Je l'ai vu.

BROCANTIN.

Riche.

ISABELLE.

Je le crois.

BROCANTIN.

Monsieur Bassinet, médecin, enfin ; c'est tout dire.

ISABELLE.

Monsieur Bassinet! monsieur Bassinet!

BROCANTIN.

Comment donc? vous trouvez-vous mal? Du vinaigre, vite.

ISABELLE.

J'ai bien du respect pour la médecine ; mais, avec votre permission, mon père, je n'épouserai point un médecin.

BROCANTIN.

Avec votre permission, ma fille, vous l'épouserez ; il ne

---

[1] La méprise d'Angélique (scène V du premier acte du *Malade imaginaire*), qui croit qu'Argan parle de Cléante son amant, lorsqu'il lui propose Thomas Diafoirus, a pu donner l'idée de celle-ci; et la résistance d'Isabelle a quelque rapport avec celle d'Élise, scène VI du premier acte de *l'Avare*.

faut pas, s'il vous plaît, que vous songiez à Octave. J'ai appris que c'était un gueux, et je vais tout de ce pas l'envoyer chercher, pour lui dire qu'un autre lui a passé la plume par le bec. Pierrot! Pierrot!

COLOMBINE.

Allons, ma sœur, faites cela de bonne grâce, puisque mon père le veut.

ISABELLE.

Je vous prie, mon père, de ne me point donner ce chagrin, et ne m'obligez pas à épouser un homme pour qui je n'ai nulle estime.

BROCANTIN.

Il n'y a qu'un mot qui serve ; il faut épouser monsieur Bassinet ou un couvent. Il vous viendra voir : songez à le recevoir comme un homme qui doit être votre mari.

ISABELLE.

Hé! mon père!

BROCANTIN.

Allons, dénichons ; point tant de caquet.

ISABELLE.

Voilà ma sœur qui a si envie d'être mariée ; que ne lui donnez-vous monsieur Bassinet pour mari? J'aime mieux lui céder mes droits, et qu'elle passe avant moi.

COLOMBINE.

Oh! ce n'est pas de même : je suis votre cadette ; et la raison, qui veut que je ne me marie pas, veut que vous vous mariiez la première.

SCÈNE II.

BROCANTIN, PIERROT.

BROCANTIN.

Pierrot!

PIERROT.

Me voilà, monsieur.

BROCANTIN.

Où diable es-tu donc toujours? Il faut que je m'égosille quatre heures.

PIERROT.

Monsieur, j'étais avec cette femme qui marchande ces singes, et qui veut donner six écus du gros, parce qu'elle dit qu'il ressemble à son mari.

BROCANTIN.

Laisse cela; j'ai autre chose en tête. Va me chercher Octave; j'ai quelque chose de conséquence à lui dire.

PIERROT, *cherchant partout le théâtre, sous les bancs.*

Monsieur, je ne le trouve pas.

BROCANTIN.

Animal! est-ce là ce que je te dis? Tiens, vois le logis. Le butor! Je vois bien que nous ne vivrons pas longtemps ensemble : je ne veux point de bête dans ma maison.

PIERROT.

Pardi, monsieur, il faut donc que vous en sortiez.

(Il y a ici des scènes italiennes.)

SCÈNE III.

COLOMBINE, PIERROT.

COLOMBINE.

Eh bien! mon pauvre Pierrot, as-tu porté ma lettre à M. le vicomte?

PIERROT.

Assurément, et il m'a donné un petit mot de réplique.

COLOMBINE, *lui prenant le billet.*

Eh! donne donc vite.

PIERROT.

Malepeste! comme vous êtes âpre à la curée!

COLOMBINE *lit.*

« L'amour est comme la gale, on ne le saurait cacher;
» c'est ce qui fait que je vous irai voir aujourd'hui, ou que
» la peste m'étouffe!
» Le vicomte DE BERGAMOTTE. »

PIERROT.

Voilà un homme qui écrit bien tendrement.

COLOMBINE.

Il m'aime bien, car il me l'a dit; et j'espère que nous serons bientôt mariés ensemble. Il n'y a qu'une chose qui m'embarrasse, c'est que je ne sais pas encore tout à fait ce que c'est que le mariage : ne pourrais-tu pas me le dire?

PIERROT.

Assurément; il n'y a rien de si aisé : c'est comme qui dirait une chose... Oh! vous ne pouviez jamais mieux vous adresser qu'à moi.

COLOMBINE.

Eh bien donc?

PIERROT.

C'est comme, par exemple, une chose où l'on est ensemble... Votre père... avait épousé... votre mère... ; ça faisait qu'ils étaient deux; et comme ça, votre grand-père..., d'un côté... la nature... On ne saurait bien expliquer ce brouillamini-là. Mais vous n'aurez pas été deux jours ensemble, que vous saurez toutes ces drogues-là sur le bout du doigt. (On frappe à la porte). Ah! mademoiselle, c'est monsieur le vicomte de Bergamotte.

COLOMBINE.

Fais-le monter, Pierrot; hé! vite.

SCÈNE IV.

COLOMBINE, LE VICOMTE, UN FIACRE.

(Le vicomte, suivi d'un fiacre, entre et fait plusieurs révérences à Colombine.)

LE FIACRE, tirant le vicomte par la manche.

Çà, monsieur, de l'argent.

LE VICOMTE, au fiacre.

Va, va, mon ami, tu rêves : un homme de ma qualité ne paie pas plus dans les fiacres que sur les ponts.

LE FIACRE.

Paie-t-on comme cela le monde? Vous ne me donnez pas un sou.

LE VICOMTE.

Tu ne sais ce que tu dis, maraud. Est-ce qu'un homme de ma qualité n'a pas toujours son franc fiacre?

LE FIACRE.

Mardi, monsieur! je veux être payé, ou par la sambleu nous verrons beau jeu.

LE VICOMTE.

Insolent, tu te feras battre.

LE FIACRE.

Jernibleu! je ne crains rien; je veux être payé tout à l'heure.

(Il enfonce son chapeau et lève son fouet.)

LE VICOMTE.

Ah! ah! ventrebleu! il faut que je coupe les oreilles à

ce coquin-là. (Il met la main sur la garde de son épée, comme s'il voulait la tirer.) Mademoiselle, prêtez-moi un écu; je n'ai point de monnaie.
COLOMBINE.
Monsieur, je n'ai point ma bourse sur moi; mais je vais le faire payer. Holà quelqu'un, qu'on paie cet homme-là. (Au fiacre.) Allez, allez, l'homme; on vous contentera.

SCÈNE V.

LE VICOMTE, COLOMBINE.

LE VICOMTE.
Ces marauds-là ne sont jamais contents. J'en ai déjà tué quinze ou seize; mais je ne serai point satisfait que je n'en aie achevé le quarteron.
COLOMBINE.
En vérité, monsieur le vicomte, il faut bien vous aimer, pour vous regarder après une si longue négligence à me venir voir.
LE VICOMTE.
Ma foi, mademoiselle, les heures d'un joli homme sont bien comptées. Les femmes se pressent aujourd'hui; elles savent que les quartiers d'hiver seront diablement courts cette année; je n'ai pas un moment à moi.
COLOMBINE.
Et que faites-vous donc toute la journée?
LE VICOMTE.
A peine ai-je quitté la toilette, qu'il faut aller dîner chez Rousseau. Un officier ne peut pas être moins de cinq à six heures à table; et avant qu'il ait fumé dix ou douze douzaines de pipes, il est heure de s'y remettre pour souper.
COLOMBINE.
Quoi! monsieur, vous prenez donc du tabac comme ces vilains soldats? Fi! je ne pourrais jamais m'y accoutumer.
LE VICOMTE.
Vous n'avez qu'à vous mettre cinq ou six mois dragon dans ma compagnie, vous fumerez de reste. Bon! vous moquez-vous? les gens du grand volume ont-ils d'autres occupations? C'est, morbleu! au feu d'une pipe qu'il faut qu'un homme de qualité allume sa tendresse.

COLOMBINE.

Eh! monsieur le vicomte, avez-vous fumé aujourd'hui?

LE VICOMTE.

Est-ce que j'y manque jamais? Mais j'ai la précaution, quand je vais en femme, de me rincer la bouche avec trois ou quatre pintes d'eau-de-vie. Vous ne sauriez comme, après cela, on soupire tendrement.

(Il fait un rot.)

COLOMBINE.

Ah! fi! fi! monsieur le vicomte! je n'aime point ces soupirs-là. Les gens que je vois n'assaisonnent pas leurs douceurs de tabac et d'eau-de-vie.

LE VICOMTE.

C'est que vous ne voyez que des courtauds de boutique, ou des gens de robe. Croyez-moi, la belle, il n'est rien tel que de s'accrocher à l'épée. Les fastidieux personnages que vos robins! Ont-ils le sens commun? Ils font l'amour par articles, comme s'ils dressaient un procès-verbal.

COLOMBINE.

C'est ce que je dis tous les jours à deux grands baquiers d'avocats, qui sont sans cesse autour de moi à me faire endêver.

LE VICOMTE.

Oh! ma foi, le plumet est en amour ce que la moutarde est à la sauce-Robert; il n'y a que cela de piquant.

COLOMBINE.

Je ne sais pas pourquoi mon père a tant d'aversion pour les gens d'épée.

LE VICOMTE.

C'est que votre père est un sot.

COLOMBINE.

Il dit qu'ils sont tous débauchés, et qu'ils n'ont jamais le sou.

LE VICOMTE, en riant.

Débauchés? Ah! ah! débauchés! Ils aiment le vin, le jeu et les femmes; mais, du reste, il n'y a point de gens mieux réglés. Pour de l'argent, je crois que tant que les femmes en auront, nous n'en manquerons guère.

COLOMBINE.

Je crois, monsieur le vicomte, que, fait comme vous êtes, vous voyez bien des femmes de condition.

LE VICOMTE.

Je veux être déshonoré, vous êtes la seule bourgeoise

avec qui je déroge : mais, à vous parler franchement, toutes les femmes que je vois, au prix de vous, c'est, ma foi, de la piquette contre du vin de Sillery.
COLOMBINE.
Vous dites la même chose de moi quand vous êtes auprès d'une autre. Dites la vérité.
LE VICOMTE.
Si vous voulez que je vous parle sans fard, cela est vrai ; et je vais, au sortir d'ici, à deux ou trois rendez-vous, où il faudra bien dire que vous êtes une guenon comme les autres. Mais, à propos de guenon, quand nous marierons-nous ensemble? Je suis diablement pressé. Écoutez, il ne faut pas laisser morfondre l'amour d'un officier; cela n'est pas de longue haleine. Quel âge avez-vous bien?
COLOMBINE.
Je ne sais pas ; mais mon père dit qu'il y a quatorze ans que ma mère était grosse de moi.
LE VICOMTE.
Quatorze ans ! Je ne croyais pas que vous eussiez vaillant plus de dix ou douze années.
COLOMBINE.
Vraiment ! j'ai bien plus que tout cela. Vous croyez donc parler à une petite fille? Vous vous trompez. Je sais déjà bien des choses : j'ai déjà lu cinq ou six comédies de Molière, et j'en suis au troisième tome de Cyrus; je fais du point à la turque, et j'apprends à chanter.
LE VICOMTE.
Vous apprenez à chanter? Et qui est votre maître?
COLOMBINE.
C'est un nommé l'Opéra.
LE VICOMTE.
Diable ! un habile homme. Oh ! puisque vous savez chanter, il faut que vous me décochiez un petit air.
COLOMBINE.
Ah ! monsieur, je vous prie de m'excuser; j'ai aujourd'hui quelque chose qui m'en empêche.
LE VICOMTE.
Qu'avez-vous donc? Est-ce que vous êtes enrhumée? Tenez, voilà du tabac en machicatoire; il n'y a rien de si bon pour le rhume.
COLOMBINE.
S'il n'y avait que cela, je ne laisserais pas de chanter.

LE VICOMTE.

Qu'avez-vous donc autre chose?

COLOMBINE.

Je n'ai rien ; c'est que...

LE VICOMTE.

Quoi donc?

COLOMBINE.

C'est que... Voilà-t-il pas? Ces vilains hommes, ils veulent tout savoir. C'est que ma voix ne paraît rien quand je n'ai pas mes fontanges argent et jaune.

LE VICOMTE.

Comme si les fontanges faisaient quelque chose à la voix! Courage, mignonne ; je vous soufflerai en tout cas.

COLOMBINE.

Je le veux bien ; mais vous allez voir comme je vais trembler. La, la, la... Mon Dieu! je suis faite comme je ne sais quoi...

(Elle chante.)

Jeanneton, m'aimez-vous bien?...
Hélas! quel conte!
Pourquoi ne vous aimerais-je pas?
Mon Dieu! quel conte!
Vous qui m'avez fait tant de bien,
Quel fichu conte!

LE VICOMTE.

Je veux être un fripon, si cela n'est divin. Voilà une voix à peindre. Je n'en ai pas perdu une goutte. Mais de quel opéra est cet air-là?

COLOMBINE.

Je crois que c'est de Roland.

LE VICOMTE.

Oh! point, point. Il faut que ce soit des derniers ; car voilà le tour aisé de nos poètes et de nos musiciens d'aujourd'hui. La jolie chanson! On ne travaillait point comme cela autrefois. Mais je veux chanter avec vous. Tel que vous me voyez, je sais la musique comme un orchestre. Vous allez voir comme je vais vous tortiller un air.

COLOMBINE.

Oh! monsieur, je ne suis pas encore assez forte pour tenir ma partie.

LE VICOMTE.

Nous chanterons donc une autre fois. Adieu, mourette.

SCÈNE VI.

LE VICOMTE, COLOMBINE, PASQUARIEL.

PASQUARIEL, *entrant brusquement.*

Monsieur, ne sortez pas. Il y a là-bas deux sergents et environ douze archers qui vous guettent pour vous mettre en prison.

LE VICOMTE.

En prison! hoime! voilà mes bonnes fortunes qui commencent à défiler.

SCÈNE VII.

LE VICOMTE, COLOMBINE.

COLOMBINE.

Qu'avez-vous donc, monsieur le vicomte? Que ne partez-vous? Il y a là-bas tout plein de laquais qui vous attendent.

LE VICOMTE, à part.

Ce sont bien des pousse-culs, de par tous les diables.

COLOMBINE.

Ne peut-on pas savoir la cause de votre chagrin?

LE VICOMTE.

C'est une bagatelle.

COLOMBINE.

Je veux l'apprendre.

LE VICOMTE.

Infandum, Regina, jubes renovare dolorem.

COLOMBINE.

Ah! monsieur le vicomte, vous jurez devant les filles. Vous me le direz pourtant.

LE VICOMTE.

Vous saurez donc, qu'étant obligé de partir pour l'Allemagne, et ne pouvant trouver d'argent sur mon billet (car les billets des vicomtes ne sont pas autrement réputés argent comptant), j'en fis un que je signai *La Harpe* (c'est le nom de ce fameux banquier). Sur ce billet-là, on me donna deux cents pistoles. Je partis : présentement, voyez, je vous prie, le peu de bonne foi qu'il y a dans le commerce, ce vilain monsieur de La Harpe ne veut pas payer ce billet-là.

COLOMBINE.

Et que dit-il?

LE VICOMTE.

De mauvaises raisons : il dit qu'il n'a point fait ce billet-là ; mais son nom y est une fois ; il faudra bien qu'il le paie ou qu'il crève ; car, palsambleu ! je sais bien que je ne le paierai pas, moi.

COLOMBINE.

Monsieur le vicomte, je n'ai point d'argent; mais voilà deux brillants avec lesquels vous pourrez en faire. Prenez encore mon collier.

LE VICOMTE.

Hé ! fi ! madame. Ne vous ai-je pas dit que je faisais litière de diamants ?

COLOMBINE.

Voilà encore une montre qui est assez jolie.

LE VICOMTE.

Hé ! vous moquez-vous ? Cela est-il d'or ?

COLOMBINE.

Attendez ; j'ai encore ici une petite boîte à mouches et un cachet.

LE VICOMTE.

Eh ! mais, mais, mademoiselle, vous poussez ma complaisance à bout.

COLOMBINE.

Quand on a donné son cœur, cela ne coûte guère à donner.

LE VICOMTE, à part.

Et encore moins à prendre. (Haut.) Ah ! charmante princesse ! que vous savez me prendre par mon faible et qu'on fait de folies quand on est bien amoureux.

(Il s'en va.)

COLOMBINE, le rappelant.

Tenez, tenez, monsieur le vicomte ; voilà encore un petit jonc d'or que j'avais oublié.

LE VICOMTE.

Mais, mademoiselle, ces breloques-là valent-elles bien deux cents pistoles ! Voilà un diamant qui me paraît bien jaune. Écoutez, je vais porter tout cela chez l'orfèvre, et s'il ne m'en donne pas les deux cents pistoles, vous me tiendrez, s'il vous plaît, compte du reste.

COLOMBINE.

Monsieur le vicomte, vous m'épouserez au moins.

LE VICOMTE.

Allez, allez, parmi nous autres vicomtes, la parole fait le jeu. Adieu, charmante. (Il la prend sous le menton.) Ah! morbleu! que voilà des yeux chargés à cartouches! (Et regardant les bijoux.) Que voilà de bonnes fortunes!

SCÈNE VIII.

COLOMBINE, seule.

Ah! que je suis aise de lui avoir fait ce petit plaisir! De la manière que je l'aime, je ne sais ce que je ne lui donnerais pas.

(Il y a ici plusieurs scènes italiennes.)

FIN DU SECOND ACTE.

SCÈNES FRANÇAISES

DU TROISIÈME ACTE.

SCÈNE I [1].

ARLEQUIN, UN DOCTEUR.

Le rôle du docteur était joué par Colombine.

ARLEQUIN.

Ayant appris, monsieur, que vous êtes un homme savant et de bon conseil, je voudrais bien vous parler d'une affaire que je suis sur le point de terminer.

LE DOCTEUR.

Parlez; mais parlez peu : la discrétion dans le parler a

---

[1] Comme cette scène est absolument étrangère à l'intrigue de la pièce, nous la plaçons ici au hasard : nous pensions même à la supprimer, quoique insérée dans le recueil de Ghérardi, si nous ne nous étions assurés d'ailleurs qu'elle appartient à l'HOMME A BONNES FORTUNES, et qu'elle y a fait plaisir.

toujours été louée. Au contraire, on a blâmé de tout temps les grands parleurs : c'est pourquoi j'aime la brièveté; et je m'applique uniquement à être concis dans mes discours.

ARLEQUIN.

J'aurai bientôt fait.

LE DOCTEUR.

Qui ne sait que le trop parler vient du défaut de jugement? que le défaut de jugement vient du manque de raison? et que le manque de raison est le caractère de la bête?

ARLEQUIN.

Je n'ai qu'un mot.

LE DOCTEUR.

Qui ne sait que *volat irrevocabile verbum?* qu'on ne se repent jamais de se taire, et qu'on s'est repenti souvent d'avoir parlé? Ignorez-vous que la nature a donné à l'homme deux pieds pour marcher, deux bras pour agir, deux narines pour sentir, et qu'elle ne lui a donné qu'une langue pour parler?

ARLEQUIN.

Je dis donc...

LE DOCTEUR.

Pythagore faisait observer le silence à ses disciples pendant sept années.

ARLEQUIN.

Je le crois.

LE DOCTEUR.

Solon avait coutume de dire qu'un homme qui parle beaucoup est semblable à un tonneau vide, qui fait plus de bruit qu'un plein.

ARLEQUIN.

Cela est beau.

LE DOCTEUR.

Bias, qu'un grand parleur n'était autre chose qu'une forteresse sans murailles, une ville sans porte, et un vaisseau sans gouvernail.

ARLEQUIN.

Vous saurez donc...

LE DOCTEUR.

Anaxagore, qu'une bête féroce échappée était moins à craindre qu'une langue effrénée et pétulante.

ARLEQUIN.

Monsieur...

ACTE III, SCÈNE 1.

LE DOCTEUR.

Isocrate, qu'il n'y avait ici bas que deux choses à faire : écouter et se taire.

ARLEQUIN.

Taisez-vous donc.

LE DOCTEUR.

Tous vos grands discours sont inutiles. *Frustrà fit per plura quod potest fieri per pauciora.*

ARLEQUIN.

Hé! monsieur, je n'ai encore rien dit.

LE DOCTEUR.

Je sais bien que l'usage de la parole a été donné à l'homme pour expliquer ses pensées.

ARLEQUIN.

De grâce...

LE DOCTEUR.

Je ne vous dis pas qu'il ne faille parler en termes propres, suivant les règles de la grammaire ; faire accorder l'adjectif avec le substantif, le nom avec le verbe, le masculin avec le féminin.

ARLEQUIN.

C'est ce dont il s'agit, monsieur, du masculin avec le féminin.

LE DOCTEUR.

Je ne vous défends pas de mettre en usage les figures de rhétorique : *Nam quid est rhetorica?* Selon Socrate, c'est l'art de persuader ; selon Agathon, c'est l'art de tromper ; selon Gorgias, l'usage du discours; selon Chrysippe, la clef des cœurs ; selon Cléanthe, la science des sciences ; selon Vatadérius, le boulevard de la vérité ; selon Aristote, le bouclier de l'orateur ; selon Cicéron, l'art de bien dire ; et selon moi, l'art de ne guère parler.

ARLEQUIN.

Va, si je puis attraper la parole...

LE DOCTEUR.

Si vous voulez donc que je vous donne mes avis, expliquez-moi le sujet dont il s'agit ; mais surtout d'un style vif, serré, pressé, concis, laconique ; car vous savez que la vie de l'homme est courte : *ars longa, vita brevis.* Le temps est cher, on en perd tant à boire, à manger, à dormir, à s'habiller, à danser, à rire, à chanter ; et l'on ne songe pas que la santé revient après la maladie, le printemps après l'hiver, la paix après la guerre, le beau temps après la pluie; mais que le temps passé ne revient jamais.

ARLEQUIN.

Je voudrais donc savoir...

LE DOCTEUR.

Je le crois, que vous voudriez savoir. *Omnibus hominibus scire à naturâ insitum est*, dit le prince de l'éloquence. Mais vouloir savoir est une chose, et savoir est une autre. C'est ce qui fait que du savoir au non-savoir il y a autant de différence qu'entre l'homme et la bête, le ciel et la terre, le gentilhomme et le roturier, le marchand et le voleur, le procureur et l'assassin, le bourreau et le médecin.

ARLEQUIN.

J'en suis persuadé; mais...

LE DOCTEUR.

Or, voulez-vous savoir quelle différence il y a entre l'homme et la bête? C'est que l'un se conduit par la raison et l'autre par l'instinct. Entre le ciel et la terre? c'est que l'un est sur notre tête, l'autre sous nos pieds. Entre le roturier et le gentilhomme? c'est que l'un paie ses dettes, l'autre se moque de ses créanciers. Entre le marchand et le voleur? c'est que l'un vole dans les villes, l'autre dans les bois. Entre le procureur et l'assassin? c'est que l'un enlève les biens, l'autre la vie. Entre le médecin et le bourreau? c'est que l'un assassine peu à peu ses malades, et que l'autre tue tout d'un coup ceux qui se portent bien.

ARLEQUIN.

Cela est le mieux du monde. Je voudrais donc savoir...

LE DOCTEUR.

Quoi? la philosophie ou la rhétorique? la théorie ou la pratique? la géométrie ou l'astrologie? la pharmacie ou la médecine? la sphère ou la géographie? la cosmographie ou la topographie?

ARLEQUIN.

Non; je ne veux rien de tout cela...

LE DOCTEUR.

Voulez-vous que je vous parle des arts ou des sciences? des huit parties de l'oraison? des trois puissances de l'âme, la mémoire, l'entendement et la volonté? de l'influence des planètes, Jupiter, Mars, Mercure, etc.? de la qualité des

étoiles majeures, fixes ou errantes? des comètes crinées, tombantes, et volantes? de la disparité des tempéraments phlegmatiques, sanguins, et mélancoliques? des mouvements du cœur, systoliques, ou diastoliques!
ARLEQUIN.
Hé! monsieur, je n'ai que faire de ce galimatias-là.
LE DOCTEUR.
Est-ce de l'histoire ou de la fable que vous voulez que je parle? Commencerai-je par le déluge? le jugement de Pâris? les malheurs de Pyrame et de Thisbé? l'incendie de Troie? les erreurs d'Ulysse? le passage d'Énée? le sac de Carthage? la mort de Tarquin? les triomphes de Scipion? la conjuration de Catilina? le pas des Thermopyles? la bataille de Marathon?
ARLEQUIN dit non à chaque demande.
Eh! non, non, cent fois non, de par tous les diables, non. Je voudrais savoir seulement si je dois épouser une brune ou une blonde.
LE DOCTEUR.
Eh! que ne parlez-vous donc? Il y a deux heures que vous me faites chanter inutilement.
ARLEQUIN.
Comment diable voulez-vous que je parle? vous ne toussez ni ne crachez : je ne puis prendre mon temps. Ouf!
LE DOCTEUR.
Vous voulez donc savoir si vous devez épouser une brune ou une blonde?
ARLEQUIN.
Oui, monsieur. Ah! nous y voilà à la fin.
LE DOCTEUR.
Voulez-vous que je vous dise cela par les règles d'astronomie, prophétie, chronologie, analogie, physionomie, chimie, astrologie, hydromancie, éromancie, pyromancie, chiromancie, négromancie?
ARLEQUIN.
Je ne m'en soucie pas, pourvu...
LE DOCTEUR.
Aimeriez-vous mieux que ce fût par le moyen de l'invocation, imprécation, multiplication, indiction, spéculation, superstition, interprétation, conjuration, prognostication, évocation?

ARLEQUIN.

Corbillon? qu'y met-on? Hé! monsieur, cela m'est indifférent, pourvu que...

LE DOCTEUR.

Si vous voulez, je me servirai des connaissances de la rhétorique, physique, logique, métaphysique, arithmétique, art magique, poétique, politique, musique, dialectique, étique, mathématique.

ARLEQUIN.

Ah! j'en mourrai!

LE DOCTEUR.

Puis donc que toutes les sciences ci-dessus sont des terres inconnues pour vous, je vous dirai que nos auteurs ont parlé différemment sur le point dont il s'agit. Les uns tenaient pour les blondes, et les autres pour les brunes. La différence du poil fait aussi la différence de l'inclination. La blonde est tendre, languissante et amoureuse ; la brune est vive, gaillarde et fringante. La blonde pourra bien outrager votre front ; la brune ne vous en quittera pas à meilleur marché. Un savant poète de l'antiquité a dit :

Alba ligustra cadunt : vaccinia nigra leguntur.

Un autre, non moins célèbre, s'écrie :

...Hic niger est : hunc tu, Romane, caveto.

Ainsi, vous voyez que c'est une matière bien délicate : *Undiquè ambages*, et qu'il est difficile d'y porter un jugement certain ; car, quoique je sois consommé dans toutes sortes de sciences, ne croyez pas que je veuille que mon sentiment prévale. Je ne m'arrête pas *mordicùs* à mon opinion. L'obstination est le propre de la bête, et je ne voudrais pas que...

ARLEQUIN.

Allez-vous-en à tous les diables ; je ne veux rien savoir. Quel babillard! Je gage que si on examinait cet homme-là, on trouverait que c'est une femme.

(Il veut s'en aller.)

LE DOCTEUR, le retenant.

Je vous dis encore que...

ARLEQUIN.

Je vous dis que je vous baillerai sur les oreilles. Quel insolent est-ce là ! Je ne veux rien entendre.

(Le Docteur le prend par la manche. Arlequin veut s'échapper de ses

ACTE III, SCÈNE II.

mains, et son justaucorps reste au docteur. Arlequin s'enfuit; le docteur le poursuit en parlant toujours *ad libitum* [1].

SCÈNE II.

ISABELLE, PIERROT.

ISABELLE en cavalier, devant un miroir, accommodant sa cravate.
Donne-moi ce chapeau. Eh bien! Pierrot, ce cavalier-là est-il de ton goût?

PIERROT.
Pardi! mademoiselle, vous voilà à charmer. On vous prendrait pour moi. Il y a pourtant un peu de différence. Est-ce que vous allez lever une compagnie de fantassinerie?

ISABELLE.
Ne pense pas te moquer; je tâterais fort bien de l'armée, et je n'appréhenderais pas plus le feu qu'un autre.

PIERROT.
Si tous les capitaines étaient faits comme vous, ils pourraient gagner les frais de l'enrôlement, et faire leurs soldats eux-mêmes.

ISABELLE.
Je ne mets pas cet habit-ci sans raison. Tu sais que mon père veut que j'épouse M. Bassinet.

PIERROT.
Votre père? Bon! c'est un vieux fou qui radote, et je lui ai dit, dà!

ISABELLE.
Je me sers du déguisement où tu me vois, pour détourner ce mariage. Monsieur Bassinet ne m'a jamais vue; il doit venir me voir, et j'attends sa visite en cet équipage. Je vais lui apprendre des nouvelles d'Isabelle, et je lui en ferai, parbleu! passer l'envie.

[1] Dans le recueil de Ghérardi, cette scène est intitulée LA TIRADE; et il y est dit que Colombine est travestie en avocat. Nous avons changé cette dénomination, et nous y avons substitué celle du docteur. Le personnage joué par Colombine n'est point celui d'un avocat, mais d'un pédant ridicule.
Cette scène ressemble beaucoup à celle du docteur Pancrace du MARIAGE FORCÉ de Molière, scène VI. Mais si Regnard a imité de très-près Molière, celui-ci avait puisé lui-même l'idée de cette scène dans les anciens canevas italiens. Voyez les observations sur Molière, par Louis Riccoboni, page 144.

PIERROT.

Mardi! voilà une hardie tête de fille! J'ai toujours dit à votre père que je ne croyais pas qu'il fût le mari de votre mère quand elle vous a faite. Vous avez trop d'esprit. Qu'en croyez-vous?

ISABELLE.

Pour moi, Pierrot, je ne m'embarrasse pas de cela ; je ne songe qu'à faire rompre, si je puis, l'impertinent mariage dont je suis menacée. Mais je crois que voilà monsieur Bassinet; laisse-moi avec lui : je vais commencer mon rôle.

PIERROT.

Pardi! c'est lui-même ; il ressemble à un marcassin.

SCÈNE III.

ISABELLE, M. BASSINET.

ISABELLE, assise nonchalamment dans un fauteuil.

Serviteur, monsieur, serviteur.

M. BASSINET, apercevant le cavalier.

Ah! monsieur, je vous demande pardon. On m'avait dit que mademoiselle Isabelle était dans sa chambre. (A part.) Que diable cherche ici ce godelureau-là?

ISABELLE.

Monsieur, elle n'y est pas, et je l'attends. Mais vous, monsieur, que venez-vous faire ici? Mademoiselle Isabelle est-elle malade? car, à votre mine, je vous crois médecin ; et vous avez toute l'encolure d'un membre de la faculté.

M. BASSINET.

Vous ne vous trompez pas, monsieur ; je suis un nourrisson d'Hippocrate : mais je ne viens pas ici pour tâter le pouls à Isabelle ; j'ai bien d'autres prétentions sur...

ISABELLE.

Oui! et de quelle nature, s'il vous plaît, sont les prétentions d'un médecin sur une fille?

M. BASSINET.

Je viens ici pour l'épouser.

ISABELLE.

Pour l'épouser! Isabelle?

M. BASSINET.

Isabelle.

ISABELLE.

Ah! ah! ah!

M. BASSINET.
Mais cela est donc bien drôle?
ISABELLE.
Point du tout; mais c'est que... Ah! ah! ah!... je ris comme cela quelquefois. Ah! ah! ah!
M. BASSINET.
Comment donc? est-ce que je suis barbouillé?
ISABELLE.
Bon! ne voyez-vous pas bien que je ris? Ah! ah! ah! Dites-moi un peu, monsieur, en vous déterminant à un saut si périlleux, vous êtes-vous bien tâté? N'avez-vous point senti quelque petit mal de tête... vous m'entendez bien?
M. BASSINET.
Non, monsieur; je me porte fort bien : je ne suis pas sujet à la migraine.
ISABELLE, lui mettant la main sur le front.
Ma foi! vous porterez bien cela, et je suis plus aise que vous ayez cette fille-là qu'un autre.
M. BASSINET.
Et moi aussi.
ISABELLE.
Mais, quand elle sera votre femme, au moins n'allez pas nous la gâter par vos manières ridicules. Nous avons eu assez de peine à la mettre sur le pied où elle est. Le joli tour d'esprit! elle l'a comme le corps.
M. BASSINET.
Comme le corps! Et savez-vous comme elle l'a tourné?
ISABELLE.
Bon! qui le sait mieux que moi? Si vous voulez, je vais la dessiner qu'il n'y manquera pas un trait. Une gorge, morbleu! plantée là... Bon! c'est un marbre.
M. BASSINET.
Ouf! quel peintre!
ISABELLE.
Je vous dis que vous ne sauriez faire une meilleure affaire.
M. BASSINET.
Je vois bien qu'elle ne serait point mauvaise pour vous.
ISABELLE.
Elle a, par-dessus cela, une adresse à conduire une affaire

de cœur qui ne se comprend pas. C'est un petit démon pour les tours d'esprit. Si elle est votre femme, elle aura des intrigues avec toute la terre, que vous ne vous en apercevrez non plus que si elle était à Rome et vous au Japon. Diable! une femme comme cela est un trésor pour le repos du ménage.

M. BASSINET.

Et avec tous ces beaux talents-là, d'où vient qu'elle n'est pas mariée? Voilà des qualités merveilleuses pour être femme.

ISABELLE.

Ne savez-vous pas les allures du monde et la malignité des rivaux? Les uns disent qu'elle a des vapeurs; les autres lui font faire un voyage : il y en a d'assez enragés qui lui font garder le lit cinq ou six mois pour une détorse... et... que sais-je, moi? cent autres contes que l'on va souffler aux oreilles d'un fiancé, qui ne manquent pas de rompre un mariage comme un verre; et si, de tout cela, bien souvent, il n'y en a pas la moitié de vrai.

M. BASSINET.

Quand il n'y en aurait que le quart, c'est bien encore assez, de par tous les diables! une détorse!

ISABELLE.

Au moins, je veux être de vos amis; et je prétends, quand vous serez marié, aller sans façon manger chez vous votre chapon.

M. BASSINET.

Monsieur, vous me faites trop d'honneur; mais je ne mange jamais de volaille. A ce que je vois, vous connaissez parfaitement la demoiselle en question.

ISABELLE.

Ce n'est pas d'aujourd'hui que nous sommes toujours ensemble; et si vous étiez discret, je vous apprendrais quelque chose sur son chapitre, que je suis sûr que vous ne savez pas.

M. BASSINET.

Oh! vous pouvez tout dire et compter sur ma discrétion. Vous savez que les médecins...

ISABELLE.

Je passe... (Mais il faut voir si personne ne nous entend.) Je passe toutes les nuits dans sa chambre.

M. BASSINET.
Dans sa chambre?
ISABELLE.
Dans sa chambre. Je vous dirai même...; mais vous irez jaser.
M. BASSINET.
Non, je me donne au diable.
ISABELLE.
Cette nuit, nous avons reposé tous deux sur le même chevet. Prenez vos mesures là-dessus.
M. BASSINET.
Sur le même chevet! ensemble?
ISABELLE.
Ensemble; et cette nuit nous en ferons autant infailliblement. Elle ne saurait se coucher sans moi.
M. BASSINET, à part.
Ah! ah! monsieur Brocantin, vous voulez donc m'en faire avaler!
ISABELLE.
Ce que je viens de vous dire là, au moins, ne doit point vous empêcher de conclure l'affaire. Un homme bien amoureux ne s'arrête pas à ces bagatelles-là.
M. BASSINET.
Bon! voilà de belles badineries! Je ne vois pas que rien presse encore de quitter la robe et le bonnet de médecine, pour me faire coiffer de mademoiselle Isabelle. Adieu, monsieur, jusqu'au revoir. Le ciel m'a assisté : voilà un jeune homme qui m'aime bien.

SCÈNE IV.

ISABELLE, seule.

Oh! pardi, monsieur Bassinet, je crois que vos fumées d'amour pour Isabelle sont bien passées présentement. Depuis un quart d'heure que je fais l'homme, je ne suis pas mal scélérat.

(Elle rentre.)

(Il y a ici des scènes italiennes.)

SCÈNE V.

BROCANTIN, PIERROT.

PIERROT.

Tout franc, monsieur, je crains que vous n'ayez attendu trop tard à marier vos filles.

BROCANTIN.

Comment donc? serait-il arrivé quelque malheur dans ma famille?

PIERROT.

Non, pas encore tout à fait; mais voyez-vous, monsieur, vous tournez trop à l'entour du pot. Diable! les filles sont de certains animaux équivoques...

BROCANTIN.

Que veux-tu donc dire avec tes animaux équivoques?

PIERROT.

C'est-à-dire, monsieur... tant y a que je m'entends bien. C'est comme des armes à feu; ça tire quelquefois sans qu'on y pense.

BROCANTIN.

Ne te mets point en peine, Pierrot; je suis sur le point d'en marier une, et je crois que je ferai affaire de l'aînée avec monsieur Bassinet.

PIERROT.

Qui? ce médecin? Fi! votre fille n'est point le fait de ce vieux rhumatisme-là.

BROCANTIN.

Il m'a promis qu'il quitterait sa profession de médecin, si je voulais lui donner Isabelle, et qu'il se ferait troqueur.

PIERROT.

Hé! pardi, je le crois bien. On lui en sait grand gré, ma foi! de quitter son séné pour une fille drue comme Isabelle! Tuchoux! Si vous voulez me la bailler, je vous quitte vous et vos chevaux, dès demain; et si je crois que je vous panse avec autant d'honneur qu'un médecin fait ses malades. Voulez-vous que je vous dise mon sentiment? car, révérence parler, j'ai plus d'esprit que vous; vous ferez mieux, si je ne vous accommode pas, de la donner à quelque homme de condition, comme, par exemple, à un gentilhomme de robe.

ACTE III, SCÈNE VII.

BROCANTIN.

Te moques-tu, Pierrot? Notre vacation est la plus jolie du monde; nous voyons tout ce qu'il y a de gens de qualité; il n'y a point de prince qui fasse la dépense que nous faisons; nous changeons de meubles tous les jours; on ne voit jamais chez nous la même chose, et notre cabinet est le rendez-vous de tous les fainéants de la ville.

PIERROT.

Et quelquefois aussi des fainéantes; car, voyez-vous, monsieur, les femmes ont toujours quelque pièce à troquer.

SCÈNE VI.

COLOMBINE, BROCANTIN, PIERROT.

COLOMBINE, arrivant.

Mon papa, il y a là-bas une troupe de carêmes-prenants qui veulent entrer.

BROCANTIN.

Qu'on les renvoie; je ne veux point...

COLOMBINE.

On dit que c'est l'ambassadeur du prince Tonquin des Curieux qui veut m'épouser.

PIERROT.

Oh! pardi, monsieur, les voilà.

SCÈNE VII.

ARLEQUIN, prince des Curieux, porté par quatre hommes dans une manière de panier; MEZZETIN en perroquet; BROCANTIN, PIERROT, COLOMBINE, ISABELLE; SUITE DU PRINCE DES CURIEUX.

BROCANTIN, au perroquet.

Le prince des Curieux épouser ma fille! Je suis bien obligé à son altesse tonquinoise. (A Pierrot.) Voyons un peu ce qu'il va dire : écoute.

(Mezzetin caquette, et veut baiser Colombine.)

COLOMBINE.

Ah! mon Dieu, la vilaine bête! Pierrot, Pierrot, ne me quitte point; j'ai peur.

PIERROT.

Oh! pardi, ne craignez rien avec moi; il n'a qu'à venir.

Ah ! mademoiselle, la jolie queue ! Perroquet mignon ; tôt, tôt, à déjeuner.

(Mezzetin caquette.)

BROCANTIN.

Quel diable de jargon ! Qu'est-ce donc qu'il dégoise-là ?

MEZZETIN chante.

Je suis fatigué, j'ai fait un grand voyage
Pour vous demander Colombine en mariage.

COLOMBINE.

Moi ? oh ! je ne veux point épouser un perroquet.

MEZZETIN.

Hé ! morguenne de vous ! quelle fille ! quelle fille !
Morguenne de vous ! quelle fille êtes-vous ?

PIERROT.

Voilà l'ambassadeur du Pont-Neuf.

MEZZETIN.

Le friand morceau ! J'aurai bien du plaisir d'en faire une perroquette. Qu'elle est belle !

COLOMBINE.

Oh ! vous vous moquez. J'ai ma sœur qui est bien plus jolie que moi ; et si vous aviez vu ma cousine Gogo, c'est tout autre chose.

MEZZETIN chante.

Quel air de santé ! vous avez la mine,
Un jour, de rester seule à la tontine...

COLOMBINE.

Oh ! je ne veux jamais rester seule ; j'ai trop peur.

MEZZETIN.

Hé ! morguenne de vous ! quelle fille ! quelle fille !
Morguenne de vous !...

ARLEQUIN, mettant la tête hors du panier, achève le couplet, en chantant.

Hé ! dépêchez-vous.

(Les violons jouent une entrée, pendant laquelle Arlequin sort de son panier et danse ; et après qu'il a dansé, il commence le discours qui suit.)

Ce n'est pas sans raison que nos anciens modernes ont dit ingénieusement que le mariage était d'une très-grande ressource pour de certaines gens, et que les aigrettes dont quelques femmes galantes faisaient présent à leurs maris, étaient semblables aux dents, qui font du mal quand elles percent, et nourrissent quand elles sont venues. Cela présupposé, voyons un peu le tendron qui est destiné pour mes plaisirs ; car vous ne voudriez pas me faire acheter chat en poche.

BROCANTIN.

Oh! avec moi, monsieur, point de surprise. Voilà mes deux filles ; vous n'avez qu'à choisir : c'est encore trop d'honneur pour le sang des Brocantins.

ARLEQUIN.

Oui, beau-père, je veux brocantiner avec vous ; et de peur de mal choisir, je les prendrai toutes deux. (Il se tourne vers Colombine.) Pour vous, petite blonde d'Égypte, levez le nez, regardez-moi fixement, marchez, trottez. Beau-père, n'y a-t-il rien à refaire à cette fille-là?

BROCANTIN.

Oh! monsieur, je vous la garantis tout ce qu'on peut garantir une fille.

COLOMBINE.

Je me porte bien, et je n'ai jamais eu d'autre maladie qu'un mal d'aventure : mon pouce devint gros comme ma tête.

ARLEQUIN.

Diable! méchant mal. Les filles sont terriblement sujettes aux maux d'aventure; mais l'enflure ne les prend pas toujours au pouce. Seriez-vous bien aise d'être ma femme?

COLOMBINE.

Moi! votre femme? bon! bon! vous vous moquez : est-ce que je suis capable de cela?

ARLEQUIN.

Malepeste! vous l'êtes de reste.

COLOMBINE.

Je vous avertis par avance que si je suis jamais mariée avec vous, je ne vous incommoderai point de toute la nuit ; car je suis la meilleure coucheuse du monde : je me trouve le matin comme je me suis mise le soir.

ARLEQUIN.

Tant mieux. Mais avant de passer outre, il est bon que je vous fasse part de quelques petits avis en vers, que j'ai faits pour servir de niveau à la femme qui tombera sous ma coupe. Écoutez bien ceci.

(Il tousse.)

PRIMO.

Celle qui m'engage sa foi,
Sera, si cela se peut, sage ;
Elle doit se faire une loi
De demeurer dans son ménage,
Et de n'en sortir qu'avec moi,
En dépit du contraire usage.
Quand je vois revenir des femmes sans maris,
J'entends celles qui sont du plus galant étage,
Qui souvent loin du gîte ont passé plusieurs nuits,
Il me semble de voir un cheval de louage :
Lorsqu'on le ramène au logis,
C'est un grand hasard s'il ne cloche ;
Et s'il ne boite pas tout bas ;
Pour le moins, on trouve, en ce cas,
A coup sûr, quelque fer qui loche.

SECUNDO.

Dans ma maison il n'entrera,
De peur de maligne pratique,
Aucun lévrier d'opéra,
Symphoniste, chanteur, ou suppôt de musique.
Item, point de maître à danser ;
Ce sont courtiers d'amour dont il faut se passer.
Ces gens-là se font trop de fête ;
Et, quelque soin que vous preniez,
Par leurs leçons, la femme en porte mieux les pieds,
Mais le mari plus mal la tête.

COLOMBINE.

Point de maître à danser? Et quel mal font-ils aux maris?
Ils ne les touchent jamais. Je renoncerais plutôt au mariage.
J'aime le mien presque autant qu'un mari.

ARLEQUIN.

C'est à cause de cela. Ces messieurs-là ne montrent pas toujours la courante et le menuet.

TERTIO.

Vous n'aurez près de vous que gens
Qui soient tout à fait nécessaires ;
Laquais au-dessous de douze ans,
Ou bien cochers sexagénaires.
Item, point de pensionnaires.
Ces oiseaux gras et bien nourris
Viennent souvent pondre en nos nids ;
Et, trouvant de plain pied à parler de leurs flammes,
Ils se racquittent près des femmes
De ce qu'ils payent aux maris.

ACTE III, SCÈNE VIII.

Que dites-vous à cela, la future?
COLOMBINE.
Moi je dis que je n'y entends rien. Qu'est-ce que c'est que de voir pondre dans nos nids? Est-ce que l'on a des œufs quand on est mariée?
ARLEQUIN.
Non; mais vous aurez des poulets. Je vous expliquerai tout cela quand vous serez ma femme. Voyons le reste.

QUARTO et ULTIMO.

Qui voudra se mettre en famille,
Qu'il prenne garde que jamais
Il ne s'engaigne d'une Agnès;
C'est une méchante chenille.
Il en est bien souvent de ces sortes de filles,
Ainsi que de ces œufs qu'on achète pour frais :
On a beau les mirer de près;
Dès qu'on en casse les coquilles,
On en voit sortir les poulets.

SCÈNE VIII.

ARLEQUIN, MEZZETIN, BROCANTIN, PIERROT, COLOMBINE, ISABELLE, M. BASSINET.

BROCANTIN.
Il a, ma foi, raison. Çà, monsieur... Mais voici monsieur Bassinet fort à propos.
M. BASSINET.
Parbleu! je suis ravi de trouver ici tout le monde en joie. Apparemment que vous disposez le bal pour notre mariage.
BROCANTIN.
Oh! monsieur Bassinet, vous venez le plus à propos du monde; nous ferons d'une pierre deux coups. Voilà ma fille Isabelle qui vous attend pour vous donner la main.
ARLEQUIN.
Est-ce que vous prétendez donner votre fille à ce scorpion? Fi! ne faites point cette affaire-là.
BROCANTIN.
Vous moquez-vous? c'est un médecin très-riche.
ARLEQUIN.
Un médecin? je m'en doutais bien, car j'ai eu envie de

faire une selle en le voyant. Mais cet homme-là ne vaut rien pour le mariage : tenez, vous voyez bien que sa barbe ne tient point; ce sont deux moustaches postiches.

(Il lui arrache les poils de la barbe.)

M. BASSINET.

Que le diable vous emporte ! Quelle peste de cérémonie !

ARLEQUIN.

Il y a encore pis que cela; cet homme sera pendu avant qu'il soit vingt-quatre heures. Voyez cette mine patibulaire.

BROCANTIN.

Pendu ! et comment connaissez-vous cela?

ARLEQUIN.

Par le moyen des astres, et par les règles de la métoposcopie. Je n'y manque jamais, à une heure près; et si vous voulez, je vous dirai quand vous le serez.

BROCANTIN.

Cela étant, je vais le congédier. Monsieur Bassinet, vous voyez bien ma fille : touchez là; vous n'en croquerez que d'une dent, et je ne veux point de gendre dont la barbe ne tient point.

ARLEQUIN.

Ni moi d'un beau-frère qui postule après une cravate de chanvre.

M. BASSINET.

Ni moi d'une fille qui a eu des détorses de neuf mois. Allez, vieux radoteur, aux Petites-Maisons, avec votre chianlit. Je venais pour vous dire que je ne voulais point de la fille d'un fou, et qui passe toutes les nuits avec des godelureaux. Fi ! la vilaine !

ARLEQUIN.

Adieu, adieu; bon voyage, mon ami : à la Grève, à la Grève. (A Isabelle.) Consolez-vous, la belle ; je vais vous présenter un époux qui vaudra bien cette vilaine égoutture de bassin. Tenez, beau-père (Montrant Octave qui est déguisé), ce sera là votre second gendre; c'est un grand seigneur de mon pays.

ISABELLE.

Ah ciel ! c'est Octave !

(Octave lui fait un compliment en italien.)

BROCANTIN.

Qu'est-ce qu'il jargonne là?

ARLEQUIN.

C'est un compliment tonquinois. Il dit qu'elle est une étoile resplendissante de perfection, et que, si la queue de son manteau était plus longue, il la prendrait pour une comète.

(Isabelle répond en italien au compliment d'Octave.)

BROCANTIN.

Quoi! ma fille sait déjà le tonquinois?

ARLEQUIN.

Bon! c'est une langue qui s'apprend par infusion; et s'il vous épousait, vous sauriez le tonquinois dans deux heures.

BROCANTIN.

Puisque cela est ainsi, je veux bien faire le mariage d'Isabelle; mais dites-moi auparavant, est-il curieux?

ARLEQUIN.

Bon! c'est le Dautel du pays; il troque des nippes à tous moments, et je vous réponds qu'avant qu'il soit deux jours, il aura troqué sa femme. Je m'en vais vous faire voir toutes mes curiosités, et l'équipage de ma future.

(Arlequin fait un signal; le fond du théâtre s'ouvre, et il paraît un cabinet rempli de tableaux de Teniers, figurés par des personnages naturels.)

BROCANTIN.

Voilà qui est très-beau. Ces tableaux-là sont tous originaux?

ARLEQUIN.

Vous l'avez dit. Et ce gros singe-là, comment le trouvez-vous?

(Il lui fait remarquer un singe qui est dans un des tableaux.)

BROCANTIN.

Joli, ma foi! on dirait qu'il me regarde.

ARLEQUIN.

Cela pourrait être, car il vous ressemble comme deux gouttes d'eau, et vous savez que la ressemblance engendre l'amitié. Mais il faut vous détromper. Vous avez cru que c'étaient là des tableaux véritables.

BROCANTIN.

Assurément, et je le crois encore.

ARLEQUIN.

Et c'est ce qui vous trompe. Tout cela ne tient que par le moyen d'un ressort que je vais toucher, et vous verrez que toutes ces figures prendront mouvement. (Arlequin s'approche de l'un des côtés du cabinet, et frappant sur une table, toutes les figures qui sont représentées dans les tableaux en sortent en chantant, dansant et jouant de divers instruments. Pasquariel, en singe, fait plusieurs sauts périlleux ; Brocantin le regarde avec admiration, et Arlequin lui dit :) Voyez-vous bien ce singe? Il accompagne de la guitare on ne peut pas mieux. Je m'en vais vous le faire voir. (Au singe.) Quiribirichy?

(Le singe répond en faisant une grimace, et en même temps se jette sur une guitare qu'un homme de la suite d'Arlequin a entre les mains.)

ARLEQUIN, à Brocantin.
Avez-vous entendu ce qu'il a dit?

BROCANTIN.
Non. Est-ce que j'entends le langage des singes, moi?

ARLEQUIN.
Vous avez pourtant la physionomie d'une guenon. Il dit qu'il va prendre sa guitare. Le voilà ; écoutez.

MEZZETIN, habillé en Flamand, une pipe au chapeau, tenant un pot à bière d'une main, et un grand verre de l'autre, chante l'air qui suit, et le singe accompagne de la guitare.

> Pata, pata, pata, pon,
> Amis, je m'en vais à la guerre ;
> J'ai pour épée un flacon,
> Et pour mousquet un grand verre.
> La santé du roi,
> Porte-la-moi :
> Dépêche-toi ;
> Car je suis mort si je ne boi.
>
> Au son de cet instrument,
> Je sens que mon cœur se réveille ;
> Il faut, pour être content,
> Toujours la pipe et la bouteille.
> La santé du roi,
> Porte-la-moi :
> Dépêche-toi ;
> Car je suis mort si je ne boi.

FIN DE L'HOMME A BONNES FORTUNES.

AVERTISSEMENT

SUR

LA CRITIQUE

DE L'HOMME A BONNES FORTUNES.

Cette petite comédie a été représentée, pour la première fois, le 1ᵉʳ mars 1690. Elle est une preuve de l'empressement avec lequel on courait aux représentations de L'HOMME A BONNES FORTUNES. Si l'on en croit la critique, la presse était telle, qu'on y était étouffé, volé, déchiré : l'embarras des carrosses faisait qu'on ne pouvait rentrer chez soi à l'heure commune du souper. En supposant un peu d'exagération dans ce détail, il n'en résulte pas moins que la pièce qui y a donné lieu était très-suivie.

La Critique est elle-même une très-jolie pièce, et l'une des meilleures de ce genre, après la CRITIQUE DE L'ÉCOLE DES FEMMES ; on n'en excepte pas même la CRITIQUE DU LÉGATAIRE, que Regnard a donnée depuis au Théâtre français : il y a répété plusieurs idées de la première critique, et le rôle de Bonaventure a quelque ressemblance avec celui de Bredouille ; mais le premier est plus plaisant que l'autre : il n'est rien de plus comique que le compte qu'il rend de la pièce. Le marquis est un petit-maître ridicule qui peut avoir quelques rapports avec plusieurs rôles de ce genre que Regnard a mis sur la scène, mais qu'il a plus chargé que les autres, et la pièce est terminée d'une manière qui ne pouvait convenir qu'au Théâtre italien.

Cette comédie est le portrait véritable, quoique un peu chargé, de quantités d'originaux qui fréquentent les spectacles. Elle n'a point été reprise.

LA CRITIQUE

DE

L'HOMME A BONNES FORTUNES.

COMÉDIE.

ACTEURS :

NIVELET, procureur-fiscal. *Pierrot.*
LE BARON DE PLAT-GOUSSET. *Cinthio.*
LA COMTESSE DE LA GIGANDIÈRE, femme grosse. *Colombine.*
LA BARONNE, cousine de la comtesse.
LE MARQUIS DE ROUSSIGNAC. *Arlequin.*
M. BONAVENTURE, pédant. *Mezzetin.*
CLAUDINE, servante d'hôtellerie. *Isabelle.*

La scène est à Paris, dans une hôtellerie.

SCÈNE I.

LE BARON DE PLAT-GOUSSET, NIVELET.

LE BARON.
Garçon! hé! Y a-t-il là quelqu'un? Le souper est-il prêt? La peste soit de l'auberge!

NIVELET.
Qu'avez-vous donc, monsieur le baron? Vous me paraissez bien fâché.

LE BARON.
Oui, morbleu! je le suis, et j'ai raison de l'être. Je sors présentement de l'Hôtel de Bourgogne, et j'en suis si outré, que si je trouvais à présent un comédien italien, la moindre chose qu'il lui en coûterait, ce serait une oreille.

NIVELET, montrant son manteau déchiré.
Je n'en suis guère plus content que vous. Tenez, voilà tout ce que j'ai pu sauver de mon manteau; j'ai laissé le reste au parterre.

LE BARON.

Rien ne prouve mieux la dépravation du goût du siècle que l'affluence des femmes, des carrosses et des chevaux qui vont à cette comédie. C'est une maladie qui gagne la cour.

NIVELET.

Franchement, vous autres gens d'épée, vous avez quelque sujet de la fronder : il me semble que parfois on vous donne sur la crête.

LE BARON.

Et oui ; les robins y sont fort flattés. *L'amour par articles;* c'est un endroit bien appétissant pour les femmes.

NIVELET.

Oh! ma foi, s'il y a quelque chose de passable, c'est quand le vicomte dépouille cette innocente jusqu'à un jonc d'or qu'elle a au doigt. Ces couleurs ne crayonnent pas mal les gens d'épée, qui, pendant un quartier d'hiver, vous sucent une femme jusqu'au dernier bijou.

LE BARON.

Où est le mal, s'il vous plaît, à un officier qui part pour l'armée, de plumer une femme? Dans le fond, on n'a en vue que le service du roi.

SCÈNE II.

NIVELET, LE BARON; CLAUDINE, venant mettre le couvert,
et ayant du linge et des assiettes sous son bras.

NIVELET.

Eh bien! Claudine, parviendrons-nous à souper?

CLAUDINE.

On n'attend que cette comtesse avec sa cousine, qui sont allées à ces bateleurs d'Italiens.

LE BARON.

Bon! elles devraient être revenues; il y a deux heures que tout est fait.

CLAUDINE.

Je crois que cette peste de pièce-là me fera devenir folle. L'auberge est tous les soirs en déroute, et nos messieurs ne reviennent plus qu'à neuf heures. Ces visages de comédiens ne sauraient-ils jouer dès le matin?

LE BARON, la prenant sous le menton.

Là, là, Claudine, tout doucement; ne te fâche pas. Oh! la friponne! si tu voulais un peu m'aimer.

CLAUDINE.

Oh! j'en refuse autant d'un autre. Çà donc, vous plaît-il de vous tenir?

NIVELET, lui mettant la main au menton.

La belle Claudine est bien pie-grièche aujourd'hui!

CLAUDINE.

Vous arrêterez-vous, grands baguenaudiers? Je vous aurais bordé le visage d'une assiette plus vite... Je vous dis encore que je ne ris pas. Ces frelampiers-là sont toujours à lanterner autour d'une fille.

LE BARON.

Ouais! Claudine, tu es bien loup-garou!

CLAUDINE.

Je suis ce que je suis; ce ne sont pas là vos affaires : je n'ai jamais vu une diantre de maison comme celle-ci.

NIVELET.

Et pourquoi, mon petit cœur?

CLAUDINE.

Et pourquoi? Enfin, si ma tante m'avait crue, je n'aurais jamais demeuré dans une auberge : mais puisqu'on m'y a forcée, m'y voilà; j'en enrage pourtant assez.

LE BARON.

Mais encore, qu'as-tu donc, Claudine?

CLAUDINE.

Ce que j'ai? Je suis toujours par voie et par chemin, pour aller quérir des drogues à cette grande halebreda de comtesse.

NIVELET.

Comment donc?

CLAUDINE.

Il y a sans cesse à refaire autour d'elle : tantôt c'est du blanc, tantôt c'est du rouge; tantôt c'est un gros bourgeon qu'il faut raboter; et que sais-je? cent mille brimborions. Tant y a qu'il y a toujours quelque chose à calfeutrer sur son visage.

LE BARON.

Tu as un peu de peine, Claudine; mais aussi tu gagnes bien de l'argent, et je m'assure que tu fais un beau magot.

CLAUDINE.

Il est vrai; voilà un gros venez-y-voir! Depuis dix-huit mois, avoir amassé quinze écus; voilà-t-il pas un gros butin? et si, là-dessus, il me faudra un habit à Pâques.

LE BARON.

Tu ferais bien mieux d'acheter un bon mari de cet argent-là; cela est bien meilleur pour une fille.

CLAUDINE.

Çamon! voilà encore un plaisant fretin que les hommes! Les rues en seraient pavées, que je n'en ramasserais pas un; et puis en cas de mari, comme vous savez, pour quinze écus, on ne peut pas avoir grand'chose... A la fin, voilà notre diablesse de comtesse.

SCÈNE III.

LA COMTESSE, femme grosse, et sa cousine, se jetant toutes deux sur deux fauteuils; et les acteurs de la scène précédente.

LA COMTESSE.

Ah! monsieur, je n'en puis plus! En l'état où je suis! de l'eau de la reine d'Hongrie. Coupez mon lacet. Ah! ah! ah!

LA COUSINE, se laissant aussi aller.

Ma pauvre cousine, vous ne crèverez pas toute seule. Je suis toute disloquée. C'est pour en mourir. Hi! hi! hi!
(Elle pleure.)

LE BARON.

Qu'avez-vous donc, madame? voudriez-vous accoucher?

LA COMTESSE.

Ah! ah! ah! si ma sage-femme était là, je n'en ferais pas à deux fois; mon pauvre monsieur le baron, ron, ron, ron! Hé, vite! qu'on me déchausse. Claudine! ma cousine! ma cousine!

NIVELET, à la cousine.

Et vous, mademoiselle, où le mal vous tient-il?

LA COUSINE.

Ah! monsieur le procureur fiscal, je suis confisquée. Hé! hé! hé!

LE BARON.

Ma foi, monsieur Nivelet, si nous n'y prenons garde, voilà deux femmes qui vont nous crever dans la main.

LA COUSINE.

Nous venons de cette damnée pièce, où l'on est deux heures à entrer, et trois heures à sortir, et, qui pis est... Hé! hé!...

CLAUDINE.

Là, là, madame, deux jours de repos emporteront cela.

LA COUSINE.

Monsieur Nivelet, vous qui savez la procédure à telle fin que de raison, il faut faire assigner les comédiens en garantie de couche. Que sait-on? si ma cousine allait avorter.

NIVELET.

Assurément.

LA COUSINE.

Oh! si la justice s'en mêle, il faudra bien que l'on me rende ce que l'on m'a pris.

LE BARON.

Comment donc! étiez vous auprès de quelque insolent?

LA COUSINE.

C'était bien un filou qui m'a pris ma bourse, où il y avait dix louis. Hi! hi! hi!

(Elle pleure.)

LE BARON.

Oh! si l'on ne vous a pris que cela, patience. Allons, courage, madame, le souper raccommodera tout.

LA COMTESSE.

Moi, manger! La comédie m'a dégoûtée pour six semaines. Ah! ah!

LE BARON.

Claudine, courez vite chez le médecin demander une potion pour rassurer une femme qui a pensé accoucher dans la presse.

LA COUSINE.

Claudine, tu lui demanderas aussi s'il n'a rien pour faire retrouver ce qu'une fille a perdu à la comédie.

CLAUDINE.

Oh! je m'en vais chez notre apothicaire; il a de toutes ces drogues-là.

LA COMTESSE.

Hai! hai! hai!

LE BARON.

Par ma foi, ce sont de vraies épreintes. Monsieur Nivelet, il faut appeler du secours. Françoise! Eustache! la maîtresse! portez vite madame dans sa chambre.

(On vient, et on emmène la comtesse dans sa chambre.)

SCÈNE IV. 501

NIVELET.

Pour vous, mademoiselle, tenez-vous en repos dans ce fauteuil en attendant qu'on serve. Je vais à la cuisine faire hâter le soupe.

LE BARON.

Et moi, je suis si soûl de la comédie, que je m'en vais me mettre au lit sans boire et sans manger, et, qui pis est, je n'en sortirai, ou le diable m'entraîne, que lorsque l'on aura renvoyé tous ces gueux de comédiens-là en Italie. La détestable pièce!

LA COUSINE.

Ah! ma pauvre bourse!

SCÈNE IV.

UN MARQUIS ridicule, sortant brusquement de sa chaise, tout en désordre, sa perruque de travers et sa chemise déchirée; les acteurs de la scène précédente, à la réserve de la comtesse.

LE MARQUIS.

Holà, quelqu'un! de la chandelle, du feu, une bassinoire. Ah! mademoiselle, je crois qu'il ne me reste de vie que pour faire mon testament.

LA COUSINE.

Comment, monsieur le marquis! qu'avez-vous?

LE MARQUIS.

Ma foi, mademoiselle, il ne me reste présentement pas grand'chose; je n'ai qu'un parement de manche, le cuir de mes poches, et quelques lambeaux de chemise. Voyez comme me voilà ajusté! un justaucorps neuf tout marbré de cambouis depuis les pieds jusqu'à la tête.

LA COUSINE.

D'où vient donc tout ce délabrement-là? vous êtes-vous battu?

LE MARQUIS.

Avoir résisté trois semaines à la tentation, et m'être laissé aller comme un coquin! Ventrebleu! j'enrage du meilleur de mon cœur.

LA COUSINE.

Est-ce quelque rival qui vous a houspillé? Voilà d'ordinaire le succès des bonnes fortunes.

LE MARQUIS.

Que maudits soient la bonne fortune, Arlequin, sa clique, et la curiosité qui m'a pris aujourd'hui! J'ai levé le nez tantôt au coin d'une rue ; j'ai vu un papier rouge, j'ai demandé à mon laquais, qui lit ordinairement pour moi, ce que c'était : le brutal m'est venu dire que c'était encore cette comédie dont tant de femmes m'avaient rompu la tête. J'y ai été ; et vous voyez comme j'en reviens.

LA COUSINE.

C'est une chose qui crie vengeance, que le mauvais goût de Paris, et l'âpreté que l'on a en ce pays-ci pour les sottises. Je suis sûre que si l'on jouait cette comédie-là en province, en trente ans il n'y aurait pas un chat.

LE MARQUIS.

Bon ! Paris n'est-il pas le magasin de l'impertinence ! il ne faut que les fesses d'un singe pour mettre tous les badauds en campagne. Pour moi, je crois qu'il faudra que je retourne encore plus de vingt fois à cette comédie-là pour y trouver le mot pour rire.

LA COUSINE.

Oh ! monsieur le marquis, vous me feriez bien plus de plaisir d'y retrouver ma bourse. Je n'ai jamais acheté un chagrin si cher. L'impertinente scène que celle de ce docteur qui recommande le silence, et qui parle toujours.

LE MARQUIS.

Fi ! fi ! vous dis-je.

LA COUSINE.

Ce qui me console de mon argent, c'est qu'il faut que Colombine crève sous ce rôle-là ; elle n'a pas encore huit jours dans le ventre.

LE MARQUIS.

Ah ! mademoiselle, désabusez-vous de cela ; jamais femme n'est morte de trop parler. Et que dites-vous, s'il vous plaît, de ce fat de vicomte, avec ses boutons à jouer à la boule, et cette valise en forme de manchon ?

LA COUSINE.

Je dis que cela est tout aussi sot que son rôle.

LE MARQUIS.

J'enrage, quand je vois le parterre s'efflanquer de rire à des sottises qui n'ont pas le sens commun. Il faut avouer que l'auteur est un brutal parrain, d'avoir nommé Bergamotte le héros de la pièce ; encore pour du tabac, je lui pardonnerais.

LA COUSINE.

Il y a comme cela cent endroits dans la pièce qui me font

SCÈNE IV.

presque vomir. On ne laisse pas de s'égosiller de rire; comme, par exemple, le *tuyau d'orgue*, la *fille de hasard*, le *cheval de louage*, et cette autre innocente qui va dire à son père que si son apothicaire ne lui donne que quarante-cinq ans, c'est qu'il ne le voit que par derrière.

LE MARQUIS.

Quelle grossièreté, d'aller mettre le derrière d'un vieillard sur la scène! A la fin, je ne sais ce que l'on n'y verra point. Fi! vous dis-je; misère! ne parlons plus de cela. Mais où diable vous étiez-vous nichée? car j'ai feuilleté toutes les loges pour vous trouver. Apparemment, à cause de la presse, vous vous serez mise au parterre.

LA COUSINE.

Hélas! nous avons été trop heureuses de voir la comédie de chez le limonadier.

LE MARQUIS.

M'avez-vous vu serpenter sur le théâtre? Ma foi, je ne fais pas mal la roue, quand je me donne au public.

LA COUSINE.

Je ne vous ai point vu, car il y avait tant de monde!... Mais je ne comprends pas quel plaisir prennent certaines personnes à être toujours derrière les acteurs.

LE MARQUIS.

Vous moquez-vous? C'est le bel air, et les gens de qualité ne voient plus la comédie que par le dos.

LA COUSINE.

De quel côté que l'on voie cette damnée pièce-là, elle est affreuse par tous les endroits.

LE MARQUIS.

Hé! avez-vous remarqué, quand les tableaux ont paru, comme je me suis tenu ferme au milieu du théâtre, en dépit des sifflets! Voilà, morbleu! ce qui s'appelle faire bouquer le parterre.

LA COUSINE.

Eh! pourquoi un homme de qualité comme vous se veut-il brouiller avec tout un parterre? Écoutez, c'est un dangereux ennemi : je le craindrais plus avec ses sifflets que bien des marquis avec leurs épées.

LE MARQUIS.

Bon! bon! un homme qui a séance sur le théâtre ne fait

point de comparaison avec des gens qui entendent la comédie debout. Mais voilà le souper.

SCÈNE V.

LA COMTESSE, CLAUDINE, les acteurs précédents.

CLAUDINE, tenant un bassin.
Allons, messieurs, ne voulez-vous point laver?
LA COMTESSE.
Quand je suis grosse, je ne lave jamais; cela m'enrhume.
CLAUDINE, au marquis, qui badine avec elle.
Je vous jetterai l'aiguière par le nez.
LA COUSINE.
Eh bien! ma cousine, comment vous trouvez-vous de votre vapeur de couche?
LA COMTESSE.
Cela est passé; je suis raffermie.
NIVELET.
Ma foi, madame, ne nous faites plus de ces frayeurs-là; j'ai cru que vous nous serviriez votre enfant sur table.
(On se met à table.)
LE MARQUIS.
Pour moi, je ne saurais manger : j'ai fait cinq ou six repas aujourd'hui, dont le moindre a duré quatre heures.

SCÈNE VI.

BONAVENTURE, les acteurs précédents.

LA COUSINE.
Que monsieur Bonaventure vient à propos! il n'y avait point de temps à perdre.
LE MARQUIS.
Diable! comme il sent son avoine!
BONAVENTURE.
Pour l'ordinaire, mademoiselle, je suis assez ponctuel au repas; mais, pour ce soir, deux mille carrosses m'ont barré depuis l'Hôtel de Bourgogne jusqu'ici.
LA COUSINE.
C'est-à-dire que vous venez de la comédie italienne; car c'est la rage de Paris. Oh! çà, dites-nous-en quelque chose : il n'y a point d'homme qui raconte si bien que vous.

SCÈNE VI.

BONAVENTURE.

Ah! mademoiselle, je fais gloire d'obéir à vos ordres; mais il est bien difficile de parler et de souper tout ensemble, et j'ai grand'faim.

LE MARQUIS.

Les habiles gens trouvent du temps pour tout. Quand j'étais bel-esprit, cadédis! j'étais quelquefois quatre jours sans souper.

BONAVENTURE.

Et moi, quand j'étais Gascon, lorsque l'on me donnait un repas, c'était pour toute ma semaine.

LA COMTESSE, à Bonaventure.

Dites-nous donc quelque chose, monsieur.

BONAVENTURE.

Il n'y a que deux mots. Le sujet de la pièce, c'est qu'il y a deux filles, dont l'une est cadette. A cette heure, ces deux filles,... parce que leur père, M. Brocantin, est un curieux,... cela fait que la petite voudrait bien être mariée.

LA COUSINE.

Oh! vous voilà dans le fil de l'histoire.

BONAVENTURE.

Bon! de toute une comédie, je n'en perdrais pas un mot. Cette fille donc, c'est l'aînée, ne veut point d'un médecin nommé M. Bassinet. Or, il y a là-dedans un garçon qu'on appelle Pierrot; et puis il survient un vicomte avec un singe, qui est le plus beau rôle de la pièce.

LE MARQUIS.

C'est-à-dire que le singe épouse M. Brocantin.

BONAVENTURE.

Point du tout. M. Brocantin, c'est le père des filles : mais il y a là un nommé Octave, qui est un drôle ;... avec cela, deux filous...

LE MARQUIS.

Ah! j'entends, j'entends. Octave, c'est le prévôt qui poursuit les filous.

BONAVENTURE.

Oh! ce n'est point cela. Qui diable vous parle de prévôt? Vous n'avez donc pas été à cette comédie-là?

LE MARQUIS.

Est-ce que je m'amuse à voir une comédie? Je suis toujours dans les coulisses à badiner avec les actrices; mais j'ai envoyé mes porteurs au parterre, qui m'ont dit que la pièce ne valait pas le diable. On peut les en croire, car ce sont, ma foi, les meilleurs porteurs de Paris.

BONAVENTURE.

Et moi, je vous dis qu'elle est fort bonne. Au commencement, il y a trois robes de chambre qui font le sujet de la comédie : et comme ça à la fin, le prince des Curieux fait le dénoûment, avec un perroquet; et je vous soutiens que voilà le sujet de droit fil.

LA COUSINE.

Il faut que monsieur Bonaventure n'en ait vu que le quart.

BONAVENTURE.

A vous dire le vrai, les gens de qualité qui comblaient le théâtre m'en ont caché deux actes : mais je n'y ai rien perdu; leurs airs et leurs façons valent bien la comédie.

LE MARQUIS, à Claudine.

Allons, fille, le fruit.

BONAVENTURE, à Claudine, qui veut desservir.

Tout beau ! je n'ai pas encore commencé.

CLAUDINE.

Oh ! dame, monsieur, dans une auberge, on n'engraisse pas à faire des récits.

LA COUSINE.

Vous vous racquitterez sur le dessert.

BONAVENTURE.

Je suis votre serviteur, mademoiselle; je ne me coucherai pas bredouille; il me faut de la viande.

LE MARQUIS, à Bonaventure.

Oh ! cela est juste. Tenez, allez vous mettre au lit avec cela.

(Il lui donne un manche d'éclanche.)

BONAVENTURE.

Comment donc ! est-ce que vous me prenez pour un chien, beau marquis de balle affamé? Il n'y a que deux jours qu'il est ici, il faut voir comme l'auberge est amaigrie !

LE MARQUIS.

Hé ! l'ami, les épaules vous démangent.

BONAVENTURE.

Comment ! à moi, petit hobereau !

(Le marquis lui jette une poignée de salade au nez : Bonaventure renverse la table ; le marquis tombe le nez dans un plat de crème.)

SCÈNE VI.

LA COUSINE.

Vous avais-je pas bien dit, ma cousine, que cette enragée de comédie-là nous porterait guignon?

LA COMTESSE.

Ah! ma cousine, jamais je ne porterai mon fruit à terme.

FIN DE LA CRITIQUE DE L'HOMME A BONNES FORTUNES.

AVERTISSEMENT

SUR

LES FILLES ERRANTES.

Cette comédie a été représentée, pour la première fois, le 24 août 1690.

Isabelle est une fille de famille, qui a été séduite par Cinthio : l'indigence l'a contrainte d'entrer au service d'Arlequin, sous le nom de Claudine. Colombine a été aussi trompée par Octave, qui lui a fait une promesse de mariage; elle va à la poursuite de cet amant, et se trouve avec Cinthio dans l'hôtellerie d'Arlequin. Cinthio cherche à la séduire; mais il est reconnu et surpris par Isabelle. Celle-ci intéresse Arlequin à son sort; ils imaginent ensemble plusieurs fourberies, et parviennent enfin à déterminer Cinthio à l'épouser. On ne sait ce que deviennent Colombine et Octave. Les scènes de Croquignolet et du capitaine hollandais sont absolument épisodiques.

Tel est à peu près le canevas sur lequel est composée la comédie des FILLES ERRANTES, qui a été aussi donnée sous le titre des INTRIGUES DES HÔTELLERIES. On sent combien deux filles, telles que Colombine et Isabelle, sont peu intéressantes; elles courent l'une et l'autre après un amant qui les a trompées et qui les méprise. Colombine oublie bientôt l'amant qu'elle poursuit, pour prêter l'oreille aux fleurettes de Cinthio; elle avoue elle-même à Isabelle (scène III du second acte) que si elle n'eût appris son infidélité, elle se serait rendue. Isabelle est traitée par Cinthio avec le dernier mépris; il lui reproche assez ouvertement sa conduite (scène II du second acte), en parlant d'elle sous l'équivoque d'une

poularde : « Je sais qu'on la présente à tout venant; on l'a déjà
» servie sur vingt tables différentes, et je ne suis pas homme à
» m'accommoder du reste de toute la terre. » La licence qui
régnait sur le Théâtre italien pouvait seule faire passer de pareils
traits.

Quoi qu'il en soit, les scènes françaises que nous avons recueillies sont remplies de traits de la meilleure plaisanterie, et le dialogue est d'un comique digne de Regnard. Le caractère épisodique de Croquignolet est original et plaisant, même après le Pourceaugnac de Molière. Le récit de la bataille de Fleurus est très-comique.

Nous avons rassemblé plusieurs scènes qui n'ont point été recueillies par Ghérardi, et que nous avons trouvées éparses dans différents recueils; mais la négligence avec laquelle ces scènes ont été imprimées, les fautes grossières qu'y ont laissées glisser les éditeurs, nous ont déterminé à n'en donner que des extraits. Ces scènes, sans être aussi plaisantes que celles que Ghérardi a conservées, nous paraissent nécessaires pour l'intelligence de l'intrigue : ce sont les six premières du premier acte.

Les auteurs du Dictionnaire des théâtres [1] nous apprennent que cette comédie a été reprise deux fois : la première, le lundi 13 mars 1719, telle qu'on la donnait à l'ancien théâtre, avec des scènes françaises; la seconde, le mardi 30 janvier 1753, sous le titre de LA FILLE ERRANTE, entièrement en italien, et dépouillée des scènes françaises. Ces auteurs observent à cette occasion que la pièce était originairement tout italienne, et que depuis, Regnard y a ajouté des scènes françaises : nous en doutons cependant, et nous avons cherché inutilement ce canevas italien, qui n'est point au nombre de ceux que les Italiens ont joués depuis leur établissement à Paris jusqu'au moment où ils ont obtenu la permission d'entremêler dans leurs pièces des scènes françaises.

[1] Dictionnaire des théâtres, par MM. Parfait, tome VII, supplément, pages 522 et 527.

LES FILLES ERRANTES

ou

LES INTRIGUES DES HOTELLERIES

COMÉDIE.

ACTEURS :

ARLEQUIN, aubergiste.
CINTHIO.
ISABELLE, amante de Cinthio, sous le nom de Claudine, servante d'Arlequin.
MEZZETIN.
COLOMBINE, sœur de Mezzetin.
PIERROT, valet d'Arlequin.

M. CROQUIGNOLET, avocat. *Mezzetin.*
LE VALET DE CROQUIGNOLET. *Arlequin.*
UN CAPITAINE HOLLANDAIS. *Mezzetin.*
PASQUARIEL.
SPADASSINS.

La scène est à Paris.

SCÈNES FRANÇAISES

DU PREMIER ACTE.

SCÈNE I.

CINTHIO, COLOMBINE.

(Cinthio et Colombine arrivent ensemble à l'hôtellerie d'Arlequin. Colombine fait part à Cinthio de l'infidélité d'Octave, et de l'embarras où elle se trouve en voyageant seule. Cinthio tâche de la rassurer, offre de l'accompagner, et lui persuade de se faire passer pour sa sœur. Il frappe à la porte d'Arlequin.)

ACTE 1, SCÈNE I.

SCÈNE II.

CINTHIO, COLOMBINE, ARLEQUIN.

(Arlequin répond quelque temps sans paraître, et donne, dans l'intérieur de sa maison, des ordres extravagants : enfin, il entre sur la scène. Cinthio lui demande deux chambres voisines l'une de l'autre, pour lui et pour Colombine, qu'il fait passer pour sa sœur. Arlequin a quelques soupçons sur cette parenté, et le témoigne par des questions plaisantes; enfin, il appelle sa servante : c'est Isabelle sous le nom de Claudine.)

SCÈNE III.

ARLEQUIN, CINTHIO, COLOMBINE, ISABELLE, en servante, sous le nom de Claudine.

ISABELLE.
Que vous plaît-il, monsieur?

ARLEQUIN.
Écoute, Claudine; voici un gentilhomme qui vient loger chez moi avec sa sœur, il faut que tu leur donnes deux chambres l'une contre l'autre.

ISABELLE, à part, reconnaissant Cinthio.
Ciel! que vois-je? Cinthio avec une autre que moi, qu'il fait passer pour sa sœur!

ARLEQUIN.
Claudine, tu ne me réponds point.

ISABELLE, à part.
Le traître! il ne fait pas semblant de me connaître. J'ai tout quitté pour le chercher, et il ne daigne pas seulement me regarder.

ARLEQUIN.
M'entends-tu, Claudine? Ce gentilhomme vient loger chez moi; il lui faut deux chambres l'une auprès de l'autre. Entends-tu bien?

ISABELLE, toujours à part.
Est-ce là le prix de tant d'amour? Ingrat! devais-je être traitée de cette manière?

ARLEQUIN.
Que la peste te crève! Claudine, me répondras-tu à la fin?

ISABELLE.
Je vous demande pardon, monsieur; ce sont des vapeurs

dont je suis attaquée, et je ne sais ce que je dis. (A part.) Tu m'abandonnes, scélérat! et tu n'oses arrêter sur moi tes regards.

ARLEQUIN, impatienté.

Ah! je te casserai, ma foi, la gueule, et je ferai bien passer tes pestes de vapeurs. Je te dis qu'il faut deux chambres l'une contre l'autre. M'entends-tu, à cette heure? Dis donc, parle.

ISABELLE.

Oui, monsieur, je vous entends : vous pouvez vous en aller ; je vais accommoder tout cela.

SCÈNE IV.

CINTHIO, COLOMBINE, ISABELLE.

CINTHIO, à Colombine.

Allons, ma sœur, entrez.

COLOMBINE, considérant Isabelle.

Voilà une fille qui me semble bien surprise!

(Elle entre.)

SCÈNE V.

CINTHIO, ISABELLE.

ISABELLE, arrêtant Cinthio qui veut entrer.

Cinthio!

CINTHIO.

Que voulez-vous?

ISABELLE.

Vous ne me dites rien.

CINTHIO.

Je n'ai rien à vous dire.

ISABELLE.

Vous ne reconnaissez pas Isabelle?

CINTHIO, entrant brusquement.

Vous! Isabelle? Je ne vous connais point.

SCÈNE VI.

ISABELLE, seule.

Tu me méprises, perfide ; mais je saurai me venger.

(Elle entre dans l'hôtellerie.)

SCÈNE VII.

MEZZETIN, PIERROT, COLOMBINE.

MEZZETIN, apercevant Colombine.

Que vois-je, Pierrot? Ai-je la berlue? Oui... non... si fait :
c'est elle ; c'est ma sœur.

PIERROT.

Je n'en crois rien, monsieur, si je n'y touche.

MEZZETIN.

C'est elle-même. Et que faites-vous donc ici, madame la coureuse?

COLOMBINE.

Ah! mon frère, ne vous emportez point ; je vous dirai...

MEZZETIN.

Et que me diras-tu, effrontée? Tiens, il me prend envie de faire une capilotade de ton foie, de ta fressure, de ton gésier.

COLOMBINE.

Mon pauvre Pierrot...

PIERROT.

Mon pauvre Pierrot! Votre frère a raison ; j'aime l'honneur, moi ; et je ne veux pas qu'une fille coure le guilledou.

MEZZETIN.

Parle donc ; dis-moi, quelle raison as-tu eue de sortir de la maison paternelle, carogne, carognissime?

PIERROT.

Voulez-vous parier, monsieur, que c'est l'amour qui l'a mise en campagne? Les filles sont des vaisseaux qui ne vont d'ordinaire que de ce vent-là.

COLOMBINE.

Je vous dirai, mon frère, que, sitôt que vous fûtes parti, il vint un jeune cavalier, le plus civil du monde, demander à loger dans notre hôtellerie : pour ne pas paraître moins civile que lui, je lui fis toutes les honnêtetés dont j'étais capable. Aussi pourquoi me laissez-vous seule?

(Elle pleure en disant ces derniers mots.)

PIERROT.

Je vous l'ai toujours dit, monsieur ; il faut de la compagnie aux filles, quand ce ne serait qu'un manche à balai.

MEZZETIN.

Eh bien?

COLOMBINE.

Sitôt qu'il fut arrivé, il me pria, mais le plus honnêtement du monde, de lui donner une chambre. Pour lui faire plaisir, je le menai moi-même, par civilité, dans la belle chambre qui est de plain-pied à la cour.

PIERROT.

Par civilité?

COLOMBINE.

Par civilité. Mais il ne voulut point y demeurer, appréhendant qu'elle ne fût malsaine, à cause de l'humidité.

MEZZETIN.

Il avait raison.

COLOMBINE.

Voyant qu'il faisait difficulté de rester dans cette chambre-là, et qu'il était si civil, je le conduisis dans une autre, qui donne sur la rue, au-dessus de l'écurie.

PIERROT.

Par civilité?

COLOMBINE.

Par civilité. Il me témoigna encore qu'il ne pourrait pas y coucher, à cause qu'étant fatigué et ayant besoin de repos, les chevaux pourraient interrompre son sommeil pendant la nuit.

MEZZETIN.

Ouais! voilà un homme bien difficile à coucher.

PIERROT.

Peut-être pas tant que vous pensez.

COLOMBINE.

Je trouvai qu'il n'avait pas mauvaise raison; car quand on repose, comme vous savez, on n'est pas bien aise d'être interrompu. Voyant donc qu'il avait besoin de repos, et qu'il continuait toujours avec les manières les plus obligeantes du monde, je me crus obligée de le mettre dans un lieu éloigné du bruit : vous savez que ma chambre est au bout du jardin; je l'y menai.

PIERROT.

Par civilité?

COLOMBINE.

Assurément. Est-ce que tu ne l'aurais pas fait à ma place, dis, Pierrot?

PIERROT.

Sans doute, et j'enragerais qu'un autre fût plus civil que moi.

ACTE I, SCÈNE VII.

MEZZETIN.

Voilà du civil qui pourrait bien nous mener au criminel.

COLOMBINE.

Il trouva que ma chambre l'accommodait assez, et me fit entendre qu'il serait ravi d'y rester. Je lui dis aussitôt que, puisque cet endroit lui plaisait, j'y ferais mettre un lit pour lui à côté du mien.

PIERROT.

Par civilité?

COLOMBINE.

Comment l'entendez-vous donc? Mais comme il est extrêmement honnête, il refusa l'offre que je lui faisais, de peur de m'incommoder, et dit qu'il ne souffrirait point que ma chambre fût embarrassée pour l'amour de lui, et qu'il coucherait plutôt dans l'écurie que de me causer la moindre incommodité.

PIERROT.

Oh! dans une écurie! Le pauvre jeune homme! Cela me fait pitié.

COLOMBINE.

Cela me fendit le cœur : une fille n'est pas de bois; et voyant que ma chambre lui plaisait si fort, je lui dis... mais vous allez vous fâcher.

MEZZETIN.

Non, non...

COLOMBINE.

Je lui dis... Me promettez-vous que vous ne vous mettrez pas en colère?

PIERROT.

Ouf! gare la civilité.

COLOMBINE.

Je lui dis qu'il n'avait qu'à se coucher dans mon lit.

PIERROT.

Par civilité? Ma foi, monsieur, vous avez là une sœur bien élevée.

MEZZETIN.

Oh! ma sœur sait vivre; ce n'est pas là un grand malheur... Tu allas coucher dans une autre chambre?

COLOMBINE.

Bon! je n'en fus pas la maîtresse : il ne voulut jamais permettre que je m'incommodasse pour l'amour de lui; il dit qu'il serait au désespoir de m'avoir découchée, et...

PIERROT.

Que voilà un garçon bien honnête !

MEZZETIN.

Comment donc ! qu'est-ce que cela veut dire ?

COLOMBINE.

Il me dit qu'il y avait longtemps qu'il m'aimait, qu'il voulait être mon mari ; et il m'en donna sa promesse, que j'ai encore.

MEZZETIN.

Ah ! malheureuse ! Faut-il, juste ciel... Mais tu n'échapperas pas à ma vengeance.

PIERROT.

Allez, monsieur, un bon mariage raccommodera tout cela.

COLOMBINE.

Je ne vois pas qu'il y ait un grand mal de coucher avec son mari.

MEZZETIN.

Il faut tâcher de remédier à tout ceci. (A Colombine.) Entrez dans cette hôtellerie-là, et prenez garde de dire que vous me connaissez.

SCÈNE VIII.

PIERROT, seul.

Ma foi, je n'en saurais revenir : voilà une fille bien civile. Donner jusqu'à la moitié de son lit à un garçon : la pauvre enfant ! la pauvre enfant !

(Il y a ici quelques scènes italiennes.)

SCÈNE IX.

M. CROQUIGNOLET ; SON VALET, portant un sac de nuit sur son épaule.

LE VALET [1].

Parbleu ! monsieur, je ne puis plus aller ; j'ai les fesses tout écorchées. La peste soit du voyage ! On vous envoie solliciter un procès, et vous allez voir l'armée.

M. CROQUIGNOLET.

C'est que j'ai le cœur martial.

---

[1] Ghérardi jouait ce rôle à visage découvert.

ACTE I, SCÈNE IX.

LE VALET.

Je crois que monsieur Croquignolet votre père et madame Croquignolet votre mère vont être bien surpris, quand ils verront arriver dans leur boutique monsieur Mathurin-Blaise Croquignolet, leur fils l'avocat, qui revient de Flandre.

M. CROQUIGNOLET.

Oh! je le crois.

LE VALET.

Tous les badauds du quartier vont venir fondre dans votre boutique pour savoir des nouvelles du combat.

M. CROQUIGNOLET.

Cela est assez drôle, dà! à un jeune praticien comme moi, d'avoir déjà vu une bataille contradictoire, et d'en être revenu sain et entier.

LE VALET.

Oh! parbleu, monsieur, vous pouvez aller à toutes les occasions du monde comme à celle-là ; je vous suis garant que vous n'y serez jamais blessé.

M. CROQUIGNOLET.

Il y faisait pourtant chaud.

LE VALET.

Cela est vrai ; mais vous preniez le frais sur le mont Pagnotte, à trois bonnes portées du canon.

M. CROQUIGNOLET.

Je n'y allais pas pour m'y faire tuer. Quelque niais !... Cela n'aurait pas été honnête à moi d'y mourir, et j'aurais enragé le reste de ma vie si j'étais mort là comme un sot.

LE VALET.

Oh! vous avez raison. Mais, monsieur, gagnons pays, s'il vous plaît ; allons vite chez votre père, visiter son vin de Bourgogne ; car je sens que j'ai besoin de forces.

M. CROQUIGNOLET.

Ho! je n'ai garde de descendre chez mon père.

LE VALET.

Et d'où vient?

M. CROQUIGNOLET.

On m'a mandé à l'armée que ma grande sœur Toinon avait la petite vérole, et je ne serais pas bien aise d'en être marqué.

LE VALET.

C'est, morbleu! bien fait, de conserver votre teint; et il

serait fâcheux qu'un jeune homme que le canon a respecté fût exposé au caprice d'une maladie aussi insolente. Entrons donc dans la première hôtellerie. Je crois que voilà notre affaire... (Il frappe à la porte d'Arlequin.) Holà !

SCÈNE X.

M. CROQUIGNOLET, SON VALET; ISABELLE, sous le nom de Claudine.

ISABELLE.

Que vous plaît-il, messieurs?

LE VALET.

Allons, ma fille, une chambre, du feu, et grand'chère. Je m'arrête volontiers où il y a bon vin et jolie servante.

ISABELLE.

Messieurs, vous allez avoir tout ce qu'il vous faut : on ne manque de rien chez nous.

M. CROQUIGNOLET.

Allons, fille, viens me débotter.

(Il présente son pied botté à Isabelle.)

ISABELLE, le repoussant.

Vous débotter ! Pardi ! monsieur, cherchez vos débotteuses : ce n'est pas mon affaire.

M. CROQUIGNOLET.

Est-ce que tu n'es pas aussi le valet d'écurie?

LE VALET.

Monsieur, voilà une dondon qui me paraît assez résolue ; mais il me semble qu'elle vous saboule un peu.

M. CROQUIGNOLET.

La friponne est, ma foi, jolie. Viens çà, ma fille ; es-tu mariée?

ISABELLE.

Non, monsieur, Dieu merci ; à moi n'appartient pas tant d'honneur : l'année n'est pas bonne pour les filles ; tous les garçons sont à la guerre.

LE VALET.

En voilà pourtant encore un qui n'y est pas. Si cette friponne-là voulait, nous aurions bientôt conclu l'affaire.

M. CROQUIGNOLET.

Je sens quelque chose... là, qui me chatouille... Hé!... tu m'entends bien?

ACTE I, SCÈNE X.

ISABELLE hausse les épaules.

Voilà un vrai niquedouille.

LE VALET, bas, à Isabelle.

C'est un Nicodème qui n'a pas le sens commun.

M. CROQUIGNOLET, lui faisant des mines.

Si tu voulais un peu, pour me délasser de mes exploits guerriers... J'ai de l'argent, oui.

ISABELLE.

Bon! me voilà bien chanceuse avec votre argent! ce n'a jamais été ça qui m'a tentée : j'aime mieux un homme qui me plaît que tous les trésors du monde ; et, si vous voulez que je vous parle franchement, j'aimerais mieux votre valet que vous.

LE VALET.

La coquine est, ma foi, de bon goût. Allons, monsieur, retirez-vous ; ce n'est pas là de la viande pour vos oiseaux.

M. CROQUIGNOLET s'approche d'Isabelle.

Sais-tu bien, petite scélérate, que je viens de l'armée?

ISABELLE.

Vous, de l'armée! vous voilà plaisamment fagoté, avec votre habit noir! c'était donc vous qui portiez les billets d'enterrement des Hollandais qu'on y a tués?

M. CROQUIGNOLET.

Comment, morbleu! si quelqu'un en doutait, je lui ferais bien voir ce que c'est que Mathurin Croquignolet, volontaire en pied, suivant l'armée.

LE VALET.

Et avocat en parlement.

ISABELLE.

Oh! vous êtes un valeureux personnage! Je crois qu'il ne faudrait encore qu'un Mathurin Croquignolet pour faire fuir tous les poulets de notre basse-cour.

M. CROQUIGNOLET.

Cette friponne-là n'est pas prévenue de mon mérite... Je suis pourtant un drôle avec les filles...

(Il veut badiner.)

ISABELLE.

Je vous prie, monsieur, encore une fois, de vous tenir en repos ; je n'aime pas à être tarabustée. Si vous voulez entrer chez nous, voilà la porte ouverte ; sinon, je suis votre très-humble servante.

(Elle veut rentrer dans l'auberge.)

M. CROQUIGNOLET, l'arrêtant.

Je ne saurais la quitter. Le joli bouchon !

SCÈNE XI.

M. CROQUIGNOLET, SON VALET, ISABELLE, CINTHIO.

CINTHIO sort précipitamment de l'auberge, et repousse Croquignolet.

En vertu de quoi, monsieur, s'il vous plaît, prenez-vous des familiarités avec cette fille-là ?

M. CROQUIGNOLET.

En vertu de quoi?... En vertu que c'est mon plaisir.

CINTHIO.

C'est votre plaisir ! Croyez-moi, mon petit visage botté, ne m'échauffez pas les oreilles ; car je pourrais prendre le mien à telle chose qui vous déplairait fort.

M. CROQUIGNOLET.

Monsieur, on ne traite pas comme cela un gentilhomme parisien qui revient de Flandre.

CINTHIO.

Vous, de Flandre?

LE VALET, qui s'était caché, se rapproche.

Je veux que le diable m'emporte si nous n'en venons, et du camp de Fleurus.

CINTHIO.

Cet homme-là ?

(Il montre Croquignolet.)

M. CROQUIGNOLET, se carrant.

Eh! non, nous n'y étions pas, quand notre général fit signifier un à venir aux ennemis ! Ils ne comparurent pas le dernier juillet, à une heure de relevée, pour plaider sur le champ de bataille ! Eh ! non, non ; nous n'y étions pas !

CINTHIO.

Oh ! oh ! voilà un style de guerre tout nouveau.

M. CROQUIGNOLET.

La cause fut appelée, qui dura plus de huit heures; mais en vertu de bonnes pièces de canon, dont nous étions porteurs, nous fîmes bien vite déguerpir l'ennemi. Il voulut deux ou trois fois revenir par appel ; mais il fut toujours débouté de son opposition, et condamné en tous les dépens, dommages et intérêts, et aux frais, morbleu ! aux frais... Eh ! y étions-nous? Eh ! non, non ; c'est que je me moque!

CINTHIO.

Voilà, je vous l'avoue, un plaisant récit de combat. Je vois bien, monsieur, que vous avez vu la bataille dans quelque étude de procureur.

LE VALET.

Je vais vous raconter cela bien mieux que mon maître; car, entre nous, c'est un dadais. Premièrement, voilà les ennemis, et nous voilà. Le combat commença par les tambours; à l'instant nous fîmes avancer nos vivandiers : les ennemis voyant cela, détachèrent cinq escadrons de leurs meilleurs voiliers. Oh! c'était là où nous les attendions; car aussitôt on lâcha toutes les galères pour enfoncer leur demi-lune... Après cela, la mousqueterie, pif, paf. Ah! je suis mort... Les brûlots... les canons... les trompettes, qui étaient chargées à cartouches; pan, bedon... don;... les... Je ne saurais vous dire le reste; car la fumée du canon m'empêcha de le voir.

CINTHIO.

Voilà qui est le plus joli du monde. Mais je vous prie, monsieur le vivandier, et vous, mon petit clerc de procureur, de passer votre chemin, et de ne pas regarder derrière vous : m'entendez-vous?

M. CROQUIGNOLET, faisant le brave.

Monsieur, prenez garde à ce que vous faites; si vous m'insultez...

(Il prend son épée et la lève.)

CINTHIO met la main à la sienne.

Eh bien?

M. CROQUIGNOLET.

Vous aurez affaire à mon valet.

(Il se cache derrière son valet.)

LE VALET.

Oh! ma foi, il aura bien affaire à vous; je ne suis pas obligé de me faire tuer à votre place.

CINTHIO.

Allez, mon petit ami, je ne daigne seulement pas vous répondre : mais si vous jetez les yeux sur cette fille-là, je vous ferai mourir sous le bâton.

(En s'en allant, il donne de ses gants dans le nez de M. Croquignolet.)

SCÈNE XII.

M. CROQUIGNOLET, SON VALET.

M. CROQUIGNOLET.

Il s'en va, pourtant... Eh! que dis-tu à cela? Je ne lui ai pas mal rivé son clou.

LE VALET.

Oh! fort bien, monsieur. Voilà ce que c'est que d'avoir été à l'armée.

FIN DU PREMIER ACTE.

SCÈNES FRANÇAISES
DU SECOND ACTE.

SCÈNE I.

ISABELLE, CINTHIO.

ISABELLE.

Eh bien! infidèle! me connais-tu présentement? Suis-je Isabelle que tu as trahie, que tu as obligée de quitter sa patrie pour venir te reprocher ton inconstance, et se déguiser sous un habit de servante?

CINTHIO.

Je vous dis encore une fois que je ne vous connais point. Isabelle n'est pas capable d'un pareil emportement, ni de se jeter à la tête de tout venant, comme moi-même tantôt je vous ai vue faire. Vous vous moquez de moi.

SCÈNE II.

ARLEQUIN, CINTHIO, ISABELLE.

ARLEQUIN.

Quel diable de bruit fait-on ici? On dirait que le diable emporte la maison. Il me semble, monsieur, que vous pres-

sez de près ma servante. Croyez-vous donc que l'on soit
obligé de vous tenir hôtellerie de filles? Ma foi, c'est pour
votre nez qu'on vous en garde!
CINTHIO.
Oh! oh! voilà un hôte bien rébarbatif; je vois bien que
cet homme-ci ne parle d'ordinaire qu'à des chevaux. Monsieur, c'est un petit différend que j'avais avec Claudine; je
lui demandais quelque ustensile dont j'avais besoin.
ARLEQUIN.
Comment donc, monsieur, pour qui prenez-vous ma servante? Je vous prie de croire que ce n'est pas un ustensile...
Ouais!
CINTHIO.
Sans tant de bruit, voyons, monsieur, ce que je vous dois.
Quand vous voudrez tenir hôtellerie, faites provision de servantes qui considèrent les gens de qualité.
ARLEQUIN.
Comment donc, coquine! d'où vient que monsieur se
plaint de vous? Ne vous ai-je pas dit qu'une servante d'hôtellerie doit être douce et avenante aux étrangers?
CINTHIO.
Hé! monsieur, elle ne l'est que trop.
ARLEQUIN.
Comment! elle ne l'est que trop! Ce n'est pas d'aujourd'hui que je m'en doute. Voyez-vous la carogne, comme
elle est brave? Je ne l'avais prise que pour servir à la cuisine; mais je vois bien que la friponne ne s'en tient pas là.
ISABELLE.
Si je suis brave, ce n'est pas à vos dépens. Est-ce que
vous voulez que j'aille toute nue?
ARLEQUIN.
Oui, je le veux. Une fille ne gagne pas tant d'argent à ne
faire que des lits dans une hôtellerie.
ISABELLE, à part.
Il faut se tirer d'affaire. (Haut.) Et qu'ai-je donc fait pour
tant de bruit? Ce beau monsieur-là est bien plaisant d'amener des filles dans notre hôtellerie pour le servir, et emporter nos profits!
ARLEQUIN.
Comment donc! est-ce qu'il y a un peu de gravelure à
son fait?

ISABELLE.

Il dit que c'est sa sœur. Hé! oui, voilà encore une belle parenté! Il ne passe point de monsieur dans l'hôtellerie dont je ne puisse bien être de même la sœur, si je voulais m'en donner la peine. Oh bien! monsieur, je ne veux point souffrir qu'une autre prenne ma place.

ARLEQUIN.

Claudine a raison, monsieur ; cela ne se fait point : quand il y a une servante dans une hôtellerie, on ne doit se servir que d'elle ; et d'ailleurs Claudine est très-habile *in utroque*, c'est-à-dire qu'elle fait aussi bien une chambre qu'un ragoût.

CINTHIO.

Je conviens, monsieur, qu'elle sait parfaitement bien son métier de fille ; mais c'est une petite imprudente, qui sert au premier venu ce qu'elle ne devrait servir qu'à moi seul. N'ai-je pas lieu de me plaindre?

ARLEQUIN.

Assurément, elle a tort. Je vous dirai cependant, monsieur, qu'on est ici fort exact à donner aux compagnies ce qu'elles demandent. Tout à l'heure encore, je n'ai pas voulu donner au coche ce chat de garenne que le messager avait retenu. D'où vient donc, coquine, que vous faites de ces impertinences-là?

ISABELLE.

Moi, servir à un autre ce que je vous ai promis? Dites plutôt, monsieur, que vous n'avez pas voulu vous contenter de ce que vous aviez choisi vous-même, et que l'appétit vous est venu en mangeant.

ARLEQUIN.

Pardi, monsieur, si vous êtes si fantasque, il n'y a pas moyen de vous contenter.

ISABELLE.

Voyez, je vous prie, si ce n'est pas assez pour le repas d'un homme seul : je lui présente une jeune poularde, tendre, grasse jusqu'au bout des ongles, comme moi : monsieur n'est pas content ; il en veut encore une autre.

ARLEQUIN.

Diable! monsieur, comme vous y allez! il ne faudrait encore qu'un homme comme vous pour mettre toute une rôtisserie à feu et à sang.

CINTHIO.

Hé! ne la croyez pas. Je me serais fort bien contenté de

la poularde ; je ne suis pas si grand mangeur : mais je sais qu'on la présente à tout venant ; on l'a déjà servie sur vingt tables différentes, et je ne suis pas homme à m'accommoder du reste de toute la terre.
ARLEQUIN.
Ah! parbleu! monsieur, prenez garde, s'il vous plaît, à ce que vous dites ; je ne m'entends point à ce tripotage-là, et l'on ne sert chez moi que des viandes neuves. Parlez, a-t-on jamais vu manger ici la même poularde deux fois?
ISABELLE.
Bon! ne voyez-vous pas bien que monsieur ne sait ce qu'il dit? Jamais personne n'y avait touché ; c'était une volaille délicate que j'avais pris soin d'élever, et que je nourrissais à la brochette avec autant de plaisir que si c'eût été moi-même ; elle faisait envie de manger à tous ceux qui la voyaient, et cependant je ne la gardais qu'à monsieur. Allez, cela est bien vilain de reconnaître si mal les soins que l'on prend pour vous.
ARLEQUIN.
C'est peut-être que vous n'aimez pas la viande bardée ; une autre fois on vous la fera larder.
CINTHIO.
Bardé, lardé, cela m'est indifférent : quand les choses sont bonnes, je les trouve telles ; je ne m'y laisse point attraper.
ISABELLE.
Il faudrait, pour satisfaire le goût de monsieur, lui servir quelque vieille volaille racornie, quelque doyenne de basse-cour. Oh! ce serait là le moyen de gagner ses bonnes grâces.
ARLEQUIN.
Oh! parbleu! monsieur, si vous aimez la viande coriace, nous vous en donnerons tout votre soûl.
CINTHIO.
Eh! monsieur!
ARLEQUIN.
J'ai une oie qui me sert depuis trois mois à faire mes soupes ; vous en aurez la fleur. Il n'y a point encore eu de postillon assez hardi pour mettre la dent dessus.
ISABELLE.
Voilà justement l'affaire de monsieur.

ARLEQUIN.

Allons, taisez-vous ; que je ne vous entende pas souffler ; rentrez là-dedans. Je vois bien que monsieur ne se connaît pas mieux en servantes qu'en poulardes : on vous mettra une aile de bœuf sur le gril.

(Scènes italiennes.)

SCÈNE III.

ISABELLE, COLOMBINE.

COLOMBINE.

Rien n'est plus vrai que ce que je vous dis. Ce gentilhomme, appelé Cinthio, qui vous aimait, qui vous jurait un amour éternel, m'en a dit tout autant ; et sans la connaissance que vous me donnez de son infidélité, je ne sais si, dans la suite, il ne m'aurait pas un peu écorné le cœur.

ISABELLE.

Est-il possible, mademoiselle, que tant d'amour soit suivi de tant de perfidie? Non, je ne croirai jamais que les hommes soient infidèles jusqu'à ce point-là.

COLOMBINE.

Les hommes! c'est bien la plus maudite engeance !...... Je ne sais qu'un secret pour n'en être point trompée ; c'est de les tromper les premiers.

ISABELLE.

Le perfide! Après m'avoir engagé son cœur par une promesse de mariage!

COLOMBINE.

Promesse de mariage? Ah! je n'y croirai jamais. Trébuchet à dupes, trébuchet à dupes.

ISABELLE.

Il fut obligé de me quitter pour un duel, où il tua son ennemi : l'amour me fit voler sur ses pas ; je suis venue à Paris ; je me suis déguisée sous l'habit d'une servante, et je me suis fait appeler Claudine. Je suis venue demeurer dans cette hôtellerie, où je l'ai revu avec plaisir, dans le temps que je devais l'oublier pour toujours ; mais hélas! le moyen, quand on a le cœur sincère et qu'on n'est pas née scélérate!

COLOMBINE.

Oh! il faut le devenir ; on ne fait rien en amour autre-

ment; et la vertu la plus nécessaire à une femme, dans le siècle où nous sommes, c'est un peu d'inconstance, assaisonnée quelquefois de perfidie.
ISABELLE.
D'où vient donc, mademoiselle, qu'avec toutes vos connaissances, vous vous êtes laissée attraper comme une novice? Car il me paraît, dans votre histoire, que vous avez été un peu maltraitée.
COLOMBINE.
J'avoue que je n'en ai pas été quitte à meilleur marché que vous; mais je ne savais pas ce que je sais, et avec le temps je me rendrai encore plus connaisseuse.
ISABELLE.
C'est-à-dire, mademoiselle, que vous ne prétendez pas en demeurer là, et que vous ne voulez pas être fille à une aventure.
COLOMBINE.
J'ai quitté Rome, comme vous, pour suivre un amant infidèle appelé Octave. Cinthio est venu à la traverse pour prendre parti sous mes étendards; et, si vous ne me l'aviez fait connaître pour un déserteur de profession, je ne sais si je ne l'aurais pas enrôlé. Dame! en temps de guerre, on prend ce que l'on trouve.
ISABELLE.
Quel bonheur, mademoiselle, de pouvoir changer si facilement! Et que je serais contente si, pour me venger de mon infidèle, je le pouvais haïr autant qu'il le mérite!
COLOMBINE.
Ne vous embarrassez point de votre vengeance ; remettez seulement vos intérêts entre les mains d'une coquette de ce pays-ci, dont il sera amoureux; je vous promets qu'elle le fera aller bon train.
ISABELLE.
Non, non; je ne me croirais pas assez vengée de m'en rapporter à une autre. Si une femme l'aimait une fois, elle l'aimerait toujours ; et puis on n'est peut-être pas sujette au changement en France.
COLOMBINE.
Oh! l'on n'a garde! Vous ne savez donc pas que Paris est la boutique de la légèreté? Il ne vient point d'étranger qui n'en emporte sa provision. Bon! je vous dis que c'est

le magasin de toute l'inconstance qui se débite en Europe.

ISABELLE.

Est-il possible? je ne l'aurais jamais cru. Hélas! quand un Français dit qu'il vous aime, il vous le dit d'une manière si tendre et si passionnée, qu'il semble que son amour doive durer pour le moins vingt ans après sa mort.

COLOMBINE.

Vingt ans après sa mort!... Eh! oui.... Les femmes seraient trop heureuses, si leur tendresse durait seulement vingt jours.

ISABELLE.

Vous me surprenez.

COLOMBINE.

La variété de leurs modes ne marque-t-elle pas l'inconstance de leur humeur? Aujourd'hui ils portent des perruques qui leur pendent jusqu'aux genoux, demain ils en auront d'autres qui ne leur passeront pas les oreilles; ils sont quelquefois habillés le plus simplement du monde; deux jours après il faut les chercher dans leurs dentelles et leurs rubans; tantôt ils sont serrés dans leurs habits et empaquetés comme des momies, et quelquefois une pièce de drap ne suffit pas pour leur faire une manche d'été : enfin, tout est girouette dans un Français, depuis les pieds jusqu'à la tête.

ISABELLE.

Cela peut être vrai pour l'ajustement et la manière de s'habiller; mais pour le cœur, je ne les crois point si sujets au changement.

COLOMBINE.

Oh! vous avez raison; ce sont des miroirs de fidélité. Voulez-vous que je vous représente un Français qui veut surprendre la tendresse d'une jeune personne? Premièrement, je vous avertis que la braise n'est pas plus chaude. Ah! ma chère enfant! ma princesse! que de beauté! que de charmes! Les dieux ont-ils jamais rien fait d'aussi parfait que vous? Non, mon amour ne peut aller plus loin, et je suis au désespoir de n'avoir que des termes ordinaires pour vous l'exprimer. Voulez-vous que j'expire à vos pieds? Vous ne me dites rien. Il faut donc mourir? puisque votre cruauté l'ordonne. Là-dessus, on pleure, on

ACTE II, SCÈNE III.

laisse échapper un gros soupir, on se donne de la tête contre un coin de cheminée : il n'en faut pas davantage ; voilà une femme dans la nasse.

ISABELLE.

Mais vraiment! je le crois bien ; un homme qui s'explique de la sorte est fort aimable. Le moyen de résister à ces gros soupirs-là! J'avoue qu'il ne m'en faudrait pas beaucoup d'un pareil style pour me persuader. Je sens que j'ai le cœur français.

COLOMBINE.

Voilà qui est le plus joli du monde ; mais regardons le revers de la médaille. Je m'en vais vous faire voir un Français sur son retour de tendresse, c'est-à-dire huit jours après la déclaration.

ISABELLE.

Voyons.

COLOMBINE passe de l'autre côté, et contrefait l'amant et la maîtresse alternativement.

Ma foi! madame, je suis bien las de vos manières ; je ne viens point chez vous que je n'aie quelque sujet de chagrin. — Vous y venez si peu, monsieur, qu'au moins n'en avez-vous pas souvent.—Parbleu! madame, on a ses affaires.— Quand vous commenciez à m'aimer, vous n'en aviez point d'autres que votre amour. Est-ce là la tendresse que vous m'aviez jurée? — Mais, madame, cela ne peut pas toujours durer. — Vous m'aviez tant fait de serments que votre passion serait éternelle. — Madame, je le croyais. — Ingrat, infidèle. — Oh! madame, point d'injures : vous pouvez mettre écriteau à votre porte ; prendra le bail de votre cœur qui voudra ; adieu. Voilà mon Français parti.

ISABELLE.

Mais vraiment! mademoiselle, si cela est comme vous voulez me le faire entendre, un Français n'est pas une meilleure pratique pour une femme qu'un Italien.

COLOMBINE.

Encore pis. Croyez-moi, tenons-nous comme nous sommes. Pour moi, infidèle pour infidèle, j'aime autant Octave qu'un autre. Adieu, mademoiselle ; je vous promets que je n'entreprendrai rien sur le cœur de votre amant, et qu'à cet égard vous n'aurez point de sujet de crier au voleur.

ISABELLE.

Un cœur est pourtant un larcin dont les femmes, aujourd'hui, ne se font pas grand scrupule.

(Scènes italiennes.)

SCÈNE IV.

ARLEQUIN, PIERROT.

ARLEQUIN.

Viens çà, Pierrot; je vais pour quelque temps hors de ma maison; je te laisse le maître en ma place : prends bien garde surtout qu'il ne se passe rien autour de nos filles.

PIERROT.

Oh! mordi, laissez-moi faire; si elles me trompent, elles seront bien fines.

SCÈNE V.

PIERROT, seul.

C'est pourtant un maudit bétail à gouverner; c'est du naturel des anguilles, cela fretille toujours. Il faut appeler Claudine, et lui faire une petite exaltation. Claudine!

SCÈNE VI.

PIERROT, ISABELLE, sous le nom de Claudine.

PIERROT, prenant un fauteuil.

Regardez-moi, Claudine... L'honneur est un joyau, mais un joyau qui se gâte, quand on le laisse exposé à l'air. Une fille est comme une bouteille d'eau de la reine d'Hongrie; elle perd sa vertu, si elle n'est bien bouchée : c'est ce qui fait qu'un grand philosophe dit qu'il faut qu'une femme demeure enfermée dans son logis. Il n'a pas parlé des filles; car elles étaient fort clair-semées de son temps, aussi bien que dans celui-ci.

ISABELLE.

Que veux-tu donc dire, avec tout ton galimatias? Es-tu fou?

PIERROT.

Comment, si je suis fou! Vous ne savez donc pas que je suis présentement votre pédagogue?

ACTE II, SCÈNE VI.

ISABELLE.

Me voilà vraiment dans de bonnes mains !

PIERROT.

Je suis, à votre égard, ce que la bride est à un cheval, un bâton à un aveugle, un gouvernail à un vaisseau : je suis la bride, et vous êtes le cheval ; je suis le bâton, vous êtes l'aveugle ; vous êtes le vaisseau et moi un gouvernail : mais un gouvernail avec lequel j'empêcherai que vous n'alliez donner contre les rochers des garçons ; car ce monde est une mer, et les vents soufflent dans cette eau qui bouillonne... ce qui fait que la raison dans... cette mer...

ISABELLE.

Vite, vite, au secours ! voilà un homme qui se noie.

PIERROT.

Que la raison, dis-je, la... Enfin, Arlequin m'a laissé dans la maison pour vous garder.

ISABELLE.

Je te suis obligée ; je t'assure que je me garderai bien moi-même.

PIERROT.

Nenni pas ; je ne me fie plus aux filles ; j'y ai été attrapé.

ISABELLE.

Comment donc ? est-ce que tu entretiens commerce avec des filles ?

PIERROT.

Bon ! quand on est fait d'une certaine manière, on en a à revendre de cette marchandise-là. Une petite carogne me pria de lui donner un baiser. Dame ! moi, il ne faut pas me le dire deux fois : je ne fus ni fou, ni étourdi ; je m'approchai ; elle me donna un grand soufflet : depuis ce temps-là, j'ai bien juré que je n'en baiserais plus.

ISABELLE.

C'est très-bien fait, Pierrot. Crois-moi, ne te joue point aux filles ; il n'y a rien à gagner.

PIERROT.

Si ce n'est quelque bon soufflet à la rencontre. Allons, point tant de raisonnements ; rentrez, et marchez devant moi.

(Isabelle rentre ; Pierrot la suit des yeux.)

SCÈNE VII.

PIERROT, seul.

Perdez cela de vue, autant de gobé.

(Scènes italiennes.)

FIN DU SECOND ACTE.

SCÈNES FRANÇAISES

DU TROISIÈME ACTE.

SCÈNE I.

ARLEQUIN, en spadassin, se disant frère d'Isabelle ; PASQUA-RIEL, et autres spadassins.

ARLEQUIN.

Hé! l'Espérance, Brise-Fer, Poudre-à-Canon, l'Effroi-des-Poulets! Eh bien! mes enfants, que vous dit le cœur? Y a-t-il longtemps que vous n'avez mangé de chair humaine?

PASQUARIEL.

Vous n'avez qu'à dire, mon capitaine, je fais d'abord main-basse.

(Il met l'épée à la main, et pousse de tous côtés, comme s'il avait plusieurs personnes à combattre.)

ARLEQUIN.

Voilà, mordi! un bon garçon. Ce drôle-là a tué plus de poulets à lui seul que toute ma compagnie ensemble. (Pasquariel recommence le même jeu.) Holà! holà! en voilà assez d'échignés [1]. Il ne faut pas laisser refroidir cette ardeur-là : allons chercher Cinthio.

---

[1] On dit ordinairement *échiné*, et non *échigné*.

SCÈNE II.

CINTHIO, ARLEQUIN, PASQUARIEL, SPADASSINS.

ARLEQUIN.

Qui est cet homme-là? Il me semble qu'il a assez l'encolure d'un dénicheur de filles. Qui êtes-vous, mon ami? Ne vous appelez-vous pas Cinthio?

CINTHIO, le regardant du haut en bas.

Hé! qu'en avez-vous affaire?

ARLEQUIN.

Comment ventrebleu! ce que j'en ai affaire? Si vous étiez Cinthio, ou que vous fussiez seulement cousin, petit-cousin, arrière-petit-cousin de Cinthio, par la ventrebleu! je veux que le diable m'emporte, vous verriez beau jeu.

CINTHIO, froidement.

Ne pourrait-on pas savoir, monsieur, en quoi ce Cinthio vous a tant offensé? car vous me paraissez bien échauffé.

ARLEQUIN.

Assurément, je le suis. C'est un drôle qui va de fille en fille avec une promesse de mariage circulaire. Oh! parbleu, si je vous rencontre, mon petit ami, vous tiendrez la parole que vous avez donnée à ma sœur, ou vous aurez les étrivières de ma façon.

CINTHIO, toujours froidement.

Cela est bien scélérat de tromper comme cela les filles!

ARLEQUIN.

Par la tête! par la mort! je voudrais le tenir pour cent pistoles.

CINTHIO, très-froidement.

Touchez là, monsieur; je veux vous faire gagner plus de cinquante louis aujourd'hui : donnez-m'en trente, je vous dirai où est Cinthio; et, afin de ne pas vous tenir plus longtemps en suspens, c'est moi.

ARLEQUIN, tout étonné.

C'est vous? c'est vous? Ah! par ma foi, j'en suis bien aise. Vous ne voulez donc pas, monsieur, épouser ma sœur?

CINTHIO.

Bon! sommes-nous dans un siècle à épouser?

ARLEQUIN.

Non? Oh! parbleu, nous verrons : vous la prendrez,

quand je devrais vous la faire avaler dans une médecine. Laissez-moi faire seulement.

CINTHIO.

Je me moque de vos menaces; et pour vous faire voir que je ne vous crains, ni vous, ni vos spadassins, je vais vous attendre dans cette hôtellerie-là.

SCÈNE III.

ARLEQUIN, PASQUARIEL, SPADASSINS.

ARLEQUIN, aux spadassins, après que Cinthio est sorti.

Qu'on me suive cet homme-là, et qu'on me le garde à vue. Voilà, mordi, comme il faut sortir vigoureusement d'une affaire.

(Scènes italiennes.)

SCÈNE IV.

UN CAPITAINE HOLLANDAIS, avec une jambe de bois;
ARLEQUIN.

LE HOLLANDAIS.

Gouten tag, minher, gouten tag.

ARLEQUIN.

Gouten tag, gouten tag.

LE HOLLANDAIS.

Moi l'être un étrangir qui cherchir à logir dans sti ville.

ARLEQUIN, le contrefaisant.

Sti ville, monsir, l'être à vous bien obligir. (A part.) Ma foi, voilà un croustilleux corps.

LE HOLLANDAIS.

Enseignir moi, s'il plaît à monsir, où être un logiment pour mon chevau et pour mon personne.

ARLEQUIN.

C'est une hôtellerie que vous cherchez; n'est-ce pas monsieur?

LE HOLLANDAIS.

Oui, monsir, l'être une hôtellerie.

ARLEQUIN.

Tenez, monsieur, en voilà une où vous serez parfaitement bien; il y a de bon vin, et vous y trouverez aussi de jolies

ACTE III, SCÈNE IV.

filles. N'est-ce pas là ce que vous demandez? J'entends à demi-mot.

LE HOLLANDAIS.

Moi demandre excuse à monsir, si ne parlir pas bon français; mais mon pensir l'être beaucoup meilleur que mon parlemente.

ARLEQUIN.

Allez, monsieur, vous ne l'écorchez pas mal. Croyez-moi, monsieur, allez vous reposer dans cette hôtellerie-là : car un homme qui n'a qu'une jambe doit être une fois plus las qu'un autre.

LE HOLLANDAIS.

Adieu, monsir; moi remercir vous bien fortiment.

(Il frappe à la porte.)

ARLEQUIN.

Il faut que je sache un peu qui est cet étranger qui va loger chez moi. Venez çà, monsieur; ne peut-on pas savoir de quel pays vous êtes, et le sujet qui vous amène en cette ville?

LE HOLLANDAIS.

Moi l'être un gentilhomme hollandais de Hollande, qui vient dans sti ville pour affaire de grand importement.

ARLEQUIN, à part.

Vous verrez que c'est un de ces sots qui se sont laissé prendre.

LE HOLLANDAIS.

Moi avoir toujours fait mon service sur la mer, et j'ai commandir un vaisseau de guerre des États dans le combat naval.

ARLEQUIN.

Comment diable, monsieur! Hé! que venez-vous faire ici? Apparemment que vous avez un bon passe-port?

LE HOLLANDAIS.

Moi venir expressément de mon pays, de la part des États, pour demandir à la cour qu'on me rende mon vaisseau que sti tiaple de Français avoir fait griller comme du poudin.

ARLEQUIN.

Oh! vous avez raison; voilà de méchants diables que ces Français! Il fallait crier au feu; quelqu'un serait venu à votre secours.

LE HOLLANDAIS.

N'être pas là tout, monsir ; moi avoir encore perdu mon jambe, qui sti enragés m'ont emportée dans la bataille.

ARLEQUIN.

Si vous avez perdu votre jambe, ce n'est pas ma faute ; je vous assure, monsieur, que je ne l'ai point trouvée.

LE HOLLANDAIS.

Moi redemandir mon membre à la cour.

ARLEQUIN.

Ma foi, monsieur, si vous voulez que je vous parle sincèrement, je ne crois pas qu'on vous rende votre jambe.

LE HOLLANDAIS.

Hé! pourquoi, monsir?

ARLEQUIN.

Bon! s'il fallait, à la cour, que l'on rendît à vos confrères les Hollandais tous les membres que les Français leur ont emportés cette année, il n'y aurait plus ni bras ni jambes en France.

LE HOLLANDAIS.

Mais, monsir, comment faire pour servir ? moi, n'avoir plus ni jambe, ni vaisseau.

ARLEQUIN.

Je vous conseille, monsieur, d'aller servir aux invalides. A ce que je vois, monsieur le Hollandais, vous avez été un peu démâté, hé, hé, hé.

LE HOLLANDAIS.

Moi ne rire point, monsir ; moi l'être un gentilhomme. Das, dick, der, dondre, vernetre.

ARLEQUIN.

Das, dick... Mon petit ami, vous sentez votre vieux rossé. Je vous renverrai à Fleurus.

(Ils se battent ; le Hollandais tombe, et fait plusieurs lazzis avec sa jambe de bois.)

(Scènes italiennes.)

SCÈNE V.

ARLEQUIN, en commissaire ; PIERROT, en clerc ; CINTHIO, ISABELLE, gardes à la suite du commissaire.

ARLEQUIN.

Allons : dépêchons-nous vite ; tire ton écritoire, ferme la

ACTE III, SCÈNE V.

porte, chasse les chiens, prends une chaise, mouche ton nez, laisse de la marge, écris gros.

PIERROT tire une grosse écritoire, dans laquelle est une petite plume.

Monsieur, faisons vite, s'il vous plaît; j'ai un cours de ventre, comme vous savez, qui ne me permet pas d'être longtemps en place.

ARLEQUIN.

J'aurai bientôt fait. (A Cinthio.) Comment vous appelez-vous? Dites-moi votre nom, surnom, qualité, patrie, rue, paroisse, logis, appartement. Avez-vous un père, une mère, des frères, des parents? Que faites-vous à Paris? y a-t-il longtemps que vous y êtes? qui voyez-vous, où allez-vous? Écrivez donc, greffier.

(Il donne un coup sur l'épaule de son clerc.)

PIERROT, jetant son écritoire.

Ah! j'ai l'épaule cassée. Voilà un clerc estropié.

ARLEQUIN.

C'est *punctum interrogationis*. Quel diable d'ignorant! (A Cinthio.) Et vous, mon petit gentillâtre, vous ne voulez donc pas répondre? Écrivez qu'il n'a rien dit.

CINTHIO.

Comment voulez-vous, monsieur, que...

ARLEQUIN.

Vous croyez donc, mon ami, que j'ai le loisir d'entendre toutes vos sottises? Savez-vous que j'ai encore aujourd'hui trois fripons à faire pendre sans vous?

PIERROT.

Et cinq ou six demoiselles à faire déménager?

CINTHIO.

Monsieur, je m'appelle Cinthio; je loge chez Arlequin.

PIERROT.

Je le connais; c'est un fripon.

ARLEQUIN lui donne encore un coup.

Songe à ce que tu fais, animal! *Punctum interrogationis*. Connaissez-vous cette soi-disante fille-là? (A Isabelle.) Et vous, la belle aux yeux escarbillars, connaissez-vous ce pèlerin-ci?

ISABELLE.

Hélas! monsieur, je ne le connais que trop; c'est un ingrat, qui m'a trompée avec une promesse de mariage.

PIERROT.

Voilà qui est bien noir!

ARLEQUIN.

Si toutes les filles d'aujourd'hui avaient autant de maris que de promesses de mariage, elles en auraient assez pour en changer par saison. (A un garde). Qu'on aille dire à la chaîne qu'elle ne parte pas encore; j'ai ici de quoi l'augmenter. (A Isabelle.) Mais cela est-il bien vrai?

ISABELLE.

Tenez, monsieur, la voilà; lisez.

ARLEQUIN l'ouvre.

Me voilà bien embarrassé; j'ai depuis deux jours un rhumatisme sur l'oreille, qui fait que je ne vois goutte.

SCÈNE VI.

UN GARDE, LES ACTEURS PRÉCÉDENTS.

LE GARDE, au commissaire.

Monsieur, la chaîne ne partira pas que vous n'y soyez.

ARLEQUIN, à Pierrot.

Tenez, lisez.

PIERROT.

Moi, monsieur, vous savez bien que je n'ai appris qu'à écrire.

ARLEQUIN, à Isabelle.

Lisez donc; je vous cède mes droits de magistrature.

PIERROT écrit.

Lequel a déclaré ne savoir ni lire, ni écrire, attendu sa qualité de juge.

ISABELLE, lisant.

Je soussigné...

ARLEQUIN.

Un moment. Que dites-vous à cela, monsieur le fripon?

CINTHIO.

Je dis que l'on ne traite point de la sorte un homme de ma qualité.

ARLEQUIN.

Ah! mon petit compagnon, vous voulez faire le plaisant! Nous allons voir si vous aurez bon air à danser au bout d'une ficelle.

ISABELLE.

Non, monsieur le commissaire, il n'y a point de supplice assez cruel pour punir sa perfidie. A quoi le désespoir ne m'a-t-il pas réduite? J'ai quitté mes parents pour le suivre ; je me suis exposée à mille hasards ; car vous savez les risques que court une fille toute seule.

ARLEQUIN.

Elle en court encore plus quand elle est avec quelqu'un.

ISABELLE.

Je me suis mise servante dans l'auberge d'Arlequin, où j'ai caché mon nom sous celui de Claudine. Il est venu loger dans cette hôtellerie, pour son malheur et pour le mien ; car enfin, il est bien dur de voir pendre ce que l'on a si tendrement aimé... Hi, hi...

(Elle pleure.)

PIERROT.

Hé ! hé !..

(Il pleure.)

ARLEQUIN.

Tu me le paieras, coquin, de faire pleurer mon clerc. Que la corde soit bien grosse ; voilà un fripon qui a la vie dure.

CINTHIO.

J'avoue ma faute ; mais, monsieur le commissaire, il faut pardonner à l'amour.

(Il donne de l'argent au commissaire.)

ARLEQUIN prend l'argent.

Non, non ; je prétends faire ma charge avec honneur... Je me servirai de cet argent-là pour vous faire une pompe funèbre.

CINTHIO.

Mais, monsieur le commissaire, un peu de quartier ; je suis prêt à l'épouser.

PIERROT.

Il a raison ; il vaut encore mieux être marié que pendu.

ISABELLE.

Moi, traître ! t'épouser, après toutes tes infidélités !... Je renonce à ta tendresse ; je ne veux point d'un cœur aussi corrompu que le tien.

CINTHIO, se mettant à ses genoux.

Hé ! de grâce, mademoiselle, que l'amour vous fasse oublier un crime que l'amour même a fait commettre.

ARLEQUIN et PIERROT, aussi aux genoux d'Isabelle.

Écoutez, mademoiselle ; quand il sera sec, vous n'en serez pas plus grasse ; vous l'êtes assez.

PIERROT.

Pourvu qu'il paie grassement mes écritures, je vous conseille de lui pardonner ; il est assez puni d'avoir une femme.

ISABELLE.

Ingrat! je devrais vous haïr, et je sens que je ne le puis.

ARLEQUIN.

Ah! vous voilà donc bons amis. Présentement que l'affaire est toisée, il est bon de vous dire que le commissaire et le clerc sont deux fripons qui ont pris cet habit-là pour vous faire marier ensemble.

PIERROT.

Cela est vrai. Ma foi! voilà une procédure qui m'a donné bien de la peine!

ARLEQUIN.

Monsieur, en faveur de cette noce-là, il faut se divertir. Allons, qu'on fasse venir les violons, et qu'on appelle toute l'auberge.

DIVERTISSEMENT.

(Tous les comédiens sortent chacun avec une guitare, et parodient la Chaconne de Cadmus.)

LE CHOEUR.

Suivons, suivons l'amour; laissons-nous enflammer.
Ah! ah! ah! qu'il est doux d'aimer!

MEZZETIN chante.

Pour l'hymen qu'on destine,
Tous, d'un même ton,
Chantons une chanson.
Morbleu! vive Claudine!
Car, dans sa saison,
On verra la coquine
Donner un fils de sa façon.

LE CHOEUR.

Suivons, suivons l'amour; laissons-nous enflammer.
Ah! ah! ah! qu'il est doux d'aimer!

MEZZETIN.

Une fille a beau feindre,
L'hymen est charmant;
Elle a beau se contraindre,
Il lui faut un amant;
Et rien n'est tant à craindre
Que l'âge de quinze ans.

ACTE III, SCÈNE VI.

LE CHOEUR.

Suivons, suivons l'amour ; laissons-nous enflammer.
Ah ! ah ! ah ! qu'il est doux d'aimer !

TRIO

Chanté par Arlequin, Mezzetin, et Pasquariel.

Un amant aux abois,
Las d'un choix,
Veut quitter prise ;
Mais l'on n'est pas de bois,
Et l'on fait quelquefois
Une sottise.

LE CHOEUR.

Suivons, suivons l'amour ; laissons-nous enflammer.
Ah ! ah ! ah ! qu'il est doux d'aimer !

FIN DES FILLES ERRANTES.

AVERTISSEMENT

SUR

LA COQUETTE.

Cette comédie a été représentée, pour la première fois, le 17 janvier 1691. Les auteurs des Anecdotes dramatiques ont ajouté, à l'article de cette pièce, la note suivante : « On désirerait que les éditeurs des » OEuvres de ce poète comique (Regnard) y eussent inséré quel- » ques scènes des pièces que cet auteur a données au Théâtre ita- » lien, au lieu de tous ces ouvrages médiocres dont ils ont rempli » le quatrième volume de leur édition. »

C'est avec raison que ces auteurs souhaitaient de voir réunies aux OEuvres de notre poète les meilleures scènes de son Théâtre italien; et la comédie de la Coquette était plus propre qu'une autre à faire naître cette idée.

Cette pièce est, en effet, l'une des plus plaisantes et des mieux intriguées de ce recueil. Le caractère de la Coquette est un des meilleurs que Regnard ait mis au théâtre : on la voit recevoir, avec un égal empressement, les hommages de tout le monde, et ne pas même dédaigner ceux de son valet Pierrot. Quant au bailli du Maine, Arlequin, c'est une caricature digne du Théâtre italien. On y trouve beaucoup de traits de ressemblance avec le Pourceaugnac de Molière; et le bailli marquis est aussi ridicule et d'une charge aussi grotesque que le gentilhomme limousin déguisé en femme de qualité.

Cette pièce n'a point été reprise.

LA COQUETTE

ou

L'ACADÉMIE DES DAMES.

COMÉDIE EN TROIS ACTES.

ACTEURS :

TRAFIQUET.
COLOMBINE, fille } de Trafiquet.
ISABELLE, nièce }
LE COMTE, amant de Colombine.
    Octave.
ARLEQUIN, bailli du Maine.
PIERROT } domestiques de
MARINETTE } Trafiquet.
MEZZETIN } valets du comte.
PASQUARIEL }
BAGATELLE, laquais de Colombine.

M. NIGAUDIN, conseiller au présidial de Beauvais. *Mezzetin.*
UN CAPITAINE. *Arlequin.*
UN SERGENT.
Mme PINDARET, bel-esprit.
MARGOT, couturière.
UN LAQUAIS de M. Nigaudin.
UN LAQUAIS de Mme Pindaret.
Fourbes de la suite de Mezzetin, et autres personnages muets.

La scène est à Paris, chez Trafiquet.

ACTE PREMIER.

SCÈNE I.

ARLEQUIN, en colère, se retournant, à la cantonnade.

Vous en avez menti, messieurs les commis de la barrière, je ne dois rien : vous êtes des fripons. On est plus assuré au milieu des bois que dans ce maudit pays-ci; on ne saurait faire un pas qu'on ne trouve un filou. Il n'y a pas une demi-heure que je suis arrivé dans Paris, et me voilà déjà presque tout déshabillé... Au voleur! au voleur! Quelle maudite nation! A peine suis-je entré dans la ville, qu'on fait derrière mon cheval l'opération à ma valise; on en tire les hardes, et on la fait accoucher avant terme. En descendant à l'hôtellerie, on m'escamote ma casaque. Je fais deux pas dans la rue, un fiacre me couvre de boue depuis les pieds jusqu'à la tête; un porteur de chaise me donne d'un de ses bâtons dans le dos : il vient un homme me saluer; je lui ôte mon chapeau, un coquin par derrière m'arrache ma perruque; et, pour comble de friponneries, on veut me faire payer l'entrée à la porte comme bête à corne, parce que je viens pour me marier... Attendez donc que je sois...

SCÈNE II.

ARLEQUIN, MEZZETIN.

ARLEQUIN.

Monsieur, n'êtes-vous pas un coupeur de bourses?

(Au lieu de répondre, Mezzetin tourne autour de lui, l'examine en se moquant de lui; et Arlequin fait des lazzis de frayeur. Le restant de cette scène consiste dans un jeu italien.)

SCÈNE III.

Le théâtre change, et représente l'appartement de Colombine; elle est à sa toilette, et Isabelle prélude sur un clavecin.

COLOMBINE, ISABELLE.

COLOMBINE.

Holà, quelqu'un! N'ai-je là personne? Cascaret! Jasmin! Pierrot! Bagatelle! Bagatelle!

SCÈNE IV.

COLOMBINE, ISABELLE, PIERROT, BAGATELLE.

COLOMBINE, à Bagatelle.

D'où vient, petit garçon, qu'il faut vous appeler tant de fois?

BAGATELLE.

Mademoiselle, c'est que j'achevais ma main au lansquenet.

COLOMBINE.

N'est-il venu personne me demander?

BAGATELLE.

Il est venu cinq ou six personnes; mais j'ai oublié leurs noms et ce qu'ils m'ont dit.

COLOMBINE.

Le petit étourdi!

PIERROT.

Monsieur le conseiller a dit qu'il allait revenir. Il est venu aussi cette grande femme qui a le visage si creux, qui vous viendra voir tantôt, quand elle aura été chez son libraire.

COLOMBINE.

C'est notre bel-esprit; je la tiens quitte de sa visite dès à présent. (A Bagatelle.) Venez çà; allez chez ma couturière, et dites-lui que je veux avoir mon habit aujourd'hui.

BAGATELLE.

Ne lui dirai-je pas aussi de nous faire des culottes? La mienne est toute déchirée entre les jambes, et ma chemise passe, révérence parler, par...

COLOMBINE.

Taisez-vous, petit sot, et faites ce que je vous dis.

SCÈNE V.

ISABELLE, COLOMBINE.

ISABELLE.

Eh bien! cousine, as-tu bientôt mis la dernière main à ton visage?

COLOMBINE.

Dis-moi, je te prie, comment me trouves-tu aujourd'hui?

ISABELLE.

A charmer.

COLOMBINE.

J'ai beau arranger mes traits, il me semble qu'il y en a toujours quelqu'un qui se révolte contre mon économie.

ISABELLE.

Je t'assure que tu es d'un air à mettre à contribution tous les cœurs de la ville.

COLOMBINE.

Je sais bien, sans vanité, que j'ai quelque agrément; mais avec un peu de beauté, et trois ou quatre mouches sur le nez, une fille ne va pas loin dans le siècle où nous sommes. Il faut de cela pour plaire (elle se touche le front) et pour attraper un époux; voilà le point difficile. Nous avançons en âge tout doucement, et nous sommes assez fortes pour bien soutenir une thèse en mariage.

ISABELLE.

J'en tombe d'accord. Crois-tu, cousine, que j'aie le cœur plus dur que toi ? Je sens quelquefois qu'une fille n'est pas née pour vivre seule ; je t'avouerai même que j'emploie tout mon esprit pour attirer quelque amant dans le filet conjugal. Mais ces hommes sont des pestes de poissons rusés qui viennent badiner autour de l'appât, et mordent rarement à l'hameçon. Le mariage se décrie de jour en jour ; je crois, pour moi, que nous allons voir la fin du monde.

COLOMBINE.

Que tu es folle ! Quoique le mariage ne soit plus guère à la mode, les hommes ont beau faire, ils ne sauraient se passer de nous. Leur répugnance pour le mariage vient de la simplicité des filles, qui ne savent pas jouer leur rôle. L'homme est un animal qui veut être trompé.

ISABELLE.

Je ne m'applique nuit et jour à autre chose. Je relève, avec l'art, les agréments que la nature m'a donnés : je joins à quelque brillant d'esprit les talents de la poésie et de la musique : pour mes manières, elles sont douces et insinuantes, et avec tout cela, point d'épouseurs.

COLOMBINE.

Mais que prétendent donc tous ces petits messieurs-là ?

ISABELLE.

C'est ce que je ne conçois pas. On sait bien qu'il y a de certaines avances qui accrochent quelquefois. Mais vous en aurez menti, messieurs les soupirants ; et si j'accorde quelque faveur, ce ne sera, ma foi, que par-devant notaire, et en vertu d'un bon parchemin bien signé.

COLOMBINE.

Cependant ce n'est pas une chose si difficile que tu le penses, d'engager un homme. Savoir risquer un billet dans son temps, marcher sur le pied à l'un, tendre la main à l'autre, se brouiller avec celui-ci, se raccommoder avec celui-là : crois-moi, avec ce petit manége-là, il faut, bon gré, mal gré, que quelque bête donne dans les toiles.

ISABELLE.

Il me semble que tu copies assez bien une coquette d'après nature. Prends-y garde, au moins ; on ne fait plus guère de fortune à ce métier-là.

ACTE 1, SCÈNE V.

COLOMBINE.

Bon! il n'y a plus que les sottes qui se persuadent d'attraper des hommes par des airs composés. Cousine, le monde m'en a plus appris qu'à toi, et je te suis caution qu'une fille n'est piquante qu'autant qu'elle a pris sel dans la coquetterie.

ISABELLE.

Vraiment! ce ne sont pas là les maximes de ma mère, qui me prône tous les jours que la coquetterie est l'antipode du mariage, et j'ai ouï dire cent fois à mon oncle qu'une fille coquette ressemble à ces vins pétillants dont tout le monde veut tâter et dont personne ne veut acheter pour son ordinaire.

COLOMBINE.

Voilà-t-il pas mes contes de grand'mère, qui condamnent dans leurs enfants les plaisirs que l'âge leur refuse? Je veux, moi, te donner des conseils pour le mariage, plus courts et plus faciles, et afin que tu les retiennes mieux, je vais te les lire en vers.

ISABELLE.

En vers, ma petite! Ah! c'est ma folie.

COLOMBINE.

N'en perds pas une syllabe.

(Elle lit.)

PORTRAIT D'UNE COQUETTE, OU VRAIE MORALE D'UNE FILLE
A MARIER.

    Une fille qui veut se faire
    Un époux parmi ses amants,
    Doit changer à tous les moments
    Et de visage et de manière;
Tantôt, d'un air modeste, elle entre dans un cœur,
    Sous un faux semblant de sagesse;
Et tantôt, rallumant un feu de belle humeur,
Elle y porte à la fois la joie et la tendresse;
Elle sait finement, par un mélange heureux,
    Délayer la douceur avecque la rudesse;
Du frein et de l'épron [1] usant avec adresse,
Suivant que l'animal est vif ou paresseux.

ISABELLE.

Ce début-là est vif; je ne sais pas comment sera le reste.

---

[1] Il faut écrire *éperon*. L'auteur a sacrifié ici l'orthographe à la mesure du vers.

COLOMBINE.

Rien ne se démentira.

(Elle continue de lire.)

Pour conserver un cœur qu'elle a su préparer,
Elle tient toujours la balance
Entre la crainte et l'espérance,
Laissant un pauvre amant doucement s'enferrer.
Si quelqu'un, rebuté de son trop long martyre,
Cherche à s'échapper du filet,
Par de fausses bontés alors on le retire :
On écrit, et Dieu sait le style du billet !
Un roi ne paierait pas tout ce qu'on lui promet :
On se désespère, on soupire ;
Trac, l'oiseau rentre au trébuchet.

ISABELLE.

Au trébuchet ! Un mari ne se prend pas comme un oiseau ; il faut bien d'autres piéges.

COLOMBINE.

Je te dis qu'en amour ils sont si niais, qu'une fille qui sait un peu son métier en va tromper trente à la fois.

(Elle poursuit sa lecture.)

Lui parle-t-on d'amour....

ISABELLE.

Encore ?

COLOMBINE.

Voici le dernier. Dame ! il entre bien des ingrédients dans la composition d'une coquette.

Lui parle-t-on d'amour, vante-t-on ses appas,
Elle impose silence en faisant la novice ;
Elle fait expliquer ceux qui n'en parlent pas,
Et sait se démonter à visse [1] :
D'un rire obéissant son visage est paré ;
Le robinet des pleurs s'ouvre et ferme [2] à son gré ;
Et, dispensant ainsi la rigueur, la tendresse
(Crois-moi, cousine), en cet état,
C'est jouer de malheur, après tant de souplesse,
Si quelque dupe enfin ne tâte du contrat.

ISABELLE.

Savante comme tu l'es, tu devrais te mettre à montrer le coquétisme en ville ; tu serais bientôt riche.

---

[1] L'exactitude voudrait que l'on écrivît *vis;* mais la rime a fait altérer l'orthographe.
[2] Il faudrait *se ferme.*

COLOMBINE.
Je n'y gagnerais pas de l'eau : toutes les filles savent cela. Dans le fond, on n'a que de bonnes intentions. Et quel reproche peut faire un homme quand une fille ne le trompe qu'en vue de mariage?

SCÈNE VI.
COLOMBINE, ISABELLE, BAGATELLE.
BAGATELLE.
Mademoiselle, voilà monsieur le comte Octave.
COLOMBINE.
Qu'il entre.

SCÈNE VII.
ISABELLE, COLOMBINE.
ISABELLE.
Je te laisse avec lui; car apparemment c'est un épouseur; et ma mère m'attend.
COLOMBINE.
Bon! ta mère t'attend : va, va, elle est la maîtresse; elle attendra tant qu'elle voudra : demeure ici; tu en apprendras plus avec moi en un quart d'heure que tu ne feras en toute ta vie avec ta mère. C'est une façon de mari.
ISABELLE.
Tu l'aimeras donc?
COLOMBINE.
Que tu es sotte! Ne t'ai-je pas dit cent fois que j'aime tout le monde sans aimer personne? Mon père m'a défendu de le voir, parce qu'il me destine à un bailli du Maine, qui doit arriver dans peu. Ne suis-je pas bien malheureuse! Car imagine-toi ce que c'est qu'un bailli, et un bailli du Maine.

SCÈNE VIII.
COLOMBINE, ISABELLE, OCTAVE, MEZZETIN.
OCTAVE.
Malgré la rigueur de votre père, je viens vous assurer, mademoiselle, que je perdrai plutôt la vie que l'espérance d'être un jour votre époux.

MEZZETIN.

Oui, mademoiselle, nous avons résolu cela ; et s'il ne vous épouse, je vous épouserai, moi.

ISABELLE, bas, à Colombine.

Cousine, voilà du gibier à trébuchet.

COLOMBINE.

Vous savez, Octave, quels sont mes sentiments pour vous, cela vous doit suffire. Ne parlons point d'amour, si ce n'est en chansons. Vous chantez bien ; voilà ma cousine qui accompagne parfaitement du clavecin ; je veux vous entendre ensemble.

OCTAVE.

Mais, mademoiselle, chanter dans l'état où je suis ; pénétré de douleur, désespéré...

COLOMBINE.

Bon ! bon ! Si vous n'avez pas la force chanter, vous soupirerez ; c'est la langue la plus familière aux amants. Allons, qu'on approche le clavecin. Mezzetin, prenez bien garde que mon père ne vienne.

ISABELLE.

Tu me mets là, cousine, à une rude épreuve.

(Octave chante ; Isabelle l'accompagne.)

SCÈNE IX.

COLOMBINE, ISABELLE, OCTAVE, MEZZETIN, TRAFIQUET, PIERROT.

TRAFIQUET appelle en entrant sur la scène.

Holà ! quelqu'un ! Pierrot ! Pierrot !

PIERROT.

Me voilà, me voilà, monsieur. Vous criez plus fort qu'un fiacre mal graissé.

TRAFIQUET, sans voir Octave.

Avec qui diable es-tu donc ? Il faut t'appeler vingt fois.

PIERROT.

Je suis avec l'amour.

TRAFIQUET.

Oh ! oh ! voilà du nouveau. Tu es donc amoureux ?

PIERROT.

Je ne dors, ni ne veille ; je sens toujours là un tintamarre, comme s'il y avait un régiment de lutins.

ACTE 1, SCÈNE X.

TRAFIQUET.

Il faut prendre patience. (Apercevant Octave.) Mais, que vois-je? C'est Octave! Eh! que faites-vous donc ici, s'il vous plaît? Ne vous avais-je pas prié de n'y plus venir?

(Octave et Mezzetin font une révérence.)

PIERROT.

Puisque monsieur vous l'a défendu, pourquoi y revenez-vous?

TRAFIQUET.

Est-ce que vous prétendez, mon petit monsieur, épouser ma fille malgré moi?

(Octave et Mezzetin font une autre révérence.)

PIERROT.

Monsieur, n'allez pas souffrir cela; on vous prendrait pour un insensé.

TRAFIQUET.

Mais, monsieur, encore une fois, je n'ai que faire de vos révérences : répondez à ce que je vous demande.

(Octave et Mezzetin sortent, après avoir fait encore une révérence.)

SCÈNE X.

TRAFIQUET, COLOMBINE, ISABELLE, PIERROT.

TRAFIQUET.

Vous ferez bien, messieurs de la révérence, de ne regarder ma porte qu'avec une lunette; je vous saluerais d'une manière... Quelle plaisante conversation! toujours des révérences!

PIERROT.

Va, va, tu n'as qu'à y revenir; je te ferai danser un branle de sortie sans violons.

TRAFIQUET, à Colombine.

Et vous, mademoiselle l'impertinente, ne vous ai-je pas défendu de le voir? Savez-vous que quand je commande, je veux être obéi?

(Colombine et Isabelle font une révérence.)

PIERROT.

Elles ont appris à danser du même maître.

TRAFIQUET.

Ne t'ai-je pas dit que je ne voulais pas que tu songeasses davantage à cet homme-là pour être ton époux?

(Colombine et Isabelle font encore une révérence.)

PIERROT.

Fi! ce n'est pas là votre fait.

TRAFIQUET.

Écoutez, ne m'échauffez pas les oreilles; il y a des maisons à Paris où l'on réduit les filles désobéissantes. Merci de de ma vie !

(Colombine et Isabelle sortent en faisant une grande révérence.)

SCÈNE XI.

TRAFIQUET, PIERROT.

PIERROT.

Ma foi, monsieur, il faut dire la vérité, voilà des filles bien civiles.

TRAFIQUET.

Mais que veulent donc dire toutes ces cérémonies-là? Voilà une nouvelle manière de répondre. Allons, allons; il faut faire cesser tout ce manége-là. J'attends aujourd'hui un gendre qui me vient du Bas-Maine; je veux envoyer savoir s'il est venu. Pierrot! (Pierrot fait une révérence en fille.) Ah! monsieur le maraud ! je crois que vous voulez rire aussi. Si je prends un bâton... (Pierrot fait une autre révérence.) Quoi! tu t'en mêles aussi !

PIERROT.

Mais, monsieur, est-ce que vous voulez m'empêcher d'être civil? Qu'est-ce que vous me voulez?

TRAFIQUET.

Je veux que tu passes chez monsieur Fesse-Mathieu, pour le prier de venir ici ; et que tu ailles de là dans la rue de la Huchette, savoir si le messager du Mans est arrivé.

PIERROT.

Bon, bon, bon, monsieur. Vous attendez donc quelque panier de volaille.

TRAFIQUET.

J'attends le bailli de Laval, qui vient pour être mon gendre.

PIERROT.

Quoi! tout de bon? Un homme du Maine pour être le mari de votre fille?

TRAFIQUET.

Assurément.

ACTE I, SCÈNE XII.

PIERROT.

Fi! monsieur, n'en faites rien; il ne vient que des chapons de ce pays-là.

(Scènes italiennes.)

SCÈNE XII.

COLOMBINE, PIERROT.

COLOMBINE, plie une lettre.

Une bougie... Est-ce que tu n'entends pas que je demande une bougie pour cacheter une lettre?

PIERROT, faisant des mines à Colombine.

Pardonnez-moi;... mais... c'est que... en vérité... mademoiselle; je m'en vais...

COLOMBINE.

Pour moi, je ne sais plus quelle maladie a attaqué le cerveau de cet animal-là : il ne voit plus, il n'entend plus; il a assurément quelque chose de brouillé dans son timbre. (Pierrot apporte un manchon.) Tu veux donc que je cachette une lettre avec un manchon? Je te demande une bougie, m'entends-tu? Je crois qu'il me fera perdre l'esprit. (Pierrot fait encore des mines.) Oh! oh! voilà une nouvelle folie que je ne lui connaissais pas encore. Depuis quand as-tu perdu la parole? Parle, réponds; dis donc à qui tu en as.

PIERROT.

Je n'oserais; je sens là un tourbillon, un étouffement de la nature,... heurtant contre l'amour. Tenez, voilà une lettre qui vous dira tout cela.

COLOMBINE.

Que signifie donc cette cérémonie-ci? Je trouve cela assez plaisant. Voyons donc ce que dit cette lettre.

(Elle lit.)

« Comme il n'y a point d'animal dans le monde qui
» n'aime quelque autre animal, c'est ce qui fait que je vous
» aime. Autre chose ne peut vous dire votre très-humble
» serviteur et fidèle amant,

» PIERROT. »

Mon très-humble serviteur et fidèle amant, Pierrot. Ah! ah! voilà donc où le bât vous blesse, monsieur l'amoureux! En vérité, je suis ravie d'avoir fait une pareille conquête.

PIERROT.

Hé! mademoiselle, je sais bien que mon mérite n'est pas capable de mériter;... mais, d'un autre côté,... voilà que l'occasion,... votre beauté... Je ne suis pas bien riche; mais, ma foi, je suis un bon garçon.

COLOMBINE.

J'entends cela le mieux du monde; mais je vous prie, monsieur Pierrot, d'étouffer un peu vos hoquets de tendresse, et d'aller porter cette lettre à monsieur de La Maltotière.

PIERROT, en s'en allant.

Ah! petit cocodrille [1]! Ouf!

SCÈNE XIII.

COLOMBINE, seule.

La conquête de Pierrot n'est pas bien illustre; je sens néanmoins une secrète joie de voir que rien ne m'échappe. Quelque sévérité qu'affectent les femmes, elles ne sont jamais fâchées de s'entendre dire qu'on les aime.

SCÈNE XIV.

COLOMBINE, UN LAQUAIS.

LE LAQUAIS, annonçant.

Mademoiselle, voilà monsieur le conseiller Nigaudin.

SCÈNE XV.

COLOMBINE; NIGAUDIN, en habit de ville et en épée; UN LAQUAIS de Nigaudin.

COLOMBINE.

En vérité, monsieur Nigaudin, j'ai lieu de louer votre diligence : nous ne devons partir pour la comédie que dans deux heures, et je suis ravie de pouvoir, pendant ce temps-là, profiter de votre conversation.

NIGAUDIN, toussant.

Mademoiselle, quand il s'agira de vous offrir ses homma-

---

[1] On doit écrire *crocodile*. Peut-être l'auteur a-t-il voulu que Pierrot dît *cocodrille*.

ACTE I, SCÈNE XV. 555

ges, on n'obtiendra point de défaut contre moi : en cas de rendez-vous auprès des dames, je ne me laisse jamais contumacer, et je me rends bien vite à l'ajournement personnel.

COLOMBINE.

Ah! monsieur, que vous dites les choses galamment! Vous avez un tour aisé et naturel dans les expressions, que les autres n'ont point, et il semble toujours que vous demandiez le cœur, quelque indifférente chose que vous disiez.

NIGAUDIN.

Moi, mademoiselle? Je ne vous demande rien ; vous me prenez donc pour un escroc? Il est vrai que nous autres gens de robe, la plupart, nous avons la belle élocution à commandement. Tout franc, mademoiselle, les gens d'épée n'ont point le boute-dehors comme nous.

COLOMBINE.

Fi! ne me parlez point des gens d'épée ; ils n'auraient jamais rien à vous dire, s'ils ne vous étourdissaient de leur bonnes fortunes et s'ils ne vous faisaient le calcul du nombre des bouteilles qu'ils ont vidées. Pour moi, je ne conçois pas bien la manie de la plupart des femmes d'aujourd'hui ; on ne saurait leur plaire, si l'on ne revient de Flandre ou d'Allemagne, et si l'on ne rapporte à leurs pieds un cœur tout persillé de poudre à canon.

NIGAUDIN.

Ma foi, il y a bien de l'entêtement ; car, entre nous, il n'y a point de gens qui tiennent une procédure si irrégulière auprès des dames, que les gens de guerre : ils sont brusques et entreprenants sur le fait des faveurs, et n'observent jamais les délais fixés par l'ordonnance de l'amour.

COLOMBINE.

Il est vrai qu'on n'est point en sûreté contre leurs entreprises, et quand ils sont chez les dames, ils s'imaginent être dans un quartier d'hiver à vivre à discrétion.

NIGAUDIN.

A propos de quartier d'hiver, mademoiselle, il me semble qu'ils sont venus cette année quinze jours plus tôt pour moi.

COLOMBINE.

Pourquoi donc, monsieur?

NIGAUDIN.

J'avais hypothèque spéciale sur votre cœur, sans ce visage d'épétier qui est arrivé, et qui se prétend privilégié sur la chose; mais, ventrebleu! nous verrons.

COLOMBINE.

Eh! que craint-on, monsieur, quand on est fait comme vous?

NIGAUDIN.

Il est vrai qu'un juge craint fort peu de chose; mais la plupart de ces gens de guerre sont des brutaux qui usent d'abord des voies de fait. Nous autres, nous faisons notre affaire en douceur, et nous n'aimons pas le fracas de la brette.

COLOMBINE.

Vous avez assez d'autres endroits pour vous faire distinguer.

NIGAUDIN.

Ce n'est pas, ventrebleu! qu'on n'ait du cœur. Je voudrais que vous me vissiez aux buvettes; je fais tout trembler; et si tous mes confrères les praticiens me ressemblaient, il ne se recevrait pas le quart des nasardes qui se donnent tous les jours.

COLOMBINE.

Je gagerais, à votre air, que vous opinez l'épée à la main, et je vous prendrais quelquefois pour un colonel de robe.

NIGAUDIN.

Vous trouvez donc mon habit joli? C'est un petit déshabillé de chasse que je me suis fait faire pour la cour. N'est-il pas vrai que l'épée me sied bien?

COLOMBINE.

A charmer.

NIGAUDIN.

Je sens quelquefois des convulsions de bravoure que je ne saurais retenir. (Il tousse.) J'étais né pour la guerre; mais mon père, voyant que j'avais trop d'esprit pour ce métier-là, me mit dans notre présidial de Beauvais, et m'acheta une charge d'assesseur.

COLOMBINE.

Ah! monsieur l'assesseur, si vous débrouillez aussi bien un procès que vous savez vous faire jour dans un cœur, que vous êtes un juge éclairé!

ACTE I, SCÈNE XVI.

NIGAUDIN.

Tout franc, mademoiselle, je ne me plains pas de mes lumières, et je vous avoue que j'ai une pénétration d'esprit qui me surprend quelquefois. Je jugeai dernièrement un gros procès à l'audience, dont je n'avais pas entendu un mot.

COLOMBINE.

Pas un mot! et comment avez-vous pu rendre la justice?

NIGAUDIN.

Bon! dans tous les procès, il n'y a qu'une routine. L'une des parties m'avait envoyé un carrosse de cent pistoles, et l'autre deux chevaux gris de six cents écus ; vous jugez bien qui avait le bon droit.

COLOMBINE.

Oh! je sais que deux chevaux gris mènent un procès bien rondement.

NIGAUDIN.

Ma foi, vous avez raison ; les chevaux entraînèrent le carrosse.

SCÈNE XVI.

LE CAPITAINE, COLOMBINE, NIGAUDIN, LAQUAIS de M. Nigaudin.

LE CAPITAINE, en dedans.

Parbleu! mon ami, je crois que tu ne me connais pas.

COLOMBINE.

Ah! monsieur, vous êtes perdu si cet homme-là vous trouve ici.

NIGAUDIN.

Comment donc?

COLOMBINE.

C'est un officier qui est jaloux à la fureur ; il a déjà tué cinq ou six hommes, pour n'avoir fait que me regarder.

NIGAUDIN.

Cinq ou six hommes! Voilà qui est bien brutal. Holà! hé! laquais.

(Il se déshabille et met son rabat.)

COLOMBINE.

Hé! que faites-vous, monsieur? A quoi vous amusez-vous là?

NIGAUDIN.

Je sais bien ce que je fais. Il faudra qu'il soit bien lâche, s'il me bat sans épée. Pour plus grande sûreté, vite, qu'on me donne ma robe.

COLOMBINE.

Votre robe! et où est-elle?

NIGAUDIN.

Je ne vais jamais sans cela; on ne sait pas ce qui peut arriver.

COLOMBINE.

Ah! monsieur, ne vous y fiez pas; vous auriez toutes les robes du palais sur le corps, qu'il...

LE CAPITAINE, toujours en dedans.

Par la mort! par la tête! si tu ne me laisses entrer, je mettrai le feu à la maison.

COLOMBINE.

Que je suis malheureuse! Le voilà qui entre. Tenez, cachez-vous vite sous cette table-là, et ne remuez pas.

NIGAUDIN, se mettant sous la table.

Ah! ma maudite toux me va trahir.

LE CAPITAINE entre sur la scène.

Comment, mordi! mademoiselle; il est plus difficile d'entrer chez vous que de prendre trois demi-lunes l'épée à la main. Si vous ne changez de portier, ma foi, il faudra rompre tout commerce avec vous. Malepeste! une cravate de Malines qui n'est plus propre qu'à faire de la charpie! Voilà qui est fait, je ne rends plus de visites qu'à des portes bâtardes.

COLOMBINE.

Monsieur, je suis bien fâchée de l'accident de votre cravate; mais...

LE CAPITAINE.

Mais, mademoiselle, on est bien aise de conserver le peu qu'on a de linge. Je suis revenu trente fois de l'assaut en meilleur équipage. Il est vrai qu'une jolie personne comme vous est un redoutable ouvrage à cornes. (Il rape du tabac; Nigaudin tousse.) Hem! plaît-il?

COLOMBINE.

Ce n'est rien, monsieur... Que voilà un habit bien entendu!

LE CAPITAINE.

Je ne suis pas mal fait, oui; je dois ma taille à une dou-

zaine de bouteilles de vin que je bois réglément par jour : un grand ventre sied bien à la tête d'un bataillon. (Nigaudin tousse.) Ouais! qu'est-ce donc que j'entends?
COLOMBINE.
Ce n'est rien, vous dis-je. Voilà vos inquiétudes qui vous prennent ; vous voudriez déjà être hors d'ici, et vous ne songez pas qu'il y a un siècle qu'on ne vous a vu.
LE CAPITAINE.
J'y viendrais plus souvent ; mais tout le genre humain y aborde. Voyez-vous, mademoiselle, je suis le gentilhomme de France du meilleur commerce ; mais, ventrebleu ! je ne m'accommode point de vos neutralités.
COLOMBINE.
Mon Dieu ! monsieur, je ménage tout le monde pour des raisons particulières ; mais je sais donner la préférence à qui le mérite. Je me distingue en voyant des gens de cour ; les officiers me font plaisir ; je trouve des ressources parmi les financiers ; et pour peu qu'on aime la bagatelle, c'est le moins qu'on puisse avoir que deux ou trois petits abbés dans une maison.
LE CAPITAINE.
Pour les abbés, passe ; on se bien que cette graine-là est nécessaire aux femmes : mais j'enrage de voir à vos trousses un tas de gens de robe, qui sont pour la plupart des croquants, à qui l'esprit n'a été donné que comme le sel aux jambons, pour les conserver.
COLOMBINE.
Bon ! l'été les femmes en souffrent faute d'officiers ! mais ce sont des oiseaux de semestre qui disparaissent avec les hirondelles. Et puis les affaires viennent sans qu'on y pense ; on a tous les jours, malgré soi, des procès, et vous savez qu'auprès d'un juge sensible, l'enjouement d'une jolie femme est toujours la meilleure pièce d'un sac.
LE CAPITAINE.
Vous voyez entre autres un certain... Trigaudin... Nigaudin ; un petit friquet de chicane. Par la ventrebleu ! si jamais je l'y rencontre ; je n'aime pas le bruit, mais assurément je lui couperai les oreilles.

(Nigaudin tousse, et Colombine tousse aussi de peur que le capitaine ne l'entende.)

COLOMBINE.

Eh! fi, monsieur; ne m'en parlez point; je ne le saurais souffrir : c'est une éponge à sottises.

(Elle tousse.)

LE CAPITAINE.

Qu'avez-vous donc, mademoiselle? Vous me paraissez bien enrhumée?

COLOMBINE.

Ce n'est rien, monsieur; on ne peut pas toujours se porter si bien que vous. Mon Dieu! que vous avez bon visage!

LE CAPITAINE.

Je le crois, ma foi, qu'il est bon ; il y a plus de trente ans que je m'en sers jour et nuit : je ne suis pas comme ces femmes qui le mettent le soir sur leur toilette.

SCÈNE XVII.

LE CAPITAINE, COLOMBINE; NIGAUDIN, sous la table; UN SERGENT.

LE SERGENT.

Mon capitaine, ne voulez-vous pas arrêter les parties de ce marchand qui a fourni les justaucorps de la compagnie?

COLOMBINE.

C'est-à-dire, monsieur le capitaine, que vous ne manquez pas de moyens pour trouver de l'argent.

LE CAPITAINE.

Je veux être un infâme, si j'ai le premier sou pour faire ma compagnie; ce qui me console, c'est que je dois beaucoup. (Il écrit, et sent quelque chose sous la table.) Allons, tirez. Pour une demoiselle, il me semble que vous avez là un vilain mâtin sous votre table.

COLOMBINE.

Vous rêvez, je crois, avec vos mâtins.

LE CAPITAINE.

Brin-d'amour!

LE SERGENT.

Mon capitaine?

LE CAPITAINE.

Chassez-moi ce chien de dessous cette table.

LE SERGENT, avec sa canne.

Allons, tirez; à la paille.

(Nigaudin sort.)

LA COQUETTE.

Oh, oh ! mon petit ami, et que faites-vous donc ici, s'il vous plaît ?

Acte I, Sc XVII.

A Paris, chez P. Dufart, Quai Voltaire, N.º 19.

LE CAPITAINE.

Oh! oh! mon petit ami, et que faites-vous donc ici, s'il vous plaît?

NIGAUDIN.

La Violette! laquais! prenez ma robe.

LE CAPITAINE.

Mon petit ami, si vous ne dénichez au plus vite, je vous ferai amoureusement descendre par la fenêtre.

COLOMBINE.

Monsieur le capitaine, vous êtes un extravagant de vous emporter sans raison. N'ai-je pas fait mon devoir de faire cacher monsieur, pour vous épargner du chagrin? Tant pis pour vous, si vous allez chercher où vous n'avez que faire. (A Nigaudin.) Et vous, monsieur, de quoi vous avisez-vous de faire du bruit mal à propos? Il n'y a qu'un homme de robe, et un officier d'un présidial, capable de tousser quand on le cache sous une table. Puisque vous avez fait la sottise, démêlez la fusée comme il vous plaira.

(Elle sort.)

SCÈNE XVIII.

LE CAPITAINE, NIGAUDIN.

NIGAUDIN.

Adieu, monsieur; nous ne serons pas toujours seul à seul; et s'il vous tombe jamais quelque décret sur le corps, je vous apprendrai ce que c'est que de scandaliser un juge chez des femmes.

LE CAPITAINE.

Va, va, petit regrattier de justice, je me moque de toi et de tes décrets; je suis en garnison dans une bonne citadelle.

NIGAUDIN.

On ne traite pas comme cela un conseiller-assesseur, et je m'en plaindrai à votre citadelle.

(Ils sortent l'un d'un côté et l'autre de l'autre.)

FIN DU PREMIER ACTE.

ACTE SECOND.

SCÈNE I.

TRAFIQUET, PIERROT.

PIERROT.
Monsieur, je viens de chez votre notaire, il vous prie bien fort de l'excuser; il ne saurait venir aujourd'hui.
TRAFIQUET.
Il faut prendre patience, pourvu qu'il vienne demain.
PIERROT.
Ni demain non plus : il lui est survenu une petite affaire ; je ne crois pas qu'il puisse venir sitôt.
TRAFIQUET.
Et quelle est donc cette affaire?
PIERROT.
C'est, monsieur, qu'il est mort.
TRAFIQUET.
Il est mort! Tu as raison; je ne crois pas qu'il revienne de longtemps. C'est bien dommage; c'était le seul honnête homme de notaire que j'aie encore trouvé. Eh ! dis-moi, as-tu eu des nouvelles de notre homme?
PIERROT.
Hé! oui, monsieur; pour celui-là, on m'a dit qu'il était arrivé par le poulailler du Maine, et qu'il demeurait tout rasibus de chez nous.
TRAFIQUET.
Le ciel en soit loué! Je me déferai peut-être à la fin de ma fille, et je ne verrai plus dans ma maison des animaux de toute sorte d'espèce, et particulièrement cette assemblée de femmes, ou plutôt cette académie de folles qui s'y tenait.
PIERROT.
Tout franc, monsieur, je commençais à être bien las de

toutes ces visageresses, et j'étais résolu de prendre mon congé ou de vous donner le vôtre. Mais, monsieur, je voudrais bien vous lâcher un petit mot, tandis que nous sommes sur la chose du mariage.

TRAFIQUET.

Parle, Pierrot ; que me veux-tu ?

PIERROT.

Monsieur, regardez-moi bien ; tel que vous me voyez, je vais me marier.

TRAFIQUET.

Toi, te marier ! es-tu fou ?

PIERROT.

Ce qui me console, monsieur, c'est que celle que j'épouse est aussi folle que moi.

TRAFIQUET.

Et qui est donc cette malheureuse-là ?

PIERROT.

Oh ! monsieur, vous la connaissez bien ; c'est... mademoiselle votre fille.

TRAFIQUET.

Ma fille, ma fille Colombine ?

PIERROT.

Vraiment, monsieur, c'est tout prêt ; on n'attend plus que votre consentement et le sien.

TRAFIQUET.

Je ne sais, maraud, à qui il tient que je ne t'assomme de coups.

PIERROT.

Mais, monsieur, il ne faut pas se fâcher ; cela n'est pas si inégal. Je suis un garçon, une fois, et elle est une fille ; et puis, monsieur, je ne sais ce que c'est que de faire le blèche : vous me donnez quinze écus par an ; j'aime mieux n'en gagner que dix et être votre gendre. Voilà comme je parle, moi.

TRAFIQUET lui donne des coups de canne.

Et moi, voilà comme je réponds.

PIERROT.

Eh ! fi donc, monsieur ; est-ce comme ça qu'on parle de mariage ?

SCÈNE II.

ARLEQUIN, TRAFIQUET, PIERROT.

PIERROT.

Tenez, voilà votre diable de bailli ; est-ce qu'il est mieux fait que moi ?

ARLEQUIN.

Je crois, monsieur, que vous avez plus d'impatience de me faire votre gendre, que je n'en ai de vous voir mon beau-père. Vous avez une fille : *ergò* vous êtes pourvu d'une drogue dont vous voudriez être défait ; car une fille, c'est une fleur qui se fane, si elle n'est cueillie dans sa saison ; c'est un quartaut de vin de Champagne qui jaunit, s'il n'est bu dans sa primeur.

PIERROT.

Monsieur du quartaut, vous n'en aurez peut-être que la baissière.

TRAFIQUET.

J'espère, monsieur, que vous ne vous repentirez pas de l'affaire que vous faites ; car je puis vous assurer que je vous livre une fille toute neuve, et qui vous fera dans la suite un très-bon usé.

ARLEQUIN.

Ah ! cette marchandise-là ne dure toujours que trop. Vous pouvez aussi vous vanter que vous serez le beau-père de France le mieux engendré. Je n'ai aucune mauvaise qualité ; je hais le vin à la mort ; j'ai une aversion incroyable pour le jeu, et je suis fort aisé à vivre : je ne crois pas avoir assommé plus de vingt paysans, et si, ce n'était que pour des bagatelles, quelques rentes seigneuriales.

(Il tire son mouchoir et laisse voir dans sa poche un pistolet et une bouteille ; il fait tomber des dés et des cartes.)

TRAFIQUET, à part.

Voilà cet homme si doux, qui ne joue et qui ne boit pas. (Haut.) Vous dites donc, monsieur, que ma fille sera doucement avec vous ; et qu'est-ce que c'est que cela, s'il vous plaît ?

(Il montre le pistolet.)

ARLEQUIN.

Je porte toujours cela sur moi ; car je n'aime pas à être contredit.

TRAFIQUET.

Vous m'assurez que sa dot ne court point de risque entre vos mains, et que vous ne jouez point?

(Il montre les cartes qui sont à terre.)

ARLEQUIN.

Fi! monsieur; il n'y a que des fripons qui s'amusent à ce métier-là. Je porte quelquefois des cartes et des dés par complaisance; mais je ne m'en sers qu'en compagnie, et je vous assure que si j'étais seul, je ne jouerais jamais.

PIERROT.

Je vous l'ai toujours dit, monsieur, il n'y a que les mauvaises compagnies qui gâtent la jeunesse.

TRAFIQUET.

Pour du vin, vous n'en buvez pas?

ARLEQUIN.

La crapule me fait horreur. Est-ce que les honnêtes gens boivent du vin?

TRAFIQUET.

Je vois pourtant là quelque chose qui a assez la physionomie d'une bouteille.

PIERROT.

Bon! monsieur, vous avez la berlue.

ARLEQUIN.

Oui, parbleu! il l'a; ce n'est que de l'eau-de-vie que je porte à une femme de qualité qui est en couche.

TRAFIQUET.

Allons, allons; il faut passer par là-dessus : on ne fera pas un homme exprès pour moi. Apparemment vous n'épouserez pas ma fille sans la voir? Pierrot, dis à Colombine qu'elle vienne saluer monsieur.

PIERROT.

Elle n'est pas ici.

TRAFIQUET.

Elle n'est pas ici?

PIERROT.

Non, monsieur; j'ai vu un cavalier avec un abbé qui sont venus l'emprunter pour jusqu'à sept heures.

ARLEQUIN.

L'emprunter! Comment donc? Est-ce là cette fille si neuve? Si on me l'emprunte comme cela quand elle sera ma femme, elle ne durera pas si longtemps que je pensais.

Mon garçon, la fille de monsieur se prête donc quelquefois de main en main quand on la demande?

PIERROT.

Oui, monsieur, tous les jours; il y a tout plein d'honnête monde qui la vient prendre pour la divertir.

ARLEQUIN.

Oui, monsieur du beau-père! En tout cas, si dans six mois ou un an je ne m'accommodais pas de votre fille, en perdant quelque chose dessus, vous la reprendriez.

TRAFIQUET.

Il n'y a rien à perdre sur cette fille-là ; vous en trouverez toujours votre argent.

SCÈNE III.

TRAFIQUET, ARLEQUIN, COLOMBINE, PIERROT.

PIERROT.

On ne parle point du loup qu'on n'en voie la queue. Tenez, la voilà. Ne vous avais-je pas bien dit qu'elle viendrait souper avec vous? Il n'y a point de fille à Paris si bien morigénée; elle ne couche jamais en ville.

TRAFIQUET.

Ma fille, voilà le bailli en question : tu ne voudras peut-être pas lui ouvrir ton cœur en ma présence? Monsieur, je ne vous rends pas un mauvais office en vous laissant seul avec votre maîtresse.

(Il sort avec Pierrot.)
(Pierrot fait des mines en quittant Colombine.)

SCÈNE IV.

COLOMBINE, ARLEQUIN.

ARLEQUIN, reculant.

Ne vous étonnez pas, mademoiselle, si vous me voyez reculer trois pas au frontispice de vos charmes : vous avez des yeux capables d'embraser tout le bailliage de mon cœur; et depuis qu'on porte des bouches, on n'a jamais bouchonné un bouchon si bouchonnable.

COLOMBINE.

Je suis confuse de vos civilités, monsieur; et il faudrait

avoir plus d'esprit que je n'en ai, pour répondre à un compliment aussi bien tourné.

ARLEQUIN.

Pour ce qui est de compliment, il n'y a personne dans notre province qui ose me prêter le collet. J'ai harangué une fois notre intendant pendant deux heures avec tant d'éloquence qu'il s'endormit tout debout, et ne s'éveilla qu'une heure après que j'eus fini.

COLOMBINE.

De pareils efforts d'esprit sont bons pour la province; mais à Paris on aime à parler terre à terre.

ARLEQUIN.

Bon! a-t-on de l'esprit à Paris? Sitôt qu'il y a un fat dans un pays, on l'y envoie; c'est le rendez-vous de tous les sots de la France : et, de tous les Parisiens, je ne vois que les Normands et les Manceaux qui aient un peu de brillant.

COLOMBINE.

A vous entendre parler, vous ne paraissez pas content des cavaliers de ce pays-ci : et des dames, qu'en dites-vous?

ARLEQUIN.

La, la; elles sont d'assez bonne amitié : j'en ai trouvé quelques-unes de jolies en mon chemin; mais, tout franc, je n'en ai point encore vu une de votre calibre.

COLOMBINE.

Il faut pourtant tomber d'accord qu'elles ont un tour d'esprit et des manières de se mettre que les femmes de province n'ont pas.

ARLEQUIN.

Oui-dà, oui-dà; je trouve qu'elles se coiffent raisonnablement haut, et je crois que leurs maris ne sont guère coiffés plus bas.

COLOMBINE.

Où passe-t-on le temps avec plus d'économie? Aujourd'hui à l'opéra, demain à la comédie, un autre jour au bal : on entrelace cela de parties de jeu et de promenades. Vous voyez bien qu'il n'y a point de lieu où les femmes soient aussi façonnées.

ARLEQUIN.

Pour moi, je trouve cela le plus joli du monde; mais que disent les maris à Paris?

COLOMBINE.

Les maris disent ce qu'ils veulent, et les femmes font ce qui leur plaît ; c'est la mode du pays.

ARLEQUIN.

Les femmes feront durer cette mode-là le plus qu'elles pourront. Et, s'il vous plaît, quand une femme revient du bal à cinq heures du matin avec un cavalier, qu'elle éveille toute la maison, que disent les maris à Paris?

COLOMBINE.

Ils ne disent rien ; dès que la femme est rentrée, ils se rendorment.

ARLEQUIN.

Un homme qui a le sommeil si bien en main n'a pas besoin d'être bercé. Mais, je vous prie, lorsqu'une femme vend ses pierreries pour faire l'équipage de quelque galant homme qui va à l'armée, que disent les maris à Paris?

COLOMBINE.

Oh! les Parisiens sont trop bons serviteurs du roi pour trouver cela mauvais.

ARLEQUIN.

Je ne m'en dédis point ; voilà de bonnes gens que ces Parisiens-là. Vaille que vaille, puisque j'ai fait les frais du voyage, je vous épouserai ; mais à condition que, dès le lendemain de la noce, vous vous mettrez dans la carriole du Mans, pour venir régenter les chapons de ma basse-cour : l'air de Paris donne trop de maux de tête.

COLOMBINE.

Quelque loi que vous m'imposiez, elle me paraîtra toujours douce, pourvu que je sois sûre de passer avec vous le reste de mes jours : vous me tenez lieu de tout ; et du moment que je vous ai vu, j'ai senti pour vous... Ah! ne m'obligez pas de m'expliquer ; j'en dirais peut-être plus que je ne veux.

ARLEQUIN.

Les filles de ce pays-ci sont faites avec des étoupes ; il ne faut qu'une étincelle...

COLOMBINE.

J'ai une grâce à vous demander : les filles, comme vous savez, ont beaucoup d'ambition sur le fait du mariage ; j'ai eu toute ma vie une noble horreur pour les baillis du Maine : ne pourriez-vous point changer de charge, et vous faire homme de qualité?

ARLEQUIN.

Très-volontiers; rien n'est plus aisé : aussi bien je suis en pourparler avec un marquis de nos cantons qui s'en va à l'armée; et, comme il a besoin d'argent, il veut me vendre sa charge de marquis avec sa pratique.

COLOMBINE.

Oh! monsieur, que cela me fera de plaisir! Mais, en achetant une charge de marquis, n'oubliez pas, s'il vous plaît, de vous faire donner les airs débanchés de ces messieurs-là.

ARLEQUIN.

Oh! je n'en ai que faire ; quand on a été toute sa vie élevé dans le Bas-Maine, les airs de cour ne sont que trop familiers. Adieu, ma belle enfant; touchez là : dans une heure au plus tard je vous fais marquise ou baillivesse; vous choisirez.

SCÈNE V.

COLOMBINE, seule.

La sotte pécore qu'un homme qui a le mariage en tête! Une fille, un peu savante sur l'article, le manie comme un chamois. Voyez, je vous prie, cet idiot de bailli qui va se faire marquis. Pour m'essayer, le premier marquis qui me tombera sous la patte, j'en ferai un procureur fiscal.

(Scènes italiennes.)

SCÈNE VI.

TRAFIQUET, COLOMBINE.

TRAFIQUET.

Je vous prie, mademoiselle ma fille, de ne point m'échauffer les oreilles; je sais ce qu'il vous faut, et c'est à vous d'obéir quand je vous ai choisi un mari ; entendez-vous?

COLOMBINE.

Comme je suis une partie des plus intéressées dans l'affaire, je crois, mon père, que mon choix est du moins aussi nécessaire que le vôtre ; et je vous dirai franchement que cet homme-là n'est point fait pour moi.

TRAFIQUET.

N'est point fait pour vous! J'en suis d'avis; il faut vous

l'essayer. Mais voyez, je vous prie, comme cela fait la raisonneuse !

COLOMBINE.

Je vous dis encore une fois, mon père, laissez-moi mener cette affaire-là. Vous êtes plus vieux que moi, j'en conviens ; mais je me connais mieux en maris que vous.

TRAFIQUET.

Et que trouvez-vous, s'il vous plaît, à redire au mari que je vous propose ?

COLOMBINE.

Bon ! c'est un homme qui se présente de front au mariage, et ne sait pas ce que c'est qu'un préliminaire d'amour.

TRAFIQUET.

Eh ! de par tous les diables ! comment veux-tu donc qu'il se présente ? Tant mieux, s'il entre tout de suite en matière ; en fait de mariage, je n'aime point à voir préluder.

COLOMBINE.

Quoi ! mon père, vous voudriez....

TRAFIQUET.

Oui, je le veux.

COLOMBINE.

Vous prétendez qu'un homme que je n'ai jamais vu...

TRAFIQUET.

Oui, je le prétends.

COLOMBINE.

J'ai trop de raison pour...

TRAFIQUET.

Si tu as de la raison, tu dois m'obéir, et prendre le parti qui se présente.

SCÈNE VII.

TRAFIQUET, COLOMBINE, OCTAVE.

(Octave, dans le fond du théâtre, fait des mines à Colombine, sans être vu de Trafiquet.)

COLOMBINE.

Le parti qui se présente ?

TRAFIQUET.

Oui, le parti qui se présente.

COLOMBINE.

Assurément ?

ACTE II, SCÈNE VII.

TRAFIQUET.
Oui, s'il vous plaît; il ne faut point faire tant de gestes et de grimaces : est-ce qu'il lui manque quelque chose?

COLOMBINE.
Je ne dis pas cela.

TRAFIQUET.
Est-il tortu, ou bossu?

COLOMBINE.
Je trouve sa taille dégagée et engageante.

TRAFIQUET.
Est-ce qu'il n'a point d'esprit? Va, va, ce n'est pas le plus nécessaire en ménage.

COLOMBINE.
Son esprit me charme, et je connais peu de gens qui en aient plus que lui.

TRAFIQUET.
Et pourquoi donc n'en veux-tu point?

COLOMBINE.
Moi, je n'en veux pas! Il faudrait, mon père, que je fusse bien aveugle ou bien insensible pour refuser un tel parti.

TRAFIQUET.
Oh! que ne parles-tu donc? J'allais me mettre en colère. Voyez, je vous prie, quand on ne s'entend pas. Viens, ma fille, que je t'embrasse.

COLOMBINE.
Que cet embrassement me fait plaisir!

(Colombine, en embrassant Trafiquet, donne sa main à baiser à Octave).

TRAFIQUET.
Tu réponds dignement aux soins que j'ai pris de ton éducation.

COLOMBINE.
J'aimerais mieux mourir, mon père, que de vous désobliger.

TRAFIQUET.
Tu me promets donc de ne plus songer à cet étourdi?

COLOMBINE.
Je ne le verrai de ma vie; c'est un homme que je ne puis souffrir.

TRAFIQUET.
Et moi, pour reconnaître ton obéissance, je te promets

d'augmenter ton trousseau de six chemises, et d'aller te voir toutes les fêtes et dimanches quand tu seras au Maine.

COLOMBINE.

Au Maine, mon père! et que faire là?

TRAFIQUET.

Accompagner ton mari.

COLOMBINE.

Mon mari! Ce n'est pas son dessein de quitter Paris.

TRAFIQUET.

Vraiment si; il est bailli du Maine.

COLOMBINE.

Octave est bailli du Maine? depuis quand donc?

TRAFIQUET.

Que diable veux-tu donc dire avec ton Octave? Je crois que tu es folle.

COLOMBINE.

Quoi! ce n'est pas Octave que vous voulez me donner pour mari?

TRAFIQUET.

Non, assurément.

COLOMBINE.

Bon! bon! vous voulez rire.

TRAFIQUET.

Je ne ris point, et je veux...

(Il aperçoit Octave, qui lui fait une révérence et s'en va.)

SCÈNE VIII.

TRAFIQUET, COLOMBINE.

TRAFIQUET.

C'est donc ainsi, coquine, que tu fais état de mes remontrances, et que tu te moques de moi!

COLOMBINE.

Mon père...

TRAFIQUET.

Va, je t'abandonne.

COLOMBINE.

Hé! mon père...

TRAFIQUET.

Je te déshérite.

COLOMBINE, d'un ton doux.

Mon petit papa!

TRAFIQUET.
Je te donne ma malédiction, et tu mourras vieille fille.

SCÈNE IX.
COLOMBINE, seule.

Oh! criez tant qu'il vous plaira. Je n'irai pas perdre un amant pour la mauvaise humeur d'un père : nous sommes dans un temps où il faut garder le peu qu'on en a.

SCÈNE X.
COLOMBINE, PIERROT.

COLOMBINE.
Voici notre amoureux Pierrot ; il faut l'écouter un moment et nous en divertir.

PIERROT, sans voir Colombine.
Enfin, Pierrot, te voilà dans le bourbier jusqu'au cou. De quoi t'avises-tu d'être amoureux? Tu ne fais plus que quatre repas par jour; tu ne saurais plus t'éveiller qu'à midi sonné : tu vois bien qu'en cet état-là tu ne peux pas faire longue vie. Eh bien! je mourrai. Tu mourras! Sais-tu bien qu'il n'y a rien de si triste que la mort? Il n'importe ; je ne verrai plus cette cruelle ; je ne verrai plus cette ingrate, cette...
(Il aperçoit Colombine.)
COLOMBINE.
Que dis-tu là?
PIERROT.
Je dis... je dis, mademoiselle, que quand je serai mort, je ne verrai plus goutte.

COLOMBINE.
C'est donc à dire que ta folie te dure toujours.

PIERROT.
Mademoiselle, assurément vous me ferez faire quelque mauvais coup : je me serais déjà jeté vingt fois par la fenêtre de notre grenier, s'il avait été seulement d'un étage plus bas.

COLOMBINE.
Tu te moques, Pierrot; quand on est bien amoureux, on n'est pas à un étage près. Je te conseille, de ce pas, d'aller faire ce saut-là pour l'amour de moi.

PIERROT.

Allez, vilain petit porc-épic, le ciel vous punira. O amour! amour! ô Pierrot! Pierrot!

SCÈNE XI.

COLOMBINE, UN LAQUAIS.

LE LAQUAIS.

Mademoiselle, voilà la comtesse de Flamèche et la marquise de Bistoquet qui demandent à vous voir.

COLOMBINE.

La comtesse de Flamèche et la marquise de Bistoquet! Je ne connais point cela. De quel mauvais vent ces femmes-là abordent-elles chez moi? Il faut que ce soient des provinciales.

LE LAQUAIS.

Ce sont des dames qui disent qu'elles demeurent depuis peu dans le quartier.

COLOMBINE.

Faites-les entrer. Voilà de ces chiennes de visites que l'on ne saurait éviter.

SCÈNE XII.

COLOMBINE; MEZZETIN, en comtesse de Flamèche; PASQUARIEL, en marquise de Bistoquet [1].

(Le laquais qui porte la queue de la marquise, la tient fichée dans sa culotte, et de ses deux mains casse des noix. Colombine, Mezzetin et Pasquariel parlent tous trois ensemble.)

MEZZETIN.

Eh! bonjour, mademoiselle; comment vous portez-vous? Il y a mille ans que j'ai envie de vous venir voir, et de profiter de l'honneur de votre voisinage.

PASQUARIEL.

On a dû vous dire, mademoiselle, que mon équipage s'est arrêté vingt fois à votre porte; mais vous êtes introuvable et toute des plus rares.

COLOMBINE.

En vérité, mesdames, je suis dans la dernière confusion

[1] Octave envoie Mezzetin et Pasquariel sous ce déguisement, pour achever de dégoûter Colombine du bailli.

ACTE II, SCÈNE XII. 575

d'avoir si mal profité de l'honneur de votre voisinage. Holà, quelqu'un ! des sièges.
(Elles se taisent toutes les trois, et recommencent à parler ensemble.)

MEZZETIN.

Peut-on savoir, la belle, quels sont vos plaisirs? Vous êtes toujours dans le grand monde; on dit que c'est vous qui faites l'honneur du quartier.

PASQUARIEL.

Mais voyez ce teint, je vous prie, madame la comtesse. (A Colombine.) Apparemment que vous l'avez pris du bon faiseur : je n'ai jamais rien vu d'aussi charmant.

COLOMBINE.

Je suis ravie, mesdames, d'avoir un voisinage aussi agréable que le vôtre. Quand vous voudrez, nous jouerons ensemble ; mais je vous avertis que je suis la plus malheureuse fille du monde.
(Elles se taisent encore.)

MEZZETIN.

Nous faisons nos visites de quartier. Une charrette de foin a fait un embarras, ce qui nous a obligées de nous sauver chez Lamy, où nous avons bu chacune trois bouteilles de vin pour nous désennuyer.

COLOMBINE.

Six bouteilles de vin à deux femmes!

PASQUARIEL.

Il faut dire la vérité; madame la comtesse porte le vin comme un charme.

MEZZETIN.

Madame la marquise veut qu'on lui rende justice, et qu'on lui dise qu'il n'y a point de Breton qu'elle ne boive par-dessous la jambe ; c'est bien le plus hardi vin de femme!

COLOMBINE.

Avec ces talents-là, mesdames, il est à présumer que vous êtes mariées en Bourgogne ou en Champagne.

MEZZETIN.

Vous ne vous trompez point. A propos de mariage, ma belle voisine, on m'a dit que vous couchiez la noce en joue. Une fille comme vous peut-elle se résoudre à cette vilenie-là?

COLOMBINE.

Pour moi, madame, je ne trouve rien de vilain à faire tout ce que le monde fait, et ce que vous avez fait vous-même.

MEZZETIN.

Il est vrai : mais je n'avais que quinze ans pour lors; vous savez que c'est un âge terriblement scabreux pour une fille. Pourrez-vous abandonner votre taille aux accidents du mariage?

COLOMBINE.

J'ai assez de peine à m'y résoudre ; mais que voulez-vous? il faut bien prendre le bénéfice avec les charges.

PASQUARIEL.

Faites comme moi, mademoiselle ; depuis que j'ai épousé mon mari, nous ne couchons plus ensemble.

MEZZETIN.

Cela est fort bon pour vous, madame la marquise, qui avez quantité d'enfants de votre premier lit; mais une fille qui se marie est bien aise de savoir au juste à quoi elle est propre.

PASQUARIEL.

Pour moi, je suis malheureuse en garçons; je n'en saurais élever ; je n'en ai plus que dix-sept.

COLOMBINE.

Dix-sept! En vérité, madame, l'État vous est bien obligé de lui donner tant de bons sujets.

MEZZETIN.

J'en aurais bien eu vingt-cinq ou trente, si tout était venu à profit; mais les fausses couches ont fait de terribles brèches dans ma famille. Le dirait-on à ma taille?

(Il se promène.)

COLOMBINE.

Elle est d'une finesse extraordinaire ; on croirait que vous allez rompre.

MEZZETIN.

Depuis deux ans, Dieu merci, j'en suis un peu la maîtresse : j'ai obligé monsieur le comte à faire lit à part; car je suis présentement bien revenue de la bagatelle.

COLOMBINE.

Et monsieur votre époux, prendra-t-il toujours ce petit divorce en patience?

MEZZETIN.

Madame, il fera comme il pourra.

PASQUARIEL.

Peut-on savoir, ma chère, qui vous épousez?

COLOMBINE.

Plusieurs partis me recherchent; mais mon père me destine à un bailli du Maine, et...

PASQUARIEL.

A un bailli!.. à un bailli!.. Ah! ouf! je me trouve mal! Un bailli! Ah! quelle ordure!

COLOMBINE.

Comment donc, madame! avez-vous des vapeurs?

MEZZETIN.

Ah! mademoiselle, vous ne devriez jamais lâcher le mot de bailli. A l'heure qu'il est, cela me dévoie. Un bailli! Encore si c'était un procureur fiscal.

(Ils se jettent sur leurs siéges en faisant beaucoup de contorsions.)

COLOMBINE.

Ah! que je suis malheureuse! Voilà deux femmes qui vont me demeurer dans les mains. Holà quelqu'un! mes laquais! ma femme de chambre!

MEZZETIN et PASQUARIEL, ensemble.

Un bailli!

(A la porte, ils font beaucoup de cérémonies pour passer.)

PASQUARIEL.

Non, madame; assurément je ne passerai pas, ou la peste m'étouffe.

MEZZETIN.

Si je passe la première, je veux que cinq cent mille diables me tordent le cou!

(A force de civilités et de contorsions, leurs coiffures tombent.)

SCÈNE XIII.

COLOMBINE, seule.

Non, je ne crois pas que de mémoire d'homme on ait reçu une visite aussi impertinente. Elles n'ont que faire de me tant dégoûter du bailli; si je l'épouse, ce ne sera qu'à mon corps défendant.

(Il y a ici quelques scènes italiennes, dans lesquelles Mezzetin et Pasquariel rendent compte à Octave du succès de leurs fourberies; celui-ci les engage à ne pas s'en tenir là, et l'on concerte de se déguiser en Bohémiens, d'aller trouver Arlequin, et de lui dire sa bonne aventure. Ces scènes préparent les scènes françaises suivantes.)

SCÈNE XIV.

ARLEQUIN, MEZZETIN, PASQUARIEL, DEUX BOHÉMIENNES; SUITE DE BOHÉMIENS.

(Mezzetin et Pasquariel, déguisés en Bohémiens, abordent Arlequin, dansent et chantent autour de lui.)

ARLEQUIN.

Quand vous serez las de chanter, vous me direz peut-être ce que vous me voulez. (Ils continuent de chanter et de danser.) (à Mezzetin.) Monsieur le meneur de ballets, peut-on savoir qui sont ces sauterelles-là?

(Il montre les deux Bohémiennes.)

MEZZETIN.

Monsieur, ce sont des filles surnaturelles, qui connaissent les astres, les langues, et tout ce qu'il y a de plus extraordinaire au monde et hors du monde; elles ne parlent qu'en vers : enfin, ce sont des filles d'un mérite sublime.

ARLEQUIN.

Puisque ces créatures-là savent tant de belles choses, elles pourront donc bien me déterminer sur un mariage?

MEZZETIN.

Vous ne pouvez pas mieux vous adresser.

(Il s'en va en chantant avec sa troupe.)

SCÈNE XV.

ARLEQUIN, LES DEUX BOHÉMIENNES.

ARLEQUIN, se mettant au milieu d'elles.

Mesdames, pour venir à la conclusion,
Vous saurez que je sens une convulsion,
Un appétit, nommé vapeurs de mariage;
Un là... quelque Arlequin qui demande passage.
Me dois-je marier?

(La première Bohémienne gesticule et ne dit mot.)

Oh! vous avez raison.
Et vous, à votre avis, me marierai-je, ou non?

(La seconde Bohémienne gesticule et ne dit mot.)

C'est bien dit ; à ces mots il n'est point de réplique.
Dans leur langue, à mon tour, il faut que je m'explique.

(Il fait beaucoup de gestes sans rien dire, ensuite il continue.)

Vous m'entendez donc bien : enfin, sans tant parler,
(Car cela vous fait mal) devrais-je convoler?
PREMIÈRE BOHÉMIENNE.
Oui.
DEUXIÈME BOHÉMIENNE.
Non.
ARLEQUIN.
Comment?
PREMIÈRE BOHÉMIENNE.
Oui.
DEUXIÈME BOHÉMIENNE.
Non.
ARLEQUIN.
Quelle peste de gamme !
PREMIÈRE BOHÉMIENNE.
C'est manquer de bon sens que de vivre sans femme.
DEUXIÈME BOHÉMIENNE.
Et pour se marier il faut être archifou.
ARLEQUIN.
Celle-ci, par ma foi, lui rive bien son clou.
PREMIÈRE BOHÉMIENNE.
Oui, l'hymen est des dieux le plus parfait ouvrage :
C'est le port assuré dans le libertinage,
Le nœud qui nous unit avec de doux accords,
La porte des plaisirs qu'on goûte sans remords,
Le bridon qui retient la jeunesse fougueuse,
L'onguent qui guérit seul la brûlure amoureuse,
Des blessures du cœur l'appareil souverain,
Et la forge en un mot de tout le genre humain.
ARLEQUIN.
J'en connais bien pourtant de plus d'une fabrique,
Qui ne furent jamais faits dans cette boutique,
Enfants du pur hasard, et, sans aller plus loin,
J'en trouverais peut-être ici plus d'un témoin.
DEUXIÈME BOHÉMIENNE.
Non, l'hymen, quel qu'il soit, est un dur esclavage,
Une mer où l'honneur bien souvent fait naufrage.
Un grand chemin rempli de voleurs dangereux,
Une terre fertile en bois malencontreux,
Un magasin de fraude où l'on fait de commande
Marchandise mêlée et bien de contrebande ;
C'est l'écueil du plaisir : pour tout dire en un mot,

C'est une souricière où l'on attrape un sot.
   ARLEQUIN, à la première Bohémienne.
Cet avis, à mon goût, vaut bien l'autre, madame.
    PREMIÈRE BOHÉMIENNE.
Un homme ne saurait vivre content sans femme,
Sans elle une maison irait tout de travers :
Elle sait du destin partager les revers ;
Elle sert un mari, soulage sa vieillesse :
La femme est dans le monde un miroir de sagesse [1],
Le temple de l'honneur, le chef-d'œuvre des cieux ;
La beauté fut son lot, l'esprit son apanage,
La vertu son domaine, et l'honneur son partage.
    ARLEQUIN.
Oui, cela se disait du temps de Jean-de-Vert.
    DEUXIÈME BOHÉMIENNE.
Plutôt que prendre femme, épousez un désert :
Par elle une maison va tout en décadence,
Elle ne met jamais de frein à sa dépense ;
Elle accroît les chagrins, loin de les partager :
La femme est en tout temps un éminent danger,
Un vaisseau sur lequel le nocher le plus sage
Appréhende le calme autant qu'il fait l'orage ;
C'est l'arsenic du cœur : la fureur la conduit ;
L'inconstance en tout temps ou l'escorte, ou la suit,
Et la vengeance, enfin, est toujours devant elle.
    ARLEQUIN.
Oh ! vous avez raison ; je sais qu'une femelle
Qui prétend se venger d'un époux offensif
Devient des animaux le plus vindicatif.
    PREMIÈRE BOHÉMIENNE.
Quand on le nomme un mal et doux et nécessaire,
C'est qu'on lui voit toujours quelque vertu pour plaire ;
Si le ciel ne l'a pas faite avec un beau corps,
Il aura sur l'esprit répandu ses trésors ;
Si des biens de fortune elle n'est pas fournie,
Elle se fait un fonds de son économie :
La sotte d'ordinaire a l'esprit complaisant,
La folle volontiers plaît par son enjouement ;
Dans une femme, enfin, toujours quelque mérite

---

[1] Dans toutes les éditions qui ont été faites de cette pièce, il n'y a point de vers qui rime avec le suivant.

ACTE II, SCÈNE XV.

De ses petits défauts aisément nous racquitte.
ARLEQUIN.
Qui nous racquittera, dites-nous, s'il vous plaît,
Lorsque de notre honneur elle tire intérêt?
DEUXIÈME BOHÉMIENNE.
Si de quelques vertus les femmes sont pourvues,
Ces vertus de défauts sont souvent corrompues;
La belle est toujours bête, ou croit qu'un teint fleuri
Est un trop bon morceau pour un sot de mari;
La savante ne dit que vers, métamorphose,
Et méprise un époux qui ne parle qu'en prose :
Celle qui d'un beau sang voit ses pères issus
Vous compte ses aïeux pour toutes ses vertus.
Non, quelque qualité qui règne dans son âme,
Quelque vertu qu'elle ait, c'est toujours une femme;
C'est-à-dire attentive à l'amant qui languit,
Et, vous savez, *casta quam nemo rogavit.*
ARLEQUIN.
Voilà, je vous l'avoue, un extrait de sorcière
Que les femmes devraient jeter dans la rivière :
Elle en dit peu de bien.
DEUXIÈME BOHÉMIENNE.
Touchez là, j'en dirai,
Foi de fille d'honneur, sitôt que j'en saurai.
ARLEQUIN, à la première Bohémienne.
Mais parlez-moi français;... là, si je me marie,
Ne serai-je point,... là...
PREMIÈRE BOHÉMIENNE.
Quoi, là?
ARLEQUIN.
Je vous en prie,
Ne me déguisez rien.
PREMIÈRE BOHÉMIENNE.
Quoi donc?
ARLEQUIN.
Là, ce qu'était
Peut-être votre époux, dans le temps qu'il vivait?
PREMIÈRE BOHÉMIENNE.
Voilà donc l'enclouure et le mot péremptoire :
Sur ce point douloureux on en fait bien accroire,
Et l'on en dit bien plus qu'on n'en fait à Paris;

Ce sont là des terreurs pour les petits esprits...
ARLEQUIN.
Et pour les grands parfois.
PREMIÈRE BOHÉMIENNE.
Des visions cornues,
Que les hommes vont mettre en leurs têtes fourchues.
ARLEQUIN.
Ce sont elles, morbleu! qui nous les plantent là,
De par Belzébut.
PREMIÈRE BOHÉMIENNE.
Bon! approchez, venez çà;
Regardez-moi bien. Non, vous n'avez point la mine
De recevoir échec de la gent féminine.
DEUXIÈME BOHÉMIENNE.
Moi je dis, à vous voir seulement par le dos...
ARLEQUIN.
Ah ciel! nous y voilà.
DEUXIÈME BOHÉMIENNE.
Je vous dis en deux mots
Que vous avez tout l'air, la physionomie,
L'œil, le nez, la façon, la métoposcopie
D'un homme à qui l'on doit faire un mauvais parti.
Je vois sur votre teint bien du brouillamini.
Vos aspects sont malins, vous avez le front large;
Vous me portez tout l'air d'en avoir une charge.
ARLEQUIN.
Ah! là déjà je sens...

(Il se touche la tête).
PREMIÈRE BOHÉMIENNE.
Animal défiant,
Vous croyez donc...
ARLEQUIN.
Ma foi! je crois à l'ascendant.
Ce grand front, cet aspect... Dans cette conjoncture,
Je crains bien de payer un jour avec usure
Tous les frais de la guerre. Allons, tant que quelqu'un
Plus courageux que moi, prendra femme en commun,
Je prétends me servir des droits du voisinage,
Et laisser qui voudra goûter du mariage.
En ces occasions, on court plus de danger
A bâtir sur son fonds que sur un étranger.

ACTE II, SCÈNE XV.

Je ne tâterai point de la cérémonie.
PREMIÈRE BOHÉMIENNE.
Vous n'en tâterez point? Halte-là, je vous prie.
DEUXIÈME BOHÉMIENNE.
Point de femme, morbleu!
PREMIÈRE BOHÉMIENNE.
Si vous n'en prenez pas,
Vous n'avez pas encor trois jours à vivre.
ARLEQUIN.
Hélas!
DEUXIÈME BOHÉMIENNE.
Et si vous en prenez, moi, je vous signifie
Que demain au plus tard vous n'êtes pas en vie.
(Elles le prennent chacune par une manche de son habit.)
ARLEQUIN.
C'en est fait, je suis mort! je n'en puis revenir.
Prédiseuses du diable, ah! laissez-moi partir.
PREMIÈRE BOHÉMIENNE.
Avant que vous quitter, il faut que je vous voie
A côté d'une femme.
ARLEQUIN.
Ah! plutôt qu'on me noie!
DEUXIÈME BOHÉMIENNE.
Pour vous laisser, je veux vous mettre hors d'état
De pouvoir à jamais sortir du célibat.
ARLEQUIN.
N'en faites rien ; je suis le dernier de ma race.
PREMIÈRE BOHÉMIENNE.
Que de bruit!
DEUXIÈME BOHÉMIENNE.
Qu'on me suive.
ARLEQUIN.
Eh! mesdames, de grâce!
Un accord : je serai six mois de l'an garçon,
Et six mois marié.
PREMIÈRE BOHÉMIENNE.
Marchez.
DEUXIÈME BOHÉMIENNE.
Que de façon!
(Elles le tiraillent de façon qu'elles emportent chacune une manche de son habit. Il crie au voleur. D'autres Bohémiens l'entourent, dansent autour de lui et le volent.)

FIN DU SECOND ACTE.

ACTE TROISIÈME.

SCÈNE I.

COLOMBINE, seule.

Je n'entends point parler de notre bailli ; il faut que le traité de cette charge de marquis l'arrête chez quelque notaire. Il n'en est pas encore où il pense ; je lui garde le meilleur pour le dernier.

SCÈNE II.

COLOMBINE, UN LAQUAIS.

LE LAQUAIS.

Mademoiselle, voilà un bel-esprit qui monte, madame Pindaret.

SCÈNE III.

COLOMBINE, Mme PINDARET.

Mme PINDARET.

Ha ! ma chère belle, que je suis heureuse de vous rencontrer ! car vous êtes la fille de France la plus introuvable.

COLOMBINE.

On ne m'a point dit, madame, que vous m'ayez fait cet honneur-là. Il est vrai que j'ai le domestique du monde le plus brutal : qu'une femme de qualité me vienne voir, on ne m'en dit rien ; qu'une procureuse frappe à ma porte, on vient m'en faire la honte en pleine compagnie.

Mme PINDARET.

En vérité, mademoiselle, il faut que votre train soit travaillé d'un prodigieux dévoiement de mémoire ; oui, je crois que je suis venue ici plus de dix fois depuis les calendes du mois dernier.

ACTE III, SCÈNE IV.

COLOMBINE.
Comment dites-vous cela, s'il vous plaît? Les cal...

Mme PINDARET.
Les calendes, mademoiselle; c'est la manière de compter des Romains, et la mienne. Si ma servante datait sa dépense autrement, elle ne coucherait pas chez moi deux jours de suite. Je veux de l'érudition jusque dans ma cuisine.

COLOMBINE.
Que vous êtes heureuse, madame, de savoir de belles choses! Si j'avais l'avantage de vous voir souvent, je crois que je deviendrais une habile fille.

Mme PINDARET.
Il faut dire la vérité; on se décrasse assez en ma compagnie, et tout le monde avoue que je n'ai point la conversation roturière.

COLOMBINE.
Ah! que cela est joliment dit! la conversation roturière! Comment pouvez-vous fournir à la dépense d'esprit que vous faites? Si vous ne vous ménagez, vous n'en aurez jamais assez pour le reste de vos jours.

Mme PINDARET.
Bon! cela ne coûte rien à une femme comme moi, qui se joue des auteurs; j'entretiens commerce avec les anciens, et je fraie aussi avec les modernes.

COLOMBINE.
Avec les anciens, madame!

Mme PINDARET.
Assurément, mademoiselle; j'en attrape assez le vrai, et je veux vous faire voir quelle est ma lecture quotidienne. Laquais! petit garçon!

SCÈNE IV.

Mme PINDARET, COLOMBINE, UN LAQUAIS de Mme PINDARET.

Mme PINDARET.
Donnez-moi mon Juvénal.

LE LAQUAIS.
Qu'est-ce que c'est, madame, que votre Juvénal?

Mme PINDARET.
Ce livre in-quarto que je vous ai donné tantôt.

LE LAQUAIS.
A moi, madame, un quartaut! vous ne m'avez donné ni quartaut ni bouteille.
Mme PINDARET.
Hé! le petit ignorant! Qu'il vous arrive une autre fois de l'oublier!

SCÈNE V.

Mme PINDARET, COLOMBINE.

Mme PINDARET.
Je prends toujours la précaution de me faire escorter de ce livre-là, quand je vais en visite de femmes, pour me dédommager des minuties de leur conversation.

COLOMBINE.
Voilà ce qui s'appelle mettre à profit jusqu'à son ennui.

Mme PINDARET.
Êtes-vous comme moi, ma chère? Toutes les visites de femmes me donnent la colique.

COLOMBINE.
Non, madame; je ne suis point d'une complexion si délicate. A vous dire le vrai, j'aime beaucoup mieux la conversation des hommes, et je voudrais parfois qu'il n'y eût que moi de femme au monde.

Mme PINDARET.
Vous auriez de la chalandise. J'allai voir, il y a quelque temps, une marquise; je ne fus qu'un quart d'heure avec elle, c'était pendant la canicule : sa conversation ne laissa pas de m'enrhumer si fort, que je me suis mise au gruau pendant trois semaines pour en revenir.

COLOMBINE.
Cela étant, madame, quand vous allez en visite de marquise, de crainte de vous enrhumer une seconde fois, il faudrait faire porter un manteau fourré avec votre Juvénal.

Mme PINDARET.
Vous ne sauriez vous imaginer jusqu'où va l'ignorance de cette femme-là.

COLOMBINE.
Une femme de qualité ignorante! vous me surprenez.

Mme PINDARET.
Ignorantissime! Croiriez-vous?... Mais non; cela n'entre point dans l'esprit.

ACTE III, SCÈNE V.

Mais encore?
COLOMBINE.

Mme PINDARET.

Croiriez-vous qu'elle ne put jamais me dire dans quelle olympiade mourut Épaminondas?

COLOMBINE.

Ah ciel! quelle ignorance! En vérité, madame, vous fûtes bien heureuse d'en être quitte pour un rhume; cela valait bien la peine de tomber en apoplexie.

Mme PINDARET.

Il ne tint qu'à moi. A propos, mademoiselle, avez-vous vu mon madrigal?

COLOMBINE.

Non, madame; cela n'est pas venu jusqu'à moi.

Mme PINDARET.

Vous n'êtes donc pas de ce monde? C'est une pièce qui a déjà souffert la troisième édition, et qui a marié les trois filles de mon libraire. Je vais vous le lire.

COLOMBINE.

Vous me ferez, je vous assure, un sensible plaisir.

Mme PINDARET, *parcourant plusieurs papiers.*

Ce n'est pas cela; c'est un rondeau sur une absence, que je laisse quelque temps mitonner sur le réchaud de la réflexion... Ni cela; c'est la vie de Thémistocle en vers burlesques. Je tiens un poème épique aux cheveux, qui surprendra tout Paris. Ah! voici notre madrigal.

(Elle lit.)

MADRIGAL.

SUR L'INCONSTANCE D'UNE MAITRESSE QUI CHANGEA D'AMANT, PARCE QU'IL
AVAIT SOUPIRÉ PAR LE DERRIÈRE.

Vous entendez bien cela?

COLOMBINE.

Oh! oui, cela s'entend de reste; peu s'en faut que je ne le sente.

Mme PINDARET *continue de lire.*

Quoi! pour avoir laissé sauver un prisonnier,
   Qui n'a de voix que pour crier,
   Votre cœur fait la pirouette,
   Et se fait un nouvel amant!

On dira, volage Lisette,
Que ce cœur est si girouette,
Qu'il change au moindre petit vent.
####### COLOMBINE.
Ah! madame, quel merveilleux talent vous avez pour la poésie!
####### Mme PINDARET.
J'ai d'assez belles humanités, comme vous voyez; mais je vais me donner à la physique.
####### COLOMBINE.
A la physique, madame!
####### Mme PINDARET.
Oui, mademoiselle. C'est une des plus nobles sciences qu'il y ait; elle a pour objet tout ce qui tombe sous les sens, et par conséquent le corps humain, qui est la plus belle et la plus parfaite de toutes les structures humaines. Adieu, mademoiselle; je sens que ma colique veut me reprendre.
####### COLOMBINE.
Quoi! sitôt, madame?
####### Mme PINDARET.
Je ne me prostitue jamais à une longue conversation, et j'aime les visites brèves et laconiques.

SCÈNE VI.

ARLEQUIN, en marquis ridicule; COLOMBINE, Mme PINDARET.

####### ARLEQUIN entre en chantant et dansant.
Eh bien, morbleu! madame, les airs de cour nous sont-ils naturels? (Il fredonne.) La, lore, la. Vous allez voir comme je vous chamarre une danse sérieuse. Hé! laquais! laquais! lâche-nous un coup de chanterelle. (A Colombine.) Je veux tracer un menuet avec vous.
####### COLOMBINE.
Je vous prie, monsieur, de m'en dispenser; je suis d'une fatigue outrée, et voilà huit nuits de suite que je cours le bal.
####### ARLEQUIN.
Il faut donc que madame danse à votre place.
####### Mme PINDARET.
Moi, monsieur! Excusez-moi, s'il vous plaît; je ne danse point, je fais des vers.

ARLEQUIN.
Parbleu! madame, vous danserez en vers, ou vous crèverez en prose.
COLOMBINE.
Allons, courage, madame. Voulez-vous qu'on envoie quérir votre Juvénal?
(Arlequin danse avec madame Pindaret; madame Pindaret se laisse tomber.)
ARLEQUIN.
Voilà un vers à qui il manque un pied.
Mme PINDARET.
Ah! ah! voilà un menuet qui m'a mise sur les dents. J'aimerais mieux faire vingt sonnets que de... Ah! ah! souffrez, mademoiselle, que je vous quitte pour aller me mettre au lit.
ARLEQUIN.
Adieu, madame; allez vous faire tirer trois palettes d'épigrammes de la veine poétique.

SCÈNE VII.

ARLEQUIN, COLOMBINE.

ARLEQUIN.
Eh bien! mademoiselle, ne vous avais-je pas bien dit qu'il n'y avait guère de marquis plus ridicule que moi?
COLOMBINE.
A vous parler sincèrement, pour un marquis de nouvelle impression, vous ne jouez pas mal votre rôle, et l'on croirait que vous l'auriez étudié toute votre vie.
ARLEQUIN.
Étudié! moi, étudié! Palsambleu! vous ne le prenez pas mal. Étudié! vous ne savez donc pas que je suis homme de qualité? A peine sais-je écrire mon nom.
COLOMBINE.
Vous voulez vous divertir; je sais ce que je dois croire, et j'appelle de votre modestie.
ARLEQUIN.
Cela est, parbleu! comme je vous le dis, et je veux que le diable m'emporte si jamais j'ai eu d'autres livres qu'un Almanach avec un Parfait Maréchal. Bon! que nous faut-il à nous autres gens de cour? Beaucoup de bonne opinion,

saupoudrée de quelques grains d'effronterie. Voilà toute notre science auprès des femmes.

(Il se promène.)

COLOMBINE.

Mais, où allez-vous donc? Vous avez des inquiétudes horribles dans les jambes, et vous ne sauriez vous tenir un moment en place.

ARLEQUIN.

Ma foi, mademoiselle, il faut du plain-pied à un marquis. Je voudrais que vous vissiez à la comédie le terrain que j'occupe sur le théâtre. Oh! parbleu! la scène n'est jamais vide avec moi. Il n'y a que le théâtre de l'Opéra où je me trouve un peu en brassière; je ne saurais y pirouetter à ma fantaisie.

COLOMBINE.

C'est-à-dire que vous n'oseriez pas y faire le fanfaron comme ailleurs.

ARLEQUIN.

Je suis pourtant toujours sur le bord du théâtre. Il y a longtemps que j'ai secoué la pudeur de ces demi-gens de qualité qui commencent à se donner au public. Ventrebleu! je ne tâte point des coulisses; sur l'orchestre, morbleu! sur l'orchestre!

COLOMBINE.

Je ne sais pas, pour moi, quel plaisir prennent certaines gens à la comédie, de venir étouffer un acteur jusque sur les chandelles. Comment voulez-vous qu'un pauvre diable de comédien se fasse entendre au bout d'une salle? Il faut donc qu'il crève?

ARLEQUIN.

Parbleu! qu'il crève s'il veut, il est payé pour cela.

COLOMBINE.

Mais, de bonne foi, monsieur le marquis, croyez-vous que ce soit pour voir peigner votre perruque, prendre du tabac, et faire votre carrousel sur le théâtre, que le parterre donne ses quinze sous?

ARLEQUIN.

N'est-ce pas bien de l'honneur pour lui de voir des gens de qualité? Ma foi! quand il n'aurait que ce plaisir-là, cela vaut bien une mauvaise comédie.

COLOMBINE.

Assurément; c'est ce qui fait qu'il s'est mis en droit de vous siffler aussi bien que les méchantes pièces.

ACTE III, SCÈNE IX.   591
ARLEQUIN.
Il est vrai que le parterre devient horriblement orgueilleux : ce sont ces Italiens qui ont achevé de le gâter. Savez-vous bien que cet été ils l'ont traité de monseigneur dans un placet? Le parterre monseigneur! j'enrage!
COLOMBINE.
Vous avez beau pester, le parterre fait du bien à tout le monde; il redresse les auteurs, il tient les comédiens en haleine; un fat ne se campe point impunément devant lui sur les bancs du théâtre : en un mot, c'est l'étrille de tous ceux qui exposent leurs sottises au public. Que ne vous mettez-vous dans les loges? on ne vous examinera pas de si près.
ARLEQUIN.
Moi, dans les loges! Je vous baise les mains : je n'entends point la comédie dans une loge comme un sansonnet ; je veux, morbleu! qu'on me voie de la tête aux pieds, et je ne donne mon écu que pour rouler pendant les entr'actes et voltiger autour des actrices.

SCÈNE VIII.

ARLEQUIN, COLOMBINE, UN LAQUAIS.

LE LAQUAIS.
Mademoiselle, voilà votre couturière.

SCÈNE IX.

ARLEQUIN, COLOMBINE, MARGOT.

COLOMBINE.
Eh bien! Margot, m'apportez-vous mon manteau?
MARGOT.
Oui, mademoiselle; j'espère qu'il vous habillera parfaitement bien : depuis que je travaille, je n'ai jamais vu d'habit si bien taillé.
ARLEQUIN.
Ni moi de fille si ragoûtante. Voilà, mordi, une petite créature bien émérillonnée. Écoutez, ma fille, où demeurez-vous?
MARGOT.
Pas loin d'ici.

ARLEQUIN.

Tant mieux.

COLOMBINE prend le manteau.

Vous voulez bien, monsieur le marquis, me permettre d'essayer mon manteau?

ARLEQUIN.

Oui-dà, mademoiselle ; vous pouvez vous habiller jusqu'à la chemise inclusivement. (Margot habille Colombine ; Arlequin badine.) Margot est, ma foi, toute des plus jolies, et il y aurait plaisir de lui margotter le cœur ; je m'assure qu'elle n'a pas quinze ans. Peut-on voir votre minois, petite femelle ténébreuse?

(Il veut lever sa coiffe ; Margot se défend.)

COLOMBINE.

Allons donc, monsieur le marquis, soyez sage. Que ne vous laissez-vous voir aussi, Margot, vous qui êtes si jolie?

MARGOT.

Je n'oserais, mademoiselle.

COLOMBINE.

Pourquoi?

MARGOT.

C'est que monsieur Harpillon m'a défendu de regarder les hommes ; et il serait fâché s'il savait que je me fusse montrée.

COLOMBINE.

Qui est donc ce monsieur Harpillon?

MARGOT.

C'est un des gros fermiers, qui est mon parrain ; il fait du bien à toute notre famille, et il a déjà donné un bon emploi à mon grand frère.

ARLEQUIN.

J'entends, j'entends ; monsieur Harpillon a mis le frère dans un bureau, et mettra, s'il peut, la sœur en chambre.

MARGOT.

Oh! monsieur, il n'y a point de ce que vous pensez à son fait : c'est un homme qui n'a que de bons desseins ; il m'a promis de m'épouser ; et pour preuve de cela, il m'a déjà envoyé une housse verte et une bergame.

ARLEQUIN.

Fi! une bergame à une fille comme vous! Si tu voulais, Margot, m'épouser à la Harpillon, j'irais moi jusqu'à une verdure.

MARGOT.

Je vous remercie, monsieur; cela ferait jaser le monde. Tenez, monsieur, pour avoir été un jour promener avec mon cousin, vous ne sauriez croire tous les contes qu'on a faits. Il y a les plus maudites langues dans notre montée.

ARLEQUIN.

Écoute, Margot; votre montée a peut-être raison, et il pourrait bien y avoir quelque chose à refaire à votre réputation.

COLOMBINE.

Margot peut aller partout, monsieur le marquis; elle est sage, et j'en réponds corps pour corps.

ARLEQUIN.

La bonne caution! Croyez-moi, les environs de Paris sont terriblement dangereux. N'allez-vous point quelquefois au bois de Boulogne?

MARGOT.

Dieu m'en garde, monsieur! ma mère me l'a défendu, et m'a dit que c'était un vrai coupe-gorge pour une fille.

ARLEQUIN.

C'est peut-être là que votre mère a été égorgée. Ma foi! cette fille me plaît. M'amie, me voudrais-tu tailler une chemise et quelques caleçons?

MARGOT.

Je suis votre servante, monsieur; on ne travaille point en homme au logis.

ARLEQUIN.

Eh bien! viens les faire chez moi.

COLOMBINE.

Justement! on vous garde des filles de cet âge-là pour votre commodité! vous n'avez qu'à vous y attendre. Mais il me semble, Margot, que ce manteau-là monte bien haut; on ne voit point ma gorge.

MARGOT.

Ce n'est peut-être pas la faute du manteau, mademoiselle.

COLOMBINE.

Taisez-vous, Margot; vous êtes une sotte : remportez votre manteau; j'y suis faite comme une je ne sais quoi.

ARLEQUIN, à Margot.

Plus je vois cette enfant-là, plus elle me plaît..... Un petit mot : j'ai besoin d'une fille de chambre ; je crois que tu serais assez mon fait. Sais-tu raser ?

MARGOT.

Moi, raser ! Je vois bien que vous êtes un gausseur : je mourrais de peur, si je touchais un homme seulement du bout du doigt. Adieu, mademoiselle ; dans un quart d'heure je vous rapporterai votre manteau, avec de la gorge.

ARLEQUIN.

Adieu, adieu, petite nymphe du bois de Boulogne.

SCÈNE X.

ARLEQUIN, COLOMBINE.

ARLEQUIN.

Elle n'est, morbleu ! pas sotte, et je l'aimerais presque autant que vous. Nous autres gens de qualité, nous aimons quelquefois à rabattre sur la grisette. Et de notre mariage, qu'en dirons-nous ?

COLOMBINE.

Je vous dirai, monsieur le marquis, qu'avant que de vous épouser, je vous demande encore une grâce. Nous sommes un certain nombre de filles qui avons fait serment de ne point prendre de mari qui n'ait été reçu auparavant dans notre académie. Il faut vous y faire recevoir.

ARLEQUIN.

Moi, dans votre académie de filles ! vous vous moquez ; j'ai des empêchements plus que légitimes. Et que faut-il faire pour cela ?

COLOMBINE.

Ne vous mettez pas en peine ; on vous habillera en femme ; on vous fera peut-être faire serment d'être un époux commode, de laisser faire à votre femme tout ce qui lui plaira, de n'être point de ces maris coquets qui vivent de rapine, et laissent leurs femmes pour aller picorer sur le commun.

ARLEQUIN.

Quand on a de cette besogne-là toute taillée chez soi, on n'a guère envie d'aller travailler en ville. Allons, faisons ce qu'il vous plaira. Voilà qui est bien drôle, qu'il faille, pour vous épouser, commencer par se déshumaniser !

SCÈNE XI.

ARLEQUIN, MEZZETIN, en sibylle; plusieurs fourbes de la suite de Mezzetin.

(Cette scène du travestissement d'Arlequin consiste en jeu purement italien; les fourbes chantent et dansent, pendant que Mezzetin dépouille Arlequin et l'habille en femme; et Mezzetin chante ce qui suit.)

MEZZETIN chante.

O toi, qui veux épouser Colombine,
Reçois l'honneur que sa main te destine :
Tu n'étais qu'un vilain magot,
Un ostrogot,
Un escargot;
Tu vas être aussi beau qu'une fille
Gentille,
Ou peu s'en faut.

LE CHOEUR.
Tu n'étais qu'un vilain magot, etc.

MEZZETIN.
Reçois cette coiffure en malice féconde;
Avec cet ornement,
Tu peux facilement
Insulter hardiment
Et la brune et la blonde;
Avec cet ornement,
Tu charmeras tout le monde.

(Il fait des gestes en dansant, et chante.)
Micropoli, chariba, charistac.
Ministres de mon art,
Versez tout votre fard
Sur ce nez en pied de marmite,
Barbouillez vite ce museau,
Et nettoyez votre pinceau
Sur cette trogne hermaphrodite.

(Deux fourbes s'approchent d'Arlequin; l'un tient un pot de rouge, et l'autre un pot de blanc, et ils lui barbouillent les deux côtés du visage.)

ARLEQUIN.
Je peux présentement résister à la pluie; me voilà bien peint.

MEZZETIN chante.
Ah! qu'il est beau!... oh! oh!
Le damoiseau
Au museau

De couleur de pruneau ;
Faisons le pied de veau :
Ah ! qu'il est beau ! oh ! oh !
LE CHOEUR.
Ah ! qu'il est beau ! oh ! oh !

(Ils s'en vont tous en chantant.)

SCÈNE XII.

ARLEQUIN, TRAFIQUET, COLOMBINE, ISABELLE.

TRAFIQUET.

Que veut donc dire, s'il vous plaît, cette mascarade-ci ?

ARLEQUIN.

Monsieur, je vous prie de me dire si je suis mâle ou femelle ; car, ma foi, je n'y connais rien.

TRAFIQUET.

Vous êtes un fou, voilà ce que vous êtes.

PIERROT, riant.

Ah ! ah ! ah ! essuyez-vous, monsieur le bailli ; vous êtes tout barbouillé.

COLOMBINE.

Je suis, mon père, disposée à vous obéir ; mais je ne crois pas que vous vouliez me donner pour mari un homme qui est capable de pareilles extravagances.

ARLEQUIN.

Oh ! oh ! voilà qui est assez drôle. Par ma foi ! s'il y en a, c'est vous qui les avez faites, et qui avez voulu que je me sois fait et marquis et ce que me voilà... Voyez, ne me voilà-t-il pas bien dessiné ?

COLOMBINE.

Moi, je vous ai fait faire ces extravagances-là ? Ma foi, monsieur le bailli, vous rêvez.

PIERROT.

Monsieur, quand je vous ai dit que j'étais mieux le fait de votre fille que cet homme-là, est-ce que je me trompais ? Il faudra pourtant que vous y veniez.

TRAFIQUET.

Ce que j'ai vu tantôt, et ce que je vois présentement, m'oblige de vous dire, monsieur le bailli, que vous pouvez, tout de ce pas, vous en retourner dans le Bas-Maine manger vos chapons ; car, pour ma fille, vous n'en croquerez que d'une dent.

PIERROT.

Que d'une dent, monsieur le bailli, que d'une dent.

ARLEQUIN.

Allez-vous-en au diable, vous et votre fille, petit vilain grigou raccourci. Adieu, la belle; je ne crois pas qu'il y ait au monde un animal plus méchant que vous. Il faut qu'un provincial ait le diable au corps pour venir s'équiper d'une femme à Paris.

COLOMBINE.

Et qu'une fille à Paris soit bien près de ses pièces pour épouser un bailli du Bas-Maine.

FIN DE LA COQUETTE.

AVERTISSEMENT

SUR

LES CHINOIS.

Cette pièce est la première que Regnard ait faite en société avec Dufresny. Elle parut, pour la première fois, le 13 décembre 1692.

Regnard, qui n'avait encore travaillé que pour le Théâtre italien, paraît avoir eu pour but principal de faire rire aux dépens des comédiens français, et de faire consacrer l'ironie par le jugement du public. Mais l'objet du triomphe des Italiens n'est pas propre à exciter la jalousie de leurs adversaires, ni le motif de la décision du parterre propre à les affliger. Isabelle, adjugée à l'acteur italien, est une fille licencieuse dans ses propos, et qui s'annonce comme ne voulant pas être plus réservée dans sa conduite; en sorte que celui à qui on la refuse semble plus heureux que celui qui l'obtient. Pour le parterre, il se décide en faveur d'Octave, parce que la troupe italienne ne lui fait jamais payer que quinze sous, et qu'elle lui a donné la comédie *gratis* à la prise de Namur. Des motifs aussi ridicules montrent assez que les comédiens italiens ne pouvaient prétendre à la préférence, ni par leurs talents, ni par les pièces de leur théâtre.

La fin de cette pièce a fait remarquer que les comédiens ne prenaient encore que quinze sous au parterre, et que l'usage de donner la comédie *gratis* dans les réjouissances publiques était déjà établi. On peut, d'après la même scène, ajouter à ces remarques, qu'aux loges et au théâtre il n'en coûtait que trente sous, et que les Italiens ne doublaient pas le prix des places à leurs premières représentations.

LES CHINOIS.

COMÉDIE EN QUATRE ACTES.

PROLOGUE.

ACTEURS :

APOLLON. *Colombine.*
THALIE. *Arlequin.*
UNE PETITE FILLE. *Pierrot.*

UN AUTEUR. *Mezzetin.*
UN COMÉDIEN. *Pasquariel.*
UNE MUSE.

La scène est sur le Parnasse.

(Le théâtre représente le mont Parnasse, sur le sommet duquel est Pégase, sous la figure d'un âne ailé. On entend un concert ridicule, interrompu de temps en temps par l'âne qui se met à braire.)

SCÈNE I.

APOLLON, THALIE.

APOLLON.
Qui rend donc Pégase si hargneux? Apparemment, mademoiselle Thalie, que vous avez oublié de lui donner son avoine aujourd'hui.

THALIE.
Ne vous souvenez-vous pas que ce n'est plus moi qui le panse? Vous en avez donné la charge aux auteurs; et depuis ce temps-là, le pauvre animal, hélas! les os lui percent la peau.

APOLLON.
C'est sa faute. Pourquoi se laisse-t-il monter par le premier venu?

THALIE.
Il est vrai que c'est la monture banale de tous les regrat-

tiers du Parnasse; il n'y a pas jusqu'aux femmes qui le font trotter en vers alexandrins ; et je ne sais pas quel diable de train elles le font aller, mais il ne revient jamais à l'écurie qu'il ne soit crevé de coups d'éperon.

APOLLON.

Puisqu'on a mis Pégase sur le pied d'un cheval de louage, c'est aux auteurs qui le louent à le nourrir.

THALIE.

Et comment voulez-vous que les auteurs nourrissent un cheval? Les pauvres diables ont bien de la peine à se nourrir eux-mêmes. Voyez-vous, dans le temps où nous sommes, on ne s'engraisse guère à mâcher du laurier.

APOLLON.

Ils m'ont promis qu'ils ne feraient plus que de bonnes pièces : il faut espérer qu'ils seront plus gras cet hiver.

THALIE.

Il est vrai que les auteurs et les comédiens sont du naturel des bécasses; ils n'engraissent point que le froid ne leur ait donné sur la queue. Franchement, ces messieurs-là nous barbouillent terriblement dans le monde; car le public croit que c'est vous et moi qui leur inspirons toutes les sottises qu'ils mettent sur le théâtre.

APOLLON.

Le public a tort. Mais, à propos de sottises, qu'est-ce qu'une pièce que les comédiens italiens ont affichée? *La comédie des comédiens chinois?* Cette troupe-là est toujours magnifique en titres.

THALIE.

C'est pour l'ordinaire le plus beau de leurs pièces; et, à vous parler franchement, je crois que celle-ci ne sera point meilleure que les autres : ce n'est pas que, si on se donne la peine de l'écouter jusqu'à la fin, ce qui est assez rare, on pourra peut-être s'y divertir.

APOLLON.

Apparemment que le dernier acte est le meilleur de tous.

THALIE.

Je ne crois pas pour cela qu'il soit bon; il peut être meilleur que les autres, et ne pas valoir grand'chose. Mais comme les comédiens s'y disent un peu leurs vérités, et se donnent par ci par là quelque petit coup d'étrille, il pourra être du goût du public, qui mord à la grappe quand il entend dauber un comédien.

APOLLON.

Il est naturel de se réjouir des coups de dent que reçoivent ceux qui nous ont mordus, et je suis bien aise que les comédiens commencent à se rendre justice, et à tourner contre eux-mêmes les traits dont ils ont piqué les autres; car enfin il n'y a point de profession qui ait échappé à leur satire; procureurs, médecins, magistrats...

THALIE.

Vraiment, ils ont bien fait pis, ils n'ont pas même respecté les empereurs romains ni les maîtres à danser.

SCÈNE II.

APOLLON, THALIE, UNE MUSE.

LA MUSE.

Il y a une petite fille qui demande à parler à Apollon.

SCÈNE III.

UNE PETITE FILLE, APOLLON, THALIE.

LA PETITE FILLE.

N'est-ce pas vous, monsieur, qui êtes le seigneur de ce village-là, et qui vous appelez Apollon?

APOLLON.

Oui, belle mignonne. Qu'y a-t-il pour votre service?

THALIE.

Voilà un tendron qui ne serait pas mauvais pour remeubler le Parnasse, à la place de quelque Muse surannée.

LA PETITE FILLE.

Je me suis échappée de chez nous pour vous faire une prière. J'aime la comédie italienne à la folie, et ma bonne maman ne veut pas m'y mener.

THALIE.

C'est une folle. Il faut y aller sans elle; vous ne serez pas la première.

APOLLON.

Votre mère a tort, ma belle enfant, de vous priver du plaisir le plus agréable et le plus innocent qu'il y ait aujourd'hui.

THALIE.

Assurément. Si j'étais mère, j'aimerais mieux que ma fille

allât tout un hiver à la comédie, qu'une fois au bois de Boulogne pendant la sève du mois de mai.
LA PETITE FILLE.
Oh! monsieur, je ne suis pas encore assez grande pour aller au bois de Boulogne; je ne vais encore que sur le rempart.
APOLLON.
La comédie forme l'esprit, élève le cœur, ennoblit les sentiments : c'est le miroir de la vie humaine, qui fait voir le vice dans toute son horreur, et représente la vertu avec tout son éclat. Le théâtre est l'école de la politesse, le rendez-vous des beaux-esprits, le piédestal des gens de qualité. Une petite dose de comédie, prise à propos, rend l'esprit des dames plus enjoué, le cœur plus tendre, l'œil plus vif, et les manières plus engageantes. C'est le lieu où le beau sexe brille avec le plus d'éclat.
LA PETITE FILLE.
Oh! je prétends bien y briller comme une autre quand je serai grande.
APOLLON.
Mais quelle raison votre mère a-t-elle pour ne pas vous mener aux Italiens?
LA PETITE FILLE.
Elle dit qu'il y a quelquefois des paroles un peu libres; mais ce qui me fait endêver, c'est qu'elle ne laisse pas d'y aller tous les jours.
THALIE.
Il y a tout plein de mères de ce naturel-là; ce sont des affamées qui n'en veulent que pour elles.
APOLLON.
Je ne sais pas quels peuvent être ces mots libertins qui effarouchent la maman? Ne vous a-t-elle pas dit quelques-uns de ces vilains mots-là?
LA PETITE FILLE.
Oh dame! elle ne les dit devant moi qu'à bâtons rompus : elle dit seulement que les Italiens sont des drôles qui nomment toutes les choses par leurs noms. Par exemple, elle dit qu'ils appellent un homme marié... d'un certain mot que je n'oserais dire.
THALIE.
Cocu, peut-être?

SCÈNE III.

LA PETITE FILLE.

Vous l'avez dit.

APOLLON.

Et votre mère se scandalise de ce mot-là?

LA PETITE FILLE.

Assurément. Oh dame! c'est qu'elle dit que c'est une injure qui regarde autant mon papa que les autres.

THALIE.

C'est que votre mère ne sait pas sa langue. Dans le nouveau dictionnaire, imprimé à Paris, ces mots-là sont synonymes, cocu marié, marié cocu; cela s'appelle jus vert, vert jus.

LA PETITE FILLE.

Pour moi, je n'entends point de mal là-dessous; mais quoi qu'il en soit, je vous prie, monsieur Apollon, vous qui êtes le maître des comédiens, de leur dire qu'ils ne mettent plus de ces vilains mots-là, afin que les filles y puissent aller, et que ma mère n'ait plus de prétexte de me laisser au logis, tandis qu'elle va à la comédie. Écoutez, c'est l'intérêt des comédiens que nous allions à leurs pièces : ce sont de jolies filles comme moi qui font venir les garçons à la comédie.

THALIE.

Oh! pour cela, mademoiselle a raison : une femelle dans une loge attire les mâles de bien loin; c'est l'appât dans la souricière.

APOLLON.

Je vous assure, la belle, que désormais les mères seront contentes, et que je vais, de ce pas, vous mener avec moi chez les Italiens, où j'assemblerai les comédiens, et je leur ordonnerai de rayer de leurs comédies tous les mots trop éveillés, et notamment tous les cocus qu'il y aura.

THALIE.

Ne vous avisez pas de cela, monsieur. Si les comédiens rayaient de leurs comédies tous les cocus, ils balafreraient peut-être le père de mademoiselle, et pour lors ils auraient sur le dos deux personnes au lieu d'une.

LA PETITE FILLE.

Ah! que vous me faites de plaisir! L'hôtel de Bourgogne va regorger de monde, et je vais annoncer ce changement-là à ma mère et à toutes les femmes et filles du quartier.

THALIE.

Donnez-vous-en bien de garde. Pour une femme qui aime la réforme, il y en a mille qui ne la sauraient souffrir; et au lieu de faire venir du monde, vous désachalanderiez le théâtre.

SCÈNE IV.

THALIE, APOLLON, UN COMÉDIEN, UN AUTEUR.

L'AUTEUR, *tirant par la main le comédien, qui est à moitié habillé.*

Non, monsieur, vous ne jouerez pas ma pièce aujourd'hui, et je vais vous le faire défendre par la Muse de la comédie.

LE COMÉDIEN.

Il n'y a Muse qui tienne : la dépense est faite, l'argent reçu à la porte, il faut sauter le bâton.

SCÈNE V.

THALIE, APOLLON, L'AUTEUR.

L'AUTEUR, *aux pieds de Thalie.*

Ah! mademoiselle Thalie, miséricorde ! Ils veulent représenter aujourd'hui ma comédie malgré moi, et j'ai vu entrer plus de cent personnes dans le parterre qui la trouvent déjà mauvaise.

THALIE.

Cent personnes ! Pourvu que le reste la trouve bonne, les rieurs seront encore de votre côté.

L'AUTEUR.

Je ne demande que huitaine pour tout délai.

THALIE.

Mais dans huit jours, croyez-vous en être quitte à meilleur marché?

L'AUTEUR.

Assurément : j'attends des amis de la campagne, qui m'ont promis de rire, même aux plus faibles endroits.

THALIE.

A vous entendre parler, monsieur l'auteur, je parierais que votre pièce ne vaut pas grand'chose.

L'AUTEUR.

Hélas ! j'ai toujours cru jusqu'à présent que c'était la

meilleure comédie du monde ; mais depuis que les chandelles sont allumées, j'y vois mille défauts que je n'y avais pas remarqués. Ah! ah! je n'en puis plus, le cœur me manque.

THALIE.

Allons, allons, courage ; serrez-vous le nez, et avalez la médecine.

L'AUTEUR.

Ma comédie n'est pas même achevée ; il n'y en a que quatre actes de faits.

THALIE.

Pourvu qu'il n'y ait que ce défaut-là, vous n'êtes pas à plaindre. C'est moi qui fais les lois de la comédie, et j'ordonne que ce prologue-ci passera pour un acte.

L'AUTEUR.

Ah! maudite comédie, tu seras cause de ma mort.

SCÈNE VI.

THALIE, au parterre.

Messieurs, vous voyez bien que ce poète-ci n'a pas besoin de fort hiver. Si vous le carillonnez selon votre bonne et louable coutume, je vous le garantis défunt dans un quart d'heure : c'est à vous de voir si vous voulez charger votre conscience d'un poéticide.

FIN DU PROLOGUE.

LES CHINOIS.

COMÉDIE.

ACTEURS :

ROQUILLARD, gentilhomme campagnard.
ISABELLE, fille de Roquillard.
OCTAVE, comédien italien, amant d'Isabelle.
COLOMBINE, suivante d'Isabelle.
MARINETTE, suivante d'Isabelle.
PIERROT, valet de Roquillard.
ARLEQUIN }
MEZZETIN } intrigants.
PASQUARIEL.

La scène est à la campagne, chez Roquillard.

ACTE PREMIER.

SCÈNE I.

ROQUILLARD, PIERROT.

ROQUILLARD.
Certes, nul huissier, tant à verge qu'à cheval, n'oserait avoir regardé la porte de ce mien château : il fut de tout temps le cimetière des sergents. Feu mon trisaïeul, Matthieu Roquillard, d'un seul coup d'arquebuse, a mis bas cinq recors et deux procureurs-fiscaux.

PIERROT.
Diantre! tout le pays lui eut bien de l'obligation; car un de ces animaux-là fait plus de dégât dans une province, que douze bêtes puantes dans une garenne. Mais que veut dire cette belle architecture? Cela flaire diablement la noce. Au moins, ne vous avisez pas de faire cette sottise-là.

ROQUILLARD.
Et la raison?

ACTE 1, SCÈNE I.

PIERROT.

C'est que le mariage ne sied point à une carcasse décharnée comme la vôtre ; et tout franc, vous êtes trop vieux pour faire souche.

ROQUILLARD.

Sais-tu bien que dans la famille des Roquillard les mâles n'entrent en vigueur que vers les soixante-dix ans? Quand mon père me fabriqua, il en avait septante-quatre, et ma mère octante-huit.

PIERROT.

On voit bien, monsieur, que vous avez été engendré de deux vieilles rosses ; vous avez des salières sur les yeux à y fourrer le poing.

ROQUILLARD.

Tais-toi ; j'ai autre chose en tête que de répondre à tes sottises. C'est ma fille Isabelle que je veux marier aujourd'hui.

PIERROT.

Oh! pour ce mariage-là, j'y baille mon autorité, et le plus tôt c'est le meilleur : il ne faut pas garder une fille passé quinze ans; il y a trop de déchet, et cette monnaie-là est diantrement sujette au décri.

ROQUILLARD.

Tu vois aussi que je mets les fers au feu. J'attends journellement un gentilhomme de campagne, un docteur, un major et un comédien français, tous partis sortables pour ma fille, selon qu'il m'a été raconté ; car je ne les ai point encore vus.

PIERROT.

Pensez, monsieur, que vous ne lui baillerez pas tous les quatre à la fois ; c'est trop pour un enfant.

ROQUILLARD.

Outre ce, Isabelle a quelque bon vouloir pour un quidam nommé Octave, comédien italien de sa vacation.

PIERROT.

Fi ! monsieur, ne donnez point votre fille à cette nation-là : avec eux les mariages ne tiennent point ; on dit qu'ils en font de nouveaux à chaque comédie qu'ils jouent.

ROQUILLARD.

Ce néanmoins, je me sens de la propension pour le jeune homme ; et dès mon premier âge j'ai pourchassé l'accointance de messieurs du théâtre, pour ce qu'ils sont volontiers courtois et joviaux.

PIERROT.

Si vous m'aviez averti seulement huit jours plus tôt que vous vouliez vous défaire d'Isabelle, je m'en serais accommodé avec vous ; mais j'ai commencé une fille d'un autre côté.

ROQUILLARD.

Comment donc ?

PIERROT.

Oui, monsieur ; c'est une fille qui a plus de vingt mille écus, et je suis déjà à moitié marié.

ROQUILLARD.

Est-il possible ?

PIERROT.

Assurément. Tenez, monsieur, pour faire un mariage tout entier, il faut, en premier lieu, que le garçon le veuille ; en second lieu, que la fille y consente : or, je suis le garçon, j'ai déjà baillé mon consentement ; ainsi, vous voyez que c'est un mariage à moitié fait.

ROQUILLARD.

Certes, voilà une affaire bien avancée ! Mais va-t'en dire à ma fille qu'elle se prépare de son côté.

SCÈNE II.

PIERROT, seul.

Il n'y a que faire de l'avertir : une fille est toujours prête quand c'est pour le mariage.

SCÈNE III.

OCTAVE, ARLEQUIN, MEZZETIN.

(Octave est instruit qu'il doit arriver un chasseur, un capitaine et un docteur chinois, pour demander Isabelle en mariage ; il détermine Arlequin et Mezzetin à se déguiser en ces différents personnages, et à les tourner en ridicule, pour dégoûter le père, et faire tomber son choix sur lui. Cette scène est toute italienne.)

SCÈNE IV.

PASQUARIEL, PIERROT, MARINETTE.

(Cette scène est encore italienne et étrangère au sujet de la pièce. Elle consiste en jeux de théâtre et lazzis italiens entre Pierrot et Pasquariel, qui sont amoureux l'un et l'autre de Marinette. Leur rivalité et leurs querelles font l'objet de cette scène.)

SCÈNE V.

ISABELLE, COLOMBINE.

ISABELLE.

Bon! bon! le mariage! voilà encore quelque chose de beau! Ne me parle jamais de cette sottise-là. Dis-moi, Colombine, ai-je bien placé mes mouches? Me trouves-tu coiffée du bel air?

COLOMBINE.

Il est bien question aujourd'hui de mouches et de fontanges! Voyez-vous toutes ces pyramides-là? Ce sont de beaux bouchons à un cabaret où l'on meurt de soif. L'essentiel pour une fille, c'est un mari, et un mari dans toutes ses circonstances.

ISABELLE.

Ah! ah! que tu es folle! Colombine, que tu es folle! Tu crois donc que je me soucie d'un homme? Je te jure que je n'ai point la moindre envie d'être mariée. A la vérité, je suis bien lasse d'être fille, mais j'espère que cela se passera.

COLOMBINE.

Oui, cela se passera avec un mari. Franchement, le métier de fille est bien ennuyeux, quand on veut le faire avec honneur. Je sais ce qu'il m'en coûte tous les jours pour conserver le peu de réputation qui me reste.

ISABELLE.

Que veux-tu donc dire?

COLOMBINE.

Mon dieu! je m'entends bien. Il y a des saisons dans l'année terriblement rudes à passer. Quand j'entends chanter l'alouette, ma vertu est à fleur de corde; et c'est une saison bien chatouilleuse que le printemps.

ISABELLE.

Tu te moques, Colombine : c'est la saison qui me fait le plus de plaisir; le beau temps revient...

COLOMBINE.

Mais les officiers s'en vont à la guerre.

ISABELLE.

La campagne rit...

COLOMBINE.

Oui, et Paris pleure.

ISABELLE.

Les arbres reverdissent.

COLOMBINE.

Et les filles sèchent sur pied. Je parie que c'est dans ce temps-là que vous êtes le plus dégoûtée de votre emploi de fille.

ISABELLE.

Si j'en suis dégoûtée, c'est que les femmes aiment naturellement le changement; et si je me suis lassée d'être fille, je me lasserai encore plus d'être mariée.

COLOMBINE.

D'être mariée! Vous voulez donc l'être?

ISABELLE.

Je ne dis pas cela; mais si l'envie m'en venait par hasard (on dit que cela prend tout d'un coup), dis-moi, en conscience, comment faut-il qu'un mari soit fait pour être joli? Tu sais que je ne me connais pas bien en hommes.

COLOMBINE.

Si fait bien, moi. Il faut qu'il soit pâle, fluet, débile et raccourci, comme ces petits échantillons de magistrature, qui n'auraient pas la force de porter leurs robes sans l'aide de deux grands laquais.

ISABELLE.

Oh! fi! fi! Cela est trop colifichet pour un mari.

COLOMBINE.

C'est que vous ne vous connaissez pas en hommes. Vous voudriez peut-être de ces bourgeois renforcés de l'ancien collége, moitié noblesse, moitié roture, ou de ces gros commis... là... de ces ballots vivants qui entrent et sortent de la douane sans rien payer.

ISABELLE.

Pour ceux-là, je les trouve trop matériels.

COLOMBINE.

La pauvre enfant! elle ne se connaît pas en hommes.

ISABELLE.

Colombine, tu es une coquine. Tu ne me parles point de ce qui me paraît le plus fripon en amour.

Est-ce que tu n'as jamais vu l'hiver, à la comédie, ces jeunes officiers toujours brillants, qui font sans cesse le carrousel autour des actrices jolies?

COLOMBINE.
La pauvre enfant! elle ne se connaît pas en hommes.

ISABELLE.
Pour ceux-là ils sont faits exprès pour mon humeur; ils font toujours quelques singeries ; ils chantent, ils cabriolent, ils se battent quelquefois pour rire, et se baisent après devant tout le monde : enfin, quand je les vois sur le théâtre, ils me divertissent cent fois plus que la comédie.

COLOMBINE.
Je vous en aurais bien proposé de cette manufacture-là ; mais...

ISABELLE.
Quoi! mais.

COLOMBINE.
Mais il vous faut un mari pour toute l'année, et ces messieurs-là ne servent que par quartier; encore n'est-ce pas auprès de leurs femmes. (On sonne du cor.) J'entends du bruit. Apparemment que voilà l'amant chasseur qui entre en danse.

SCÈNE VI.

MEZZETIN, avec une bandoulière de gibier, un grand cor, et traînant un bouc par les cornes ; ISABELLE, COLOMBINE.

MEZZETIN.
Mademoiselle, je suis l'écuyer de monsieur le baron de La Dindonnière; il vous envoie cette bête-là, en attendant qu'il vienne lui-même.

ISABELLE, à part.
Si le maître est aussi bien fabriqué que l'écuyer, voilà de quoi faire un bel attelage.

MEZZETIN.
On dit comme ça qu'il doit bientôt chasser sur vos terres. La chasse sera bonne dans ce canton-là, car je crois que personne n'y a encore chassé.

COLOMBINE.
Ma maîtresse est une terre conservée ; j'en réponds, et je suis le garde des plaisirs.

MEZZETIN.
Dame! mon maître est un cadet bien découplé. Vous me voyez... il est encore... quasi mieux fait que moi. (On sonne du cor.) Tenez, le voilà.

SCÈNE VII.

ARLEQUIN, en baron de La Dindonnière; ISABELLE, COLOMBINE, DEUX VALETS de chiens, avec des cors.

ARLEQUIN, donnant du cor.

Ho! ho! Gerfaut, Briffaut, Miraut, Marmiteau! ho! ho! ho! (A Isabelle.) Mademoiselle, quand on chasse une jolie bête comme vous, on n'a pas besoin de chiens pour découvrir où vous êtes; il est aisé de vous suivre à la piste, et le fumet de vos appas porte au nez de plus de cinq cents pas à la ronde.

(Il donne du cor.)

ISABELLE.

Monsieur, je n'aime pas qu'on fasse l'amour à son de trompe, et vous faites un peu trop de bruit pour prendre les lièvres au gîte.

ARLEQUIN.

Vous moquez-vous? Je suis le gentilhomme de France le plus discret; je sais qu'il faut du mystère en amour, et c'est pour cela que j'ai laissé ma meute dans votre antichambre.

COLOMBINE.

Ah! mes pauvres meubles! Vraiment, je m'en vais bien faire sauter tous les chiens par la fenêtre.

ARLEQUIN.

Ne t'y frotte pas, m'amie; ce sont des gaillards qui n'ont aucune considération pour le sexe.

ISABELLE.

Ah! mon Dieu, Colombine, le vilain homme!

ARLEQUIN.

Vous êtes charmée de ma personne, n'est-ce pas? (Il montre un dindon qu'il porte sur le poing.) Quand j'ai ce compère-là sur le poing, je ne manque guère ma proie. Nous avons dans notre famille le vol des filles et du dindon.

COLOMBINE.

Les filles de ce pays-ci ne se prennent pourtant pas avec des poulets d'Inde; quelquefois avec une fricassée de poulets, donnée à propos, je ne dis pas que non.

ARLEQUIN, à Isabelle.

Votre chambrière a de l'esprit : je la retiens pour être mon premier piqueur.

COLOMBINE.

Ah! monsieur, vous me faites trop d'honneur; je ne sais pas piquer.

ARLEQUIN.

Oh! que cela ne te mette pas en peine, on te montrera.

ISABELLE.

Mais, monsieur, vous ne parlez que de chasse; est-ce que vous n'avez pas d'autre occupation?

ARLEQUIN.

Oh! que si ; j'aime l'étude passionnément; je me renferme tous les matins dans mon cabinet avec mes chiens et mes chevaux.

ISABELLE.

La compagnie est savante.

ARLEQUIN.

L'après-dînée, je monte ma jument poil d'étourneau, pour brossailler dans la forêt; et le lendemain, pour être de meilleur matin au bois, je me couche pour l'ordinaire tout botté et éperonné.

ISABELLE.

Tout botté et éperonné!

ARLEQUIN.

Oh! que cela ne vous mette pas en peine; nous ne nous toucherons point : mon lit a vingt-cinq pieds de diamètre, et ce n'est pas trop pour coucher deux personnes et une meute de cinquante chiens courants.

ISABELLE.

Quoi! monsieur, si je vous épouse, tous ces chiens-là coucheront avec moi?

ARLEQUIN.

Oh! non, pas tous : j'en choisirai une vingtaine des moins galeux.

COLOMBINE.

Je suis votre très-humble servante : la nuit, ils pourraient bien prendre ma maîtresse pour une biche, et la dévorer.

ARLEQUIN, à Colombine.

Tais-toi; j'ai bien plus de risques à courir qu'elle. Quand nous serons mariés, elle pourrait bien me changer en cerf comme Actéon; et mes chiens ne feraient plus qu'un morceau de ma personne.

(On donne du cor; les chiens viennent sur le théâtre, courant après un sanglier.)

COLOMBINE.

Ah! mademoiselle, un sanglier qui est entré ici!

(Elles s'enfuient.)

(La chasse du sanglier fait le divertissement du premier acte.)

FIN DU PREMIER ACTE.

ACTE SECOND.

SCÈNE I.

ARLEQUIN, MEZZETIN.

Cette scène est italienne, et consiste en jeu de théâtre. Les deux fourbes se réjouissent du succès de leur fourberie, et Arlequin se propose de reparaître bientôt déguisé en docteur chinois.

SCÈNE II.

ROQUILLARD, COLOMBINE.

COLOMBINE.

Eh bien! monsieur, n'êtes-vous pas charmé de votre prétendu gendre, monsieur le baron de La Dindonnière? Par ma foi, il faudrait que vous fussiez fou pour lui donner votre fille; j'aimerais autant lui faire épouser un chenil tout entier.

ROQUILLARD.

Certes, il est mal avenant de sa personne, et j'en ai regret; car moi et mes ancêtres avons toujours chéri la chasse et les chasseurs. J'ai dans ma bibliothèque plus de cent bois de cerf, rangés par ordre chronologique, avec les relations historiques de la prise d'iceux.

ACTE II, SCÈNE II.

COLOMBINE.

Diantre! voilà de beaux titres de noblesse, cent bois de cerf dans une famille! sans ceux qu'on y a introduits, et dont on n'a pas tenu de registre.

ROQUILLARD.

Le malencontreux visage que ce baron de La Dindonnière! Encore faut-il à ma fille un peu d'accointance, et cet homme-là serait toujours à brosser les bois.

COLOMBINE.

Ce ne serait pas là le plus mauvais de l'affaire. Tandis qu'un mari court les bois, une femme peut chasser de son côté. Le meilleur gibier n'est pas toujours dans les forêts; il y a telle bête à Paris que j'aimerais mieux avoir prise que vingt sangliers. C'est un friand morceau pour une femme qu'une hure de caissier bien gras.

ROQUILLARD, s'adoucissant.

En sorte donc, Colombine, que cet homme-là n'est point de ton goût?

COLOMBINE.

Non, ma foi; et toute servante que je suis, je n'en voudrais ni pour or ni pour argent.

ROQUILLARD.

Et moi, comment me trouves-tu? M'aimerais-tu mieux que lui?

COLOMBINE, le caressant.

Mille fois. Vous êtes fleuri, mûr, belle barbe, le cuir doux et bien corroyé. Bon! bon! il y a bien de la comparaison!

ROQUILLARD.

La coquine! je l'aime, que j'en suis fou. Bai... bai... baise-moi, friponne.

COLOMBINE.

Oui, monsieur, que je vous baise! Il y a je ne sais combien que vous m'amusez; vous dites toujours que vous m'épouserez, et vous savez la peine que je prends à vous servir.

ROQUILLARD.

Il faut se donner patience; tu es encore jeune.

COLOMBINE.

Une fille, pendant ce temps-là, ne laisse pas de s'user; c'est comme un carrosse, qui dépérit autant sous la remise qu'à rouler.

ROQUILLARD.

Va, va, ma bouchonne, console-toi; si je ne t'épouse pas, je te laisserai quelque chose en mourant.

COLOMBINE.

Dépêchez-vous donc, monsieur; car j'ai bien de l'impatience de gagner une petite somme d'argent, afin d'avoir le moyen d'être honnête fille jusqu'à la fin de mes jours.

SCÈNE III.

ROQUILLARD, COLOMBINE, PIERROT.

PIERROT.

Monsieur, il y a là-dedans un homme qui est habillé comme la porte d'un jeu de paume. Il demande à épouser votre fille; lui baillerons-nous?

ROQUILLARD.

Doucement, doucement; ces affaires-là demandent délibération. (A Colombine.) C'est apparemment le docteur dont je t'ai parlé.

PIERROT.

Dame! monsieur, il faut que le mal le presse bien fort; car il est venu en poste, et il dit qu'il veut se marier de même.

ROQUILLARD.

Il ne faut pas prendre la poste pour venir au mariage; c'est un gîte où l'on arrive toujours assez tôt.

PIERROT.

Cela est vrai, et ceux qui vont si vîte sont comme ces chevaux fringants qui n'ont que la première journée dans le ventre.

SCÈNE IV.

ARLEQUIN, ROQUILLARD, COLOMBINE.

(On apporte un cabinet de la Chine, dans lequel est Arlequin, en docteur chinois.)

ARLEQUIN, à la cantonade.

Taisez-vous, canaille ignorante et indocile; je veux me marier, moi; oui, je veux me marier. Ils n'ont autre chose à me dire : Monsieur le docteur, prenez garde à vous; vous êtes perdu, si vous faites cette folie-là; la femme est le précipice de l'homme. Taisez-vous, vous dis-je; vous êtes des ânes; vous ne le savez que par expérience, moi je le sais par science : *Quidquid utrique datur, commune locatur.* Je vous le prouve en français.

> La lune est un astre commun ;
> Ce qui dépend d'elle est tout un :
> La femme dépend de la lune ;
> *Ergò* toute femme est commune.

Je n'ai que faire de vos conseils : *Jacta est alea.* Le dé est sorti du cornet ; il y a longtemps que j'ai fait germer ce mariage sur ma tête.

Sic volo, sic jubeo ; sit pro ratione voluntas.

ROQUILLARD.

Monsieur...

ARLEQUIN.

Je sais bien que le père est un sot ; mais je lui ai donné ma parole.

ROQUILLARD.

Hé ! monsieur...

ARLEQUIN.

Je n'ignore pas que la fille ne soit une fieffée coquette ; mais, dès le lendemain de la noce, je la fais mettre aux Magdelonettes.

COLOMBINE.

Monsieur, monsieur...

ARLEQUIN.

Je suis persuadé que la suivante est une carogne ; mais je lui donnerai tant de coups d'étrivières...

ROQUILLARD et COLOMBINE.

Monsieur, monsieur...

ARLEQUIN, à Roquillard.

Ah ! *Si vales, bene est ; ego quidem valeo.* N'êtes-vous pas monsieur Roquillard ?

ROQUILLARD.

Oui, monsieur ; il y a plus de soixante ans.

ARLEQUIN.

S'il est ainsi, écoutez-moi, beau-père. Avant que d'entrer en matière, combien avez-vous de filles à me donner ?

ROQUILLARD.

Comment donc ! est-ce qu'il faut plusieurs filles pour faire une femme ?

ARLEQUIN.

Vous ne savez donc pas que je suis philosophe, orateur,

médecin, astrologue, jurisconsulte, géographe, logicien, barbier, cordonnier, apothicaire? en un mot, je suis *omnis homo*, c'est-à-dire un homme universel.

COLOMBINE.

Eh bien! monsieur, ne vous fâchez pas; votre femme sera universelle.

ARLEQUIN.

Je sais tout ce qu'on peut savoir dans les sciences et dans les arts : je sais danser, voltiger, pirouetter, cabrioler; jouer à la paume, au ballon; lutter, escrimer, pousser d'estoc et de taille; mais où j'excelle le plus, c'est en musique et en machines de théâtre.

COLOMBINE.

Quoi! monsieur le docteur, vous savez aussi la musique?

ARLEQUIN.

Bon! je compose des opéras, il y a plus de cinquante ans : c'est moi qui ai fait le carillon de la Samaritaine. Je m'en vais vous faire voir un échantillon de ma science.

SCÈNE V.

ARLEQUIN, ROQUILLARD, COLOMBINE, LA RHÉTORIQUE, MEZZETIN, en pagode.

(Le cabinet de la Chine s'ouvre; on en voit sortir la Rhétorique et une grosse pagode.)

ROQUILLARD.

Diable! voilà qui est joli! Qu'est-ce que cela signifie, monsieur?

ARLEQUIN.

Cela, monsieur? c'est la Rhétorique chantante.

ROQUILLARD.

Faites-la un peu venir; je serais bien aise de l'entendre.

ARLEQUIN.

Venez çà, madame la Rhétorique : dites-nous qui est-ce qui persuade davantage en amour.

LA RHÉTORIQUE chante.

Par mes discours doux et flatteurs,
Je porte l'amour dans les cœurs,
Et j'attendris la plus cruelle.
Mais, à parler de bonne foi,
L'argent, pour réduire une belle,
Est encor plus puissant que moi.

ACTE II, SCÈNE V.

ARLEQUIN.

Air : De mon pot, je vous en réponds.

Voulez-vous, en moins d'un jour,
Être heureux en amour?
Laissez les fleurs de rhétorique;
Le chemin en serait trop long :
Avec l'or, je vous en réponds;
Mais sans cela, non, non.

Dites-nous à présent où va coucher un mari, dans le zodiaque, la première nuit de ses noces?

LA RHÉTORIQUE chante.

Le soleil vagabond jamais ne se repose;
Il va toujours de maison en maison.
Que de maris feraient la même chose
S'il leur était permis de changer de prison!
Mais d'un mari la demeure est certaine;
Quelque chemin qu'il prenne,
Qu'il aille ou qu'il vienne,
Son ascendant
Toujours l'entraîne
Loger au croissant.

ARLEQUIN.

Air : De mon pot, je vous en réponds.

Il va coucher tout de go
Au signe du virgo.
Mais dans la seconde journée,
Le capricorne est sa maison.
De cela, je vous en réponds;
Mais du virgo, non non.

ROQUILLARD.

Qu'est-ce que signifie cette figure là-bas?

ARLEQUIN.

C'est une pagode.

ROQUILLARD.

Une pagode! Qu'est-ce que c'est qu'une pagode?

ARLEQUIN.

Une pagode est... une pagode. Que diable voulez-vous que je vous dise?

ROQUILLARD.

Mais à quoi est-elle propre? Sait-elle faire quelque chose?

ARLEQUIN.

Elle chante aussi. Je vais vous la faire venir.

MEZZETIN, en pagode, chante.

Je viens exprès du Congo, ho, ho, ho !
Pour boire à tirelarigot
Du vin de Normandie ;
Car dans ce temps-ci, hi, hi, hi !
Rouen vaut mieux que Tessy.
Quoique Paris soit charmant, han, han, han !
J'en partirais à l'instant,
Si l'on vendait les filles,
Par faute de raisin, hin, hin hin !
Aussi cher que le vin.

(On remporte Mezzetin.)

SCÈNE VI.

ARLEQUIN, ROQUILLARD, COLOMBINE.

ROQUILLARD.

Voilà qui est admirable ! Et qu'est-ce que signifient toutes ces différentes figures-là ?

ARLEQUIN.

C'est la rhétorique dansante. Je vais vous la faire danser avec toute sa suite.

(La Rhétorique dansante, figurée par Pasquariel, accompagnée de quatre sauteurs, fait un ballet de postures ; ce qui forme le divertissement du second acte.)

FIN DU SECOND ACTE.

ACTE TROISIÈME.

SCÈNE I.

ISABELLE, COLOMBINE.

COLOMBINE.

Je vous dis encore une fois, mademoiselle, que vous ne sauriez mieux faire, et qu'il faut nous en tenir à notre comédien italien.

ISABELLE.

Je crois que tu as raison. Je me sens toutes les disposi-

ACTE III, SCÈNE I.

tions à devenir bonne comédienne : j'ai l'esprit à toute main ; je serai prude quand je voudrai, coquette quand il me plaira, fière avec les bourgeois, traitable avec l'homme de qualité ; enfin, il y aura bien du malheur si je ne contente le public.

COLOMBINE.

Oh! le public est un compère qui n'est pas aisé à chausser : on ne sait pas comment faire aujourd'hui pour gagner sa bienveillance. Je sais bien qu'une jolie personne comme vous a plus de facilité qu'une autre à faire valoir les talents du théâtre.

ISABELLE.

Je crois que je me tirerai d'affaire dans ce pays-là. Je parais une fois davantage aux chandelles ; j'ai du teint, de l'enjouement ; je n'ai qu'un défaut pour le théâtre, c'est que je n'ai point de mémoire. Par exemple, Colombine, si j'aimais un homme aujourd'hui, je crois que je ne m'en souviendrais pas demain.

COLOMBINE.

La plupart des femmes sont comme vous : mais ce défaut de mémoire est une marque de leur jugement ; car les hommes d'à présent ne méritent pas qu'on les aime plus de vingt-quatre heures. Mais Octave va venir ; je vais me retirer. N'aurez-vous point peur de rester seule avec lui?

ISABELLE.

Bon! bon! tu te moques, Colombine. Est-ce que je suis un enfant. A l'âge que j'ai, on ne craint plus rien.

COLOMBINE.

Je suis aussi âgée que vous, et un tête-à-tête ne laisse pas quelquefois de me faire trembler. Un jeune homme veut vous persuader qu'il vous aime ; il se jette à vos genoux, il vous prend les mains. Quand une fille a les mains prises, elle ne saurait bien se revancher.

ISABELLE.

D'accord, Colombine ; mais on peut crier.

COLOMBINE.

Et si le jeune homme vous ferme la bouche d'un baiser, où en êtes-vous? Enfin, vous voulez bien en courir les risques ; je m'en lave les mains.

ISABELLE.

Que veux-tu? Puisque je suis destinée à être comédienne,

il faut bien je m'aguerrisse à faire toutes sortes de personnages.

SCÈNE II.

ISABELLE, OCTAVE.

OCTAVE.

Enfin, charmante Isabelle, me voilà seul avec vous, et je puis en liberté....
(Il l'embrasse.)

ISABELLE.

Oh! monsieur, point de liberté, s'il vous plaît. Comment! vous débutez par où les autres finissent.

OCTAVE.

C'est le privilége de notre profession, mademoiselle; et la liberté du geste est la plus belle partie du comédien.

ISABELLE.

Une fille n'est donc pas en sûreté avec vous autres messieurs?

OCTAVE.

Ne craignez rien, belle Isabelle; nous n'avons que l'extérieur de dangereux : notre science se borne à ébranler les cœurs, d'autres les emportent; et tel ne dit mot dans une loge, qui a tout le profit d'une tendresse que l'acteur s'efforce d'émouvoir.

ISABELLE.

Quand un comédien est fait comme vous, il a souvent la meilleure part dans la tendresse qu'il inspire.

OCTAVE.

Que je serais heureux, si vous aviez de pareils sentiments pour moi! et que votre cœur...

ISABELLE.

Mon cœur... Oh! mon cœur ne va pas si vite que vos paroles : je ne vous aime pas encore tout à fait; mais je sens bien que je ne vous hais pas.

OCTAVE.

Je suis le plus fortuné de tous les hommes. Mais pour gage de votre bonne volonté, il faut que vous me donniez votre main.

ISABELLE.

Ma main? Oh! monsieur, je n'ai pas le geste si libre que vous.

LES CHINOIS.

Enfin, charmante Isabelle, me voilà
Seul avec vous, et je puis en liberté....

Acte III, Sc. II.

A Paris, chez P. Dufart, Quai Voltaire, N.º 19.

ACTE III, SCÈNE IV.

OCTAVE.

Vous ne voulez pas m'accorder cette faveur?... Ah! où suis-je?... une vapeur me ferme les yeux! je n'en puis plus!

(Il se laisse aller dans les bras d'Isabelle.)

ISABELLE.

O ciel! quelqu'un! Colombine, au secours!

SCÈNE III.

ISABELLE, OCTAVE, COLOMBINE.

COLOMBINE.

Comme vous criez! Il faut que ce jeune homme soit plus dangereux que vous ne pensiez.

ISABELLE.

Ah! Colombine, il n'en peut plus; il s'est évanoui dans mes bras!

COLOMBINE.

Un garçon qui s'évanouit dans les bras d'une fille! Diantre! il court bien de ces maladies-là cette année.

ISABELLE.

Ah! Colombine, que veux-tu que j'en fasse? Il va me demeurer dans les mains.

COLOMBINE.

Je vais chercher de quoi le faire revenir. Tenez-le toujours bien fort.

SCÈNE IV.

ISABELLE, OCTAVE.

ISABELLE, pleurant.

Je crois qu'il est mort.

OCTAVE.

Pas encore tout à fait; mais je mourrai bientôt, si vous ne me donnez votre main à baiser.

ISABELLE.

Colombine dit que quand une fille a les mains prises, elle ne saurait plus se revancher.

OCTAVE.

Vous ne le voulez pas? Ah! je n'en puis plus!... je rends le dernier soupir!... je suis mort.

(Il retombe.)

ISABELLE.

Colombine! Colombine!

SCÈNE V.

ISABELLE, OCTAVE, COLOMBINE.

COLOMBINE.

Ouais! le mal est bien opiniâtre!

ISABELLE.

Ah! que je suis malheureuse! Il était revenu.

COLOMBINE.

Eh bien?

ISABELLE.

Il m'a demandé ma main à baiser.

COLOMBINE.

Eh bien?

ISABELLE.

Je n'ai pas voulu la lui donner.

COLOMBINE.

Eh bien?

ISABELLE.

Le voilà retombé.

COLOMBINE.

Tant pis. Dans ces maux-là, les rechutes fréquentes sont dangereuses. Il ne faut pourtant pas laisser mourir un homme pour une bagatelle. (A Isabelle.) Çà, votre main. (A Octave.) Çà, votre bouche. Cela ne vaut-il pas mieux que de l'eau de la reine d'Hongrie? (On entend un hautbois.) Sauvez-vous; voilà le major qui vient.

SCÈNE VI.

ROQUILLARD, ISABELLE, COLOMBINE; MEZZETIN, en grivois, suivi de plusieurs hautbois qui jouent une marche.

MEZZETIN.

De la joie, de la joie, morbleu! Vive la guerre! (A Isabelle.) Bonjour, la belle; n'êtes-vous pas la fille de notre hôte monsieur Roquillard?

ROQUILLARD.

Oui, monsieur; c'est ma fille, et je suis le maître.

ACTE III, SCÈNE VII.

MEZZETIN, allant sur lui.

Toi, le maître? Par la mort! il faut que je t'assomme.

COLOMBINE.

Ce n'est point ici une hôtellerie, monsieur.

MEZZETIN.

Mon capitaine, le major de Bagnolet, va venir vous épouser par étape; et moi je prends déjà cette fille-là pour mon ustensile.

COLOMBINE.

Il n'est pas dégoûté. Un ustensile comme moi n'est pas à l'usage d'un grivois.

MEZZETIN chante.

Dans le combat, je suis un diable;
Mon nom de guerre est La Fureur :
Mais chez un hôte un peu traitable,
Je suis par ma bonté surnommé La Douceur;
Pourvu qu'il me laisse égorger sa volaille,
Vider sa futaille,
Emporter son manteau,
Je suis doux comme un agneau.

Lorsque mon hôte est raisonnable,
Je ne cherche que son profit;
Si je passe la nuit à table,
C'est pour ne point user ni ses draps ni son lit :
Pourvu qu'il me donne pour mon ustensile
Sa femme, sa fille,
Sa servante Isabeau,
Je suis doux comme un agneau.

Mais j'entends nos équipages.

SCÈNE VII.

ARLEQUIN, en capitaine, avec une jambe de bois; ISABELLE, ROQUILLARD, COLOMBINE.

ARLEQUIN.

Ne soyez point surprise, mademoiselle, de voir un amant démantelé; la mousqueterie de vos yeux estropie les libertés les plus libres, et devant vous les cœurs les plus fiers ne marchent qu'en béquilles.

ISABELLE.

Je ne croyais pas, monsieur, que mes yeux fissent des effets si terribles; et si vous n'aviez jamais été exposé qu'à leurs coups, vous marcheriez plus droit que vous ne faites.

T. II. 40

ARLEQUIN.

J'avoue, mademoiselle, qu'il y a quelque chose à refaire à mon attitude; mais quand on a été comme moi soixante ans exposé aux périls de Mars, on est bien heureux de n'avoir qu'une jambe de bois.

ROQUILLARD.

De pareilles incommodités sont lettres patentes de noblesse; et tout le chagrin que j'ai, c'est de n'avoir pas laissé quelque jambe ou quelque bras à l'arrière-ban.

ARLEQUIN.

Vous étiez là, beau-père, dans un corps dont les membres ne courent pas grand risque, et où le vivandier a plus de pratique que le chirurgien. Mais vous n'aurez pas plus tôt fait trente ou quarante campagnes dans mon régiment, qu'il ne vous restera pas une seule dent dans la bouche.

ROQUILLARD.

Il me semble aussi qu'il y a quelque chose à redire à vos yeux.

ARLEQUIN.

Oh! ce n'est rien; c'est qu'au dernier siége il me tomba dans la prunelle gauche une bombe.

ROQUILLARD.

Une bombe!

ARLEQUIN.

Et cela a un peu dérangé l'économie du nerf optique. Mais quoique je n'en voie goutte, je ne laisse pas de m'en servir fort utilement.

ISABELLE.

Utilement! et à quel usage?

ARLEQUIN.

Je m'en sers pour lire les mémoires de mes créanciers; et aussitôt lus, aussitôt payés.

ISABELLE.

Vous étiez donc à Namur?

ARLEQUIN.

Si j'y étais? Oui, par la sambleu! j'y étais; j'en suis encore tout crotté.

ISABELLE.

Et en quelle qualité, monsieur, serviez-vous dans l'armée?

ARLEQUIN.

Moi, servir! Hé! pour qui me prenez-vous donc? Je com-

mandais en chef le détachement des brouettes qui enlevaient les boues du camp.
．   ISABELLE.
Vous aviez là, monsieur, un commandement digne de vos mérites.
ARLEQUIN.
Trop heureux, mademoiselle, si, avec la brouette de mon amour, je pouvais enlever la crotte de votre indifférence, et vous épouser à la tête de ma compagnie!
ISABELLE.
Franchement, monsieur le major, je voudrais bien épouser un homme tout entier.
ARLEQUIN.
Que dites-vous, la majoresse de ma minorité?
ROQUILLARD, lui frappant sur l'épaule.
Elle a raison; il lui faut un homme tout entier : un homme n'est déjà pas trop pour une femme, il n'en faut rien supprimer. (A part.) Je ne veux pas la lui donner, moi.
ARLEQUIN, allant fièrement sur Roquillard.
Parlez, parlez donc, barbe de chat; avez-vous jamais été tué? Savez-vous que quand un homme comme vous refuse sa fille à un homme comme moi, j'assiége la fille en forme comme une place de guerre? Vous allez voir.
(Des soldats de la suite du major entourent Roquillard, en lui présentant de tous côtés la pointe de la hallebarde; et pendant ce temps Arlequin emmène Isabelle. Les soldats et Roquillard forment une danse qui sert de divertissement pour le troisième acte.)

FIN DU TROISIÈME ACTE.

ACTE QUATRIÈME.

SCÈNE I.

OCTAVE, COLOMBINE.

COLOMBINE.
Tout allait le mieux du monde; vous auriez épousé Isabelle aujourd'hui, sans cet impertinent de comédien français qui vient d'arriver, et dont Roquillard s'est coiffé.

OCTAVE.

Est-il possible?

COLOMBINE.

Dame! ces messieurs-là plaisent à l'ouverture du livre. Tout ce que j'ai pu obtenir, c'est qu'il suspendra son choix jusqu'à ce qu'il vous ait entendu sur la prééminence de vos conditions.

OCTAVE.

Comment veux-tu que je lui fasse entendre mes raisons? Il ne sait pas l'italien; et, comme tu vois, je parle assez mal français.

COLOMBINE.

Si vous voulez, je parlerai pour vous; et dans la dispute une femme vaut toujours mieux qu'un homme. J'ai servi autrefois un comédien italien, et j'en sais assez le fort et le faible.

OCTAVE.

Ah! ma pauvre Colombine, il n'y a rien que tu ne doives attendre de moi, si, par ton moyen, j'épouse Isabelle.

COLOMBINE.

Allez, ne vous mettez pas en peine; je vais tout préparer pour vous servir.

(Il y a ici plusieurs scènes italiennes.)

SCÈNE II.

TOUS LES ACTEURS DE LA PIÈCE; COLOMBINE, LE COMÉDIEN FRANÇAIS; LE PARTERRE, figuré par Mezzetin, qui survient.

(L'orchestre joue une marche, et l'on voit entrer deux troupes de comédiens : l'une comique, à la tête de laquelle est Colombine; et l'autre héroïque, ayant à sa tête un comédien français, habillé à la romaine. Ce rôle est joué par Arlequin.)

COLOMBINE.

Vous voyez devant vous Octave, fidèle de nom, Vénitien d'extraction, amoureux de profession, et acteur sérieux de la troupe risible des comédiens italiens.

LE COMÉDIEN FRANÇAIS.

Halte-là! je m'oppose à ces qualités : dites bande de comédiens italiens, et non pas troupe; c'est un titre qui n'appartient qu'aux comédiens français. Vous êtes encore de plaisants Bohémiens.

COLOMBINE.

On voit bien que vous vous ressentez toujours de la fierté romaine ; vous aimez les titres ; et, si l'on n'y tient la main, vous vous mettrez de pair avec les mouleurs de bois, et vous prendrez dans vos affiches la qualité de conseillers du roi.

UN PORTIER, à Roquillard.

Monsieur, il y a là-bas un gros homme qui fait le diable à quatre pour entrer ; il dit qu'il s'appelle le Parterre.

LE COMÉDIEN FRANÇAIS.

Malepeste ! il faut lui ouvrir la porte à deux battants ; c'est notre père nourricier. Qu'il entre, en payant, s'entend.

LE PARTERRE, habillé de diverses façons, ayant plusieurs têtes, un grand sifflet à son côté et d'autres à sa ceinture, prend Roquillard par le bras et le jette par terre.

A bas ! coquin.

ROQUILLARD.

Le Parterre a le ton impératif.

LE PARTERRE, à Roquillard.

Qui vous fait si téméraire, mon ami, d'usurper ma juridiction ? Ne savez-vous pas que je suis seul juge naturel, et en dernier ressort, des comédiens et des comédies ? Voilà avec quoi je prononce mes arrêts.

(Il donne un coup de sifflet.)

LE COMÉDIEN FRANÇAIS, déclamant.

Prends un siége, Parterre, prends, et sur toute chose [1]
N'écoute point la brigue en jugeant notre cause :
Prête, sans nous troubler, l'oreille à nos discours ;
D'aucun coup de sifflet n'en interromps le cours.

(On apporte un fauteuil au Parterre.)

LE PARTERRE, repoussant le fauteuil.

Tu te moques, mon ami, le Parterre ne s'assied point. Je ne suis pas un juge à l'ordinaire ; et, de peur de m'endormir à l'audience, j'écoute debout.

COLOMBINE.

Le style impérial, l'attitude romaine et le clinquant héroïque de ce déclamateur pourraient m'alarmer, si je parlais devant un juge moins éclairé que son excellence monseigneur le Parterre.

LE COMÉDIEN FRANÇAIS.

Ah ! ah ! Son excellence ! Monseigneur ! Ah ! voilà bien

---

[1] Ce vers a une syllabe de trop.

les Italiens, qui tâchent d'amadouer l'auditeur dans un prologue, et font amende honorable pour demander grâce au Parterre.

LE PARTERRE.

Ils ont beau faire, ils n'en sont pas quittes à meilleur marché que les Français : mes instruments à vent vont toujours leur train.

COLOMBINE.

Non, ce n'est point la flatterie qui me dénoue la langue; je rends seulement les hommages dus à ce souverain plénipotentiaire : c'est l'éperon des auteurs, le frein des comédiens, le contrôleur des bancs du théâtre, l'inspecteur et le curieux examinateur des hautes et basses loges, et de tout ce qui se passe en icelles; en un mot, c'est un juge incorruptible, qui, bien loin de prendre de l'argent pour juger, commence par en donner à la porte de l'audience.

LE PARTERRE.

Hélas! je n'ai pas seulement mes buvettes franches; demandez-le plutôt à la limonadière.

COLOMBINE.

Néron, empereur et comédien italien, fait assez voir la prééminence dont il est question. Tout le monde sait qu'il courut la Grèce dans une de nos troupes, et l'histoire ne fait point mention qu'il ait jamais monté sur le théâtre du faubourg Saint-Germain.

LE COMÉDIEN FRANÇAIS.

Néron? voilà encore un plaisant farceur! Nous ne l'aurions jamais reçu dans notre troupe. Il était trop cruel, et on n'est pas accoutumé à trouver de la cruauté sur nos théâtres.

LE PARTERRE.

Si ce n'est à l'Opéra.

COLOMBINE.

En effet, pour donner à l'univers un comédien italien, il faut que la nature fasse des efforts extraordinaires. Un bon Arlequin est *naturæ laborantis opus*; elle fait sur lui un épanchement de tous ses trésors ; à peine a-t-elle assez d'esprit pour animer son ouvrage. Mais pour des comédiens français, la nature les fait en dormant; elle les forme de la même pâte que les perroquets, qui ne disent que ce qu'on leur apprend par cœur : au lieu qu'un Italien tire tout de son propre fonds, n'emprunte l'esprit de personne pour parler ; semblable à ces rossignols éloquents qui varient leurs ramages suivant leurs différents caprices.

LE COMÉDIEN FRANÇAIS.

Vous, des rossignols ? Ma foi ! vous n'êtes tout au plus que des merles que le parterre prend soin de siffler tous les jours.

LE PARTERRE.

Cela n'est pas vrai. Les Italiens me donnent le mardi et le vendredi pour me reposer ; mais chez les Français, je n'ai pas un jour pour reprendre mon haleine.

COLOMBINE.

Si l'on regarde l'intérêt, qui est le seul point de vue dans les mariages d'aujourd'hui, un comédien italien l'emportera toujours sur un Français. Il fait moins de dépense en habits ; sa part est plus grosse ; et il ne faut quelquefois qu'une médiocre comédie pour faire rouler toute l'année un comédien italien.

LE COMÉDIEN FRANÇAIS.

Je le crois bien : il est aisé de rouler, quand on n'a qu'une moitié de carrosse à entretenir.

COLOMBINE.

Nos équipages seraient aussi superbes que les vôtres, si nous voulions faire des exactions sur le public, et mettre, comme vous, nos premières représentations au double.

LE COMÉDIEN FRANÇAIS.

Est-ce qu'un bourgeois doit plaindre trente sous, pour être logé pendant deux heures dans l'hôtel le plus magnifique et le plus doré qui soit à Paris ?

COLOMBINE.

Hé ! ne vantez pas tant les magnificences de votre hôtel : votre théâtre, environné d'une grille de fer, ressemble plutôt à une prison qu'à un lieu de plaisir. Est-ce pour la sûreté des jeunes gens qui sortent de la Cornemuse ou de chez Rousseau, et pour les empêcher de se jeter dans le parterre, que vous mettez des garde-fous devant eux ? Les Italiens donnent un champ libre sur la scène à tout le monde ; l'officier vient jusque sur le bord du théâtre étaler impunément aux yeux du marchand la dorure qu'il lui doit encore ;

l'enfant de famille sur les frontières de l'orchestre fait la moue à l'usurier, qui ne saurait lui demander ni le principal, ni les intérêts; le fils, mêlé avec les acteurs, rit de voir son père avaricieux faire le pied de grue dans le parterre, pour lui laisser quinze sous de plus après sa mort. Enfin, le Théâtre italien est le centre de la liberté, la source de la joie, l'asile des chagrins domestiques; et quand on voit un homme à l'hôtel de Bourgogne, on peut dire qu'il a laissé tout son chagrin chez lui, pourvu qu'il y ait laissé sa femme.

LE PARTERRE.

J'en connais qui laissent quelquefois leurs femmes seules au logis, et qui les retrouvent ici en fort bonne compagnie.

COLOMBINE.

Le tout mûrement considéré, je conclus qu'un comédien italien est préférable, par toutes sortes de raisons, à un comédien français.

LE COMÉDIEN FRANÇAIS.

Je déclame pour messire Titus de la Discorde, comédien d'heureuse mémoire, chevalier, seigneur du Cid, baron de Bérénice, Phèdre, etc.

(L'acteur débite cette tirade *ad libitum*.)

LE PARTERRE.

Voilà de belles qualités; mais par malheur elles ne paraissent qu'aux chandelles, et s'en vont en fumée aussitôt qu'elles sont éteintes.

LE COMÉDIEN FRANÇAIS.

Qu'est-ce qu'un comédien italien? Un oiseau de passage, un étourneau qui vient s'engraisser en France; un vagabond sans feu ni lieu, et sans parents.

COLOMBINE.

Sans parents? Rayez cela de vos papiers. Il n'y a point de comédien italien qui n'ait fait des alliances dans tous les quartiers de Paris.

LE COMÉDIEN FRANÇAIS.

Ces alliances-là ne lui donnent pas le droit de bourgeoisie : il faut avoir, comme les Français, pignon sur rue, un hôtel magnifique, bâti de leurs deniers, ou de ceux qu'ils ont empruntés. Peut-on faire quelque parallèle entre le mérite d'un comédien français et celui d'un comédien italien? Le premier est le maître des passions; c'est le balancier qui fait mouvoir tous les ressorts de l'âme; c'est un vieux fiacre routiné, qui tient à la main les rênes des passions : tantôt, faisant claquer son fouet, il excite le trouble et la terreur :

Paraissez, Navarrois, Maures, et Castillans,
Et tout ce que l'Espagne a nourri de vaillants.

Veut-il inspirer la pitié, il arrête sur le cul ses rosses fatiguées :

N'allons pas plus avant; demeurons, chère OEnone;
Je ne me soutiens plus, ma force m'abandonne :
Mes yeux sont éblouis du jour que je revoi;
Et mes genoux tremblants se dérobent sous moi.

Voici ce qui s'appelle retourner un cœur comme une omelette ; et pour faire naître tant de différents mouvements dans l'âme des auditeurs, il faut qu'un comédien français soit un Protée qui change de face à tout moment, et qu'il ait l'art de peindre toutes les passions sur son visage.

COLOMBINE.

Je ne sais quelle couleur les passions prennent sur le visage de vos comédiens ; mais sur celui de vos comédiennes, elles sont toutes peintes en rouge.

LE COMÉDIEN FRANÇAIS.

Quæ cùm ita sint, je conclus que Roquillard est un sot, s'il ne marie sa fille à la Discorde. En la donnant à un comédien italien, il lui donne tout au plus un homme. Arlequin est toujours Arlequin ; le Docteur toujours le Docteur : au lieu qu'un comédien français est un mari en plusieurs hommes ; tantôt homme de robe et tantôt homme de guerre, aujourd'hui César et demain Mascarille. Ah! que c'est un grand plaisir pour une femme de tâter un peu de tout, et de pouvoir mettre un mari à toutes sauces ! *Finis coronat opus.*

LE PARTERRE, prononçant son jugement.

Pour reconnaître en quelque façon le désintéressement de la troupe italienne, qui ne m'a jamais fait payer que quinze sous, et qui m'a donné la comédie *gratis* à la prise de Namur, j'ordonne qu'Octave épousera Isabelle.

LE COMÉDIEN FRANÇAIS, arrachant ses plumes.

O tempora! ô mores! J'appelle de ce jugement-là aux loges.

LE PARTERRE.

Mes jugements sont sans appel.

FIN DES CHINOIS.

AVERTISSEMENT

SUR

LA BAGUETTE DE VULCAIN

ET SUR

L'AUGMENTATION DE LA BAGUETTE.

Cette pièce, que Regnard fit en société avec Dufresny, fut jouée, pour la première fois, le 10 janvier 1693.

On lit dans les Anecdotes dramatiques qu'elle eut un succès prodigieux dans sa nouveauté; et rien ne le prouve mieux que l'addition que les auteurs y firent sous le titre d'Augmentation a la Baguette de Vulcain. La pièce fit passer l'Augmentation, comme un tonneau de vin vieux en fait débiter plusieurs de vin nouveau. Cette comparaison est des auteurs eux-mêmes. L'Augmentation commence par le conte d'un cabaretier qui avait un muid de bon vin vieux : tout le monde en voulait avoir; et il s'avisa, pour le perpétuer, de remplacer sans cesse par du vin nouveau ce qu'il ôtait du tonneau. Le conte est appliqué à la pièce. La Baguette de Vulcain est le bon vin vieux, que le public savoure depuis trois mois, et qui doit faire passer plusieurs scènes ajoutées, qui sont le vin nouveau.

Ce n'est pas cependant que ces trois scènes soient inférieures à la pièce; elles sont épisodiques comme les autres, et toutes roulent sur des demandes étrangères les unes aux autres, que Roger et le Druide sont chargés de décider. Il faut même qu'à la représentation on ait inséré les scènes de l'Augmentation dans la pièce :

non-seulement les deux couplets ajoutés au vaudeville le demandaient, mais la question de Bélise à Roger : « Jouez-vous encore » aujourd'hui votre Baguette de Vulcain? » (scène première de l'Augmentation) ne peut se faire qu'avant que la Baguette soit jouée.

Le titre de la pièce est pris de la Baguette divinatoire, qui, dans les mains du nommé Jacques Aymar, avait alors beaucoup de réputation dans Paris. Mais la pièce ne remplit pas son titre; car il n'y a qu'une seule circonstance où la Baguette produise l'effet qui lui est propre; c'est quand elle fait trouver le mari de Mélisse.

Au reste, toute la fortune de la Baguette nous paraît devoir être attribuée à cette scène, et à celle où les mœurs du temps sont mises en opposition avec celles que l'on suppose avoir existé deux cents ans auparavant; encore peut-on dire que l'ignorance de Roger sur ces mœurs anciennes est bien déplacée : il vivait sans doute dans le temps que Bradamante a été enchantée, puisqu'il était son amant.

LA

BAGUETTE DE VULCAIN.

COMÉDIE.

ACTEURS :

ROGER. *Arlequin.*
BRADAMANTE. *Isabelle.*
MÉLISSE. *Colombine.*
FLORIDAN. *Octave.*
ZERBIN. *Pierrot.*

GABRINE, femme de Zerbin.
UN GÉANT, personnage muet.
BRANDIMART, mari de Mélisse.
Pasquariel.
UN DRUIDE, personnage chantant.

La scène est dans une île enchantée.

SCÈNE I.

Le théâtre représente une grotte obscure, défendue par un géant couché à l'entrée de la grotte.

(Une marche militaire, et un bruit de trompettes et de tambours, annoncent l'arrivée de Roger.)

ROGER, seul.

Enfin, Roger, voici le jour où tu dois donner des marques de ta valeur et délivrer Bradamante de l'enchantement où elle est depuis deux cents ans.

O Amour ! petit dieu félon,
Toi qui fais flamber ton brandon
Dans le tréfond de ma poitrine,
Corrobore mon cœur craintif
Par un julep confortatif;
Car l'hideux aspect de la mine
De ce géant rébarbatif
Fait jà sur moi, pauvre chétif,
Les effets d'une médecine.
Toi, glouton, ribaut Sarrasin,
Qui, par ton dol et mal engin,

Retiens ma gente tourterelle ;
Dis-moi si tes bras pourfendants
Ont bien pu garder si longtemps
L'honneur de cette jouvencelle ?
Hélas ! dans nos jours verglissants,
Pour conserver une pucelle
Jusqu'à l'âge de quatorze ans,
Combien faudrait-il de géants !

Mais il est temps de mettre fin à l'œuvre encommencée. Combattons ce géant pendant qu'il est endormi.

(Roger combat le Géant, le vainc ; ensuite il touche la caverne de sa baguette, et elle se change en un jardin agréable, au milieu duquel est Bradamante, endormie sur un lit de fleurs.)

SCÈNE II.

BRADAMANTE, ROGER.

ROGER.

Allons, allons, debout : depuis deux cents ans de sommeil, n'êtes-vous pas lasse de dormir ? On ne saurait tirer une femme du lit.

BRADAMANTE se réveille.

Où suis-je ?

ROGER.

Je vous demande pardon, la belle, si je vous ai interrompue dans un rêve dont peut-être vous auriez été bien aise de voir la fin.

BRADAMANTE.

Ciel ! que vois-je ?

ROGER.

Le coloris de mon visage vous surprend ? Apprenez que depuis deux cents ans les hommes ont changé du blanc au noir, et les femmes du noir au blanc et au rouge.

BRADAMANTE.

Quoi ! il y a deux cents ans que je n'ai vu le jour ?

ROGER.

Assurément.

BRADAMANTE.

Hélas ! je ne trouverai donc plus l'amant qui m'était destiné pour époux ?

ROGER.

Oh ! pour des amants, vous n'en manquerez pas ; mais pour des épouseux, *rara avis in terris*. Vous étiez donc fille quand vous vous êtes endormie ?

BRADAMANTE.

Vraiment oui.

ROGER.

Et l'êtes-vous encore?

BRADAMANTE.

Assurément.

ROGER.

La chose est problématique, et je crois que vous n'auriez pas dormi si tranquillement. Mais dites-moi, je vous prie, comment faisait-on l'amour, de votre temps?

BRADAMANTE.

Le cœur se payait par le cœur. Une fille croyait tout ce que lui disait son amant, et l'amant ne disait que ce qu'il pensait. La tendresse durait autant que la vie ; plus on était amoureux, plus on était aimé ; plus on était aimé, plus on était fidèle ; et on ne consultait que l'amour pour faire les mariages.

ROGER.

Oh! que ce n'est plus le temps! Quand on veut se marier aujourd'hui, on va chez le père et la mère marchander une fille comme une aune de drap : et tel qui croit acheter la pièce tout entière trouve souvent qu'on en a levé bien des échantillons. Mais de votre temps, comment un mari vivait-il avec sa femme?

BRADAMANTE.

Dans une union charmante ; la volonté, les biens, les plaisirs, tout devenait commun sitôt qu'on s'était donné la foi.

ROGER.

Oh! que ce n'est plus le temps! Premièrement, dans ce siècle-ci, il n'y a plus de foi à donner, et la communauté ne subsiste que dans les articles du contrat. Un mari n'a rien de commun avec sa femme que le nom et la qualité ; il a sa table seul, son carrosse seul, sa chambre seul ; il n'y a que son lit que bien souvent il n'a pas tout seul. Mais de votre temps, avait-on trouvé l'art de s'égorger avec la plume! Plaidait-on vigoureusement? Qui est-ce qui rendait la justice?

BRADAMANTE.

C'étaient d'anciens et vénérables magistrats, qui passaient la nuit à examiner les procès, et le jour à les juger.

ROGER.

Oh! que ce n'est plus le temps! La plus grande partie de nos juges passent présentement la nuit à courir le bal, et le jour à dormir à l'audience.

BRADAMANTE.

Comment peuvent-ils donc apprendre leur métier?

ROGER.

Cela n'empêche pas qu'ils ne sachent la procédure comme des Césars, surtout en amour; et les arrêts qu'ils rendent auprès des dames sont, l'été, par défaut contre les officiers, et l'hiver, contradictoires avec les financiers. De votre temps, avait-on des comédies?

BRADAMANTE.

Les plus divertissantes du monde : elles étaient agréablement mêlées de danses et de symphonies.

ROGER.

Oh! que ce n'est plus le temps! Tout cela est retranché, et nos théâtres seraient terriblement lugubres, si messieurs du parterre ne prenaient soin quelquefois de les égayer avec leur symphonie.

BRADAMANTE.

Mais, après avoir satisfait à toutes vos questions, ne puis-je savoir, brave champion, à qui je suis redevable de ma délivrance?

ROGER.

A moi, qui suis la fleur de la chevalerie, le redresseur des torts et le syndic de toute la magie. Je vais vous faire voir des effets de ma puissance. *Alli Astaroth, Abracadabra Barbara celarent darii, ferio baralipton.*

(En disant ces mots, il touche de sa baguette les figures enchantées de la suite de Bradamante, qui s'animent au son des violons.)

SCÈNE III.

MÉLISSE, ROGER.

MÉLISSE.

Que je suis malheureuse! Je vois tout le monde en joie; mais pour moi, je ne saurais rire.

ROGER.

Qu'avez-vous donc, la belle larmoyeuse?

MÉLISSE, pleurant.

J'avais un mari... hi! quand je fus enchantée... hé! et je ne le trouve plus... hu! hu!

ROGER.

Quoi! la perte d'un mari vous afflige si fort? Vous avez beau pleurer en musique, vous ne trouverez guère de veuves qui fassent la contre-partie avec vous.

MÉLISSE.

Monsieur le sorcier, vous qui êtes si habile homme, ne pourriez-vous pas me faire retrouver mon cher époux?

ROGER.

Rien ne m'est impossible. Par la vertu de cette baguette, je découvre les eaux et les trésors les plus cachés; c'est avec cette baguette que je suis les meurtriers à la piste, par mer et par terre; et c'est enfin avec cette baguette que je retrouve les maris perdus.

MÉLISSE.

Est-il possible? Je crois que sans moi vous n'auriez guère de pratique; car un mari est un meuble qui ne se perd pas aisément, et je n'ai point encore vu d'affiches pour des maris perdus.

ROGER.

Mais il est bon de vous avertir que ma baguette n'a de vertu que sur des maris d'une certaine espèce. Parlez-moi franchement : avez-vous toujours été bien fidèle au vôtre?

MÉLISSE.

Si j'ai été fidèle? J'aurais dévisagé un homme qui aurait eu la hardiesse de me regarder seulement entre deux yeux.

ROGER.

Tant pis! je ne saurais rien faire pour vous.

MÉLISSE.

Et pourquoi?

ROGER.

C'est que ma baguette est un présent qui m'a été fait par Vulcain : elle n'a point de vertu sur les maris dont les femmes ont été fidèles; mais quand elle approche d'un mari tant soit peu vulcanisé... Voyez, examinez bien votre conduite. Pour peu que vous ayez écorné la fidélité matrimoniale, je vous réponds de retrouver votre mari.

MÉLISSE.

Et mais... mais...

SCÈNE III.

ROGER.

Allez, allez ; parlez en toute assurance.

MÉLISSE.

Il venait chez nous autrefois un certain petit plumet qui était terriblement sémillant. Monsieur, est-ce assez pour la baguette?

ROGER.

Ho! non, non.

MÉLISSE.

J'ai reçu aussi des présents d'un banquier qui faisait tout ce qu'il pouvait pour faire profiter son argent auprès de moi. Monsieur, est-ce assez pour la baguette?

ROGER.

Eh! non, vous dis-je, non.

MÉLISSE.

Oh, dame! s'il faut tant de choses!

ROGER.

Mais que diable! il faut ce qu'il faut, une fois.

MÉLISSE.

Attendez, attendez.

ROGER.

Hé! là, voyez, voyez.

MÉLISSE.

Il fréquentait aussi au logis un petit blondin à rabat, qui...

ROGER.

Doucement. Cet homme à rabat était-il de la grande ou de la petite espèce?

MÉLISSE.

Mais son rabat était de trois doigts plus court que celui d'un conseiller, et nous allions souvent nous promener ensemble.

ROGER.

Il n'y a pas encore là de quoi faire tourner la baguette.

MÉLISSE.

Il me mena une fois promener hors de la ville; mais malheureusement la flèche de son carrosse rompit, et nous fûmes obligés de coucher à sa maison de campagne.

ROGER.

Oh! en voilà plus qu'il n'en faut. Nous retrouverons votre mari, fût-il au centre de la terre. Voyez la vertu de ma baguette.

(Roger fait tourner sa baguette, qui prend la figure d'un croissant : aussitôt le mari de Mélisse paraît.)

SCÈNE IV.

ROGER, MÉLISSE, LE MARI DE MÉLISSE, UN DRUIDE.

(Le mari de Mélisse est inquiet du mouvement de la baguette, et en demande la raison.)

MÉLISSE, à son mari.

Va, va, mon mari, ne te chagrine point : tu m'as plus d'obligation que tu ne penses ; car sans moi tu n'aurais jamais été retrouvé.

ROGER.

Cela est vrai ; sans la flèche rompue, vous étiez un homme perdu.

(Le mari de Mélisse insiste et se fâche.)

ROGER.

Puisque vous voulez être éclairci, voilà le Druide, qui est l'oracle de ce pays-ci, qui va vous éclaircir.

LE DRUIDE chante.

Une femme est encor trop sage,
Lorsqu'après avoir fait naufrage,
Elle veut bien cacher l'écueil à son époux :
Mais un mari, qui connaît son dommage,
Doit filer doux,
De peur d'apprendre au voisinage
Qu'il a raison d'être jaloux.

ROGER chante sur l'air : *Réveillez-vous, belle endormie.*

Ne crains pas que le voisin cause,
Son mal est trop égal au tien :
Quand on le sait, c'est peu de chose ;
Quand on l'ignore, ce n'est rien.

SCÈNE V.

ROGER, FLORIDAN, LE DRUIDE ; UNE BERGÈRE, femme de Floridan.

FLORIDAN.

En me rendant le jour,
Rendez le calme à mon amour.

ROGER.

En quatre mots, dites-moi votre affaire.

FLORIDAN.

Avant d'être enchanté, cette jeune bergère,

SCÈNE V.

Entre plusieurs amants, me choisit pour époux.
Ce nom, qui vous paraît si doux,
Ne peut encore me satisfaire ;
Et je sais que, pour l'ordinaire,
L'amant que l'on distingue avec de si beaux nœuds
N'est pas toujours le plus heureux.

ROGER.

Je vous entends, du moins je vous devine ;
Ou je me trompe, ou vous avez la mine
D'être le fils d'un fermier bien renté,
Dont le riche mérite a si fort éclaté,
Aux yeux d'une avare maîtresse,
Qu'elle a refusé la tendresse
De vos rivaux.

FLORIDAN.

Mon père était rentier ;
Mais je n'ai point traité l'amour en financier,
Et j'ai gagné son cœur à force de tendresse.

ROGER.

J'en doute fort ; mais baste, on vous le laisse,
Puisque par un contrat vous l'avez acheté :
Il est à vous, j'entends pour la propriété ;
Car l'usufruit, c'est autre chose ;
Il faut que la femme en dispose.

FLORIDAN.

Cet usufruit est encor de mon lot ;
Pour le céder, il faudrait être un sot.

ROGER.

Un sot, d'accord.

FLORIDAN.

Oh ! point de raillerie :
Une femme n'est pas comme une métairie ;
J'en veux être le maître et non pas le fermier ;
Et par la sambleu ! le premier...

ROGER.

Oh ! tout beau ; respect au Druide :
Je ne fais qu'opiner, mais c'est lui qui décide.

LE DRUIDE chante.

Ne craignez rien, l'hymen est votre asile ;
Le nom d'époux écarte les rivaux :
De votre Iris la garde est inutile ;
Ne songez plus qu'à garder vos troupeaux,

ROGER chante sur l'air : *O le bon vin ! tu as endormi ma mère.*

O le bon temps
Où l'hymen servait d'asile !
Mais pour à présent,
Toureloure, loure, loure,
Ce n'est qu'un manteau pour couvrir l'amant !

SCÈNE VI.

ROGER, ZERBIN, GABRINE, LE DRUIDE.

ROGER.

A qui donc, s'il vous plaît,
En veut ce grand benêt ?

ZERBIN.

Je venons... pour... tenez, j'enrage :
Enfin, je nous plaignons de n'avoir point d'enfants.
Je crois que je n'avons pas l'âge ;
Et c'est la faute à nos parents,
Qui nous ont mis trop tôt en mariage.

ROGER.

Quel âge avez-vous, bonnes gens ?

ZERBIN.

Je n'ai guère que quarante ans.

GABRINE.

J'aurai trente ans viennent les preunes.

ROGER.

Les pauvres petits sont tout jeunes.
A trente ans porter fruit ! Oh ! cela ne se peut.
Cependant, si votre époux veut,
Je pourrai vous donner une dispense d'âge.
Mais depuis quand, la belle, êtes-vous en ménage ?

GABRINE.

Je ne sais pas compter le temps par l'almanach ;
Mais j'ai bien remarqué que, depuis ce temps-là,
Ma vache a fait deux viaux.

ROGER.

C'est qu'elle était en âge.
Mais qui peut donc causer votre stérilité ?
N'avez-vous pas tous deux, depuis le mariage,
Sous le même toit habité ?

ZERBIN.

Oh ! qu'oui ; car un jour Mathurine

SCÈNE VI.

Nous enfermit dans la cuisine;
Et quand je fûmes là tous deux,
Je demeurîmes si honteux...

ROGER.

C'est la pudeur de l'extrême jeunesse.

GABRINE.

Moi, pour ne le point voir j'usis d'une finesse ;
Je me fermis les yeux avecque mes cinq doigts.

ZERBIN.

Moi, je n'en fis pas à deux fois ;
Je grimpis tout au haut de notre cheminée,
Et j'y fus sans grouiller toute l'après-dînée.

ROGER.

Et depuis ce temps-là?

ZERBIN.

Je nous fuyons, faut voir.

ROGER.

Et, malgré tout cela,
Vous ne sauriez avoir lignée?
Je vois bien du malheur à votre destinée :
Car je connais bien des époux,
Qui prennent à se fuir autant de soin que vous,
Et qui, malgré leur mésintelligence,
Ont des enfants en abondance.

ZERBIN.

Que ces pères-là sont heureux!
Hélas! que ne suis-je comme eux !

ROGER.

Leurs femmes sont bien plus heureuses.

GABRINE.

Qu'elles doivent être joyeuses
D'avoir tant de petits marmots
Qui ne coûtent rien à leur père !
Apprenez-moi comme il faut faire.

ROGER.

Le Druide à l'instant vous en dira deux mots.

LE DRUIDE chante.

Je ne veux point troubler votre innocence,
Ni vous montrer un chemin trop battu ;
Pour être sage, une heureuse indolence
Vaut souvent mieux qu'une faible vertu.

ROGER chante.

Au bon vieux temps
La femme était sans science;
Mais pour à présent.
Toureloure, loure, loure,
La fille sait tout avant quatorze ans.

DIVERTISSEMENT.

Toutes les personnes que Roger a désenchantées témoignent leur allégresse par des danses et des chansons.

VAUDEVILLE.

LE DRUIDE.

La verte jeunesse,
Qui tourne à tout vent,
Doit jouir sans cesse
Du plaisir présent ;
Mais la jouissance
Du vieillard cassé,
C'est la souvenance
Du bon temps passé.

LE CHOEUR.

C'est la souvenance, etc.

GABRINE.

Dans notre village,
Grâce à nos parents,
Toute fille est sage
Jusqu'à cinquante ans ;
Car c'est être sage
D'avoir des amants :
Suivons donc l'usage
De ce bon vieux temps.

LE CHOEUR.

Suivons donc l'usage, etc.

BRANDIMART.

Qu'un siècle d'absence
Échauffe un mari !
Mais cette apparence
M'a bien refroidi.
Pour garder mon âme
D'un soin inutile [1],
J'ai trouvé ma femme ;
Quelqu'un la veut-il ?

LE CHOEUR.

J'ai trouvé ma femme, etc.

---

[1] *Inutile*, rime féminine, ne rime point avec *veut-il*. Dans les éditions précédentes, on imprimait *inutil*.

SCÈNE VI.

MÉLISSE.
Malgré l'apparence
Qui frappe les yeux,
Dors en assurance,
Tu seras heureux;
Rallume ta flamme,
Je jure ma foi
Qu'il n'est point de femme
Plus sage que moi.
LE CHOEUR.
Qu'il n'est point de femme, etc.
FLORIDAN.
Qui pour l'hyménée
Prend jeune catin,
A la destinée
D'un marchand de vin;
Vainement il tente
De garder son muid;
Vin nouveau s'évente,
Vin gardé s'aigrit.
LE CHOEUR.
Vin nouveau s'évente, etc.
BRADAMANTE.
Toi, qui peux tout faire
Par enchantement,
Reprends ta lumière,
Ou rends mon amant :
Le soleil qui brille
Fait quelque plaisir;
Mais, pour rester fille,
J'aime autant dormir.
LE CHOEUR.
Mais, pour rester fille, etc.
ROGER.
Il n'est rien qu'on n'tente
Pour avoir la foi
D'une Bradamante
Faite comme toi;
Quel plaisir, fillette,
D'être ton mari,
Si de la baguette
On est garanti !
LE CHOEUR.
Si de la baguette, etc.

FIN DE LA BAGUETTE DE VULCAIN.

L'AUGMENTATION
DE
LA BAGUETTE.
COMÉDIE.

PROLOGUE.

ARLEQUIN, en habit de Roger, au Parterre.

Tandis que nos musiciens prendront haleine, il ne vous déplaira pas, messieurs, que je vous fasse un petit conte.

LE CABARETIER,
CONTE.

    Ces jours gras, un cabaretier,
    Des plus fripons de son métier,
    Avait un muid, pour tout potage,
    D'un bon vin vieux de l'Ermitage.
Un voisin curieux en voulut un flacon ;
Les voisins du voisin le trouvèrent si bon,
Qu'ils en firent tirer mainte et mainte bouteille.
    Mon scélérat, croyant faire merveille,
    Et perpétuer son tonneau,
    Le remplissait de vin nouveau.
    Les fins gourmets entraient en danse,
    L'argent venait en abondance ;
    Bref, la pièce eut tant de crédit,
    Qu'il ne fut ni grand, ni petit,
    Qui n'en voulût boire chopine.
    Mon matois faisait bonne mine ;
    Plus le vin vieux il débitait,

Et plus le vin nouveau marchait,
Espérant par ce stratagème,
S'engraisser pendant le carême :
Mais par malheur le bon vin vieux s'usa,
Et le nouveau du tonneau s'empara ;
Tant qu'à la fin, pour finir mon histoire,
Personne n'en voulut plus boire.

A l'application..

Nous sommes, ne vous en déplaise,
Ce fripon de cabaretier,
Qui, depuis trois mois, à notre aise
Faisant valoir notre métier,
Allongeons notre comédie,
Et qui mêlons dans le tonneau
Quelques pintes de vin nouveau,
Pour vous le faire enfin boire jusqu'à la lie.
Le parterre, qui seul règle notre destin,
Est ce fin gourmet de voisin
Qui nous attire l'abondance ;
Mais aussi, par reconnaissance,
Pour quinze sous nous lui donnons
Pareil vin qu'au théâtre un écu nous vendons.
Nous allons vous donner encor quelques bouteilles
De ce râpé par les oreilles :
Messieurs, nous serons trop heureux
Si le vin nouveau passe à la faveur du vieux.

FIN DU PROLOGUE.

L'AUGMENTATION

DE

LA BAGUETTE.

COMÉDIE.

ACTEURS :

ROGER. *Arlequin.*
BÉLISE. *Colombine.*
ANGÉLIQUE. *Isabelle.*
NIGAUDIN. *Mezzetin.*

LE DRUIDE.
LA FEMME DE NIGAUDIN, personnage muet.

SCÈNE I.

BÉLISE, ROGER, LE DRUIDE.

BÉLISE.

Holà! ho, quelqu'un! portier, limonadier, ouvreuses de loges! Depuis trois mois, on ne saurait trouver à se placer dans cet hôtel de Bourgogne.

ROGER, au parterre.

Voilà une de ces bouteilles de vin que je vous avais promises; mais elle me paraît bien aigre.

BÉLISE.

Bonjour, monsieur; jouez-vous encore aujourd'hui votre Baguette de Vulcain?

ROGER.

Si nous la jouons? Je le crois, ma foi; et il ne tiendra qu'à ces messieurs (montrant le parterre) que nous ne la jouions encore trois mois. Apparemment, madame, que vous cherchez votre mari? Est-il dans le cas de la baguette?

BÉLISE.

Moi, un mari? Moi, chercher un mari? Est-ce que j'ai l'air d'une femme à mari?

SCÈNE I.

ROGER.

Je vous demande pardon; je vois bien que vous n'êtes qu'une femme à galant.

BÉLISE.

Un bel esprit comme moi, me soupçonner de dégénérer jusqu'aux êtres matériels! Apprenez, mon ami, que j'ai épousé l'antique, et que je n'aurai jamais d'autres maris que Juvénal, Horace, Virgile, et surtout le bonhomme Homère.

ROGER.

Vous avez fait là de belles épousailles. Avec de pareils maris, vous aurez bien de la peine à réparer les torts que la guerre cause au genre humain.

BÉLISE.

Assez de filles se chargeront de ce soin-là; pour moi, je passe mes jours avec les livres, et je ne m'endors point que je n'aie une douzaine d'auteurs anciens sous mon chevet.

ROGER.

On ne dispute pas des goûts ; mais je connais des femmes aussi spirituelles que vous, qui dorment plus volontiers avec des modernes.

BÉLISE.

On dit que dans votre comédie vous faites une comparaison du vieux temps avec le nouveau. Cela n'aurait-il pas quelque rapport avec le parallèle des anciens et des modernes, qui partage à présent tous nos beaux esprits? Quel parti prenez-vous dans cette dispute-là, vous autres comédiens?

ROGER.

Mais, madame, je vous en fais juge vous-même. En mille ans, les auteurs anciens ne nous produiraient pas un verre d'eau; et ce sont les modernes, comme vous le voyez, qui font bouillir notre marmite.

BÉLISE.

Si je savais que vous parlassiez sérieusement, et que vous prissiez le parti des modernes...

ROGER.

Eh! que feriez-vous?

BÉLISE.

Ce que je ferais? Je troublerais vos spectacles, je louerais des gens pour siffler, et je vous empêcherais de parler français, jusqu'à ce que Pasquariel eût été reçu, pour son beau langage, à l'Académie.

ROGER.

L'herbe aurait tout le temps de croître dans le parterre. Mais vous entrez bien chaudement dans les intérêts de l'antiquité.

BÉLISE.

Si j'y entre chaudement ! Vous ne savez donc pas que je suis le flambeau fatal qui vient d'allumer la guerre parmi les gens de lettres ?

ROGER.

Je ne croyais pas que cette nation-là fût belliqueuse.

BÉLISE.

Que dites-vous? Dans le dernier combat, trois de nos chefs furent blessés à mort d'un seul coup d'épigramme.

ROGER.

Si on charge une fois les sonnets à cartouche, il en demeurera bien sur le carreau : les Invalides ne suffiront pas pour les blessés; il en faudra mener quelques-uns aux Petites-Maisons.

BÉLISE.

Je soutiendrai les anciens envers et contre tous.

ROGER.

J'ai à vous dire qu'il est inutile de vous tant échauffer ; cette guerre-là est terminée.

BÉLISE.

Cela ne se peut. On ne fait rien à l'Académie sans me consulter.

ROGER.

Je ne sais si cela se peut, mais je sais bien que voilà l'arrêt que je porte dans ma poche. Lisez.

BÉLISE.

Voyons.

(Elle lit.)

ÉPIGRAMME.

Ces jours passés, en bonne compagnie,
　Trois héros de l'Académie
　S'échauffaient sur le différend
　Qui tient tout Paris en suspend [1].

---

[1] *Suspend* n'est écrit ainsi que pour la rime. On doit écrire, *en suspens*.

Des modernes auteurs l'un prenait la défense ;
L'autre des anciens soutenait les raisons :
Le plus savant des trois prit en main la balance ;
Et moi, dit-il, je suis pour les jetons.
Oh! je ne m'arrête pas à cette décision-là.
ROGER.
Voilà le Druide, qui est un antique, qui vous en donnera une autre.

LE DRUIDE chante.

En vain une fille, à votre âge,
Donne son suffrage
Pour l'antiquité.
Son esprit a beau faire,
Son cœur plus sincère
Décide pour la nouveauté.

ROGER.

Air : Réveillez-vous, belle endormie.

Juvénal, Horace, et Virgile,
En bon français sont des nigauds ;
Il vous faut un mari, ma fille,
Mais un mari de chair et d'os.

SCÈNE II.

ANGÉLIQUE, ROGER, LE DRUIDE.

ANGÉLIQUE.

Ah! monsieur l'enchanteur, j'ai recours à votre sorcellerie.

ROGER.

Voilà un jeune tendron qui ne serait pas mauvais à enchanter, et je mêlerais volontiers ma magie noire avec sa magie blanche.

ANGÉLIQUE.

On dit que vous avez réveillé une fille qui dormait depuis deux cents ans : ne pourriez-vous point endormir ma mère pour la moitié de ce temps-là ?

ROGER.

Endormir une mère! j'aimerais mieux avoir dix maris à bercer.

ANGÉLIQUE.

Faites-la donc dormir seulement deux ou trois jours, pour me donner le temps de me marier sans lui en rien dire.

ROGER.

Le bon naturel de fille! Hélas! une pauvre petite mineure qui cherche à s'émanciper! cela me fend le cœur.

ANGÉLIQUE.

Oh! je l'en avertirai sitôt qu'elle sera éveillée.

ROGER.

Cela est dans l'ordre.

ANGÉLIQUE.

Il n'y a plus moyen de durer avec cette femme-là : elle veut que je vive dans la régularité où l'on était de son temps; et cela ne s'accommode pas avec la réforme de celui-ci.

ROGER.

Je vous sais bon gré, à votre âge, d'aimer la réforme.

ANGÉLIQUE.

Elle veut m'habiller à sa fantaisie. Le dernier corps qu'elle m'a fait faire me va jusqu'au menton, et vous savez qu'une fille aimerait autant n'avoir point de gorge que de ne la pas montrer.

ROGER.

C'est que les filles d'aujourd'hui aiment le grand air.

ANGÉLIQUE.

Elle me contrôle sur tout. Croyez-vous qu'elle me défend de manger d'aucun ragoût? Elle dit qu'autrefois les femmes ne vivaient que de fruit et de laitage.

ROGER.

C'est à peu près la même chose à présent, excepté que le fruit que mangent les dames est un peu plus épicé, et elles ont trouvé le moyen de se rafraîchir avec des jambons de Mayence, des mortadelles et des cervelas de la rue des Barres. Pour le laitage, c'est ordinairement du vin de Champagne comme il sort du tonneau.

ANGÉLIQUE.

Du vin de Champagne! Fi donc! cela gâte le teint; et je n'en bois plus depuis que ma cousine m'a appris à boire du ratafia.

ROGER.

Vous avez là une jolie cousine.

ANGÉLIQUE.

Vous ne voulez donc point endormir ma mère?

ROGER.

Non; car dans la colère où je suis contre elle, si je l'endormais une fois, elle courrait risque de ne s'éveiller de sa vie.

ANGÉLIQUE.

Apprenez-moi donc ce qu'il faut faire pour l'empêcher de gronder.

ROGER.

Voilà le Druide, qui est homme expert dans ces cas-là ; il va vous satisfaire.

LE DRUIDE chante.

Mère qui gronde,
Qui tempête et qui fronde,
Fait son emploi dans le monde.
Quand elle est sur son retour,
Fille qui la laisse dire,
Et qui n'en fait que rire,
Fait sa charge à son tour.

ROGER.

Air : *De lanturelu.*

Quand mère sauvage
Dit dans ses leçons
Que fille à votre âge
Doit fuir les garçons,
Vous devez répondre :
C'est ce que j'ai résolu ;
Lanturelu, lanturelu, lanturelu.

SCÈNE III.

NIGAUDIN ; LA FEMME DE NIGAUDIN, personnage muet ; ROGER, LE DRUIDE.

NIGAUDIN.

Bonjour, monsieur. Quand je vous vois,
Je ne puis m'empêcher de rire.

ROGER.

M'as-tu déjà vu quelquefois ?

NIGAUDIN.

Par ma foi, je ne sais qu'en dire.
Or donc, pour revenir à mon premier discours...
Mais vous m'interrompez toujours.

ROGER.

J'aurais vraiment grand tort ; la harangue est jolie.

NIGAUDIN.

Vous saurez donc, monsieur, qu'on a sa fantaisie ;

Tantôt on est garçon, tantôt on ne l'est plus.
Il n'est rien tel que les cocus ;
Car ils le sont toute leur vie.

ROGER.

Demandez-le plutôt à monsieur que voilà.

NIGAUDIN, montrant sa femme qui est fort laide.

Vous voyez bien cette poulette-là :
C'est ma femme, quoi qu'on en dise.
Savez-vous pourquoi je l'ai prise ?

ROGER.

Pour son bien, ses parents ?

NIGAUDIN.

Non ; c'est pour sa beauté.

ROGER.

Qui diable s'en serait douté ?

NIGAUDIN.

Mais regardez-la bien ; c'est elle
Qui me fait bouillir la cervelle :
Je croyais qu'au bout de neuf mois
Une femelle au moins un enfant devait rendre.

ROGER.

Combien t'a-t-elle fait attendre ?
Un an ?

NIGAUDIN.

Oh !

ROGER.

Deux ans ?

NIGAUDIN.

Oh !

ROGER.

Dix ans ?

NIGAUDIN.

Oh ! que nenni.
Elle a mis tout au plus quatre mois et demi ;
Et je crains quelque stratagème.

ROGER.

C'est bien peu ; mais avec une femme qu'on aime,
Il ne faut pas entrer dans un calcul bourgeois,
Ni prendre garde à trois ou quatre mois.

NIGAUDIN.

C'est pourtant le hic de l'affaire.
C'est ce qui fait que bien souvent

SCÈNE III.

On n'est pas père d'un enfant,
Quoiqu'on soit mari de la mère.

ROGER.

Tu n'éprouves pas seul un pareil accident;
Et si l'on comptait bien l'absence ou la présence
De la plupart de nos maris,
On trouverait que dans Paris
Il serait peu d'enfants dont la naissance
Ne vînt ou trop tôt ou trop tard,
A moins que l'on ne fît un almanach bâtard.

NIGAUDIN.

Vous ne croyez donc pas que la progéniture
Soit tout à fait de ma manufacture?

ROGER.

Il faut toujours s'en faire honneur;
Et peut-être en es-tu l'auteur.
Il est des enfants vifs qui cherchent la lumière
Presque aussitôt qu'ils sont conçus;
Et les femmes d'esprit, sur pareille matière,
Font aisément des impromptus.

NIGAUDIN.

Cet enfant est venu, tout franc, trop à la hâte;
Et je crois n'avoir pas mis la main à la pâte.

ROGER.

Mais quel âge avait-il?

NIGAUDIN.

Je vous l'ai déjà dit;
Quatre mois et demi.

ROGER.

Qu'est-ce qu'il me lanterne?
Ton enfant est produit à terme.
A quoi bon faire tant de bruit?
Quatre mois et demi de jour, autant de nuit;
A neuf mois le total se monte.
Eh bien! n'est-ce pas là ton compte?

NIGAUDIN.

Vous avez raison cette fois;
Je suis bien plus heureux que je ne le pensais.
Viens, ma pouponne;
Viens, ma bouchonne,
Que je répare ton honneur.

ROGER.

Le Druide va te calmer l'esprit par un petit couplet de chanson.

LE DRUIDE chante.

Vous n'avez pas besoin qu'on vous console ;
Elle a tout l'air d'une femme d'honneur :
J'en jurerais presque sur ma parole ;
Mais j'aime mieux jurer sur sa laideur.

ROGER.

AIR : *O le bon vin! tu as endormi ma mère.*

Au temps passé,
On n'achetait que les belles ;
Mais tout a changé,
Toureloure, loure, loure ;
Il ne reste point de bête au marché.

DIVERTISSEMENT.

Tous les acteurs se joignent et font une danse. On reprend l'air qui est à la fin de la Baguette.

LE DRUIDE.

La verte jeunesse,
Qui tourne à tout vent, etc.

BÉLISE.

Pour moi l'hyménée
N'a point de douceurs ;
Je suis destinée
A l'amour des auteurs :
Pour eux je veux vivre ;
Car, dans ce temps-ci,
Il n'est point de livre
Si froid qu'un mari.

ANGÉLIQUE.

Ma mère à mon âge,
A ce que l'on dit,
Fit son mariage
A fort petit bruit :
Je puis, ce me semble,
Par bonnes raisons,
Suivre son exemple,
Non pas ses leçons.

FIN DE L'AUGMENTATION DE LA BAGUETTE.

AVERTISSEMENT

SUR

LA NAISSANCE D'AMADIS.

Cette pièce a été représentée, pour la première fois, le 10 février 1694.

Les auteurs des Anecdotes dramatiques la donnent comme une parodie d'*Amadis de Gaule*, opéra de Quinault, qui a paru en 1684, dix ans avant que Regnard ait donné *la Naissance d'Amadis*. Cette parodie aurait été un peu tardive ; et nous ne voyons d'ailleurs nul rapport entre l'intrigue de l'opéra et celle de la comédie.

Dans l'opéra, Amadis, fils de Périon, roi des Gaules, aime Oriane, fille d'un roi de la Grande-Bretagne. Florestan, frère naturel d'Amadis, aime Corisandre, souveraine de Gravesande. Ces amours, traversés par des jalousies et des enchantements, font le sujet de la pièce.

Dans la comédie, Périon, chevalier errant, aime Élizène, fille du roi des Gaules, et en est aimé. Cette intrigue, conduite par Dariolette, suivante de la princesse, est découverte par le roi, qui surprend sa fille avec son amant ; il veut les faire brûler, suivant la coutume du pays, mais dans l'instant que tout est préparé pour leur supplice, une ombre sort du milieu du bûcher et annonce la naissance d'Amadis. Aussitôt le bûcher se change en une pyramide d'artifice, et le roi consent à l'union de Périon et d'Elizène.

Nous ne voyons point de traits de ressemblance entre ces deux pièces, et nous ne croyons point que l'une soit la parodie de l'autre.

Quoi qu'il en soit, on a reproché, avec raison, à Regnard, d'avoir écrit cette pièce avec trop de licence, et nous trouvons qu'il a un peu avili ses héros en les travestissant.

Cette pièce n'a point été reprise.

LA
NAISSANCE D'AMADIS.

COMÉDIE.

ACTEURS :

CARINTHER, roi des Gaules. *Pierrot.*
ÉLIZÈNE, fille du roi. *Isabelle.*
PÉRION, chevalier errant. *Arlequin.*
GALAOR, écuyer de Périon.

DARIOLETTE, suivante d'Élizène. *Colombine.*
UNE OMBRE. *Pasquariel.*
GARDES.

La scène est dans le palais de Carinther.

SCÈNE I.

PÉRION, GALAOR.

GALAOR.

En vérité, seigneur, je vous trouve dans un bien triste et moult piteux état depuis que vous êtes en ce diable de pays-ci. Pourquoi quitter votre royaume pour venir faire le juif-errant dans les Gaules, et ne vous occuper qu'à occire des géants et venger l'honneur des pucelles? Vous n'aurez jamais fait à ce métier-là.

PÉRION, soupirant.

Ouf!

GALAOR.

Ouf! Cela me met le cœur en grande componction et détresse, de voir que mon bon maître, le roi Périon, s'en aille comme cela le grand galop dans l'autre monde. Par la digne épée que vous portez, révélez-moi l'ennui qui vous malmène.

PÉRION chante.

J'aime, hélas! c'est assez pour être malheureux.

GALAOR chante aussi.
Sans cesse l'on vous voit voler de fille en fille ;
A chaque gîte, enfin, vous changez chaque jour.
Si vous vous plaignez de l'amour,
C'est fort bien fait s'il vous houspille.

PÉRION.

Ce n'est pas l'amour que j'ai ramassé dans les cabarets qui me secoue davantage... Hélas !

GALAOR.

Et depuis quand donc les princes poussent-ils de si grands soupirs ? Est-il quelque porte, tant verrouillée soit-elle, qui ne s'ouvre de prime-face à leur aspect ? Et ne trouvent-ils pas toujours en leur chemin donzelle prête à leur accorder la courtoisie ?

PÉRION.

Parbleu ! tu en auras menti, petit truand d'amour ; et il ne sera pas dit que je t'hébergerai dans mon cœur, sans que tu paies ton gîte.

GALAOR.

Mais quelle est donc la petite carogne qui vous a si bien ajusté ?

PÉRION.

Tu connais la fille du roi chez qui nous demeurons depuis huit jours ?

GALAOR.

Qui, Élizène ?

PÉRION.

Ah ! malheureux ! quel nom est sorti de ta bouche ?
Oui, voilà le fatal brandon
Qui met mon cœur tout en charbon ;
L'outrecuidé géant qui, me faisant injure,
Fait de ma liberté pleine déconfiture.

GALAOR.

Oh ! consolez-vous. Si c'est là le poulet de grain dont votre cœur est en appétit, je vous promets avant qu'il soit peu que vous en aurez cuisse ou aile.

PÉRION.

Ah ! mon cher, il faut que je t'embrasse par avance, pour le grand bien que tu me fais espérer. Mais, dis-moi, écuyer mon ami, ta promesse sera-t-elle sans fallace ? Crois-tu qu'Élizène m'accorde la passade amoureuse ?

GALAOR.

Si fera-t-elle, foi d'écuyer : je sais qu'elle vous trouve

d'un fort bon aloi, et je connais moult très-bien l'esprit des femelles, qui accordent plus volontiers leurs faveurs à un étranger qu'à un citadin.

(Il chante.)
Une fille bien apprise,
Qui veut toujours aller son train,
N'accorde rien à son voisin,
De peur qu'il ne le dise :
Elle vend mieux sa marchandise
A quelque marchand forain.

PÉRION.

Va donc, cher ami, va opérer de manière que je puisse voir la princesse, et tâche à rechasser sur mes terres ce gibier amoureux.

SCÈNE II.

LE ROI, PÉRION.

LE ROI est poursuivi par un lion.

Au meurtre, au secours, à la justice! (Périon combat le lion et le tue.) Ah! preux chevalier, c'est toi qui m'as recous des pattes de ce discourtois animal; c'est toi qui m'as sauvé la vie.

PÉRION.

Ce n'est pas une affaire pour moi d'aller à la chasse aux lions; j'en ai quelquefois une douzaine à mon croc, et on les sert par accolade sur ma table, comme des lapereaux.

LE ROI.

Je suis fâché que vous ne m'ayez pas donné le temps de le tuer; je ne me suis jamais senti tant de courage.

PÉRION.

Oui, pour fuir et pour crier. Croyez-moi, allez vous mettre au lit.

LE ROI.

Voilà qui est fait : je n'irai jamais à la chasse contre des animaux qui n'ont ni foi ni loi.

SCÈNE III.

PÉRION, seul.

Je me suis trouvé là bien à propos pour sauver la vie au père de ma maîtresse. Ah! cruelle fortune! pourquoi ne me donnes-tu pas l'occasion de faire pour la fille ce que je viens de faire pour le père? Oui, je voudrais qu'elle eût cent lions à ses trousses. Je voudrais la voir au milieu des fournaises les plus enflammées ; qu'elle fût précipitée dans le fond des abîmes de la mer : le diable m'emporte si je l'allais requérir.

SCÈNE IV.

PÉRION, DARIOLETTE.

PÉRION.

Mais je vois sa suivante. Bonjour, accorte et gente Dariolette ; quel bon vent a poussé la nef de tes appas à la rade de mon espérance?

DARIOLETTE.

La princesse Élizène, ma tant bonne maîtresse, m'envoie vers vous, son seigneur ; elle est navrée à votre sujet d'une blessure tant profonde qu'elle n'en guérira jamais, si vous n'y mettez la main.

PÉRION.

Qu'à cela ne tienne ; je les y mettrai plutôt toutes deux.

DARIOLETTE.

La pauvrette se plaint jour et nuit ; elle soupire, elle larmoie, et oncques elle ne vit jouvenceau d'aussi bonne affaire que vous.

PÉRION.

Je t'assure que si elle me trouve jouvenceau de très-bonne affaire, je la trouve aussi jouvencelle de très-bon déblai.

DARIOLETTE, découvrant une corbeille de fleurs.

Voilà des fleurs qu'elle vous envoie pour marque de sa bienveillance envers vous ; elle les a elle-même cueillies de sa main.

PÉRION.

Ah ! Dariolette, m'amie ! ce ne sont pas là les fleurs de son jardin que je convoiterais davantage.

DARIOLETTE.

Je vous assure qu'elle n'a rien réservé ; elle vous a tout envoyé.

PÉRION.

Ah ! Dariolette ! que je serais heureux si j'étais le jardi-

SCÈNE IV.

nier d'une aussi jolie plante que ta maîtresse! je la cultiverais, je la labourerais; et devant qu'il fût un an, j'en aurais de la graine.

DARIOLETTE.

Ah! seigneur, ma maîtresse n'est point une fille à monter en graine; on ne la laissera pas si longtemps sans lui donner un mari. Mais... là... parlez-moi franchement, est-il bien vrai que vous l'aimiez si fort?

PÉRION.

Oui, l'amour s'est mis en embuscade sur le grand chemin de mon cœur, pour l'assaillir et le détrousser. Il est féru si très-profondément, que je ne puis m'excuser de la mort, si dans bref l'emplâtre de ses faveurs n'y donne allégement.

DARIOLETTE.

Il y a tout plein de ces agonisants-là, qui tombent en pâmoison à l'aspect des jolies demoiselles. On sait bien ce qu'il faudrait pour les faire revenir; mais la plupart sont des traîtres qui ne cherchent qu'à emprunter certaines choses qu'ils ne rendent jamais.

PÉRION.

Oh! diable! mes intentions sont dans l'équilibre de la pudeur. Si je pourchasse ta maîtresse, c'est en toute loyauté et droiture. Je ne voudrais que lui dire deux mots.

DARIOLETTE.

Parler à ma maîtresse! Ah! seigneur, cela est impossible.

PÉRION, lui donnant une bourse.

Tiens, tiens; cela rendra peut-être la chose plus facile.

DARIOLETTE.

Il faudrait donc que ce fût la nuit, afin de n'être vu de personne. Car il y a une loi dans ce pays, furieusement sévère contre une fille qu'on rencontre avec un garçon; et le bûcher est toujours prêt pour les brûler tous deux sans autre forme de procès. Dame! dans les Gaules, on est terriblement raide sur l'honneur.

PÉRION.

On traite les filles plus humainement en mon pays, et si on brûlait toutes celles qui ont délinqué, le bois y manquerait tous les hivers. Mais tu n'as rien à craindre; dès à présent j'épouse ta maîtresse.

DARIOLETTE.

Bon! on voit tant de ces épouseux-là qui amusent les filles avec des promesses banales de mariage ! Ils n'ont pas plus tôt obtenu quelques gracieusetés, que tout le mariage s'en va à vau-l'eau. Pendant ce temps-là, une pauvre fille en a pour son compte.

PÉRION.

Comment! tu doutes encore de ma fidélité?

(Il tire son épée.)

Je jure par ce fer dont nul géant n'échappe,
    Par qui maint félon fut occis,
    De ne boire jus de la grappe,
    Ni de ne manger pain sur nappe,
Que d'Élizène enfin je ne sois le mari,
    Si j'obtiens l'obligeante étape,
Autrement dit le don d'amoureuse merci.

DARIOLETTE.

Or maintenant éjouissez-vous; je vais tâcher de mettre fin à tant glorieuse entreprise, et envers la minuit je vous ferai ébattre en propos joyeux avec votre maîtresse.

SCÈNE V.

PÉRION, seul.

Je touche enfin l'heureux moment
  Qui va finir mon amoureux tourment;
Élizène bientôt deviendra mon partage.
  Mon cœur tressault, tous mes sens sont ravis,
    Dans peu l'amour va m'ouvrir l'huis
    Qui conduit dans le mariage.
    A minuit j'en dirai deux mots
    Avec ma belle jouvencelle,
    Et je dois en mêmes propos
    Me solacier avec elle.
    O nuit! prends ton noir balandran,
      Viens, descends, que rien ne t'arrête;
Puisque c'est à minuit que se fera la fête,
Conduis vite l'aiguille au milieu du cadran.

SCÈNE VI.

ÉLIZÈNE; DARIOLETTE, portant une lanterne.

DARIOLETTE.
Allons, ma bonne maîtresse, la nuit est bien noire, et favorise notre marche clandestine.
ÉLIZÈNE.
Ma pauvre Dariolette, je tremble comme la feuille. Mais, dis-moi, un homme n'est-il pas bien fort, quand il est seul avec une personne dont il est aimé ?
DARIOLETTE.
Mais, c'est selon. Quelquefois c'est l'homme qui est le plus fort, quelquefois aussi c'est la femme. Je ne sais pas bien les règles du tête-à-tête, et je n'en ai encore reçu que deux ou trois leçons.
ÉLIZÈNE.
Mais est-il bien sûr que tu m'aies véritablement mariée avec le roi Périon? Car sans cela, je me garderais bien de me trouver cap à cap avec lui.
DARIOLETTE.
Eh! ne craignez rien : je connais mille femmes qui n'ont jamais été le quart autant mariées que vous.
ÉLIZÈNE.
Je ne saurais que te dire ; ce mariage-là me paraît un peu précipité.
DARIOLETTE.
Il ne s'en fait plus autrement ; et dans ce temps-ci, il faut brusquer la noce, et ne pas donner le temps à un homme de se reconnaître, ni de faire trop d'informations de vie et de mœurs de sa future.
ÉLIZÈNE.
Au moins, Dariolette, tu me promets que la comédie se passera en simples récits et menus propos.
DARIOLETTE.
Et! fiez-vous à ma parole.
ÉLIZÈNE.
Ma pauvre Dariolette, n'y aurait-il pas moyen de remettre la partie à demain?
DARIOLETTE.
Bon! bon! demain ne serait-ce pas la même chose? Les

nouvelles mariées demandent toujours des lettres de répit, et elles seraient au désespoir qu'on les leur accordât. Allons.

SCÈNE VII.

(Le théâtre change ; on voit Périon sur un lit d'ange, en robe de chambre, botté, et son épée sous son bras. Galaor est debout à côté du lit.)

(L'orchestre joue le sommeil d'Amadis.)

PÉRION, GALAOR.

PÉRION chante.
Ah! je sens l'amour qui me grille;
Je n'en puis plus, morbleu !
Mon cœur pétille
Au feu! au feu! au feu! au feu!
Les seaux de la ville !

GALAOR chante.
Les plaisirs vous suivront désormais,
Vous allez voir vos désirs satisfaits ;
Un tendron novice
Tombe en vos filets.
N'allez pas faire ici le jocrisse;
Tambour battant menez-moi votre Agnès :
Il est temps que la jeune bergère
De ses appas avec vous fasse troc.
Cela vous est hoc ;
On s'épouse aujourd'hui sans notaire :
L'usage approuvé
Est sous seing-privé ;
L'Amour carillonne,
Et j'entends qu'il sonne,
Du haut du clocher,
L'heure du berger.

SCÈNE VIII.

PÉRION, GALAOR, ÉLIZÈNE, DARIOLETTE.

PÉRION, à Élizène.
Ah! vous voilà, infante de mon âme ! Vous arrivez comme de cire ; il y a longtemps que je vous attendais ; je commençais à me morfondre.

ÉLIZÈNE.
Valeureux chevalier, à votre aspect je deviens toute perplexe.

DARIOLETTE.
Ma maîtresse n'est encore qu'une petite novice.
PÉRION.
Oh! laissez-moi faire, je lui montrerai tout ce qu'il faudra.

(Il chante avec Galaor.)

C'est à { moi / lui } d'enseigner
Aux filles ignorantes,
Les manières fringantes ;
C'est à { moi / lui } d'enseigner
Le grand art de céder.

GALAOR.
Eh bien! la belle, que dites-vous de notre musique?
ÉLIZÈNE.
Excusez, seigneur, si la pudeur m'empêche de parler.
PÉRION.
Les moments sont trop chers pour les perdre en paroles.
Allons vite jouer nos rôles.

GALAOR chante.
Suivez l'Hymen ; ce dieu vous apprête
Un ambigu de plaisirs nouveaux :
Pendant que vous serez tête à tête,
Je vous promets de garder les manteaux.

PÉRION prend Élizène par le bras, et chante.
Allons, petite marmotte,
Il n'est pas temps de pleurer.
Vous faites ici la sotte,
Et vous vous laissez tirer.
Tant de rigueur m'épouvante :
J'ai peur que cette ignorante,
Avec toute sa façon,
Ne me montre ma leçon.

SCÈNE IX.

LES ACTEURS DE LA SCÈNE PRÉCÉDENTE; LE ROI, suivi de gens armés, et portant des lanternes et des fallots.

LE ROI.
J'ai entendu du bruit dans mon palais ; je crains qu'il ne soit arrivé quelque malengin à l'entour de ma fille. Mais que vois-je? Ma fille avec Périon! Ah! traître! après t'avoir reçu chez moi comme un mien frère, tu viens honnir ma fille!

PÉRION.

Je suis ici dans une auberge ;
Et les guerriers portant flamberge
Ont toujours droit, chemin faisant,
Quand ils trouvent tendron friand,
De se payer des arrérages.
Pendant qu'on repaît le bidet,
Les chevaliers ont pour usage
De se délasser du voyage
Avec fille de cabaret.

LE ROI.

Tu veux encore me vilipender par des propos injurieux, double coquin !

PÉRION.

Penard, prends-le d'un ton moins haut ;
De ton courroux il ne me chaut :
Je ne viens point dans ta famille
Mettre trouble ni désarroi ;
Je n'ai rien tollu de ta fille :
Elle est entière comme moi.

LE ROI.

Il faudra donc que ma fille soit brûlée ! mais ce qui me console, c'est que tu seras grillé avec elle. Allons, gardes, qu'on le saisisse, et qu'on me l'amène pieds et mains liés. Je veux que justice en soit faite.

(Les gardes veulent prendre Périon ; il se défend, recule ; et les gardes le poursuivent.)

SCÈNE X.

LE ROI, seul.

Oui, parbleu ! tu mourras, outrecuidé magot.
Tu grilleras aussi sur le même fagot...
Mais, que dis-je ? grands dieux ! bourreau de ma famille,
Ainsi qu'une saucisse on rôtira ma fille !
Moi-même j'en serai l'odieux occiseur !
Je frémis : tous mes sens se sont glacés d'horreur.
On rôtira ma fille ! ah ! nature, nature !
Pour garantir l'honneur d'encombre et de méchef,
   A quoi sert-il de donner la serrure,
   Quand tant de gens en ont la clef ?

SCÈNE XI.

Le théâtre change, et représente une place publique, au milieu de laquelle est un bûcher.)

(Des gardes amènent Élizène, Périon, Dariolette et Galaor enchaînés avec des fleurs, et couverts de guirlandes.)

LE ROI, PÉRION, ÉLIZÈNE, DARIOLETTE. GALAOR, GARDES.

PÉRION chante.
C'est unir deux amants,
Que de les rissoler ensemble.

LE ROI.
Te voilà donc, méchant suborneur, qui, comme un Sarrasin, violes les droits de l'hospitalité!

PÉRION.
Que voulez-vous que j'y fasse? Les filles ont toujours eu de l'ascendant sur moi ; et, quand je le puis, je prends ma revanche.

LE ROI, à Élizène.
Et toi, fille déloyale, me faire cet affront, à la fleur de mon âge! (A Dariolette.) Pour toi, chienne de pendarde, s'il n'y avait point de bourreau, je t'étranglerais moi-même. C'est toi qui as mené ma fille à la boucherie.

DARIOLETTE.
Quant à moi, je l'ai fait à bonne intention : j'ai cru que, quand on s'était donné la foi, on pouvait se parler nuit et jour, sans rien craindre.

LE ROI.
Va, va, tu seras brûlée. Allons, officiers, faites votre charge ; qu'on fasse l'opération.

PÉRION.
Qu'appelez-vous l'opération? Je ne suis pas malade. A cette heure, je vous avertis que je ne vaux rien rôti.

SCÈNE XII.

(Les gardes conduisent Périon au bûcher ; à l'instant il en sort une ombre.)

LES ACTEURS PRÉCÉDENTS, UNE OMBRE.

L'OMBRE chante.
Ah! que fais-tu là, téméraire?
Ah! je défends qu'il soit rôti.
D'Élizène et de ce compère

LA NAISSANCE D'AMADIS.

Il doit naître bientôt un fils
Prématuré comme son père,
Et qu'on doit nommer Amadis.

PÉRION.

Comment! d'Élizène et de moi il doit naître un fils qu'on nommera Amadis, et vous voulez me faire brûler! Ah! vieux penard, je veux te faire mettre à ma place. Allons, qu'on le saisisse.

LE ROI.

Ah! seigneur, je vous demande pardon; et puisque vous m'avez sauvé la vie tantôt contre un lion, je consens que vous épousiez ma fille.

PÉRION.

Allons, je vous pardonne; et, puisque les destins l'ordonnent, j'épouse votre fille. (A Élizène.) Écoutez, la belle, voilà un oracle qui me lanterne les oreilles : il dit que j'aurai bientôt un fils ; je vous avertis que je n'aime pas les enfants précoces.

ÉLIZÈNE.

J'aimerais mieux être morte, que d'avoir failli et prévariqué.

DARIOLETTE.

Seigneur, il ne faut pas que l'oracle vous étonne; les filles dans les Gaules sont fort expéditives.

PÉRION.

C'est à peu près la même chose chez nous, et souvent les pères et mères sont plus tôt avertis de la multiplication de leur famille, que de la noce de leurs filles.

LE ROI.

Allons, qu'en faveur de ce mariage, le triste appareil de funérailles se change en des marques de réjouissance.

(Le bûcher se change en une pyramide enflammée, et forme un feu de joie.)

GALAOR.

Seigneur, puisque vous êtes en train de marier, voilà Dariolette : tandis que vous jouez gros jeu avec la princesse, ne pourrais-je pas carabiner avec la soubrette?

DARIOLETTE.

Est-ce que tu perds l'esprit? Crois-tu que je me soucie beaucoup d'un carabin comme toi?

GALAOR chante.

Ah! Dariolette,
Si blanchette, si douillette,
Je connais sur l'étiquette

SCÈNE XII.

Que tu ne t'en feras prier;
Car lorsque le chevalier
De la dame a fait emplette,
C'est la raison que la soubrette
S'ébaudisse avec l'écuyer.

UN BERGER chante sur un air de menuet.

Dans le bel âge
Où l'on s'engage,
L'hymen est doux;
Fille fringante,
Que l'amour tente,
Sans en rien dire demande un époux.

Mais quand un père
Trop lent diffère,
L'amant sincère
Doit cependant
Prendre d'avance
Quelque licence,
Sauf à déduire quand il sera *temps*.

UN GAULOIS chante.

Au bon vieux temps,
On s'aimait d'amour sincère;
Qui plus aimait, savait plaire :
Les amants étaient constants
Au bon vieux temps.
L'amour à présent dégénère;
Ce n'est que feinte et mystère :
Ne verrons-nous de nos ans
S'aimer comme on soulait faire
Au bon vieux temps ?

(On joue une gavotte, et tout le monde danse.)

UN GAULOIS chante.

On ne peut bien garder les filles;
Elles s'échappent quelque jour;
Les limaçons de leurs coquilles
Sortent bien pour faire l'amour.

DARIOLETTE.

Quand on est et jeune et gentille,
Il est bien fâcheux de mourir;
Mais de rester encore fille,
C'était mon plus grand déplaisir.

PÉRION, au parterre.

D'Amadis voilà la naissance,
Assez suspecte, à mon avis;
Sans trop médire, il est en France
Encore bien des Amadis.

FIN DE LA NAISSANCE D'AMADIS.

AVERTISSEMENT

SUR

LA FOIRE SAINT-GERMAIN.

Cette pièce, composée par Regnard en société avec Dufresny, a été représentée, pour la première fois, le 26 décembre 1695.

Lorsque les auteurs l'ont donnée au Théâtre italien, ils étaient déjà connus au Théâtre français, et l'avaient déjà enrichi de l'une des meilleures comédies qui aient paru depuis Molière, le JOUEUR.

L'intrigue de la FOIRE SAINT-GERMAIN est peu de chose; son principal mérite consiste dans les scènes épisodiques.

Le Docteur, tuteur et amoureux d'Angélique, la garde soigneusement, dans la crainte qu'elle ne lui soit enlevée par Octave, son amant. La pupille trompe la vigilance de son tuteur, et elle profite de la circonstance de la foire Saint-Germain pour s'échapper de ses mains. Colombine, intrigante, qui est dans les intérêts d'Octave, facilite son évasion; et, de concert avec Arlequin, autre intrigant, elle imagine plusieurs fourberies qui tendent à dégoûter le Docteur de son mariage, en lui rendant suspecte la vertu d'Angélique. Ils y réussissent; mais le Docteur ne se décide pas en faveur d'Octave; il craint que celui-ci ne lui demande un compte trop exact des biens de sa pupille; il fait venir de Pont-l'Évêque un nigaud de provincial, dont il espère tirer un meilleur parti. Arlequin et d'autres fourbes de ses amis jouent tant de tours au provincial, qu'ils l'obligent de quitter Paris, sans avoir pris le temps de voir sa maîtresse, et parviennent enfin à forcer le Docteur de donner Angélique à Octave.

Indépendamment des scènes comiques auxquelles les fourberies d'Arlequin donnent lieu, il en est beaucoup qui ne tiennent en aucune façon à l'action de la pièce, et ne servent qu'à former des tableaux variés de toutes les aventures qui arrivent communément aux foires. Le dialogue de ces scènes est d'un comique très-agréable, quoiqu'un peu chargé ; il en est peu qui ne soient assaisonnées de très-bonnes plaisanteries.

Cette pièce en renferme deux autres : l'une est une parodie de l'opéra d'Acis et Galatée ; l'autre est une tragédie burlesque, intitulée LUCRÈCE. La parodie est très-peu de chose : quant à la tragédie, c'est une des meilleures que nous ayons dans le mauvais genre des tragédies burlesques ou amphigouriques.

Le succès de LA FOIRE SAINT-GERMAIN a été prodigieux, au point d'exciter la jalousie des comédiens français. Dancourt, pour le contre-balancer, donna à ce théâtre une comédie sous le même titre ; mais elle eut un sort bien différent : elle tomba, et les Italiens, pour se venger, ajoutèrent aux dernières représentations deux couplets que l'on trouvera à la suite du Vaudeville qui termine la pièce.

On a aussi ajouté une scène intitulée *la Scène des Carrosses;* mais il est incertain qu'elle appartienne aux auteurs de la comédie ; cette scène n'a dû sa naissance et son succès qu'aux circonstances, et son principal mérite nous paraît avoir été celui de l'à-propos.

Cette pièce a été reprise plusieurs fois par la nouvelle troupe : la première fois, le 15 décembre 1720 ; la seconde, le samedi 5 février 1729. Cette seconde reprise a été donnée à l'occasion des débuts de Mezzetin, acteur de l'ancien théâtre ; il y parut sous l'ancien habit qu'il avait adopté, et dans les rôles qu'il avait joués dans la nouveauté de la pièce.

LA
FOIRE SAINT-GERMAIN

COMÉDIE EN TROIS ACTES.

1695.

ACTEURS :

ARLEQUIN, intrigant.
COLOMBINE, intrigante.
LE DOCTEUR, tuteur et amoureux d'Angélique.
ANGÉLIQUE.
OCTAVE, amant d'Angélique.
PIERROT, valet du docteur.
NIGAUDINET, provincial amoureux d'Angélique. *Mezzetin.*
FANTASSIN, valet de Nigaudinet. *Pierrot.*
UN MARQUIS. *Léandre.*
LE CHEVALIER. *Octave.*
UNE COQUETTE. *Arlequin.*
CASCARET, laquais de la coquette.
UN MARCHAND D'ÉTOFFES. *Scaramouche.*
UN GARÇON PATISSIER. *Mezzetin.*
UN ASTHMATIQUE. *Scaramouche.*
LA FEMME DE L'ASTHMATIQUE. *Angélique.*
UN DORMEUR. *Scaramouche.*
LA TRICHARDIÈRE, filou. *Scaramouche.*
UN LIMONADIER, en Arménien. *Léandre.*
UN OFFICIER SUISSE. *Scaramouche.*
UN PETIT-MAITRE. *Mezzetin.*
UN MUSICIEN ITALIEN. *Mezzetin.*
CARICACA, apothicaire. *Mezzetin.*
UN PORTEUR DE CHAISE.
UNE JEUNE FILLE. *Colombine.*
LA CHANTEUSE.
UNE LINGÈRE.
PLUSIEURS MARCHANDS ET MARCHANDES DE LA FOIRE.
UN VALET DE THÉATRE. *Pierrot.*
UNE PETITE FILLE en cage.
UN FILOU, ET PLUSIEURS AUTRES PERSONNAGES MUETS.

La scène est à Paris, dans l'enclos de la foire Saint-Germain.
Le théâtre représente la foire Saint-Germain.

ACTE PREMIER.

SCÈNE I.

ARLEQUIN, UNE LINGÈRE, UN GARÇON PATISSIER, PLUSIEURS MARCHANDS ET MARCHANDES DANS LEURS BOUTIQUES.

LES MARCHANDS crient.

Des robes de chambre de Marseille ; venez voir ici de très-

ACTE I, SCÈNE I.

belles chemises de toile de Hollande; des robes de chambre à la mode; des bonnets à la siamoise; du fromage de Milan, messieurs; venez chez nous : toutes sortes de vins d'Italie, de la Verdée, du Grec, de la Malvoisie.

LE GARÇON PATISSIER, tenant sur sa tête un clayon de ratons.

Des ratons tout chauds, messieurs; des ratons, à deux liards. Que ces marchands font de bruit! je m'en vais me divertir en les contrefaisant tous dans une chanson.

(Il chante, et change de ton à chaque différent cri.)

Oranges de la Chine, oranges;
Des rubans, des fontanges;
Faïence à bon marché;
Thé, chocolat, café :
Vous faut-il rien du nôtre?
L'on va commencer, venez tôt;
Des peignes, des couteaux;
Des étuis, des ciseaux :
Ne prenez rien à d'autres;
J'ai tout ce qu'il vous faut.

ARLEQUIN, après avoir écouté avec attention ces différents cris.

O désir insatiable de l'homme! j'entends crier à la foire tout ce qu'il y a de beau et de bon dans Paris; je voudrais bien acheter tout ce que j'entends crier, et je n'ai qu'une petite pièce pour ma foire.

LE GARÇON PATISSIER, au fond du théâtre.

Des ratons tout chauds, à deux liards, à deux liards.

ARLEQUIN.

Commençons par le plus nécessaire. Le plus nécessaire à la vie c'est le manger. Holà! hé! les ratons.

LA LINGÈRE, dans sa boutique.

Chemises de Hollande.

LE GARÇON PATISSIER, au fond du théâtre.

A deux liards, à deux liards.

ARLEQUIN.

Des chemises de Hollande à deux liards! Je n'ai point de chemises; voilà mon affaire. Holà! hé! chemises de Hollande!

(La marchande lui met une chemise.)

UN MARCHAND, dans sa boutique.

Des indiennes à la mode, de très-belles robes de chambre.

LE GARÇON PATISSIER, toujours derrière.

A deux liards, à deux liards.

ARLEQUIN.
Des robes de chambre à deux liards! Il faut qu'il les ait volées. L'homme aux robes de chambre!
(Le marchand lui met une robe de chambre.)
UNE MARCHANDE.
Des couvertures de Marseille, voyez ici.
LE GARÇON PATISSIER.
A deux liards.
ARLEQUIN.
Encore? Il faut que l'on ait taxé toutes les nippes de la foire à deux liards, à cause de la disette d'argent. Parlez donc, hé! couvertures de Marseille!
(On lui donne une couverture de Marseille, qu'il met sous son bras.)
UN MARCHAND.
Des olives de Vérone, du fromage de Milan, messieurs.
LE GARÇON PATISSIER.
A deux liards, à deux liards.
ARLEQUIN.
Le fromage de Milan à deux liards! *O che fortuna!* L'homme au fromage!
(Il prend un fromage.)
LE GARÇON PATISSIER, passant devant Arlequin.
Ratons tout chauds, tout fumants, tout sortants du four, à deux liards, deux liards.
ARLEQUIN.
Hé! l'homme aux ratons! Voyons ta marchandise.
LE GARÇON PATISSIER.
Tenez, monsieur, les voilà tout chauds.
ARLEQUIN.
Donnes-tu le treizième?
LE GARÇON PATISSIER.
Oui, monsieur.
ARLEQUIN, prenant un raton.
Eh bien! je le prends; demain j'en achèterai une douzaine.
LE GARÇON PATISSIER, reprenant son raton.
Doucement, s'il vous plaît; il faut payer avant que de manger.
ARLEQUIN, tirant une petite pièce de sa poche.
Attends. Voyons si j'ai de quoi payer tout cela. Deux liards de chemise, deux liards de robe de chambre, deux

liards de couverture de Marseille, deux liards de fromage ;
voilà qui fait deux sols : il me faudra avec cela pour deux
liards de filles : cela fera six blancs. Malepeste ! que l'argent
va vite ! N'importe, j'avais besoin de cette petite réparation.
(Au garçon pâtissier.) Tiens, mon ami, voilà une petite pièce
que je te donne, et voilà trois ratons que je prends : du surplus, paie ces marchands. Serviteur.

(Il s'en va ; les marchands courent après lui.)

SCÈNE II.

ANGÉLIQUE, COLOMBINE.

COLOMBINE.

Eh ! bonjour, mademoiselle ; quel bon vent vous amène
à la foire ? et que je suis heureuse de vous rencontrer !

ANGÉLIQUE.

Ah ! Colombine, te voilà ! que fais-tu dans ce pays-ci ?

COLOMBINE.

Ma foi, madame, il faut qu'une fille, pour vivre honnêtement, sache plus d'un métier. Je fais prêter de l'argent à
des enfants de famille qui n'en ont point ; je le fais dépenser
à ceux qui en ont ; je raccommode des ménages disloqués ;
j'en brouille d'autres, et quantité de petits négoces de cette
nature-là. Et vous, mademoiselle, que faites-vous présentement ?

ANGÉLIQUE.

Toujours la même chose, Colombine ; j'aime.

COLOMBINE.

Tant pis ! L'amour est un métier bien ingrat pour les
honnêtes filles qui se font scrupule d'en tirer toute la quintessence.

ANGÉLIQUE.

Tu vois, Colombine, une fille bien embarrassée, et qui a
déjà pensé se perdre à la foire.

COLOMBINE.

Cela est fort honnête de se perdre toute seule dans un lieu
public.

ANGÉLIQUE.

Une fille vertueuse se retrouve toujours.

COLOMBINE.

La fille se retrouve, mais quelquefois la vertu ne se retrouve plus avec elle.

ANGÉLIQUE.

Tu connais ma sagesse, Colombine.

COLOMBINE.

Je la connaissais autrefois; mais les choses changent, et on ne voit guère de cette marchandise-là à la foire, quoiqu'on ne laisse pas que d'y en vendre.

ANGÉLIQUE.

Je cherche un asile contre les mauvais traitements de mon tuteur. Tu connais ses caprices.

COLOMBINE.

Nous avons assez demeuré ensemble pour nous connaître réciproquement.

ANGÉLIQUE.

Tu ne sais pas qu'il est devenu amoureux de moi?

COLOMBINE.

C'est donc depuis que je n'y suis plus? Le petit inconstant!

ANGÉLIQUE.

Il veut m'épouser.

COLOMBINE.

Un tuteur épouser sa pupille! C'est une manière abrégée de rendre ses comptes. Mais à ces comptes-là, quand le tuteur est vieux, la pupille trouve de grandes erreurs de calcul.

ANGÉLIQUE.

Il y a encore un nigaud de Normand, de Pont-l'Évêque, qui se nomme Nigaudinet, qui est venu à Paris exprès pour se marier, et qui a du goût pour moi.

COLOMBINE.

Vous voilà bien lotie, entre un docteur et un Bas-Normand.

ANGÉLIQUE.

Je ne veux ni de l'un ni de l'autre; et je suis sortie de la maison de mon tuteur dans le dessein de n'y point rentrer que je n'aie épousé Octave.

COLOMBINE.

Pour l'amant de Pont-l'Évêque, nous lui jouerons quelques tours pour vous en débarrasser. A l'égard du docteur, quelque appétit qu'il ait pour vous, je sais bien un moyen sûr pour l'en dégoûter. Le vieux penard ne vous épouse que parce qu'il croit qu'il n'y a que vous de fille sage au monde. Laissez-moi faire; avant qu'il soit une heure, je veux que vous passiez dans son esprit pour la fille de la foire la plus équivoque.

ANGÉLIQUE.

Il est si prévenu en ma faveur, et il me croit si sage, qu'il sera difficile de lui faire croire le contraire.

COLOMBINE.

Bon! bon! je fais bien pis ; je fais tous les jours passer pour sages des filles qui ne l'ont jamais été.

SCÈNE III.

ANGÉLIQUE, COLOMBINE, OCTAVE; UN PORTEUR ivre.

OCTAVE, au porteur.

Va, mon ami, laisse-moi en repos ; tu n'es pas en état de me porter.

LE PORTEUR.

Mais, monsieur, un porteur..., il faut qu'il porte; nous savons la règle.

OCTAVE, à Angélique.

Ah! madame, il y a une heure que je vous cherche ; mais puisque j'ai le plaisir de vous voir, je suis trop bien payé de mes peines.

LE PORTEUR, croyant qu'Octave lui parle.

Payé de mes peines? Eh! palsambleu! je n'ai encore rien reçu.

ANGÉLIQUE.

Vous voyez, Octave, ce que je fais pour vous. Voilà Colombine qui nous secondera pour rompre les mariages dont nous sommes menacés.

OCTAVE.

Ah! ma chère Colombine, que je te serai obligé! Dispose de ma bourse, ne l'épargne point; combien te faut-il?

COLOMBINE.

Ah! monsieur...

LE PORTEUR.

Je vous assure, monsieur, que vous ne sauriez moins donner qu'un écu pour le principal, et quatre francs pour boire.

OCTAVE, à Angélique.

Vous me promettez donc, charmante Angélique, d'être

toujours dans les mêmes sentiments, et de ne jamais changer.

LE PORTEUR.

Changer? changer? Oh! monsieur, si vous voulez changer, je trouverai de la monnaie. Mais ces officiers n'ont jamais de monnaie; j'en sais bien la raison.

COLOMBINE.

Ah! mademoiselle, voilà votre tuteur : entrons dans ma loge, et nous verrons ensemble ce qu'il faudra faire.

(Ils s'en vont : le porteur reste.)

SCÈNE IV.

LE PORTEUR, LE DOCTEUR; PIERROT, avec une échelle et des affiches.

PIERROT.

Je vous dis, monsieur, que vous me laissiez gouverner cela; je vous retrouverai, Angélique.

LE PORTEUR, au docteur, croyant parler à Octave.

Allons, monsieur, dépêchons; je n'ai pas le temps d'attendre; j'ai chaud, et je pourrais m'enrhumer.

LE DOCTEUR.

Que veux-tu donc, mon ami?

LE PORTEUR le regarde.

Ah! j'étais bien nigaud! Je croyais parler à un officier, et ce n'est qu'un bourgeois. Je m'en vais prendre mon ton pour les bourgeois. (Haut.) Allons, de l'argent.

LE DOCTEUR.

De l'argent? pourquoi donc de l'argent?

LE PORTEUR.

Parbleu! la question est drôle! pour vous avoir porté en chaise.

PIERROT.

Monsieur le docteur ne monte jamais en chaise.

LE PORTEUR.

Oh! morgué, point tant de raisons, avec ma houssine, je vous redresserai.

PIERROT.

Comment! coquin! lever la main sur monsieur le docteur!

ACTE I, SCÈNE V.

LE PORTEUR.

Ah! morgué, il n'y a docteur qui tienne; il me faut de l'argent.

(Il veut les battre, le docteur et Pierrot le chassent.)

SCÈNE V.

LE DOCTEUR, PIERROT.

PIERROT.

Pour venir donc à la conclusion, je vous dis encore une fois, monsieur, que je vous ferai retrouver Angélique, fût-elle dans les Indes, dans le Ponotapa.

LE DOCTEUR.

Quelle cruauté de perdre une pauvre enfant qui m'aime si tendrement!

PIERROT.

Quel âge avait-elle ce matin, quand vous l'avez perdue?

LE DOCTEUR.

Vingt-deux ans.

PIERROT.

C'est votre faute.

LE DOCTEUR.

Comment?

PIERROT.

C'est votre faute, vous dis-je. Il faut tenir les filles présentement par la lisière jusqu'à trente ans : encore a-t-on bien de la peine à les empêcher de faire quelque faux pas.

LE DOCTEUR.

Ah! Pierrot! perdre une fille avec laquelle j'allais me marier! cela est bien dur.

PIERROT.

Je vous dis que vous ne vous mettiez pas en peine ; je vous la ferai retrouver peut-être au double.

LE DOCTEUR.

Que veux-tu donc dire, au double?

PIERROT.

Oui, monsieur, et peut-être au triple. J'avais autrefois une doguine que je perdis ; six semaines après, je la retrouvai avec trois petits doguins dans le ventre.

LE DOCTEUR.

Les trois doguins sont de trop ; je me contente bien de retrouver Angélique comme je l'ai perdue.

PIERROT.

C'est pour vous dire comme j'ai la main heureuse pour les retrouvailles. Tenez, monsieur, voilà quatre mille affiches toutes prêtes.

LE DOCTEUR.

Mets-en de tous les côtés, au moins.

PIERROT.

Laissez-moi faire; je l'afficherai où il faut : aux cafés, aux cabarets, dans les chambres garnies, enfin dans tous les endroits où l'on trouve les filles perdues. Voulez-vous que je vous lise l'affiche? C'est un petit ouvrage d'esprit que j'ai fait entre la poire et le fromage.

(Il lit.)

Fille perdue, trente pistoles à gagner.

Il a été perdu, entre chien et loup, entre Boulogne et Vincennes, une fille entre deux âges, qui était entre deux tailles, les cheveux entre bruns et blonds, l'œil entre doux et hagard. Quiconque la trouvera, la mette entre deux portes, et avertisse M. le docteur, qui demeure entre un maréchal et un médecin. Fait à Paris, entre deux tréteaux, par Pierrot, entre deux vins.

LE DOCTEUR.

Voilà bien de l'entre-deux.

PIERROT.

Monsieur, tandis que je serai en train d'afficher, ne voulez-vous point que j'affiche aussi votre esprit? Je ferai d'une pierre deux coups.

LE DOCTEUR.

Que veux-tu dire, afficher mon esprit?

PIERROT.

Vraiment oui, monsieur ; il faut que vous l'ayez perdu, à votre âge, de vouloir épouser une jeune fille qui s'échappe comme une anguille.

LE DOCTEUR.

Tiens, voilà ce que j'ai perdu et ce que tu as retrouvé.

(Il lui donne un soufflet.)

PIERROT.

Je ne veux point du bien d'autrui ; puisque je l'ai trouvé, je vous le rends.

(Il veut lui donner un soufflet, le manque et s'en va.)

SCÈNE VI.

LE DOCTEUR, COLOMBINE.

COLOMBINE.

Ah! monsieur le docteur, vous voilà! j'ai bien du plaisir de vous revoir en ce pays.

LE DOCTEUR.

Tu vois un homme au désespoir; j'étais sur le point de me marier avec Angélique...

COLOMBINE.

C'est un point fatal ; je sais mille fripons d'amants qui n'attendent que ce moment-là pour se faire payer de leurs services passés.

LE DOCTEUR.

Que me dis-tu là, Colombine? Je voudrais avoir des marques de son infidélité, pour me guérir de l'amour que j'ai pour l'ingrate.

COLOMBINE.

Allez m'attendre au premier détour, et dans un moment je suis à vous.

LE DOCTEUR, s'en allant.

Ah! la traîtresse! la traîtresse!

SCÈNE VII.

COLOMBINE, seule.

Le bonhomme avale assez bien la pilule. Je veux conduire Angélique dans tous les lieux de la foire les plus suspects : j'ai concerté ce stratagème avec les parties intéressées.

SCÈNE VIII.

COLOMBINE, ARLEQUIN.

COLOMBINE.

Mais qui est cet homme-là?

ARLEQUIN, sans voir Colombine.

A deux liards, à deux liards. Voyez le peu de bonne foi qu'il y a dans le commerce! on voulait ravoir les nippes qu'on m'avait vendues deux liards... Quelque sot!... (Il aperçoit Colombine.) N'est-ce point là de la marchandise à deux liards? (Il passe devant elle et l'examine.) Voilà apparemment quelque aventurière foraine. (Haut.) Mademoiselle, ne seriez-vous point par hasard de ces chauves-souris apprivoisées, qui gracieusent le bourgeois et lui proposent la collation?

COLOMBINE.

En vérité, monsieur, vous me faites plus d'honneur que je n'en mérite. Et vous, ne seriez-vous point par aventure de ces chevaliers déshérités par la fortune, qui retrouvent leur patrimoine dans la bourse des passants?

ARLEQUIN.

Ah! pour cela, mademoiselle, vous mettez ma pudeur hors des gonds. Je suis un gentilhomme, qui ai depuis peu quitté le service pour prendre de l'emploi à la foire.

COLOMBINE.

Sans trop de curiosité, peut-on vous demander si vous avez été longtemps dans le service?

ARLEQUIN.

Dix ans.

COLOMBINE.

En Flandre, ou en Allemagne?

ARLEQUIN.

A Paris. J'y ai été trois ans cuirassier du Guet, après avoir servi volontaire dans le régiment de l'Arc-en-Ciel.

COLOMBINE.

Je n'ai jamais ouï parler de ce régiment-là.

ARLEQUIN.

C'est pourtant un des gros régiments du royaume; les soldats y sont tantôt fantassins et tantôt carrossiers, et sont habillés de vert, de rouge et de jaune, suivant la fantaisie des capitaines.

COLOMBINE.

Je commence présentement à avoir quelque teinte de votre régiment.

ARLEQUIN.

Comment diable! c'est la milice la plus nécessaire à l'État, et c'est le régiment où l'on fait le plus vite son chemin; c'est de là qu'on tire des officiers pour remplir les postes les plus lucratifs. Je connais vingt commis

en chef qui n'ont jamais fait leurs exercices que dans ce corps-là.
COLOMBINE.
Je suis ravie, monsieur, de trouver en vous un gentilhomme qui ait étudié dans une académie si florissante. Apparemment que vous savez faire l'exercice du flambeau?
ARLEQUIN.
J'ai eu l'honneur d'éclairer, chemin faisant, une femme de robe, une femme garde-note, et la concierge d'un abbé.
COLOMBINE.
La concierge d'un abbé? Voilà une plaisante condition. Et quel était l'emploi de cette concierge-là?
ARLEQUIN.
Elle avait soin des meubles de monsieur ; elle lui faisait de la gelée, bassinait son lit, et le frisait tous les soirs.
COLOMBINE.
Il n'y a pas grand ouvrage à friser des cheveux courts comme ceux-là.
ARLEQUIN.
Plus que vous ne pensez : j'aimerais mieux coiffer dix femmes en boucles, que de mettre une tête d'abbé en marrons.
COLOMBINE.
Vous avez raison ; il y a plus à faire auprès de ces messieurs-là qu'auprès des femmes.
ARLEQUIN.
Je me suis pourtant assez bien trouvé des femmes, et dans le fond, ce sont de bonnes personnes : en en dit la rage, mais moi je ne les trouve pas si dévergondées que les hommes.
COLOMBINE.
Assurément on peut dire, pour les excuser, qu'elles sont plus exposées au péril. Pour peu qu'une femme ait d'enjouement, un soupirant lui donne vivement la chasse : elle évite un temps l'écueil dangereux des présents ; elle résiste à la tempête : mais à la fin il vient une bourrasque de pleurs et de soupirs ; un amant fait force de voiles, il double le cap de Bonne-Espérance : une femme veut se sauver ; elle donne contre un rocher ; voilà la barque renversée ; et dans cette extrémité-là, l'honneur a bien de la peine à se sauver à la nage.

ARLEQUIN.

L'honneur d'à présent est pourtant bien mince et bien léger; il devrait aller sur l'eau comme du liége.

COLOMBINE.

Cette femme de robe, par exemple, que vous avez éclairée, son honneur savait-il nager?

ARLEQUIN.

Il faisait quelquefois le plongeon; mais d'ailleurs c'était une brave femme; elle faisait l'extrait de tous les procès dont monsieur était le rapporteur : elle n'avait jamais étudié, et si elle savait plus de latin que son mari.

COLOMBINE.

Et cette femme garde-note, n'a-t-elle jamais fait de faussetés dans son ministère?

ARLEQUIN.

Ah! il ne faut jamais dire de mal de gens dont on a mangé le pain; mais si l'on avait gardé minute dans l'étude de tout ce qui se faisait dans la chambre, il aurait fallu plus de vingt clercs pour en délivrer des expéditions; et, pour dire la vérité, je crois qu'il se passait moins d'actes par-devant monsieur que par-devant madame.

COLOMBINE.

C'est-à-dire qu'il y avait toujours quelqu'un dans le logis qui signait en second.

ARLEQUIN.

Justement.

COLOMBINE.

Pour moi, dans toutes les conditions que j'ai faites, tout ce que je voyais m'échauffait si fort la bile, que je me suis faite limonadière, pour me rafraîchir la conscience.

ARLEQUIN.

C'est-à-dire que vous avez présentement la conscience à la glace. Pour moi, pour le repos de la mienne, j'attrape ici l'argent du badaud; c'est moi qui suis le maître de la Bouche de Vérité, des trois théâtres, du cadran du Zodiaque, du sérail de l'empereur du Cap-Vert, et autres sottises lucratives de cette nature-là.

COLOMBINE.

Quoi! c'est toi qui...

ARLEQUIN.

Oui, moi-même.

ACTE I, SCÈNE IX.

COLOMBINE.

Voilà cinquante pistoles qui te sautent au collet, si tu veux être de concert avec nous pour tromper un vieux docteur, lui faire voir sa maîtresse dans toutes tes boutiques, et renvoyer un provincial à Pont-l'Évêque.

ARLEQUIN.

Vous vous moquez de moi : je ne suis point intéressé; l'argent ne m'a jamais dominé; mais je n'ai jamais rien refusé pour cinquante pistoles.

COLOMBINE.

Je vais envoyer le docteur à ta Bouche de Vérité, et je te dirai après ce qu'il faudra faire.

ARLEQUIN.

Va vite, et moi, de mon côté, je vais faire ouvrir mon magasin. Holà, hé! qu'on ouvre.

SCÈNE IX.

(La ferme s'ouvre; on voit trois bustes, posés sur trois tables différentes, au milieu du théâtre.)

ARLEQUIN, seul.

Voici le rendez-vous de tous les curieux;
C'est ici qu'on voit tout, pourvu qu'on ait des yeux;
Ici l'on entend tout, quand on a des oreilles,
Et de l'argent, s'entend. O têtes sans pareilles!
Vous, effort de mon art, miracle de ma main,
Vous ne cesserez pas d'être mon gagne-pain
    Tant que la ville
  En badauds sera fertile.
Vous êtes, il est vrai, de bois et de carton,
Vides de sens commun, sans esprit, sans raison :
Cependant vous allez prononcer des oracles;
Mais on voit tous les jours de semblables miracles.
    Que de cervelles à ressorts
    Voyons-nous dans les plus grands corps,
    Former de graves assemblées,
    Décider de nos destinées!
    En un mot, combien voyons-nous
    De ces têtes tant consultées
    Qui n'ont pas plus d'esprit que vous!
(Une des têtes, représentées par la chanteuse, chante.)

Venez à nous,
Accourez tous;
Rien n'est si doux
Que d'apprendre sa destinée;
Mais dans l'hyménée,
L'ignorance est d'un grand secours.
Époux, ignorez toujours.

SCÈNE X.

ARLEQUIN, LE DOCTEUR.

LE DOCTEUR.

Une nommée Colombine m'a dit, monsieur, que j'aurais ici des nouvelles d'une fille égarée que j'ai fait afficher.

ARLEQUIN, à part.

Voilà le docteur dont on m'a parlé; il faut le turlupiner. (Haut.) De quoi vous embarrassez-vous de chercher une fille? Et qu'en ferez-vous quand vous l'aurez retrouvée?

LE DOCTEUR.

Ce que j'en ferai? Je l'épouserai.

ARLEQUIN rit et le regarde sous le nez.

Vous, l'épouser? Et de quelle profession êtes-vous, monsieur l'épouseur?

LE DOCTEUR.

Je suis docteur, monsieur, à votre service.

ROQUILLARD.

Benè. Voilà une qualité d'une bonne ressource pour une femme. Et quel âge?

LE DOCTEUR.

Je cours ma soixante-dixième.

ARLEQUIN.

Optimè. C'est une année bien glissante, et vous courrez risque de vous y casser le cou. Et la fille est âgée?....

LE DOCTEUR.

De vingt ans, ou environ.

ARLEQUIN.

Ah! que cela est bien fait! Quand on n'a plus de dents, on ne saurait prendre la viande trop tendre.

LE DOCTEUR.

Je voudrais bien savoir, monsieur, par le moyen de votre Bouche de Vérité, quel sera mon sort dans le mariage.

ARLEQUIN.

C'est-à-dire que vous voudriez bien savoir si votre future

ne vous enregistrera point dans le grand catalogue où Vulcain est à la tête.

LE DOCTEUR.

Vous l'avez dit; et j'aurais une petite démangeaison d'apprendre ma destinée sur ce chapitre-là.

ARLEQUIN.

C'est agir prudemment; il vaut mieux s'en éclaircir avant le mariage, que de vouloir en être instruit quand on est marié. Il faut aller à la Bouche de Vérité, et vous essayer le bonnet.

LE DOCTEUR.

Comment! qu'est-ce que cela veut dire?

ARLEQUIN prend le bonnet.

Voilà un bonnet qui ne s'est jamais trompé en sa vie; et s'il change de figure sur votre tête, c'est que vous serez coiffé à la moderne.

LE DOCTEUR.

Oh! mettez, mettez; je ne crains rien.

(Arlequin lui met le bonnet, qui aussitôt se change en croissant.)

LA BOUCHE DE VÉRITÉ chante.
Console-toi d'avoir sur ton turban
Les armes qu'on révère en l'empire ottoman;
On les porte par tout le monde,
Et j'en voi
Qui, malgré leur perruque blonde,
Ne sont pas mieux coiffés que toi.

(Le docteur se regarde dans un petit miroir qui est sur la table de la Bouche de Vérité, jette de dépit le bonnet et s'en va.)

SCÈNE XI.

ARLEQUIN, UNE JEUNE FILLE.

LA JEUNE FILLE.

Il y a longtemps, monsieur, que la curiosité m'aurait amenée ici, si la crainte ne m'avait retenue.

ARLEQUIN.

La curiosité mènerait les filles bien loin, si la crainte ne les retenait; mais c'est une bride qui n'est pas toujours la plus forte.

LA JEUNE FILLE.

Je ne crois pas qu'il y ait une fille plus craintive que moi; je n'oserais demeurer seule, et la nuit, j'ai si peur des esprits, qu'il faut que j'aille coucher avec ma mère pour me rassurer.

ARLEQUIN.

Si vous aviez fait connaissance avec de certains esprits palpables, vous auriez moins peur d'eux que de votre mère. Puisque vous êtes si timide, il faut donc que je devine le sujet qui vous conduit ici. Voulez-vous savoir si votre beauté durera longtemps?

LA JEUNE FILLE.

Mais, monsieur, je crois qu'elle durera autant que ma jeunesse.

ARLEQUIN.

Les femmes d'aujourd'hui poussent la jeunesse bien loin; et j'en vois tous les jours qui, selon leur calcul, sont encore plus jeunes que leurs filles.

LA JEUNE FILLE.

Il est vrai, et j'ai une vieille tante qui veut à toute force passer pour ma sœur, et qui dernièrement cassa de dépit son miroir, en disant que la glace en était ridée, et qu'on n'en faisait plus d'aussi belles qu'au temps passé.

ARLEQUIN.

Laissez-moi faire; je suis après à établir une manufacture de glaces exprès pour les vieilles.

LA JEUNE FILLE.

Je trouve cela si ridicule, que je renoncerai à la jeunesse dès que j'aurai vingt ans.

ARLEQUIN.

Oui, vous compterez de bonne foi jusqu'à dix-huit; mais vous serez terriblement longtemps sur la dix-neuvième. Ce n'est donc pas le soin de votre jeunesse ni de votre beauté qui vous amène ici?

LA JEUNE FILLE.

Non, monsieur.

ARLEQUIN.

Cela m'étonne; car c'est d'ordinaire le seul soin qui occupe les femmes. Vous voulez peut-être savoir si vous aurez des amants?

LA JEUNE FILLE.

Des amants? Qu'est-ce que c'est que des amants?

ARLEQUIN.

Un amant! c'est une espèce d'animal soumis qui s'insi-

ACTE 1, SCÈNE XI.

nue auprès des filles en chien couchant, les mord en mâtin, et s'enfuit en lévrier.

LA JEUNE FILLE.

Si c'est cela que vous appelez des amants, j'en ai bien de cette espèce-là. J'ai entre autres un grand cousin qui me suit toujours, qui me baise les mains quand il peut les attraper, et qui me dit qu'il se tuera si je ne l'aime.

ARLEQUIN.

Voilà le chien couchant, cela : prenez garde qu'il ne devienne mâtin; car je suis bien trompé si ce cousin-là n'a envie de faire avec vous une alliance plus étroite.

LA JEUNE FILLE.

Je connais encore un jeune monsieur, qui va à l'armée, qui me fait toujours quelque petit présent.

ARLEQUIN.

Voilà le lévrier; prenez garde à vous.

LA JEUNE FILLE.

C'est lui qui m'a apporté de Flandre les cornettes et les engageantes que vous voyez.

ARLEQUIN.

Des cornettes et des engageantes! Quand une fille est prise par la tête et par les bras, elle a bien de la peine à se défendre; je vous en avertis.

LA JEUNE FILLE.

Je voudrais savoir de vous si... Mais... n'y a-t-il là personne?

ARLEQUIN.

Non, non; parlez hardiment.

LA JEUNE FILLE.

Je voudrais savoir si... Mais... je n'ose vous le dire.

ARLEQUIN.

Ah! que de si et de mais!

LA JEUNE FILLE.

Je voudrais donc savoir si je serai mariée cette année.

ARLEQUIN.

Je ne puis pas vous dire cela bien positivement; mais je sais qu'il ne tiendra qu'à vous de vous faire passer un vernis de mariage.

LA JEUNE FILLE.

Oh! fi, monsieur; le vernis me fait mal à la tête.

ARLEQUIN.

Pour vous dire cela bien sûrement, il faudrait savoir auparavant si vous êtes fille.

LA JEUNE FILLE.

Si je suis fille?

ARLEQUIN.

Mais fille-fille. Il y en a bien qui usurpent ce nom-là : de tous les titres, c'est le plus aisé à falsifier ; et telle porte un losange en écusson, qui pourrait entourer ses armes de bien des cordons de veuve. *A la prova.* Mettez votre main dans la Bouche de Vérité : si vous êtes aussi fille que vous le dites, elle répondra à votre demande; mais si vous n'êtes que demi-fille, elle vous mordra si fort qu'elle ne vous lâchera peut-être pas de dix ans.

LA JEUNE FILLE.

Qu'est-ce que c'est, s'il vous plaît, qu'une demi-fille?

ARLEQUIN.

Mais, une demi-fille, c'est une fille qui... dans l'occasion... Avez-vous jamais vu des castors?

LA JEUNE FILLE.

Oui, monsieur.

ARLEQUIN.

Eh bien! il y a des castors et des demi-castors. Une demi-fille, c'est comme qui dirait un demi-castor ; il y entre un certain... mélange, qui fait... que... Tout le monde vous dira cela. Mettez, mettez seulement votre main dans la Bouche de Vérité.

LA JEUNE FILLE.

Oh! monsieur, je ne crains rien; y eût-il vingt bouches, j'y mettrais mon bras jusqu'au coude.

ARLEQUIN.

Allons, voyons. Qu'est-ce? Vous résistez? C'est-à-dire qu'il y a du demi-castor.

LA JEUNE FILLE.

Ce n'est pas que j'aie peur; mais si votre bouche était une gourmande qui m'allât mordre sans sujet.

ARLEQUIN.

Ne craignez rien; c'est une bouche fort sobre, et qui ne mord que bien à propos.

(La jeune fille approche sa main ; la bouche remue comme si elle voulait mordre.)

LA BOUCHE DE VÉRITÉ chante.

Prends garde à mes dents,
Crains ma colère;
J'ai mordu ta mère
A quinze ans;
Car en ce temps
Une fille n'est guère
Plus fille que sa mère.

LA JEUNE FILLE.

Je suis la très-humble servante de la Bouche de Vérité; mais j'ai trop peur de ces vilaines dents-là.

SCÈNE XII.

ARLEQUIN, seul.

C'est fort bien fait, prends garde à ses dents.
Si mainte fille que je vois
Était mise à pareille épreuve,
Il n'en serait point de si neuve
Qui n'y pensât plus d'une fois.

SCÈNE XIII.

ARLEQUIN; UN ASTHMATIQUE, enveloppé d'un manteau fourré.

L'ASTHMATIQUE.
Ouf! je me meurs! Ouf! je suis mort! Ouf! je veux parler.

ARLEQUIN.
Vous êtes mort, et vous voulez parler? Vous ne viendrez jamais à bout de cette affaire-là.

L'ASTHMATIQUE.
Je voudrais consulter la Bouche de Vérité... J'ai un a... as... ame, un ame qui m'étouffe.

(Il se plaint comme un homme qui souffre beaucoup.)

ARLEQUIN.
Votre âme vous étouffe? Consolez-vous; dans peu vous en serez délivré.

L'ASTHMATIQUE.
Et non, monsieur; c'est un asthme.

ARLEQUIN.
Ah! je vous entends.

L'ASTHMATIQUE.

Je voudrais savoir si ma femme, qui n'a que dix-huit ans, et qui se porte bien, mourra avant moi.

ARLEQUIN.

Si elle veut mourir avant vous, il faudra qu'elle se dépêche.

L'ASTHMATIQUE.

Mais mon mal vient de mélancolie; ma femme m'avait promis de la joie.

ARLEQUIN.

Et quelle espèce de joie une femme peut-elle donner à un asthmatique?

L'ASTHMATIQUE.

Elle chante, elle danse, elle joue de la guitare; mais, par malheur, elle en joue si bien, qu'on ne peut l'entendre sans danser, et je ne saurais danser sans étouffer.

SCÈNE XIV.

(La femme de l'asthmatique entre avec une guitare, chante un air gai, et danse.)

ARLEQUIN, L'ASTHMATIQUE, LA FEMME DE L'ASTHMATIQUE.

L'ASTHMATIQUE.

Ah! monsieur, la voilà qui me poursuit.

ARLEQUIN.

Je crois que c'est la femme d'Orphée; elle met tout en mouvement. Dites-moi, je vous prie, madame, avez-vous le diable au corps de vouloir faire danser un pauvre asthmatique?

LA FEMME.

J'ai mes raisons pour cela, monsieur. Mon mari m'a donné, par contrat de mariage, mille pistoles après sa mort; depuis que nous sommes mariés, il m'a promis mille autres pistoles si je le guérissais de sa mélancolie asthmatique : j'ai affaire d'argent; il faut aujourd'hui qu'il danse, ou qu'il crève. Allons, danse. (Elle fredonne.) La, la, la.

ARLEQUIN.

Elle a raison. Pourquoi lui promettiez-vous mille pistoles? Il faut que vous la dansiez.

LA FEMME chante en s'accompagnant de sa guitare.

Qu'un mari soit pulmonique,
Léthargique, hydropique, asthmatique :
Qu'il soit ce qu'il vous plaira,
Tire, lire, lira, liron, fa, fa, fa,
Tire, lire, lira, liron, fa.
Malgré sa résistance,
Si sa femme veut qu'il danse,
Il a beau faire, il dansera,
Tire, lire, lira, etc.

(Pendant que l'on chante cet air, les Termes qui forment la décoration du fond du théâtre, s'animent, dansent et s'en vont en chantant tire, lire, lira, etc.)

FIN DU PREMIER ACTE.

ACTE SECOND.

SCÈNE I.

LE DOCTEUR, COLOMBINE.

COLOMBINE.

Il me semble, monsieur, que vous devriez présentement être un peu moins ardent pour la noce.

LE DOCTEUR.

A te dire la vérité, ce que j'ai vu ne m'échauffe guère.

COLOMBINE.

Tout franc, vous n'êtes pas heureux dans vos consultations : et ce diable de bonnet a pris une vilaine figure sur votre tête.

LE DOCTEUR.

J'ai été aussi étonné que si les cornes me fussent venues.

COLOMBINE.

Ç'a été presque la même chose.

LE DOCTEUR.

Quoi! le front d'un docteur serait sujet à ces accidents-là?

COLOMBINE.

J'en vois tous les jours d'aussi savants que vous qui ne l'évitent pas.

LE DOCTEUR.
C'est un bétail bien trompeur que les filles!
COLOMBINE.
J'en tombe d'accord; mais aussi elles n'ont pas tout le tort. Voulez-vous qu'une fille aille s'enterrer toute vive avec un vieillard qui est le bureau d'adresse de toutes les fluxions et rhumatismes qui se distribuent par la ville?
LE DOCTEUR.
Je n'en suis pas encore là.
COLOMBINE.
Non, mais vous y serez bientôt; et c'est un bonheur qu'Angélique soit une égrillade, pour vous empêcher de donner la dernière cérémonie à votre amour.
LE DOCTEUR.
Colombine, au moins... bouche cousue; ne va pas la décrier. Il y a un Bas-Normand qui me l'a demandée en mariage : si l'envie d'Angélique me passe, j'en ferai un ami.
COLOMBINE.
Songeons à vous faire voir Angélique dans son naturel; et vous en ferez après ce que vous voudrez.
LE DOCTEUR.
Allons, je te suis.
COLOMBINE, à part.
Voilà un vrai ours à mener par le nez.

SCÈNE II.

UN MARQUIS, UN CHEVALIER, UNE COQUETTE RIDICULE, UN MARCHAND, D'ÉTOFFES; CASCARET, laquais.

LE MARQUIS.
Non, chevalier, vous ne paierez pas; c'est à moi à mettre la main à la bourse.
LE CHEVALIER.
Je vous dis, marquis, que je paierai absolument; car je le veux...
LA COQUETTE.
Non, messieurs, s'il vous plaît; vous ne paierez ni l'un ni l'autre, et je ne veux point que vous vous ruiniez en ma compagnie.
LE MARQUIS.
L'occasion de la foire autorise ce petit présent.
LA COQUETTE.
Non, vous dis-je, je ne veux point de votre étoffe. Casca-

ret, portez cela à mon tailleur, et dites-lui qu'il m'en fasse une innocente; et qu'il la garnisse jusqu'aux pieds de rubans couleur de feu rouge.

(Le laquais emporte l'étoffe.)

SCÈNE III.

LE MARQUIS, LE CHEVALIER, LA COQUETTE, LE MARCHAND.

LA COQUETTE.
Je ne prends jamais rien des hommes.
LE CHEVALIER.
Mais, madame, ce n'est qu'une bagatelle.
LE MARQUIS.
Vous ne sauriez, madame, refuser cette discrétion-là de ma part; et je vous ai d'ailleurs tant d'obligations...
LA COQUETTE.
Oh! oh! monsieur, vous vous moquez.
LE CHEVALIER.
Il faudrait que je fusse le dernier des coquins si, dans les occasions, je ne cherchais à donner à madame des marques de ma reconnaissance.
LA COQUETTE.
Monsieur le chevalier est généreux.
LE MARQUIS.
Si nous nous mettons sur les obligations, je crois que personne n'en doit avoir à madame de plus essentielles que moi : c'est elle qui me nourrit; et depuis que je suis revenu de l'armée, je n'ai point d'autre auberge que sa maison.
LA COQUETTE.
L'auberge est mauvaise, monsieur le marquis; mais l'hôtesse est bien votre petite servante.
LE CHEVALIER.
Je n'oublierai jamais le contrat de rente que madame vient de vendre pour remonter ma compagnie, et la fournir de buffles et de cocardes.
LA COQUETTE.
Ah! fi donc, chevalier!
LE MARQUIS.
Les présents pour moi ne sont pas ce qui me touche le plus. Madame m'a fait l'honneur de passer huit jours chez

moi à ma maison de campagne, où assurément je n'ai pas eu lieu de me plaindre de ma mauvaise fortune.

LA COQUETTE.

Monsieur le marquis est toujours obligeant.

LE CHEVALIER.

Les faveurs de campagne sont des coups de hasard ; mais un tête-à-tête...

LA COQUETTE.

Taisez-vous donc, petit indiscret; je ne hais rien tant que les babillards.

LE MARQUIS.

Tu diras, chevalier, tout ce qu'il te plaira ; mais je paierai assurément.

LE CHEVALIER.

Tu le prendras, marquis, comme tu voudras ; mais absolument je donnerai de l'argent.

LE MARCHAND.

Entre vous le débat ; il n'importe qui paie, pourvu que je sois payé.

LE MARQUIS.

C'est fort bien dit.

LE CHEVALIER.

Tu as raison, mon ami.

LE MARQUIS, fouillant dans ses poches.

Et une marque certaine que je veux payer... Chevalier, prête-moi dix louis.

LE CHEVALIER, fouillant dans ses poches.

Dix louis ! Je te les prêterais volontiers, si je les avais ; mais je veux être déshonoré si j'ai un sou.

LE MARQUIS.

Ni moi, ou le diable m'emporte.

LA COQUETTE.

Je le savais bien, moi, que vous ne paieriez ni l'un ni l'autre.

LE MARCHAND.

Ce n'était pas la peine de tant disputer à qui paierait.

LA COQUETTE.

Il faut dire la vérité ; les gens de cour font les choses d'une manière bien plus noble que les autres.

LE CHEVALIER, au marchand.

Mon ami, que cela ne t'embarrasse point ; je vais chez moi chercher de l'argent, et dans un moment je suis ici.

(Il sort).

SCÈNE IV.

LE MARQUIS, LA COQUETTE, LE MARCHAND.

LE MARQUIS, au chevalier.

Non, parbleu! chevalier, tu ne paieras pas, ou j'aurai une affaire avec toi. Le banquier de notre régiment demeure à deux pas d'ici, et j'y cours.

(Il sort précipitamment.)

SCÈNE V.

LA COQUETTE, LE MARCHAND.

LA COQUETTE, faisant une grande révérence.

Monsieur, je suis votre très-humble servante; je vous donne le bonjour.

(Elle veut s'en aller).

LE MARCHAND, la retenant.

Doucement, s'il vous plaît, madame; vous avez mon étoffe, et vous ne sortirez pas que vous ne m'ayez payé.

LA COQUETTE.

Quel incivil! mais je crois que ce brutal-là veut me faire violence.

LE MARCHAND.

Non, madame; mais je veux que vous me donniez de l'argent.

LA COQUETTE.

De l'argent? Quelle grossièreté! demander de l'argent à une femme de qualité! Fi! je n'ai pas un sou, ou la peste m'étouffe!

LE MARCHAND.

Laissez-moi donc des gages.

LA COQUETTE.

Des gages! des gages! Une femme comme moi laisser des gages! Tenez, mon ami, voilà mon collier.

(Elle lui donne son collier.)

LE MARCHAND.

Votre collier, madame? Je n'en veux point; il n'est que de verre.

LA COQUETTE.

Il n'est que de verre! il est... il est comme les femmes de qualité les portent. Voyez un peu l'impertinent!

LE MARCHAND.

Point tant de raisonnements, madame; il faut me contenter.

(Il prend l'écharpe, le manteau, la jupe et le manchon de la coquette, qui demeure en corset et en jupon de Marseille.)

SCÈNE VI.

LA COQUETTE, seule.

En vérité, la galanterie d'aujourd'hui est bien gueuse. Hé! laquais, prenez ma queue.

SCÈNE VII.

NIGAUDINET, COLOMBINE; FANTASSIN, valet de Nigaudinet.

(Un filou vient doucement auprès de Nigaudinet, lui ôte son épée et s'en va.)

COLOMBINE.

C'est donc vous, monsieur, qui êtes monsieur Nigaudinet de Pont-l'Évêque?

NIGAUDINET.

Oui, m'amie.

COLOMBINE.

Et qui cherchez mademoiselle Angélique à la foire?

NIGAUDINET.

Assurément.

COLOMBINE.

Si vous voulez venir dans ma loge, je vous la ferai voir.

NIGAUDINET.

Dans votre loge? (A part.) Voilà quelque libertine qui veut me mettre à mal. (Haut.) Je vous remercie, mademoiselle; je n'aime point à être seul avec les filles.

COLOMBINE.

Venez, monsieur Nigaudinet : quoique vous soyez beau, jeune et bien fait, je vous assure que je ne suis point du tout tentée de votre personne.

NIGAUDINET.

Ah! que je ne suis pas si niais! Il faut un rien pour débaucher un garçon.

COLOMBINE.

Au diantre soit le benêt! Puisque vous ne voulez pas

LA FOIRE ST GERMAIN.

Ah! que je ne suis pas si niais! il faut un rien
pour débaucher un garçon.

Acte II, Sc. VII.

A Paris, chez P. Dufart, Quai Voltaire, N.º 19.

venir, je vais dire à mademoiselle Angélique que vous êtes ici. Votre servante, monsieur de Pont-l'Évêque.

SCÈNE VIII.

NIGAUDINET, FANTASSIN.

NIGAUDINET.

On m'avait bien dit de prendre garde à moi quand je viendrais à Paris. Comme les femmes de ce pays-ci aiment les gens de notre province ! Mais elles n'ont qu'à venir, comme diable je les galvauderai ! Fantassin !

FANTASSIN.

Mon maître ?

NIGAUDINET.

Petit garçon, ne laissez approcher ni fille ni femme auprès de moi.

FANTASSIN.

S'il en vient quelqu'une, je lui dirai que vous êtes retenu, et que mademoiselle Angélique n'attend plus qu'après vous.

NIGAUDINET, se fouillant.

Je crois, Dieu me pardonne, qu'ils m'ont pris mon épée. N'as-tu vu personne rôder à l'entour de moi ?

FANTASSIN.

Oui-dà, monsieur ; j'ai vu un grand homme, habillé de rouge, qui a pris le couteau avec la gaîne : j'attendais qu'il la remît ; il n'est point revenu la remettre.

NIGAUDINET.

Comment, petit fripon ! d'où vient que tu ne m'as pas averti ?

FANTASSIN.

Il me faisait signe de n'en rien dire, et tirait cela si drôlement, que j'étais ravi de le voir faire.

NIGAUDINET.

Je vous rabattrai cela sur vos appointements.

FANTASSIN.

Je croyais que cela était de la foire, et je l'ai déjà vu faire à trois ou quatre personnes qui n'en ont rien dit.

NIGAUDINET.

Le petit sot !

FANTASSIN.

Dame ! monsieur, je ne suis pas obligé de savoir cela,

et tout le monde ne peut pas avoir autant d'esprit que vous.

NIGAUDINET.

Oh bien! va chercher cet homme dans la foire, et dis-lui qu'il me rapporte mon épée; car j'en ai affaire.

SCÈNE IX.

NIGAUDINET, ARLEQUIN.

ARLEQUIN, à part.

Voilà notre nouveau débarqué; il faut que je l'accoste. (Haut.) Serviteur, monsieur.

NIGAUDINET.

Voilà un homme qui a mauvaise façon. (Il regarde derrière lui.) Fantassin!

(Il recule et tremble.)

ARLEQUIN.

Voilà, ma foi, le premier homme à qui j'ai fait peur.

NIGAUDINET.

N'est-ce point vous, monsieur, qui avez pris mon épée?

ARLEQUIN.

Comment donc, monsieur, pour qui me prenez-vous? Par la vertubleu, j'ai envie de vous couper les oreilles.

NIGAUDINET.

Couper les oreilles! Prenez garde à ce que vous ferez. Je me fais homme d'épée, une fois; et je viens à Paris pour acheter une charge dans l'armée. Ne savez-vous pas quelque régiment de hasard à vendre?

ARLEQUIN, à part.

Voilà un homme bien tourné pour acheter un régiment. (Haut.) Qu'entendez-vous, s'il vous plaît, par un régiment de hasard?

NIGAUDINET.

Mais c'est un vieux régiment qui aurait déjà servi, et que je pourrais avoir à meilleur marché qu'un autre.

ARLEQUIN.

Il faudra voir à la friperie. Et quel nom portera votre régiment?

NIGAUDINET.

Oh! le mien.

ARLEQUIN.
Et comment vous appelez-vous?
NIGAUDINET.
Christophe Nigaudinet, à votre service.
ARLEQUIN.
Diable! voilà un nom bien martial. Si tous les nigauds de Paris prennent parti dans votre régiment, il sera bientôt complet.
NIGAUDINET.
Oh! je l'espère.
ARLEQUIN.
Quand vous voudrez faire vos recrues, vous n'aurez qu'à faire battre la caisse aux Tuileries pendant l'été.
NIGAUDINET.
Pourquoi donc battre la caisse aux Tuileries?
ARLEQUIN.
C'est que, pendant la canicule, c'est là le rendez-vous de la plus fine valeur. Vous voyez, d'un côté, sur le déclin du jour, un petit maître d'été se promener fièrement sur le champ de bataille de la grande allée, affronter le serein, et se couvrir d'une noble poussière; de l'autre, vous apercevez un grand oisif insultant aux marronniers, passant en revue les coquettes de la ville, et brûlant d'ardeur d'en venir aux mains avec quelque nymphe accostable qu'il aura détournée dans les bosquets.
NIGAUDINET.
Voilà des soldats comme je les veux. Mais, avant d'enrôler ce régiment-là, je serais bien aise d'enrôler une fille en mariage.
ARLEQUIN.
Prenez garde qu'elle ne vous enrôle aussi à votre tour.
NIGAUDINET.
Oh! oh! je ne crains rien; elle est sage : c'est une belle fille, oui. On la nomme Angélique. On m'a dit qu'elle était à la foire, et je voudrais bien la voir.
ARLEQUIN, à part.
Je ne crois pas que ce bonheur-là t'arrive. (Haut.) Quoi! monsieur! celle que vous cherchez ici, et que vous devez épouser, s'appelle Angélique, nièce du docteur?
NIGAUDINET.
Oui, monsieur. Est-ce que vous la connaissez?

ARLEQUIN.

Oh! monsieur, permettez que je vous embrasse. C'est la meilleure de mes amies; elle m'a parlé de vous plus de cent fois; elle vous attend avec impatience : elle est ici à quatre pas; je vais lui dire que vous la cherchez. Serviteur, monsieur Christophe Nigaudinet, de Pont-l'Évêque.

(Arlequin, en sortant, fait signe à un filou qui paraît au fond du théâtre; ils se parlent à l'oreille, et ils sortent.)

SCÈNE X.

NIGAUDINET, seul.

D'abord je croyais que cet homme était un voleur; mais je commence à m'apercevoir que c'est un honnête homme.

SCÈNE XI.

NIGAUDINET, UN FILOU.

NIGAUDINET.

Mais que cherche celui-ci?

LE FILOU, enveloppé d'un manteau rouge, compte de l'argent.

Cinq et quatre font neuf, et vingt sont vingt-neuf; deux tabatières, qui en valent encore dix, sont trente-neuf; une montre de vingt-cinq; le tout fait à peu près soixante et quatre ou cinq pistoles : cela n'est pas mauvais à prendre.

NIGAUDINET, qui a écouté tout cela.

Qu'est-ce, monsieur? Pourrait-on savoir quel compte vous faites là?

LE FILOU.

Eh! ce n'est rien, ce sont soixante-dix pistoles que j'ai gagnées au jeu chez Lafrenaye le curieux.

NIGAUDINET.

Diable! soixante-dix pistoles! c'est un fort bon gain.

LE FILOU.

Bon! si je voulais, j'en gagnerais dix mille; mais j'ai de la conscience; je me passe à peu.

NIGAUDINET.

Comment donc, monsieur, vous avez de la conscience! Est-ce qu'il y a de la conscience à jouer?

LE FILOU.

Et oui, monsieur, quand on est sûr de gagner.

NIGAUDINET.
Vous êtes donc sûr de toujours gagner? Et comment cela?
LE FILOU, mystérieusement.
C'est que je vous dirai en confidence que je suis un filou. Je joue aux dés; j'ai toujours des dés pipés sur moi, et je fais rafle de six quand je veux.
NIGAUDINET.
Voilà un merveilleux talent! que vous êtes heureux! Vous faites râfle quand vous voulez?

SCÈNE XII.

NIGAUDINET, LE FILOU; ARLEQUIN, en filou, un manteau rouge sur le nez.

ARLEQUIN, à part.
Je m'en vais renvoyer monsieur du Pont-l'Évêque d'une étrange manière. (Haut, à l'autre filou.) Ah! mons de la Trichardière, soyez le bien trouvé. Il y a longtemps que je vous cherche : vous m'avez filouté mon argent au jeu; voilà cent pistoles que j'ai été prendre chez moi : allons, ma revanche, ou il faut nous couper la gorge ensemble.
LE FILOU.
Parbleu! mons de la Filoutière, vous le prenez sur un ton bien haut! Par la mort!
(Il met la main sur son épée.)
NIGAUDINET, se mettant entre eux.
Eh! messieurs, point de bruit. (A Arlequin.) Comment, monsieur, il vous a donc gagné beaucoup d'argent aux dés?
ARLEQUIN.
C'est un filou, monsieur, il ne m'a pas gagné, il m'a filouté : je prétends qu'il me rende mon argent, ou qu'il rejoue encore avec moi.
NIGAUDINET.
Et combien avez-vous à perdre?
ARLEQUIN.
J'ai encore cent pistoles que voilà.
(Il montre une bourse.)
NIGAUDINET.
Attendez, je m'en vais lui parler et tâcher de vous faire donner satisfaction. (Au filou.) Allons, monsieur, il y a encore cent pistoles, il faut les lui gagner.

LE FILOU.

Je ne le ferai pas, monsieur ; j'ai de la conscience.

NIGAUDINET.

Eh! morbleu! jouez pour moi : je n'ai point de conscience, moi : je suis Normand.

LE FILOU.

Le voulez-vous?

NIGAUDINET.

Je vous en conjure, et surtout les dés pipés, et toujours râfle.

LE FILOU.

Laissez-moi faire. (A Arlequin.) Oh! çà, mons de la Filoutière, puisque vous avez tant envie de jouer, faites donc apporter une table.

ARLEQUIN.

Allons vite, qu'on apporte une table, un cornet et des dés.

NIGAUDINET.

Allons, vite, vite. (A Arlequin.) Sans moi, monsieur, il n'aurait jamais joué.

ARLEQUIN.

Je vous suis obligé, monsieur, car j'étais résolu de lui faire tirer l'épée, et vous m'épargnez une affaire.

(On apporte une table, un cornet et des dés. Le filou s'assied à l'un des bouts de la salle, Arlequin à l'autre ; Nigaudinet se tient debout au milieu.)

ARLEQUIN prend le cornet et remue les dés.

Allons, monsieur, massez.

LE FILOU prend la bourse de Nigaudinet, et en tire vingt louis.

Masse à vingt louis d'or.

ARLEQUIN.

Tope. (Il jette les dés.) J'ai gagné.

LE FILOU en prend autant.

Masse à la poste.

ARLEQUIN.

Tope. J'ai gagné.

NIGAUDINET, à demi-chagrin, bas au filou.

Mais, monsieur, vous n'y songez pas.

LE FILOU.

Laissez-moi faire, c'est pour la lui donner belle. (A Arlequin.) Masse au reste de la bourse.

ARLEQUIN.
Tope. J'ai gagné.
NIGAUDINET, d'un ton pleureur.
Vos dés pipés ne pipent point. Où sont donc les râfles?
LE FILOU.
Ne vous fâchez point; je vais prendre le dé; vous allez voir. N'avez-vous point d'autre argent?
NIGAUDINET, se fouillant.
J'ai encore trois louis d'or que voilà.
ARLEQUIN se lève comme pour s'en aller.
Serviteur, messieurs : puisque vous n'avez plus d'argent...
NIGAUDINET, l'arrêtant.
Doucement, monsieur, voilà encore trois louis.
ARLEQUIN.
Belle gueuserie, vraiment! Mais, tenez, je suis beau joueur; masse aux trois louis.
LE FILOU, prenant les dés.
Tope. (Il jette les dés.) Râfle de six : j'ai gagné.
NIGAUDINET, riant et sautant.
Râfle de six! Nous avons gagné; ah! ah! ah! (Au filou.) Les dés pipés, n'est-ce pas?
LE FILOU.
Oui, vous allez voir beau jeu.
NIGAUDINET, à Arlequin.
Allons, monsieur, jouez gros jeu, s'il vous plaît, à cette heure qu'il y a des dés pipés.
ARLEQUIN.
Masse à six louis.
LE FILOU.
Tope. J'ai gagné.
NIGAUDINET, éclatant de rire.
Râfle de six, et toujours rafle de six. (Il embrasse le filou.) Le brave homme!
ARLEQUIN.
Masse à douze louis.
LE FILOU.
Tope.
ARLEQUIN
J'ai gagné. Serviteur. Messieurs.
NIGAUDINET, l'arrêtant.
Attendez, monsieur, attendez. (Au filou, en pleurant.)

Mais, monsieur, qu'est-ce que cela veut donc dire? Est-ce que vos dés pipés se moquent! Ils ne râflent que les petits morceaux.

LE FILOU.

Il faut bien qu'il gagne quelquefois, pour l'amorcer seulement. Il n'est pas encore dehors; voyez si vous avez quelque chose sur vous.

NIGAUDINET.

Voilà une montre de douze louis, et un diamant de cinquante. (A Arlequin.) Allons, monsieur, à mon diamant et à ma montre, cela vaut bien soixante louis d'or.

ARLEQUIN.

Je ne joue jamais de nippes; mais, à cause que c'est vous, je le veux bien. Masse à soixante louis d'or.

LE FILOU.

Tope.

ARLEQUIN.

J'ai gagné.

(Il prend la montre et la bague, et veut s'en aller.)

NIGAUDINET, l'arrêtant.

Mais, monsieur, écoutez : j'ai...

ARLEQUIN.

Je n'écoute rien. Le jeu est libre : je ne veux plus jouer. Serviteur.

SCÈNE XIII.

NIGAUDINET, LE FILOU.

NIGAUDINET, pleurant de toute sa force.

Vous m'avez ruiné, monsieur, avec vos dés pipés. Je n'ai plus ni argent, ni montre, ni bague. Comment voulez-vous donc que je fasse?

(Pendant cette tirade, le filou s'esquive.)

SCÈNE XIV.

NIGAUDINET, seul.

Au voleur! au voleur! (Il aperçoit le manteau que le filou a laissé sur sa chaise, et le prend.) Ils m'ont volé mon argent, ma montre et ma bague; mais je ne leur rendrai pas leur manteau. Le diable emporte la foire, les filous et la ville! Je m'en vais dans mon pays : de ma vie je ne reviendrai à Paris.

SCÈNE XV.

(Arlequin revient en riant, et regarde de loin Nigaudinet.

ARLEQUIN, seul.

Laissez-le passer, laissez-le passer. C'est monsieur Christophe Nigaudinet de Pont-l'Évêque, qui s'en retourne. Ah!
ah! ah! quel animal ! quel animal !
Pour un homme d'esprit, pour un adroit filou,
Disons la vérité, Paris est un Pérou.
Mais, de tous les métiers qu'on exerce à la ville,
Un intrigant d'amour est bien le plus utile.
Voici mon argument : il est certains métiers,
Perruquiers, fourbisseurs, armuriers, chapeliers,
Qui seulement à l'homme offrent leur ministère :
Les autres seulement à la femme ont affaire.
Mais dans ce beau métier, dans cet emploi si doux,
Vous tirez des deux mains ; vous êtes propre à tous.
S'il est vrai, comme on dit, que la moitié du monde
Pourchasse l'autre part en la machine ronde,
Si tous ceux que l'on voit exercer cet emploi
Étaient, par un arrêt, habillés comme moi,
On verrait dès demain, dans ce pays fertile,
Grand nombre d'Arlequins embarrasser la ville.

SCÈNE XVI.

ARLEQUIN, UN VALET DE THÉATRE.

LE VALET.

Monsieur, l'heure se passe ; les trois théâtres sont pleins. Voulez-vous qu'on commence?

ARLEQUIN.

Si la salle est pleine, commencez. Je vais me préparer pour jouer mon rôle.

SCÈNE XVII.

(On ouvre la Ferme; le fond du théâtre représente un bois agréable. Le Docteur et plusieurs autres spectateurs se placent sur le devant.)

LE VALET DE THÉATRE, LE DOCTEUR, et autres spectateurs.

LE DOCTEUR.

Qu'allons-nous voir, monsieur?

LE VALET.

Vous allez voir d'abord la parodie d'Acis et Galatée; ensuite Lucrèce, tragédie. Mais faites silence, on va commencer.

(Le théâtre change; on voit la mer avec des rochers.)

PARODIE
D'ACIS ET GALATÉE.

ACTEURS :

POLYPHÈME. *Arlequin.*
GALATÉE. *Mezzetin.*
ACIS. *Scaramouche.*

SCÈNE I.

GALATÉE, seule.

Qu'une fille, à Paris, a peine à se défendre
    De la poursuite des galants !
La plus fière en ces lieux, en proie à mille amants,
Perd sa coiffe et ses gants dès l'âge le plus tendre.
Mais quoiqu'ils soient perdus, veut-elle les revendre,
    Elle y trouve encor des marchands.

Qu'une fille, à Paris, a peine à se défendre
De la poursuite des galants!

SCÈNE II.

(Polyphème arrive, suivi de chaudronniers, qui tiennent des poêles, des enclumes et des marteaux.)

POLYPHÈME, GALATÉE.

POLYPHÈME.

Quand veux-tu donc, ma tigresse,
Réciproquer mon amour?
(Les chaudronniers l'accompagnent en frappant sur leurs enclumes.)
Je sens où le bât me blesse ;
Mon âme est percée à jour.
(Les chaudronniers, etc.)
Défais-toi de ta sagesse ;
Car c'est un harnais trop lourd.
(Les chaudronniers, etc.)
Je suis discret, ma princesse,
Comme le bruit d'un tambour.
(Les chaudronniers, etc.)

SCÈNE III.

POLYPHÈME, GALATÉE, ACIS.

ACIS.
Princesse, me voilà ; mais je ne puis rien dire.
GALATÉE.
Allez, éloignez-vous, faut-il vous le redire ?
(Elle se plonge dans la mer.)

SCÈNE IV.

POLYPHÈME, ACIS.

ACIS.
Vous me fuyez, par où l'ai-je donc mérité?
POLYPHÈME.
Traître ! reçois le prix de ta témérité.
(Il lui jette un rocher en forme de tonneau, qui le couvre entièrement, à la réserve de la tête, qui lui sort par la bonde.

ACIS.
Déesse, c'en est fait ; je vous perds, et j'expire.
POLYPHÈME.
Il est mort, l'insolent ; cette tonne le cache :
Je suis content de l'avoir fait crever.
Le drôle ici croyait me l'enlever
Jusque dessous la moustache.

(Le théâtre change, et représente un palais magnifique.)

LUCRÈCE.

TRAGÉDIE.

ACTEURS :

TARQUIN, *Arlequin.*
LUCRÈCE, *Colombine.*
L'ÉCUYER DE TARQUIN. *Mezzetin.*

SCÈNE I.

LUCRÈCE, seule, à sa toilette.

Quel bruit injurieux ose attaquer ma gloire !
Quel horrible attentat ! O ciel ! puis-je le croire ?
Quoi ! Tarquin, méprisant les dieux et leurs autels,
Nourrirait dans son sein des désirs criminels !
Dieux ! pourquoi m'accorder les traits d'un beau visage,
A moi qui ne veux point en faire aucun usage ?
A moi qui ne veux point, d'un souris, d'un regard,
Enchaîner chaque jour quelque amant à mon char ?
A moi, qui ne suis point de ces femmes coquettes
Qui tirent intérêt de leurs faveurs secrètes ;
Et, mettant à profit les charmes de leurs yeux,
Trafiquent un présent qu'elles doivent aux dieux ?
Mais pourquoi faire au ciel une injuste querelle ?

ACTE II, SCÈNE XVII.   715

Des amours de Tarquin suis-je pas criminelle?
C'est moi qui, ce matin, par des soins imprudents,
Ai voulu me parer de ces ajustements;
C'est moi qui, par ces nœuds dont l'appareil m'offense,
De mes cheveux épars ai dompté la licence.
Dangereux ornements, pernicieux attraits,
Cherchez une autre main, quittez-moi pour jamais;
Périsse un ornement à ma vertu contraire !

(Elle veut ôter sa coiffure.)

SCÈNE II.

LUCRÈCE, L'ÉCUYER DE TARQUIN.

LUCRÈCE.
Mais quel mortel ici porte un pas téméraire?

L'ÉCUYER.
Princesse, pardonnez, si, d'un pas indiscret,
Je m'offre devant vous crotté comme un barbet;
Excusez, si forcé du zèle qui me presse...
Madame, par hasard, seriez-vous point Lucrèce?

LUCRÈCE.
Oui, seigneur, je la suis.

L'ÉCUYER.
L'empereur des Romains
Me dépêche vers vous, pour vous remettre ès mains
Des signes assurés de l'amour qui le perce;
Un poulet des plus grands, escorté d'un sesterce.
Un sesterce, en français, fait mille écus et plus,
Ma princesse, il est bon de peser là-dessus.

(Il lui présente un grand papier.)

LUCRÈCE.
A moi, seigneur?

L'ÉCUYER.
A vous.

LUCRÈCE.
O dieux !

L'ÉCUYER.
Savez-vous lire?

Lisez.

LUCRÈCE.
D'étonnement je ne saurais rien dire.

L'ÉCUYER.
Ne vous y trompez pas ; il est signé *Tarquin*,
Scellé de son grand sceau ; et plus bas, *Mezzetin*.
LUCRÈCE lit.
Il n'est rien que l'amour ici ne vous soumette ;
Vous remuez les cœurs par des ressorts secrets.
En argent bien comptant je conte la fleurette,
   Et je ne prends point garde aux frais ;
   Car mon cœur, navré de vos traits,
   A pris feu comme une allumette.
Le style en est pressant.
L'ÉCUYER.
Et surtout laconique ;
Mais mieux que le papier cette bourse s'explique.
(Il lui présente une bourse que Lucrèce prend.)
LUCRÈCE.
Que dites-vous, seigneur ? L'ai-je bien entendu ?
Connaît-il bien Lucrèce ?
L'ÉCUYER.
Oui, que je sois pendu
Haut et court par mon col, il vous connaît, madame.
Jugez, en ce moment, de l'excès de sa flamme,
D'acheter des faveurs trois cents louis comptants,
Qu'il pourrait obtenir ailleurs pour quinze francs.
LUCRÈCE.
N'était tout le respect que j'ai pour votre maître,
Vous pourriez bien, seigneur, sortir par la fenêtre.
L'ÉCUYER.
Moi, madame ?
LUCRÈCE.
Oui, seigneur ; car enfin, pour le roi,
Vous vous chargez ici d'un fort vilain emploi.
L'ÉCUYER.
C'est l'emploi le plus sûr pour brusquer la fortune.
LUCRÈCE.
Seigneur, votre présence en ces lieux m'importune :
Allez, retirez-vous.
L'ÉCUYER.
Voici Tarquin qui vient ;
Faites votre devoir, je vais faire le mien.
Souvenez-vous toujours, beauté trop dessalée,
Quand on reçoit l'argent, que l'on est enrôlée.

SCÈNE III.

LUCRÈCE, TARQUIN ; GARDES, qui se retirent pendant le cours de la scène.

TARQUIN.
Avant que de venir vous découvrir mon cœur,
J'ai fait sonder le gué par mon ambassadeur ;
Mon garde du trésor l'a fait partir en poste :
Aussi, sans un moment douter de la riposte,
Et poussé des transports d'un feu séditieux,
Je me suis transporté moi-même sur les lieux.
Mon amour, à la fin, a rompu sa gourmette,
Et mon valet de chambre apporte ma toilette [1].

LUCRÈCE.
Seigneur, que ce discours pour Lucrèce est nouveau !
Moi que l'on vit dans Rome, au sortir du berceau,
Être un exemple à tous d'honneur et de sagesse !

TARQUIN.
On peut bien en sa vie avoir une faiblesse ;
Le soleil quelquefois s'éclipse dans les cieux,
Et n'en est pas moins pur revenant à nos yeux.
Plus d'une femme ici dont la vertu, je gage,
A souffert mainte éclipse, y passe encor pour sage ;
Toute l'adresse gît à bien cacher son jeu :
Vous pouvez avec moi vous éclipser un peu.

LUCRÈCE.
Quoi donc ! oubliez-vous, seigneur, quelle est Lucrèce ?

TARQUIN.
Oui, je veux l'oublier ; car enfin, ma princesse,
Quand on peut regarder ce corsage joli,
Ce minois si bien peint, ce cuir frais et poli,
Cette bouche, ces dents, cette vive prunelle,
Qui, comme un gros rubis, charme, brille, étincelle ;
Surtout ces petits monts, faits d'un certain *métail*,
Tenus sur l'estomac par deux clous de corail ;
Que l'on a vu ce nez... Ah ! divine princesse,
On oublie aisément que vous êtes Lucrèce,

---

[1] Dans les premières éditions, ce vers était ainsi :
Et je viens vous donner un brevet de coquette.

Pour se ressouvenir qu'en ce pressant destin
Toute femme est Lucrèce, et tout homme est Tarquin.
(Il veut lui baiser la main.)

LUCRÈCE.

Quelle entreprise ! ô ciel ! quelle ardeur téméraire !
Seigneur, que faites-vous ?

TARQUIN.

Rien qu'on ne puisse faire.
D'un amour clandestin mon foie est rissolé ;
Jusques aux intestins je me sens grésillé.
Ah ! madame, souffrez que mon amour vous touche.
Que d'appas ! que d'attraits ! l'eau m'en vient à la bouche [1].

LUCRÈCE.

On pourrait, par bonté, d'un amour mutuel...
Mais, seigneur, vous allez d'abord au criminel.

TARQUIN.

Madame, j'aime en roi, cela veut dire en maître ;
Ma tendresse est avide, et veut de quoi repaître :
Un regard, un soupir affriole un amant ;
Mais c'est viande trop creuse à mon amour gourmand.

LUCRÈCE.

Seigneur, à quelque excès vous porterez mon âme.

TARQUIN.

Madame, à quelque excès vous pousserez ma flamme.
Assez, et trop longtemps, vous attisez mon feu ;
J'ai trop fait pour tirer mon épingle du jeu.

LUCRÈCE.

Avant qu'à tes desseins mon cœur se détermine,
Ce fer, de mille coups m'ouvrira la poitrine.

TARQUIN.

Il n'est pas temps encor d'accomplir ce désir :
Vous vous poignarderez après, tout à loisir.

LUCRÈCE.

Quoi, seigneur ! ma vertu, cette fleur immortelle...

TARQUIN.

Avec votre vertu, vous nous la baillez belle !
Holà ! gardes, à moi.

---

[1] Ce vers était ainsi dans les premières éditions :
Quand je suis tout en feu, serez-vous une souche ?

SCÈNE IV.

TARQUIN, LUCRÈCE, L'ÉCUYER, GARDES.

L'ÉCUYER.
Que voulez-vous, seigneur?
LUCRÈCE.
Puisque rien ne saurait arrêter ta fureur,
Approche, et vois en moi l'action la plus rare
Dont jamais l'univers ouït parler. Barbare!
Contre tes noirs desseins en vain j'ai combattu,
Eh bien! connais Lucrèce et toute sa vertu.

(Elle se poignarde, et on l'emporte.)

SCÈNE V.

TARQUIN, SON ÉCUYER.

TARQUIN.
Que vois-je? Juste ciel!
L'ÉCUYER.
Bon! ce n'est que pour rire.
TARQUIN.
Non, la peste m'étouffe : elle tombe, elle expire,
Et c'est moi, dieux cruels! qui suis son assassin!
C'est moi qui lui plongeai ce poignard dans le sein!
Que la terre irritée, après tant d'injustices,
S'ouvre pour m'engloutir dans ses creux précipices!
Que la foudre du ciel sur moi tombe en éclats!
Mais, quoi! pour me punir n'ai-je donc pas un bras?

(Il prend le poignard dont Lucrèce s'est percée.)

Que ce poignard, encor tout fumant de sagesse,
Immole, en même temps, et Tarquin et Lucrèce.
Frappons ce lâche cœur. Qui me retient la main?
Perçons... Non, remettons cette affaire à demain.
Je sens mollir mon bras ; je sens couler mes larmes,
Et ma main, de faiblesse, abandonne les armes :
Je deviens tout perplex [1]. Viens-t'en me soutenir.

(Il s'appuie sur son écuyer.)

---

[1] On écrit *perplexe*, au masculin comme au féminin : mais le vers eût été trop long.

O temps! ô siècle! ô mœurs! Que dira l'avenir?
D'un chimérique honneur le sexe s'infatue!
Plutôt que forligner, une femme se tue!
Ah! Lucrèce, m'amour! vous donnez aujourd'hui
Un exemple étonnant, qui sera peu suivi.

L'ÉCUYER.

Pleurez, seigneur, pleurez l'excès de vos fredaines.

TARQUIN.

Ah! toi qui sais pleurer, épargne-m'en les peines.

L'ÉCUYER.

Chantez du moins un air sur son triste tombeau.

TARQUIN.

C'est bien plutôt à toi d'enfler le chalumeau...

(Il chante.)

Car je t'ai pris pour mon valet,
A cause de ton flageolet.

FIN DU SECOND ACTE.

ACTE TROISIÈME.

SCÈNE I.

OCTAVE, ARLEQUIN, PIERROT.

ARLEQUIN, à Pierrot.

Otez-vous de là, vous dis-je, j'ai commencé l'affaire, et je prétends la finir.

OCTAVE.

Mais laisse-le parler. Voyons.

ARLEQUIN.

Oh! je le veux bien; qu'il parle : je ne dis plus rien, moi. Une bête, parler! morbleu; cela me désole.

PIERROT.

Oui, parler, parler, et mieux que toi.

OCTAVE, à Arlequin.

Que sait-on? écoutons-le. L'envie qu'il a de parler vient peut-être...

ARLEQUIN.

Oh! l'envie qu'il a de parler ne me surprend pas ; mais je suis surpris que vous vouliez l'écouter.

OCTAVE.

Oh çà! mon pauvre Pierrot, parle donc, et laisse dire Arlequin. Comment ferons-nous pour avoir le consentement du docteur pour mon mariage avec Angélique? Tu sais que nous en avons besoin.

PIERROT.

Tenez, monsieur, je sais une manière sûre...

ARLEQUIN.

Pour aller aux Petites-Maisons.

PIERROT.

Une manière sûre pour avoir ce consentement-là. Tenez ; mais c'est que cela part de là. (Il se touche le front.) Il faut tâcher de rendre le docteur muet.

ARLEQUIN.

Il vaudrait mieux te rendre muet toi-même, tu ne dirais pas tant de sottises.

OCTAVE.

Patience, Arlequin ; laisse-le parler. (A Pierrot.) Et pourquoi rendre le docteur muet? Je ne te comprends pas.

PIERROT.

Pourquoi? Voici comment j'argumente : Qui est muet ne dit mot ; qui ne dit mot, consent. *Ergò*, en rendant le docteur muet, nous aurons son consentement. Hem?

ARLEQUIN, riant.

Voilà un argument *in balordo*.

OCTAVE.

Hé! va-t'en au diable avec ton argument. (A Arlequin.) Mon pauvre Arlequin, je suis perdu sans toi.

ARLEQUIN.

Moi, monsieur, je me donnerai bien de garde de vous rien dire. Pierrot a envie de parler : écoutez-le ; que sait-on?....

OCTAVE.

J'ai tort de l'avoir écouté ; mais que veux-tu? Le désir de sortir de l'embarras où je suis m'a fait tomber dans l'erreur. Je conviens que tu as plus d'esprit que lui, et que tu es le seul qui peux me tirer de peine. Mon cher Arlequin, de grâce...

ARLEQUIN.

Si je parle, ce n'est point pour l'amour de vous ; c'est pour confondre ce bélître-là, qui se croit un docteur, et veut parler argument. (A Pierrot.) Va-t'en argumenter dans l'écurie, mon ami, va. (A Octave.) Écoutez, monsieur, voici comme l'on argumente quand on veut prouver quelque chose.

OCTAVE.

Que tu me fais plaisir !

ARLEQUIN.

Pour avoir Angélique, il faut que vous alliez vous-même la demander au docteur. D'abord vous l'aborderez d'un air grave et soumis.

OCTAVE.

D'un air grave et soumis.

ARLEQUIN.

Oui, pour marquer, par la gravité, que vous êtes de qualité ; et par la soumission, que vous venez pour le prier (Il fait un lazzi pour exprimer la gravité et la soumission en même temps.) Et puis, dans cette attitude, vous direz au docteur : Je viens vous supplier de m'accorder mademoiselle Angélique en mariage.

OCTAVE.

Et lui, qui ne veut point consentir à cela, me répondra d'abord : Non, vous ne l'aurez pas.

ARLEQUIN.

Tant mieux : je serais bien fâché qu'il dît oui. Aussitôt vous répliquerez, sans changer de posture : Hé ! de grâce, monsieur le docteur, accordez Angélique en mariage au pauvre Octave.

OCTAVE.

Mais il dira encore : Non, je ne veux pas vous la donner.

ARLEQUIN.

Voilà où je l'attends. Dès qu'il aura dit encore une fois non, vous le remercierez, et vous irez épouser Angélique.

OCTAVE.

Tu te moques de moi. Quand le docteur aura dit deux fois non, je serai aussi avancé que je l'étais avant de lui parler.

ARLEQUIN.

Que vous avez l'intelligence épaisse ! Ma foi, je ne m'étonne pas si vous aimez Pierrot. Est-ce que vous ne savez pas qu'en bonne école deux négations valent une affirmation? *Ergò*, quand le docteur aura dit deux fois non, cela voudra dire une fois oui; et par conséquent vous aurez son consentement.

OCTAVE.

Ton argument est aussi impertinent que celui de Pierrot, et....

ARLEQUIN.

Ne voyez-vous pas, monsieur, que ce que je vous en dis n'est que pour rire et pour contrecarrer Pierrot? Mais le moyen d'avoir le consentement du docteur est sûr. Allez vous préparer pour votre déguisement en sauvage. Trouvez-vous au sérail de l'empereur du Cap-Vert; j'y serai; le docteur y viendra, et nous le ferons donner dans le panneau. Mais, auparavant, allez-vous-en avec Angélique dans le cadran du Zodiaque : Colombine m'a assuré que le docteur doit y venir.

PIERROT.

C'est bien dit; sans moi vous n'auriez jamais trouvé cela.

SCÈNE II.

OCTAVE, ARLEQUIN.

OCTAVE.

Je crois effectivement que c'est le plus sûr. Je vais me préparer à tout.

ARLEQUIN.

Allez, je reste ici, moi, en attendant le docteur.

SCÈNE III.

ARLEQUIN, à la porte de sa loge, crie après avoir tiré plusieurs papiers de sa poche.

C'est ici, messieurs, que l'on voit tout ce qu'il y a de plus curieux à la foire.

SCÈNE IV.

ARLEQUIN, LE DOCTEUR.

ARLEQUIN, continue de crier.

Sauts périlleux; un Basque derrière un carrosse, qui saute dedans sans attraper la roue; un greffier, qui saute à pieds joints par-dessus la justice; une vieille femme qui saute à reculons de cinquante ans à vingt-cinq; une jeune fille qui saute en avant de l'état de fille à celui de veuve, sans avoir passé par le mariage. Qui est-ce qui veut voir, messieurs?

Monstres naturels : un animal moitié médecin de la ceinture en haut, et moitié mule de la ceinture en bas; un autre animal moitié avocat, moitié petit-maître; un anthropophage qui mange les hommes tout crus, et qui n'a plus faim dès qu'il voit des femmes. On voit cela à toute heure, messieurs; l'on n'attend point.

Ouvrage merveilleux qui fait l'étonnement de tous les curieux; c'est une pendule qui marque l'heure d'emprunter, et jamais celle de rendre, ouvrage utile à la plupart des officiers revenus de l'armée.

LE DOCTEUR, après avoir écouté attentivement.

Monsieur, je voudrais bien voir cette pendule; et si elle est comme vous le dites, je l'achèterai, à quelque prix que ce soit.

ARLEQUIN.

Oh! monsieur, ces pendules-là ne se vendent pas; on en fait des loteries.

LE DOCTEUR.

Eh bien! je prendrai des billets de loterie.

ARLEQUIN.

Vous ferez fort bien ; vous avez la physionomie heureuse, et je crois que vous gagnerez le gros lot : mais avant que de recevoir votre argent, je veux vous faire voir le gros lot de ma loterie. Qu'on ouvre.

SCÈNE V.

(La ferme s'ouvre; on voit un grand cadran en émail et les signes du zodiaque, figurés par des personnes naturelles.)

ARLEQUIN, LE DOCTEUR; LE TEMPS, figuré par Mezzetin.

LE DOCTEUR examine les signes du zodiaque.

Voilà bien des signes que je ne connais pas.

ARLEQUIN.

Je le crois bien. Ce sont tous signes symboliques et mystérieux que j'ai mis à la place des anciens. Je réforme le zodiaque comme il me plaît, moi.

ACTE III, SCÈNE V.

LE DOCTEUR.

Un procureur ? Et qui a pu mettre un procureur parmi les astres ?

ARLEQUIN.

C'est moi qui l'ai mis à la place du *cancer*.

Celui que vous voyez en signe,
Ce fut un procureur insigne,
Que j'ai nommé cancre ou vilain,
Pour m'avoir fait mourir de faim
Quand j'étais clerc sous sa férule.
On entendait à sa pendule
 Sonner l'heure du coucher
 Avant celle du souper.

LE DOCTEUR.

Qu'est-ce que c'est que cette fille avec un trébuchet à la main ?

ARLEQUIN.

Au lieu de signe, on a pris soin
De mettre en cet endroit l'épicière du coin.
La balance autrefois servait à la justice :
Maintenant au palais ce meuble est superflu ;
 Et l'on ne s'en sert presque plus
 Qu'à peser le sucre et l'épice.

LE DOCTEUR.

Ah! ah! voilà un homme qui me ressemble.

ARLEQUIN.

C'est le capricorne.

Quoique ce chef cornu contienne une satire,
 Je ne veux rien vous dire
 Sur un sujet si beau.
Pour un époux content que mes vers feraient rire,
 Mille enrageraient dans leur peau.

LE DOCTEUR.

Est-ce qu'il y a des malades dans le firmament, que j'y vois un carabinier de la faculté ?

ARLEQUIN.

J'ai mis, au lieu de sagittaire,
Ce vénérable apothicaire.
Tout visage sans nez frémit à son aspect ;
Et lui, s'agenouillant de civile manière,
 Tire la flèche avec respect.

LE DOCTEUR.

Est-ce qu'il y a quelque signe de mort, que je vois une place vacante dans votre zodiaque ?

ARLEQUIN.

J'ai cherché vainement dans tout notre hémisphère,
Une fille pour mettre au signe de virgo ;
Mais, par le premier ordinaire,
Il m'en vient une de Congo.

Mais que dites-vous de ces deux jumeaux-là ?

LE DOCTEUR.

Comment ! c'est Octave et Angélique qui s'embrassent !

ARLEQUIN.

Vous l'avez dit, docteur ; les Gémini sont morts ;
Mais ces deux grands jumeaux que vous voyez paraître
Ne faisant plus qu'un en deux corps,
Malgré vous en feront renaître.

LE DOCTEUR, en colère.

Allez-vous-en au diable avec votre zodiaque. Je vous trouve bien insolent.

ARLEQUIN.

Doucement, ne nous fâchons point, monsieur le docteur. Pour vous dépiquer, je vais vous faire entendre quelque chose de beau.

LE DOCTEUR.

Je ne veux plus rien voir, ni rien entendre. Vous êtes un suborneur de la jeunesse.

ARLEQUIN.

Vous ne sauriez pourtant vous en dédire. (Le Temps, représenté par Mezzetin, quitte le cadan et s'avance sur le devant du théâtre.) Voilà le Temps qui s'avance pour chanter : il faut que vous l'écoutiez paisiblement ; il y va de votre vie. Si vous l'interrompiez, il vous couperait le cou avec sa faux.

LE DOCTEUR.

La malepeste ! j'aime mieux l'écouter.

MEZZETIN, représentant le Temps, chante au nez du docteur.

Ton temps est passé ;
Ton timbre est cassé.
Tu t'en vas finir ta carrière :
Ne prends point de femme, car,
Au lieu de sonner l'heure entière,
Tu ne sonnerais que le quart.

(Le fond du théâtre se referme, et tous les acteurs sortent.)

SCÈNE VI.

UN LIMONADIER, UN OFFICIER SUISSE.

L'OFFICIER.

Holà! ho! quelqu'un! Bastien, François, Ambroise! N'y a-t-il là personne?

LE LIMONADIER.

Me voilà, me voilà, monsieur : que vous plaît-il?

L'OFFICIER.

Que la peste vous crève, mon ami! vous me faites égosiller deux heures. Vite, du ratafia.

LE LIMONADIER.

Qu'on apporte du ratafia à monsieur.

(On apporte une carafe de demi-setier.)

L'OFFICIER, après avoir avalé la carafe tout d'une haleine :

Ton ratafia est-il bon?

LE LIMONADIER.

C'est à vous à m'en dire des nouvelles.

L'OFFICIER.

Je ne le trouve pas assez coulant. Donne-m'en encore.

(On apporte une seconde carafe, qu'il boit comme la première.

LE LIMONADIER.

Vous le faites pourtant bien couler. Du ratafia à monsieur, vite.

L'OFFICIER, avalant une troisième carafe.

Il n'y a pas assez de noyau.

LE LIMONADIER.

De la manière que vous l'avalez, s'il y avait des noyaux, ils vous étrangleraient. Encore du ratafia à monsieur.

L'OFFICIER, buvant une quatrième carafe.

Ton ratafia est-il naturel comme il sort de la vigne?

LE LIMONADIER.

Aussi naturel que le vin de Champagne des cabaretiers de Paris.

L'OFFICIER.

C'est-à-dire que vous autres, vendeurs de ratafia, vous êtes aussi honnêtes gens que les marchands de vin.

LE LIMONADIER.

C'est à peu près la même chose ; et dans peu nous espérons ne faire qu'un corps, comme les violons et les maîtres à danser. Vous en plaît-il encore?

L'OFFICIER.

Belle demande! (On lui donne encore une carafe, qu'il boit comme les autres.) Je commence à m'apercevoir que ton ratafia ne vaut pas le diable, ce qui s'appelle pas le diable.

LE LIMONADIER.

Et qu'y trouvez-vous, monsieur? Vous ne l'avez peut-être pas bien goûté. En voudriez-vous encore une carafe?

SCÈNE VII.

L'OFFICIER, LE LIMONADIER, UN PETIT-MAITRE.

LE LIMONADIER.

Mais voici quelqu'un.

LE PETIT-MAITRE entre en fredonnant, et se promène d'un air distrait.

Tout comme il vous plaira, la rira; tout comme il vous plaira.

LE LIMONADIER.

Monsieur, que vous plaît-il? du thé, du café, du chocolat?

LE PETIT-MAITRE, toujours distrait.

Tout comme il vous plaira, la rira, etc.

LE LIMONADIER.

Voulez-vous aller là-haut, ou demeurer ici?

LE PETIT-MAITRE, sans y prendre garde, heurte l'officier.

Tout comme il vous plaira, la rira, etc.

L'OFFICIER.

Monsieur, prenez garde à vous, s'il vous plaît. Si vous poussez si fort, il faudra que je sorte.

LE PETIT-MAITRE.

Tout comme il vous plaira, la rira, etc.

L'OFFICIER.

Ventrebleu, monsieur! je ne sais comment je dois prendre votre procédé.

LE PETIT-MAITRE.

Tout comme il vous plaira, la rira, etc.

L'OFFICIER, mettant l'épée à la main.

Allons, morbleu! l'épée à la main.

LE PETIT-MAITRE, tirant l'épée.

Tout comme il vous plaira, la rira, etc.

L'OFFICIER, étant blessé.

Ah! je suis blessé : à l'aide, au secours, au guet !

LE PETIT-MAITRE, le poursuivant.

Tout comme il vous plaira, la rira, etc.

L'OFFICIER, se sauvant.

Ah! coquin, tu m'as tué; mais tu seras pendu.

LE PETIT-MAITRE.

Tout comme il vous plaira, la rira, tout comme il vous plaira.

SCÈNE VIII.

LE DOCTEUR, PIERROT.

PIERROT.

De la joie, monsieur, de la joie. Je vous l'avais bien dit que vous retrouveriez Angélique.

LE DOCTEUR.

J'ai promis vingt pistoles à qui me la ferait retrouver : j'en donnerais présentement cinquante à qui me la ferait perdre.

PIERROT.

Payez-moi toujours la retrouvaille, et après nous ferons marché pour la reperdaille.

LE DOCTEUR.

Est-ce que tu l'as rencontrée en ton chemin?

PIERROT.

Non, monsieur ; mais mes correspondants m'ont donné des avis. Un oublieux m'a dit qu'on avait vu, dans le Marais, entre onze heures et minuit, une fille sortir en habit de bain, pendant qu'on précipitait son déménagement par les fenêtres.. Est-ce Angélique?

LE DOCTEUR.

Je ne crois pas cela.

PIERROT.

Un crocheteur de la douane m'a donné avis qu'on avait retrouvé, parmi les sacs d'un caissier, une petite femme qui s'était perdue la veille au lansquenet. Est-ce Angélique?

LE DOCTEUR.

Ce n'est pas elle : elle est trop grosse, et ne pourrait se cacher que derrière des sacs de blé.

PIERROT.

Un vendeur d'eau-de-vie m'a assuré qu'il avait vu entrer, à quatre heures du matin, une jolie solliciteuse chez un jeune rapporteur, et qu'il l'avait menée, l'après-midi, au Port-à-l'Anglois, pour instruire son procès.

LE DOCTEUR.

Angélique n'a point de procès.

PIERROT.

Attendez, monsieur, on m'a donné encore un avis...

LE DOCTEUR.

Je ne veux plus entendre parler d'Angélique, ni de tes avis ; et je la méprise si fort, que si je trouvais à me marier avec une autre, je l'épouserais dès aujourd'hui.

PIERROT.

Mais, monsieur, puisque l'appétit de la noce vous gourmande si fort, allez voir le sérail de l'empereur du Cap-Vert. On dit qu'il fait l'inventaire de ses femmes : vous en trouverez peut-être quelqu'une à votre convenance.

LE DOCTEUR.

Quoi ! que me dis-tu ? On vend des femmes à la foire ?

PIERROT.

Oui, monsieur ; c'est la grande nouvelle de Paris : on y court des quatre coins de la ville.

LE DOCTEUR.

Allons voir ce que c'est que ce commerce-là.

PIERROT.

Je vais vous mener. J'en prendrai peut-être une pour mon compte, si j'en trouve à ma propice, et qui soit digne de mon mérite.

SCÈNE IX.

(La ferme s'ouvre, et le théâtre représente l'intérieur du sérail de l'empereur du Cap-Vert ; on y voit plusieurs berceaux de fleurs, gardés par des eunuques. L'empereur du Cap-Vert, représenté par Arlequin, est debout sur un trône de fleurs, soutenu par des singes, et entouré de perroquets, de serins de Canarie, etc. L'orchestre joue une marche, et les eunuques passent en revue devant Arlequin, qui, ensuite, danse seul une entrée.)

ARLEQUIN, seul.

Je suis prince de la verdure,
Le teinturier en vert de toute la nature :

ACTE III, SCÈNE XI.

On ne me prend jamais sans vert.
Singes et perroquets sont dans ma seigneurie :
Roi des serins de Canarie,
Je m'appelle, en un mot, l'empereur du Cap-Vert.
C'est ici que l'on voit un sérail à louer ;
Femme à vendre, ou femme à donner.
Si je voulais en acheter,
Je ne saurais auquel entendre.
Combien, en ce lieu, de maris
M'amèneraient leurs femmes vendre,
Et m'en feraient fort juste prix !
(Aux eunuques.)
Vous, geôliers bistournés, qui, pour ma sûreté,
De mes menus plaisirs gouvernez les serrures,
A mes oiseaux privés donnez la liberté :
Qu'ils viennent chercher leurs pâtures.

(Les berceaux se changent en de grands fauteuils, sur chacun desquels une femme est assise.)

SCÈNE X.

ARLEQUIN, LE VALET DE THÉATRE.

LE VALET.

Monsieur, voilà un homme qui dort, et qui demande une femme.

ARLEQUIN.

Un homme qui dort et qui demande une femme ! Il rêve donc. Voilà quelque habitant du pays de Papimanie.

SCÈNE XI.

ARLEQUIN, UN DORMEUR.

LE DORMEUR, enveloppé d'un manteau fourré.
Toujours je dors, toujours je bâille.
(Il bâille à plusieurs reprises.)
ARLEQUIN.
Qui vous fit sous le nez une si longue entaille ?
LE DORMEUR.
En mariage ici je viens m'appareiller.

ARLEQUIN.

Il vous faut marier avec un oreiller.

LE DORMEUR.

Non, monsieur ; il me faut une femme gaillarde,
Quelque jeune égrillarde,
Qui chante pour me réveiller.

ARLEQUIN.

Femme trop éveillée et mari qui sommeille
Ne peuvent longtemps s'accorder.
Toujours au chant du coq la poule se réveille ;
Mais quand le coq s'endort, la poule a beau chanter,
Elle n'est jamais entendue ;
Et l'époux, en ronflant la basse continue,
L'oblige bien à déchanter.

LE DORMEUR.

Plus d'un mari qui m'écoute
Voudrait, en certain temps pouvoir dormir bien fort ;
Car quand on dort,
On ne voit goutte.

ARLEQUIN.

Dormir trop fort aussi donne un autre chagrin :
Car souvent la femme irritée,
Voyant que son époux dort d'un sommeil malin,
S'en va, n'étant point écoutée,
Chercher, pour l'éveiller, le secours d'un voisin.

Mais je m'en vais faire avancer toutes mes sultanes : vous les verrez ; et, s'il y en a quelqu'une de votre goût, vous la prendrez. (Les sultanes s'avancent.) (Il réveille le dormeur.) Hé ! il ne faut pas dormir quand il est question de choisir une femme ; les plus clairvoyants n'y voient pas assez clair. Réveillez-vous donc. Tenez, en voilà une qui sera bien votre fait, car elle chante toujours. Avancez, la belle.

LA CHANTEUSE, en sultane, chante.

Époux qui possédez un objet plein d'appas,
Ne vous endormez pas ;
Gardez bien votre conquête
Contre les veilles d'un amant :
Car, bien souvent,
Le mari se réveille avec un mal de tête
Qu'il n'avait pas en s'endormant.

ARLEQUIN chante sur l'air de Pierre-Bagnolet.

La femme est une place ennemie,
Que tôt ou tard on assiégera :
Il faut toujours qu'un mari crie :
Qui vive ? qui vive ? qui va là ?
Veille qui pourra !
Si la sentinelle est endormie,
Dans le corps-de-garde on entrera.

SCÈNE XII.

ARLEQUIN, UN MUSICIEN ITALIEN.

L'ITALIEN.

Vous voyez, monsieur, un homme au désespoir. Ah! ah! ah!

(Il rit.)
ARLEQUIN.

A vous voir, on ne le croirait jamais.

L'ITALIEN.

Je ne saurais m'empêcher de rire, quand je songe que je vais me marier.

(Il pleure.)
ARLEQUIN.

Ce n'est pas là un sujet de tristesse.

L'ITALIEN.

J'ai perdu, depuis peu, un procès qui m'afflige beaucoup.

(Il rit.)
ARLEQUIN.

Il n'y a pas de quoi rire.

L'ITALIEN.

Mais ce qui me réjouit, c'est que je suis délivré, par arrêt, de ma première femme.

(Il pleure.)
ARLEQUIN.

Quel diable d'homme est-ce là ? Il rit quand il faut pleurer, et il pleure quand il faut rire.

L'ITALIEN.

La coquine m'a perdu de réputation ; elle m'a accusé en justice de n'être un mari seulement que pour la forme, et m'a fait déclarer vieux à la fleur de mon âge.

ARLEQUIN.

J'entends votre affaire ; on vous a mis sur la liste *de frigidis et maleficiatis*.

L'ITALIEN.

Oui, monsieur ; mais vous allez rire. Une goguenarde de servante a demandé, en justice, que je fusse obligé de nourrir son enfant, dont elle dit que je suis le père, parce qu'il me ressemble.

ARLEQUIN.

S'il fallait adopter tous les enfants qui ressemblent, et désavouer tous ceux qui ne ressemblent pas, on verrait un beau brouillamini dans les familles.

L'ITALIEN.

Ne suis-je pas malheureux? Je me flattais que de ces deux procès il fallait que j'en gagnasse un.

ARLEQUIN.

J'en aurais mis ma main au feu.

L'ITALIEN.

Je les ai perdus tous les deux.

ARLEQUIN.

Tous les deux ! cela n'est pas juste.

L'ITALIEN.

Non, assurément ; car ou je suis, ou je ne suis pas ; ma servante dit oui, ma femme dit non : cependant, le même jour, les mêmes juges ont déclaré que j'étais oui et non tout à la fois, et on m'a condamné aux dépens. Ah ! ah ! ah !

(Il rit.)

ARLEQUIN chante.

Après un pareil procès,
Crois-moi, ne plaide jamais.
Dans la même occasion,
Tantôt on dit oui, tantôt on dit non.
Par arrêt te voilà donc
Déclaré coq et chapon.

Mais, de ta seconde femme, qu'en as-tu fait?

L'ITALIEN.

Hélas ! monsieur, elle est morte : l'on m'avait accusé de l'avoir tuée ; et sans l'argent et des amis, j'aurais été pendu pour une femme.

ARLEQUIN.

Comment donc? conte-moi un peu cela.

L'ITALIEN.

Le vrai de la chose est que ma femme est morte parce que je n'ai pas eu assez de complaisance pour elle.

ACTE III, SCÈNE XII.

ARLEQUIN.
Voilà qui est extraordinaire ! Cette femme-là prenait donc les choses bien à cœur ?

L'ITALIEN.
Un jour d'hiver, elle revient à la maison à deux heures après minuit, heurte comme tous les diables ; mais je n'eus jamais la complaisance d'aller lui ouvrir : elle coucha dehors.

ARLEQUIN.
Et pour cela, elle mourut ?

L'ITALIEN.
Oh ! que nenni.

ARLEQUIN.
Je m'en étonnais aussi ; jamais femme n'est morte pour avoir couché dehors.

L'ITALIEN.
Une autre fois, je l'enfermai deux jours et deux nuits dans la cave, avec un pain de six livres ; et quoi qu'elle pût dire, je n'eus jamais la complaisance de lui ouvrir.

ARLEQUIN.
Et elle en mourut ?

L'ITALIEN.
Point du tout. Elle but tout un quartaut de vin de Champagne, et mangea les deux tiers d'un jambon de quinze livres.

ARLEQUIN.
Cette femme-là était bien en colère.

L'ITALIEN.
Voyant donc qu'elle ne se corrigeait pas, je l'emmenai promener sur l'eau, dans un petit bateau, du côté de Charenton ; et comme elle était assise sur le bord du bateau, je la poussai tant soit peu en passant, et elle tomba dans la rivière. La voilà qu'elle commence à crier : A moi ! miséricorde ! au secours ! Je n'eus jamais la complaisance de lui tendre la main.

ARLEQUIN.
Elle en mourut ?

L'ITALIEN.
Non, monsieur, elle se noya.

ARLEQUIN.
Comme s'il y avait de la différence entre mourir et se noyer! Mais de quelle vacation êtes-vous ?

L'ITALIEN.

Je suis musicien italien, monsieur.

ARLEQUIN.

Je ne m'étonne pas s'il y a quelque *déficit* à votre personne, et si vous êtes si peu complaisant. Oh bien ! j'ai justement ici votre affaire : j'ai une fille qui a été serin de Canarie autrefois. Vous ferez ensemble des concerts admirables.

L'ITALIEN.

Serin de Canarie ! Vous vous moquez.

ARLEQUIN.

Non. Pythagore lui a révélé cela : elle le croit ; c'est sa folie.

SCÈNE XIII.

ARLEQUIN, LE MUSICIEN ITALIEN, COLOMBINE.

ARLEQUIN, à Colombine.

Parlez, n'est-il pas vrai, belle visionnaire,
Que vous avez jadis chanté dans ma volière?

COLOMBINE.

Oui, seigneur ; et c'est aujourd'hui
Ce qui fait mon mortel ennui.
Lorsque j'étais serin de Canarie,
Je passais plaisamment la vie :
J'étais l'honneur de ce séjour.
Je chantais tout le long du jour.
Aux opéras d'oiseaux, j'avais les premiers rôles :
J'étais Armide, Arcabonne, Didon ;
Je me pâmais en poussant un fredon ;
Et rien ne me manquait, enfin, que la parole.
On m'a, croyant me faire un plaisir singulier,
Naturalisé fille. Ah ! le triste métier !

ARLEQUIN.

Vous avez tort d'avoir tant d'amertume,
La belle, autrefois bête à plume ;
C'est un sort plein d'attraits
D'être jeune fille au teint frais ;
D'avoir un nez, un front. Ma foi, vous êtes folle
De vouloir retourner à votre ancienne peau.
Une fille, en tout temps, se vend mieux qu'un oiseau ;

Je vous en donne ma parole
Pour trois ou quatre écus, j'achète le plus beau ;
Mais en cas d'une fille, un peu friand morceau,
Vous n'avez pas grand'chose avec une pistole.
COLOMBINE.
Lorsque j'étais serin, il m'en souvient encore,
　　Rien ne contraignait mes désirs :
De mes chants amoureux je saluais l'aurore ;
　　J'allais sur l'aile des zéphyrs,
　　Dès le matin caresser Flore ;
Et lorsque du soleil la lumière inégale
　　Sur la terre s'affaiblissait,
Sans redouter l'éclat, sans craindre le scandale,
　　Je couchais où bon me semblait.
ARLEQUIN.
　　On trouve toujours assez vite
　　Quelque charitable passant
　　Qui vous loge chemin faisant.
Fille porte toujours de quoi payer son gîte.
COLOMBINE.
　　A mon réveil, en dépit des filets,
　　Je voltigeais dans les forêts,
Avec quelque serin du plus joli plumage :
Tantôt dans les jardins nous passions tout le jour
　　A gazouiller sous un feuillage,
Et nous n'interrompions jamais notre ramage
　　Que par des silences d'amour.
ARLEQUIN.
On vit de même encor ; c'est ici la coutume ;
Les bois et les jardins sont des écueils d'honneur,
　　Des coupe-gorges de pudeur.
On voit certains oiseaux, non des oiseaux à plume,
　　Femelles à maintien suspect,
Qui, sans aller chercher les îles Canaries,
Trouvent à faire un nid le soir aux Tuileries,
　　Avec des serins à gros bec.
COLOMBINE.
Je ne conduisais point une intrigue en cachette ;
J'écoutais mille oiseaux murmurer tour à tour,
　　Et ne passais point pour coquette,
Quoique avec tout venant je parlasse d'amour.

ARLEQUIN.
Eh bien! c'est encor la méthode ;
Sans être trop coquette, on a plusieurs amants,
D'été, d'hiver et de printemps,
Dont on change suivant la mode.
Une fille aujourd'hui, sans sonner le tocsin,
Attire un garçon d'une lieue,
Et l'on ne trouve point de femelle en chemin
Qui n'ait maint mâle après sa queue.
COLOMBINE.
Lorsque le printemps, de retour,
Excite nos cœurs à l'amour,
Sans appeler ni parents, ni notaire,
Je choisissais l'époux qui savait mieux me plaire ;
Nous goûtions un heureux destin,
Et mon époux était certain
Que de tous ses petits il était le vrai père.
ARLEQUIN.
Ceux que le dieu d'hymen a pris au trébuchet
Ne sont pas si sûrs de leur fait ;
Et tel se voit d'enfants une longue couvée,
Qui ne fait que prêter son nom à la nichée.
COLOMBINE.
Sans aller en justice exposer les défauts
De ces maris froids et brutaux,
Quand un nouveau venu me plaisait davantage,
Je rompais net mon mariage,
Sans craindre que, par des arrêts,
On eût droit de me mettre en cage ;
Et le printemps suivant, j'allais dans un bocage
Me marier sur nouveaux frais.
ARLEQUIN, à l'Italien.
Prends vite de ma main cette femme prudente ;
Pour ne pas effleurer ta réputation,
Tu la verras changer de maris plus de trente,
Avant de demander la séparation.
L'ITALIEN.
Monsieur, je la prendrai ; mais souvenez-vous que...
(Il chante.)
Je suis oui, je suis non ;
Selon l'occasion,

La chose est incertaine :
Je suis toujours oui
Chez la femme d'autrui ;
Mais je suis non avec la mienne.
ARLEQUIN chante.
Dedans tes champs sème, arrose, défriche ;
Plante en tout temps si tu veux être riche :
Mais
A laisser sa femme en friche,
On ne s'appauvrit jamais.
L'ITALIEN.
Mais si l'incomplaisance me prenait ?
ARLEQUIN.
Oh ! pour cela, suis cette leçon ; écoute.
(Il chante.)
Sois complaisant, affable et débonnaire ;
Traite ta femme avec douce manière :
Mais
Quand elle est dans la rivière,
Ne l'en retire jamais.

SCÈNE XIV.

ARLEQUIN, LE DOCTEUR.

LE DOCTEUR, épouvanté.
Au secours ! à l'aide ! Prenez garde à moi.
ARLEQUIN.
Qu'y a-t-il donc, monsieur le docteur ? Le feu est-il à la foire ?
LE DOCTEUR.
Ah ! pis que cela cent fois. Ce sauvage, qu'on montre à la foire, cet anthropophage qui mange les hommes, s'est échappé de sa loge, et me poursuit pour me dévorer. Il ne s'arrête que quand il voit des femmes. N'en avez-vous point ici ?

SCÈNE XV.

ARLEQUIN, LE DOCTEUR ; OCTAVE, en sauvage.

OCTAVE, poursuivant le docteur, et voulant se jeter sur lui.
Branas sigyda peristacq, ourda chiribistaq.
LE DOCTEUR.
Miséricorde ! je suis mort ! Lâchez-lui une femme au plus vite.

SCÈNE XVI.

ARLEQUIN, LE DOCTEUR, OCTAVE, ANGÉLIQUE.

ARLEQUIN présente Angélique à Octave.

Tenez, monsieur l'anthropophage, voilà de quoi rabattre vos fumées.

ANGÉLIQUE, apercevant le docteur.

Le docteur ! ah ! ciel !

OCTAVE.

Astrador, ourda caristac. Que vois-je ? quel objet agréable se présente à ma vue ! Je me sens tranquille. (A Arlequin, montrant Angélique.) Qu'est-ce que cela ?

ARLEQUIN.

C'est une femme.

OCTAVE.

Une femme ! et qu'est-ce que c'est qu'une femme ?

ANGÉLIQUE.

Une femme, c'est une machine parlante, qui met tout l'univers en mouvement, et qui se meut par les ressorts de la tendresse.

ARLEQUIN.

Ce n'est pas là la définition d'une femme. Une femme est un petit animal doux et malin, moitié caprice et moitié raison ; c'est un composé harmonique où l'on trouve quelquefois bien des dissonances.

OCTAVE.

Je n'entends point cela.

ARLEQUIN.

La femme est un animal timide, et qui ne laisse pas de se faire craindre ; il ne combat que pour être vaincu, et fait demander quartier en cessant de se défendre. Entendez-vous, à cette heure ?

OCTAVE approche d'Angélique.

La jolie petite figure ! plus je la regarde, plus elle me fait de plaisir. (A Arlequin.) Dites-moi, je vous prie, à quoi cela est-il bon ?

ARLEQUIN.

A tout. La femme est, dans la société, ce que le poivre concassé est dans les ragoûts. Veut-on rire, chanter, danser,

ACTE III, SCÈNE XVI.

boire, se marier, il faut des femmes; enfin, il entre de la femme partout où il y a des hommes.

LE DOCTEUR.

Vous avez fait la définition d'une femme ; je vais faire celle d'une fille. Une fille est un petit oiseau farouche, qu'il faut tenir en cage ; et voilà ce que je vais faire.

(Il se saisit d'Angélique.)

OCTAVE, se jetant sur lui.

Chauriby musala cheriesi peristacq.

ARLEQUIN.

Miséricorde ! Relâchez-lui cette fille.

OCTAVE.

Je sens revenir ma tranquillité ; et si l'on me voulait donner ce joli animal-là, je ne mangerais plus d'hommes, je vous assure ; je m'en tiendrais à ce mets-là pour toute ma vie.

ANGÉLIQUE.

Vous vous en lasseriez bientôt.

ARLEQUIN.

Il n'y en a point de plus friand; mais il n'y en a point aussi qui rassasie plus vite. (Au docteur.) Monsieur le docteur, donnez-lui ce qu'il vous demande.

LE DOCTEUR.

Que je donne Angélique à un mangeur de chair humaine !

ANGÉLIQUE.

Ne craignez rien ; et afin qu'il ne vous fasse point de mal, je veux toujours être auprès de lui.

LE DOCTEUR.

Comment! malheureuse?

ANGÉLIQUE.

Ne vous fâchez point, monsieur le docteur ; si vous me donnez à ce sauvage-là, il ne vous demandera jamais compte de mon bien.

LE DOCTEUR.

Il ne me demandera point de compte? Qu'il l'emmène donc au pays d'Anthropophagie, et que je n'en entende jamais parler.

ARLEQUIN.

Vous rendez un grand service au genre humain : ce mangeur d'hommes-là ne s'occupait qu'à le détruire, et il va s'occuper à le peupler.

(Il chante.)

Pour vous, monsieur le sauvage,
Qui faites tant le méchant,
Quatre jours de mariage
Vous rendront moins violent :
Quand on voit un beau visage,
On croit d'abord faire rage ;
Mais son approche nous rend
Doux et souple comme un gant.

LE DOCTEUR.

Mais, monsieur l'empereur, donnez-moi donc une femme comme aux autres, car j'ai envie de me remarier.

ARLEQUIN.

Je crois effectivement que vous n'en avez que l'envie ; car je vous crois trop vieux pour en avoir les forces. Allons, il faut vous faire deux plaisirs à la fois, vous marier et vous rajeunir.

LE DOCTEUR.

Me rajeunir ?

ARLEQUIN.

Oui, vous rajeunir. Je m'en vais vous faire piler dans le mortier de mon apothicaire ; et trois jours après, vous en sortirez gai et gaillard, et aussi vigoureux que vous l'étiez à dix-huit ans. Qu'on fasse venir Caricaca, mon apothicaire.

SCÈNE XVII.

ARLEQUIN, LE DOCTEUR, ANGÉLIQUE, OCTAVE ; CARICACA, apothicaire, un mortier sur la tête, dont un chat tient le pilon entre ses pattes.

CARICACA.

Qu'est-ce qu'il y a, monsieur ? De quoi s'agit-il ?

ARLEQUIN.

De rajeunir monsieur que voilà. Faites-lui voir comme vous vous y prendrez.

CARICACA.

Tout à l'heure. Allons, hé ! Gille, pilez.

(Il chante.)

Je suis un apothicaire,
Qui place bien un clystère,
Laire la, laire lanla ;

ACTE III, SCÈNE XIX.

N'est-il pas vrai, Caricaca?
Pile, Gille; Gille, pile,
Pile-moi du quinquina;
Pile donc, Caricaca,
La femme de maître Gille,
Quelque jour on la croquera.
Pile donc, Caricaca;
Pile-moi du quinquina.

(Le chat pile pendant que l'apothicaire chante.)

SCÈNE XVIII.

ARLEQUIN, LE DOCTEUR.

ARLEQUIN.

Eh bien! monsieur, que dites-vous de mon apothicaire et de son garçon?

LE DOCTEUR.

Je dis que vous n'avez rien que de merveilleux.

ARLEQUIN.

Je m'en vais vous faire voir la femme que je vous destine. Faites avancer Charlotte.

LE DOCTEUR.

Monsieur, est-elle jolie?

ARLEQUIN.

C'est la meilleure et la plus jolie pièce de mon sac. Elle m'a servi longtemps de guenon, et j'espère que vous ferez de beaux singes ensemble. Elle sait chanter, elle sait danser. Vous allez voir.

SCÈNE XIX.

ARLEQUIN, LE DOCTEUR; UNE PETITE FILLE, en cage.

(Quatre Indiens apportent une cage, dans laquelle est une petite fille qui chante ce qui suit.)

LA PETITE FILLE.

Vous qui vous moquez, par vos ris,
De ma figure en cage;
Parmi vous autres, beaux-esprits,
Il s'en trouve, je gage,
Qui voudraient bien, au même prix,
Revenir à mon âge.

(Après qu'elle a chanté, elle sort de sa cage, et elle danse seule une entrée.)

VAUDEVILLE.

LA CHANTEUSE.
La foire est un sérail fécond,
Qui peuplerait la France :
Force mariages s'y font,
Sans contrat ni finance.
Messieurs, la foire est sur le pont,
Venez en abondance.

ARLEQUIN.
Par quelque agréable chanson
Filouter l'auditoire,
Et lui couper bourse et cordon,
Voilà notre grimoire :
Car ici nous nous entendons
Comme larrons en foire.

COLOMBINE.
Tel qui sa femme, tous les jours,
A la foire accompagne,
Ne voit pas, en certains détours,
Les rivaux en campagne.
Un mari ne sait pas toujours
Les foires de Champagne.

LA CHANTEUSE, au docteur.
Il faut que tout vieillard usé
Renonce au mariage.
Si vous en êtes entêté,
Prenez fille à cet âge;
(Elle montre la petite fille.)
Et pour plus grande sûreté,
Vous la mettrez en cage.

ARLEQUIN, au parterre.
Messieurs, de bon cœur recevez
La pièce qu'on vous donne :
Demain vos vœux seront comblés,
Si votre argent foisonne.
Si les marchands sont assemblés,
La foire sera bonne.

(Les couplets suivants ont été ajoutés à l'occasion d'une comédie qui fut donnée dans le même temps, et sous le même titre que celle-ci. Cette pièce, dont Dancourt est l'auteur, avait été faite pour contrebalancer le succès de la pièce italienne.

MEZZETIN.
Deux troupes de marchands forains
Vous vendent du comique;
Mais si pour les Italiens

Votre bon goût s'explique,
Bientôt l'un de ces deux voisins
Fermera sa boutique.
ARLEQUIN.
Quoique le pauvre Italien
Ait eu plus d'une crise,
Les jaloux ne lui prennent rien
De votre chalandise.
Le parterre se connaît bien
En bonne marchandise.

FIN DU TROISIÈME ACTE.

AVERTISSEMENT

SUR

LES DEUX SCÈNES QUI SUIVENT.

Les deux scènes que nous donnons n'appartiennent point à la comédie de la Foire Saint-Germain, mais y ont été seulement ajoutées à la représentation. Comme il est incertain que Regnard en soit l'auteur, nous les avions supprimées; mais nos lecteurs en ayant témoigné quelque regret, nous les leur restituons.

La première de ces scènes est intitulée *Scène des Carrosses*. Une anecdote du temps y a donné lieu. Deux femmes, chacune dans son carrosse, s'étant rencontrées dans une rue étroite, ne voulurent reculer ni l'une ni l'autre, et la rue fut ainsi embarrassée jusqu'à l'arrivée du commissaire qui, pour les mettre d'accord, les fit reculer toutes les deux en même temps. Tel est le sujet de cette scène qui est plaisamment dialoguée.

La seconde scène est intitulée *le Procureur en Robe rouge*. Le sujet est plus comique, et l'anecdote qui y a donné lieu pouvait fournir le sujet d'une vraie comédie; la voici telle que la rapporte Ghérardi : « Certain procureur traitant d'une charge de greffier » en chef, sur les espérances qu'on lui avait données de lui faire

» trouver les sommes nécessaires pour cela, avait déjà fait faire
» son portrait en robe rouge, et l'avait envoyé à une fille très-
» riche qu'il recherchait en mariage; mais comme les bourses lui
» manquèrent et qu'il ne put plus acheter la charge, il ne voulut
» pas payer son portrait au peintre, disant qu'il l'avait peint en
» greffier, et qu'il n'était que procureur. »

Au reste, ces scènes étaient si peu liées à l'action principale de la pièce, que l'on les ajoutait tantôt à une pièce, tantôt à une autre.

SCÈNE

DES CARROSSES.

ARLEQUIN ET MEZZETIN en femmes, chacune dans une petite vinaigrette; UN COMMISSAIRE qui survient.

PREMIER HOMME qui traîne une vinaigrette.

Reculez, vivant.

DEUXIÈME HOMME, qui traîne une vinaigrette.

Recule, toi-même, hé!

PREMIER HOMME.

Holà! l'ami, hors du passage.

DEUXIÈME HOMME.

Hors du passage toi-même.

MEZZETIN, à l'homme qui le traîne.

Qu'est-ce donc, cocher? Est-ce que vos chevaux sont fourbus?

ARLEQUIN, à l'homme qui le traîne.

Fouettez donc, maraud, fouettez donc. Avez-vous oublié mes allures?

PREMIER HOMME.

Madame, il y a un carrosse qui empêche de passer.

ARLEQUIN.

Un carrosse? eh! marchez-lui sur le ventre, mon ami.

MEZZETIN, la tête à la portière.

Quelle est donc l'impertinente qui arrête mon équipage dans sa course?

ARLEQUIN, la tête hors de la portière.

C'est moi, madame : je vous trouve bien ridicule de borner avec votre fiacre les rues où je dois passer!

MEZZETIN.

Fiacre vous-même! Notre famille n'a jamais été sans carrosse ni sans chevaux.

ARLEQUIN.

Ni sans bourriques, madame.

MEZZETIN.

Savez-vous bien qui je suis, ma petite mie?

ARLEQUIN.

Me connaissez-vous bien, ma petite mignonne?

MEZZETIN.

Apprenez, si vous ne le savez, que je suis la première cousine du premier clerc du premier huissier à verge au Châtelet de Paris.

ARLEQUIN.

Et moi je suis la femme du premier marguillier du premier œuvre de la Villette.

MEZZETIN.

Quand vous seriez le diable, vous reculerez.

ARLEQUIN.

Que je recule? reculez vous-même; on n'a jamais reculé dans ma famille.

MEZZETIN.

Oh bien! madame, je vous déclare que je ne recule point, et que je reste ici jusqu'à soleil couchant.

ARLEQUIN.

Et moi, j'y demeure jusqu'à lune levante.

MEZZETIN.

Je n'ai rien à faire : pourvu que je sois aux Tuileries entre chien et loup.

ARLEQUIN.

Ni moi non plus, pourvu que je sois demain au lever de monsieur le marquis de la Virgouleuse.

MEZZETIN.

Petit laquais, allez me chercher à dîner à la gargotte, et faites apporter du foin pour mes chevaux.

ARLEQUIN.

Pour moi, je n'ai que faire d'envoyer rien chercher; je porte toujours sur moi tout ce qu'il me faut, et je ne marche jamais sans des vivres pour trois jours. Qu'on me donne ma cuisine.

(Un laquais lui aide à prendre une petite cuisine de fer-blanc, qui est faite comme un garde-manger, d'où Arlequin tire des assiettes, une salade, un poulet, des burettes pleines d'huile et de vinaigre, des fourchettes, des couteaux, des serviettes et autres ustensiles propres à garnir une table. Il pose tout cela sur le devant de la vinaigrette, et mange ; et de temps en temps boit en saluant tantôt la dame sa voisine, et tantôt le parterre. Après plusieurs lazzis de cette nature, arrive le commissaire.)

LE COMMISSAIRE.

Quelle cohue est-ce donc, mesdames? Voilà un embarras terrible! Un enterrement, un troupeau de bœufs, et deux charrettes de foin qui ne sauraient passer. Otez-vous de là, et au plus vite.

MEZZETIN, au commissaire.

Oh bien! monsieur, je sècherai plutôt sur pied que d'en branler.

ARLEQUIN.

Pour moi, je n'en démarerai pas, dussé-je arrêter la circulation de Paris. A votre santé, monsieur le commissaire.

(Il boit.)

MEZZETIN.

Je souffrirai bien, vraiment, qu'une sous-roturière insulte ma calèche en pleine rue!

ARLEQUIN.

Nous verrons si une arrière-bourgeoise me mangera la laine sur le dos!

LE COMMISSAIRE.

Il faut pourtant quelque accommodement à cela.

ARLEQUIN.

Qu'est-ce à dire, monsieur le praticien? Est-ce que vous me prenez pour une femme d'accommodement?

LE COMMISSAIRE.

Eh! madame, entrez mieux dans ce que je dis. Je dis qu'il faut vider ce différend et sortir d'affaire.

ARLEQUIN.

Vider! Mais voyez un peu quelle insolence? Oh! apprenez, monsieur le commissaire, que je ne vide rien, moi; allez chercher vos videuses d'affaires ailleurs.

LE COMMISSAIRE.

Il faut pourtant que vous reculiez.

(Il se met entre les deux vinaigrettes, et les fait reculer toutes les deux en même temps.)

MEZZETIN.

Que je recule? Morbleu! cela ne sera pas vrai.

(Il saute sur le commissaire.)

ARLEQUIN.

Que je recule? Parbleu! vous en aurez menti.

(Il saute sur le commissaire, qui s'esquive. Les deux femmes se prennent au collet, se décoiffent, et s'en vont ; ce qui finit la scène.)

SCÈNE

DU

PROCUREUR EN ROBE ROUGE.

ANGÉLIQUE, COLOMBINE; ARLEQUIN, en procureur; UN PEINTRE, UN PRÊTEUR sur gages, UN LAQUAIS.

ANGÉLIQUE.

Ah! Colombine, que me dis-tu? Quoi! monsieur Griffon, que j'ai tant de fois rebuté, est présentement avec mon père, et il lui parle de mariage ?

COLOMBINE.

Il est trop vrai, madame ; et le pis de l'affaire, c'est que votre père l'écoute, parce qu'il dit qu'il n'est plus procureur. Je l'ai vu entrer d'un air des plus magistrats : une perruque flottante, le rabat en cravate, les bras en zigzag, une robe troussée jusqu'au quatrième bouton, dont un grand laquais portait la queue *cum comento ;* enfin avec tous les airs d'un petit-maître de palais.

ANGÉLIQUE.

Ah ciel! je suis perdue si mon père l'écoute.

COLOMBINE.

Oui, c'est un terrible contre-temps ; votre affaire était en bon train avec Octave. Mais ne désespérons encore de rien. Voici l'homme.

ARLEQUIN, en monsieur Griffon.

Tortille, tortille ma queue. Tortille, tortille, tortille.

LE LAQUAIS.

Mais, monsieur, c'est encore votre robe de procureur; elle est trop courte de cinq quartiers.

ARLEQUIN.

Tortille, tortille.

LE LAQUAIS.

Mais, monsieur, je tortille tant que je puis.

ARLEQUIN.

Tortille, tortille encore; il ne faut pas qu'elle soit plus grosse qu'une saucisse, cela a l'air magistrat. (Apercevant Angélique.) Ah! ma princesse! (Vers son laquais.) Étale, étale. (Vers Angélique.) Vous voyez, ma princesse. (Vers Angélique.) Excusez, madame; c'est que ce maraud-là n'est pas encore stylé à l'exercice de la robe. Vous voyez, charmante Angélique, un échappé de la chicane, que le désir de vous plaire a fait voler à un rang où il semble qu'un procureur n'eût jamais osé prétendre. Je vous pardonne, belle mignonne, dont je voudrais faire mainte expédition, je vous pardonne tous les contredits que vous avez faits à ma passion. C'était trop peu pour vous qu'un procureur, quoiqu'il y ait des femmes de procureurs qui, au sac d'or et au carreau près, le portent aussi haut que les plus huppées de la robe. Mais on peut dire, charmant tiret qui enfilez tous les rôles de mon amour, que quand on n'a pas ce que l'on aime, le diable emporte ce qu'on a.

COLOMBINE.

Comment, monsieur! vous pouvez donc donner le sac d'or et le carreau à madame votre épouse? Oh! pour cela, c'est un grand avantage d'avoir le droit de se laisser tomber de son haut sur les genoux, sans être en risque de se blesser.

ARLEQUIN.

Ce n'est rien que tout cela. J'ai le droit de porter la robe rouge.

ANGÉLIQUE et COLOMBINE, ensemble.

La robe rouge!

ARLEQUIN.

Ah! ma foi, c'est une jolie chose. Je n'avais jusqu'à présent connu que les plaisirs que causent les profits d'une bonne étude; mais les honneurs chatouillent le cœur de bien près. Mon marchand m'a apporté pour ma robe le plus beau drap écarlate rouge qu'on ait jamais vu : c'est du même que sont habillés les mousquetaires gris et noirs.

COLOMBINE.

Mais, monsieur, êtes-vous déjà en possession de votre charge ?

ARLEQUIN.

Non, pas tout à fait : il y manque encore quelques petites formalités qu'il faut terminer ; mais comme tous les plaisirs ne sont que dans la jouissance, je les prends toujours par *interim*. Et, à vous dire le vrai, je ne me fais encore porter la queue que chez mes bons amis et dans les rues détournées. J'ai aussi fait faire par avance mon portrait, que je ferai graver au burin au premier jour.

COLOMBINE.

Comment! monsieur Griffon gravé au burin? Savez-vous bien qu'il n'y a que les hommes illustres qui se fassent graver?

ARLEQUIN.

Oh! je ne serai pas le premier greffier qui se soit fait graver en robe magistrale ; et d'un bon original, on ne peut trop multiplier les copies. Savez-vous comment j'y suis représenté? En robe rouge, ma princesse, en robe rouge. Ma foi, on a beau avoir du mérite, il faut pour l'indiquer mettre une enseigne à sa porte.

COLOMBINE.

Monsieur Griffon, les emplois sont justement comme ces lierres qui ruinent souvent les murailles qu'ils parent.

ARLEQUIN.

J'ai du crédit, ma bonne, j'ai du crédit; et un procureur adroit qui exerce une charge de greffier a de grandes ressources. Voulez-vous voir mon portrait?

ANGÉLIQUE.

L'avez-vous ici ?

ARLEQUIN.

Je fais toujours venir mon peintre avec moi. Car, comme j'y suis peint *in magistralibus*, je suis bien aise de le faire voir à tout le monde pour en avoir leur avis. Entrez, monsieur le peintre. Vous allez voir un portrait achevé; il me ressemble parfaitement.

(Le peintre expose le portrait en vue).

ARLEQUIN, vers Angélique.

Eh bien! madame, que vous semble de la robe?

LE PEINTRE.

Monsieur, je l'ai fait voir à toutes les personnes chez qui vous m'avez envoyé, et il n'y a personne qui n'ait dit qu'il n'y manquait que la parole, et que ce n'était pas ce qui en était le plus mauvais. On vous a, à cela près, fort bien reconnu.

ARLEQUIN.

Avec cette robe? Mais cela est admirable, que cette affaire-là ait déjà fait un si grand bruit dans le monde! Elle me fera honneur. Oh! ma foi, il faut avouer que cela distingue bien un homme.

ANGÉLIQUE.

Il me semble que vous êtes peint un peu trop jeune.

ARLEQUIN.

Point, point, ma princesse; c'est la robe rouge qui le fait paraître : ce n'est pas que depuis que je suis à traiter de cette affaire, je me sens rajeuni de plus de dix ans.

COLOMBINE.

Il me semble aussi que vous avez les yeux plus petits et plus éraillés, le nez plus épaté, le menton plus long, la bouche plus ouverte, et tout le visage un peu plus baroque que votre portrait.

ARLEQUIN.

C'est ce diable d'habit noir qui fait cela; et quoique ma charge me revienne à trois cent mille livres, je donnerais volontiers cent mille francs davantage si je pouvais avoir le reste de l'équipage aussi rouge que la robe. Mais, monsieur le peintre, vous avez mis du noir à ma robe rouge?

LE PEINTRE.

C'est l'ombre, monsieur.

ARLEQUIN.

C'est tout ce qu'il vous plaira, il faudra l'ôter. Je ne veux point de noir, je ne veux que du rouge.

LE PEINTRE.

Mais, monsieur, permettez-moi de vous dire que ce qui est de relief doit être dans sa couleur naturelle, et que ce qui

est dans le fond doit être obscurci par l'ombre. Ce sont là les principes.
ARLEQUIN.
Oh! monsieur, les principes en ont menti, et il ne sera pas dit que je serai magistrat dans le relief, et procureur dans le fond. Il ne faudrait pour l'achever que lui mettre sur les bras trois ou quatre sacs à procès; tout le monde dirait : Voilà monsieur Griffon, le procureur, qui va au Châtelet obtenir une sentence par défaut. Je veux me distinguer, entendez-vous, monsieur le peintre? ainsi ôtez-moi tout ce noir-là, et m'y mettez du rouge, et bien rouge.
LE PEINTRE.
Mais, monsieur, la peinture...
ARLEQUIN.
Oh! monsieur, la peinture, la peinture.... Mais cet homme-là me ferait perdre l'esprit. C'est que vous autres vous n'entrez point dans toutes les beautés d'une robe rouge; et afin que vous le sachiez, il n'y a rien de si beau que le rouge, car le rouge est une couleur... Enfin, rien ne distingue tant que le rouge, et quand on peut avoir du rouge, il faut être du dernier fou pour ne pas prendre du rouge.
GRAPILLE, entrant, bas à Griffon.
Monsieur, j'ai trouvé monsieur Grippe-sou; il dit comme cela que votre affaire est rompue, et que les bourses sur lesquelles il avait compté lui ont manqué de parole.
ARLEQUIN.
Cet homme vient ici bien mal à propos. (Il le tire à quartier.) Mais, monsieur Grapille, d'où vient donc ce changement? Ne leur a-t-on pas fait entendre que je prendrais les précautions pour leur en faire une constitution sur le pied que les gens d'affaires font leurs billets?
GRAPILLE.
Oui, monsieur; mais ils disent qu'il n'y a plus de sûreté pour l'emploi.
ARLEQUIN.
Il n'y a plus de sûreté pour l'emploi! sur une charge de greffier qui est entre les mains d'un procureur, d'un procureur qui hypothèque les gages de sa charge, et même le tour du bâton qu'il prétend faire valoir à cent pour cinq!

GRAPILLE.

Cependant ils n'en ont voulu rien faire. Il leur a même fait entendre, quoique sans fondement, mais c'était pour les résoudre plus tôt, que vous étiez sans quartier, inflexible, sans pitié, et il leur a même promis que vous seriez sans justice.

ARLEQUIN.

Et avec tout cela ?

GRAPILLE.

Ils n'en ont voulu rien faire.

ARLEQUIN.

Les marauds ! ils veulent me tenir le pied sur la gorge, mais je leur ferai bien connaître... Serviteur, mesdames.

(Il veut s'en aller.)

LE PEINTRE.

Et votre portrait, monsieur ?

ARLEQUIN.

J'ai autre chose en tête présentement que mon portrait. Adieu.

LE PEINTRE.

Comment, monsieur ? Je prétends que vous me payiez. Le portrait vaut trente pistoles en robe rouge ; c'est un prix fait.

ARLEQUIN.

Je n'ai plus besoin de la robe rouge ; je n'ai plus la charge, et je ne regarde plus cela comme mon portrait.

GRAPILLE.

Pourquoi, monsieur ? Il vous ressemble si bien ! faites-y mettre une robe noire.

LE PEINTRE.

Cela ne se pourrait pas ; la tête est faite pour une robe rouge, et il faudrait refaire un autre portrait.

ARLEQUIN.

Eh bien ! gardez votre portrait, je n'en ai que faire. Quand une paire de souliers ne m'accommode pas, je la laisse au cordonnier, et il la vend à un autre.

LE PEINTRE.

Il n'en est pas de même d'un portrait, monsieur : tous les visages ne se ressemblent pas ; et d'ailleurs un procureur en robe rouge n'est pas de défaite, et il me faut de l'argent.

ARLEQUIN.

De l'argent! de l'argent! Mais voyez donc cet impertinent! Traiter ainsi un homme qui a pensé être de qualité! Savez-vous bien, mon petit ami, que si je prends mon écritoire...

LE PEINTRE.

Savez-vous bien, monsieur le procureur, que je veux être payé, et en justice même!

ARLEQUIN.

Oui dà, en justice! c'est où je t'attends, en justice.

LE PEINTRE.

Oui, morbleu! nous plaiderons, et je ferai voir à l'audience un procureur en robe rouge.

(Il se jette sur Arlequin, lui prend sa perruque et s'enfuit.)

ARLEQUIN.

Ah! coquin, je te ferai manger tes couleurs, ta toile, ta palette, tes pinceaux. (A son laquais.) Tortille, tortille, mon ami, vite... Ton chevalet, tes...

(Il s'en va et finit la scène.)

AVERTISSEMENT

SUR LA SUITE

DE LA FOIRE SAINT-GERMAIN.

Cette pièce est une continuation de la *Foire Saint-Germain*, et n'a dû sa naissance qu'au succès de la première; l'intrigue cependant en est différente, quoique le lieu de la scène et les deux principaux acteurs soient les mêmes : elle a été représentée, pour la première fois, le 19 mars 1696.

Arlequin et Colombine, intrigants, trompent un procureur et sa femme. Arlequin se fait passer, auprès de la femme, pour un gentilhomme auvergnat, sous le nom du baron de Groupignac; et Colombine joue, auprès du mari, le rôle d'une fille de qualité, sous le nom de Léonore. Après avoir tiré de leurs dupes tout ce qu'ils ont pu, ils finissent par se moquer d'eux.

La scène de Marc-Antoine et Cléopâtre, qui a donné le nom à la pièce, ne nous paraît nullement liée à l'intrigue principale; et c'est encore une scène dans le genre de la tragédie burlesque.

Les auteurs des spectacles forains ont souvent cherché à s'approprier des scènes entières de l'ancien Théâtre italien. Fuselier a mis cette pièce-ci sur le théâtre de l'Opéra-Comique, sous le titre du *Bois de Boulogne*, représentée le 8 octobre 1726. L'extrait de la pièce, et quelques scènes que nous allons copier, feront juger du parti que Fuselier a tiré de la comédie de Regnard.

Argentine, aventurière, est aimée d'Arlequin : celui-ci la rencontre au bois de Boulogne, et lui apprend qu'il joue le personnage d'un homme de qualité auprès de madame Orgon, femme d'un riche financier. Argentine, de son côté, lui dit qu'elle a un rendez-vous avec M. Orgon dans une allée du bois de Boulogne. Madame Orgon arrive; Argentine se retire, et Arlequin lui fait sa cour sous le nom du baron de Groupignac. Après les premiers compliments, madame Orgon dit tendrement à son amant :

Air : *Tu n'as pas le pouvoir.*

Vous faites donc un peu de cas
De mes petits appas ? (*bis*)

ARLEQUIN.

Madame, changez de propos;
Car vos appas sont gros. (*bis*)

Mme ORGON.

Air : *Attendez-moi sous l'orme.*

Est-il taille mieux prise ?
Est-il un port plus beau ?

ARLEQUIN.

Madame, je méprise
Les tailles de fuseau.
J'aimais à la folie
Un cheval bas-breton ;
De sa taille arrondie
Voilà l'échantillon.

Air : *Que j'estime mon cher voisin !*

De la rondeur de votre bras
Mon âme est enchantée.

Mme ORGON.

Les connaisseurs ne trouvent pas
Ma jambe mal tournée.

ARLEQUIN.

Air : *Dieu bénisse la besogne.*

Sans doute, et mes sens sont ravis
De voir de si beaux pilotis;
On les prendrait presque, ma reine,
Pour ceux de la Samaritaine [1].

Orgon, tenant Argentine par le bras, vient interrompre mal à

[1] Voyez ci-après scène IV, page 765 et suiv.

propos ce délicat entretien. Le mari et la femme se reconnaissent et se querellent; mais celle-ci, pour mieux braver son époux, fait, en sa présence, des dons considérables au prétendu baron : Orgon s'en venge par des dons plus considérables à Argentine.

On voit, par cet extrait, que c'est la pièce même de Regnard que Fuselier a mise en vaudevilles; mais les plaisanteries de notre poète ont perdu toute leur gaieté dans les mains de Fuselier; aussi son opéra-comique n'a-t-il eu aucun succès.

LA SUITE

DE LA

FOIRE SAINT-GERMAIN

OU

LES MOMIES D'ÉGYPTE.

COMÉDIE.

ACTEURS :

ARLEQUIN, intrigant, sous le nom du baron de Groupignac.
COLOMBINE, intrigante, sous le nom de Léonore.
M. JACQUEMARD, procureur. Le Docteur.
Mme JACQUEMARD, *Mezzetin.*

L'ÉPINE. *Scaramouche.*
OSIRIS, dieu des Égyptiens. *Scaramouche.*
UNE SIBYLLE. *La Chanteuse.*
UN LIMONADIER. *Pierrot.*
PLUSIEURS GARÇONS LIMONADIERS,
ET AUTRES PERSONNAGES MUETS.

La scène est dans une boutique de la foire Saint-Germain.

SCÈNE I.

ARLEQUIN, COLOMBINE.

ARLEQUIN, à part.

Alessandro magno, quel grand filosofo, aveva ragione di dire, che l'amore d'una dona est un sable mouvant, sur lequel on ne peut bâtir que des châteaux en Espagne.

COLOMBINE, à part.

Lucrezia Romana, di castissima memoria, aveva costume di dire, ch'il cuore d'un uomo était bien trigaud, et qu'il ne s'y fallait non plus fier qu'à un almanach.

ARLEQUIN.

La dona est une girouette d'inconstance ; un moulin à vent de légèreté ; une belle de nuit qui n'est bonne que du soir au matin.

COLOMBINE.

L'amor d'un uomo est un petit brouillard d'été, qui se dissipe avec le soleil; un coq sur un clocher, qui tourne au moindre petit zéphyr.

ARLEQUIN, apercevant Colombine.

Ecco la belle de nuit inconstante, qui me fait tant pester contre le genre féminin.

COLOMBINE, apercevant Alequin.

Ecco le petit brouillard d'été qui me fait haïr les hommes comme des mahométans.

(Ils passent fièrement, et se rencontrent nez à nez.)

ARLEQUIN.

Mademoiselle, rangez-vous de mon chemin, s'il vous plaît.

COLOMBINE.

Avec votre permission, monsieur, n'embarrassez pas le passage.

ARLEQUIN.

Une ingrate comme vous ne sera jamais un remora capable d'arrêter un vaisseau comme le mien, qui cingle à pleines voiles sur l'océan des bonnes fortunes.

COLOMBINE.

Un perfide comme vous ne sera jamais une ornière capable de m'empêcher de rouler dans le grand chemin des prospérités. Quand une fille a quelque savoir-faire, elle ne manque pas d'adorateurs.

ARLEQUIN.

Quand un homme est tourné d'une certaine manière, il ne manque point d'adoratrices.

COLOMBINE.

J'ai refusé d'être commis chez un commis de la douane, qui m'aurait fait bien des gracieusetés, et où j'aurais tenu la caisse.

ARLEQUIN.

Il ne tient qu'à moi d'être gouverneur des filles d'honneur d'une honnête dame qui demeure dans la rue Froidmanteau.

COLOMBINE.

Je passe sous silence les avances que me fait un procureur moderne, qui me signifie tous les jours quelque avenir amoureux, et qui veut m'associer à sa pratique.

SCÈNE I.

ARLEQUIN.

Je ne fais point mention d'une ancienne procureuse qui me donne toujours quelque exploit galant, et qui m'a accordé la préférence sur quatre grands clercs.

COLOMBINE, d'un ton radouci.

Peut-on savoir le nom de votre ancienne procureuse ?

ARLEQUIN, du même ton.

Peut-on apprendre comment s'appelle votre procureur moderne ?

COLOMBINE.

Si vous n'étiez pas un petit indiscret...

ARLEQUIN.

Si vous n'étiez pas une grande babillarde...

COLOMBINE.

Io vi direi que c'est monsieur Jacquemard.

ARLEQUIN.

Io vi direi que c'est madame Jacquemard.

COLOMBINE.

Madame Jacquemard! *E possibile? Ah! caro Arlichino!* Nous négocions l'un et l'autre dans la même boutique.

ARLEQUIN.

Ah! carissima Colombina! embrassez-moi. Nous travaillons tous deux dans le même atelier.

COLOMBINE.

J'ai fait croire à M. Jacquemard que je suis une fille de qualité de province, nommée Léonore, et que je suis à Paris pour solliciter un procès.

ARLEQUIN.

Et moi je me suis introduit auprès de la procureuse, sous le nom du baron de Groupignac, *e che sono venuto à Parigi per sollecitar un dono.*

COLOMBINE.

Quel est-il ce don ?

ARLEQUIN.

C'est de pouvoir seul avoir des haras de mulets dans les montagnes d'Auvergne.

COLOMBINE.

Il faut de cette affaire faire notre fortune. Tu sais que notre mariage n'est retardé que par notre indigence : il faut que nous plumions ces oisons. J'assigne dès à présent ma dot sur les malversations du procureur.

ARLEQUIN.

Et moi, ton douaire sur les malversations de la procureuse. L'Épine est dans mes intérêts.

COLOMBINE.

Il est aussi dans les miens, et son secours ne nous sera pas inutile.

SCÈNE II.

COLOMBINE, ARLEQUIN, L'ÉPINE.

COLOMBINE.

Mais le voici.

L'ÉPINE.

Je vous trouve à propos : vos affaires sont en bon train. (A Colombine.) Votre procureur ne manquera pas de se trouver tantôt dans ma boutique, pour voir mes momies, où il vous prépare une collation magnifique. (A Arlequin.) Et pour la procureuse, je l'attends ici, et je vais faire en sorte de la faire trouver aussi chez moi.

ARLEQUIN.

Tant mieux. Si les parties sont assemblées, nous plaiderons contradictoirement.

L'ÉPINE.

Dès qu'ils seront tous dans ma boutique, je vous dirai ce qu'il faudra que vous fassiez. (A Colombine.) En attendant, Colombine, il faut que tu te déguises en Égyptienne : je te cacherai dans ma boutique, et... (Il lui parle à l'oreille.) Mais allez-vous-en : voici madame Jacquemard qui vient.

SCÈNE III.

L'ÉPINE ; Mme JACQUEMARD, vêtue d'un brocart d'or sur un fond écarlate et chargé de beaucoup de rubans.

L'ÉPINE.

Serviteur à madame Jacquemard. Que vous êtes brillamment et élégamment mise! quel bel habit!

Mme JACQUEMARD.

Vous voyez, monsieur de l'Épine ; c'est un petit déshabillé à bonnes fortunes, que je me suis donné exprès pour venir à la foire.

SCÈNE III.

L'ÉPINE.

Ah! madame, vous êtes si belle, que vous n'avez pas besoin de toutes ces parures-là pour plaire.

Mme JACQUEMARD.

On a beau être jeune, mignonne, pouponne, ces fripons d'hommes sont si intéressés, qu'à moins qu'ils ne voient briller l'or dessus et dessous, ils s'imaginent qu'une femme est un garde-magasin, et ils veulent l'avoir pour moitié de ce qu'elle vaut.

L'ÉPINE.

Il est vrai qu'on aime assez l'étalage; et dans les boutiques bien parées, on y vend une fois plus cher qu'ailleurs.

Mme JACQUEMARD.

On attrape assez l'air de qualité, comme vous voyez. Mon mari ne sait pas que j'ai ce petit déshabillé-ci. C'est le surtout des menus plaisirs : il est déjà tout fripé.

L'ÉPINE.

Mais si votre mari vous trouve avec cet ajustement, il pourra bien jeter l'habit par les fenêtres, sans songer que vous seriez dedans.

Mme JACQUEMARD.

Oh! je ne crains rien.

L'ÉPINE.

Il faudra, madame, que vous veniez voir mes momies d'Égypte. Elles sont très-rares, et M. le baron de Groupignac m'a promis qu'il s'y trouverait : je sais qu'il ne vous est pas indifférent.

Mme JACQUEMARD.

Je n'ai rien de caché pour M. de l'Épine; je connais sa discrétion, et je lui avouerai que je me sens si frappée de ce M. de Groupignac, que si mon bâtier de mari était mort, je n'en ferais pas à deux fois; et je l'épouserais d'abord en lui donnant tout mon bien.

L'ÉPINE.

Vous ne sauriez mieux faire ; c'est un homme d'un vrai mérite. J'ai une Égyptienne dans ma boutique, qui pourrait bien deviner le temps que vous l'épouserez. Mais je crois que je l'entends. Madame, je vous laisse pour me rendre chez moi. Si l'Égyptienne vous tente, venez-y, et je vous promets que je vous ferai parler à elle en toute sûreté. Serviteur.

Mme JACQUEMARD.

Je vous réponds que j'irai dans un moment chez vous.

SCÈNE IV.

Mme JACQUEMARD; ARLEQUIN, en baron de Groupignac.

ARLEQUIN, vers la cantonade.

Holà, quelqu'un! Basque, Champagne, La Fleur, Poitevin, Coupejarret! Laquais *major*, autrement mon secrétaire, j'ai laissé sur mon bureau vingt ou trente billets doux; allez les ouvrir, et y faites réponse; mais d'un style tigre et cruel : j'ai d'autres amours en tête. Laquais *minor*, allez dire à cette veuve que je n'irai point la voir qu'elle n'ait reçu ce remboursement. Laquais *minimus*, vous irez chez la vieille baronne de Trancot, savoir si son visage est pleinement rentré des crevasses de la petite vérole. Mon suisse, venez çà : vous, dont le bras est aguerri à soutenir l'assaut des créanciers, redoublez de force aujourd'hui, et repoussez vigoureusement toutes les femmes qui viendront m'assiéger. (A madame Jacquemard.) Ah! madame, vous voilà? Que de beautés! que d'appas! quelle fourmilière de charmes! Que ces yeux, ce nez, ces dents, ce teint, que tout cela est bien travaillé! Avez-vous acheté cela tout fait?

Mme JACQUEMARD.

Ah! monsieur, je n'achète point de charmes; la nature y a assez pourvu : je suis toute naturelle, moi.

ARLEQUIN.

Que cela est artistement élabouré! Je me donne au diable, si je n'aimerais pas mieux avoir fait ce visage-là que la machine de Marly.

Mme JACQUEMARD.

On serait bien heureuse, monsieur le baron, si l'on pouvait, auprès de vous, mettre à profit ses petits appas.

ARLEQUIN.

Petits appas, madame? Ah, ciel! quelle hérésie! voilà les plus gros que j'aie vus de ma vie. Vous me charmez, vous m'enchantez, vous m'enlevez, vous m'enthousiasmez. Non, je n'y saurais tenir; il faut que je vous embrasse.

(Il veut l'embrasser et la remplit de poudre.)

Mme JACQUEMARD.

Ah! petit séducteur, vous ne cherchez qu'à me jeter de la poudre aux yeux! Ah! ah!

(Elle minaude.)

SCÈNE IV.

ARLEQUIN.

L'éclat de vos charmes m'éblouit bien davantage, beau soleil de mon âme! plus je vous vois, plus je vous trouve adorable. M'aimez-vous?

Mme JACQUEMARD.

Ah! fi donc, aimer! je m'évanouis quand j'entends seulement prononcer le mot d'amour; mais on aurait quelques bontés pour vous, si vous n'étiez pas si dissipé.

ARLEQUIN.

Il faut bien qu'un homme de qualité remplisse ses devoirs. On se lève tard. Avant qu'on ait écarté des créanciers, fait quelque affaire avec les usuriers, qu'on se soit montré dans les lansquenets, on est tout étonné que la nuit est bien avancée, et qu'il faut aller rosser le guet.

Mme JACQUEMARD.

Vous êtes, à ce qu'il me paraît, fort régulier à vos exercices.

ARLEQUIN.

Pour me rendre plus assidu auprès de vous, je me suis un peu relâché cette semaine; et voilà déjà cinq hommes qu'on a tués, où je n'ai aucune part. Mais, que ne fait-on pas pour vous? Que vous êtes ensorcelante!

(Il lui baise la main.)

Mme JACQUEMARD.

Fi donc, fi donc, monsieur le baron!

ARLEQUIN.

Où est donc ce diamant que vous mettez d'ordinaire à votre petit doigt, et qui me va si bien au pouce?

Mme JACQUEMARD.

Je vous l'apporterai tantôt.

ARLEQUIN.

N'y manquez donc pas. Que vous parlez élégamment, ma princesse! En vérité, je ne vois personne qui ait une tournure d'esprit aussi arrondie. Le diable m'emporte, vous l'avez comme le corps.

Mme JACQUEMARD.

Tout de bon? Me trouvez-vous de votre goût? Mon tailleur dit qu'il y a de l'honneur à m'habiller. Je ne suis pas des plus menues; mais si vous y prenez garde, je suis assez bien prise dans ma taille.

ARLEQUIN.

Vous êtes à charmer. Fi! je n'aime pas ces grandes tailles

de fuseau, qui sont toujours prêtes à rompre. Je veux, morbleu, des tailles épaisses et renforcées, comme la vôtre. J'ai eu autrefois un roussin breton, qui était le meilleur animal qui fut jamais : il avait la côte tournée comme vous. Je crois que vous avez la jambe d'un beau volume! souffrez que j'en voie un échantillon.

Mme JACQUEMARD.

Fi donc, arrêtez-vous, petit entreprenant. Sans vanité, je ne l'ai pas mal tournée.

(Elle fait voir un peu sa jambe.)

ARLEQUIN.

Le joli petit balustre! Ah! madame, votre beauté durera longtemps ; elle est bâtie sur pilotis.

(Il veut lui toucher la jambe.)

Mme JACQUEMARD.

Tout beau, tout beau, monsieur! un peu de modestie.

ARLEQUIN.

Oh! plus que vous ne voudrez. Vos jambes sont les colonnes d'Hercule : c'est pour moi le *non plus ultrà*.

Mme JACQUEMARD.

Je vous laisse, et vais de ce pas aux momies, consulter une Égyptienne sur la mort de mon mari, et notre futur mariage. Adieu, petit Hercule.

ARLEQUIN.

Adieu, charmante colonne qui soutiens l'architrave de mon amour.

SCÈNE V.

ARLEQUIN, seul.

Il me semble que la procureuse ne donne pas mal dans le panneau. Allons nous déguiser, pour l'attraper, elle et son mari, et la faire venir à nos fins.

SCÈNE VI.

Le théâtre change, et représente une ruine; on voit dans l'enfoncement des pyramides et des tombeaux, entre autres ceux de Marc-Antoine et de Cléopâtre.

(Osiris paraît au milieu de ces tombeaux, frappe de sa baguette une sibylle qui était couchée au pied d'une pyramide; la sibylle se lève, avance sur le bord du théâtre, et chante.)

OSIRIS, LA SIBYLLE.

LA SIBYLLE chante.

Sous ces beaux monuments, d'éternelle mémoire,

Je ranime la cendre, et trouble le repos
De ces rois et de ces héros
Qui jadis, dans l'Égypte, ont signalé leur gloire.
Je garde aussi sous ces tombeaux fameux,
Les mânes précieux
De ces femmes charmantes,
Qui firent jusque dans les cieux,
Élever ces masses pesantes,
Et par des histoires brillantes,
Signalèrent leur nom dans l'empire amoureux.

(On joue une ritournelle gaie, et la Sibylle continue de chanter.)

Si, dans ces lieux, toutes les belles,
Qui ne sont pas cruelles,
Pour immortaliser leur sort,
Lassaient de quoi bâtir, après leur mort,
Des monuments aussi solides,
On verrait bien des pyramides.

SCÈNE VII.

OSIRIS, Mme JACQUEMARD, LA SIBYLLE.

Mme JACQUEMARD.

Monsieur, n'est-ce point vous qui montrez les momies ?

OSIRIS.

Je suis Osiris, le dieu de l'Égypte.

Mme JACQUEMARD.

Puisque vous êtes le dieu de l'Égypte, ne pourriez-vous point me faire parler à quelqu'une de vos Égyptiennes, pour lui demander son avis sur une petite affaire?

OSIRIS.

Volontiers. Je veux, en votre faveur, rappeler à la lumière une des plus illustres.

(Il frappe de sa baguette une pyramide, Colombine sort.)

SCÈNE VIII.

OSIRIS, Mme JACQUEMARD; COLOMBINE, en Égyptienne; LA SIBYLLE.

Mme JACQUEMARD.

On m'a dit, madame, que vous étiez une Bohémienne fort habile dans votre métier, et que vous deviniez à merveille.

COLOMBINE.

On vous a dit vrai; il y a plus de six mille ans que nous devinons dans notre famille, de père en fils. Je suis la première femme du monde pour crocheter les cadenas de l'avenir. En voyant votre taille et votre moustache, je devine que vous êtes menacée d'une longue stérilité.

Mme JACQUEMARD.

M. Jacquemard, mon mari, ne se plaint point de moi. Je l'ai fait père de dix-huit Jacquemardeaux, tous portant barbe.

COLOMBINE.

J'ai deviné qu'au printemps prochain, plusieurs femmes paieraient aux officiers leur quote-part des frais de la campagne pour éviter les exécutions militaires.

Mme JACQUEMARD.

Je le crois bien; mais...

COLOMBINE.

J'ai deviné qu'au renouveau le sang des procureuses serait terriblement pétillant; et que si elles jouaient au lansquenet, leurs maris seraient les premiers pris.

Mme JACQUEMARD.

Madame, je suis procureuse, et...

COLOMBINE.

En voyant une sultane d'opéra troquer ses diamants bâtards contre des légitimes, j'ai deviné qu'elle avait fait de furieuses exactions sur quelque gros bacha sous-fermier.

Mme JACQUEMARD.

D'accord; mais vous saurez...

COLOMBINE.

En voyant deux Gascons entrer au cabaret, j'ai deviné que ce serait le cabaretier qui paierait l'écot.

J'ai deviné qu'à la Saint-Martin, tout homme de robe et tout abbé feraient suspension d'armes; mais qu'au départ des officiers, on verrait écrit en lettres d'or, sur la porte des coquettes : *Cedant arma togæ*.

Mme JACQUEMARD.

Il n'est pas question de cela.

COLOMBINE.

J'ai deviné que les bals de cette année seraient dangereux; et que les hommes seraient si bien masqués, que

SCÈNE VIII.

mainte femme y prendrait quelque aventurier pour son mari.

J'ai deviné que beaucoup de mères coquettes, voyant chaque jour leur visage menacer ruine, tâcheraient de faire recevoir leur fille en survivance.

Mme JACQUEMARD.

Je n'ai que deux mots.

COLOMBINE.

J'ai deviné qu'il y aurait cet été aux Tuileries plus de nymphes bocagères que de faunes et de chèvres-pieds, et que les Apollons de ce pays-là ne trouveraient point de Daphné assez cruelle pour se laisser métamorphoser en laurier. En voyant tant de galanteries mercenaires, j'ai deviné que l'amour était devenu courtier de change, et que les cœurs se négociaient à présent de place en place.

Mme JACQUEMARD.

Mais laissez-moi donc parler.

COLOMBINE.

J'ai deviné, en voyant un milord de la rue des Bourdonnais, qui avait perdu son argent contre une jolie femme, qu'il ne serait pas longtemps à se racquitter.

J'a deviné que les carrosses de deux bourgeoises de qualité se rencontreraient tête à tête dans une petite rue, et qu'après avoir fait repaître leurs personnes et leurs chevaux, on en ferait une scène lucrative à l'hôtel de Bourgogne [1].

Mme JACQUEMARD.

Vous avez deviné juste; mais...

COLOMBINE.

J'ai deviné qu'il y aurait cette année bien des filous qui voudraient changer d'état; bien des maris qui voudraient porter le deuil de leurs femmes, et encore plus de femmes qui postuleraient des emplois de veuve.

Mme JACQUEMARD.

Ah! voilà la question, madame.

COLOMBINE.

Comment? est-ce que vous voudriez que votre mari fût mort?

---

[1] Voyez la première scène ajoutée à la fin de la Foire Saint-Germain.

Mme JACQUEMARD.

Non, pas tout à fait ; mais je voudrais savoir si je serai mariée en secondes noces.

COLOMBINE.

Donnez-moi votre main. Diantre! voilà une main bien nuptiale. Vous avez bien des soupirants ; entre autres, un certain baron de Grou...

Mme JACQUEMARD.

Groupignac, n'est-ce pas?

COLOMBINE.

Groupignac, oui; un échappé des montagnes de l'Auvergne. Il vous a horriblement égratigné le cœur.

Mme JACQUEMARD.

Cela est vrai. (A part.) Comme elle devine cela ! (Haut.) Il m'a promis de m'épouser aussitôt que la place serait vacante. Mais, vous le savez, les barons d'aujourd'hui sont si inconstants !

COLOMBINE, à part.

Et les mesdames Jacquemard si laides !

Mme JACQUEMARD.

Dites-moi un peu ce qu'il faudrait faire pour le fixer dans le goût de me tenir un jour sa parole.

COLOMBINE.

Avez-vous des bijoux, des diamants, de l'argent comptant ?

Mme JACQUEMARD.

Oh! oui : je suis très-bien nippée et très-riche.

COLOMBINE.

Eh bien! écoutez la Sibylle : elle va vous dire ce qu'il faudra faire.

LA SIBYLLE chante.

Quand on a passé sa jeunesse,
On achète bien cher les fruits de la tendresse.
Il ne faut pas qu'une vieille prétende
Faire l'amour à communs frais;
Et trop heureuse encor que son argent lui rende
Ce que l'âge sur elle a moissonné d'attraits!

SCÈNE IX.

OSIRIS, Mme JACQUEMARD, M. JACQUEMARD, LA SIBYLLE.

M. JACQUEMARD, apercevant sa femme.

Que faites-vous donc ici, madame?

Mme JACQUEMARD.

Qu'y faites-vous, vous? Que je suis malheureuse ! Est-ce que je rencontrerai toujours ce petit brutal-là en mon chemin?

M. JACQUEMARD.

Est-ce que vous venez à la foire pour y donner la comédie? Quel habit de folle avez-vous donc là? Est-ce là l'habit d'une procureuse?

Mme JACQUEMARD.

Procureuse, moi? Apprenez, mon ami, que je suis la femme d'un procureur, mais que je ne suis point procureuse, et que je puis porter l'or et l'argent à meilleur titre que de vieilles comtesses qui doivent encore leur habit de noce.

M. JACQUEMARD.

Il n'y a pas un de ces diamants-là qui ne m'ait coûté un procès, et peut-être une fausseté.

Mme JACQUEMARD.

Je serais bien malheureuse d'être lardée de faussetés depuis les pieds jusqu'à la tête ! Mais, monsieur, consolez-vous; ces diamants-là ne vous coûtent rien.

M. JACQUEMARD.

Ils ne vous coûtent pas grand'chose non plus.

Mme JACQUEMARD.

Comment! que voulez-vous dire? Ils ne me coûtent pas grand'chose! Je veux bien que vous sachiez que je n'ai jamais rien fait pour de l'argent.

M. JACQUEMARD.

Tant pis, madame : il y a de certains métiers où il vaut mieux recevoir que donner.

Mme JACQUEMARD.

Plutôt que de censurer ma conduite, vous feriez mieux de réformer la vôtre, et de ne pas faire tous les jours le petit libertin.

M. JACQUEMARD.

Je n'ai rien à réformer à ma conduite, et je souhaiterais que la vôtre fût aussi régulière dans le fond et dans la forme.

Mme JACQUEMARD.

Cela est étrange! Ces gens de pratique ont toujours quelque petit ménage par apostille, et ils ne regardent leur femme que comme un inventaire de production.

OSIRIS.

Doucement. Il n'est pas question de se disputer ici. Vous êtes venus pour voir les momies, et non pour quereller. Faites donc silence, et regardez; vous allez voir Marc-Antoine et Cléopâtre.

SCÈNE X.

(Un grand tombeau s'ouvre, et laisse voir Marc-Antoine et Cléopâtre couchés, l'un tenant une épée, l'autre un serpent; ils sont vêtus en momies.)

OSIRIS, M. JACQUEMARD, Mme JACQUEMARD; ARLEQUIN, en Marc-Antoine; COLOMBINE, en Cléopâtre.

M. JACQUEMARD.

Je crois que voilà Léonore ma maîtresse.

Mme JACQUEMARD.

Je crois que voilà mon baron de Groupignac!

COLOMBINE, en Cléopâtre, sort de sa tombe, et dit, d'un ton tragique :

Quel éclat vient frapper ma débile paupière?
Quel dieu cruel me force à revoir la lumière,
Moi qui, me dérobant aux rigueurs de mon sort,
Trouvai tant de douceur à me donner la mort?
J'ai triomphé du coup dont vous vouliez m'abattre,
Grands dieux! que voulez-vous encor de Cléopâtre?
Mais, que vois-je en ces lieux? l'ombre de mon époux?
Marc-Antoine, est-ce vous?

ARLEQUIN, en Marc-Antoine, se lève, étend les bras, se frotte les yeux, et dit d'un ton comique :

Ah! que j'ai bien dormi! Bonjour, Cléopâtrine.
Quelle heure est-il! J'ai soif et faim.
Va vite me tirer chopine;
Mais ne la bois pas en chemin.

COLOMBINE.

Cet indigne discours rend ma douleur plus vive.

SCÈNE X.

Ne te souvient-il plus que tu fus roi des rois ;
Un héros ?

ARLEQUIN.

Moi, héros ! Dame ! j'ai quelquefois
La mémoire un peu laxative.
Étions-nous morts tous deux ? Par ma foi, je croyais
Qu'en bons et francs époux bourgeois,
Tous deux, au même lit, le ragoût d'Hyménée
Nous avait fait dormir la grasse matinée.

COLOMBINE.

De son esprit troublé que puis-je soupçonner ?

ARLEQUIN.

Déchausse le cothurne, et songe au déjeuner.
Ton œil me met en goût, et me sert d'échalote.
Cette anguille est dodue, et vaut bien un poulet ;
Au lieu d'en faire un bracelet,
Va m'en faire une matelote.

COLOMBINE.

J'ai toujours conservé, sur mon bras étendu,
Ce sûr témoin de ma vertu.
Quand ta mort eut brisé nos conjugales chaînes,
Cet aspic fit glisser son venin dans mes veines.

ARLEQUIN.

On a fait courir ce bruit-là ;
Mais tu connais la médisance :
L'un le crut, l'autre s'en moqua ;
Dis-moi la chose en conscience.
Fut-ce un aspic qui te piqua ;
Ou bien si tu mourus de rage
De n'avoir pu chanter un *bis* de mariage ?

COLOMBINE.

Tout l'univers a su mon trépas éclatant.

ARLEQUIN.

Je le tiens apocryphe. Euh ! petit charlatan.
A quelque autre que moi va vendre ta vipère,
Pour faire de l'orviétan,
Ou pour pendre au plancher de quelque apothicaire.
Si de cette vipère on faisait, à Paris,
De la poudre à guérir les coquettes fieffées,
On en vendrait moins, prix pour prix,
Pour les estomacs affaiblis,

Que pour les vertus délabrées.
COLOMBINE.
Pour sauver ma vertu, j'employai le poison.
ARLEQUIN.
Ouiche, tarare, ponpon !
COLOMBINE.
Auguste est mon garant; je méprisai sa couche.
ARLEQUIN, d'un ton héroïque.
Malheureuse ! quel nom est sorti de ta bouche !
A ce nom, de courroux je me sens embrasé,
Et je suis à présent dé-Marc-Antonisé.
Tu veux m'en imposer par ton récit tragique.
COLOMBINE prend le ton badin.
Mon bichon, mon Antonichon,
Je prendrai, si tu veux, le ton tragi-comique.
Les femmes de certain renom
Savent chanter sur chaque ton ;
Même sur celui de flon flon.
ARLEQUIN.
Telle qu'une coquette, en superbe ordonnance,
Vient étaler au cours le plus fin de son art,
Pour ranger sous son étendard
Quelque colonel de finance ;
Telle, et plus belle encore, on vous vit dans un char,
Aller pompeusement au-devant de César.
Là vous mîtes en batterie,
Soupirs, roulement d'yeux, mines, minauderies,
Pour faire encore échec et mat
Les débris du triumvirat.
Mais, avec tout l'effort de votre artillerie,
Croyant prendre un héros, vous ne prîtes qu'un rat.
COLOMBINE.
Quand je voudrai mettre un amant en cage,
J'y réussirai, sur ma foi :
Princesse aussi riche que moi
Perd rarement son étalage.
Ingrat ! pour tes beaux yeux, j'ai, contre le Romain,
Mis cent fois l'épée à la main.
ARLEQUIN.
Fi ! vous n'êtes qu'une bretteuse.

SCÈNE X.

COLOMBINE.

Cœur de caillou, sang de macreuse!
Par une marotte amoureuse,
Pour toi, j'ai trotté sur les mers;
J'ai rôdé par tout l'univers ;
J'ai galopé l'Europe, et l'Asie, et l'Afrique.

ARLEQUIN.

On n'avait point encor découvert l'Amérique.
Ce fut pour toi le plus grand des bonheurs ;
Car, ma foi, pour te rendre sage,
On t'eût fait commander, dans ce chétif voyage,
L'arrière-ban des Noseurs.

COLOMBINE.

Venons au fait : veux-tu me reprendre pour femme?

ARLEQUIN.

Nenni, ventre saint-gris! madame.

COLOMBINE.

Petit mouton d'amour, doux objet de mes vœux!

ARLEQUIN.

Je sens que je m'en vais retomber amoureux.
Marc-Antoine, point de faiblesse.

COLOMBINE, reprend le ton héroïque.

Cléopâtre, plus de tendresse.
Rentrons dans nos tombeaux. Adieu, perfide, adieu.

ARLEQUIN.

Venez çà, petit boute-feu.
Qu'on m'aille chercher un notaire ;
La femme est un mal nécessaire.

COLOMBINE.

Et l'homme est un faible animal.

ARLEQUIN.

Nouons à double nœud le lien conjugal.
Donne-moi la main, scélérate.

COLOMBINE.

Mon cher Toinon, mets là ta patte.

Mme JACQUEMARD.

Tout beau, s'il vous plaît ; je mets empêchement à ce mariage-là, et j'ai hypothèque sur Marc-Antoine.

M. JACQUEMARD, à Colombine.

Comment donc, mademoiselle! ne m'avez-vous pas promis de m'épouser quand ma femme serait crevée ?

Mme JACQUEMARD.

Comment, merci de ma vie! quand je serai crevée? Je veux vivre cent ans, pour te faire enrager, et pour t'empêcher d'épouser ta demoisillon.

M. JACQUEMARD.

A la bonne heure; mais vous n'épouserez pas non plus votre baron.

Mme JACQUEMARD.

Je ne l'épouserai pas; mais je lui donnerai tout mon bien. Tenez, M. le baron, voilà déjà un diamant que je vous donne.

(Elle tire un diamant de son doigt et le donne à Arlequin).

M. JACQUEMARD.

Je n'épouserai pas Léonore; mais je lui donnerai tout ce que j'ai. Tenez, mademoiselle, voilà une bourse de cent louis.

Mme JACQUEMARD, à Arlequin.

Tenez, voilà un collier de mille écus.

M. JACQUEMARD, à Colombine.

Voilà un petit contrat de cinq cents livres de rente.

Mme JACQUEMARD.

Et moi je vous donne ma maison de la rue de la Huchette.

M. JACQUEMARD.

Et moi, ma terre de la Pissotte, la maison de Paris, l'étude, les trois grands clercs.. Ah! j'étouffe.

ARLEQUIN.

Et nous, nous vous donnons le bonsoir. Présentement que nous tenons de quoi faire la noce, il est bon de vous dire que la prétendue Léonore s'appelle Colombine; qu'elle est une friponne de sa profession; et que le baron de Groupignac, autrement dit Marc-Antoine, est Arlequin, autre fourbe de son métier.

Mme JACQUEMARD.

Quoi!... N'importe, je suis contente, pourvu que mon benêt de mari n'épouse pas sa grisette.

M. JACQUEMARD.

Et moi aussi, pourvu que vous n'épousiez pas votre baron.

ARLEQUIN.

Puisque tout le monde est content, divertissons-nous, et faisons la noce de Marc-Antoine.

SCÈNE XI.

(Osiris frappe, et le théâtre change : on voit un jardin orné de buffets de cristal. Le tombeau de Marc-Antoine se change en une table, et les momies viennent servir. M. Jacquemard lave ses mains, ôte son manteau et sa perruque, met un petit bonnet, et se met à table le premier.)

OSIRIS, M. JACQUEMARD, ARLEQUIN, COLOMBINE, LA SIBYLLE ; MOMIES servant à table ; GARDES de Marc-Antoine armés de mousquetons.

ARLEQUIN.

Comment, ventrebleu ! mon petit praticien français, vous êtes bien hardi de vous mettre à table devant Marc-Antoine romain !

(Il le fait sortir de table en le prenant par le bras et lui donnant un coup de pied, et il chante :)

    Monsieur Jacquemard, faites Gille
      Ce n'est point aux procureurs
    A donner des cadeaux aux filles.
    Prenez votre sac et vos quilles :
      Faites Gille, faites Gille ;
    Allez chercher fortune ailleurs.

(Jacquemard veut se fâcher ; deux gardes de Marc-Antoine le mettent sous la table, et le couchent en joue pendant tout le repas : tout le monde mange, et Arlequin chante :)

    Monsieur Jacquemard est benin,
      Docile, et débonnaire :
    Il nous fait boire de bon vin ;
    Mais il n'en boira guère.

LE CHOEUR répète.

Il nous fait boire de bon vin ;
Mais il n'en boira guère.

ARLEQUIN.

Il plaide comme un Cicéron ;
  En procès, c'est un diable ;
Mais, quand il voit un mousqueton,
  Il plaide sous la table.

LE CHOEUR.

Mais, quand il voit un mousqueton,
  Il plaide sous la table.

ARLEQUIN.

Aux frais du plaideur indiscret,

Il boit à la buvette ;
Mais il défraye au cabaret,
Et plumet et grisette.
LE CHŒUR.
Mais il défraye au cabaret,
Et plumet et grisette.

SCÈNE XII.

LES ACTEURS PRÉCÉDENTS ; UN LIMONADIER.

LE LIMONADIER, suivi de plusieurs garçons.

Messieurs, voilà les liqueurs que vous avez demandées. Vin muscat, vin de Saint-Laurent ; des eaux de cannelle, des eaux de Forges, des eaux de Bourbon.

ARLEQUIN.

Mets tout cela sur le buffet, mon ami.

LA SIBYLLE chante.

Les rois d'Égypte et de Syrie
Voulaient qu'on embaumât leurs corps,
Pour durer plus longtemps morts :
Quelle folie !
Avant que de nos corps notre âme soit partie,
Avec du vin embaumons-nous :
Que ce baume est doux !
Embaumons-nous, embaumons-nous,
Pour rester plus longtemps en vie.

LE LIMONADIER.

Messieurs, il faut que je m'en aille ; mais avant que de partir, dites-moi, s'il vous plaît, qui me paiera.

ARLEQUIN.

Cela est juste. M. Jacquemard paiera. Va : il répond de tout.

M. JACQUEMARD, sous la table.

Moi ! Je ne réponds de rien : je n'en paierai pas un sou.

ARLEQUIN.

Vous ne paierez pas ! Mousquetaires, remettez-vous ; tirez.

M. JACQUEMARD.

Ne tirez pas, j'aime mieux payer : mais qu'on me laisse donc sortir.

ARLEQUIN.

Volontiers, laissez-le aller ; après qu'il aura payé, s'entend.

(Jacquemard sort de dessous la table, et paie le limonadier avant que de quitter la scène. Ils sortent tous les deux.)

SCÈNE XII.

DIVERTISSEMENT.

(Tous les acteurs se lèvent, tenant chacun leur verre plein, et chantent les couplets suivants, qui sont accompagnés de trompettes et de tambours.)

LA SIBYLLE.

Verse-moi du vin dans mon verre.
Choquons, faisons un bruit de guerre
Qui puisse durer toujours.
Répondez-moi, trompettes et tambours.

(Les trompettes et les tambours se font entendre.)

Et tandis que Mars, sur la terre,
Ne fait point gronder son tonnerre,
Chantons le vin et nos amours.
Répondez-moi, trompettes et tambours.

(Les trompettes, etc.)

MEZZETIN.

Si notre pièce a su vous plaire,
Quoique en carême encor, nous ferons bonne chère;
Le carnaval pour nous va reprendre son cours.
Répondez-moi, trompettes et tambours.

(Les trompettes, etc.)

ARLEQUIN.

A la santé du parterre :
Le ciel veuille allonger ses jours!
Et que dans notre gibecière,
Son argent foisonne toujours.
Répondez-moi, trompettes et tambours.

(Les trompettes, etc.)

FIN DE LA FOIRE ET DE LA SUITE DE LA FOIRE SAINT-GERMAIN.

CATALOGUE

DES

COMÉDIES DE REGNARD

JOUÉES AU THÉATRE FRANÇAIS ET AU THÉATRE ITALIEN,

SUIVANT L'ORDRE CHRONOLOGIQUE,

AVEC LES NOTES TIRÉES DES ANECDOTES DRAMATIQUES.

LE DIVORCE, comédie en trois actes et en prose, précédée d'un prologue; jouée, pour la première fois, en 1688, au Théâtre italien.
Cette pièce n'ayant pas réussi entre les mains du célèbre Dominique, elle avait été rayée du catalogue des pièces que l'on reprenait de temps en temps. Cependant Ghérardi la choisit pour son coup d'essai en 1689, et elle eut tant de bonheur entre ses mains qu'elle plut généralement, et fut extraordinairement suivie.

LA DESCENTE DE MEZZETIN AUX ENFERS, comédie en trois actes, en prose, avec des scènes italiennes, donnée à l'ancien Théâtre italien en 1689.
La mort de Dominique fit qu'il n'y eut point de rôle d'Arlequin dans cette pièce; ce qui était une grande gêne pour un auteur de ce théâtre.

L'HOMME A BONNES FORTUNES, comédie en trois actes et en prose, mêlée de scènes italiennes, et la Critique de cette pièce en un acte; au Théâtre italien en 1690.
Regnard fit lui-même la critique de sa pièce dans une comédie en un acte, et en prose, jouée dans la même année.

LES FILLES ERRANTES, comédie française et italienne, en trois actes, et en prose, donnée à l'ancien Théâtre italien en 1690.

LA COQUETTE, OU L'ACADÉMIE DES DAMES, comédie en trois actes et en prose; donnée à l'ancien Théâtre italien en 1691.
On désirerait que les éditeurs des OEuvres de ce poète comique y eussent inséré quelques scènes des pièces que cet auteur a données au Théâtre italien.

LES CHINOIS, comédie en quatre actes, précédée d'un prologue, en société avec Dufresny; donnée à l'ancien Théâtre italien en 1692.

On apprend, dans le dénoûment de cette pièce, que les comédiens ne prenaient encore que 15 sous pour entrer au parterre, dans le temps qu'ils la représentaient, et que l'usage de donner la comédie gratis, en réjouissance de quelque événement favorable, était déjà établi.

LA BAGUETTE DE VULCAIN, comédie en un acte, en prose et en vers, avec un divertissement, suivie de l'*Augmentation de la Baguette*, en société avec Dufresny ; donnée au Théâtre italien en 1693.

Le nommé Jacques Aymar, qui faisait alors du bruit à Paris, par sa baguette, avec laquelle il prétendait découvrir bien des choses, donna lieu à plusieurs dissertations physiques, et fournit l'idée de cette comédie. Elle eut un succès prodigieux dans sa nouveauté. Les auteurs ajoutèrent pendant le cours des représentations trois scènes nouvelles, sous le titre d'*Augmentation à la Baguette de Vulcain*; et Roger, ou Arlequin, débitait à cette occasion la fable d'un cabaretier, qui pour perpétuer un muid de vin vieux, que ses pratiques avaient trouvé de leur goût, le remplissait à mesure de vin nouveau.

LA SÉRÉNADE, comédie en un acte et en prose, avec un divertissement, dont la musique est de Regnard, et retouchée par Gillier; donnée au Théâtre français en 1694.

LA NAISSANCE D'AMADIS, parodie d'Amadis de Gaule, en un acte; donnée à l'ancien Théâtre italien en 1694.

ATTENDEZ-MOI SOUS L'ORME, comédie en un acte et en prose, avec un divertissement ; donnée au Théâtre français en 1694.

Cette pièce a toujours été attribuée à Regnard, et se trouve imprimée dans ses OEuvres, quoiqu'elle soit réellement de Dufresny, de qui Regnard l'avait achetée 300 livres, un jour qu'il avait grand besoin d'argent. Il est étonnant que Regnard ait souffert que l'on ait fait imprimer sous son nom l'ouvrage d'un autre, et plus étonnant encore qu'il ait lui-même contribué à cette erreur, en s'appropriant cette pièce [1].

Armand, cet excellent comique, saisissait avec une présence d'esprit singulière tout ce qui pouvait plaire au public, dont il était fort aimé. Jouant le rôle de Pasquin dans cette pièce, après ces mots : Que dit-on d'intéressant? Vous avez reçu des nouvelles de Flandre ; il répliqua sur le champ. Un bruit se répand que le port Mahon est pris. Le vainqueur de Mahon était le parrain d'Armand.

LA FOIRE SAINT-GERMAIN, comédie en un acte et en prose, avec un divertissement, en société avec Dufresny, donnée au Théâtre italien en 1695.

On ajouta depuis à cette pièce la scène des carrosses. Ce qui y donna lieu, fut l'aventure de deux dames qui, chacune dans un carrosse, s'étant rencontrées dans une rue de Paris trop étroite pour que deux voitures y pussent passer de front, ne voulurent reculer ni l'une ni l'autre, et ne cessèrent de tenir la rue, jusqu'à l'arrivée du commissaire, qui, pour les mettre d'accord, les fit reculer en même temps chacune de son côté.

Regnard et Dufresny ayant donné au Théâtre italien la Foire Saint-Germain, comédie qui eut beaucoup de succès, Dancourt en composa une d'un acte sous le même titre, qui tomba ; et les Italiens, pour s'en moquer, ajoutèrent ces deux couplets à la leur.

[1] On croit avoir prouvé que cette pièce appartient réellement à Regnard. Voyez à ce sujet l'avertissement qui précède ATTENDEZ-MOI SOUS L'ORME.

MEZZETIN.

Deux troupes de marchands forains
Vous vendent du comique ;
Mais si pour les Italiens
Votre bon goût s'explique,
Bientôt l'un de ces deux voisins
Fermera sa boutique.

ARLEQUIN.

Quoique le pauvre Italien
Ait eu plus d'une crise,
Les jaloux ne lui prennent rien
De votre chalandise :
Le parterre se connaît bien
En bonne marchandise.

Les Momies d'Égypte, comédie en un acte et en prose, avec un divertissement, en société avec Dufresny ; donnée au Théâtre italien en 1696.

Cette pièce était en quelque sorte la suite de la comédie de la Foire Saint-Germain des mêmes auteurs ; la scène continuant d'être dans les boutiques de la foire.

Le Bal, ou le Bourgeois de Falaise, comédie en un acte et en vers, avec un divertissement ; donnée au Théâtre français en 1696.

Le Joueur, comédie en cinq actes et en vers ; donnée au Théâtre françois en 1696.

Dufresny, en société avec Regnard, composa durant plusieurs années pour le Théâtre italien ; cette liaison l'engageait à faire part de ses idées à son ami. Il lui communiqua plusieurs sujets de comédie presque achevés, entre autres ceux du *Joueur* et d'*Attendez-moi sous l'orme*, dans le dessein d'y mettre ensemble la dernière main, et de les faire paraître sur la scène française ; mais Regnard, qui sentait la valeur de la première de ces deux pièces, amusa son ami, fit quelques changements à l'ouvrage, et le donna sous son nom aux comédiens. Ce fait était connu de tous les amis de Dufresny, auxquels ce dernier l'a raconté plusieurs fois en se plaignant d'un larcin qui ne convient, disait-il, qu'à un poète du plus bas étage. Pour n'en avoir pas le démenti, Dufresny donna un autre Joueur (*le Chevalier joueur*) en prose. Cette contestation entre Regnard et de Rivière fit naître l'épigramme suivante :

Un jour Regnard et de Rivière,
En cherchant un sujet que l'on n'eût point traité,
Trouvèrent qu'un joueur serait un caractère
Qui plairait par sa nouveauté.
Regnard le fit en vers, et de Rivière en prose :
Ainsi, pour dire au vrai la chose,
Chacun vola son compagnon.
Mais quiconque aujourd'hui voit l'un et l'autre ouvrage,
Dit que Regnard a l'avantage
D'avoir été le bon larron.

Les deux pièces ayant été représentées, celle de Regnard eut un grand succès, l'autre tomba. Le poète Gacon fit encore cette autre épigramme ; car il était l'auteur de la première :

> Deux célèbres Joueurs, l'un riche et l'autre gueux,
> Prétendaient en public donner leur caractère,
> Et prétendaient si fort à plaire,
> Qu'ils tenaient en suspens les esprits curieux ;
> Mais, dès que sur la scène on vit les comédies
> De ces deux écrivains rivaux,
> Chacun trouva que les copies
> Ressemblaient aux originaux.

Ce n'est point à tort que Dufresny revendiquait le fond de cette comédie, qu'il prétendait que Regnard lui avait pris. Ce dernier abusa effectivement de la confiance que Dufresny lui témoigna ; et pour accélérer sa pièce, il se servit de Gacon, à qui il en fit faire la plus grande partie. Ce fut à Grillon, où Regnard avait une maison de campagne qu'il aimait beaucoup. Il enfermait Gacon dans une chambre, d'où ce dernier n'avait la liberté de sortir qu'après avoir averti par la fenêtre combien il avait fait de vers sur la prose dont Regnard lui donnait le canevas. C'est de Gacon lui-même que l'on tient cette anecdote [1].

LE DISTRAIT, comédie en cinq actes et en vers ; donnée au Théâtre français en 1697.

Cette comédie, qui n'eut que quatre représentations dans sa nouveauté, ne fut reprise qu'en 1731 ; mais elle le fut avec beaucoup de succès.

Le caractère du Distrait est copié d'après celui qui se trouve dans les caractères de La Bruyère, qu'on voulait être le portrait de M. le comte de Brancas.

LE CARNAVAL DE VENISE, opéra ou comédie-ballet, en quatre actes, musique de Campra ; représenté sur le théâtre de l'Opéra en 1699.

DÉMOCRITE, comédie en cinq actes et en vers ; donnée au Théâtre français en 1700.

L'unité de lieu n'est pas observée dans cette pièce, la scène changeant au second acte. Ce défaut était pardonnable à Alexandre Hardi, mais non à un poëte qui est venu après Molière ; il aurait été fort aisé de réparer cette faute, en supprimant le premier acte, et ajoutant à l'exposition, qui ne se fait qu'au commencement du suivant, quelques vers qui auraient appris au spectateur par quelle aventure Criséis et Démocrite se trouvent à la cour d'Athènes : mais ce n'était pas l'intention de l'auteur ; il aurait fallu qu'il sacrifiât toutes les plaisanteries qu'il a placées dans ce premier acte, et cet acte lui était d'autant plus précieux qu'il n'aurait su comment y suppléer, attendu que la pièce est assez vide d'action, et ne se soutient que par le secours des scènes épisodiques [2].

LE RETOUR IMPRÉVU, comédie en un acte et en prose ; donnée au Théâtre français en 1700.

LES FOLIES AMOUREUSES, comédie en trois actes et en vers, avec un prologue et un divertissement intitulé le *Mariage de la Folie* ; donnée au Théâtre français en 1704.

---

[1] Voyez l'avertissement en tête du JOUEUR, où l'on réfute cette assertion, et où l'on prouve que Dufresny a eu moins de part qu'on ne se l'imagine au succès de cette comédie.

[2] Voyez l'avertissement de DÉMOCRITE, où l'éditeur répond à cette critique.

784 CATALOGUE DES COMÉDIES DE REGNARD.

Les Ménechmes, comédie en cinq actes et en vers, avec un prologue ; donnée au Théâtre français en 1705.

« Ce fut moi, dit M. de Losme de Montchesnai, qui raccommodai
» Regnard, poète comique, avec M. Despréaux. Ils étaient près d'écrire
» l'un contre l'autre, et Regnard était l'agresseur. Je lui fis entendre
» qu'il ne lui convenait pas de se jouer à son maître ; et depuis sa récon-
» ciliation, il lui dédia ses Ménechmes. » Despréaux disait de Regnard,
qu'il n'était pas médiocrement plaisant.

Les *Ménechmes*, comédie de Rotrou, imitée de Plaute, représentée en 1632, n'ont pas été inutiles à Regnard pour la composition de ses Ménechmes [1].

Le Légataire universel, comédie en cinq actes et en vers ; donnée au Théâtre français en 1708.

La fourberie de Crispin, qui dans cette pièce contrefait le moribond pour dicter un testament, est la copie d'un fait véritable, arrivé du temps de Regnard. On a néanmoins blâmé cet auteur d'en avoir fait usage dans sa comédie. Mais Regnard a peut-être pensé que les tours d'adresse étant les sûretés des fripons, ne pouvaient être trop divulgués. L'auteur fit lui-même la critique de son propre ouvrage, en une comédie en un acte, en prose, qui fut jouée à la suite du Légataire ; mais elle réussit peu.

[1] Voyez l'avertissement qui précède les Ménechmes.

FIN DU TOME DEUXIÈME ET DERNIER.

TABLE DES PIÈCES

CONTENUES

DANS LE TOME DEUXIÈME.

Les comédies marquées d'une étoile ont été composées en société avec Dufresny.

	Pages.
AVERTISSEMENT sur les Ménechmes.	1
ÉPITRE à M. Despréaux.	9
LES MÉNECHMES ou LES JUMEAUX, comédie en cinq actes, et en vers, précédée d'un prologue en vers libres.	11
AVERTISSEMENT sur le Légataire universel.	90
LE LÉGATAIRE UNIVERSEL, comédie en cinq actes, et en vers.	101
AVERTISSEMENT sur la Critique du Légataire.	180
LA CRITIQUE DU LÉGATAIRE, comédie en un acte, et en prose.	182
LES SOUHAITS, comédie en un acte, et en vers.	198
LES VENDANGES ou LE BAILLI D'ANIÈRES, comédie en un acte, et en vers.	214
SAPOR, tragédie en cinq actes.	233
LE CARNAVAL DE VENISE, ballet en trois actes, avec un prologue.	289
POÉSIES DIVERSES.	319
PRÉFACE.	368
NOTICES SUR LES ACTEURS DE L'ANCIENNE TROUPE ITALIENNE.	371
AVERTISSEMENT sur le Divorce.	377
LE DIVORCE, comédie en trois actes.	383
AVERTISSEMENT sur la Descente d'Arlequin aux Enfers.	427
LA DESCENTE D'ARLEQUIN AUX ENFERS.	429
AVERTISSEMENT sur l'Homme à bonnes fortunes.	447
L'HOMME A BONNES FORTUNES, comédie en trois actes, et en prose.	452
AVERTISSEMENT sur la Critique de l'Homme à bonnes fortunes.	495
LA CRITIQUE DE L'HOMME A BONNES FORTUNES, comédie en un acte, et en prose.	496

TABLE DES PIÈCES.

Pages.

AVERTISSEMENT sur les Filles errantes. 500
LES FILLES ERRANTES, OU LES INTRIGUES DES HÔTELLERIES, comédie en trois actes et en prose. 510
AVERTISSEMENT sur la Coquette. 542
LA COQUETTE, ou l'ACADÉMIE DES DAMES, comédie en trois actes et en prose, mêlée de vers. 543
AVERTISSEMENT sur les Chinois. 598
* LES CHINOIS, comédie en quatre actes et en prose, précédée d'un Prologue. 599
AVERTISSEMENT sur la Baguette de Vulcain et sur l'augmentation de la Baguette. 634
* LA BAGUETTE DE VULCAIN, comédie en un acte, et en prose, mêlée de vers. 636
* L'AUGMENTATION DE LA BAGUETTE, comédie en un acte et en prose, mêlée de vers, précédée d'un prologue. 648
AVERTISSEMENT sur la Naissance d'Amadis 659
LA NAISSANCE D'AMADIS, comédie en un acte, en vers et en prose. 661
AVERTISSEMENT sur la Foire Saint-Germain. 674
* LA FOIRE SAINT-GERMAIN, comédie en trois actes et en prose, mêlée de vers. 676
AVERTISSEMENT sur la scène des Carrosses et sur celle du Procureur en robe rouge, ajoutées à la Foire Saint-Germain. . . 745
SCÈNES AJOUTÉES. 746
AVERTISSEMENT sur la suite de la Foire Saint-Germain, ou les Momies d'Égypte 756
* LA SUITE DE LA FOIRE SAINT-GERMAIN, OU LES MOMIES D'ÉGYPTE, comédie en un acte et en prose, mêlée de vers. . . 759
CATALOGUE DES COMÉDIES DE REGNARD, jouées au Théâtre français et au Théâtre italien. 780

FIN DE LA TABLE DU TOME DEUXIÈME ET DERNIER.

St-Denis. — Typ. de DROUARD.

www.ingramcontent.com/pod-product-compliance
Lightning Source LLC
Chambersburg PA
CBHW061728300426
44115CB00009B/1141